本丛书由华中师范大学政治学世界一流学科建设
经费资助出版

中西政治哲学通史

江畅 主编
喻立平 詹世友 副主编

西方政治哲学通史

现代美英政治哲学卷

龚群 著

中国社会科学出版社

图书在版编目(CIP)数据

西方政治哲学通史. 现代美英政治哲学卷 / 龚群著. 北京：中国社会科学出版社，2025.3. --（中西政治哲学通史）. -- ISBN 978-7-5227-4889-4

Ⅰ. D091

中国国家版本馆 CIP 数据核字第 2025Y8N205 号

出 版 人	赵剑英
责任编辑	郝玉明
责任校对	谢　静
责任印制	李寡寡

出　　版	中国社会科学出版社
社　　址	北京鼓楼西大街甲 158 号
邮　　编	100720
网　　址	http://www.csspw.cn
发 行 部	010-84083685
门 市 部	010-84029450
经　　销	新华书店及其他书店

印刷装订	北京君升印刷有限公司
版　　次	2025 年 3 月第 1 版
印　　次	2025 年 3 月第 1 次印刷

开　　本	710×1000　1/16
印　　张	32.5
字　　数	520 千字
定　　价	176.00 元

凡购买中国社会科学出版社图书，如有质量问题请与本社营销中心联系调换
电话：010-84083683
版权所有　侵权必究

作者简介

龚群，1952年生，江西南昌人，哲学博士，山东师范大学马克思主义学院教授，中国人民大学哲学院教授，中国人民大学伦理学与道德建设研究中心原执行主任，博士生导师，教育部哲学社会科学研究重大课题攻关项目马工程重点教材第一首席专家、主编。从事哲学与伦理学教学与科研工作三十余年，主持国家社科基金重大项目两项。出版著作20余部，代表性学术著作有《人生论》（1991）、《原道论》（1996）、《当代西方道义论与功利主义研究》（2002）、《道德乌托邦的重构——哈贝马斯交往伦理思想研究》（2003）、《罗尔斯政治哲学》（2006）、《社会伦理十讲》（2008）、《现代伦理学》（2010）、《当代西方伦理思想研究》(2013)、《自由主义与社群主义的比较研究》（2014）、《追问正义——西方政治伦理思想研究》（2017）、《当代后果主义伦理思想研究》（2021）等，译著四部，在国内外学术刊物发表论文260余篇。

《中西政治哲学通史》
编委会

顾　问

万俊人　韩　震　张首映　段忠桥　姚大志　吴晓明　杨国荣
樊和平　汪信砚

主　任

徐　勇　江　畅

主　编

江　畅

副主编

喻立平　詹世友

编　委（以姓氏拼音为序）

陈德中	陈江进	陈军亚	陈荣卓	戴茂堂	董尚文	费尚军
龚　群	龚天平	顾　肃	韩玉胜	贺东航	黄裕生	江　畅
靳凤林	李佃来	李建华	李科政	李　石	李婉芝	李　勇
李义天	林　曦	林志猛	刘清平	刘　玮	龙静云	牟成文
潘建红	任　丑	任剑涛	孙国东	孙伟平	孙小玲	孙晓春
谭安奎	陶　涛	田海平	田卫平	王　立	王威威	王雨辰
吴成国	吴峰鑫	吴根友	向玉乔	肖　滨	谢惠媛	熊富标
徐　瑾	徐　勇	颜昌武	杨义芹	喻立平	袁祖社	詹世友
张　能	张文喜	章雪富	周海春	周鸿雁	周谨平	周　濂

总　序

江　畅

在中国和西方历史上，有全球性通史之类的著作（如世界通史、世界文明史），有中国或西方某个领域的通史（如中国哲学通史、西方道德哲学通史），似未见有将中西方某个领域的通史一道研究和撰著的先例。华中师范大学政治学部政治哲学研究中心将中西政治哲学通史放在一起组织编撰，尚属首例，这是一种大胆的尝试，能否成功有待学界和时间的检验。就政治哲学而言，中国政治哲学和西方政治哲学并非彼此孤立的知识体系，而是人类政治哲学的两种基本形态，它们异中有同，同中有异。将它们的历史放在一起研究并以通史的形式呈现出来，不仅可以发现各自的特色和优势，便于读者比照、利用，也可以发现它们的异中之同，便于研究者立足于"同"构建自己的具有学科共性和实践普适性的政治哲学体系。后者对于人类文明全球化时代的政治哲学构建和发展尤其具有重要意义。

一　政治乃人为价值物

政治哲学的研究对象是政治，但政治是与人类文明社会相伴随的十分复杂的事物，已成为许多学科研究或涉及的对象。政治之所以为诸多学科所研究或涉及，是因为政治是一种社会成员深度关切的人为价值物，对于社会成员的生存发展享受状况具有决定性的意义。施特劳斯称"政治"为"事物"[①]，这种观

[①] 参见［美］列奥·施特劳斯《什么是政治哲学》，李世祥等译，华夏出版社2019年版，第3页。

点无疑是对的，但尚未揭示政治作为事物的特殊性。政治是事物，更是人类发明创造的、极为特殊的人为价值物。按照其本性，它是用于造福人类、对于人类生存发展享受需要的满足具有决定性意义的价值物，虽然可能异化为统治、压迫和剥削人民的暴力工具。政治哲学的使命是揭示政治的本性及其实践要求，从而防止其异化和滥用并使已经发生的异化和滥用得以复归。政治哲学的这种"揭示"在于从社会的本性、人类的本性乃至宇宙万物的本性（本体）构想和设定其本性或本然本质，从而给现实政治提供规导。

政治一经产生就采取了国家的形式，但国家的现实本质并没有体现政治的本性，相反，从某种意义上说，国家是政治的一种异化形态。黑格尔把国家视为"精神为自己所创造的世界"[1]，而恩格斯却把国家看作"一个阶级镇压另一个阶级的机器"[2]，后来列宁称之为"暴力机构"[3]。国家虽具有政治的职能，在历史上和今天也发挥了统治和治理社会的作用，是现实的政治，但这并不是政治真实本性的体现。实际上政治才是目的，国家只是手段，国家的存在是为了实行政治，而政治本身又是手段，其终极目的在于通过治理社会谋求全体社会成员普遍过上好生活。

从政治哲学来看，政治的本性在于人民性，即由全体成员（人民）统治和治理社会。就其本性而言，政治是人民运用公共权力统治和治理社会以实现社会所有人幸福的社会活动，人民是政治与政治权力的主体（主权者），拥有社会的一切政治权力；社会实行法治，法律体现人民的意志，法律在社会中具有最高权威。政治的本性是政治的本然本质或应然本质，人类的一切政治活动就是要将政治本性体现出来，使之转化为现实政治的实然本质。从政治本性的基本内涵可以看出，政治作为价值物，其本性包含实践要求，现实政治要体现其应然本质，就必须按照政治本性的实践要求构建和运行。概括地说，政治本性包含人民至上、法律统治、道德导向、清正廉洁、个人幸福、社会公正六个方面的基本实践要求。

---

① [德] 黑格尔：《法哲学原理》，范扬、张企泰译，商务印书馆1961年版，第324页。
② 《马克思恩格斯选集》第3卷，人民出版社2012年版，第55页。
③ 《列宁选集》第4卷，人民出版社1972年版，第48页。

总　序

公共权力是政治的核心内容或决定性因素，有公共权力才有政治事物。按照洛克的观点，公共权力是每个社会成员让渡出来的权利构成的，其行使要充分体现社会大多数人的意志。从本源上看，公共权力来源于人民，其产生是为了维护社会公共秩序，增进社会公共利益，使所有社会成员的权利得到实现和保护。[1] 公共权力作为政治的决定性因素，其本性就在于人民性，它源自人民，为人民所拥有，人民才是公共权力的主体。这种政治权力才是合理、正当的，也是合法的，一切通过其他途径（如战争、政变等暴力途径或宗教、迷信等精神力量）获得的公共权力因违背其本性而都不是合法的。

政治权力在演化的过程中逐渐分离出了统治权和治理权，这种分离因适应社会管理日益复杂化的需要而具有必然性和合理性。但是，这种分离不能违背公共权力的本性和实践要求，即人民才是拥有统治权的社会统治者，而人民拥有的统治权应通过法律转化为治理权，由社会治理者（广义的政府）行使法律授予的治理权依据法律进行社会治理。因此，统治权和治理权实质上是统一的，且统一于公共权力的人民性，其分离只是实现公共权力目的的需要。

公共权力与公众权利的关系问题历来是政治哲学关注的焦点。"政治哲学既要关注公共权力行为主体，也要关注个体权利行为主体，换言之，'权力'与'权利'两者不可偏废，不仅需要兼顾，而且需要梳理和辩证二者之间的政治关系与政治价值秩序，即是说，权利与权力的政治关系及其政治价值秩序才是政治哲学的根本问题或中心主题。"[2] 人民整体真正成为权力的主体，人民个体的权利才可能从根本上得到保障。因此，人民整体如何运用公共权力维护和扩大人民个体的权利问题便产生了。解决这个问题正是政治存在的基本价值和意义之所在。

在文明社会，如果没有政治，社会就会陷入霍布斯所说的"每一个人对每个人的战争"[3] 的自然状态。然而，事实证明，即便有了政治，若政治异

---

[1] 参见陈永剑《如何理解公共权力的现代本质》，《才智》2013 年第 30 期。
[2] 万俊人：《所谓政治哲学》，《中国社会科学评价》2022 年第 4 期。
[3] ［英］霍布斯：《利维坦》，黎思复、黎廷弼译，杨昌裕校，商务印书馆 1985 年版，第 94 页。

化或被滥用仍然不可能实现其价值。就当代政治现实而言，维护和扩大人民个体的权利需要解决两大问题。一是避免公共权力掌握在并非真实的人民代表的社会治理者手里的问题，让公共权力回归人民主体手中。解决这一问题，最重要的是要使法律真正体现人民的意志，同时使法律成为社会的最高权威。二是对行使治理权的社会治理者或政府的监督，建立防止其权力异化和滥用以及人民个体谋求权利而相互妨碍和伤害个体权利行为的有效制度、体制和机制。解决这一问题的关键在于使一切权力都在法律之下运行。解决了这两个问题，政治的基本价值才能够实现。

不过，政治作为最好价值物，其意义并不只如此，还在于运用公共权力为全体人民谋幸福。西方自由主义思想家因担心社会治理者滥用权力而主张公共权力最小化，即所谓"守夜人式的国家"或"最弱意义上的国家"①，将其职能仅限于保护人民个体的权利。这种公共权力最小化的主张和实践，限制甚至扼杀了政治本性的要求，使政治这种人为事物的价值得不到应有的彰显。按照其本性要求，政治不仅要维护和扩大人民个体的权利，而且要为人民个体普遍过上好生活创造社会条件，实现马克思"每一个个人的全面而自由的发展"②这一最高人类理想。这种条件是社会个体（包括家庭、企业、社会组织等）无法提供的，而只能由社会治理者运用公共权力的力量来创造。正是从这种意义看，政治对于人类普遍幸福来说是必不可少的，是满足人类更好生存的最好价值物。

在高科技时代，人类如何实现政治价值面临着许多新的挑战。人工智能是21世纪最具"颠覆性"的科技革新之一，而元宇宙、ChatGPT、DeepSeek的问世标志着通用人工智能时代的来临，高科技在全球范围强有力地推进了生产方式、生活方式变革的现代化进程，也必将深刻改变政治价值的实现方式，智能治理正在成为全新的社会治理形式。智能治理涉及治理主体、治理过程以及治理效果三个基本要素。如何通过将社会智能与机器智能融合

---

① ［美］罗伯特·诺齐克：《无政府、国家与乌托邦》，何怀宏等译，中国社会科学出版社1991年版，第35页。

② 《马克思恩格斯文集》第5卷，人民出版社2009年版，第683页。

互嵌赋能多元治理主体，以激发"智能"效应，构建"智治"格局，增进"智效"价值，形成赋权社会、赋能政府和赋智决策三大智能治理路径，是当代人类有效推进人工智能驱动的治理现代化，从而充分实现政治价值面临的重大问题。①

二 政治哲学与政治文明

人类从原始社会进入文明社会意味着整个社会生活都文明化，并逐渐形成社会的经济文明、政治文明、精神文明、社会（狭义的）文明以及20世纪才凸显出来的生态文明。这五个方面的文明并不是彼此孤立的，而是有机统一的整体。其中政治文明既是人类进入文明社会的主要标志，也是整个社会文明的决定性因素。从人类文明史看，最初世界上只有几个地区进入文明社会，这些地区的部落彼此之间的战争导致基本共同体范围扩大，由"旧的氏族组织"扩大到"按地区来划分它的国民"的国家，并且设立公共权力②，从而形成了政治结构及相应的政治文明。形塑国家这种政治形式之后，国家利用手中的公共权力重构社会的经济结构、社会结构和意识形态，最终形成了自己的文明形态。与之形成对照的是，世界上那些没有建立国家的地区，自然没有政治结构和公共权力以及由公共权力衍生的经济结构、社会结构及意识形态。这些地区是之后在西方海外殖民、市场经济发展、工业革命等文明因素影响下才被推上文明化的历史进程。历经数千年，不同的文明社会形态生灭兴衰、沿袭变革，最终造就了今天全世界国家化的文明格局，而政治及其文明在整个演变中自始至终都具有决定性的作用。

轴心时代以前的前期文明社会是纯粹经验性的，政治文明亦如此。纯粹经验性的政治文明最显著的特点在于，政治活动全然凭借统治者的执政经验，没有政治理论，更没有政治哲学作为依据，其政治的合理性、正当性、合法性没有得到理论上的论证和辩护。那时的政治文明有政治思想和意识形态，

---

① 参见孟天广《智能治理：通用人工智能时代的治理命题》，《学海》2023年第2期。
② 《马克思恩格斯选集》第4卷，人民出版社2012年版，第187页。

但其由于没有系统化的政治理论以及学科知识作支撑，因而是粗陋的、残缺的。正因如此，前期文明社会大都是战乱、苦难的社会，一些文明地区不可避免地走向了衰败。就中国夏商西周时代而言，最英明的君王统治时期也不过是孔子所说的"小康"社会，在长达1300年的时间里，只有禹、汤、文、武、成王、周公"六君子"统治的时期才实现了"小康"，其他大多数时间是"谋用是作，而兵由此起"（《礼记·礼运》）。

在公元前800—公元前200年（雅斯贝尔斯所称的"轴心时期"），中国的诸子百家、印度的《奥义书》（*Upanishads*）和佛陀、波斯的拜火教（Zoroastrianism）、犹太人的先知，乃至希腊的哲学流派和科学家同时出现了。在这一时期，各个文明都经历了"理性以及由理性阐明的经验向神话发动斗争；超越的一神与子虚乌有的精灵、恶魔斗争；最后还有道德规范对虚妄诸神的反叛"的变化，雅斯贝尔斯将这种现象统称为"精神化"（spiritualisation）。[①] 正是在这个特殊的历史时代，政治哲学以及道德哲学与哲学本体论几乎同时诞生，人类开始有了政治哲学理论，哲学家力图运用政治哲学理论改变连年战乱的现实社会、拯救苦难中的天下苍生。轴心时代以后，人类政治文明从纯粹经验性的前期政治文明进入理论性（或雅斯贝尔斯所说的"精神化"）的后期政治文明，其最显著特点是统治者开始借助政治哲学来为政治统治提供论证和辩护，甚至将之用于规导政治实践。从此，政治哲学成为政治文明的灵魂和命脉，并且对整个文明社会都具有深刻影响。

然而，在后期文明社会，虽然政治哲学成为政治活动的理论依据，但政治哲学与政治活动及政治文明的关系错综复杂。从中西方历史看，这种复杂关系可归结为两种主要情形。其一，统治者运用政治权力培植思想家来修改已有的政治哲学，以适应自身统治的需要。这种情形在中西传统社会普遍存在，其中最典型的统治者是汉武帝。史书记载，武帝初立，"罢黜百家，表章《六经》"（《汉书·武帝纪》），即"罢黜百家，独尊儒术"，而且利用手中的权力集中当时的儒家（汉儒）将先秦儒学改造成完全适应建立大一统帝国需要的"儒术"，阉割了其中蕴含的仁爱精神，使之成为专制性的伦理纲常。

[①] 参见陈方正《论"轴心时代"的"两种文化"现象》，《江海学刊》1999年第1期。

因此，虽然汉武帝的政治活动以政治哲学为依据，但这种政治哲学是体现统治者意志的政治哲学。其二，思想家主动地适应统治者的需要创立政治哲学，以为统治者创建政治文明和统治社会服务。这是西方近现代政治活动与政治哲学关系的情形。为了适应资产阶级构建资本主义社会的需要，近代西方启蒙思想家提出了诸多的政治哲学理论，最终自由主义思想家的理论成为西方的主导思想。但是，这种以国家为对象的政治哲学理论完全屈从市场经济发展的要求，导致了许多消极的实践后果，不能为当代人类走出生存危机提供规导。

进入21世纪，人工智能、元宇宙、ChatGPT、DeepSeek等高科技浪潮一浪高过一浪，全球化、科技化、信息化已将全人类的前途命运紧密地联系在一起，人类的基本共同体从国家走向世界是大势所趋。人类全球化的发展和人类命运共同体的构建，要求有与之相应的政治哲学，现今，政治哲学面临着主要研究对象从国家政治转向世界政治、为世界共同体构建提供理论依据和规导原则的新的时代使命。构建世界共同体，关键在于构建世界政治及其文明。人类进化到当代，世界共同体不可能自发形成，必须以政治哲学为学术支撑。有作为世界共同体的政治文明，才可能有世界共同体的经济文明、精神文明、社会文明和生态文明，才可能有作为整体的世界的文明。而世界政治文明如同近代以来的国家政治文明一样，其构建必须有政治哲学提供论证和辩护。如此，世界政治文明的构建才能凝聚全人类的普遍共识，才能汇聚世界各国的文明力量以冲破一切现实的和可能的障碍与阻力。

三 政治哲学与哲学、政治学

何谓政治哲学？对于这一问题历来存在观点分歧。我们将政治哲学界定为研究政治本性及其实践要求的哲学学问，认为它不是政治学或政治科学的学科，也不是政治学与哲学的交叉学科，而是像道德哲学、精神哲学一样的哲学专门学科或实践哲学。作为哲学学科，政治哲学通过反思和批判政治学以及政治实践对其进行规范与指导，而不是为其提供论证与辩护。如果说哲学的主体或主干由本体论、知识论和价值论构成，政治哲学、道德哲学和精神哲学作为实践哲学，可以说是哲学主体的三个现实面向。① 哲学研究本体、知识和价值问题终归要落脚到人类的生存发展享受，而它的终极指向是实现人类本性。研究和回答如何实现人类本性，正是政治哲学、道德哲学和精神哲学的初心使命。

哲学家对人类本性（或人的本性）的看法见仁见智、莫衷一是，但一般都肯定人类本性在于谋求生存得更好，包括生存下去、生存得好、生存得更好。经过几百万年的进化，人类本性渐次形成了三种特性，即社群性、自为性和精神性。② 作为群体动物，人类一经诞生就必须生活在群体之中，最初是原始人群，而后是氏族部落，再后来是国家。这种群体的扩大是超越性的，当人类生活在国家之中时，还会生活在家庭以及后来兴起的各种组织（如企业、工会、政党等）之中。人类本性的社群性就体现在人至少得生活在某一个群体之中。随着人类的进化，人的自我意识以及与之相应的相对独立生存能力逐渐形成并不断增强，于是人就获得了自为性，即当人成熟的时候就可以自己解决自己以及家人的生存问题。当人的自为性积淀为人性基因时，若它得不到实现，人就不是一个真正意义上的独立自由个体，也就不是真正意义上的人。在人性的自为性差不多形成时，人类不再只谋求个人的生存，而会把家庭、氏族、国家以及其他共同体的存亡、兴衰置于自己的肩上，即开始有了比狭隘的谋求自己更好生存更为博大的情怀和境界。其积淀为基因，于是就有了人类本性的精神性或超越性。③ 虽然从整体来说人类本性都具备社

---

① 参见江畅《论政治哲学的性质》，《政治哲学研究》第一辑，社会科学文献出版社 2023 年版。

② 当代学界对人类本性的精神性有所忽视，而以前中西哲学家对此高度重视。荀子说的"人有气、有生、有知，亦且有义"（《荀子·王制》）就是对精神是人的特性的典型表达；黑格尔更是直接说，"精神就是自我"（［德］黑格尔：《哲学全书·第三部分·精神哲学》，杨祖陶译，人民出版社 2017 年版，第 14 页），"精神一般说来就是思维，人之异于动物就因为他有思维"。（［德］黑格尔：《法哲学原理》，范扬、张企泰译，商务印书馆 1961 年版，第 13 页）不过，精神性是人类后来获得的一种人类本性特性，所以通常不被看作人类本性的主要特性。

③ 参见江畅、李累《人的高贵性之所在——人类精神的时代反思》，《中南民族大学学报》（人文社会科学版）2023 年第 5 期。

群性、自为性和精神性，但并不是每一个人都能将其开发出来，开发出来也并不一定能得到发挥。哲学的意义归根到底就是要告诉人们，人类具有这些本性以及开发这些本性并使之得到发挥的重要性、路径和方式。

在轴心时代，那些建立了系统哲学的思想家已然注意到人类本性及其三种特性（自为性、社群性、精神性）。他们虽然不一定以政治哲学、道德哲学、精神哲学的名义来研究它们的开发和发挥问题，但都程度不同地探索和回答了这三个学科所涉及的问题。当然，他们更多的是从个人的角度切入，首先关注的是个人的道德和精神问题，再从个人道德和精神问题拓展到政治问题，并最终通过政治问题的解决来解决个人的道德和精神问题。通常，幸福、德性和智慧（或实践智慧）被认为是古希腊哲学家道德哲学的基本概念，但这三个概念背后有一个常被后人忽视的概念，那就是城邦或基本共同体。柏拉图注意到，"在建立我们的城邦时，我们关注的目标不是使任何一群人特别幸福，而是尽可能使整个城邦幸福"[1]。亚里士多德更明确地将研究政治问题的政治学置于更重要的地位，提出"关于道德的讨论就似乎不仅是政治学的部分，而且还是它的起点"[2]。先秦儒家则将共同体的完善作为个人德性和精神境界的修养的终极目标，即"身修而后家齐，家齐而后国治，国治而后天下平"（《礼记·大学》）。先秦道家尤其是老子所关注的主要是治世之道，提出"道常无为而无不为，侯王若能守之，万物将自化"（《老子》三十七章）。他所理想的社会"小国寡民"（《老子》八十章），是"圣人之治"的社会。古典思想家都意识到个人幸福虽然最终在于个人，但社群具有决定性的意义。不过，社群的意义不仅在于可给个人提供生活家园和基本生存保障，更在于可使人具有道德并追求人作为人应有的人生境界。古典思想家基本确立了政治哲学与道德哲学、精神哲学之间的关系格局，近现代虽然对此有所突破，但大多仍是着眼于人性及其特性来理解哲学的这三个实践学科及其关系。

---

[1] ［古希腊］柏拉图：《国家篇》，载《柏拉图全集》（增订版）中卷，王晓朝译，人民出版社2018年版，第115页。

[2] ［古希腊］亚里士多德：《大伦理学》，载苗力田主编《亚里士多德全集》第八卷，中国人民大学出版社1994年版，第241页。

在古今中西思想家中，对政治哲学的研究有两种进路或基本方法。一种是本体论的进路，即从反思和批判社群和人生的现实入手，为破解社会战乱和人类苦难两大难题而运用思辨方法构想和设定宇宙本体，并以宇宙本体为根据来揭示人类本性、社群本性以及政治本性。以这种进路建立的政治哲学具有深厚的本体论根基，它认为人类的这些本性都是善的或美好的，主张人类要复归或弘扬这些被现实玷污或损害的本性，从而最终实现社会的美好和个人的幸福。另一种是经验论的进路，即观察分析引起社会战乱和苦难的人类恶行，得出人类本性是恶的结论，主张建立国家（政治）来防范人类本性之恶必然导致的人与人之间的相互妨碍和伤害，从而建立人与人之间和平共处的社会秩序。中西古代思想家大多采取前一种研究方法，这是一种主张不断开发人性、完善人格并提升人生境界的内在超越的进路。后一种则是西方近现代一些哲学家采取的进路，他们不再以本体论为基础，其政治哲学的基础是社会契约论（包括作为依据的自然状态说和自然法理论）。这是一种主张运用外在的政治力量扼制人的恶性、防范人的恶行而不考虑人格完善和人生境界提升的外在约束的进路。在中外历史上，采取本体论进路的政治哲学为依据构建的政治暂无成功的先例，而采取经验论进路的政治哲学构建的政治则暴露出许多问题。西方近代以来的社会实践事实上已经证明这种政治哲学不可能给政治提供正确的规导，不可能消除社会战乱和人类苦难，且必然会导致人类生存危机。

此外，一谈到政治哲学就涉及它与政治学的关系。在19世纪80年代以前，只有亚里士多德明确在"政治学"的名义下研究政治哲学，其中也包含一些现代意义上的政治科学（作为社会科学的政治学）的内容，两者是混合在一起的，其他哲学家并没有对两者作区分。可以说，传统的政治学包含政治哲学和政治科学的内容。1880年美国哥伦比亚大学根据政治学家J.W.柏吉斯的倡议成立"哥伦比亚大学政治研究院"，政治科学从此就从传统的政治学中独立出来，获得了独立的社会科学学科地位。[①] 关于两者之间的关系有诸多不同的观点，以下这种观点为更多学者所认同："政治哲学不同于政治科学，其原因在于政治科学是经验性的和描述性的，它解释一个政府实际上是

[①] 参见王浦劬等《政治学基础》，北京大学出版社2018年版，第27页。

如何运作的，而政治哲学则是规范性的，它确立那些规定政府应如何运作的准则或理想的标准。"①需要指出的是，按照我们的观点，如果说政治科学的研究对象是政府或国家的话，政治哲学的对象则不只限于政府，而是政治尤其是其本性及其实践要求。②

四　中西政治哲学的异同

黑格尔说，"哲学是在发展中的系统，哲学史也是在发展中的系统"③，中国政治哲学与西方政治哲学就是人类历史上政治哲学的两个庞大系统或基本形态。它们于轴心时代应运而生，各自都经历了十分曲折的演进过程，其内容极其丰富而复杂。中西政治哲学彼此之间迥然有异，但差异之中亦有共通之处。

中西政治哲学的总体特征有很大的不同。中国政治哲学的历史演进一以贯之，始终以宇宙、天下、国、家、人及其关系问题为中心展开和沿革，具有历史演进的一贯性。中国政治哲学从诞生时起就有深厚的本体论根基，无论是儒家、道家还是其他诸家，其政治哲学都是基于远古以来形成的道观念或道德观念，具有理论根基的深厚性。中国政治哲学历来都是道德性政治哲学，道德哲学具有明显的政治性，政治哲学则具有鲜明的道德性。中国政治哲学的社会理想是尽善尽美的，同时又与人格理想相贯通，且把修身作为实现社会理想的根本，具有崇高性。中国政治哲学像中国文化一样，历来讲道统、讲认祖归宗，具有学术观点的归宗性。④

与中国政治哲学不同，西方政治哲学在演进的过程中不断有不同的文化

---

① ［英］尼古拉斯·布宁、余纪元编著《西方哲学英汉对照辞典》，人民出版社2001年版，第774页。

② 参见江畅、李君豪《论政治哲学与哲学的关系》，《烟台大学学报》（哲学社会科学版）2023年第4期。

③ ［德］黑格尔：《哲学史讲演录》第1卷，贺麟、王太庆译，商务印书馆1959年版，第33页。

④ 参见李婉芝、江畅《中国政治哲学的复杂意涵与总体特征》，《江汉论坛》2024年第1期。

传统加入，而这种加入又往往否定了先前的传统，其演进具有多源性和断裂性。西方不同时代，甚至同一时代的政治哲学所创立或依循的本体论大不相同，从包含社会本体在内的宇宙本体转变到单纯的社会本体，其理论根基具有多变性与迥异性。西方政治哲学史可以说是哲学家根据不同时代的时代精神或重大问题，致力于构想理想社会及其实现方案的历史过程，整体上兼备理想性和实践性。在西方多头思想文化渊源和断裂性历史演进过程中生长和发展的政治哲学，无论是从纵向看还是从横向看，其学术观点多种多样，甚至完全对立，具多元性与对立性。①

中西政治哲学经历了迥异的产生和历史演进过程。中国政治哲学在经过长达五千多年的悠久孕育过程后诞生于春秋时期，其创立者主要有老子、孔子、墨子和韩非子等人，他们创立了不同的政治哲学学派。此后，中国政治哲学大致经历了理论化（春秋战国时期）、经学化（汉代至唐代）、理学化（宋代至清代）、现代化（鸦片战争至今）四个历史阶段。中国政治哲学在理论化的过程中形成了各具个性的政治哲学体系，但伴随着皇权专制制度的建立，从多元走向了一元的政治化、官方化、意识形态化，政治哲学被包裹在经学之中。为满足皇权专制统治的需要，注疏经学成为政治哲学的主要任务。面对经学的衰落尤其是佛教和道教的强大冲击，宋代儒家建立理学以振兴传统儒家政治哲学，但仍然以汉儒所确立的专制主义伦理纲常为基本主张，并将其推向了极端。鸦片战争的爆发开启了中国政治哲学现代化的进程，马克思主义政治哲学在中国传播并同中国政治实际相结合、同中华优秀传统政治文化相融合，逐渐创造了一种在本质上不同于西方现代政治哲学的中国特色现代政治哲学。改革开放之后，作为学科形态的政治哲学在中国兴起并获得了快速发展，形成了以中国化马克思主义政治哲学为主导、政治哲学学术繁荣发展的当代中国政治哲学新格局。②

---

① 参见江畅《西方政治哲学的复杂意涵与总体特征》，《武汉大学学报》（哲学社会科学版）2023 年第 3 期。

② 参见江畅《中国政治哲学的产生和历史演进》，《贵州师范大学学报》（社会科学版）2023 年第 3 期。

总　序

西方政治哲学的渊源虽然可以追溯到公元前 2800 多年前的米诺斯文明，但其真正的源头是《荷马史诗》，其孕育期不过 600 多年。苏格拉底被公认为西方政治哲学的鼻祖，他和柏拉图创立了第一个政治哲学体系，其后的历史演进大致上可划分为四个时期：理论化时期（公元前 5 世纪至基督教诞生）、宗教化时期（基督教诞生至 17 世纪）、现代化时期（14 世纪至 19 世纪）和学科化时期（19 世纪至现代）。西方政治哲学经过神学化的异化由马基亚维里开启现代化进程，其根本特征在于不再从宇宙本体演绎人类本性，而是通过观察和分析人类行为和社会现实得出人性恶的结论，并主张运用政治权力建立法律来遏制恶性，从而维护社会秩序。与中国政治哲学相比较，西方政治哲学的孕育时期短，诞生时间晚，理论化时间短，而现代化起步早。到 19 世纪 80 年代，作为社会科学分支的政治科学（今天所谓的政治学）正式诞生，西方政治哲学与政治科学发生分离，成为相对独立的哲学专门学科。①

中西政治哲学关注的主要问题差异相当大。中国政治哲学以家、国、天下、民众一体为研究对象，以社会和谐为研究取向，关注的问题不仅仅局限于国家，而是社会的各个方面。中国政治哲学重点关注的主要问题可大致上划分为"道"与"德"、理想人格与理想社会、差序格局与众生平等、家国天下的关系、王道与霸道、尚民爱民与人民至上、内圣外王与人民民主，以及德治、礼治与法治等问题。但是，对于这些问题的研究，中国政治哲学和政治学并无明显的界限，事实上中国历史上不少政治哲学家同时也是政治学家，有的还同时是政治家，即使在今天两者之间的界限也不十分分明。中国政治哲学尤其是传统政治哲学注重运用经验体悟、理智直觉和思辨构想一体的方法，基于对宇宙本体来构想社会本体，基于社会本体来谋划社会理想及其实现。②

与中国政治哲学不同，西方政治哲学以国家为主要研究对象，以为国家

---

① 参见江畅《西方政治哲学的产生与历史演进》，《当代中国价值观研究》2022 年第 5 期。

② 参见江畅《中国政治哲学重点关注的八大问题》，《湖北社会科学》2023 年第 2 期。

治理提供社会理想、价值目标、核心理念和基本原则为主要使命，重点关注和研究理想社会、社会公正、国家产生的正当性及其应然本质、政体和制度的合理性、权力的合法性和制约、法治的重要性及其与自然法的关系、公民社会及其与国家的关系、公民的德性和权利等问题。西方政治哲学从总体上看是以怎样使社会问题重重的现实国家变成好社会为核心主题展开的，社会公正以及对其有决定性意义的社会制度问题是其关注的焦点。西方政治哲学主要运用思辨方法研究和回答政治哲学问题，只不过不同时代研究的着眼点有很大的差异。西方古代哲学家主要是从宇宙本体引申出社会本体或社会本性（如苏格拉底从宇宙的善目的引申出社会的善目的），进而谋划好社会及其构建，西方近现代哲学家则从他们所想象的人类原初状态引申出社会状态，进而论证好社会应该怎样以及如何构建。①

　　从以上中西政治哲学的主要差异可以看出，它们的异中也有同。这种"同"可简单归结为三个方面。其一，它们都是思想家为了拯救生民于水火而创立的。在极其苦难的轴心时代，那时的哲学家们对天下生民充满怜悯、同情、炽爱，终生致力于寻求解救生民、使芸芸众生过上好生活的道路。为此，他们著书立说、进谏君王、聚徒讲学，中西政治哲学由此诞生。其二，它们都是研究和回答全体社会成员如何过上整体生活（life as a whole）幸福的问题。在中西古典政治哲学家看来，人类生存不是既定的，而是不断追求更好的；更好生存不是某一方面的，而是整体性的，是整体生活（life as a whole）的完善，即幸福。② 他们都认为，政治哲学的初衷和使命就是要揭示政治的真实本性及其实践要求，在此基础上研究回答如何实现全体社会成员的普遍幸福问题。其三，它们都发生过屈从现实政治而忘却其初衷和主旨的问题。轴心时代以后，中西政治哲学都曾步入歧途：在西方主要是屈从基督教教会统治的需要，后来又为资产阶级政治需要所绑架；在中国则是屈从大一统的专制政治的需要。不过，"青山遮不住，毕竟东流去"，今天人类命运共同体的

---

　　① 参见江畅《西方政治哲学重点关注的八大问题》，《理论月刊》2022年第8期。

　　② 这种幸福不是欲望满足意义上的幸福（happiness），而是通过人性充分开发获得完善人格并使之见诸生活的整体生活幸福（eudaemonia）。

构建客观上要求政治哲学弘扬其初衷和使命，为世界永久和平和人类普遍幸福的实现作出谋划并提供规导。

五　中西政治哲学的价值与局限

中西政治哲学内容丰富而深刻，堪称人类政治哲学史上的双雄，为人类政治哲学的发展和政治实践的完善留下了丰厚而宝贵的思想资源，并将持续对整个人类发展产生深远影响。中西政治哲学史上的成果虽有其局限和不足，但更具有重要的学术价值和实践意义。中西政治哲学的价值和贡献不尽相同，但它们具有相通性、互补性、可融通性，可以为今天构建面向世界共同体的新时代政治哲学提供基础、起点和参照。

中国政治哲学构想并追求的世界大同理想社会，可以成为人类政治文明发展的价值取向。春秋战国时代诸子百家中多家都有对理想社会的构想，儒家创始人孔子构想的大同社会最具生命力和影响力。孙中山第一次明确将大同社会作为政治目标，称"真正的民生主义，就是孔子所希望之大同世界"[①]；习近平同志代表中国共产党向世界宣告"我们所做的一切都是为人民谋幸福，为民族谋复兴，为世界谋大同"[②]。"大同"社会理想具有真理性、合理性，中国提出的构建人类命运共同体倡议在世界上得到广泛而热烈的响应，表明"世界大同"是人间"王道"，反映了人类文明发展的必然趋势。

中国政治哲学关于身家国天下一体有机统一的理论，可以为世界共同体构建提供中国模式和中国方案。家庭、国家、世界是人类从分离的原始人群走向更大共同体的三大步骤，是人类形成更大创造力量、扩展更大活动空间、过上更丰富的物质和文化生活的历史进程。中国传统政治哲学主张构建的身家国天下一体的社会结构是一种递进积累的社会结构，它将会成为人类社会或世界共同体的未来基本架构。中国政治哲学为当代世界共同体提供了中国智慧和中国经验，为人类政治文明增辉添色。

[①]　孙中山：《三民主义》，东方出版社2014年版，第222页。
[②]　《习近平会见联合国秘书长古特雷斯》，《人民日报》2018年4月9日，第1版。

中国政治哲学提出的一系列深层次的哲学观念，可以作为解决当代中国和人类社会现实政治问题的基本理念和原则。两千多年来，中国政治哲学家提供了诸多重要的核心政治理念和基本政治原则，其中最为重要的有"天下为公""天下太平""人民至上""德法兼治"。中国政治哲学具有深厚的本体论根基，并从身家国天下的广阔视域研究政治，其理论原则由于能在更深层次上解决问题而更具普适性。这些核心理念和基本原则是政治治理活动不可违背的，一旦违背，就会导致黄炎培先生所说的"政息人亡"。

中国政治哲学高度重视廉洁自律和廉政建设研究，为人类政治清明提供了丰富的思想资源和充分的理论依据。英国思想家阿克顿说："权力趋向腐败，绝对权力绝对腐败。"[1] 中国传统社会是王权专制社会，秦代之前是封建专制社会，之后是皇权专制社会，由于政治权力高度集中，贪污腐败、滥用权力的问题屡禁不止，而且上行下效，常呈愈演愈烈之势。反腐防腐是中国传统政治的艰巨任务，也是君王和学者极为关注的问题，积累了丰富的理论知识和实践经验。人类在相当长的时期内都不可能彻底铲除腐败这颗政治毒瘤，因此中国政治哲学廉政建设方面的理论成果可以为其他国家反腐防腐提供重要经验和有益启示。[2]

西方政治哲学为政治存在的合理性提供哲学论证，促进了人类的政治自觉，坚定了人类的政治自信。西方古典政治哲学家面对统治者在国家治理上面临严重困境的时代问题，一方面竭力论证人类从亲情社会走向政治社会的必然性和国家治理（政治）的合理性；另一方面努力构想人类必然进入的政治社会应当是什么样的社会。西方早期哲学家对政治存在的合理性的论证在后来得到了普遍认可，并深深扎根于西方人的内心深处。在此后的西方历史上除个别思想家（如19世纪德国哲学家麦克斯·施蒂纳），几乎没有重要思想家是无政府主义者。

西方政治哲学所论证和阐明的政治目的、价值及其与社会美好、人生幸

---

[1] 转引自许良英《也谈阿克顿的名言》，《炎黄春秋》2010年第7期。
[2] 参见江畅《中国政治哲学的贡献、经验与当代任务》，《政治学研究》2023年第6期。

福的内在关联，为人类的政治活动指明了方向。西方思想家创立政治哲学的重要目的之一就是要弄清政治对于人类和社会应具有什么样的价值，现实的政治是否具有这种价值，以及如何使现实的政治具有这种应该具有的价值。政治哲学家通过将政治与社会成员的人生及其生活于其中的社会关联起来，得出了以下真理性的结论：只有政治才有可能为社会成员确立共同的社会理想；只有运用政治的力量才有可能实现某种理想社会方案；只有政治才能给共同体及其成员提供生命保障，以应对外敌侵略、内部倾轧和重大的天灾人祸。这些结论为西方政治文明发展指明了方向。

西方政治哲学对以国家为形式的政治社会的深层次问题的回答，为当代社会现实政治问题的解决提供了理论方案和前瞻性经验。西方社会一进入文明社会就进入了以国家为形式的政治社会，从此，国家就成为政治哲学家关注的主要对象。围绕如何治理好国家问题，西方政治哲学家研究回答了国家产生的正当性及其应然本质等诸多重大政治问题。他们的研究成果为西方国家治理逐渐走向现代化与完善提供了不尽相同的、可供选择的答案。它使西方人懂得了应该选择的最好社会是什么，懂得了如何走向这样的社会，懂得了国家治理应有的价值取向、能动作为和合理限度。

西方政治哲学所揭示的国家治理必须遵循的应然法则和基本原则，为人类政治实践活动提供了规范和契合实际的指导。西方政治哲学家通过哲学思辨方法揭示了诸多政治活动的应然法则，这些法则是国家治理活动中应遵循的价值真理。其中，最重要的有四条：社会成员应该自由平等；社会应当由其全体成员共同治理，即所谓民主；社会成员治理国家的权力应当体现为法律的权力；政治权力应当受到有效制约。这些法则虽然具有应然性，但也具有不可替代的实践价值。国家治理若不遵循它们，即使社会还能维持下去，也难以达到理想状态。[①]

中西政治哲学也存在不少局限甚至糟粕。例如，中国政治哲学存在对政治的本性及其实践要求缺乏系统构建，重视对权力的外部制约和掌权者的自

[①] 参见李婉芝、江畅《西方政治哲学的价值、局限及启示》，《江苏行政学院学报》2024年第1期。

我制约而对权力内部的相互制衡没有给予充分的重视，关注个人德性和人格但对个人政治权利关注不够等问题。西方政治哲学也存在诸如缺乏天下情怀，轴心时代以后不重视政治本然本质的探讨，忽视国家的实体和主体性质，对西方历来存在的霸权主义、强权政治问题缺乏应有的反思和批判等局限。今天，深化政治哲学研究要克服中西政治哲学的局限和问题，立足于宇宙本体和人类本性揭示政治的本性及其实践要求，着眼于整个世界和人类未来寻求政治哲学真理，从根本和总体上研究和回答社会现实中的重大问题。

六 《中西政治哲学通史》撰著的宗旨、目标、原则及总体框架

黑格尔说："哲学有一个显著的特点，与别的科学比较起来，也可说是一个缺点，就是我们对于它的本质，对于它应该完成和能够完成的任务，有许多大不相同的看法。"① 正因如此，他指出，研究哲学史比研究任何别的科学更必须有一个导言，首先把需要讲述的哲学史的对象正确地加以规定，否则我们最终可能会编撰出"卷帙浩繁"，甚至"学问广博"的哲学史，而哲学家所费力寻求的关于哲学实质的知识反而没有。正是基于哲学和哲学史大家黑格尔的警示，我们团队根据本通史研究的目的，经过反复商讨，形成了撰著本通史的宗旨、目标和原则的共识，以作为各位作者在撰著时的基本遵循。对于《中西政治哲学通史》撰著来说，确定共同的历史观至关重要，"只有当我们能够提出一个确定的史观时，历史才能得到一贯性"②。如果说前文所述乃本通史撰著的"史观"，那么以下所述的宗旨、目标和原则可视为这种"史观"的具体体现。

我们为《中西政治哲学通史》撰著确立的宗旨是：通过深入挖掘、整理

---

① ［德］黑格尔：《哲学史讲演录》第1卷，贺麟、王太庆译，商务印书馆1959年版，第5页。
② ［德］黑格尔：《哲学史讲演录》第1卷，贺麟、王太庆译，商务印书馆1959年版，第5页。

自古至今相关文献，阐释中西不同时代重要思想家政治哲学思想观念的实质内涵和丰富内容，从历史与逻辑相结合上再现不同时代、不同思想家的政治哲学思想观念体系和整体风貌，揭示中西政治哲学思想观念的深层结构和演进规律，对中西政治哲学思想观念作出实事求是的公正评价，努力推出既具有政治哲学学科属性又具有政治哲学学术史属性的学术研究成果。

《中西政治哲学通史》撰著要达到如下目标：为我国政治哲学研究提供资料可靠、内容翔实、论证充分、观点正确、评价公允，兼具重要资料价值、学术价值和思想价值的原创性中西政治哲学思想通史，为中国特色政治哲学体系构建和完善提供丰厚的学术滋养和历史经验，提升中国政治哲学的知识化、专业化、学术化水平与国际话语权，为中国特色社会主义道路提供合法性依据（中国部分）和有益借鉴（西方部分），深刻理解并积极回应人们对自古至今的政治哲学思想家为什么重要、我们今天为什么还要研究他们的思想的问题关切。

《中西政治哲学通史》撰著遵循五条基本原则。

守正创新原则。运用哲学价值论和政治哲学原理审视和阐释中西政治哲学历史传统和主要范畴，突出问题意识，努力做到史论结合，追求学术原创，推动理论创新，而非就事论事地陈述，形成研究团队共同的基本立场和价值取向，铸造通史灵魂和通史精神，使之自成一体并独具特色，防止各自为政，自说自话。

忠于元典原则。在深入研读政治哲学家本人原著的基础上撰著，研读他们本人原著以得到公认的学术元典为重点，严格按照他们本人留下的著作阐述其思想，力求根据原著说话，同时也要吸收和回应后世尤其是当代学者对古今政治哲学思想所作的经典性阐释，既注重挖掘和阐发思想家的原创思想，也注重与相关研究者进行平等的对话和讨论，以推进相关研究的深化。

突出重点原则。中西具有政治哲学思想的思想家不胜枚举，不可能在一套书中全都涉及，本通史以思想大家为重点，从与其相关的角度兼及其他思想家。就思想大家而言，也以其有历史影响的政治哲学思想为核心，突出他们思想的价值和特色。

客观论述原则。以政治哲学家生活的时代、经历、思想的演进和原著为依据阐述他们的学术观点和思想体系，力图再现思想家政治哲学思想的原貌，揭示其思想的来龙去脉和内在逻辑，不妄加评论和随意指责。

总体观照原则。拓宽学术视野，既把思想家的政治哲学思想置于其所处时代的思想图景中予以深刻考察，亦注重思想家之间的沿革与关联，同时还要从总体上考察和把握思想家政治哲学思想的内在结构和心路历程，注重历史观照性，努力使所阐述的思想家的政治哲学思想具有历史感和真实感。

中西政治哲学通史总共安排了二十卷，最初只是设想，后来在落实的过程中，发现中西方各安排十卷还比较合适。不过，后来因一些原因，《中国政治哲学通史》最后确定为九卷。为了读者对中西政治哲学通史有一个总体的把握，特别安排了总论卷。整部通史包括《中西政治哲学通史·总论卷》；《中国政治哲学通史》九卷，即夏商西周卷、春秋战国卷（儒墨家）、春秋战国卷（道法诸家）、秦汉卷、魏晋隋唐卷、宋元明卷、清代卷、民国卷、共和国卷；《西方政治哲学通史》十卷，即古希腊卷、古罗马卷、中世纪卷、文艺复兴卷、近代英美卷、近代法国卷、近代德国卷、现代德法卷、现代美英卷、西方马克思主义卷。

最后需要特别指出的是，在通史启动编撰一年多以后，2024年1月国务院学位委员会第一次将政治哲学列入我国研究生招生专业目录。① 从此，政治哲学正式成为哲学一级学科中的九个二级学科之一，这对于中国哲学和政治哲学界来说是值得庆贺的大事！通史的编撰对政治哲学正式确定为哲学的二级学科起到了推动作用，也为政治哲学的未来发展奠定了坚实基础。

---

① 参见《研究生教育二级学科，发布!》，中国教育在线，2024年1月26日。https://baijiahao.baidu.com/s?id=1789107576020792514&wfr=spider&for=pc。

目 录

导论 现代政治哲学的兴起 1
  一 20世纪西方的政治经济背景 2
  二 从实用主义到政治哲学的兴起 4

第一章 实用主义 9
第一节 早期实用主义 9
  一 实用主义哲学 10
  二 詹姆士的自我观及宗教观 13
第二节 杜威的政治哲学 25
  一 权威与自由 26
  二 新旧个人主义 37
第三节 罗蒂的政治哲学 45
  一 真理观转向 46
  二 自由与自由主义 50
  三 民主政治优先于哲学 66
  四 种族中心主义 72

第二章 伯林与哈耶克 85
第一节 以赛亚·伯林 86
  一 自由与责任 86
  二 消极自由与积极自由 105
  三 多元主义与消极自由 129

第二节 哈耶克ㆍㆍㆍ 140
    一 真伪个人主义ㆍㆍ 140
    二 秩序与自由ㆍㆍㆍ 151
    三 社会正义论批判ㆍㆍ 174

第三章 罗尔斯ㆍㆍㆍ 180
第一节 社会契约与初始位置ㆍㆍㆍㆍㆍㆍㆍㆍㆍㆍㆍㆍㆍㆍㆍㆍㆍㆍㆍㆍㆍㆍㆍㆍㆍㆍㆍㆍㆍㆍㆍㆍㆍㆍㆍㆍ 180
    一 古典社会契约论ㆍㆍ 181
    二 初始位置ㆍㆍㆍ 185
第二节 两个正义原则ㆍㆍㆍ 197
    一 基本自由及其优先性ㆍㆍㆍㆍㆍㆍㆍㆍㆍㆍㆍㆍㆍㆍㆍㆍㆍㆍㆍㆍㆍㆍㆍㆍㆍㆍㆍㆍㆍㆍㆍㆍㆍㆍㆍ 199
    二 第二正义原则ㆍㆍ 222
第三节 重叠共识与公共理性ㆍㆍㆍㆍㆍㆍㆍㆍㆍㆍㆍㆍㆍㆍㆍㆍㆍㆍㆍㆍㆍㆍㆍㆍㆍㆍㆍㆍㆍㆍㆍㆍㆍㆍㆍ 231
    一 重叠共识ㆍㆍㆍ 233
    二 公共理性ㆍㆍㆍ 247
第四节 万民法与全球正义ㆍㆍㆍㆍㆍㆍㆍㆍㆍㆍㆍㆍㆍㆍㆍㆍㆍㆍㆍㆍㆍㆍㆍㆍㆍㆍㆍㆍㆍㆍㆍㆍㆍㆍㆍㆍㆍㆍㆍ 255
    一 两种正义ㆍㆍㆍ 255
    二 两层次联盟ㆍㆍ 261
    三 战争正义问题ㆍㆍ 267

第四章 诺齐克与德沃金ㆍㆍ 272
第一节 诺齐克ㆍㆍ 273
    一 自然状态与保护性团体ㆍㆍㆍㆍㆍㆍㆍㆍㆍㆍㆍㆍㆍㆍㆍㆍㆍㆍㆍㆍㆍㆍㆍㆍㆍㆍㆍㆍㆍㆍㆍ 274
    二 最弱意义的国家ㆍㆍㆍ 280
    三 资格正义ㆍㆍㆍ 295
    四 对罗尔斯的批评ㆍㆍ 303
第二节 德沃金ㆍㆍ 319
    一 福利平等与资源平等ㆍㆍㆍㆍㆍㆍㆍㆍㆍㆍㆍㆍㆍㆍㆍㆍㆍㆍㆍㆍㆍㆍㆍㆍㆍㆍㆍㆍㆍㆍㆍㆍㆍㆍㆍ 319
    二 自由的地位ㆍㆍㆍ 350

第五章　麦金太尔与桑德尔 ………………………… 364

第一节　麦金太尔 ………………………………… 364
一　传统共同体观念 ………………………… 365
二　正义：在历史中演变的观念 …………… 375
三　对罗尔斯和诺齐克正义观点的批评 …… 391

第二节　桑德尔 …………………………………… 398
一　对罗尔斯正义理论的批评 ……………… 399
二　共和主义与政治中立性 ………………… 415

第六章　泰勒与沃尔泽 …………………………… 427

第一节　查尔斯·泰勒 …………………………… 428
一　共同体与自我 …………………………… 428
二　承认政治 ………………………………… 447

第二节　迈克尔·沃尔泽 ………………………… 455
一　共同体与成员资格 ……………………… 455
二　战争正义 ………………………………… 463

结　语 ………………………………………………… 478

主要参考文献 ………………………………………… 481

人名术语索引 ………………………………………… 484

后　记 ………………………………………………… 490

Contents

Introduction to the Rise of Modern Political Philosophy ·············· 1
   1. The Political and Economic Background of the West in the
      20th Century ·············· 2
   2. From Pragmatism to the Rise of Political Philosophy ·············· 4

Chapter 1 Pragmatism ·············· 9
   1. Early Pragmatism ·············· 9
      (1) Pragmatist philosophy ·············· 10
      (2) William James' Self view and Religious View ·············· 13
   2. John Dewey's Political Philosophy ·············· 25
      (1) Authority and Freedom ·············· 26
      (2) New and old individualism ·············· 37
   3. Richard Rorty's Political Philosophy ·············· 45
      (1) The Turning of Truth View ·············· 46
      (2) Freedom and liberalism ·············· 50
      (3) Democracy has priority to philosophy ·············· 66
      (4) Ethnocentrism ·············· 72

Chapter 2 Isaiah Berlin and Hayek ·············· 85
   1. Isaiah Berlin ·············· 86
      (1) Freedom and Responsibility ·············· 86
      (2) Negative Freedom and Positive Freedom ·············· 105

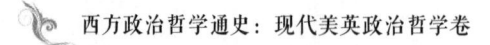

（3）Pluralism and Negative Freedom ·········· 129

　2. Friedrich Hayek ·········· 140

　　（1）True and False Individualism ·········· 140

　　（2）Order and Freedom ·········· 151

　　（3）Criticism of Social Justice ·········· 174

Chapter 3 John Rawls ·········· 180

　1. Social Contract andoriginal Position ·········· 180

　　（1）Classical Social Contract Theory ·········· 181

　　（2）Original position ·········· 185

　2. Two Principles of Justice ·········· 197

　　（1）Fundamental freedoms and their priority ·········· 199

　　（2）The Second Principle of Justice ·········· 222

　3. Overlapping Consensus and Public Rationality ·········· 231

　　（1）Overlapping consensus ·········· 233

　　（2）Public rationality ·········· 247

　4. Civil Law and Global Justice ·········· 255

　　（1）Two types of justice ·········· 255

　　（2）Two level alliance ·········· 261

　　（3）The issue of war justice ·········· 267

Chapter 4 Nozick and Dworkin ·········· 272

　1. Robert Nozick ·········· 273

　　（1）Natural state and protective groups ·········· 274

　　（2）The weakest country in terms of meaning ·········· 280

　　（3）Entitlement justice ·········· 295

　　（4）Criticism of Rawls ·········· 303

　2. Ronald M. Dworkin ·········· 319

　　（1）Welfare equality and resource equality ·········· 319

  (2) The status of freedom ……………………………………… 350

Chapter 5 Alasdair MacIntyre and Michael Sandel …………………… 364
 1. Alasdair MacIntyre ……………………………………………… 364
  (1) Traditional community concept ………………………………… 365
  (2) Justice: Concepts Evolved in History ………………………… 375
  (3) Criticism of Rawls and Nozick's views on justice …………… 391
 2. Michael Sandel ………………………………………………… 398
  (1) Legitimacy and goodness ……………………………………… 399
  (2) Republicanism and political neutrality ……………………… 415

Chapter 6 Charles Taylor and Michael Walzer ……………………… 427
 1. Charles Taylor ………………………………………………… 428
  (1) Community and Self …………………………………………… 428
  (2) Recognizing politics …………………………………………… 447
 2. Michael Walzer ………………………………………………… 455
  (1) Community and Membership ………………………………… 455
  (2) War justice …………………………………………………… 463

Eqilogue ……………………………………………………………… 478

References …………………………………………………………… 481

Index of Personal Names and Terminology ……………………………… 484

Postscript …………………………………………………………… 490

导论　现代政治哲学的兴起

"政治哲学"顾名思义，是以人类社会的政治现象为基本研究对象的哲学。一般人理解的政治，好像是只有政府才可称为与政治密切相关的领域。然而，从亚里士多德以来的西方政治学或政治哲学，都把全体公民或城邦全体公民看成在政治概念的思考范围之内。当毛泽东同志说，你们要关心国家大事时，实际上也是在全体国民的意义上强调政治对于全体国民的意义与价值。因此，政治并不仅仅是指政府，虽然政府处于社会政治的中心地位。如果仅从政府作为社会政治中心的地位看，同样也离不开它与全体国民的关系。任何政府都不可能离开一个国家的国民而存在，并且，恰恰就是因为有着不同阶级、不同利益群体的存在，从而需要一个超越（即使是表面上的超越）任何阶级和社会利益集团而凌驾于社会之上的管理机构，这个机构就是政府。在马克思主义看来，国家机器既有着体现统治阶级意志的功能，也有着维持社会秩序的功能。在这个意义上，政府或国家机器就是一个超越不同阶级利益的社会管理机构。并且，随着人类社会的发展和阶级的渐次衰亡，后一个功能会得到越来越重要的发展。然而，对于这样一个政治中心，则有着一个从哲学上进行论证的问题，即，什么样的政府或政治机构是合理或合法存在的？或人类历史上所出现的国家机器都具有道德合理性或可以得到合法辩护吗？这样的问题是政治的根本问题所在，这就是社会基本制度的正义问题以及如何看待国民在国家中的地位问题（臣民或公民），相应派生的一系列正义问题，如机会公平、分配正义、教育公平、医疗公平，等等。而这就是政治哲学所要研究的。

现代美英政治哲学主要是指20世纪的美英政治哲学，然而，20世纪政治哲学的热潮又主要是由于罗尔斯《正义论》（*Theory of Justice*）的发表而产生的，首先在美英等国家，而后则波及全球的学术热潮。进入 21 世纪之后，现代政治哲学在罗尔斯之后仍然在发展。本卷则主要讨论 20 世纪的美英政治哲学。

一　20 世纪西方的政治经济背景

自从 17 世纪西方第一次工业革命以来，资本主义经济经过几个世纪的发展，社会生产力和社会经济都已经有了巨大的发展。资本主义通过世界市场的开拓，到 20 世纪已经成为整个世界经济增长的主要力量。几百年来的世界经济的发展，主要是世界性资本主义经济的发展，也是西方国家依靠经济力量和先进的科学技术力量和军事力量来征服世界的历史，而进入 20 世纪，也是世界殖民地国家、半殖民地国家和地区开始民族觉醒、民族革命和阶级革命的历史时期。20 世纪伊始，是西方主要的资本主义国家相继步入垄断资本主义的发展阶段，是人类历史上的重要转折点。资本主义经济的发展以及主要资本主义国家国内阶级矛盾的尖锐化。同时，资本主义国家与殖民地、半殖民地的民族矛盾以及阶级矛盾进一步激发。20 世纪 30 年代世界性经济危机，是这种矛盾空前激烈的标志。同时，在 20 世纪上半叶，政治经济矛盾的加剧首先是导致第一次世界大战的爆发，其次是第二次世界大战的爆发。20 世纪上半叶欧洲大陆战云密布，尤其是第二次世界大战，德国法西斯主义和日本帝国主义所发动的侵略战争，给欧洲国家和人民，以及亚洲国家和人民带来了深重的灾难，尤其是德国法西斯主义上台，在发动第二次世界大战的同时，对于犹太人进行了种族灭绝的大屠杀。世界大战和种族屠杀的大灾难使所有进步人类感到震惊，人类文明的成就是否就要被野蛮毁于一旦？第二次世界大战结束后，全世界爱好和平的国家代表聚集在一起，商谈着如何使人类停止自毁的罪恶战争，使得人类文明能够在现代如此发达的科学技术进步的条件下保持和昌盛下去，这就是联合国成立的初衷。《联合国宪章》第一章第一条第一款说："维持国际和平及安全；并为此目的采取有效集体办法，以防止且消除对于和平之威胁，制止侵略行为或其他和平之破坏；并以和平方法且依正义及国际法之原则，调整或解决足以破坏和平之国际争端或情势。"① 为了人类的世代繁荣和世界永久和平，从而永久消除世界战争的祸害，而成立联合国这一国际组织，表明了进步人类维护世界持续和平的决心与努力。

第二次世界大战之后，一方面，和平带来了世界经济的快速发展，尤其是饱受战争灾难的发达的西方国家得到了发展的历史机遇；另一方面，世界进入"冷战"时期，美苏争霸以及西方与苏联和以苏联为首的社会主义阵营处于长期的对峙竞争状态，伴随这一状态的瓦解，苏东易帜之后，世界进入新的历史时期，随着新兴科学技术的发展、信息科技的发展和新经济全球化的发展，世界经济亦进入新的发展时期。同时，美苏两大霸权主宰的国际竞争已经不复存在，亚洲四小龙作为20世纪后半叶的新经济增长成就的代表，标志着世界经济的发展进入了一个发展中国家经济增长和发展的新的历史时期。中国改革开放以来，以中国为代表的发展中国家进入一个经济快速增长的历史时期，世界政治经济进入一个多边主义的时代。

第二次世界大战后既是西方资本主义经济快速发展的历史时期，也是社会矛盾的激发时期。第二次世界大战后，虽然没有发生影响到全局性的世界大战，但局部战争不断，尤其是美国在越南的战争，对于美国20世纪六七十年代的政治和社会有着十分重大的影响。打了将近20年的越南战争，在美国激起了强烈的反战情绪和反战示威活动，也严重影响了美国青年对人生和社会的看法。人们普遍感到焦虑、迷茫与恐惧。美国20世纪60年代以来，流行着"嬉皮士"或"垮掉的一代"的说法，反映了美国青年普遍的反战情绪和对资本主义社会失望的情绪。美国社会的反战情绪以及青年一代对资本主义制度的怀疑，深刻地影响到了政治哲学层面，这也是以罗尔斯为代表的当代政治哲学家将正义作为其基本研究主题的深刻背景。

20世纪50年代以来，战争经济开始复苏并出现了高速发展的趋势。在社会经济发展、美苏争霸和资本主义与社会主义两个阵营竞争的背景下，西方开始全面实行福利国家制度。福利国家制度或社会保障制度被认为是有着更多社会主义因素或色彩的制度。英国是西方最早实行社会保障制度的国家，

---

① 《联合国宪章》，联合国官网，https://www.un.org/zh/about-us/un-charter。

1601 年英国就颁布了《济贫法》。而在两个阵营的竞争过程中,资本主义国家也开始向苏联学习。苏联在 20 世纪 30 年代就已经开始实行国家福利制度,西方资本主义国家在竞争中也在向苏联学习,从而进一步发展了自己的福利国家制度或社会保障制度。"二战"后到 20 世纪 70 年代,英国的社会保障制度得到全面的发展,英国的社会保障制度为其公民提供了"从摇篮到墓地"的全方位的生活保障。20 世纪二三十年代的经济危机或经济大萧条对美国的经济和社会稳定造成了严重的冲击,社会保障也就成了非常急迫的严重问题。此后,美国政府采取了一系列措施(包括 1935 年美国国会通过的《社会保障法》),在经济发展的过程中逐步完善其社会保障制度,其制度范围涵盖了社会保险、社会福利以及社会救济等方面,而最重要的社会保险包括了养老保险、医疗保险、失业保险和工伤保险等。经济的发展也使得西方资本主义国家有着可以实行社会保障和国家福利制度的经济条件,即可以从社会财富中拿出一部分钱来给予穷困者或在市场经济中的竞争失败者,使他们能够有着最低的生活保障。然而,西方国家在逐步完善社会福利和社会保障过程中,却出现了社会福利和社会保障的财政赤字问题。同时,由于福利制度无所不包,在西方福利国家的实行过程中,又出现了国家包养懒汉的现象。[①] 这在哲学上产生的问题就是,如何为其进行辩护?福利国家制度是否合乎资本主义经济制度的要求?它是正义的吗?或它的正当合理性在哪里?

二 从实用主义到政治哲学的兴起

在 20 世纪早期,英国和美国的哲学界虽然没有对后世影响巨大的政治哲学思想,但并非没有政治哲学思想。从历史追溯的意义上看,这就是美国实用主义的政治哲学思想。在对现代西方的政治哲学的讨论中,实用主义的哲学家多数都不是主角,但不可否认,在实用主义的哲学家中,仍然有着重要的政治哲学思想,这主要是早期的杜威和后期的罗蒂。早期美国的实用主义政治哲学思想是以杜威为代表的,杜威是美国 20 世纪二三十年代重要的哲学

---

① 参见章俊涛《超级的"大锅饭"——美国社会福利制度》,《上海金融》1988 年第 9 期。

家、教育家和实用主义思想家。不过，虽然他的建树是多方面的，但他的主要贡献更多是作为一个教育学家而作出的。他的教育思想中包含着丰富的哲学思想，尤其是政治哲学思想。杜威是美国实用主义思想的继承人，他在继承皮尔士、詹姆士的实用主义思想的同时，进一步推进了实用主义，并将其运用到教育哲学等领域。实用主义在杜威之后式微，首先在于实用主义反对哲学的专业化，而第二次世界大战后的美国恰恰处于哲学专业化发展的时期。第二次世界大战时期德国和奥地利许多哲学家为了逃避希特勒法西斯的迫害纷纷来到美国，如卡尔纳普、赖辛巴赫、亨特尔等，他们的到来带来了一种纯粹、严格和精确的逻辑分析方法和精神，很快地，逻辑实证主义便主导了美国的哲学舞台，而实用主义则被挤到了哲学舞台的边缘。20世纪六七十年代，实用主义又有了复兴的趋势，虽然不能与詹姆士杜威时代具有压倒性的实用主义相比。在实用主义复兴的趋势中，首先值得一说的是奎因（又译为"蒯因"）的著名论文《经验主义的两个教条》（1951），在这篇重要论文中，奎因重新举起了实用主义的大旗。此后，像伯因斯坦、戴维森、普特南、罗蒂等人都是新实用主义者，而在这些人中，罗蒂的实用主义的政治哲学最值得关注：他继承和发展了实用主义，并且提出了自己的政治哲学思想。罗蒂提出了"后哲学文化"的观念，通过对后哲学文化观念的阐发，他提出了一种相对主义的政治哲学观。

罗蒂的政治哲学在罗尔斯政治哲学的兴起中渐次退出人们注视的中心。当然，在英美学术界还有伯林仍在关注和发表政治哲学的观点，如他的著名的"两种自由"论，还有作为经济学家、法学家的哈耶克也有着重要的政治哲学观点，如他的自生自发秩序的观点。1971年，罗尔斯发表他的重要著作《正义论》，从根本上改变了20世纪政治哲学研究的状态。在罗尔斯之后，围绕着罗尔斯的正义理论，首先是西方国家的学术界，然后是世界各地的学术界都展开了绵绵不绝并且热烈的讨论，这一讨论可以说持续了几十年之久。由于罗尔斯的论著的成功所激发的政治哲学的热潮，这可说既是理论的需要，也是应对当代重大社会问题的迫切需要。正义问题虽然自古希腊以来就是西方政治哲学的重心所在，然而，当代社会发展已经到了需要人们来重点关注正义问题的历史关键时刻。就理论需要而言，对正义问题的关注意味着摆脱长期以来分析哲学重心在于语言分析而超脱于现实的倾向，即人们开始转变以往的仅仅专业化的哲学分析而面向时代问题。这也可以看作实用主义趋向在当代复兴的一个反映。这是因为，实用主义的重心就是从理论到行动，或者说，实用主义的理论基点就是面向社会现实。而就罗尔斯的理论成就而言，正是罗尔斯而不是别人能够这么有理论力量来表达出这个时代最关切的重大理论。

罗尔斯的《正义论》激起了一整个历史时期的政治哲学热潮。罗尔斯以分析哲学的方法全面而深入地讨论了根本性的政治哲学问题：社会基本制度的正义问题。他的哲学方法是分析哲学的方法，就思想方法而言，罗尔斯自己认为自己继承的是洛克、卢梭和康德的契约论方法，而罗尔斯的哲学基础则是康德的理性自我。然而，在其建构的论证框架中，其原初状态则处于基础性的地位。在原初状态中的自我，则是罗尔斯为了论证需要而设置的自我。罗尔斯以分析哲学的方法所进行论证的是，社会基本制度的主要德性或核心德性价值就是正义。在罗尔斯这里，正义为他的两条正义原则所表述。正义的第一原则为自由原则，即每个人与他人的自由体系相容的自由体系，这些自由体系也就是为宪法所保护的各种权利。第二原则则是机会平等与差别原则，包括社会财富的分配与社会职位的公开与平等的机会。

罗尔斯的《正义论》发表之后，他的同事诺齐克于三年后发表了著名的反驳论著《无政府、国家与乌托邦》，这一著作与罗尔斯辩论的焦点在于罗尔斯的差别原则，诺齐克认为，罗尔斯的差别原则强调政府介入的再分配，是对包括个人所有权的个人权利的侵犯。诺齐克强调国家政府的职能只能是守夜人的职能，而国家强行以一种模式进行再分配，则必然导致对个人权利的侵犯。诺齐克坚持洛克式的个人权利论，被认为是自由主义内部的自由至上主义，而罗尔斯则从个人的平等自由权利出发，提出惠顾最少受惠者的差别原则，被认为是新自由主义。

桑德尔是哈佛的少壮派，在罗尔斯的《正义论》发表时，他正在牛津大学攻读博士学位，而他的成名作就是他的博士学位论文，而后以《自由主义与正义的局限》(Liberalism and the Limits of Justice, 1982) 出版的著作。在这部著作里，桑德尔对罗尔斯批评的主要之处在于罗尔斯在原初状态的无知之幕下的"自我"。桑德尔认为罗尔斯的自我是一个原子式的、幽灵般的自我。而桑德尔自己所持有的自我观,则是一个类似于马克思的关系中的自我,正因为桑德尔对罗尔斯的先行于社会背景中的自我持有一种批判态度,从而人们认为他的自我观是一种共同体主义的自我观,并且,他强调正义的德性并不是可以优先考虑的,因为只有当一个社会出了状况才会考虑到正义,而在这之前则要强调仁爱。如同一个家庭首要的是爱,而如果发生了利益纠纷或这个家庭内部产生了危机,才是讲正义的时候。因此,桑德尔又可说是一个共同体主义或社群主义者。"communitianism"这个概念既可译成"共同体主义",也可译成"社群主义",不过,目前大家更多地译为社群主义。

社群主义是在当代政治哲学热潮中与自由主义相抗衡的一个主要的学术派别。麦金太尔、查尔斯·泰勒以及沃尔泽都是当代著名的社群主义者。不过,他们的理论来源不同。麦金太尔是一个伦理学史学家,他的社群主义主要来源于古希腊的亚里士多德。经他理解的亚里士多德式的古典共同体是他批判现代自由主义的范例。泰勒从黑格尔那里得到灵感,而沃尔泽则是基于现代政治的思考来得出他的社群主义,以政治实体的成员资格为基点来考虑社会基本善与社会资源的分享问题。值得指出的是,社群主义者的社群主义理论与观点既有他们的来源,也都在某种意义上对罗尔斯的自由主义政治哲学理论进行了批评与对话。

以上仅仅勾勒了一个大致的现代政治哲学的概况,其包含的问题与领域十分广泛,如对基本自由、分配正义以及对永久和平与战争正义的关注。这表明现代政治哲学是一个多方面的丰富图景,值得指出的是,20世纪后半期的政治哲学是以罗尔斯为中心的,虽然我们以相当篇幅叙述了罗尔斯之前的美英政治哲学,但自从罗尔斯以来,整个政治哲学领域都围绕着罗尔斯的议题来展开。如罗尔斯之后的诺齐克、桑德尔都是因批评罗尔斯而在政治哲学领域里声名鹊起,因此,我们可以把现代美英政治哲学划分为前罗尔斯时期和罗尔斯时期,这是因为,自从罗尔斯的论著发表以来,整个地打断了实用主义以及包括哈耶克式的讨论话题从而进入一个以罗尔斯为中心的话语领域。而进入21世纪,则是一个后罗尔斯的学术时代,对于这个后罗尔斯学术时代的讨论，已经不是本卷的任务。从 20 世纪初到以罗尔斯为中心的政治哲学思想，我们将在具体章节中丰富性地呈现给大家。这一思想画卷足以使人深思，其中不同思想家所讨论的话题与其观点都是这个时代的宝贵精神财富。为罗尔斯开启的现当代政治哲学没有画上句号，它也应当在东方国土上延续。

第一章 实用主义

实用主义（pragmatism）是美国本土产生的哲学流派。实用主义政治哲学是实用主义哲学的一个部分。虽然对于实用主义的政治哲学研究来说不是一个热门话题，但并非不值得关注，至少在重要的实用主义哲学家杜威、罗蒂等人那里是这样。实用主义的政治哲学从属于实用主义的思想整体，因此，要研究实用主义的政治哲学，我们首先必须知道什么是实用主义哲学。

第一节 早期实用主义

美国建国历史并不长，然而，在美国产生实用主义哲学并非偶然。美国是一个为移民所开垦、所创立的国家，以1620年五月花号到达为标志，早期欧洲移民历尽千辛万苦，在与恶劣的自然环境作斗争的过程中，团结奋斗而一步步地建设了一个新国家。早期移民的新教伦理传统，使得他们在这块新土地上养成了敬畏上帝、勤奋、节俭和讲求实效的务实精神。北美殖民地时期的清教牧师马瑟在一次布道中讲道："他们（上帝的罪人）应当勤奋，以便最终能得到上帝的召唤。……如果他们不用勤勉、奋斗、劳动去获得恩典和拯救，他们必将毁灭。"[①] 只有以今生的勤奋，才可得到来世上帝的拯救。来到美洲这块到处荒凉、野兽出没和充满危险的土地上避难的新教徒，把自己的勤奋看成得救的出路，而正是这一批批先民的勤奋努力，才有了后来繁荣的美国。因此，美国早期文化中的务实和实用功利思想就是产生实用主义的

[①] George McMichael, *Anthology of American Literature*, New York: W. W. Norion, 1980, p.90.

文化土壤。19世纪70年代，美国的实用主义已经开始出现，19世纪末至20世纪初，实用主义就已经成为一个受人欢迎的哲学主张。

一　实用主义哲学

学界一般认为，实用主义的创始人是皮尔士（Ch. S. Peirce，1839—1914）和詹姆士（James William，又译为"詹姆斯"，1842—1910），同时，人们一般也认为，实用主义是美国本土的第一个哲学思想和方法。皮尔士说："我把实用主义理解为一种用以弄清某些概念的意义的方法，不是所有概念的意义，而仅仅是那些我称为'理智的概念'（intellectual concept）的意义，也就是说，是那样一些概念的意义，一些涉及客观事实的结论可能以这些概念的结构为依据。"[1] 实用主义是以一种明晰的概念方法来追寻知识的确定性，或以真理为目标的哲学学说，梯利说："实用主义不是世界观，而是一种反省的方法，以使概念清楚为目的。"[2] 实用主义者强调实用主义作为方法的重要性，詹姆士以通俗的说法解释哲学时说："哲学上至今认为重要的一件事，就是一个人要看事物，用他自己的特别的方法去看事物，并且对于任何相反的看法，都不满意。"[3] 在詹姆士看来，实际上只有两种相区别的方法，这就是理性主义的方法和经验主义的方法，经验主义注重的是一些原始的事实，而理性主义关注的是抽象的和永恒的原则，或形而上学的事物，而实用主义也就是一种拒斥形而上学的经验主义方法。詹姆士说："实用主义代表一种哲学上人们非常熟悉的态度，即经验主义的态度，在我看来它所代表的经验主义的态度，不但比素所采取的形式更彻底，而且也更少可以反对的地方。实用主义者坚决地、断然地抛弃了职业哲学的许多积习。它避开了抽象与不适封闭的体系，以及妄想出来的绝对与原始等等。它趋向于具体与恰当，趋向于事实、行动与权力。这意味着经验主义者的气质占了统治地位，而理性主义者的气质却

---

[1]　涂纪亮编：《皮尔士文选》，涂纪亮、周兆平译，社会科学文献出版社2006年版，第44—45页。

[2]　[美] 梯利：《西方哲学史》，葛力译，商务印书馆1995年版，第725页。

[3]　[美] 威廉·詹姆士：《实用主义　一些旧思想方法的新名称》，陈羽纶、孙瑞禾译，商务印书馆1979年版，第9页。

第一章　实用主义

老老实实地被抛弃了；这就意味着空旷的野外和自然中的各种可能性，而反对那独断、人类和假冒的最后真理。"① 因而，实用主义哲学又可说是一种自然主义的哲学。它是一种方法，不是一种世界观，即它并不研究这个世界存在的本体是什么，它努力消除理性主义的形而上学方法的影响，只是以一种经验可观察的方法来解释这个世界。

皮尔士无疑是美国人，也是实用主义的创始人。然而，实用主义的形成或产生却首先是皮尔士与其他学者一起在剑桥哈佛大学所组成的形而上学俱乐部。"众所周知，皮尔士在剑桥的形而上学俱乐部最先提出实用主义思想。"② 对于这个俱乐部是否真实存在人们曾有过怀疑，不过，根据当时的信函可以肯定这样一个俱乐部的真实存在。③ 但问题是，虽然皮尔士在早年时就提出过实用主义的思想，但为什么他之后的十多年都没有用过实用主义这个概念？而在十多年后，是詹姆士再次使用实用主义这个概念。非常有意思的是，1900 年，即在詹姆士使用实用主义这个概念之后的两年，在皮尔士写给詹姆士的一封信中，皮尔士问詹姆士："谁原创了实用主义一词，我或者你？它首次在哪里发表？你对此如何理解？"詹姆士的回复是："是你发明了实用主义。"④ 皮尔士把自己原先使用这一概念的情形忘记了？可能情形并非这么简单。我们认为，大概是皮尔士对于詹姆士的实用主义思想表达了相当的不满。

实用主义即"pragmatism"，是与"pragmatics"这一概念相近的一个概念，后者可译为"语言符号学"，其德文为"Pragmatik"或"Sprachpragmatik"（前后者都可译为"言语符号学"），而 pragmatics 这一概念又是语用学的

---

① ［美］威廉·詹姆士：《实用主义　一些旧思想方法的新名称》，陈羽纶、孙瑞禾译，商务印书馆 1979 年版，第 29 页。

② ［美］约瑟夫·布伦特：《皮尔士传》，邵强进译，上海人民出版社 2008 年版，第 119 页。

③ 参见［美］约瑟夫·布伦特《皮尔士传》，邵强进译，上海人民出版社 2008 年版，第 113 页。

④ ［美］约瑟夫·布伦特：《皮尔士传》，邵强进译，上海人民出版社 2008 年版，第 118 页。

概念。"'pragmatics'（语用学）这一词的现代使用（1938）归功于哲学家查尔斯·莫里斯（Charles Morris），正是莫里斯在洛克和皮尔士之后，大纲式地将符号（signs），或符号学（semiotics，或莫里斯所喜欢用的 semiotic）一般形式化从而提出了这门学科。"① 中文"语用学"这一概念，又可译为"语言符号学"或"言语符号学"，它所指的就是关于语言符号及使用的学说。从莫里斯关于语用学的学科建立来看，皮尔士是现代的先驱者。语用学研究的是语言符号与其使用者之间的关系，以及在使用过程中所涉及的社会心理、社会文化等方面的因素。皮尔士对先验语符号学进行了系统的研究，可以说是现代语言哲学的开创者。语言符号学是皮尔士的实用主义的核心内容，皮尔士认为任何一个语言符号，都包含着一般方式的人类的理智行为意义，这种行为是由于接受这一符号而发生的，并以所有可能的不同环境和不同期望为条件。莫里斯正是在研究皮尔士的实用主义的符号学的基础上，提出将句法学、语义学和语用学整合在一起的普遍符号学。语用学（pragmatics）这一概念是莫里斯在《符号理论的基础》（1938）中最先使用的，这也表明了它与皮尔士的语言符号学的亲缘关系。

语言符号学是皮尔士的实用主义的核心内涵，而在詹姆士这里，我们却发现他对语言符号学并不感兴趣。皮尔士通过语用学来表达的实用主义观点，强调从语言符号的研究入手，探讨语言符号与人类行为的关系，而这也就是探讨语言符号的意义。实用主义作为一种探讨语言符号意义的方法，从而决定了它并不是一种形而上学的理论。哈贝马斯说："实用主义的原则（pragmatic maxim）是，任何一种可以在一个句子中用直陈式表达的理论判断，都是这样一种思想的混杂形式，这种思想的唯一意义（假如它整体上说有意义的话），就在于它倾向于为相应的实践准则获取有效性……从这种基本假设中，可以推论出实用主义的思想标准；这种标准可以除去毫无意义的陈述，可以把混乱的概念的含义精确化。"② 这里包含着两层意思，即概念清理工作

---

① Stephen C. Levinson, *Pragmatics*, Cambridge University Press, 1983, p. 1.
② ［德］哈贝马斯：《认识与兴趣》，郭官义、李黎译，学林出版社 1999 年版，第 116—117 页。

和实践有效性。然而，对于詹姆士来说，他不再局限于对于观念、命题和概念作意义上的分析，或语用学的研究，而是将实用主义作为方法论用于对人类生活经验中的价值和效用的研究。前面已述，皮尔士问是谁第一个使用了"实用主义"这个概念，但实际上是皮尔士婉转地表达了对詹姆士的不满。皮尔士不赞成詹姆士对实用主义的解读和表达，为与他划清界限，他将"pragmatism"改写为"pragmaticism"（有人译为"实效主义"），尔后，这一概念既指实用主义，又专指皮尔士的哲学。

二 詹姆士的自我观及宗教观

皮尔士与詹姆士两人都被认为是实用主义的创始人，但皮尔士的哲学工作是作为一个哲学专业研究者的工作，他是现代语言符号学的创始人，詹姆士对符号学或语言符号学并不感兴趣，但他继承了皮尔士的实用主义精神。前面指出皮尔士的实用主义原则或准则，就强调了真理概念的实践意义。梯利在论述到实用主义时对皮尔士的实用主义准则的概述是："要确定一个思想上的概念，应该考虑从那个概念的真实性可以设想必然产生的什么实际结果；这些结果的总和构成那概念的全部意义。"[①] 詹姆士在他的《实用主义 一些旧思想方法的新名称》一书中对于"实用主义"的解释，明确告诉我们他继承了皮尔士的说法。詹姆士说皮尔士在1878年的一篇名为《怎样使我们的观念清晰》的文章中，提出了实用主义的准则，詹姆士说："他在指出我们的信念实际上就是行动的准则以后说，要弄清楚一个思想的意义，我们只须断定这思想引起什么行动。对我们来说，那行动是这思想的唯一意义……我们思考事物时，如要把它完全弄明白，只须考虑它含有什么样可能的实际效果，即我们从它那里会得到什么感觉，我们必须准备作什么样的反应。我们对于那些无论是眼前的还是遥远的效果所具有的概念，就这个概念的积极意义而论，就是我们对于这一事物所具有的全部概念。"[②] 詹姆士的这个实用主义准

[①] ［美］梯利：《西方哲学史》，葛力译，商务印书馆1995年版，第724页。
[②] ［美］威廉·詹姆士：《实用主义 一些旧思想方法的新名称》，陈羽纶、孙瑞禾译，商务印书馆1979年版，第26—27页。

则，也就是我们通俗地说的"真理即为有用"，实用主义是把对于概念或真理性概念的认知与把握，与人们的社会实践密切联系起来，并且强调真理性概念对于人们的实践所起的作用或效果。这也可以看作思想史上的一种功利主义或后果主义的思考方式。功利主义或后果主义是边沁、密尔所倡导的一种伦理学学说，这一学说强调行动的后果性，或以后果的好坏来对一个行动进行道德评价。而皮尔士和詹姆士的实用主义，所强调的就是我们对任何概念认知和把握的社会实践或行动的意义和效果。只不过，詹姆士与皮尔士相比，詹姆士更倾向于这两者的关联，而并不强调在概念分析或符号分析上的哲学工作。

实用主义的第一个创始人皮尔士在哲学上的主要工作是进行专业化的语言符号学和哲学逻辑学的工作，詹姆士则开始用实用主义的方法来回答社会实践，如道德和宗教方面的问题。但他并没有后来类似于罗尔斯式的规范性政治哲学的探讨，而是关注美国的现实政治问题，并且在对宗教的问题的讨论中，表现出了他的政治思想或政治哲学倾向。罗素认为，詹姆士的哲学兴趣表现在两个方面："一是科学的一面，另一面是宗教的一面。"① 罗素认为他的宗教情感具有"非常新教徒气味，非常有民主精神，非常富于人情的温暖"②。罗素在讲完这些之后，对于詹姆士的政治思想则没有任何讨论。萨拜因在《政治学说史》中，除了在论述到边沁的最大幸福原则时引用了詹姆士的一句话③，再也没有对实用主义进行任何政治思想的评述。在施特劳斯和克里波西主编的《政治哲学史》中，也没有提及詹姆士的贡献。这诸多相关专门论著的情况，可能说明了人们对于詹姆士在政治思想和政治哲学领域里的贡献并不多，或即使有，也没有引起人们的重视。不过，詹姆士确实没有系统的政治思想或政治哲学思想，尤其是没有类似于罗尔斯式的规范性政治哲学的思考。对于詹姆士来说，我们要研究其具有政治思想意义

---

① [英] 罗素：《西方哲学史》下卷，马元德译，商务印书馆1976年版，第369页。
② [英] 罗素：《西方哲学史》下卷，马元德译，商务印书馆1976年版，第369页。
③ 参见 [美] 乔治·霍兰·萨拜因《政治学说史》下册，盛葵阳、崔妙因译，商务印书馆1986年版，第751页。

的学说或观点，可能需要将其关于宗教、伦理学和心理学的观点都进行思考。这是因为，政治思想或政治哲学思想本身也包含着宗教、伦理学甚至心理学的思想和观点。

　　自我概念是政治哲学、伦理学和心理学研究的一个基础性概念，詹姆士的自我概念是从心理学的角度出发的。研究詹姆士的自我观，首先必须阐述他的自我观的哲学前提：彻底的经验主义。詹姆士的彻底经验主义是他的实用主义的一个特色。詹姆士以批判理性主义为他开展实用主义研究的前提，为了与理性主义划清界限，他又自称"彻底的经验主义"者。詹姆士的彻底的经验主义是他的实用主义哲学的重要方面。詹姆士的彻底的经验主义的核心是"纯粹经验"这一概念。因此，弄清楚什么是纯粹经验对于理解他的彻底的经验主义至关重要。詹姆士的纯粹经验说是要打破传统哲学的物质与思想、主体与客体二分，以及将世界分为内在与外在的二元性思维。在我们的经验常识中，日、月、大地、山川、河流、树木、房屋等外部世界是明明白白的在我之外的世界，而在我的回忆和想象中，在我的脑海里，所有这一切又都明明白白的是内在于我的，前者是可以切割的事物，后者则是不可切割的混沌存在于我的心理精神中的。然而，我们这样把握世界是一种二元论的思维在作祟。在他看来，当我们把外在的事物看作被我们认知或经验把握的客体，而我们人是认知主体时，就陷入了传统的二元论。或者说，把外在的事物看成经验材料，而我们是经验主体，就是这样的主客二元论。将经验材料与经验主体区分开来，是我们对纯粹经验操作的结果，如同我们所说的"我""思"和"我所思"。然而，这一过程几乎是和经验同时发生的，以至于我们很难析出这个瞬间的操作的过程。现在我们可以交代他的"纯粹经验"概念了，这就是先假定世界上只有一种原始素材或质料，而一切事物都由这种素材构成的，这种素材就叫作"纯粹经验"。因此，当詹姆士说到世界这个概念时，他并不是我们所理解的外在世界，而是在经验中的"经验场"或"意识场"，而我们的经验在我们的意识中，本身又处于变化流动之中，因此，纯粹经验对于每个认知和感觉主体来说，都是经验之流，世界是在我们的经验之流中存在的。因此，詹姆士所假定的组成世界素材，实际上是在经验中呈现的事物或事物的关联。詹姆士的纯粹经验观，看上去好像是说作为经验主体的我们正经历着一个个的经验事件,但他也承认经验是处于关系之中,认知作用解释为纯粹经验的各个组成部分之间,处于相互联系的关系之中,这种关系本身就是纯粹经验的一部分。

在《真理的意义》一文中,詹姆士对于彻底的经验主义提出了三个要件,首先,是一个公设,即"在哲学家之间唯一可以展开论辩的,只能是那些可以用从经验中抽出来的、加以说明的事物(具有不可经验的性质的事物,尽可以任其存在,但它们不构成哲学论辩的素材)"。这第一点强调了经验性素材,也在括号中承认了形而上学之物,但这在詹姆士的经验性世界之外。其次,是一个经验事实关系的陈述,即"恰如事物本身是直接的具体的经验事物之间的诸关系,无论是连接性的关系还是分离性的关系,也都在完全同样的意义上是直接的具体的经验"。纯粹经验中的世界不是原子式的经验事物,而是处于关系之中,这种关系本身也是纯粹经验的组成部分。最后,是一个总的结论,即"经验的各部分通过诸关系相互接续而连接在一起,诸关系本身也是经验的组成部分。简而言之,直接被把握的宇宙,并不需要一个外在的、超经验的连接性支持物,它本身就拥有一个相互连接的或者说是连续的结构"①。对于世界的认知把握和理解,必须回到纯粹经验之物以及它们的关联性,而这本身就构成了我们的世界,因此对于世界的把握和理解,不需要形而上学的假设或超验之物。

"自我"在詹姆士这里是一个心理学问题。詹姆士以彻底经验主义的方法,从心理学上对自我进行了深入研究,为政治哲学意义上的自我提供了有丰富借鉴意义的观点。1890年,詹姆士出版了《心理学原理》(*Principles of Psychology*),在这本书中,他提出了他的自我观。首先,他提出自我是构成性的,"自我"由主我(I)与客我(Me)两方面所构成,同时可称作纯粹自我和经验自我。詹姆士先从认知意义上来讨论自我问题,即我们是怎么知道自我认知了自我?或者说,在什么意义上,我就是知道的我?在这里,詹姆士的彻底经验主义的方法起了关键作用。在他看来,那个能够意识"被意识"

---

① James W., *The Meaning of Truth*, New York: Longman Green and Co. 1991, pp. xvi—xvii.

的东西，是通过那个主体，即认知者，也就是我们所说的"主我"，而被认知的，即为"客我"，在他看来，客我不仅包括我的身体、特质、能力等，还包括我身体之外属于我的家庭、财产、朋友等。就客我而言，他说："包括他的衣服和他的房子，他的妻子和女儿……所有这些都赋予他相同的情感。如果它们都非常好，那么他会有成就感；如果它们不怎么好，那他会感到沮丧。"①詹姆士将自我与外在的自我所有或自我所有权内容都看成自我的内容，不仅如此，自我的家庭、妻儿、朋友都在自我的范围之内。他如此理解的心理学依据是这些因素都与自我的情感因素相关联。其次，他以他的彻底的经验主义来理解他所说的自我所有。他把这些外在因素都看成客我因素，而所谓客我是与主我一体的，即它们都在我的主观经验之中，是我的经验之物，并且它们作为部分之间相互联系从而组成了自我。

詹姆士把自我定义为个体所拥有的意识、身体、特质、能力、抱负、家庭、工作、财产、朋友等的总和，他把这个概念划分为三个部分：组成要素，与之相连的情绪和情感，由此而产生的行为。詹姆士认为，主我是主动的自我、进行中的意识流；客我是作为思维对象的自我，包括一个人所持有的关于他自己的所有事物、知识与信念。"我看见我自己"，两个术语都用到了，我既是看的主体，也是看的客体。值得注意的是詹姆士的自我的组成要素，这里不仅包括个人的身体和财产，而且包括家庭成员和朋友。因此，詹姆士的自我是将最亲密的社会关系中的他者也看成自我的组成部分，詹姆士的理由是他们的状态影响到我的心理与情绪，或者说，他们状态的好坏与我的心理情绪好坏是同一的，因此，自我同一性也必然包括社会关系中的亲密成员。我们注意到詹姆士在对"客我"进行界说时，是从人们的社会生活实践角度来定义的，"自我"是人作为有思想、有意识的生命体，又是社会生活实践的发生源和社会关系的建构者，从而涉及相应的心理过程、行动状态，以及与他者的关系等社会事实。将自我的界限扩展到社会关系中的他者，我们可以看作伯林的积极自由中的自我概念的起初性解释。詹姆士的这一非常具象性的

---

① ［美］詹姆士：《心理学原理（选译）》，唐钺译，商务印书馆1963年版，第291—292页。

自我概念，与后来的罗尔斯在原初状态中的自我是完全不同的。这个问题我们在讨论罗尔斯时再展开。詹姆士对"客我"的界说值得我们注意，但詹姆士本人对"主我"也不是不重视。在他看来，主我是意识过程，因而主我在本质上是不可界定的，任何主我都是"当下的思想"，因而主我就是意识流，而"客我"是在意识经验中呈现的，从而两者是内在同一的。然而，尽管我们可以进行主我和客我的区分，但它们实际上是经验的同一体。我们从语言进行主我与客我的区分，但在经验意义上则是同一的。詹姆士认为，主我与客我之间的界线是模糊的。[①] 詹姆士强调，他在"经验"这个概念之前加了"纯粹"这个形容词，是为了表明一种原始而中立的、在主体与客体区分之前的模糊状态。[②] 换言之，詹姆士的彻底经验主义本身并不承认有着主我与客我的区分。他这样讨论问题是为了论述的便利，因为传统的庸俗的经验主义一向是这么认为的，但他反对传统的庸俗经验主义对于主我与客我进行僵硬的划分。

詹姆士消解在自我概念上的主客二分与他的更大意义上的消解主客二分直接相关，或者说，他在自我概念上消解主客二分，在概念意义上从属于他的彻底经验主义的基本观点，即在认知与把握世界意义上的主客二分本身就应当消解。他坚持反对将物质与意识、主体与客体看作两种独立的实体的二元论观点，他强调，从彻底的经验主义的立场出发，"首先在于把我们从知者和所知之间的关系的一种人为的观点这一大陷阱里挽救出来"[③]。当我们在认知世界而返回到纯粹经验或原始经验时，也就消解了物质与精神、主体与客体、心灵与肉体的二元对立，并在这里得到了统一。这种统一就是我们所把握的实在，也就是我们日常理解的、渗透着概念的、在经验流中的实在，因为它是连续的、流动的。在詹姆士看来，在认知领域里没有独立于认知主体的实在，"我们对实在的怎样说法，全看我们怎样给它配景。实在

---

① 参见［美］詹姆士《心理学原理（选译）》，唐钺译，商务印书馆1963年版，第291页。

② 参见［美］威廉·詹姆士《彻底的经验主义》，庞景仁译，上海人民出版社1987年版，第49—50页。

③ ［美］威廉·詹姆士：《彻底的经验主义》，庞景仁译，上海人民出版社1987年版，第28页。

的实在，由它自己；实在是什么，全凭取景；而取景如何，则随我们。实在的感觉部分和关系部分全是哑的，它们根本不能为自己说话，而要我们代它们说话"①。詹姆士还说："独立的实在只是一块不抵抗的原料，是让我们随意塑造的。"② 在詹姆士看来，没有独立于主体意识之外的客体实在，这样的实在是不存在，它只是在主体的某种纯粹经验中的实在，而在纯粹经验中，主体与客体之间的界限已经不存在了，因为实在本身就是人的某种价值或认知印记的实在。詹姆士说："如果说人的思维以外还有任何'独立'的实在，这种实在是很难找到的。这只能反映某种刚进入经验而尚未定名的东西，或者是我们对它还没有得到任何信念，人的概念还没有适用以前经验里某种想象的原始之物。这种所谓实在，绝对是哑的，虚幻的，不过是我们想象的极限……我们所能够握住的，永远只是由人的思维所已经'烹调过'和'消化过'的了。"③ 因此，绝对对立的二元性的主客体是不存在的，任何实在在人的经验里，都是一种人化的存在，而不在经验或纯粹经验里的实在是没有的。这也就是詹姆士的实用主义的人本主义。④ 对于世界而言，世界是纯粹经验里的人化的实在，而对于自我而言，同样是在自我意识和经验中消解了主客二分的自我。换言之，我们不可能把自我中的主我与客我二元区分并对立起来，在詹姆士这里，

---

① ［美］威廉·詹姆士：《实用主义 一些旧思想方法的新名称》，陈羽纶、孙瑞禾译，商务印书馆1979年版，第125—126页。

② ［美］威廉·詹姆士：《实用主义 一些旧思想方法的新名称》，陈羽纶、孙瑞禾译，商务印书馆1979年版，第127页。

③ ［美］威廉·詹姆士：《实用主义 一些旧思想方法的新名称》，陈羽纶、孙瑞禾译，商务印书馆1979年版，第127页。

④ 在《实用主义》的"人本主义与真理"一章中，詹姆士再次说到什么是人本主义，他说："实在的第一个因素是一个极端混乱的纯经验，它是给我们提出问题的；第二个因素是一套久已印入我们的意识结构，几乎不可能改变的基本范畴，它是为一切答案圈定了大致范围的；第三个因素是以最符合我们当前需要的形式给我们具体答案的；这样一个概念，据我看来，就是人本主义概念的实质。"在同一处，他还说："不过无论如何，对我们来说，人本主义坚持认为，实在是我们理智发明的累积；在我们与实在的不断交接中，真理的追求永远是追求发展新的名词和形容词而尽量不改变旧的。"（［美］威廉·詹姆士：《实用主义 一些旧思想方法的新名称》，陈羽纶、孙瑞禾译，商务印书馆1979年版，第194—195页）

这两者本来就是一体的。世界是人化的实在，自我是肉体、意识、情感、情绪与身体之外的关系物的统一体，任何区分只是传统经验论的方便之说，而在彻底经验主义这里，则是内在统一的，在纯粹经验中得到一个完整的把握。

宗教问题是詹姆士在社会问题中的关注重点之一。《实用主义 一些旧思想方法的新名称》一书中，除了不少章节都涉及了宗教问题，詹姆士还专门就宗教问题谈了一讲（"实用主义与宗教"）。这一次的演讲稿，詹姆士几乎是用散文的笔调写就的。首先，詹姆士在开篇不久就提出："按照实用主义的原则，任何一个假设，只要它的后果对人生有用，我们就不能加以否定。普遍概念，作为值得我们考虑的事物，对实用主义来说，可以跟具体的感觉同样地实在。"① 这段话是针对这样假设一个永久的、完善版本的宇宙。这种假设无疑是指基督教对上帝创世的说法。其次，这里指出无论什么假设或普遍概念，只要对人生有用，实用主义就不否定。这种态度明显是与他的彻底经验主义完全相悖的，这表明，詹姆士在宗教问题上并不是一个彻底的经验主义，也表明他并不完全反对理性主义，因为理性主义与经验主义的最大区别，以詹姆士的话来说，那些普遍概念或真理都是理性主义的拿手好戏。詹姆士还说："从绝对的心这个观念中，推论不出任何单独的、实际的特殊的事物来。它与这世上实际存在的任何情况都相符合。有神论的上帝也是与这种观念差不多同样贫乏的一种原理。你要知道上帝的实际性质的任何迹象，你必须到他所创造的世界里去：他就是一劳永逸地造成了那种世界的那样一个上帝。所以有神论所说的上帝是和'绝对'一样，生活在纯然抽象的高峰之上。绝对论倒还有一定的开阔景象和一定的威势，平常的有神论则更淡而无味了；但是二者都同样是遥远和空虚的。"② 这里明显表明了他对宗教和理性主义的批判态度。詹姆士在这里批判的绝对论，是理性主义的绝对论，不是他自己

---

① ［美］威廉·詹姆士：《实用主义 一些旧思想方法的新名称》，陈羽纶、孙瑞禾译，商务印书馆1979年版，第139页。
② ［美］威廉·詹姆士：《实用主义 一些旧思想方法的新名称》，陈羽纶、孙瑞禾译，商务印书馆1979年版，第13页。

的绝对经验主义的"绝对论",也许正是由于他对理性主义的反感,从而把自己的经验主义称为绝对的,同时这也是与以往的经验主义划清界限,因为在他看来,以往的庸俗经验主义往往难以以理性主义划清界限。

詹姆士在批判宗教给人描绘一幅美好世界图画时,也批判理性主义哲学对于世界的描绘。他说:"哲学教授介绍的世界,是单纯、洁净和高尚的,没有实际生活的矛盾的。它的建筑是古典式的。它的轮廓是用理性的原则划成的;它的各部分,是由逻辑的必然性黏合起来的,它所表现得最充分的是纯洁和庄严。它是闪耀在山上的大理石庙宇。"①詹姆士认为,事实上这种理性主义哲学远不是对现实世界的一个说明,而只是附加在现实世界上的一个美丽建筑物,"理性主义者可以在里面躲避起来,避开单纯的事实表现出来的那种他所不能容忍的杂乱粗暴的性质"②。詹姆士指出,在人们的个人经验中的世界,在那街道所属的世界,是意想不到的杂乱、纷繁、痛苦和暴虐。现实世界与宗教描绘的世界和理性主义哲学描绘的世界是格格不入的。高尚纯洁在事物中有它的地位,但是,如果一种哲学,只有高尚纯洁,而说不出别的什么,"那就永远不能满足经验主义者的心。它好像是一个矫揉造作的纪念碑"③。詹姆士在这里批判的理性主义,正好像是我们只讲崇高而不讲利益的空洞道德说教,不过,詹姆士在这样批判理性主义时,也是批判基督教让人们得救的许诺或进天国的许诺这样美好的愿望。詹姆士在文中大段引了莱布尼茨这位理性主义者关于天国与世间善恶的讨论,充分说明理性主义者与基督教的世界观是一致的。我们在此摘录几句詹姆士所引的莱布尼茨的话:"要是我们想到天国真正有多么巨大,那么,就可以知道恶与善相比简直是渺小到极点了……在这许多的太阳里,只能上面都住着极幸福的生物。因为善从恶里所取得的好处只须几个例证也就足够证明了……这环绕

---

① [美]威廉·詹姆士:《实用主义 一些旧思想方法的新名称》,陈羽纶、孙瑞禾译,商务印书馆1979年版,第14页。

② [美]威廉·詹姆士:《实用主义 一些旧思想方法的新名称》,陈羽纶、孙瑞禾译,商务印书馆1979年版,第14页。

③ [美]威廉·詹姆士:《实用主义 一些旧思想方法的新名称》,陈羽纶、孙瑞禾译,商务印书馆1979年版,第15页。

星界的巨大空间可能就充满了幸福和光荣……恶与宇宙里的善相比,也几乎没有了。"① 还有一段莱布尼茨的话,是关于基督教的惩罚正义的,莱布尼茨以善恶得到的惩罚与奖赏的报应来为上帝辩护:"有一种正义,它的目的,不在纠正犯罪的人,不在对别人起模范作用,也不在赔偿损害。这正乃以纯粹适合为基础的;这种适合由于恶行受到处罚而获得一定的满足。索西努斯的信徒和霍布斯反对这种惩罚的正义,它是正当的报复的正义,是上帝在许多关键性的时机里为自己保留的正义。……这正义常基于事物的适合,它不但使被损害的一方感到满足,而且使所有聪明的旁观者也都感到满足……这两件事都是基于适合的原则……因为上帝使唤万事万物在圆满中得到和谐。"② 因此,不仅天国是和谐的,而且现实世间也是和谐公平的。詹姆士说:"很明显,莱布尼茨对于现实的了解是很不够的,这无须我来评论了。显然他的内心从来没有体验过一个罪孽深重的人的真实形象是什么。他也没有想到上帝把'永堕地狱的灵魂'作为投给永恒的适合的和解物这类的'例子'愈少,则善人的光荣的基础就愈显得不公平。他给我们的是一篇冷淡无情的文章,这篇文章的乐观内容,连地狱之火也不能使它温暖起来。"③ 理性主义太美化了这个罪恶横行的世界,这是詹姆士所不认同的。

然而,在"实用主义和宗教"这章中,詹姆士又以实用主义的态度来评价宗教和理性主义,认为它们有用就有意义。他说:"'绝对'的用由人类全部的宗教史所证明的了。所以世界是受到上帝永远的保佑的。"④ 但詹姆士如此评价宗教意义上的"绝对"或永恒,实际上是要人们清楚他对待宗教的态度与理性主义是不同的。换言之,他并不认为理性主义的那种普遍主义和那

---

① [美]威廉·詹姆士:《实用主义 一些旧思想方法的新名称》,陈羽纶、孙瑞禾译,商务印书馆1979年版,第16页。
② [美]威廉·詹姆士:《实用主义 一些旧思想方法的新名称》,陈羽纶、孙瑞禾译,商务印书馆1979年版,第16—17页。
③ [美]威廉·詹姆士:《实用主义 一些旧思想方法的新名称》,陈羽纶、孙瑞禾译,商务印书馆1979年版,第17页。
④ [美]威廉·詹姆士:《实用主义 一些旧思想方法的新名称》,陈羽纶、孙瑞禾译,商务印书馆1979年版,第139页。

种对基督教的理解是他所赞同的,而他从实用主义的立场对待基督宗教是与理性主义不同的。詹姆士说:"除了我们思想与经验共同得出的结论之外,实用主义对于别的结论是不感兴趣的;它没有反对神学的验前的偏见。如果神学的各种观念证明对于具体的生活确有价值,那么,在实用主义看来,在确有这么多的价值这一意义上说,它就是真的了。"① 真理在于有用,反过来说也一样,有用证明其为真。詹姆士的这一说法,他也感到可能会遭受人们的反驳,即说一个观念有用,也就是有益,因而是善的,怎么会是真的呢?詹姆士认为,真与善并不是对立的性质,"凡在信仰上证明本身是善的东西,并且因为某些明确的和可指定的理由也是善的东西,我们就管它叫作真的"②。宗教的真理性在于它的有用性,而因为其有用,又可说它是善的。因此,真善是内在一致的。

詹姆士在"实用主义与宗教"这一讲中,主要是进一步阐明他对宗教与世界的理解在什么意义上是与理性主义不同的。他以惠特曼的一首《给您》的爱情赞美诗展开的讨论。这首诗既可以说是献给你所爱的人的,也可以说是赞美上帝这万能的造物主的。詹姆士把后一种看法称为一种一元论看法,因为所有的赞美似乎只对上帝一位,而前一种则是一种多元论的看法,因为"你"所爱的人(您),不同的你是不同的。詹姆士说,这种一元论的看法,"就是纯粹宇宙感情的神秘的看法。尽管您的外观怎么污损,光荣和伟大绝对是您的"③。多元论的看法呢?詹姆士说:"诗中的'您',这样被赞美的'您',可以指您在现象上的可能的善美,甚至指您的失败对您自己或他人所产生的某些特殊的补救的效应。它可以指您对他人——您所爱慕的人——的可能的善美的忠诚,而因为您对他人有这样的忠诚,就自己情愿承受贫苦的一生,因为这样的一生就是光荣的伙伴。对于这样一个勇敢的总体世界,您至少

---

① [美]威廉·詹姆士:《实用主义 一些旧思想方法的新名称》,陈羽纶、孙瑞禾译,商务印书馆1979年版,第40页。

② [美]威廉·詹姆士:《实用主义 一些旧思想方法的新名称》,陈羽纶、孙瑞禾译,商务印书馆1979年版,第42页。

③ [美]威廉·詹姆士:《实用主义 一些旧思想方法的新名称》,陈羽纶、孙瑞禾译,商务印书馆1979年版,第141页。

能欣赏喝彩和做一个听众。"① 詹姆士认为这样两种解读方式都是对自己的忠诚,并且是高尚的,但多元论的方式无疑是符合实用主义的气质的。

　　以一种一元论的方式来理解还是以一种多元论的方式来理解涉及世界的统一性问题。即是不是以一种类似于莱布尼茨式的理性主义来理解这个世界,詹姆士把它称为以抽象的"一"来理解这个世界,或者是以一种多元论即认为世界是多样性的统一这样的观点来理解这个世界?詹姆士说:"究竟这样多的'您'中的'您',这绝对实在的世界,这给我们道义上的启发而具有宗教价值的统一性,应该是一元地看呢?还是应该多元地看?究竟它是存在于事物以前的呢?还是存在于事物之中的?究竟是本原呢?还是目的?是已定的呢?还是待定的?"② 詹姆士提出了这么多的问题,都是在宗教哲学的意义上具有根本性的问题,在詹姆士看来,莱布尼茨式的理性主义,从上帝的前定和谐出发,把世界的万事万物都统一到一种抽象的完美中;而詹姆士的实用主义,从彻底的经验论立场出发,承认这个世界中的不美好甚至罪恶的存在,它是实在的不可分割的一部分。詹姆士认为,这整个难题在于一个"世界的可能性"的观念。当我们面对人世间的种种不幸、灾难、罪恶时,人们感到忧虑;并且一些不乐观的人认为,这个世界是不可得救的。这就是悲观主义,反之,有一部分人认为,世界的得救是必然的,这就是乐观主义。莱布尼茨式的理性主义就是这样一种乐观主义。然而,还有一种态度,是改善主义。詹姆士认为,欧洲向来是乐观主义占主流,而悲观主义是晚近叔本华以来才为人所倡导,但追随者并不多。"改善主义,对于世界的得救,既不当作是必然的,也不当作是不可能的;而是当作一种可能:随着得救的实际条件的增多,这种可能成为事实的或然性也愈大。很明显,实用主义必然倾向于改善主义。世界得救的条件,有一些已实际存在,它不可能闭眼不看这个事实。"③ 实用主

---

① [美]威廉·詹姆士:《实用主义 一些旧思想方法的新名称》,陈羽纶、孙瑞禾译,商务印书馆1979年版,第141—142页。

② [美]威廉·詹姆士:《实用主义 一些旧思想方法的新名称》,陈羽纶、孙瑞禾译,商务印书馆1979年版,第144页。

③ [美]威廉·詹姆士:《实用主义 一些旧思想方法的新名称》,陈羽纶、孙瑞禾译,商务印书馆1979年版,第146页。

义以一种多元论的眼光看这个世界，也就是承认这个世界并不那么美好，因而并不像理性主义那样对于这个世界那么乐观，但实用主义也不是悲观主义，认为这个世界不可得救，而是认为存在着得救的可能，因此，承认这个世界是罪恶的世界，但并不因此而认为这个世界不会一点点变好。同时，宗教的信仰和宗教的观念如果对于人们的生活有益，也就是真的，也是善的。但相信这个世界能不能得救在于人们是悲观主义还是改善主义，当然也有乐观主义的态度，但乐观主义的态度在詹姆士这里，在于并不是完全从经验出发，而只是从他们的信念或信仰出发，从而是空虚的。

第二节 杜威的政治哲学

杜威（Dewey John，1859—1952）是实用主义在发展过程中的第三位重要人物，罗蒂说：实用主义"是由三位美国哲学家——查尔斯·桑德斯·皮尔士、威廉·詹姆士和约翰·杜威奠立的一种哲学传统"[1]。前面已述，皮尔士与詹姆士虽然都属于实用主义的哲学流派，但詹姆士更注意实用主义方法与社会实践之间的关系。而杜威则是直接继承了詹姆士的哲学倾向，将实用主义哲学方法运用于人类社会实践的诸多领域。人们认为，至少是从詹姆士开始，实用主义就有了一种明确关切社会生活和政治生活的倾向。罗蒂说："詹姆斯和杜威都认真地对待美国；两人都对于美国的世界历史意义作了反省……两人都全力以赴地参加政治运动。"[2] 罗蒂称赞杜威是"几乎无所不知"的哲学家，他说："正如斯坦莱卡维尔说的那样，20世纪有两个伟大的哲学家，一个是维特根斯坦，一个是杜威。维特根斯坦的伟大之处在于，他写出来的东西给人以他似乎一无所知的印象；杜威的伟大之处在于，他写出来的东西给人似乎无所不知的印象。"[3] 杜威是美国20世纪20—30年代影响最大的哲学

---

[1] ［美］罗蒂：《实用主义哲学》，林南译，上海译文出版社2009年版，第1页。

[2] ［美］理查德·罗蒂：《后形而上学希望》，张国清译，上海译文出版社2009年版，第4页。

[3] ［美］理查德·罗蒂：《后形而上学希望》，张国清译，上海译文出版社2009年版，第387页。

家和教育家,他所涉及的领域众多,包括哲学、心理学、教育学、伦理学和政治哲学等。从其成就来看,人们对于杜威的突出印象是他将实用主义的方法运用于教育领域,从而以实用主义的教育家而著名。然而,他的贡献是多方面的。在政治哲学方面,他以实用主义的立场方法重新解释了传统的个人主义观念以及民主自由的观念。

一 权威与自由

杜威的实用主义体现在对现实生活中的政治问题的关注上,对于杜威来说,有两个重要的关注点,这就是自由及个人主义问题。

自由问题在政治哲学史上是一个经典问题,在古希腊,伯里克利在其著名的雅典阵亡将士国葬典礼上的演说中,为雅典不论是在政治生活中还是在私人生活等各方面的自由而感到骄傲与自豪。他说:"我们的制度之所以被称为民主政治,是因为政权是在全体公民手中,而不是在少数人的手中。解决私人争执的时候,每个人在法律上都是平等的;让一个人负担公职优先于他人的时候,所考虑的不是某一个特殊阶级的成员,而是他们有的真正的才能。任何人,只要他能够对国家有所贡献,绝对不会因为贫穷而在政治上湮没无闻。正因为我们的政治生活是自由而公开的,我们彼此间的日常生活也是这样的。"[①]伯里克利强调自由与民主政治分不开,认为雅典的强盛在于公民因民主政治而享有的自由。在伯里克利的意义上,自由就是政体体制或政治制度之下的公民自由。这一自由思想通过罗马的李维,而在近代的马基雅维里那里得到发扬。然而,马基雅维里的政治自由,首先关注的是国家的自由,其次则是个人的自由。这反映了马基雅维里所处的意大利的时代背景。当时的意大利处于一个四分五裂的政治状况,由于不同的小公国、城邦国家之间的政治争斗以及教廷与不同公国、城邦国家之间的权力斗争,从而不时联合国外的势力进犯,使得意大利不时遭受外国军队的蹂躏,从而也使得意大利不同国家不时成为外国势力的附庸。因此,在马基雅维里的政治思维里,首先就是国家摆脱国外势力的奴

[①] [古希腊]修昔底德:《伯罗奔尼撒战争史》,谢德风译,商务印书馆1960年版,第130页。

役而得到自由，其次则是个人摆脱奴役而得到自由。值得指出的是，马基雅维里的奴役与自由的对立观来自罗马时期的李维。他通过对李维的《罗马史》的注疏阐发了这一基本观点。马基雅维里说："我要谈的是创建之初未遭任何外来奴役，完全受自身意志支配的城邦，它们或是共和国，或是君主国。"① 首先，马基雅维里并不怎么反对君主制，在他看来，无论是谁，如果能够使得意大利摆脱外族的奴役，他都认为是意大利自由的第一步。其次，无论是个人还是城邦，与奴役相对立的自由就意味着完全受自身意志的支配。最后，就一个国家内的公民自由而言，马基雅维里赞同李维的观点，即公民自由是法律之下的自由。如他指出罗马的有利于自由的法律，使得罗马得以保持自由。② 罗马共和时期之所以是自由的，在于每个公民都一致服从法律，而罗马人之所以是自由的，是因为约束他们的法律首先是为人民所同意的。从而他们是自己约束自己，即服从自己的法律。马基雅维里甚至说："如果城邦有一个受到官员惧怕的公民，它便不配称为自由的城邦。"③ 外族奴役下的不自由和专制统治下的不自由，都是奴役。奴役也就是意味着不仅国家，而且个人都处于不自由的状态。哈林顿在《大洋国》中指出，正是马基雅维里在李维那里发现了对古代自由的解释，并将此馈赠给近代世界。从马基雅维里到洛克之前的对自由的理解，都是以这种主奴关系模式来理解自由与不自由。实际上，我们发现，在洛克之后，卢梭在他的《社会契约论》中，也是以这种模式来理解自由与不自由。但洛克之后，应当看到，是洛克式的理解取代了这一模式。

洛克式的对自由的理解也并不是没有先行者，他就是霍布斯。霍布斯把社会政治自由看成对自我生存保存的条件，虽然他的论证并不彻底。然而，洛克将霍布斯的自由论证贯彻到底，从而提出了一种全新的政治自由论。在洛克这里，自由就体现为政治权力对于个人的生命权、自由权和财产权的保护。换言之，一个政府的合法性就在于对普遍公民个体的基本权利的保护上，

---

① ［意］马基雅维里：《论李维》，冯克利译，上海人民出版社2005年版，第49页。
② 参见［意］马基雅维里《论李维》，冯克利译，上海人民出版社2005年版，第143页。
③ ［意］马基雅维里：《论李维》，冯克利译，上海人民出版社2005年版，第124页。

这是政府成立的本意，也是其根本意义和价值所在，如果一个政府违背了这样一个最基本的初衷，那么，人民便有权推翻这样的政府。因为在洛克看来，人们之所以走出自然状态，是为了更好地保护自己的基本自然权利，如果做不到这一点而处于奴役之下，那么还不如退回到自然状态。当然，我们看到，这里也有不自由在于奴役的思想观点，但基本点则在于基本自然权利的保护上。

美国的开国先哲们在《独立宣言》中提出，"我们认为这些真理是自明的：人人生而平等，他们从他们的造物主那里被赋予了某些不可转让的权利，其中包括生命、自由和追求幸福的权利。为了保障这些权利，才在人与人之间成立了政府。政府的政治权力来自于被统治者的同意"①。具有不可剥夺、不可转让的权利，这些权利是造物主给予的。而这个思想就是洛克的思想。因此可以说，洛克的自由观就是美国的立国自由观。美国立国开创了这个世界上第一个大国民主制度的先例。然而，在这样的民主制度之下，杜威是怎样看待自由的呢？

我们发现，杜威以实用主义的方法，提出了在民主制度之下的自由问题。这个自由的内涵虽然不与制度内在相关，但却是制度之下产生的问题。因此，杜威对自由的讨论，已经不是接上洛克，而是另辟路径，这个另辟路径的讨论，提出了即使是在民主制度之下仍然存在着的自由问题。

什么是自由？杜威说："自由不只一个观念、一个抽象原则。它是进行一些特别工作的力量，实际的力量。没有一般的自由；所谓概括的自由。如果有人想要知道在一定的时间自由的条件是什么，他就要考察一下哪些事情人们能够做，而哪些事情他们不能做。当人们一开始从实际行动的观点来考察这个问题时，就立即明白了：对自由的要求是一种争取权力的要求，或者是掌握尚未被掌握的行动权力，或者是保持和扩张已有的权力。"② 杜威这里所使用的"权力"概念，对于个人自由来说，既有 power 的意思，又有 rights。不过，一般人们讨论个人自由时，多半使用的是权利，而不是权力这个概念。

---

① 梅雪芹主编：《世界近代史资料汇编》，北京师范大学出版社 2009 年版，第 111 页。
② ［美］约翰·杜威：《人的问题》，傅统先、邱椿译，上海人民出版社 1965 年版，第 89 页。

但杜威这样表述的意思也很清楚，即这些权利要能够实现或实际的拥有，必须是像有权力能够做什么一样，有了权力才可不受阻碍地去做什么。杜威的这个自由概念，应当说是比马基雅维里和洛克的政治自由概念更为哲学化的概念，它是从人类行动可能的意义上的自由概念。这类似于霍布斯关于自由的概念，霍布斯说："自由这一语词，按照其确切的意义说来，就是外界障碍不存在的状态。这种障碍往往会使人们失去一部分做自己所要做的事情的力量，但却不能妨碍按照自己的判断和理性所指出的方式运用剩下的力量。"① 霍布斯的上述定义，实际上就是物理学意义上的自由概念，即自由意味着没有阻碍。

自由意味着一定权力分配的情况，即自由意味着社会权力对于不同人群，或阶级，或集团的权力分配情况。他说："如果不把一个人、一个集团或一个阶级的自由或实际力量同其他个人、集团或阶级的自由、实际力量联系起来看，就没有这一个人，这一集团或这一阶级的自由或实际力量了。"② 个人自由并不是孤立存在的状态，在杜威看来，任何个人都是从属于一定的社会集团或社会阶级的，而不同的社会集团或社会阶级在一定的社会制度之下所享有的自由，为这个社会制度所给予它的权力分配状态所决定，即这个阶级或集团在一定的社会制度条件下所分配给它的权力或权利享有状态。杜威说："所以这某一特殊集团所提出的保持已有权力的要求，就意味着说，其他的个人和集团将仅仅继续享有他们所已具有的活动能力。在一点上要求增加权力就意味着说要求改变权力分配的情况，即在别的地点就要求减少一些权力……如果你不询问某一个人或某一集团的人们的自由对别人的自由的影响，你就不能讨论或测量这个人或这个集团的自由。"③ 一个社会集团享有的一个权力影响着或决定着其他相关社会集团所享有的权力，而权力分配状态也就决定着相关个人的自由状态。杜威的这一观点似乎有着马克思主义的阶级观点的背景。在马克思历史唯物主义看来，每个人生来就处于一定的阶

---

① ［英］霍布斯：《利维坦》，黎思复、黎廷弼译，商务印书馆1985年版，第97页。
② ［美］约翰·杜威：《人的问题》，傅统先、邱椿译，上海人民出版社1965年版，第90页。
③ ［美］约翰·杜威：《人的问题》，傅统先、邱椿译，上海人民出版社1965年版，第90页。

级地位之中，而不同的社会阶级由于在社会中的地位的不同从而有着不同的自由程度，如被统治阶级就没有统治阶级的自由，资本家有着剥削工人的自由，而工人则没有不被剥削的自由。并且，在资本主义社会，资本家剥削工人受到法律的保护。而无产阶级争取自身自由的斗争，每一步都是从资本家那里争得来的。如工人一步步地通过罢工等斗争手段，从而一步步地实现8小时工作制，并且发展到当代，则是工人有了更多的空闲时间。而资本家每当向无产阶级的利益让步，都是无产阶级的社会自由扩大和进步的表现。因此，自由是一种阶级利益与权力的斗争，向工人的利益多作出让步，就是更多扩大了工人的自由。

社会自由是一个体系，每个人都在这个体系之中。杜威说："自由是相对于既有的行动力量的分配情况而言的，这意味着说没有绝对的自由。同时也必然意味着说在某一地方有自由，在另一地方就有限制。在任何时候存在的自由系统总是在那个时候存在的限制或控制系统。如果不把某一个人能做什么同其他的人们能做什么和不做什么关联起来，这个人就不能做任何事情。"① 杜威不把每个人所享有的自由看成孤立的，而是看成相互关联的。自由与限制是相对应的，存在着自由，也就存在着限制。因此，没有绝对的自由。杜威认为，自由意味着人们行动的权利，做什么和不做什么的权利。如工人有着8小时工作的权利，就意味着这一权利需要得到法律的保障，而资本家不得任意延长工时，任意延长就是违法行为。杜威指出："这三点是一般性的。但不能把它们当作单纯抽象的东西而加以忽视。因为当它们被应用于观念中或行动中时，它们意味着自由总是一个社会问题，而不是一个个人问题。因为任何人所实际享有的自由依赖于现有的权力或自由的分配情况。而这种分配就是实际上在法律上和政治上的社会安排——而且当前特别重要的是在经济上的安排。"②

---

① ［美］约翰·杜威：《人的问题》，傅统先、邱椿译，上海人民出版社1965年版，第90页。
② ［美］约翰·杜威：《人的问题》，傅统先、邱椿译，上海人民出版社1965年版，第90—91页。

杜威以他的自由观重新阐释了洛克以来的自由主义的自由观。并且，杜威指出，早期的民主的政治自由主义的自由平等在现实的资本主义制度之下是不可能实现的。他说："早期民主的政治自由主义的公式是：人生而自由和平等。一些肤浅的评论家曾经认为：人类在力气和才能或自然禀赋方面都不是生而平等的，这一事实就断然地驳斥了这个公式。然而这个公式从未曾假定过它们是如此平等的。它的意义相同于这种熟悉的说法的意义，即在坟墓里穷人与百万富翁，帝王和农奴都是平等的。它是用这种方法来说明：政治上的不平等是社会制度的产物；一个等级、阶级或身份的人们和另一个等级、阶级或身份的人们之间是没有任何自然的内在差别的；而这种差别是法律和习俗的产物。同一原理也可以用来说明经济上的差别：如果一个人生下来就占有财产而另一个人则没有，这种差别是由于管理遗产和财产所有权的社会法律所产生的。用具体行动的名词来加以说明，这个公式的意义就是说：应该让天然禀赋的不平等状态在这样的法律和制度之下发生作用，这种法律和制度并不使那些天赋差的人们蒙受着永久的不利，在社会上所发生的分配权力、成果和物品的不平等的状况应该与天然的不平等严格地相称。在目前的社会安排中个人的机会是受个人的社会与家庭地位所决定的；人类关系的制度结构为某一阶级的成员大开方便之门，而有害于其他的阶级。对于进步的和自由的民主所提出的要求可以用类似的战斗口号加以说明：制度和法律应该使一切人们获得平等和维护平等。"①这里强调的是早期的自由主义思想虽然强调人是生而平等的，但同时却强调人的自然禀赋是不平等的，并且默认人的出生、地位以及家庭财产继承的不平等。

杜威认为，在财政资本主义的控制之下，自由却受到侵害。杜威所说的"财政资本主义"，就是资本主义的经济制度。在他看来，经济资本主义给了那些有特殊天赋才能的人以及适合这个经济图景的人的行动自由。但这些人的自由行动权却直接损害了多数人的自由。杜威说："它曾给与获取

---

① ［美］约翰·杜威：《人的问题》，傅统先、邱椿译，上海人民出版社1965年版，第92—93页。

财产的能力以自由发展的机会并使得人们有机会运用那种财富来进一步获取更多的东西。运用这些特殊的获取财富的能力的结果使得少数人手里有着垄断的权力,控制着广大群众的机会并在实现他们的自然才能时限制着他们的自由活动。"① 杜威在此没有提及在政治领域里自由与平等的实现问题。应当看到,在这些领域里并非没有问题,但更严重的问题来自经济领域。在他看来,自由主义是完全以抽象的方式来理解自由的。他认为:"把平等与自由统一起来的民主理想就是承认,实际具体在机会与行动上的自由依赖于政治和经济条件下平等化的程度,因为只有在这种平等化的状态之下,个人才有在事实上的而不是在某种抽象的形而上学的方式上的自由。民主可悲的崩溃就由于这一事实:把自由和在经济领域内,在资本主义财政制度之下最高程度的无限制的个人主义活动等同起来了,这一点注定了不仅使得平等不能实现,而且也使得一切人们的自由不能实现。"② 因而,杜威以他的实用主义眼光发现了洛克式的财产自由权所产生的问题,而在杜威的这个论点里,蕴含着平等是自由的先决条件这一观点,这不仅是指政治平等,而且是指经济上的平等,或者说,经济上的严重不平等,必然影响到自由的实现。在经济领域里同样有着平等的要求,在这个意义上,他是罗尔斯的新自由主义的先声。历史发展表明,杜威的经验性观察经得起历史的考验。经济不平等,越来越严重的两极分化,正在严重地撕开以美国为首的西方发达社会。

杜威认为,在现代西方的政治社会,仍然存在的一个对于自由有着深刻影响的问题,即权威与自由的关系问题。早期自由主义的理想认为经济资本主义过度张扬的个人自由导致了严重的不平等和不自由的问题。不仅如此,杜威以一个社会科学家的深刻观察力,还提出了制度权威与自由的关系问题。杜威说:"真正的问题是权威与自由之间的关系问题。但是当人们开始认为权威与自由分别发挥作用的领域是互相分离的时候,上述这个问题便被隐

---

① [美] 约翰·杜威:《人的问题》,傅统先、邱椿译,上海人民出版社 1965 年版,第 93 页。

② [美] 约翰·杜威:《人的问题》,傅统先、邱椿译,上海人民出版社 1965 年版,第 93 页。

藏起来了……实际上，权威代表社会组织的稳定性，个人借此而获得方向与支持；而个人自由即代表有意识地促进变化的各种力量。需要经常注意的问题就是如何把这两个东西，权威与自由、稳定与变迁，密切地和有机地结合起来。用不是把两者结合起来而是把两者分隔开来的办法来求得答案的这种思想，当任何时候要去实行它时，它就使人走入迷途。"① 这里的第一个问题是：什么是权威？杜威的理解是，"把权威这个观念本身仅仅限于宗教上和政治上的权力，说这些力量和这些新兴力量的自由表达是敌对的"②。在这里，杜威将"权威"这个概念仅限于宗教和政治上的权力，政治上的权力可以支配和控制人们，而宗教权力则是以信仰来支配人。关于政治权力，他在其他地方又称之为社会制度的权威。在西方社会生活，我们可以感受到宗教的力量无处不在，宗教组织和宗教信仰对于人们的精神生活同样具有权威的作用。其次，杜威也把社会习俗的力量称为权威的力量。他说："当传统和社会习俗已经融会于一个人的活动构造之中的时候，它们事实上对于他的行动就具有了权威的作用。"③ 不过，传统习俗的权威性力量由于对人们的生活发挥着如此普遍而深刻的作用，以至于人们感觉不到它是在人们的外部而对人们具有强制性的因素，并且，它甚至构成人们的习惯信仰和目的的一部分，从而人们并不把它当作敌对的东西。因而，人们感受到的更多是有组织的权威，或社会制度权力所起的权威的作用。在洛克强调社会成员或人民需要政府，是因为人民或公民需要政府对自己的基本权利进行保护的地方，杜威意识到了，建立起来的社会组织或社会制度权力的权威作用。杜威认为，在理智领域里，权威与自由正在越来越明显地区分为两个分隔的领域。杜威指出："一个重要的理智上的问题就是区分成为两个分隔的领域：一个是权威的领域而另一个是自由的领域……权威中的内

---

① ［美］约翰·杜威：《人的问题》，傅统先、邱椿译，上海人民出版社1965年版，第75页。

② ［美］约翰·杜威：《人的问题》，傅统先、邱椿译，上海人民出版社1965年版，第79页。

③ ［美］约翰·杜威：《人的问题》，傅统先、邱椿译，上海人民出版社1965年版，第77页。

在倾向在不正当地扩张它自己,侵入自由的'领域',因而压制、虐政,用今天的语言来说,组织化了。所以能行权必须是属于个人自由这个观念和这个现实方面的;权威是它的敌人,而社会权威与社会控制的一切表现都被热诚地监视着而且总是被猛烈地反对着的。"① 杜威指出,把人类生活的整个领域划分为权威与自由并且二者相互对立的说法几乎已经成了一个公式,杜威认为说这是一个公式其意义并不在理论上而是在几百年来的历史事件中。杜威认为这样一种二分表明了西方文明几个世纪以来的危机所具有的重大意义。杜威说:"它代表着一个重大的历史斗争。在它的两重性中,一方面它赞扬着曾经一度统治人们的思想和行为的那些制度的崩溃;另一方面它表明了新的社会的和理智的力量的兴起。旧的传统和既存的社会组织抵制着这种人类生活和社会中的新生力量,把它们当作危险的东西;乃至把它们当作争夺过去原来为它们所独享的权力和特权的死对头。"② 杜威以权威与自由相对立这样的独特视角讲述的是几百年来西方社会反对封建主义而争取新生的资本主义社会的斗争的历史。马克思曾指出,历史上的资产阶级曾经起了非常伟大的革命作用,这就是将人类社会从封建社会推进到人类社会发展的一个新阶段。在这个社会发展的初始阶段,新生力量对于既存的社会制度倾向于按照他们自己的估价来接受,即承认现存的制度的权威性,而新兴的资产阶级的社会运动,当它发现既存的制度具有压制性时,就会反抗权威本身,把权威看作外在的东西,并认为其内在地是与自由敌对的。然而,当这个推动历史进步的新兴力量也成了组织化了的力量,并且获得了权力,它同样也成了具有权威性的力量。换言之,历史运动本身也就可看作新旧社会力量或阶级力量争取权威力量的斗争。然而,权威的性质虽然改变了,但权威与个人自由之间的冲突仍然存在。杜威并不是像洛克所想象的那样,认为当一个社会已经有了人民同意的有组织的制度权威之后,人民争取自

---

① [美]约翰·杜威:《人的问题》,傅统先、邱椿译,上海人民出版社1965年版,第74页。

② [美]约翰·杜威:《人的问题》,傅统先、邱椿译,上海人民出版社1965年版,第75—76页。

由的斗争也就告一段落。杜威认为，通过历史的考察，"个人主义哲学把权威与自由、稳定与变迁对立起来，这是错误的。但是它发觉权威在组织制度上的体现是如此地外在于激动中的新需要和新目的，以致事实上成了具有压制性质的东西，这是有道理的"①。在杜威看来，权威与自由的二元分立是历史运动所形成的历史性错误。在杜威看来，人类社会在几个世纪中的这种调整已经在历史舞台上无可比拟地表现了出来。而这种历史和相对的斗争转化为在权威与自由原则之间的内在的、固定的冲突的哲学，就会形成人们的一种哲学观，即权威总是或纯粹是限制自由而不是指导实行自由的力量。在他看来，这种麻烦的情况是他那个时代的事态。然而，这本身隐含着一个事实：组织制度性权威与个人自由之间无疑存在着张力，这种张力并非建立了保护人民权利的民主政府就可以消解。

在一个社会中，社会制度的权威性以及西方社会的宗教权威性，它们体现在对社会的控制和代表着社会的稳定性。社会控制实际上也就是对个人的控制，杜威认为，自由问题实质上是一个社会利益的分配问题，一套制度也就是一套分配自由的制度。罗斯认为，社会协作必须有权威。这是因为，社会协作本身是在社会控制之下有序进行的。他说："在复杂的协作中，个人意志甚至需要一种超越它们的权威，因为胜利包含着对许许多多个体行动的非常精巧的平衡，就连命令也必须带着权力发布。"② 然而，制度的稳定性与个人内在的活跃因素之间总是存在着张力。这是因为，制度的惯性导致其不可能及时跟上个人新的需要以及新的追求，个人的新需要或新的追求，力求突破制度的惯性，从而社会自由就体现在这种努力上，因而这代表着个人自由的倾向。这符合杜威对自由的原始定义，即自由在于做什么和不做什么，而当不能做什么时，则意味着没有自由。罗素指出："一个健全而进步的社会不仅需要集中控制，而且也需要个人和集团的创造力；没有控制，就会出现无政府状态；没有

---

① ［美］约翰·杜威：《人的问题》，傅统先、邱椿译，上海人民出版社1965年版，第76页。
② ［美］E·A·罗斯：《社会控制》，秦志勇、毛永政译，华夏出版社1989年版，第39页。

创造力，社会就会停滞不前。"① 罗素的说法也隐含着这两者的区分。

在杜威看来，在地球上人类生活的千百万年以来，大部分时间都满足于现状，即使是在专制横行的社会也是如此。正是由于人类的这种秉性，从而把千百万年来习俗性的东西看成神圣的。并且，权威本身也披着一种神圣的外衣，如权威是神圣的，或是人类自然产生的，自然存在的，在中世纪，权威不仅是神圣的，而且是超自然的，杜威指出："即使在世俗王朝兴起向教会的最高地位挑战的时候，这个基本观念并没有遭到怀疑，更谈不到有人向它挑战。世俗王朝仅仅宣称：它也是由于神圣的权利或权威而存在的，所以在今世的权威中它是最高的。"② 然而，杜威指出，关于权威问题的历史演变到近代发生了根本性变化。这就是现代科学的兴起以及资本主义经济的兴起。杜威说："新科学为了企图扫清它的荆棘道路，而断言：它是按照上帝的样子思考上帝所思考的东西。新经济力量的兴趣又威胁着现在政治制度的最高权威。但是这个新兴的经济力量也宣称它们享有最高权威的权利，因为它们是自然法则的纯粹而真实的表现。"③ 杜威认为，这将十分有利于变化和变迁的力量从社会结构中排除出去，并认为两者是敌对的。不过，是晚近才发生的重大事件。但实际上，应当看到，几千年来的传统社会是相对静止的社会，这种静止就在于社会控制过分压抑了个人的创造性和个人活力。杜威认为，这种历史的演化所导致的权威与自由的二分，对于社会发展将产生非常有害的后果。他说："结果便形成了一种社会与政治哲学，它怀疑任何形式的权威的真实性，它认为没有一种形式的权威不是个人在他们的私人才能中的有意识的需要、努力和满足的结果，没有一种形式的权威不是受这些有意识的需要、努力和满足所制裁的——这一种哲学在经济学上采取了放任主义的形式而在一切其他社会的和政治的事务中采取了个人主义的形式。这个哲学宣称

---

① ［英］伯特兰·罗素：《权威与个人》，肖巍译，中国社会科学出版社 1990 年版，第 73 页。

② ［美］约翰·杜威：《人的问题》，傅统先、邱椿译，上海人民出版社 1965 年版，第 78 页。

③ ［美］约翰·杜威：《人的问题》，傅统先、邱椿译，上海人民出版社 1965 年版，第 78—79 页。

它应该享有自由主义这个包含比较广泛的头衔。"① 质疑权威、否定权威是这个运动的后果。杜威认为，这恰恰与人类历史上的信念直接相对。他认为，过去的事实与此强烈相反。就由组织的权威这个观念来说，人类在这个星球上的集体生活的悲哀就是它表现出万分地需要权威；然而，这种需要又不断地为满足这一需要的制度本身所破坏。但杜威晚近所出现的个人自由的原则表现得也不好，不仅让人感到不安全、不协调，而且这个时代的权威又以最极端的形式出现——法西斯独裁。不过，杜威将现代最野蛮的独裁的出现归因于自由主义的个人主义，则是完全错怪了。因为现代独裁，无论是法西斯独裁还是斯大林式的独裁，都不是因为自由主义，而恰恰是因为它们不是自由主义，而是古代式的专制独裁在现代条件下的新形式。

二 新旧个人主义

杜威对于权威与自由的分离以及个人主义的自由主义的产生抱着一种矛盾的态度。一方面，他认为这种分离导致了社会的混乱、不确定和冲突的情景。这就是把原来行使权威的、组织起来的权力看成对自由和一切社会变革敌视力量，并且由于反对权威，从而使得个人失去了方向。他们斥责权威，认为必要的权威行使仅仅限于维持警察秩序所需的最低限度。而这就是后来诺齐克提出的"守夜人"职能的政府。然而，杜威认为，这种观点实际上是把追求个人利益的需要和努力上升到了最高权威的地位。因而，他们并非不要权威，而是将组织化的制度权力的权威视作敌对的。这必然造成新的混乱，且尤其体现在经济自由上，或经济个人主义上。但杜威认为，体现组织制度权威的计划经济也有它的问题，他也不赞成。然而，这表明的是，杜威对于现代资本主义经济基本是持批判态度的。

另一方面，杜威也承认这几百年来的权威与自由趋向二元化的结果有着正面和积极的意义。杜威说："承认我们现有还需要有个人主义的运动并且承认它的重要社会后果；但同时也看到，在它过去的活动方式中它已

---

① [美]约翰·杜威：《人的问题》，傅统先、邱椿译，上海人民出版社1965年版，第79页。

经走过了它在社会上正当而可贵的进程……我们不仅承认它在历史上所作的贡献,而且承认它在实际上和在理论上强调了人类所具有的可变化的倾向——这些倾向使人们彼此区别开来;它们在首创性、发明力和有力的进取心方面表现出来——而这些都是在将来任何社会秩序中所应该永久体现出来的价值,这样做是可能的。承认所有这一切可贵的特性和产物,同时主张:在它活动到现在为止,这个运动还有一大缺陷,即它绝对地反对权威这个原则。"① 杜威在充分肯定时,不忘了加一句否定意见。

实际上,杜威认为这个时代最严重的问题就是个人主义的问题。他称他那个时代的个人主义为"旧个人主义",或"经济个人主义"。杜威对其历史性评价说:"早期的经济个人主义有明确的信条与功能。它寻求从法律的束缚下释放人的需要以及满足这些需要的努力。它相信这种解放将激发潜在的能量,将自动地把个人的才能安排到适合它的工作上去,将用利益去激励它从事那种工作,将确保才能与进取精神获得它们应享的回报与地位。"② 旧个人主义在欧洲也曾有过其价值意义的合理性,但杜威认为那也是短暂的。杜威认为,这样一种个人主义的哲学,从形成之日起,就已经走过了漫长的道路。而今天,即使是坚定的个人主义的捍卫者也不敢重提其乐观主义的断言。而现在他所听到的对失去机会的怨气、吼叫,伴随着机器、汽车与酒店的喧闹,以及愤愤不平的吵闹声,而不是无产阶级的叫唤声。杜威说:"使旧个人主义哑然失声的转变在我国来得更明显、更迅速。今天呼唤着创造力并为首创性与活力提供无数机会的荒野在哪里呢?"③ 杜威认为,旧个人主义已经破产了。

杜威认为,这场个人主义的自由主义运动,是与一个有巨大而迅速变迁的时代联系起来的,而这些伟大的时代变迁,都曾对社会带来积极意义,他指出,像"首创性""发明力""进取心"这些词语,标志着个人主义与社会

---

① [美]约翰·杜威:《人的问题》,傅统先、邱椿译,上海人民出版社1965年版,第81页。

② [美]约翰·杜威:《新旧个人主义——杜威文选》,孙有中等译,上海社会科学院出版社1997年版,第84页。

③ [美]约翰·杜威:《新旧个人主义——杜威文选》,孙有中等译,上海社会科学院出版社1997年版,第86页。

第一章　实用主义

变迁的密切的内在联系。它们指出了从现状离开的出发点和革新的源泉。然而，杜威指出，个人主义所导致的社会进步或社会变迁并没有给个人带来自由，尤其是没有给那些缺乏物质财富的人带来自由。它试图把自由与不要任何组织控制等同起来，但实际上是把自由与占有经济权力等同起来。杜威看到了自由市场经济带来的两极分化问题。因而在杜威看来，这个世界呈现出的是"不稳定、不安全和不断增加冲突的景象"①。而西方式的自由与个人主义正在失去它的魔力，社会控制的权威正在以安全、秩序与团结之名获得它的魔力。在杜威看来，这不仅是一个理论问题，更是一个人类的前途与命运问题。但他认为，不可能以旧有的途径来达到权威与自由、稳定与变迁之间的相互适应。他说现在西方存在着两种乌托邦：一是重新发掘过去的制度方法来获得永久性的权威；二是以个人在追求财富和经济权力中的彼此残酷斗争的方法来获得个人自由。他认为这两种乌托邦都是片面的，杜威认为人类的乌托邦必然是这两者之间的相互适应。在自由主义的个人主义已经昌盛了几百年的西方社会，仅仅靠制度控制权威而不尊重个人自由的方法已经不再灵了，而仅仅靠民主自由的个人主义也必然走不出时代的困境。在杜威看来，人类美好未来的建构在于将集体权威与自由两者关联起来。在杜威看来，当代科学的进步与发展，体现了他心目中的权威与自由关联的社会理想。杜威说："科学的权威是从比较有合作组织的集体活动中产生出来的并以它为根据的。"而"科学的进步是由于解放了而不是由于压制了个人中的变异的、发明和革新的、创新的因素"②。科学的组织权威与个人创新的有机结合，体现在科学家或科学工作者所运用的方法是一种公开的和公共的方法，这种方法是在同一领域里工作的一切人达到了同意、达到了统一的时候才得到认可的，然而，科学研究则是个人首创精神的体现，而科学研究的贡献也是在集体中得到检验和发展的。他通过检验得到认可的成

---

① ［美］约翰·杜威：《人的问题》，傅统先、邱椿译，上海人民出版社1965年版，第82页。

② ［美］约翰·杜威：《人的问题》，傅统先、邱椿译，上海人民出版社1965年版，第85页。

功则成为理智世界中的公共财富的一部分。换言之,杜威认为,现代科学研究有其成就已经为整个人类社会的组织制度性权威与个人自由两者的结合提供了一个范本。不过,目前仅仅是在有限的科学研究领域中得到证实,而要将这两者的结合成为整个人类前进的方向,目前我们还没有在其他领域有这样的证明。因此,就整个社会而言,这仍是杜威的一种社会政治乌托邦。

为了实现这样一个社会乌托邦,杜威还提出了他的一个思想方案,这就是重塑个人主义。在他看来,几百年所形成的与制度性权威相分离的个人主义是一种旧的个人主义,这种个人主义已经表现出了它的严重问题。前述也已经讨论到了,他称这种个人主义为自由主义的个人主义。杜威说:"我们的物质文化(诚如人类学家所言)正处于集体化与合作化的边缘。然而,我们的道德文化连同我们的意识形态,依然充满源于前科学、前技术时代之个人主义的理想与价值。其精神根源可上溯至中世纪的宗教。"① 在这里,杜威深挖现代个人主义的社会根源。在他看来,现代个人主义根植于中世纪的宗教观念,基督宗教肯定个人灵魂的终极性,而人生之戏就围绕着这一灵魂的归宿而展开。杜威这一观点基本是正确的,虽然个人主义这个概念是晚出的,它是托克维尔在《论美国的民主》中所造的一个概念,托克维尔说:"个人主义(individualisme)是一种新的观念创造出来的一个新词。我们的祖先只知道利己主义(Egoisme)。"② 托克维尔是一个法国贵族,他对于美国出现的个人主义现象持一种批评的态度,在他看来,这种个人主义与利己主义差不多,比利己主义好不到哪去。但杜威的认识无疑更深刻。在杜威看来,现代西方文化整个都是个人主义反抗制度化权威的文化,而这个源头在中世纪。但实际上,并非整个中世纪的基督教都可以这么看,严格地说,西方宗教个人主义的源头是新教改革,是路德,因为他以个人之力反对整个基督教的制度化

---

① [美]约翰·杜威:《新旧个人主义——杜威文选》,孙有中等译,上海社会科学院出版社1997年版,第83页。

② [法]托克维尔:《论美国的民主》下卷,董果良译,商务印书馆1988年版,第625页。文中外文为法文。

权威，这无疑需要无比巨大的个人勇气，因他所面对的是整个强大的教会，而他只有心中的信仰。然而，他成功地进行了宗教改革，从而将灵魂只靠自己而不靠组织制度化的教会就可得救的信念确立下来。但杜威认为，基督教教会的制度从根本上看也是为了个人的得救，不过是从制度上保障个人得救。但在路德式宗教个人主义信念确立之前，意大利的文艺复兴，以人的感性来对抗神性，以人道反抗神道，以人的价值、人的尊严来反抗上帝的尊严与价值，就已经开启了世俗的个人主义运动。不过，杜威认为，这种前现代、前科学、前技术时代的个人主义，经过几百年的历史发展，已经表明了它不适合现代资本主义社会。

  杜威强调，这种旧个人主义的终极意义在于确保个人得救。这无论是从教会制度来看还是从路德的新教来看都是如此。杜威指出，是工业革命促成了人们的精神转变，即使人们从精神得救转向尘世，将重心从农业转向制造业。如马克斯·韦伯在《新教伦理与资本主义精神》中指出的，在这一转变过程中，人们的精神也从来世得到报偿转向了财产与报偿，即财富是上帝所给的奖赏的个人观念则形成并保留下来。而个人资本主义、天赋权利和具有严格的个人特征与价值观的道德都在清教即新教的影响下保留下来。实际上，这些都是早期西方社会的价值观和政治哲学的道德基础。早期资本主义在这种个人主义的意识形态和价值观支配下，因而确实起了它应有的作用。然而，"旧个人主义的全部意义已经萎缩为一种金钱尺度与手段，这样说不过分。那些被认为属于倔强的个人主义的美德的可以高声赞美，但无须什么远见卓识便能一眼看清，真正受重视的是与谋利的商业中有利于成功的活动相关的东西。这样，个人主义在商业领域的信条与在思想和言论领域对个性的压制相结合，恰成反讽"①。杜威批评传统的自由主义的个人主义已经蜕变为一种经济上不择手段为自己谋利的东西，并且从宏观意义上看，是用自己的一己私利来定义工业与商业。在杜威眼里，传统的个人主义已经蜕变成托克维尔眼中的利己主义了。然而，文艺复兴以来的个人主义观念中的人的权利、尊严

---

  ① ［美］约翰·杜威：《新旧个人主义——杜威文选》，孙有中等译，上海社会科学院出版社1997年版，第91页。

与价值，以及人与人的平等这些重要因素都在杜威那里看不到了，他只看到商业资本主义中的利己主义，并以此来代替个人主义的全部意义。在他看来，旧个人主义不仅造成了自由与权威的二元对立，而且本身也萎缩成了类似于利己主义的观念，同时造成了社会的不安全、不稳定。但杜威并不赞成一种全面的社会控制的集权主义，因而社会改造的出路不在别的，就是重塑个人主义。

对于新个人主义的具体内涵，杜威在其相关论文中，则很少给予明确的规定性讨论和论证，反而更多是对旧个人主义的批判。我们只可从杜威对旧个人主义的批判时正面提及处来整理他的一些观点。在杜威看来，旧个人主义的根本性问题在于蜕化为为了个人利益而不择手段的利己主义，新个人主义则强调个人之间的社会合作性。杜威以科学技术在现代的成功为模式，认为应当既尊重权威，又尊重个人的首创性，并且还须重视群体个人之间的合作。有人认为强调社会合作性就意味着对现状更大的顺从。杜威说："构成人类社会的具体的相互作用包括参与中的予与取以及一种共享中的予与取，这种共享增进、扩大并深化着那些相互作用之因素的能力与作用。顺从意指没有充满活力的相互作用，以及对交流的阻止与窒息。"① 在杜威看来，社会组织正如任何有生命的有机体一样，是相互交换中的不同细胞的合作一致性。旧个人主义仅仅强调个人需要以及需要的满足，因此，在杜威这里，新个人主义的突出特点就是："其思想与欲望的模式与他人具有持久的一致性，其社交性表现在所有常规的人类联系中的合作性。"② 摩根（Morgan George）说："杜威认为，个人主义的道德真理是在一个分享的文化发展中所有的参与者都有平等的自由与机会。这样的参与意味着对个人的增强。他的观点是，因为个人不是社会所要保护的一个基本表格的数据，而是通过社会交往要发展的一个质（a quality），所以每个人对于全体都有贡献。"③ 个人通过与他人或社

---

① ［美］约翰·杜威：《新旧个人主义——杜威文选》，孙有中等译，上海社会科学院出版社1997年版，第89页。

② ［美］约翰·杜威：《新旧个人主义——杜威文选》，孙有中等译，上海社会科学院出版社1997年版，第91页。

③ George Morgan, Jr., "Individualism Versus Individuality", *Ethics*, Jul., 1942, Vol. 52, No. 4, pp. 434–446.

会的交往从而发展出与他人和谐共处的品质和合作性品质。在杜威看来，这就是他的理想的新个人或新个人主义的特征。

那么，新个人主义通过什么方式能够得到生长或促进？新个人主义不可能通过将旧有经济个人主义的好处推广到更多的人来实现，在杜威看来，传统的观念几乎是一种累赘①，也不可能通过发挥慷慨、好意以及利他主义的德性来达成。在他看来，慈善与博爱是内心不安的表现，因而是不可能长久的。那么，这种新个人主义如何能够生长起来？杜威说："只有通过控制性地利用已掌握自然界物质力量的科学与技术之全部资源，我们才能获得一种新个人主义。"② 杜威这里的意思是现代科学技术以及所达到的高度发达的社会生产力。这是他在继讨论权威与自由的二元分离问题之后，对于科学技术及其社会生产力的评价。

杜威花了相当多的篇幅来讨论现代科学技术对于人类精神但主要体现在新个人主义的形成上的决定性影响。杜威认为，一个以机器为代表的科学技术时代到来了，但人类的精神却没有作好准备。我们现在是通过科学对自然资源进行控制，但不是对科学的控制性利用。"机器突如其来，使我们措手不及。"③正如第一次工业革命，人类在一个多世纪之后才认识到它的伟大意义，因为许多重大事件都是这之后才发生的。这恰如我们今天的 AI 的发展，人工智能的突飞猛进，目前我们还没有完全意识到它对于人类的未来意味着什么。杜威认为，我们没有建构与科学技术的发展潜力相当的新目标，反之，我们却极力使之服务于过去的目标。杜威认为，如果我们仅仅以科学技术来赚取更多的金钱财富而不是为了人类的美好未来而运用它，那么，这仍然局限于旧个人主义的思维框架内。"如果我们开始自问我们能用机器为创造与实现其潜力相当的价值做什么，并开始有组织地计划实现这些利益时，一个与我们生活其中的时代现实相

---

① 参见［美］约翰·杜威《新旧个人主义——杜威文选》，孙有中等译，上海社会科学院出版社 1997 年版，第 93 页。

② ［美］约翰·杜威：《新旧个人主义——杜威文选》，孙有中等译，上海社会科学院出版社 1997 年版，第 93 页。

③ ［美］约翰·杜威：《新旧个人主义——杜威文选》，孙有中等译，上海社会科学院出版社 1997 年版，第 93 页。

适应的个人也开始形成。"① 杜威认为现代科学技术及其所形成的生产力已把人类带入一个新的时代，但我们的价值追求还为旧个人主义所束缚，那么，我们就将落后于这个时代。而他的心目中的与这样一个科学技术生产力相适应的价值追求体现在人类有计划将科学为人类的价值服务，而这个他心目中的典型就是苏联。但我们发现，不是计划经济而是市场经济才能更好地利用科学技术及其生产力。市场并不是什么计划，但它以看不见的手，却能更好地造福于人类。不过，杜威高度重视现代科学技术及其生产力对于人类发展的潜在能动性力量，必须有一种新的个人观来与之相适应，这一看法是值得认可的。

在杜威的权威与自由以及新旧个人主义这两个相关的观点里，杜威认为这个时代最严重的问题就是旧个人主义所带来的问题，旧个人主义的产生有它的历史根源，然而，我们的时代由于科学技术的突飞猛进从而产生了新型的社会生产力和新型的人类合作方式，因此，将权威与个人自由重新整合起来，就需要重新塑造个人和重构个人主义，这种新个人或新个人主义所体现的个人就是既有创造性、进取心，又有合作精神。科学技术的进步发展提出了对于人类发展的新的使命要求，因此，不是如何发挥科学技术的潜力问题，而是在新型的人类社会生产力的水平上提升人的素质与潜能，从而驾驭现代科学。

杜威对于新个人主义的特征所言不多，但他所提倡的协作精神作为新个人主义的核心精神的观点为当代罗尔斯所继承。罗尔斯的正义论被人们认为是一种建立在个人主义的观念基础上的正义论。这典型地体现在他对原初状态的设置上。但是，罗尔斯的正义论其意旨在于所有社会成员在一个公平正义的合作体系中是如何互动的，而一个公民要成为一个合格的公平正义合作体系的成员，首先所具有的就是两种道德能力，即正义能力和善观念的能力。在罗尔斯看来，正是正义感的能力，使得人们在公平正义的社会合作体系能够与他人处于一种良好的合作关系中。而一个具有合作或协作精神的个人，恰是杜威所言不多的新个人主义的核心所在。在这个意义上，罗尔斯是杜威的精神传人。

---

① ［美］约翰·杜威：《新旧个人主义——杜威文选》，孙有中等译，上海社会科学院出版社1997年版，第93页。

第三节　罗蒂的政治哲学

理查德·罗蒂（Richard Rorty，1931—2007）美国实用主义复兴之后的典型代表。实用主义的复兴虽然不能与从皮尔士到杜威的那个鼎盛时期相比，但实用主义确实已经成为美国哲学界的一股重要力量。这种复兴的迹象就是，相当多重要的哲学家如戴维森、普特南、伯恩斯坦、罗蒂等都乐于接受人们对他们的实用主义称呼。而在新实用主义的代表人物中，罗蒂无疑是最重要、最有影响的一个。1979 年，罗蒂发表《哲学与自然之镜》，奠定了他的新实用主义的领军人物的地位。罗蒂先后执教于卫斯理学院、普林斯顿大学，20 世纪 70 年代后，罗蒂开始与分析哲学分道扬镳，他感到与分析哲学的同行的距离，从而离开哲学领域，后在弗吉尼亚大学（The University of Virginia）的文学院执教。

罗蒂从小就确立了为社会正义而奋斗的志向，他一生著述颇丰，并产生了广泛的影响。政治思想领域或政治哲学领域是他的哲学思考的主要领域之一，虽然他并没有一部专论性的政治哲学著作，但在他的相当多的论文及多部著作中，都涉及了他提出的关于社会文化与政治的思想。罗蒂不限于对艰深的哲学问题的思考，对于全球化问题、女性主义和社会伦理等公共问题，也积极参与。罗蒂特别乐于称自己是实用主义者，甚至更确切地称"杜威主义者"。罗蒂从哲学立场上看是实用主义，但他却力图综合分析哲学和以海德格尔、哈贝马斯为代表的大陆哲学，做到以实用主义来打通这些几乎不同甚至对立的哲学倾向。罗蒂站在实用主义的立场上，反对的一个偏见就是，美国本土哲学即实用主义与分析哲学不可相融，与欧洲大陆哲学又有着不可跨越的鸿沟。在罗蒂看来，维特根斯坦的后期哲学以及奎因以后的分析哲学，就可以很好地与实用主义结合起来。同时，戴维森的哲学就是将实用主义与分析哲学很好地结合了起来。

罗蒂认为，在大陆哲学中，哈贝马斯是最接近实用主义的，尤其是杜威的实用主义。在罗蒂看来，哈贝马斯对于社会生活的生活世界的关注，正如杜威所期望的，在哲学家这里，是人文社会科学而不是自然科学更重要、更需要哲学的反思。罗蒂赞同哈贝马斯的商谈话语伦理学，他说："哈贝马斯想像康德那样（但比康德做得更好）为民主制度提供基础，其办法是诉求一种'不受任何外在力量支配的商谈'，以代替'对人格的尊重'，作为一个社会借以变得越来越世界性和民主的盾牌。"① 罗蒂认同哈贝马斯的话语商谈的无压制基本原则，认同哈贝马斯所提出的任何话语商谈都应是平等自由的，不受任何外在的压制或强制。但罗蒂不认同哈贝马斯理论中所隐含的，任何问题都可以以话语商谈作为理想的解决问题的终端机制。总之，罗蒂并没有将眼光仅仅局限于实用主义的传统，他继承了杜威的方法和思想倾向，同时随着时代的进步与发展而兼收并蓄，推进了实用主义在当代的发展。

一 真理观转向

真理问题是实用主义讨论的一个基本问题，罗蒂也不例外。在哲学史上，真理问题也一直是哲学家们所思考的一个基本问题。至少从巴门尼德开始，真理作为一个认识论问题也就同存在联系在一起。我们知道，在詹姆士那里，衡量真理的标准不是是否与存在或实在相符，而是其效用性。他认同詹姆士的观点说："让我们把真理看作是，用詹姆士的话来说，'更宜于我们相信的某种东西'，而不是'实在的精确再现'。或者不用那么富有挑激性的话来说，这些思想路线向我们证明，'准确再现'观仅那些成功地帮助我们去完成想要完成的事务的信念所添加的无意识的和空洞的赞词而已。"② 在罗蒂看来，实在或外在世界与我们的描述是两套东西，世界或实在就在那里，本身没有什么真或假的问题。真或假并非出于实在，而出于我们的描述或认知。真理或断言并非在被判断的对象中，而在关于被思维的对象的判断中。因此，如果我们说我们的描述是符合对象的（为真），那么，我们就需要在我们的判断和对象之外的第三者作为尺度来评判我们的描述或判断与实在是否相符合。然

---

① Richard Rorty, *Contingency Irony and Solidarity*, Cambridge University Press, 1982, pp. 62-63.

② Richard Rorty, *Philosophy and the mirror of nature*, Princeton: Princeton University Press, 1908, p. 10.

而，我们只有一套概念系统或一种家族相似的语言作为判断或描述工具，而我们的全部描述或认知都在语言中。罗蒂说："实用主义者主张，真理不是某种与我们独立存在于我们的语言描述之外的东西的内在本性相符合。"① 在罗蒂看来，所谓"实在"，我们对它的描述是无动于衷的，因而描述性真理只存在于语言中，但它确能形成人们的某种信念。而在信念与真理之间没有被造成的"为真"的关系。我们的语言也许描述了这个世界中的某些事实，但是，我们也可以不参照这些事实独立地进行表述。真理是语言的属性，是句子的属性，而语言是被制造的。如果我们愿意，我们也可以说，像经验采取一定的程式，将某些事实或实在是有限的这样一些事实使句子为真，当且仅当确实存在某些发生。但罗蒂认为，当我们说"我的皮肤暖"时，这本身是一个句子，它是处于你的语言系统之中，你才可以理解它的意思。

罗蒂指出，从戴维森的观点看，对实在论与反实在论的争论没有任何意义，因为这个争论假定了空洞而又令人误解的信念观"被造成为真"，罗蒂说："对我们实用主义者来说，要紧的问题不在于一种词汇是否有意义，是否提出了真实或不真实的问题，而在于那场辩论的决议是否会有实践中的效果，是否会有用。我们要问，辩论双方所分享的词汇是否可能具有实践价值。因为实用主义的基本论题就是威廉·詹姆士的一个断言，即，如果一场辩论没有实践的意义，那么它就没有哲学的意义。"② 真或假的问题转换成了是否有效的实践意义问题。放弃经验模式与实在的二元论，并不是抛弃世界，而是重建与日常生活世界的直接联系，从而将认识论的真理问题转换为社会生活实践问题。

在《实用主义、相对主义和非理性主义》一文中，罗蒂提出了实用主义的三个特征，这是他在1979年就任美国哲学学会东部分会主席时的讲演稿。③ 第一个特征是实用主义只运用于真理、知识、语言和道德这样一些观

---

① Richard Rorty, *Philosophy and Social Hope*, London: Penguin Books, 1999, pp. 237—238.

② Richard Rorty, *Pascale Engle*, *What is the use of truth*? New York: Columbia University Press, 2007, p. 34.

③ 参见黄勇《罗蒂实用主义的后哲学文化观》，载［美］理查德·罗蒂《后哲学文化》，黄勇编译，上海译文出版社2004年版，第243—253页。

念的反本质主义。反本质主义不是一种现象主义,而是根本否定有本质与现象的区别。罗蒂在《反本质主义和文学左派》一文中说:"实用主义者想放弃在认识事物与使用事物之间的区别……他们就不能同意,认识 X 是件与某个内在于 X 的东西相关的事情,而使用 X 是件与 X 处于某个外在的、偶然的关系的事情。为了反对这样一种看法,他们就必须放弃内在与外在,X 的内在核心与边缘领域(由 X 与构成宇宙的其他事物之间的关系)之间的区别。我称放弃这种区别的企图为反本质主义。"① 在罗蒂看来,一旦离开了与人类的需要、意识或语言的关系,就不存在一个与 X 的实际存在方式相符的描述这样的东西。第二个特征就是,实用主义放弃事实与价值之间的区别。罗蒂说:"在关于应该是什么的真理和关于实际是什么的真理之间,没有任何认识论的区别,在事实与价值之间没有任何形而上学的区别。在道德与科学之间没有任何方法论的区别。"② 那么罗蒂是如何论证的呢?在他看来,柏拉图把道德哲学看成对善的本质的发现是错的,密尔和康德试图让道德选择服从原则也是错的。那么,为什么他们都是错的呢?罗蒂认为:"能说他们错的唯一的理由就是,认识论传统想寻找科学的本质,想让理性服从规则是错的。对于实用主义者来说,所有研究(不论是科学的还是道德的)模式都是对各种具体替代物的相对引人之处的思考。"③ 在罗蒂看来,应然与实然、事实与价值以及科学与道德的区分,就是先入为主的一种模式化思维,主观上我们认为在科学或哲学中,我们可以用方法来替代在不同的思辨结果之间的思考的看法是出于一厢情愿。这就好像是认为,道德上求得正确的人,可以通过参照善的观念或查阅相关资料就可解决他在道德上的两难。罗蒂认为"这是合理性就是受规则支配的神话"④。在他看

---

① [美]理查德·罗蒂:《后哲学文化》,黄勇编译,上海译文出版社 2004 年版,第 141 页。
② [美]理查德·罗蒂:《后哲学文化》,黄勇编译,上海译文出版社 2004 年版,第 248 页。
③ [美]理查德·罗蒂:《后哲学文化》,黄勇编译,上海译文出版社 2004 年版,第 248 页。
④ [美]理查德·罗蒂:《后哲学文化》,黄勇编译,上海译文出版社 2004 年版,第 248 页。

来，柏拉图以来的理性主义者实际上形成了一种思维模式，这种模式也就是这个传统的巨大谬误在于，以为视觉、符合、描绘和表象这样一些只适用于一些细小的、日常断定的隐喻也适用于重大而有争议的断定。这样一个错误观念所导致的是，如果我们没有与之符合的对象，那么，也就没有了合理性的希望。而实用主义告诉我们，如果我们摆脱了这种模式，柏拉图主义的理性生活观也就是不可能的了。罗蒂认为，如果我们在库恩的"常规科学"或任何类似的社会背景下，一个人确实可以精确地记录计算结果，进行三段论推论，弄清事情的真相等日常生活。但对于柏拉图主义者来说这还不够。柏拉图主义者不仅受制于当时的学科，还要受制于实在本身的非历史非人类的本性。换言之，柏拉图主义者不仅以他的理性观来分析和描述现象，分析本质，还从非历史的人类本性出发来提出问题，假设一些新颖的对象，让宝贵的命题与之相符合，而康德主义的策略则是，发现一些可以确定认识或表象的道德或理性的本质，或与之符合的原则。罗蒂认为，柏拉图以来的理性主义者或本质主义者并不满足于日常生活中那种普遍的、零碎的和具体的理由的东西，而是要问，"为什么相信我认为是真的东西？""为什么我做我认为对的事情？"这样的问题。而在他看来，实用主义已经放弃了这样一个传统，"相反，实用主义者告诉我们，我们可以用来就真理说某些有用的话的，不是理论的词汇，而是实践的词汇，不是沉思的词汇，而是行动的词汇"①。罗蒂认为，实用主义的第三个特征是，对于研究来说，除了对话的制约没有别的任何制约。罗蒂认为无论是自然科学的研究还是哲学研究，最应当重视的就是与同行或他人的对话。在罗蒂看来，任何一个人都不可能知道，他已经达到真理的认知，或一个人比以前更接近真理了。因此，"说我们受制于真理所可能有的唯一一种意思就是，我们完全不能理解，可以克服所有反对意见的观点可能会是假的"②。罗蒂说他最喜欢实用主义的第三个特征，因为它集中于一个反思的心灵面前的根

---

① ［美］理查德·罗蒂：《后哲学文化》，黄勇编译，上海译文出版社 2004 年版，第 246 页。

② ［美］理查德·罗蒂：《后哲学文化》，黄勇编译，上海译文出版社 2004 年版，第 250 页。

本选择：你是接受这种出发点的偶然性呢？还是拒绝？如果"接受出发点的偶然性，也就是把来自我们人类伙伴的遗产和与他们的对话看作我们唯一的指导来源。而试图避开它，则是希望成为一架恰当地程序化的机器"①。在罗蒂看来，我们不可能从以往的那种柏拉图式的理性主义的思维模式中得到真知。柏拉图认为，我们的理念世界的上空，可以实现这种希望，基督教徒想通过内心与上帝的交流来实现这种希望，笛卡尔主义者希望排空内心而追求那个确定的我思来得到这种希望，康德主义者则想通过发现一种先天结构来实现这种希望，罗蒂说："如果我们放弃这种希望，我们就将失去尼采所谓的'形而上学安慰'，但我们可以得到一种更新的共同体感。我们与我们的共同体、我们的社会、我们的政治传统、我们的思想遗产的认同……最后，实用主义者告诉我们，重要的是我们对其他团结一致对抗黑暗的人类的忠诚，而不是想把事物弄清的希望。"② 因而我们看到，罗蒂的实用主义反本质主义、反形而上学的实用主义，最终落脚在政治哲学上。然而，如果我们不首先把这个世界的事物弄清楚、弄明白，我们怎么能够与他人团结一致对抗所谓的"黑暗"？因为也许首先要去遮蔽，把事情弄清楚。

二 自由与自由主义

自由是政治哲学回避不了的问题。罗蒂在多处政治哲学相关讨论中涉及自由问题。在对桑德尔《民主的不满——美国在寻求一种公共哲学》的评论和对《一九八四》的评论中，罗蒂阐发了自己的自由观念。关于自由，桑德尔从自由主义与共和主义的立场出发，阐述了两者不同的自由观，首先，桑德尔区别两种意义的自由主义，一种是在美国现实政治的通常用语中的自由主义，这指的是保守主义的反对方是想要福利国家更慷慨以及社会经济更平等的那些人的主张；而在政治理论史上，则指的是一种不同的、更广泛的含

---

① ［美］理查德·罗蒂：《后哲学文化》，黄勇编译，上海译文出版社2004年版，第251页。

② ［美］理查德·罗蒂：《后哲学文化》，黄勇编译，上海译文出版社2004年版，第251页。

义，它涵盖了从洛克、康德、密尔到罗尔斯的政治思想和政治哲学观点，即尊重个人权利和强调宽容的传统。在当代美国的公共哲学中，所流行的就是这个版本的自由主义。那么，什么是自由呢？桑德尔说："自由在于我们选择我们目标的能力，这一观念在我们的政治与法律中表现得非常显著。其范围不限于那些在美国政治中被称为自由派的人，也包括那些被称为保守派的人，这可以看到它横跨了整个政治光谱。例如，有时候共和党人争辩说，向富人征税来支付福利项目是强制富人仁慈，这侵犯了人们选择如何处理自己金钱的自由。有时候民主党人争论说，那些受困于生活必需品的人并不真正具有在其他领域选择的自由，因此，政府应该保障所有公民有像样的收入、住房和健康水平。尽管双方在关于政府应该如何尊重个人选择的问题上意见不一，但双方都假定自由就在于人们选择他们价值与目标的能力。"[1] 罗蒂认为，桑德尔的讨论是从抽象意义上进行的，罗蒂的实用主义则总是把问题带到当下的社会生活实践，而不是要像桑德尔那样区别为保守主义或自由主义，区分为共和主义还是自由主义者。他主张把有关自由的问题讨论置于具体的历史条件之下，根据具体的社会条件和语境来理解自由。罗蒂说："像'自由是什么'或'自由真正意味着什么'这类问题过于抽象，以至于对我们没有任何好处。"[2] 但实际上，这类问题是进一步探讨的出发点。然而，由于罗蒂拒绝从"抽象意义"来讨论自由问题，因而我们看到他所讨论的自由都是与具体的社会境遇关联的。这正如杜威所言："实际的具体的机会和行动自由依赖于政治和经济条件的平等。只有在这些条件下，个人才有事实上的自由，而不是某种抽象的形而上学的自由。"[3] 罗蒂对奥威尔《一九八四》的讨论，生动地说明了什么是在具体的社会条件或语境下的自由问题。

罗蒂在《欧洲最后一位知识分子》一文中，对于奥威尔的《一九八四》

---

[1] ［美］迈克尔·桑德尔：《民主的不满——美国在寻求一种公共哲学》，曾纪茂译，江苏人民出版社2008年版，第5页。

[2] ［美］理查德·罗蒂：《后形而上学希望》，张国清译，上海译文出版社2003年版，第261页。

[3] ［美］杜威：《杜威全集晚期著作》第十一卷，朱志方等译，华东师范大学出版社2015年版，第289页。

进行了讨论和评价。在谈到极权主义与自由时，罗蒂引了奥威尔在1944年写的一篇文章，罗蒂写道："奥威尔剖析了他所谓的'一个非常危险的谬误，目前在极权主义尚未建立的国家中非常流行'……这个谬误是相信在一个独裁政府下，你可以内在地享有自由……最大的错误就是幻想人乃是自律的个体。你以为可以在专制政府下享有的私人自由，其实是无稽之谈，因为你的思想不可能完全是你自己的。哲学家、作家甚至科学家，不仅需要鼓励和听众，他们还需要不断从他人获取刺激……一旦夺去了言论自由，创造的能力势必干竭。"① 从"这个谬误"到引文结束，是奥威尔在文章中所写的。罗蒂转而继续讨论奥威尔对于温斯顿日记中的一段话，罗蒂写道："这一段如何与我稍早引述的温斯顿日记中的那一段连成一贯？那一段的结尾是：'自由就是说出2加2等于4的自由。若这点获得认可，其他将自然成立。'我建议可以把这两段当作是说：'2加2等于4'是否为真，根本不重要，这真理是否为'主观的'抑或'符应外在实在'也不重要。重要的是，如果你相信它为真，你可以把它说出来，而不会受到伤害。换言之，重要的是你有能力与他人谈论你以为真实的东西，而不是实际上真实的东西。"② 罗蒂在这里的讨论中，指出"重要的是，如果你相信它为真，你可以把它说出来，而不会受到伤害"，这就是罗蒂所认为的真正自由，或个人自由。个人自由不是别的，不是什么内在自由，而是没有专制压制的外在自由，如果没有这个自由，那当人们要你说2加2等于5时，你明知不符合你心中信以为真的信念，但你没有能力反对不说。我们再看看奥威尔在《一九八四》这部小说中写到的：

[奥勃良] 他停了一会儿，好像要使对方深刻理解他的话。

"你记得吗"，他继续说，"你在日记中写：'所谓自由即以说二加二等于四的自由？'"

---

① [美] 理查德·罗蒂：《偶然、反讽与团结》，徐文瑞译，商务印书馆2003年版，第251页。

② [美] 理查德·罗蒂：《偶然、反讽与团结》，徐文瑞译，商务印书馆2003年版，第250—251页。

第一章　实用主义

奥勃良举起他的左手，手背朝着温斯顿，大拇指缩在后面，四个手指伸开。

"我举的是几个手指，温斯顿？"

"四个。"

"如果党说不是四个而是五个——那么你说是多少？"

"四个。"

话还没有说完就是一阵剧痛。仪表上的指针转到了五十五。温斯顿全身汗如雨下。他的肺部吸进呼出空气都引起大声呻吟，即使咬紧牙关也压不住。奥勃良看着他，四个手指仍伸在那里，他把杠杆拉回来。不过剧痛只稍微减轻一些。

"几个手指，温斯顿？"

"四个。"

指针到了六十。

"几个手指，温斯顿？"

"四个！四个！我还能说什么？四个！"

指针一定又上升了，但是他没有去看它。他的眼前只见到那张粗犷严厉的脸和四个手指。四个手指在他眼前像四根大柱，粗大，模糊，仿佛要抖动起来，但是毫无疑问的是四个。

"多少手指，温斯顿？"

"四个！快停下来，快停下来！你怎么能够这样继续下去？四个！四个！"

"多少手指，温斯顿？"

"五个！五个！五个！"

"不，温斯顿，这没有用。你在说谎。你仍认为是四个。到底多少？"

"四个！五个！四个！你爱说几个就是几个。只求你马上停下来，别再叫我痛了！"

……

"再来。"奥勃良说。

温斯顿全身一阵痛，那指针一定升高到七十，七十五。

53

……

"真正要看到五个。"

"再来。"奥勃良说。

指针大概升到了八十——九十。温斯顿只能断断续续地记得为什么这么痛。在他的紧闭的眼皮后面,手指像森林一般,似乎在跳舞……①

奥威尔的小说描述到最后,他似乎是得了斯德哥尔摩综合征似的,喜欢上了奥勃良和老大哥。要一个人违背自己的常识性信念来说谎,或者说,让一个人说真话的自由也给剥夺了,这是什么原因呢?在《一九八四》里,是受到了严刑拷打,而一个人的忍耐又往往是有限度的。不过,在生活中,在历史上,我们却往往看到了指鹿为马、指鼠为鸭的颠倒黑白的现象。这样违背常识的现象,首先是有像奥勃良一样的人存心要这样颠倒黑白,其次也在于有人可能是经过了像温斯顿一样的肉体或精神历程,从而不得不这样说谎。罗蒂指出:"使温斯顿相信'2加2等于5'的唯一目的,就是瓦解他。让一个人无法拥有自我的第一步,就是使他毫无理由地否定他的若干信念,因为,如此他就无法将信念和欲望组织成一张融贯一致的网子。这使他变成名副其实的非理性:他无法为他的信念提供一个与其他信念相容的理由……使温斯顿短暂地相信2加2等于5,在'瓦解'的功能上,相同于使他短暂地希望老鼠去咬朱莉娅的脸,而不是他自己的脸。两者的不同,在于后者乃是终极的,不可挽回的瓦解。温斯顿或许能够相信,他曾经在奇特的情况下相信2加2等于5,并将这信念融合到他的性格和生命的历史中。"②通过奥威尔,我们也真正理解了什么是真正的自由。一个连常识性的真知都不可说的社会,还谈什么自由?因此,罗蒂说,自由是具体的社会历史条件下的自由,离开任何社会历史条件,都不可能有真正的自由

---

① [英]乔治·奥威尔:《一九八四》,董乐山译,花城出版社1988年版,第247—249页。

② [美]理查德·罗蒂:《偶然、反讽与团结》,徐文端译,商务印书馆2003年版,第253页。

可说。

对于自由主义和自由主义政治，罗蒂有三个相关联的问题，一是对自由主义政治的前提或哲学基础的批判，二是在坚持价值多元的前提下如何认识自由的道德优越性问题，三是对于自由主义文化的合理描述。

罗蒂主要从自由主义社会的哲学基础或哲学前提进行批判。这一批判又是从对于启蒙运动以来的真理观和对于理性的提倡开始的。在罗蒂看来，目前现代西方社会的思想观念中，存在着大量的非此即彼的二分性思维，这体现在对于如真理、理性、非理性、道德与明智等词语的使用上，他说："我们常常让世界决定不同语句之间的胜负，如'红队获胜'和'黑队获胜'，或'是仆役长干的'和'是医师干的'。在这些情况下，我们确实容易把'世界包含使人们有理由持一信念的原因'这事实，去和'有某种非语言的世界状态，其本身是真理的一个例子'或'有一个这样的状态，使一个信念和它符应而成为真'这主张混为一谈。"① 这里罗蒂说了两个意思，一是说我们常用不是黑就是红这样的判断句，但这样对世界的判断本身并不是在外在的客观世界那里，而是在我们的语言中，是我们以语言来判断和表达，我们认为我们的语言所表达的"真理"是符合外在实在世界的。二是说，"实在界（reality）的大部分根本无关乎我们对它的描述，人类的自我是由语汇的使用创造出来的"②。而这个主张的背后是相信，人类的语言是被创造出来的而非发现的，真理只是语言或语句的一个性质。因而所谓发现在人类活动现象背后的人性就是一句空话，罗蒂认为："法国大革命以来的政治乌托邦主义者所察觉到的，不是有一个持存的根本人类一直被'不自然的'或'非理性的'社会制度遏制或压抑着；而是变动不居的语言和其他社会事务，可以产生一种不曾存在过的人类。德国观念论者、法国大革命家、浪漫主义诗人共同隐约地察觉到：凡经历语言的改变，从而不再把自己视为必须向某种非人的权力负

---

① ［美］理查德·罗蒂：《偶然、反讽与团结》，徐文端译，商务印书馆2003年版，第14页。

② ［美］理查德·罗蒂：《偶然、反讽与团结》，徐文端译，商务印书馆2003年版，第16页。

责的人,终将变成一种新的人类。"① 可以看出,罗蒂持有一种语言中心、语言本体论的观点,相信语言或新词汇的运用就可以改变人类。因而在他眼里,不是社会生产力的发展推动人类进步,而是语汇的改变就可以改变人类社会或推动人类进步。传统的"真理"是他攻击最多的,他说:"用'符合世界'或'表现人性'来解释科学的成功或政治自由主义的可欲性,就像用鸦片的催眠力量来解释为什么鸦片会使你昏昏欲睡。说弗洛伊德的语汇捕捉到人性的真理,或牛顿的语汇捕捉到天空的真理,其实并未解释任何东西,而只是一个空洞的恭维——传统上当人们发现一个作家创新的术语有用时,便赠予这样的恭维。没有内在的本性这种东西,并不是说实在的内在本性已经令人讶异地变成外在的;而是说'内在本性'一词使用起来不划算,所造成的弊多于利。我们应该丢掉真理存在那里等待发现的观念,但这并不是说我们已经发现,那里并没有真理;而是说为了适合我们的目的,最好不要再把真理视为一种深奥的事情,一个哲学的课题。"② 罗蒂完全拒绝本质主义的观点,从而也拒绝传统的"真理"论。在他看来,"人类利用他们所制造的语言来构成语句,从而制造了真理"③。他在多篇文章中反复说,真理不是被发现的,而是被制造的。这种制造与人类的其他工具一样,都是为人所用的。或为了人类的某种目的,从而需要某种工具,真理就是人类所利用的工具之一。

上述对于传统真理观的批判仅仅是对于自由主义政治批判的前提。罗蒂说:"凡主张——如第一章——真理不存在'那儿'的人,都会被怀疑是相对主义者和非理性主义者。凡质疑——如第二章——道德与明智之分野的人,都会被怀疑是不道德的。为了抵挡这些质疑,我必须提供论证,指出绝对主义与相对主义,理性与非理性、道德与明智等的分野,乃是陈旧过时且笨拙

---

① [美]理查德·罗蒂:《偶然、反讽与团结》,徐文瑞译,商务印书馆2003年版,第16页。

② [美]理查德·罗蒂:《偶然、反讽与团结》,徐文瑞译,商务印书馆2003年版,第17—18页。

③ [美]理查德·罗蒂:《偶然、反讽与团结》,徐文瑞译,商务印书馆2003年版,第19页。

不堪的工具,是我们应该摒弃的语汇的遗迹……这一章我的主张是:要符合自由主义社会的制度与文化,我们选用的道德与政治反省的语汇,最好回避上述的种种分野,而不是保留它们。我将设法指出,启蒙运动理性主义的语汇,虽然与自由主义民主的肇始息息相关,但已经变成了民主社会延续与进步的障碍。"① 因此,他的反本质主义,包括反本质主义的真理观,都是他对现代自由主义的民主政治批判的前提。在他看来,启蒙运动的理性主义的语汇一旦消解,那么,所谓自由主义政治的"哲学基础"的概念也就不存在了。罗蒂说:"我将试图以非理性主义的、非普遍主义的方式重新描述自由主义的希望。我想以这种方式来构建,将会比旧的描述方式更能促进这些希望的实现。"② 在罗蒂看来,以非理性主义的和非普遍主义的方式来重新描述自由主义政治,是对自由主义政治的正确描述。在他看来,他并不是在为自由主义政治重新寻找基础,而只是重新描述。在罗蒂看来,寻找基础与重新描述不同,因为他拒绝本质主义、基础主义,因此,对于本质问题和基础问题是他不回答的问题或拒绝回答的问题,他只是重新描述而已。而罗蒂的重新描述,实际上也就是以他的理解来解说什么是自由主义政治或自由主义文化。他说:"寻找基础与重新描述之间的不同,恰好标示着自由主义文化与旧的文化生活形式的差异。因为依其理想形式,自由主义文化是一个彻头彻尾启蒙开明的、世俗的文化:这个文化丝毫不残留神的遗迹——不论其以神化的世界或神化的自我形式存在;这个文化不相信人类应该向任何非人的力量负责;这个文化丢弃或彻底重新诠释神性的概念,以及'奉献给真理'和'满足精神最深刻的需要'等概念。"③ 这就是罗蒂对自由主义文化的重新诠释。然而,这不过是说启蒙运动的自由主义政治和文化,已经向传统的神权政治和权威崇拜告别,从而只有从彻底的世俗主义来理解自由主义政治和文化才符合其文化

---

① [美]理查德·罗蒂:《偶然、反讽与团结》,徐文瑞译,商务印书馆2003年版,第68页。
② [美]理查德·罗蒂:《偶然、反讽与团结》,徐文瑞译,商务印书馆2003年版,第68页。
③ [美]理查德·罗蒂:《偶然、反讽与团结》,徐文瑞译,商务印书馆2003年版,第68页。

的根本特征，在此，我们有意不写成"本质特征"，因为罗蒂不认为这里还存在什么"本质"。但问题是，他可能回避不了杜威的权威与社会控制问题。如果一个社会仍然存在着权力权威，而且有可能走向一种极权专制，那么，我们怎么看待它在现代政治中的位置？换言之，权力权威与自由主义的自由在什么意义上是相容的？在什么意义上是不相容的？我们认为，罗蒂认为仅仅将神性文化消除就等于自由主义文化并不是完全合适的。这不仅与当代西方的宗教自由和宗教信仰相悖，也与政治现实不相符合。不过，罗蒂对于以神权为代表的绝对权威和世俗的绝对权威的警惕值得我们赞赏。在他看来，如果在自由主义的文化中，还继续使用那些导致绝对权威的语汇，我们有可能仍然摆脱不了神圣权威和专制权威的文化。

罗蒂认为，他对自由主义政治的描述是非常适合的，而对启蒙运动的自由主义政治文化的世俗性的描述，这种彻底的世俗主义罗蒂又把它归结为"用伯林的话来说，我们必须放弃'相信人们向来所信仰的一切积极价值，最终都必须相容一致，或甚至彼此蕴涵'"①。关于伯林的积极价值，我们等到讨论伯林时再展开，这里需强调的是，伯林指出人类的价值是多元的，并且并不是都可以归为某种终极价值。罗蒂强调，首先，要像弗洛伊德那样看待我们人类自己，把自己看成大自然所做的诸多实验之一，但不是大自然设计的极致实现。其次，罗蒂认为，应当警惕的是"柏拉图/康德主义者试图从事伯林所谓将［我们的］人格分裂为二：超越的、主宰的控制者，与必须被驯服控制的欲望和情感的经验丛"②。罗蒂所说的这个问题好像与前面所说的没有关联，但实际上是罗蒂自己不进行严密的论证，不过，思路还是清楚的，即如果没有一种彻底的世俗文化精神，那么，我们还有可能回到那种需要主宰者和绝对权威操纵者的社会里去，而这恰恰就蕴含在像康德这样的哲学里。

---

① ［美］理查德·罗蒂：《偶然、反讽与团结》，徐文端译，商务印书馆2003年版，第69页。

② ［美］理查德·罗蒂：《偶然、反讽与团结》，徐文端译，商务印书馆2003年版，第69页。

第一章　实用主义

在罗蒂看来，必须破除必然性、绝对性和理性的统治，宜居的地球在太阳系的出现是偶然，人类的出现是偶然，自由主义的社会是偶然，连你自己和你的良知存在都是偶然，"20世纪自由主义社会已经产生愈来愈多的人，能够承认他们用来陈述最崇高希望的语汇乃是偶然的——他们自己的良知乃是偶然的……尼采、威廉·詹姆斯、弗洛伊德、普鲁斯特和维特根斯坦等人物的出现，说明了我所谓的'自由作为对偶然的承认'"[1]。为什么这些人就说明了自由是对偶然的承认呢？这是因为在罗蒂看来，这些哲学家和思想家都有点另类，不是柏拉图主义和康德主义的哲学。自由就是对偶然的承认，而不是对必然的承认和认知，这可能在哲学史上很少有人读到，这类似于利奥塔的后现代观念，同时罗蒂也自称为"后哲学"，即告别柏拉图式的传统哲学。并且，罗蒂的承认偶然就是对抗必然的形而上学。罗蒂说："这项承认乃是自由主义社会成员的主要品德，而自由主义社会的文化应该以医治我们这'根深蒂固的形而上学需求'为鹄的。"[2]

第二个问题，即坚持价值多元论前提的自由的道德优越性问题。不承认必然绝对或绝对最高价值，那么，这里就会产生另一个问题，即相对主义的问题。罗蒂以桑德尔对伯林的批评的一段话开始讨论自由主义的这一问题。桑德尔认为，伯林差一点就陷入了相对主义的困境。在罗蒂书中，罗蒂引桑德尔一段话的原文说："如果一个人的信念只是相对地有效，为什么坚定不移地捍卫这些信念呢？伯林假定的道德宇宙具有悲剧性的构造，问题是，自由理想难道不也和其他相竞的理想一样，都要受到价值的终极不可共量性的约束？若是如此，为什么自由理想具有优越的地位？而如果自由不具有道德上的优越地位，如果它只是众多价值之一，什么可以支持自由主义？"[3] 罗蒂分析到，在这段话里，让人们感到桑德尔说的有分量的原因在于他使用了"相

---

[1] ［美］理查德·罗蒂：《偶然、反讽与团结》，徐文瑞译，商务印书馆2003年版，第69页。

[2] ［美］理查德·罗蒂：《偶然、反讽与团结》，徐文瑞译，商务印书馆2003年版，第70页。

[3] ［美］理查德·罗蒂：《偶然、反讽与团结》，徐文瑞译，商务印书馆2003年版，第70页。

对有效"和"道德上优越"这样对比的词语,而这隐含的意思就是认为,既然是相对有效,那么就如同其他那些不可公度或不可通约的价值一样,是不能具有一种道德上优越的地位的。而这也就意味着在桑德尔的心目中,只有那绝对有终极价值才有道德上的优越地位。

罗蒂认为,如果信念只是相对有效这句话是只对那些持有其他信念的人,而不是对任何人或每一个人而言,那么,这样讲并不具有什么分量,因为如果是这样理解的话,那么,相对而言,那所谓"绝对有效性"的信念就只限于日常的老生常谈式的基本的数学真理类的信念。罗蒂认为,对于这一类信念,没有人为之争辩,而维系这样的信念,也并不需要什么"坚定不移的勇气"。除此之外,所谓"绝对有效性"概念是无法理解的,"除非我们预设一个分裂的自我,一半恰巧为人与上帝共享的部分,另一半为人与动物共享的部分。可是,如果接受理性与激情,或理性与意志的这种对立,自由主义者便会陷入自相矛盾"①。应当说,这种对立就是柏拉图的理性与情欲的对立,这是思想史上一直延续的经典看法。但在罗蒂看来,这种对立并不成立,并且在自由主义这里不能成立,如我们接受弗洛伊德,那么,人就不应分裂为理性与激情或理性与情欲的对立物。

信念的有效性问题可能还与说服的形式相关,即是以理性说服还是非理性(如操纵性)说服。不过,罗蒂的讨论并没有明确地表示,非理性的说服是否有效的问题,但他认为这种区分就有问题。罗蒂认为,这个问题也可以说是一个语言游戏内部的问题。在一个语言游戏内部,什么是可能的和什么是重要的共识范围内,基于理由的信念与基于原因(非理性)的信念的区分很重要,如苏格拉底式的对话与催眠暗示的区别。当然还可以有进一步的分野,如洗脑、媒体导向等,然而,罗蒂认为,我们没有办法来泾渭分明地指出在实际的信念获取意义上的到底是理由还是什么原因,我们也不知道我们改变信念到底是理由还是什么原因。并且,罗蒂强调,当新旧语汇转换时,理由与原因的区分更加会失去效力。使用旧语言而不想改变的人,对激进的、

---

① [美]理查德·罗蒂:《偶然、反讽与团结》,徐文瑞译,商务印书馆2003年版,第71页。

使用新语汇的人的评价就是非理性的、流行的和叛逆的,而新进的激进者也会说保守者是非理性的、偏见的和顽固的。在罗蒂看来,我们所使用的词汇,在某种意义上都是暂时性的、历史性的,从这个观点看,在我们语言内部,没有理由来决定我们是否有理由相信或决定使用什么语句和词汇,我们也不可能找到对于不同语汇进行判断的中立的理性概念。因此,"我们获得的启示应该是:理性与非理性的区分实际上比它看起来更为无用"①。然而罗蒂在讨论理性与非理性说服的问题时,实际上是存在着论辩中转移话题的逻辑问题的,即他首先承认了苏格拉底式对话说服(理性说服)与催眠式说服的区分,然而,他的进一步论证却转移为以新旧转换的历史时期的语汇使用来否定理性与非理性的区分。

更进一步的是,罗蒂再以戴维森在讨论弗洛伊德的非理性问题时提出的一阶欲望与二阶欲望的问题来否定理性与非理性的区分。戴维森所说的是,二阶或第二系列的欲望或价值能够发动行动。这种情况是对自己的一阶欲望或价值形成正面或负面的判断,从而改变一阶欲望,并进而发动行动。"这行为者有理由改变他自己的习惯和性格,但那些理由所来自的价值领域,必然外在于发生改变的观点或价值的内容。"②但戴维森认为这只是理由而不是改变的原因,因为改变的原因在于一阶欲望与二阶欲望之间的争执,促使改变的原因是"自我批判和自我改革"的自我革命。罗蒂认为,在一阶与二阶欲望之上还有更高系列,或最高系列的抽象的东西,如"我希望成为善的""我希望是理性的""我希望认识真理",等等。但罗蒂认为这些最高抽象的欲望或价值是处于顶层的,不可能由它们来仲裁一阶欲望和二阶欲望的争执。

罗蒂以戴维森这个说法来回答桑德尔对伯林的价值多元的问题。桑德尔指出,伯林认为自由只是众多价值之一,那么,我们怎么可以说自由具有道

---

① [美]理查德·罗蒂:《偶然、反讽与团结》,徐文端译,商务印书馆2003年版,第73页。

② [美]理查德·罗蒂:《偶然、反讽与团结》,徐文端译,商务印书馆2003年版,第74页。

德上的优越性？也就是说，自由主义政治将自由作为核心价值而超越于其他价值，但同时伯林又认为其只是众多价值中的一个，那么，我们怎么可以说它还有着比其他价值更高的优越地位？罗蒂认为，这恰如戴维森所认为的那样，在个人的众多欲望与价值中，一阶欲望为二阶欲望所更改，并非由于外在的原因，虽然有着外在的理由，但原因是同时拥有一阶欲望与价值和二阶欲望与价值的行为主体自己决定的，我们不可能在这之外再找原因，更高的抽象价值亦不可能作为行为者主体的行动理由。如同这个说明，罗蒂说："我们不可以假定，自由主义者应该有能力超越历史的偶然，并且把现代自由主义国家赋予其公民的个人自由，视为众多价值之一。我们不可以假定，合乎理性的做法，乃是指这种个人自由和其他价值摆在一起……然后利用'理性'仔细检视这些不同的价值，发现何者——若有的话——具有'道德的优越性'。唯有假定我们可以攀登到这样的立足点上，'如果一个人的信念只是相对地有效，为什么坚定不移地捍卫它们呢？'这问题才会有意义。"① 罗蒂认为，如果要提出一个在现代社会所盛行的价值之间进行比较，从而提出其谁更在道德上有着优越性的问题，那么，就需要在这些价值之外再找一种中立性的理性来作为尺度进行检视。但这样的理性并非在众多价值之间，它亦不可能作为尺度来衡量或评价。并且，一个人不可能摆脱自己的概念框架，采取一个有利的观点来比较概念框架内的不同诸概念。罗蒂说："正如对于相信上帝不存在的人而言根本无所谓亵渎神明，对于肯定戴维森等人主张的人而言也无所谓'相对主义的困境'。因为不存在这么一个更高的立足点，我们必须对其负责，而且还可能冒犯其戒条；也不存在这么一种活动，仔细检视相竞的价值，以便发现何者具有道德的优越性。因为我们根本没有办法超越我们所采用的语言、文化、制度和实务，并把这些拿来和所有其他的等量齐观，一视同仁。"②

---

① ［美］理查德·罗蒂：《偶然、反讽与团结》，徐文瑞译，商务印书馆2003年版，第76页。

② ［美］理查德·罗蒂：《偶然、反讽与团结》，徐文瑞译，商务印书馆2003年版，第75页。

对于桑德尔质疑伯林在价值多元论的前提下坚持自由的优越性问题，罗蒂提出了上述三个论证，一是关于理性与非理性的说服问题，二是在时代变化从而新旧语汇并存的历史时代，对于理性与非理性的界限根本无法确定的问题，三是戴维森关于一阶欲望与价值和二阶欲望与价值的问题。但最终，最有说服力的是关于戴维森的分析论证。前两个分析虽然都指向了理性与非理性本身就是一个无法厘清的问题，但论证本身是有缺陷的，即无论如何，罗蒂一开始还是承认了有着苏格拉底式的说服与催眠术式的说服的区别。而第三个论证的力量则完全不同，它来自内部语言概念系统与外部标准之间的关系问题。换言之，罗蒂认为，我们不可能在我们的价值系统之外再去找一个中立的"理性"标准来对这一概念系统之内的诸多价值进行道德优越性的排位。不过，戴维森的二阶欲望与价值则明显与更高的"善"概念或"理性"概念是相关的，只是戴维森认为真正起作用的是行为者主体内部的因素。但罗蒂以此回击桑德尔，则只是说这个理性是外在的，不相干的东西。

第三个问题，自由主义政治文化的自我描述。罗蒂认为，自由主义政治文化需要一个已改善的自我描述，或自我形象描述。首先，罗蒂认为，自由主义的政治文化最初有一个自我描述，这个自我描述就是启蒙运动与17世纪、18世纪的科学的结合，从而产生了启蒙运动的科学主义。我们知道，所谓启蒙是理性的启蒙，而理性，恰恰就是科学精神的体现。在罗蒂看来，18世纪的自由主义政治思想与当时自然科学搭上关系是十分自然的事。实际上，从17世纪、18世纪到19世纪乃至现当代的哲学，将科学理性作为自己的内在精神都是十分正常的现象。不仅我们看到有像拉美特利的《人是机器》这样反映了对于机器论的物理学的崇拜，还有斯宾诺莎那样的哲学家以几何学方法来写作伦理学，就是要使伦理学成为科学，而逻辑经验主义的内在理性精神也就是科学的理性精神。罗蒂说："启蒙运动将其大部分的政治修辞、编织在科学家作为一种祭师的图像周围，依这图像，科学家是'合逻辑的''有方法的'和'客观的'，因而得以接触到非人的真理。这在当时是个有用的策略，但在今天却比较没用。"[①]

[①] ［美］理查德·罗蒂：《偶然、反讽与团结》，徐文瑞译，商务印书馆2003年版，第78页。

那么，为什么今天会没有什么用呢？我们知道，詹姆士曾说过，真理的功效在于其有用。在罗蒂这里，真理的功效是有时间性的，即不意味着永远有用。实际上我们看到，罗蒂这里连真理这样的概念都有点讨厌。罗蒂认为，这是因为，"科学史家业已一清二楚地指出，这幅科学家的图像和实际的科学成就之间多么互不相干，以及试图独立出所谓'科学的方法'是多么无意义。虽然自18世纪末迄今，科学业已千万次的萌芽开花，从而一些原来无法实现的政治目标都因科学而得以可能实现，尽管如此，科学还是已经撤退到文化生活的背景中"①。我们知道，杜威对于人类未来的憧憬，恰恰是建立在对于科学的成就以及科学家的合作精神上。罗蒂对于杜威还有着直接的批评，认为"杜威不幸的科学崇拜倾向是坏的、残留的本质主义"②。罗蒂分析到，在杜威意义上科学可以给我们提供一个样板，其意义在于它可以给我们提供一种社会团结的形象，即科学家共同体的形象。"当我们说我们的立法'没有代表性'或'被特殊利益支配'时，或说艺术世界被'时尚'支配时，我们是在把这些文化领域与那些有较好秩序的领域相比较。自然科学在我们看来就是这样的较好的领域。但是，根据这种观点，在说明这种较好的秩序时，我们并不认为科学家有一个我们其余的人应该好好模仿的'方法'，也并不认为他们得益于他们学科与其他学科之不可取的弱性正好相反的、值得期望的硬性。"③ 罗蒂认同杜威所说的科学领域的那些优点，但并不认为其能给人文艺术领域提供一个真正的样板。罗蒂指出，20世纪50年代，在杜威的影响下，美国自由主义政治思想不假思索地认为，需要的是在政治思考中运用"科学方法"。但在今天，"文学崇拜替代了科学崇拜。我们听到的不再是：只有接受了自然科学家的态度和习惯，生活和政治才可能变得更好；而是：只有接受了文学批评家的态度和习惯，生活和政治才可

---

① [美]理查德·罗蒂：《偶然、反讽与团结》，徐文端译，商务印书馆2003年版，第78页。

② [美]理查德·罗蒂：《后哲学文化》，黄勇编译，上海译文出版社2004年版，第159页。

③ [美]理查德·罗蒂：《后哲学文化》，黄勇编译，上海译文出版社2004年版，第86页。

能变得更好"①。因此，我们在两个实用主义者这里看到了对待科学和科学家的两种完全不同的态度。在当代的政治意义上，罗蒂认为，科学家和科学精神已经过时了，"我们有必要对自由主义加以重新描述，将它描述为希望整个文化能够'诗化'而不是像启蒙运动一样，将它描述为希望整个文化能够'理性化'或'科学化'"②。以罗蒂之见，我们必须放弃将人以理性取代激情或幻想的希望，转而希望个人的独特的幻想得以实现的机会平等化。

  罗蒂呼吁现当代的西方政治文化，尤其是自由主义的政治文化放弃理性追求，转向对诗化、幻想和激情的追求。这是不是意味着美国政治文化的激情左转？意味着打砸抢的"安提法"横行美国？正如尼采预示着法西斯？罗蒂说："依我所见，在理想的自由主义政治中，文化英雄是布鲁姆的'强健诗人'，而不是武士、祭师、圣人或追求真理的、'合乎逻辑的'、客观的科学家。"③ 在罗蒂的表述中，他提出当代自由主义政治的偶像不仅是诗人，而且是革命家，"自由主义社会的英雄乃是强健诗人和乌托邦革命家"④。罗蒂认为，自由主义社会的英雄之所以是强健诗人和革命家，是因为这个社会承认，它之所以是为它，它之所以具有它的道德、说它的语言，并不是因为它逼近了上帝，而是因为诗人和革命家说了他们自己要说和想说的话。罗蒂以上帝来替代绝对和真理，替代理性和必然性，认为诗人和革命家代表了偶性，偶性就是罗蒂的哲学，但罗蒂反对说它代表了真理。罗蒂说："一旦我们把我们的语言、我们的良知和我们最崇高的希望视为偶然的产物，视为偶然产生出来的隐喻经过本义化的结果，我们便拥有了适合这理想自由主义国家公民身

---

  ① ［美］理查德·罗蒂：《后哲学文化》，黄勇编译，上海译文出版社 2004 年版，第 148 页。
  ② ［美］理查德·罗蒂：《偶然、反讽与团结》，徐文端译，商务印书馆 2003 年版，第 79 页。
  ③ ［美］理查德·罗蒂：《偶然、反讽与团结》，徐文端译，商务印书馆 2003 年版，第 79 页。
  ④ ［美］理查德·罗蒂：《偶然、反讽与团结》，徐文端译，商务印书馆 2003 年版，第 88 页。

份的自我认同。这就是为什么这种理想国家的理想公民,会相信她的社会的创建者和保存者乃是这种诗人,而不是发现或清楚看见世界或人类的真理的人。"① 在罗蒂看来,理想的自由主义社会,除了自由,没有任何别的目标,而自由也就是每个人的个性、独特性或偶然性得到了尊重。只有在这种尊重之中,才可获得自由主义民主社会的自我身份认同。不过,罗蒂又称这是他的自由主义的乌托邦,而乌托邦的意义就只是一种理想追求,但并没有实现。因此,在罗蒂这里,这仍然是他的一个理想目标。

罗蒂对于启蒙运动以来的自由主义政治的批判,是当代以利奥塔为代表的后现代主义的合唱中的一个突出代表。应当看到,对启蒙运动以来的大写的真理、理性概念及其社会后果的反思,是当代西方思想的一个值得注意的现象。然而,我们认为,罗蒂认为必然性、理性、真理这些概念在当代自由主义政治中都已经过时,取而代之的则是偶然性、激情诗人和乌托邦革命家。但我们认为,就人类的日常生活以及政治生活而言,不可能没有理性,哲学不可能不讲理性而仅仅讲偶然性和非理性。不可以必然性和理性而完全否定偶然性和非理性,但也不可能完全相反,否定理性来高扬非理性和偶然性。人类的发展既要有理性,也要尊重个性和偶性,只有这两者得到和谐统一,才可建设一个合理的社会。

三 民主政治优先于哲学

在哲学与政治制度两者之间,是否哲学更为重要?是否哲学是其基础?罗蒂认为,现代西方式的民主制度本身并不需要一种比民主制度或自由主义的政治制度更为基础的哲学理念作为基础来支撑。民主对于哲学具有优先性(the priority of democracy to philosophy),这是罗蒂关于当代政治民主制度的一个基本观点。这一观点是与罗蒂在哲学上一贯的反本质主义,反基础主义的立场相一致的。在他看来,没有本质与非本质的区别,没有内在与外在的区别,也没有理性与非理性的区别,或者说,这些界限从根本上看都是模糊的。

---

① [美]理查德·罗蒂:《偶然、反讽与团结》,徐文端译,商务印书馆2003年版,第89页。

《民主对于哲学的优先性》一文,是1984年罗蒂在弗吉尼亚大学召开的庆祝托马斯·杰斐逊的"弗吉尼亚宗教自由法"发表两百周年会议上的一篇演讲。"弗吉尼亚宗教自由法"是杰斐逊的三大贡献之一,另两项就是美国《独立宣言》和成立弗吉尼亚大学。

在《民主对于哲学的优先性》这一文中,罗蒂首先对于当代的共同体主义(communitarianism,又译为"社群主义",黄勇译著较早,译为"社会公有主义")进行分析。在罗蒂看来,当代的共同体主义的政治理论,是现代西方民主政治的体现,一如以罗尔斯为代表的自由主义。

罗蒂指出,社群主义有三个主要主张。第一,社群主义的共同体需要一种超验的思想或真理。罗蒂认为这是一种经验性的预见,这种预见是一个社会不可轻易地放弃的超验性真理,如果放弃,则不复存在。如霍克海姆和阿多诺就担心,一个从着魔状态中解脱出来的社会,不可能是一个道德共同体,其社会思想会被盲目实用化,但被盲目实用化的思想是否可能还保持着超验的性质和与真理的联系,则是一个问题。不过,一个社会需要超验的真理,不是实用主义的,也不是当代自由主义的观点,而是社群主义的观点,这主要体现在麦金太尔这样的社群主义那里。第二,对于当代西方的民主自由制度的道德判断是,现代自由主义的政治文化是一种退化的政治文化,它只产生像麦金太尔所说的"富裕的审美家、经理和治疗师"所支配的文化。这是麦金太尔在《德性之后》中对于当代西方审美与政治文化的判断,也是他提出回到亚里士多德式的古典共同体的社会前提。根据这种社会判断,当代自由主义民主社会的好处,较之其弊,较之卑鄙肮脏的文化及其产生的个人,乃是微不足道的。换言之,启蒙运动所产生的当代西方政治社会,是一个病态的社会。应当看到,这主要也是麦金太尔的观点。麦金太尔在《德性之后》中诊断现当代西方社会已经成为一个情感主义自我主导的社会,这样的社会是以功利为中心的,而德性则被退到社会生活的边缘。第三,社群主义是这样一种政治主张,它要求政治制度应以一种关于人性的学说为前提,而这种学说又必须与启蒙运动的理性主义不同,能澄清自我的历史性这种本质特征。这是像查尔斯·泰勒和桑德尔等人的主张,他们认为,我们需要一种综合了黑格尔和海德格尔的关于自我的历史性思想的自我理论。① 如泰勒就写下了一部体现黑格尔思想的《自我的根源：现代认同的形成》。

罗蒂着重讨论了这三个主张的最后一个。他问到自由民主需要一种哲学辩护到底有没有意义？罗蒂认为这种说法可以有两种解释，一是为了自由民主的政治制度寻求一种哲学基础，另一种则是进行一种哲学的解释。他认为这两者完全不同。以一种哲学或某种基本的哲学来为这种制度进行辩护是一回事，而用一种基本的哲学观点来进行解释或描述则是相当不同的另一回事。而社群主义的观点明显的是要将一种哲学观点置于比政治制度更为基础的地位。这是第一个问题。罗蒂站在反本质主义和反基础主义的立场上，明显地不认同社群主义对民主政治做这样的要求。这个问题稍后罗蒂通过对罗尔斯的论证进一步进行了讨论。

罗蒂认为还有第二个问题，即共同体所构成的自我观事实上是否比启蒙运动的自我观更适合于自由民主的问题。那么，什么是启蒙运动的自我观呢？罗蒂认为泰勒的概括是可以作为代表的。泰勒说："我们从这个世纪中继承了我们的权利理论，即根据主体的权利通过法律构架与人民相适应的豁免权的现代倾向。……这是把自主体的个体置于我们法律制度的核心的概念。根据洛克对这点……作出的有影响的评注，我们享有建立在财产所有制之上的最基本的豁免权概念——生命、自由。"② 罗蒂则将泰勒在《自我的根源：现代认同的形成》一书中的尊严概念作为对现代自我的代表性概括，指出泰勒将启蒙运动的自我观看作一种规定了近代特有的人类尊严观，这种尊严观是一种特有的解脱的理想，即"没有外部干涉，不听从外部权威而完全根据自己的意愿行动的能力"③。这些观点也与当代那种个体良心神圣不可侵犯的观念紧密相连。泰勒被认为是当代社群主义的代表人之一，泰勒的这些观点也可

---

① 参见［美］理查德·罗蒂《后哲学文化》，黄勇编译，上海译文出版社2004年版，第165—166页。

② ［加拿大］查尔斯·泰勒：《自我的根源：现代认同的形成》，韩震等译，译林出版社2001年版，第296页。

③ ［美］理查德·罗蒂：《后哲学文化》，黄勇编译，上海译文出版社2004年版，第167页。

以说代表了社群主义的观点。泰勒的现代自我或个人观点,是社群主义对自我理解的代表性观点之一,但当然不是全部。我们将会在稍后部分看到,桑德尔的构成性自我就不是这样的自我观。罗蒂认同泰勒的自我观,罗蒂说:"像泰勒这样的社群主义(注:译文为'社会公有主义')者也很正确地指出了,认为共同体由自我构成的自我观与自由民主很协调。就是说,如果我们想用一种哲学的自我使我们作为这样一种民主社会公民的自我形象有血有肉,那么泰勒是很好地为我们提供了一种正确的看法。"① 从社群主义关于现代民主政治文化的三个主张可以看出,社群主义对待现代民主政治的判断是多元混合性的,既有从民主政治本身来看是可为罗蒂所接受的因素,也有社群主义对于现代民主政治体现出的复杂态度。

回到自由主义的政治哲学这里,罗蒂认为,罗尔斯就体现了他的反本质主义和反基础主义的立场观点。罗蒂以罗尔斯1985年在《哲学与公共事务》中的一篇题为《作为公平的正义:政治的而非形而上学的》的文章为分析样本,进行了较系统的分析论证。罗蒂的这一引文是:"实质性的问题是,在现代民主国家中,作为一个政治实践问题,没有任何一种一般的道德观念可以作为一个公共的正义观念的基础。现代民主社会的社会历史条件源于宗教改革之后的宗教战争和随后宽容原则的发展,源于立宪政府和大工业市场经济制度的成长。这些条件深刻影响了使一个政治正义观发挥作用的前提:这样一种观念必须容许有多元的学说,广泛的冲突,甚至由现存民主社会的不同成员所肯定的各种不可通约的善观念。"② 罗蒂引罗尔斯这一段话来进行讨论,我们看到其中有着与罗蒂几乎同样的语言:某种一般性的道德观念不可为公共的政治正义观念提供基础。罗蒂在罗尔斯的立场上更进一步发挥,他说:"我们可以认为,罗尔斯在此所说的,在考虑社会政策、构想政治制度时,正如宗教宽容和启蒙运动的社会理想主张白马各种标准的神学问题置于

---

① [美]理查德·罗蒂:《后哲学文化》,黄勇编译,上海译文出版社2004年版,第168页。

② John Rawls, *Collected Papers*, Mass. Cambridge, Harvard University Press, 1999, p.390.《后哲学文化》中译本译出这段话与此有一定出入,故从原文译出。

括号中，我们也应当把标准的哲学研究问题置于括号中。为了社会理论，我们可以把非历史的人性、自我的本质、道德行为的动机及人生的意义这样的问题置之一旁。我们可以把这些问题看作与政治无关的。"① 不过，我们认为，罗蒂在此说得过多了，因为在罗尔斯的正义论中，自我善观念是其基本假定之一，是两种最基本的道德能力之一。如果我们认可罗尔斯关于两种基本的道德能力的假设，那么，道德行为的动机以及人生的意义问题，无疑是在罗尔斯的正义理论的考虑之中。这与一种形而上学的哲学观可能无关，但却是罗尔斯的正义论所蕴含的。

罗蒂还引用了罗尔斯在上述文字之后的一段话："由于作为公平的正义旨在成为一种民主社会的政治正义观，它所唯一要加以考虑的，便是那些包含于一个民主社会的政治制度及其解释的公共传统中的基本直觉观念。作为公平的正义是一种政治概念，部分地因为它是从某种政治传统内部出发的。我们希望政治的正义概念至少可以得到我们称为'交叉共识'的东西的支持。这种交叉共识包括了在一个一定程序上是正义的立宪民主社会中可能存在并赢得其追随者的各种对立哲学和宗教学说。"② 罗尔斯在这里提出他的政治的正义概念可以得到各种哲学、宗教学说的交叉共识（现在一般译为"重叠共识"）的支持。从这个意义上，罗蒂认为罗尔斯就已经将哲学观念置于其政治的正义概念之后了。不过，罗尔斯在这里所表达的意思，在罗蒂意义上的政治民主对哲学的优先性并不是很明显，因此，在引用了罗尔斯的这段文字之后，罗蒂又进一步从罗尔斯的文章中找证据。罗蒂说："罗尔斯认为，'哲学，作为对独立的形而上学和道德秩序的真理的追求，就绝不能为一个民主社会中政治的正义概念提供有效的共同基础'。因此，他认为，我们应当限于集中那些确定的信念，'如对宗教宽容的信任和对奴隶制的拒绝等'。然后，'用蕴涵于这些信念中的最基本的直觉观念和原则组成一个

---

① ［美］理查德·罗蒂：《后哲学文化》，黄勇编译，上海译文出版社2004年版，第169页。

② ［美］理查德·罗蒂：《后哲学文化》，黄勇编译，上海译文出版社2004年版，第170页。

一以贯之的正义概念'。"① 应当看到，在罗尔斯的观念中，确实有着对于哲学与政治观念之间关系的思考。但这有一个发展过程，在《正义论》中，罗尔斯自己就认为，这是一部将哲学伦理学与政治哲学融合在一起的著作，因此，人们称他的理论是一个整全性的学说，而不是一个独立的政治哲学理论。在《正义论》中，罗尔斯明确地谈到康德，并且有专门的一节讨论他的公平正义理论与康德哲学的关系，即第40节："对公平的正义的康德式解释"，在这里，罗尔斯说："我相信康德认为，人是一种自由、平等的理性存在物，当他的行为原则是作为对他的这一本性的可能是最准确的表现而被他选择时，他是在自律地行动。"② 罗尔斯还说，"正义原则也是康德意义上的绝对命令。因为康德把一个绝对命令理解为一个行动原则，这个行动原则是根据一个人作为自由的、平等的理性存在物的本质而被运用到他身上的"③。并且，这两段话，在1999年新版中没有修改和删除。很明显，罗尔斯至少在《正义论》中并非像罗蒂所说的那样是一种反本质主义和反基础主义，罗尔斯至少持有一种康德式的人的本质观和自律观。然而，如果持有这样一种本质观，那么，这样的本质观不是政治原则的哲学基础吗？如果这样说就很难自圆其说，因为罗尔斯正是以这样一种康德式的人的本质观来建构他的正义理论的。这尤其体现在罗尔斯对于原初状态的建构上。在原初状态的建构上，罗尔斯所设想的进入原初状态的代表是没有了任何个人特殊信息但却有着两种道德能力的理性的个人，即正义感能力和自我善观念能力的人，而这样两种道德能力以及理性的人，恰恰是康德式道德自我，因此，康德哲学是作为罗尔斯的政治哲学的前提和基础。不过，在《政治自由主义》这后一部重要的著作中，罗尔斯认为，他应当从整全式的理论，即哲学、政治和伦理学的整全式的政治理论转换为政治哲学或政治自由主义的理论，而不是

---

① ［美］理查德·罗蒂：《后哲学文化》，黄勇编译，上海译文出版社2004年版，第170页。

② ［美］罗尔斯：《正义论》，何怀宏等译，中国社会科学出版社1988年版，第242页。

③ ［美］罗尔斯：《正义论》，何怀宏等译，中国社会科学出版社1988年版，第243页。

将哲学、伦理学包括其中的政治理论。但就是在这部著作中，罗尔斯对政治自由的理论阐发仍然离不开康德的道德哲学，或康德式的建构主义哲学。并且，从建构主义的原理看，罗尔斯也解释得很清楚，像原初状态中的那些要素，是建构主义得以成立的前提预设，而不是建构程序建构出来的。不过，大概也许正是从《作为公平的正义：政治的而非形而上学的》这篇文章开始，可以考虑罗尔斯开始放弃哲学作为政治原则或政治理论前提的预设。不过，罗尔斯明确说到的是哲学理论不可为他的政治正义原则或政治正义观念的共同基础。这里的"共同基础"说法很值得注意。因为这是从实践意义上看的，罗尔斯面对的是美国这样的现代民主政治国家，哲学、宗教和道德学说的多元是一个永久性事实，而要基于这样的前提达成一种政治共识，或政治正义观念的共识，不可能说仅仅是其中的某种哲学所提供的。但就罗尔斯的理论整体而言，或者说就他的正义论整体而言，我们认为是有哲学前提或哲学基础的。不过，从这样意义上看，罗尔斯与罗蒂都认为，现代民主政治不可能说是某种哲学为其提供基础的，因为现代西方经过近代以来的几百年的发展，就伦理学而言，已经是康德式的道义论，边沁、密尔式的功利论都有着坚定的信奉者的理论和实践状况。但这与说罗尔斯的政治哲学理论有哲学前提并不是一回事。但罗蒂恰恰把这两者混在一起。

四 种族中心主义

罗蒂的共同体与社会团结概念离不开他的种族中心主义。不过，这个问题是一个较复杂的理论问题。不把罗蒂从认识论上进行的论证说清楚，我们就无法知道他的"种族中心主义"是什么涵义。在什么意义上我们可以看作一个共同体？共同体仅仅是政治意义上的吗？在罗蒂这里，共同体问题首先是与认识论问题联系在一起的。认识论问题在于实用主义面临着一个人们的指责，即指责罗蒂的实用主义是一种相对主义。因此，我们首先讨论相对主义，再看看他的种族中心主义。

罗蒂提出有三种相对主义："第一种认为任何信念都与任何其他信念一样好；第二种认为'真'是一个多义词，即有多少种证明方法，就有多少种意义；第三种认为，并于真理和合理性，离开了对一个给定社会——我们的社会——在某个研究领域中使用的大家熟悉的证明程序的描述，我们就没有什么东西好说。"① 所谓"任何信念都与其他信念一样好"，是指如果说真理是相对的，是说所有信念都是相对的，则没有一种观念或信念比其他观念或信念更为真。但这种相对主义观念本身是不能得到辩护的。因为我们只能说除了我们自己的信念，其他的一切信念都是相对的，但如果说所有的信念都是相对的，包括我们自己的信念，那么这样的相对主义说法就等于把自己的信念给否定了。因为如果你自己的信念也是相对为真的，那就意味着你所说的其他信念是相对的这一说法被你自己否定了，因为你自己对其他信念的判断并不是绝对的，那就意味着你的说法并不为真，从而也就直接把自己给否定了。换言之，相对主义如果能够成立，至少自己关于其他信念是相对的这一说法是能够成立的，而不是相对的。这就是所谓相对主义的悖论。罗蒂说："我们的目标都是威廉所谓的'绝对'真理，只是否认绝对真理的概念可以根据'事物实际存在方式'的概念来说明。实用主义根本不想说明'真'，并且认为，无论是绝对—相对的区分，还是评价问题是否真正出现的问题，都是没有意义的。与威廉不同，实用主义并没有在相对主义中发现真理。"② 第二种所谓相对主义的问题是一个语用学的问题，词语之为真是在多种语用学条件下的才有可能。因此，第二种相对主义并不是真正的相对主义，而需认真对待的是第三种相对主义。这样一种相对主义似乎是对于实用主义的指责，因为说实用主义是相对主义，则是一个不恰当的称呼。罗蒂说："因为我们实用主义者并不持有一种肯定的理论，说某种东西是相对于某种别的东西而言的。相反，我们的观点是完全否定的：如果没有了知识与意见之间的传统区别，即在作为与实在的符合的真理与作为对得到很好的证明的信念之称赞的真理之间的区别，我们可能会更好些。我们的对手认为这种否定的主张是'相对主义'，因为他们不能想象，任何人会真的否定真理有一种内在的本性。因此，当我们说，对真

---

① 黄勇：《罗蒂实用主义的后哲学文化观》，载［美］理查德·罗蒂《后哲学文化》，黄勇编译，上海译文出版社2004年版，第48页。

② ［美］理查德·罗蒂：《后哲学文化》，黄勇编译，上海译文出版社2004年版，第70页。

理没有什么东西好说,除非我们各自把自己觉得最好加以相信的信念看作是真理加以赞扬,实在主义者总是倾向于把这看作是关于真理本性的又一种肯定的理论:按照这种理论,真理只是对一个选定的个体或团体的现时的看法。这样一种理论当然将是自我拒斥的。但我们实用主义者没有一种真理理论,更不用说相对主义的真理理论了。作为亲和性的倡导者,我们对人类合作研究的价值说明只有一个伦理的基础,而没有任何认识论的或形而上学的基础。"① "亲和性"(solidarity)这一概念,现在一般译为"团结",这是20世纪80年代在西方学术界流行的一个概念,哈贝马斯就以其作为一个重要概念来与"正义"这一概念同等程度的重视。在真理问题上,罗蒂强调亲和、团结和合作,而不是其客观性。罗蒂指出,人们常常对于实用主义者提出警告,说他们是相对主义或陷入相对主义,一旦放弃对客观性的依恋,对作为服从标准的理性的依恋,就会陷入这种危险。然而,罗蒂认为,实用主义者是像库恩那样看待客观性。库恩相当清楚地表明,他的敌人是在攻击一个稻草人。库恩认为,没有任何独立于理论的方法可以重建像"实在地在那里"这样的词,因此,实用主义者将库恩看作像他们一样抛弃主观与客观区分工作中的一员。如果说,真理不在于与客观相符,那真理是什么?罗蒂说:"根据我们的观点,'真理'是个单义词。它可以同等地运用于律师、人类学家、物理学家、语言学家和文学批评家的判断。给这样的学科指派不同的'客观度'或'强硬度'是没有任何意思的。因为非强制的一致在所有这些学科中的出现为我们提供了我们可能需要的走向'客观真理'的一切,即主体间的一致。"② 真理这一概念所表述的如果不是与客观相符,那么是什么?罗蒂认为,可以认为是主体间的一致,或体现了主体间性。"一旦有人说客观性就是主体间性,他就很可能被指责为相对主义者。"③

---

① [美]理查德·罗蒂:《后哲学文化》,黄勇编译,上海译文出版社2004年版,第81页。

② [美]理查德·罗蒂:《后哲学文化》,黄勇编译,上海译文出版社2004年版,第80页。

③ [美]理查德·罗蒂:《后哲学文化》,黄勇编译,上海译文出版社2004年版,第80页。

"主体间性"(intersubjectivity)这一概念，又译为"交互主体性"，我们认为后者的译法更准确地体现了这个词所表达的意思。因为，中文的"间性"中的"间"字是相隔开的意思，而"交互性"则表明了不同的主体或多个主体的内在关联性。哈贝马斯以"交互主体性"为核心概念来建构他的交往行动理论和话语商谈伦理学，但在罗蒂这里，虽似乎已经意识到了这个概念的重要性，但在他的著述中却没有更多地运用这一概念来表达他的思想。

在罗蒂看来，当人们称这类具有交互主体性的信念表达为相对主义时，这是一个不正确不确切的称呼，而更准确的应当是"种族中心主义"。然而，种族中心主义是罗蒂的共同体概念的表述。罗蒂说："说我们必须是种族中心主义的，听起来可能是可疑的，但只是在我们把种族中心主义与固执地拒绝与其他共同体的代表对方等同起来时才会有这种可能的情况。根据我对种族中心主义的理解，要成为种族中心者，也就是完全根据我们自己的见解工作。对种族中心主义的维护就是说，没有任何其他见解可以作为我们工作的依据。检验由其他人或文化提出的信念的办法是，看其是否能与我们已有的信念交织在一起。我们能够这样检验它们，因为任何我们可以看作是一个人或一个文化的东西，都将是与我们共享大量信念的东西。（如果它并不这样，那么我们就无法承认它在讲一种语言，因而也无法承认它有任何信念。）"① 罗蒂在这里表达的就是一种共同体思想。文化、语言与信息共享，在这里，罗蒂强调共同享有的文化使得我们成为一个共同体或共体中人。这样理解种族或共同体，还是相对简单了些，但基本意思是比较清楚的。罗蒂指出，一定的文化共同体内在具有一定的制度。他说："文化为了保护自己，也可以把某些认识和主张制度化，并使那些不持某些信念的人遭受痛苦。但支持这样的制度所采取的形式是官僚和警察，而不是'语言规则'和'合理性标准'。把合理性看作是标准的观念已表明，每一种独特的文化都配有某些不容挑战的公理，某些'必然真理'，而这些东西阻碍了文化之间的交流。因此文化之间似乎不能有对话，而只

---

① ［美］理查德·罗蒂：《后哲学文化》，黄勇编译，上海译文出版社2004年版，第82页。

能靠武力征服。"① 文化与种族中心主义的关联在这里表现得很清楚。在罗蒂看来，因为生活在不同文化中的不同种族共同体，将文化中的认知信念看成真理从而与他者文化区别开来，从而造成了文化交流的阻碍与困难。而如果根据实用主义的理性观，则不存在这样的困难。实用主义的理性观的重点不在于是否与客观相符而在于主体间的亲和与共识，即共同的文化信念中的"真"。

相较于18世纪以来的思考方式，罗蒂指出，这是与18世纪以来习以为常的思考方式相反的。传统的思考方式"认为政治自由主义以一种人性概念为基础。对于启蒙运动的大多数思想家来说，似乎很清楚，由物理学家提供的对自然的接近，现在应当继之以'与自然一致的'社会、政治和经济制度的建立。自那以来，使作为自由主义社会思想核心的社会改革成为可能的，是关于人类是什么的客观知识，即不是关于希腊人、法国人或中国人是什么的知识，而是关于人本身的知识。这个传统梦想一种普遍的人类共同体，它将展示一种非地域性的亲和，因为这是一种非历史人性的表现"②。罗蒂在此指出了启蒙运动以来的人性哲学观及其来源，而这样一种人性哲学观所梦想的就是一个超越文化、超越民族的全人类的共同体，罗蒂的种族中心主义的文化共同体，则是地域性的、种族或民族性的，这种共同体并不是超越于文化的，但却更能与其他文化共同体处于一种亲和关系，而不是相互的对立、冲突关系。因为实用主义的文化共同体概念不存在那种传统的理性主义所认为的，唯一的真理标准。坚持这种唯一正确的真理标准，必然导致的是以这样一种真理标准来审视一切，从而对于不服从者进行压制或征服。罗蒂说："启蒙运动修辞学用来赞扬正在出现的自然科学的词汇承袭于一个较不自由、较不宽容的时代。这种修辞学把所有在心灵与世界、现象与实在、主观与客观、真理与娱乐之间的旧的哲学对立奉为神圣。"③ 因此，我们看到，启蒙运

---

① [美] 理查德·罗蒂：《后哲学文化》，黄勇编译，上海译文出版社2004年版，第83页。

② [美] 理查德·罗蒂：《后哲学文化》，黄勇编译，上海译文出版社2004年版，第82页。

③ [美] 理查德·罗蒂：《后哲学文化》，黄勇编译，上海译文出版社2004年版，第92页。

动的理性观以及其人性哲学内在有着一种建构人类共同体的梦想冲动,然而同时,则是内在潜藏着一种不宽容和不相容的哲学思维。人类20世纪以来的多次伟大运动也深刻地体现了这一点。

对于实用主义的种族中心主义的共同体,人们的批评与启蒙运动的人类共同体的方向正好相反。罗蒂说:"人们指责杜威把一种地域性的幼稚(美国人)的生活方式的乐观性和灵活性夸大为一个哲学体系。确实是这样。但他的回答是,任何哲学体系都想努力成为表达某个共同体的生活方式的理想。他乐于承认,他的哲学的好处确实并不多于它所赞扬的那种生活方式的好处。根据他的观点,哲学并不根据被称为'理性'或'超文化原则'的东西来证明从属某个共同体之合理。杜威对以这种方式从事哲学的最好论证,也是我们这样新和性的倡导者反对客观性的倡导者的最好论证。"[1] 在这里,罗蒂将他的实用主义哲学与他的共同体理想联系在一起,指出杜威就是这样一种与地方性生活方式融为一体的哲学,而这种哲学也就是一种共同体生活方式的表达。

社会团结(solidarity,在《后哲学文化》中,黄勇译为"亲和性")是罗蒂政治哲学的一个基本课题。自从进入文明时代,人类社会就充满了斗争与战争。支配与控制或宰制,权力与被奴役,是人类几千年的一幅不断演绎的图画。马基雅维里的《君主论》中对于当时意大利充满奸诈的血腥争斗有着令人印象深刻的描述,而霍布斯的自然状态就是人类处于丛林法则中的最好描述。罗蒂指出:"团结乃是创造出来的,而不是被发现的,而不是被当作一个非历史性的事实来承认的。"[2] 实现人类和平,人类团结和亲和性,是无数思想家的理论探求和思考的方向。罗蒂说:"我们所谓'人类团结'的意思。以传统哲学的陈述方式来说,就是肯定我们每一个人内在都具有某种东西——我们的基本人性,而这东西呼应着其他人所具有的同样的东西。这种

---

[1] [美]理查德·罗蒂:《后哲学文化》,黄勇编译,上海译文出版社2004年版,第91页。

[2] [美]理查德·罗蒂:《偶然、反讽与团结》,徐文瑞译,商务印书馆2003年版,第276页。

解释团结概念的方式，其实与我们习惯的说法是一致的。"① 我们知道，罗蒂认为没有基本人性这种本质主义的东西，那么，怎么理解人类团结呢？或如果没有了基本人性，我们是否还可以谈人类团结？因为罗蒂认为，他在这本书里的基本任务就是反对从基本人性出发来讨论人类团结。在罗蒂看来，当我们一面谈论基本人性，同时我们又都注意到，如罗马的圆形竞技场，那里的当时观众的喝彩声，还有奥斯威辛集中营里的警卫，眼睁睁看着自己的犹太邻居被盖世太保拖走的比利时人，等等这样"惨无人道""无人性"的事件时而有发生，还有今天的缅北恐怖组织对国人的屠杀，等等这些，我们是否想起了基本人性之说？因此，罗蒂认为，基本人性这种东西是不存在的。不过，尽管他否定了基本人性这样的本质主义观点，但他认为仍然可以谈人类团结。

罗蒂认为，坚持偶然性和个人的独特性这些基本的关于人的信念，并不会影响人类团结的信念。保护个人的独特性就是保护个人的尊严，我们不可能想象在没有个人尊严前提下的人类团结。罗蒂说："由于我们坚持偶然性，从而反对'本质''自然（本性）'和'基础'之类的观念，所以，我们不可能还相信某些行为和态度天经地义就是'无人性的'。因为，这项坚持意味着，所谓堂堂正正的人乃相对于历史环境而言，决定于对什么态度是正常、什么事务是公正或不义的与时俱迁的共识。"② 罗蒂谈到，在遇到像奥斯威辛集中营和缅北集中营这类事时，我们可能会想到基本人性之类的事。但罗蒂认为，这不正是一种反讽吗？在罗蒂上述引文中我们可以看到，除了坚持个人的历史存在和个性的偶然性外，罗蒂强调在一定历史环境中人们的共识，只有这样的共识才是我们判断正义与否的标准。因此，罗蒂虽然不坚持基本的人性观，但他坚持了两点。一是个人的偶然性、独特性及其尊严的不可侵犯性。这里的个人尊严不是来自人的基本本性，而

---

① ［美］理查德·罗蒂：《偶然、反讽与团结》，徐文端译，商务印书馆2003年版，第189页。

② ［美］理查德·罗蒂：《偶然、反讽与团结》，徐文端译，商务印书馆2003年版，第269—270页。

是每个人都是独特存在的个体，个体的生命、个体的独特生命体验都是个人的偶然性，每个人都有着与众不同的偶然个性需要得到尊重。二是历史性共识。这种历史性共识不是一种基本人性的体现，而是在历史中不断演化、不断重新定义的对于历史事件的共同观点。从这两点中我们可以看到罗蒂对于人类团结的基本点。罗蒂说："我在本书中再三强调，我们应该避免想要超越历史和制度的东西。本书的基本前提，就是认为尽管某个信念仍然是偶然的历史环境所引起，而别无更深层的原因，对于清楚地了解到这一点的人而言，这个信念仍然能够规范行为。"[1] 我们所引用的这段文字，是罗蒂《偶然、反讽与团结》一书中的最后一章，而这一章实际上就是对全书从"团结"这一概念进行的总结。换言之，由于他并不承认基本人性这样的概念，那么，人类团结还有什么哲学依据？这是他最后要回答的问题。

罗蒂认为，当我们放弃了形而上学的普遍真理或基本人性之类的哲学预设，我们才可追寻真正的人类团结，而这样追求的基本路径有二：一是从种族中心主义出发的人类共同体观念，罗蒂又称之为"我们"的共同体，或"一群对话人之间的实际的或潜在的交互主体同意（intersubjective agreement）"[2]；二是个人与他人能够产生共鸣的情感感受，罗蒂说："人类的团结感在于想像地认同他人生命的细微末节，而不在于承认某种原先共有的东西。"[3]

种族中心我们在前面已经有了讨论，这里在从人类团结的角度进行展开。种族中心的共同体与人类团结有什么关系？首先我们看到，当我们谈到一个共同体时，如果认为一个共同体内部没有亲和性，没有成员之间的团结，则其并不是一个够格的共同体，而只能说是一个不同成员的竞技场。然而，种族中心主义的共同体与人类团结的关系问题在于，任何一个种族或罗蒂

---

[1] ［美］理查德·罗蒂：《偶然、反讽与团结》，徐文端译，商务印书馆2003年版，第270页。

[2] ［美］理查德·罗蒂：《偶然、反讽与团结》，徐文端译，商务印书馆2003年版，第276页。

[3] ［美］理查德·罗蒂：《偶然、反讽与团结》，徐文端译，商务印书馆2003年版，第270页。

所说的具有文化性的种族或一定的民族，都是具有边界的，包括地域、语言或文化的边界，因此，谈人类团结，必然限于地域性的团结。在罗蒂看来，种族中心主义的共同体内的团结，类似于"交互主体的有效性"，并不意味着人类全体的团结。罗蒂说："'交互主体的有效性'所指涉的有效性范围，可以是所有的米兰人，或所有的纽约人，或所有的白人男性，或所有的反讽主义知识分子，或所有被剥削的工人，或任何其他哈贝马斯式的'沟通社群'。我们可以从任何这些团体的团结中产生义务。"① 罗蒂认为，当我们之间实际上成了哈贝马斯所说的那样的交互主体时，相互的了解、平等对待以及彼此尊重将会产生团结的义务感。但是，如何对待那些不是"我们"的他人呢？罗蒂意识到，如果不能从"种族性"共同体中扩展开来，人类团结就是一句空话。罗蒂说："'我们对于任何的人都有义务，只因其为人'的口号，正确的解释方式乃是把它当作一种手段，来提醒我们随时尽量扩充我们的'我们'感。那个口号呼吁我们朝着过去若干事迹所定下的那个方向继续前进：将'我们'的范围扩充到隔壁洞穴的家族，继而扩充到河流对岸的部落，而后扩充到崇山峻岭之外的部落联盟，然后扩大到四海之外的异教徒（也许，最后扩大到所有的奴仆，这类人群从头到尾都为我们做卑贱的工作）。我们应该想办法让这个过程绵延不断地持续下去，时时刻刻注意发掘边缘化的人们——我们仍然本能地归诸'他们'而非'我们'的那些人。我们应该设法留意我们和他们的共同点。那个口号的正确诠释方式，是把它当作是在呼吁我们创造一个比我们现有的团结感范围更广大的团结感。"② 换言之，罗蒂意识到了他的种族性共同体的局限性，而克服这一局限性的方式就是不断扩大"我们"的范围，最后包括所有人在内。

那么，我们怎么才能做到全体人类的团结呢？由此我们进而讨论罗蒂所

---

① ［美］理查德·罗蒂：《偶然、反讽与团结》，徐文瑞译，商务印书馆2003年版，第276页。

② ［美］理查德·罗蒂：《偶然、反讽与团结》，徐文瑞译，商务印书馆2003年版，第277—278页。

说的第二点。罗蒂提出，人类的团结并不在于我们与他人共有的人性或共同承担的义务，而在于个人之间的情感感受，这种情感感受尤其是人类对于痛苦的感受，对于痛苦的感受，无疑是一种非理性的情感性的、肉体与精神对于所遭受的外在打击或不快的反应，这种反应我们就称之为痛苦。在他看来，实用主义的反讽者认为："她和其他人类结为一体，所依靠的不是一个共同语言，而只是人人都会有痛的感觉，尤其是其他动物所不可能有的那种痛：屈辱。在她看来，人类的团结根本不在于人人都认识一个普遍的真理或追求一个普遍的目标，而是大学普遍都有一个自私的希望，即希望自己的世界——个人放入自己终极语汇中的芝麻小事——不会被毁灭。"① 每个有生命的个体都会感受到痛苦，不仅是人类，动物也如此，边沁的苦乐感的功利主义就提出过这个问题。罗蒂也指出："痛乃是非语言性的；人类与不使用语言的野兽之联系，就在于痛。"② 冷漠无情、残酷地对待他人，就不仅丧失了人性，连动物的感知本性也丧失了。但是，罗蒂指出，人还有一种特殊的痛苦：受屈辱的痛苦。而人类团结就在于这个将她置于其中的世界不会毁灭，不会让她感到痛苦。罗蒂认为正是这种感受和希望促使了人类的团结。但罗蒂认为这样一种身心可能遭受痛苦的感受本身并不会形成一种移情，即由自己的痛苦而想到他人的痛苦，或由于他人的痛苦而使得自己感到痛苦。罗蒂认为，在公共目标方面，只要每个人的极终性语汇与他人的语汇有一定的重叠，让每个人对于是不是值得进入自己和他人的幻想世界，都有表达自己的意见的语言，那么，每个人的终极语汇是否一致，则从根本上看是无所谓的。有许多情感性的语汇都是大家共享的，如仁慈、尊严等，这些对于大家来说是共有的，但罗蒂认为，人们无法从对自身的遭遇和对遭遇的反省中发现这些词。罗蒂说："这种反省的结果，除了强烈意识到人人都有可能遭受苦难危厄之外，不会有其他的结果，也不可能找到为什么要关怀苦难的理由。在自由主

---

① ［美］理查德·罗蒂：《偶然、反讽与团结》，徐文端译，商务印书馆2003年版，第131页。

② ［美］理查德·罗蒂：《偶然、反讽与团结》，徐文端译，商务印书馆2003年版，第133页。

义的反讽主义者看来,重要的不是发现这类理由,而是当苦难发生的时候,他会注意到的存在。她希望,在有可能侮辱到另一个具有完全不同终极语汇的人时,她不会被自己的终极语汇局限和蒙蔽。"① 当罗蒂这样说时,他心目中可能呈现的就是像奥斯威辛集中营中的警察,而他可能正在读康德关于绝对命令的伦理学著作。而形而上学家们则告诉我们,如果与他人没有某种共享的原始语汇,我们就根本没有"理由"不那么残酷地对待他们。因而普遍主义的伦理学与反讽主义者之间似乎是水火不相容的。在普遍主义者看来,没有一套共享性普遍语汇,不仅是人与动物的区别,也是我们与他们的区别。就像哈曼的相对主义伦理学所认为的那样,希特勒与我们是不同的共同体,有着不同的伦理语汇从而不能以我们的伦理概念来评价法西斯。② 而哈曼恰恰曾是罗蒂在普林斯顿的同事,罗蒂完全知道他说了什么。罗蒂说:"如果我们相信,我们全部都有一个无上的义务,必须减少残酷并使人们在遭受苦难的机会上是平等的,那么我们似乎必须承认,人类一定有某种独立于他们所说的语言的面向,值得尊重和保护。这就暗示,重要的是一种非语言的能力,亦即人们感受痛苦的能力,相较之下,语汇上的差别则不很重要。"③ 上述引文提到,罗蒂认为我们感受痛苦的能力不会因此而产生同情或移情之类的情感从而使我们与他人的遭遇联系起来,但他在别处又说:"依赖于同情心暗示,而非依赖于理性命令,也就是把强者渐渐停止压迫他人或者渐渐停止支持压迫他人看作仅仅是出于善良,而不是出于对道德法则的遵从。"④ 也许罗蒂认为,同情心与我们避免痛苦的自我保护心理起着共同的作用,即人类团结的作用。但显然同情是关涉他人的,而不是关涉自己的,

---

① [美]理查德·罗蒂:《偶然、反讽与团结》,徐文端译,商务印书馆2003年版,第131页。

② Gilbert Harman, "Moral Relativism Defended", The Philosophical Review, Jan., 1975, Vol. 84, No. 1, pp. 3-22.

③ [美]理查德·罗蒂:《偶然、反讽与团结》,徐文端译,商务印书馆2003年版,第125页。

④ [美]理查德·罗蒂:《后形而上学的希望》,张国清译,上海译文出版社2009年版,第311页。

是自己与他人身同遭遇的感受,从而这样一种感情更易于促进人类的团结与和平。罗蒂反对从普遍人性、人的本质意义上来讨论人类的共通性或人类的团结,人类团结就在于人有避免遭受痛苦的希望,也在于人对他人的同情心。相较于传统的理性观念,他说:"我们就不得不克服这样一种感觉,同情是一股过于脆弱的力量,一股更强大的力量是必不可少的。理性比情感'更强大',只有无条件地坚持道德义务才具有把人类改造得更加美好的力量,这是一个根深蒂固的观念。"① 然而,这样一个根深蒂固的观念本身却被历史与现实无情否定。不过,罗蒂在讨论弗洛伊德时指出,人类的同情心往往是相当狭隘的,它有时仅仅指向与自己有着特定关系的个人,而对他人的痛苦甚至是更大的痛苦则置若罔闻。② 因此,必须扩展我们的同情心,同情心的进步是人类团结的必由之路。而同情也就是人们相互的感受性。在罗蒂看来,感受性就是"休谟意义上的同情和斯密意义上的公正的旁观者具有的倾向性。感受性使我们能想象到他者的困难和痛苦,自己的信念与他者的信念逐渐交融、编织在一起,由于信念的交叉和重叠,自己所属的共同体不断扩大自己的范围,从而把其他共同体的成员纳入我们忠诚的范围"③。

罗蒂为自己定下的哲学任务是反叛启蒙运动以来的本质主义和基础主义,认为没有普遍人性或基本人性这样的假设。而启蒙运动以来的哲学都认为,人类的团结就在于任何人都有着共同的人性,如康德的目的王国就建基于人是理性的存在者这一前提。然而,如果我们没有了共同的人性,我们还有没有全体人类团结的可能?罗蒂首先提出种族中心主义的共同体,认为任何一个人类个体都生活于有着交互主体的共享性的共同体中,然而,这样的地方性的共同体的建构不足以谈论更大范围的人类团结,更不用说人类全体的团结。罗蒂提出的人类团结的乌托邦就是不断扩大"我们"的范围,最后这个

---

① [美]理查德·罗蒂:《后形而上学的希望》,张国清译,上海译文出版社 2009 年版,第 310—311 页。
② 参见[美]理查德·罗蒂《偶然、反讽与团结》,徐文瑞译,商务印书馆 2003 年版,第 49 页。
③ 董山民:《罗蒂政治道德哲学批判》,社会科学文献出版社 2012 年版,第 27—28 页。

"我们"包括全体人类成员。但问题在于，仅仅有了这样一个口号就能做到吗？难道罗蒂不知道现代世界政治的格局吗？任何人能够脱离现代现实的政治来讨论世界团结，可能都是一种乌托邦式的想象。罗蒂意识到了这个问题，他在放弃本质主义的基本人性假设的前提下，提出人对痛苦的感受能力来作为达到人类团结的进路。应当看到，这仍然离世界政治现实太远，只不过是以一种情感论取代了理性论而已。

第二章　伯林与哈耶克

以赛亚·伯林（Isaiah Berlin，1909—1997）是英美思想界、学术界以及政治哲学领域里的、罗尔斯之前的重要思想家之一。伯林1909年6月出生于为沙皇俄国所占领的拉脱维亚里加的一个犹太人家庭。伯林父母为逃脱当时的政治迫害，于1920年前往英国定居，伯林随父母来到英国，并在英国求学，进入牛津大学攻读文学与哲学。1932年成为牛津大学研究员，与艾耶尔、奥斯汀等人一起参与了日常语言哲学运动。第二次世界大战期间离开教职而进入政府外交部门，在美国华盛顿、纽约以及莫斯科担任外交官。第二次世界大战后返回牛津大学继续从事学术活动和担任教职，并转向政治思想史研究，1966年到1975年，担任沃尔夫森学院院长。其主要著作《自由四论》（1969）为他带来一生及其身后的不朽荣誉，此书后扩展以《自由论》书名出版。他还出版了多部有影响的著作，《俄国思想家》（1978）、《反潮流》（1979）、《现实感》（1997）等。伯林的自由论提出两种相区分的自由，这是他在政治哲学领域里最重要的贡献，此外，他提出人类的价值是多元的，从而是一个多元价值论者，两种观点的结合，即为自由主义中的新学说：自由多元主义。

哈耶克（Friedrich Hayek，1899—1992，中文又译为"海耶克"）同样也是英美思想界、学术界在罗尔斯之前、在政治哲学领域里重要的有影响力的思想家。哈耶克的学术领域主要是经济学和法学领域，同时他在政治哲学领域里也提出了重要而有影响的政治思想和政治哲学思想。哈耶克有着长达60多年的学术生涯，从1924年到1988年，出版及发表了大量论著和论文。1974年，由于他在经济学领域的突出贡献而获得诺贝尔奖，这是经济学领域里的最高荣誉。他的经济学、法学领域的著述甚丰，也多有涉及政治哲学的讨论。如《通往奴役之路》（1944）、《个人主义与经济秩序》（1945）、《自由秩序原理》（又译为《自由宪章》，1960）、《致命的自负》（1988）、《法律、立法与自由》（1973、1976、1979）等。《致命的自负》是哈耶克最后一部重要的著作。

第一节　以赛亚·伯林

伯林是20世纪非常重要的也是我国读者所熟悉的富有原创性的哲学家。伯林在牛津大学受教育，后留校执教。20世纪60年代，伯林已经享誉牛津大学。当年的博士生回忆起伯林讲学的情形，认为那几乎可以说是一个传奇。每当伯林讲学，他的演讲课堂几乎都被挤得水泄不通，伯林总是侃侃而讲，青年学生如饥似渴地聆听。

伯林在政治哲学领域的研究重心在于自由问题。我国学者对于伯林的熟稔，在于他所提出的"消极自由"概念。然而，伯林对自由问题的研究是多方面的。伯林在自由问题上，还有从决定论出发进行自由与责任的考察，以及从多元主义角度对自由的探讨。就这三个重要问题，我们准备首先从自由与责任问题开始，进而讨论两种自由概念，最后讨论多元主义与自由问题。

一　自由与责任

自由与责任这一论题涉及三个问题：决定论、自由与责任。这三个问题是联系在一起的，然而，从逻辑上看，首先要看看什么是决定论。

（一）决定论

我们先讨论第一个问题：决定论。在伯林看来，讨论自由问题不可回避决定论的问题。就对伯林的研究来说，对决定论的质疑以及对自由与责任的考量，相对来说并非那么广为人知。对决定论的质疑，以及与决定论命题相关联的自由与责任的问题，在伯林看来，是讨论政治自由不可回避的基本问题。然而，目前学术界却把与决定论相关的自由问题，更多地看成相对于政治领域的、主要为伦理学领域里的自由问题，并且认为这是政治领域里自由问题的哲学基础。在伯林的自由思想中，这一方面的自由问题占了相当大的

第二章 伯林与哈耶克

分量。在伯林的重要著作《自由四论》的扩展版《自由论》中，涉及伦理学领域里自由问题的论文占了更大的篇幅。① 同时，伯林的伦理学领域里的自由观与他在政治领域里坚持消极自由论有着哲学上的内在相关性。

人的自由、政治自由与社会决定论之间有着内在的逻辑关系。伯林思考自由问题，首先是将自由与决定论和人的责任问题联系起来。决定论问题是他那个时代所引发的重大社会政治问题和伦理生活最重要的政治哲学问题之一。何谓决定论？一般而言，"它是关于世界本质的形而上学论点"②。也就是关于世界本性的一般性或形而上学观点，即它所回答的是这个世界以什么样的方式存在和运行下去。在伯林所关注的意义上，决定论不仅仅是关于这个世界的本性，而且是关于个体的人作为行为者的本性意义上所具有的行动方式。决定论有各种版本，自然物理的决定论，神学决定论以及社会的决定论，心理与神经科学决定论等。所谓物理决定论，也称为因果关系或科学决定论，即伯林所反复强调的决定论。一般而言，物理或自然因果关系决定论认为，自然律严格地决定着事物变化发展的趋势和结果。牛顿天体力学是被人们所经常引证物理世界这一特征的体系。如人们可以准确地预测下一次月食出现的时间。神学决定论的核心是上帝的观念。在基督教的观念中，整个世界是为上帝所创造的，上帝不仅创造了这个世界，而且全能的上帝的意志决定着这个世界的特征以及万物的特征。如世上万物的秩序。莱布尼茨认为，我们不仅有充足的理由认为上帝出于本性决定了宇宙的每一个细节，而且我们可以确信上帝必然选择创造了一个并且仅仅是一个世界，即我们这个世界是可能世界中最好的世界。社会决定论和物质力量的决定论与精神决定论之

---

① 在《自由四论》扩展版的《自由论》中，有一篇从《我的思想之路》(1987) 中摘录过来的回顾性文章：《最后的回顾》，在其中伯林将自己的主要关注问题概括为两个问题，一是对决定论的质疑和反驳，二是消极自由。见 Isaiah Berlin, "Final Retrospect", in *Liberty*, edited by Henry Hardy, Oxford University Press, Inc., New Yerk, 1995, pp. 322-328; 以及中译本［英］伯林：《自由论》，胡传胜译，译林出版社 2003 年版，第 366—374 页。（本文有的脚注将中译本出处标出，但不是以中译本为准，只是提供给大家参考。）

② ［美］洛伊·韦瑟福德：《决定论及其道德含义》，段素革译，载徐向东编《自由意志与道德责任》，江苏人民出版社 2006 年版，第 35 页。

分，即相信社会历史的运动最终是由物质力量或精神力量决定的。历史决定论是19世纪以来广为盛行的对于人类社会的一般性看法。社会科学家受到17世纪以来的自然科学的成就的鼓舞，认为人类社会的发展与自然物理世界的发展一样，都是受到内在发展规律和某种精神力量支配的，并且其运动发展的方向受到内在本性的规定。心理与神经科学（或神经生理）决定论，是指人的行为完全由大脑神经支配，从而认为所有的行为完全由脑的功能决定，而脑功能由基因和经验的相互作用决定。[1] 西方一些研究神经科学的专家作出了从决定论到否认自由意志的推断，他们认为，神经科学为决定论提供了证据。例如，神经科学家格林尼（J. Greene）和科恩（J. Cohen）认为，神经科学的研究表明人的每个行动的内在决定过程完全是机械程序，结果完全由预先的机械程序决定。他们把作出决定的实际的心理过程还原为神经生理过程，还原为生理电磁现象，从而认为完全可以从物理意义上来看待人的行为。在他们看来，当我们将人视为物理系统时，他们不能比砖块等更受到指责或值得称颂。[2] 在神经科学的视野中，人仅仅被视为物理系统。心理与神经科学的决定论，是随着近几年来神经生理科学新的进展所提出的观点。在神经生理科学家看来，自由意志是人们的一种幻觉。关于神经生理与人的行为的关系，已经有了相当多的研究文献。我们认为，神经生理科学家虽然可以把人们作出决定的过程或思维过程还原为神经生理过程，但是，仍然不可把作出决定的过程或思维内容看成仅仅是一种物理现象而不是一种精神现象。伯林所谈论的决定论既是关涉宏观世界的，也是关涉个体行为的。从后者而言，在伯林看来，凡是认为人的行为或选择决定受到因果性前提事件（如性格、人格等因素）影响或支配的，都可称之为决定论的观点。

在伯林看来，从哲学上看，决定论具有因果性和目的论的特征。所谓

---

[1] 参见 Farah M. Neuroethics, "the practical and the philosophical", *Trends in Cognitive Science*, 2005 (91): pp. 34–40.

[2] 参见 Greene J., Cohen J., "For the law, neuroscience changes nothing and everything, *Philosophical Transactions of the Royal Society B*": *Biological Sciences*, 2004 (359): pp. 1451–1785.

因果性，即没有一个事件的出现是没有原因的，在它之前的原因决定了它的出现或展现的样态。在早期的斯多亚派观念里，就存在着这种不可打破和因果事件链的观点，即每一个前在的事件都是后继事件的充分必要件。在伯林看来，规律（LAW）这一概念所表达的就是这样一种决定性，规律的概念由于牛顿以来的自然科学的辉煌胜利，使得人们对于这个世界是按照自然规律来运行的信念坚定不移，并且人们受到自然科学的鼓舞，要在社会领域发现像自然领域一样的自然规律。伯林说："决定论是一种千百年来为无数哲学家广为接受的学说。决定论宣称每个事件都有一个原因，从这个原因中，事件不可避免地产生。这是自然科学的基础：自然规律及这些规律的运用——构成整个自然科学——建立在自然科学所探讨的永恒秩序的观念之上。但是，如果自然的其余部分都是服从于这些规律的，难道唯有人类不服从它们吗？"[1]

目的论是与因果论内在相关的，或者说得到了自然科学的规律论决定论的支持。伯林正确地意识到，目的论的决定论是一种千百年来弥漫于西方思想界的形而上学观点，它在思想史的早期，表现为神意或上帝创造世界的目的论中，而在自然科学的影响下，则对于人类历史，或者说为人类历史的目的论找到了新的依据。"通过把社会动物学扩展至研究人类，类似于对蜜蜂和海狸等的研究，人类的历史便成为自然科学。"[2] 伯林说，"历史服从自然或超自然的规律，人类生活的每一个事件都是自然模式中的一个因素，这种观念具有深刻的形而上学起源。对自然科学的迷恋培育了这一潮流，但这并不是它的唯一的抑或主要的根源。首先，它扎根于人类思想之开端的目的论见解。它有许多变体，但是所有这些变体共有的东西，是这样一种信念：人，所有生物甚至还有无生命的事物，不仅仅是它们所是的东西，它们还具有功能并追求目的。这些目的或者是造物主加在它们

---

[1] Isaiah Berlin, "Final Retrospect", in *Liberty*, p. 322；[英]伯林：《自由论》，胡传胜译，译林出版社2003年版，第366页。

[2] Isaiah Berlin, "Historical Inevitability", in *Liberty*, edited by Henry Hardy, Oxford University Press, Inc., New Yerk, 1995, p. 95.

身上的……或者,是内在于这些所有者之中,以使每一个实体都具有一个'本性',追求对它来说是'自然的'特殊目的;而衡量每一个实体的完善程度,正在于它如何满足这个目的的程度"①。同时,对于目的论的类似自然科学的理解或解释,不仅在于说每个事物或每个社会存在物都有目的,而且在于说明,从宏观意义上看,整个人类历史都具有目的,而对于这样一个人类历史的目的(受到类似于自然规律的支配),我们任何人都不可能改变,"任何事件(事物)都因为历史机器自身的推动而成为其现在的样子,也就是说,它们是受阶级、种族、文化、历史、理性、生命力、进步、时代精神这些非个人的力量所推动的。假定对于我们的生命机体,我们无法创造也无法改变,它,只有它,才最终对一切事物负责"②。在自然科学的影响下,古老的形而上学的目的论有了新的有力依据,即人类历史有着类似于自然规律那样的发展运动规律,并且使自己朝着某种本性的目的运动和推移。

(二) 与决定性相关的自由问题

决定论的问题又是个与自由是否相容的问题。伯林认为,20世纪的一个重大问题就在于决定论与自由的相容问题。决定论与自由的关系问题在于认知必然性或理性对于外在障碍的排除,或由于对于事物本性的认知而增加了人们行动的能力等。这个问题与政治自由相关,但并不是政治自由问题本身,关于政治自由的问题,我们在消极自由与积极自由中再讨论。在伯林看来,他并不认为决定论有什么错。他明确地说:"有人说我致力于证明决定论是错误的,这种说法——对我的论证的许多批评都建立在其上——是没有根据的。我有责任强调这一点。因为我的一些批评者(特别是 E. H. 卡尔)坚持说我

---

① Isaiah Berlin, "Historical Inevitability", in *Liberty*, edited by Henry Hardy, Oxford University Press, Inc., New York, 1995, p.104;[英]伯林:《自由论》,胡传胜译,译林出版社2003年版,第115页。

② Isaiah Berlin, "Historical Inevitability", in *Liberty*, edited by Henry Hardy, Oxford University Press, Inc., New York, 1995, p.104;[英]伯林:《自由论》,胡传胜译,译林出版社2003年版,第114页。

第二章 伯林与哈耶克

持一种反驳决定论的主张。"① 因此，伯林阐述决定论，并不是说决定论是错误的。然而，伯林阐述决定论是要提出另一个问题，即决定论与自由和自由意志的相容问题。伯林关于决定论与自由和自由意志是否相容问题的讨论框架如下。首先，无论是从自然界还是从人类社会历史意义的决定论来看，伯林认为决定论都是对由于事物内在的本性或世界内在的本性因而具有的内在规律的确信，与这样一个决定论观点相关的还有一个重要的关于人的本性的观点，即人是一个理性的人，能够认知和把握这个世界的内在本性和发展规律，把握事物的内在规律和必然性。伯林指出，这是从柏拉图到近现代以来的哲学家们关于自由的一个基本论点，它典型地体现在斯宾诺莎所提出的自由就在于对必然的认知这一论点中。在斯宾诺莎看来，这个世界没有偶然，一切都是必然，而作为理性的人能够通过自己的理性认识到这个世界的必然。伯林认为，决定论与自由相容论有着这样一个结构："（1）事物和人具有本性——确定的结构，不受它们是否被认识之影响；（2）这些本性与结构受普遍的、不可改变的规律支配；（3）这些结构与规律，至少从原则上讲，是可知的；拥有关于它们的知识，便会自动地使人免于在黑暗中失足，使人不再做丧失理智的行动；根据事物与人的本性以及支配它们的规律，无理智的行动是注定要失败的。"② 伯林所归纳的这三个基本特征实际上要说明的是，自由在于人对规律的认知与把握。人能够认识和把握规律，从而人就不是盲目的，而对于规律的知识越多，人也就越有自由。其次，这样一种自由观的前提在于对自由的这样一种假定："自由乃是我的真实本性不受阻碍地实现，即既不受外在的阻碍又不受内在的阻碍……自

---

① Isaiah Berlin, "Introduction", in *Liberty*, edited by Henry Hardy, Oxford University Press, Inc., New Yerk, 1995, p.7；［英］伯林：《自由论》，胡传胜译，译林出版社 2003 年版，第 7 页。伯林在他这样强调时，神经生理或神经科学还没有发展出决定论的观点，因此，伯林此说并不包括对神经科学的决定论的评论。当然这样说也并不因此而就可认为作者认为神经科学的决定论就是错的。

② Isaiah Berlin, "From Hope and Fear Set free", in *Liberty*, edited by Henry Hardy, Oxford University Press, Inc., New Yerk, 1995, p.253；［英］伯林：《自由论》，胡传胜译，译林出版社 2003 年版，第 287—288 页。

由是自我实现与自我导向的自由;通过个人自己的行动来实现合乎其本性的真实目的。"① 自由所要求的自我实现是在决定论背景之下的,如果我们对于这个世界没有一个理性的把握或仅仅有着错误的认识或盲目的意识,那么,毫无疑义,力图实现我的本性和我的目的活动就要受阻;然而,从我作为一个理性存在者的意义来看,我能够知道和理解我在做什么,但是,我只有有着对于这个世界以及我自己的本性的相关事实的知识,才能清除那些会危及我确立正确目标的障碍。因此,真正的自由就是能够自我导向,或理性能够为自我作主(这个问题在涉及消极自由与积极的意义上,我们还要讨论)。决定论与自由的联结,就在于把理性与自由等同起来。"理性的思想是这样一种思想,它的内容或至少它的结论服从规则与原则,而不仅仅是因果性的或偶然性后果的集合;理性的行为是,或至少在原则上是,那种行动者或观察者可以用诸如动机、意图、选择、理由、规则,而不仅仅是用纯粹的自然规律来解释的行为。"② 即人的自由体现在人的行动的各个环节,包括从动机、意图到实施这个行为。在行动实施的意义上,也就完成了从决定论到理性行为者的行动自由的转换论证。这里的关键点在于,理性行为者获得关于世界的本性以及人的本性的规律性知识,并且将这种知识转化为指导理性行为者的行动。如果没有这种真知或真理,理性行为者也就不可能真正获得自由。

然而,有了关于这个世界规律的知识,就可增加我们的自由吗?伯林这样提问,在于伯林承认,知识的增加,一方面,有可能增加我们的自由;但是另一方面,他认为,也可能不能增加我们的自由。他说:"知识的增加有可能增加我的理性,无限的知识可能使我变得无限理性;它有可能增加我的力

---

① Isaiah Berlin, "From Hope and Fear Set free", in *Liberty*, edited by Henry Hardy, Oxford University Press, Inc., New York, 1995, p. 252;[英]伯林:《自由论》,胡传胜译,译林出版社 2003 年版,第 286 页。

② Isaiah Berlin, "From Hope and Fear Set free", in*Liberty*, edited by Henry Hardy, Oxford University Press, Inc., New York, 1995, p. 254;[英]伯林:《自由论》,胡传胜译,译林出版社 2003 年版,第 289 页。

第二章 伯林与哈耶克

量与自由；但它不可能使我变得无限自由。"① 那么，在什么意义上知识的增加是增加了我的自由？这就是知识对于我们理性行为者具有的解放的作用。即如果我们对于我们所未知的领域里的规律获得知识，那么，以往的障碍就清除了，从而增加了我们的自由。"知识通过发现那些影响我们行为的未被发现的因此未被控制的力量，把我从它们的专制力量中解放出来。"② 伯林认为，即使这样讲也要看对什么事而言，我在某方面能力与自由的增加，可能以其他方面能力与自由的减少为代价。认识到某种病症或情绪易于发作，并不必然导致我控制癫痫病或阶级意识或印度音乐癖的能力的增加。"如果我宣称就像具有关于别人的知识一样具有关于我自己的知识，那么，即使我的资源更多或确定性更大，这种自我知识对我来说，既可能增加也可能不增加我的自由的总量。……根据上述理由，由知识的增加皆从某种程度上对我有所解放这个事实，并不能得出它必然增加我所享受的自由的总量这个结论。"③ 伯林这样理解决定论与自由的关系，是从理性存在者个体这一维度进行的。如果从人类历史的维度来看，人类一步步地获得关于自然界、关于人类社会以及关于自我的内在本性的知识，可以毫无疑义地说，知识的增长使得越是在时间上靠后的人类存在者，相较在以往的历史年代的存在者有着更多的自由。近现代以来的工业革命和现代化建设，就是在人类对于自然规律的认知空前增长的前提和基础上进行的。当然，人类到目前为止对自然的认知，仍然受到其认知水平、认知眼界和价值观的制约。同时，人类在征服自然获得自由的同时，不要忘记了，人类永远是自然之子。人类对森林的过度垦伐，

---

① Isaiah Berlin, "From Hope and Fear Set free", in *Liberty*, edited by Henry Hardy, Oxford University Press, Inc., New Yerk, 1995, p. 258；［英］伯林：《自由论》，胡传胜译，译林出版社2003年版，第293—294页。

② Isaiah Berlin, "From Hope and Fear Set free", in *Liberty*, edited by Henry Hardy, Oxford University Press, Inc., New Yerk, 1995, p. 259；［英］伯林：《自由论》，胡传胜译，译林出版社2003年版，第294页。

③ Isaiah Berlin, "From Hope and Fear Set free", in *Liberty*, edited by Henry Hardy, Oxford University Press, Inc., New Yerk, 1995, p. 255；［英］伯林：《自由论》，胡传胜译，译林出版社2003年版，第290页。

已经在不同历史时代和不同的地区遭受了自然的惩罚。地球由于工业文明而遭受的污染破坏，从来没有像今天这样严重。如此下去，将会严重危及人类在地球上的生存，而地球到目前为止，还是人类生存的唯一家园。因此，人类要在自然界中获得自由，仍然受到未认识到的盲区的限制，同时，人类的自由还需要调整自己与自然的价值关系，即不能把自己看成自然的主宰，而意识不到自己仅仅是自然之子，并且作为理性存在者，有着对自然的呵护使命。就社会层面而言，人类不也是一步步地通过对社会规律的认识，而走向更大自由的吗？

伯林是从个体的层面来讨论决定论与自由的关系问题的。当然，从个体行动的意义看，情形确实像伯林所说的。即个体对于事物规律的认知，可能增加了我某一方面的自由，但并不一定意味着增加了我的自由的总量。如我有了某一领域里的知识和经验，那就意味着我对其他领域并不一定精通。伯林并不认为对于必然性规律的认知与把握（知识），就必然地增加了我的自由。伯林这样讨论决定论与自由相关的问题，实际上隐含着他接受决定论者关于自由的一般定义，即自由在于自我实现过程中的没有阻碍，自由行动在于无阻碍。当我掌握了某种必然性的知识，那就意味着消除了那种阻碍我在这一领域里实现我的努力的障碍。

伯林虽然承认必然性知识对于作为理性存在者的我们而言具有某种意义的自由，但认为，这样理解自由问题，并没有真正把握自由这一概念的核心。如从上述讨论我们可知，完全没有考虑到"选择"，如果完全不考虑选择问题，是无从谈论自由的。"行动即是选择，而选择就是自由地奉行这种或那种做事与生活的方式；可能性不会少于两个：做或者不做，是或者不是。因此，将行动归咎于无法改变的自然规律乃是对现实的不当描述：在经验上不是真的，而可以证实是错的。"① 在伯林看来，如果我们认同决定论的规律说，那么，体现在理性行为者的行动上，也就不是一个选择的问题，未来成了未来

---

① Isaiah Berlin, "From Hope and Fear Set free", in *Liberty*, edited by Henry Hardy, Oxford University Press, Inc., New York, 1995, p. 257；[英]伯林：《自由论》，胡传胜译，译林出版社 2003 年版，第 292 页。

第二章 伯林与哈耶克

事实的固体化的结构,以这种观念"来解释我们自己的整个行为并解释其他人的整个行为,这样一种倾向是经验性地错误,因为它超出了事实所保证的界限。在其极端的形式中,这种教导根本废除了决定:我受我的选择决定,相信别的东西,如相信决定论或宿命论或机遇,本身就是一种选择,而且是特别胆小的一种选择"[①]。实际上在伯林看来,在这样一种决定论框架内,就没有选择可言。然而,我们可能认为,正确的选择恰恰只有以正确的知识为前提,否则,只能是错误的选择。伯林认为,选择的观念恰恰不是以知识为前提,而是以无知或知识的不完善为前提。他说:"选择的观念本身反而依赖于知识的不完善,即一定程度的无知。对于任何一个行为问题,就像对于任何理论问题一样,只有一个正确答案。正确的答案一经发现,理性的人从逻辑上讲就只能与之保持一致:在两种方案之间自由选择的观念便不再适用。"[②] 在伯林看来,遵从必然性认知而进行的选择,并不是选择。从选择自由观来看,伯林提出,知识会增加我们的理性,但不会增加我们的自由,如果自由不存在,我们发现自由不存在并不会因此而增加自由。实际上,伯林从选择自由的角度来讨论决定论与知识的问题,还隐含了一个前提,即决定论所认可的宇宙或世界结构是一元论的,真理是一元性的真理,因此,对于人们的行动而言,只有一个可选择的维度,即符合这一决定论所揭示的真理。实际上,伯林在这里把宏观意义上的社会决定论与个体行为的因果必然性混为一谈了。如果后者也可看作决定论,那么,应当看到两者是相当不同的。(这个问题本书稍后展开)然而,伯林隐含的认识是,人类的发展道路也可能不是在决定论所宣示的某种规律之中,并且,人类社会的发展是在实践中为自己开辟道路的,而不是在决定论所宣示的固化的未来事实的结构之中。因此,在这个观念中就隐含着伯林的多元论的真理观和多元论的自由观。因此,

---

[①] Isaiah Berlin, "From Hope and Fear Set free", in *Liberty*, edited by Henry Hardy, Oxford University Press, Inc., New Yerk, 1995, p. 257;[英]伯林:《自由论》,胡传胜译,译林出版社 2003 年版,第 292—293 页。

[②] Isaiah Berlin, "From Hope and Fear Set free", in *Liberty*, edited by Henry Hardy, Oxford University Press, Inc., New Yerk, 1995, pp. 264-265;[英]伯林:《自由论》,胡传胜译,译林出版社 2003 年版,第 301 页。

伯林所认为的选择就不仅仅是在正确与错误之间的选择，而是在多种好之间都有进行选择的可能。伯林的观点是："自由意味着能够不受强制地做选择；选择包含着彼此竞争的可能性——至少两种'开放的'、不受阻碍的候选项。反过来，这又完全依赖于外在条件，即到底有哪些道路未被堵死。当我们谈论某人或某个社会所享受的自由的程度时，在我看来，我们指的是，他面前的道路的宽度和广度，有多少扇门敞开着，或者，它们敞开到什么程度。"①在伯林看来，这才是自由概念的核心。伯林把自由从自我实现和自我作主上转移到以选择为核心理念的自由观上来。在伯林看来，从决定论与自由关联的意义上看，自由就在于个人获得多少自我实现的可能。然而，伯林认为，个人自由不在于表现为自我实现的程度，虽然自我实现在伯林的思想中仍然是自由的一个子项，但是，真正的核心不在此，而在不受强制的自我选择以及这个社会可以有的选择的机会。尽管无知阻塞道路，知识打开道路，但是，"自由的程度在于行动的机会，而不取决于有关这些机会的知识"②。因此，伯林认为，必须强调两种自由定义的区分，一是没有阻碍地做自己所喜欢做的事，即自我作主，二是自由在于客观地开放的可能性。在伯林看来，这两者之间有着本质的区别。③ 在《两种自由概念》一文中，伯林则明确地把前者称为积极自由的概念，即查尔斯·泰勒所说的操作性概念。后者则称为消极自由的概念，也就是查尔斯·泰勒所说的机会概念。因此，在伯林看来，与决定论相关的自由概念，实际上是一个积极自由的概念，而他所强调的，则是与决定论不相容的消极自由概念。在他看来，20世纪对于自由问题从决

---

① Isaiah Berlin, "From Hope and Fear Set free", in *Liberty*, edited by Henry Hardy, Oxford University Press, Inc., New York, 1995, p. 271；［英］伯林：《自由论》，胡传胜译，译林出版社2003年版，第308页。

② Isaiah Berlin, "From Hope and Fear Set free", in *Liberty*, edited by Henry Hardy, Oxford University Press, Inc., New York, 1995, p. 273；［英］伯林：《自由论》，胡传胜译，译林出版社2003年版，第310页。

③ 参见Isaiah Berlin, "From Hope and Fear Set free", in *Liberty*, edited by Henry Hardy, Oxford University Press, Inc., New York, 1995, p. 273；参见［英］伯林《自由论》，胡传胜译，译林出版社2003年版，第311页。

定论的立场来考量，偏离了自由问题的真正核心，即误把自我实现作为自由的核心。伯林也意识到，人类在这个方向已经行进很久了，自从柏拉图以来，把人们作为理性存在者，就蕴含着自我实现、自我作主的自由追求。17世纪自然科学的成就，以及18世纪工业革命带来的经济社会的飞速发展，进一步膨胀了人类自我实现和自我作主的理想愿望。18世纪启蒙运动的理性主题也表达了人类的这一愿望。但人们没有意识到，在这一维度上追求自由的同时，也可能不会增加我们的自由，甚至带来我们的自由的变质。我们在对自然宣战中遇到了这个问题，我们在社会中也会遇到这个问题吗？这是伯林在积极自由与消极自由的区分中所讨论的问题。不过，这里还需要强调的是，伯林并没有因此而否定决定论，伯林反复强调，他并不认为决定论是错的。他承认决定论有很强的哲学理据，在西方思想史上有着久远的传统。并且，与决定论相联系的自由观也有它存在的合理性，即使他强调消极自由，但也没有否定积极自由对于人的自由与解放的功能。

（三）人的责任

把决定论与理性存在者的人联系起来，并把决定论转化为知识问题，从而与自由问题联系起来，是伯林关于个人自由的讨论的一部分。另一部分是，决定论与责任或道德责任的关系。前面指出，伯林从一般性意义指出决定论有两个特征，一是因果性，二是目的论。前面指出，伯林认为选择是自由的核心含义。在他看来"如果一方面承认，所有事件整个地是为其他事件所决定，从而使得它们是现在这个样子……另一方面又承认，人们能够在至少两种可能的行动过程中进行选择，因而是自由的——自由不仅意味着能够做他们选择去做的事情（因为是他们选择去做这些事情），而且意味着不受在他们控制之外的原因决定去选择他们所选择的——这两种断言在我看来是自相矛盾的"①。在这里，前者说的是一个因果性的决定论概念，后者是一个自由概念，即没有外在原因来决定人们的选择。伯林决定论的观念与他的自由观是不相容的。在伯林看来，即使是受到我们的性格、人格等因素所支配的不可

---

① Isaiah Berlin, "Introduction", in *Liberty*, edited by Henry Hardy, Oxford University Press, Inc., New Yerk, 1995, p.5.

控因素的影响或支配，也是决定论的，因而也是与他的自由观不相容的。他说，自我决定论的学说是这样一种学说，"按照这种学说，人的性格、'人格结构'以及源自它们的那些情绪、态度、决定、行为在事件的进程中的确起着重要的作用，但是它们本身便是生理的或心理的，社会的或个人原因的产物，而这些原因反过来，在一个不可打破的系列里，又是其他原因的结果，如此等等。按照这个学说的一个最知名的版本，如果我能做我愿意做的事情，并且也许能够在我准备采取的两个行动之中选择其一，那么我就是自由。但是我的选择却是因果地被决定的；因为如果选择不是因果性地被决定，那就是随机的事件；而这些随机事件穷尽了所有的可能性；因此，更进一步，将选择描述为自由的，描述为既非由原因所导致的又非随机的，就等于是无稽之谈。绝大多数哲学家在处理自由意志时采取的这种观点，在我看来只是更一般的决定论命题的变种"①。在伯林看来，如果我的行动决定联系外在的原因，或以外在的因果性事件（包括我的性格等）为前提，那么，这就是决定论的观点。在伯林看来，这样以决定论为前提的行动选择或自由行动与道德责任的概念是不相容的。他说："决定论明显地将整个道德表述系统排除在生活之外……很显然，决定论与道德责任是相互排斥的。"②伯林把凡是有外在因果性前提或必然性前提的行为都看成决定论意义上的行为，值得注意的是，这里的"决定论"这一概念仍然是在个体行为意义上使用的，而不是在宏观自然或世界历史意义上使用的。有人把这一决定论与自由不相容的说法概括如下："如果决定论是真的，亦即，如果所有事件都遵循不变的法则，那么我的意志也总是被我的内在性格和我的动机所决定的。因此我的种种决定都是必然的而不是自由的。但如果是这样的话，我对我的行为就不负有责任，因为只有当我能对我的种种决定的方向有所作为的时候，我才会对它们负有责

---

① Isaiah Berlin, "Introduction", in *Liberty*, edited by Henry Hardy, Oxford University Press, Inc., New Yerk, 1995, p.7; [英] 伯林：《自由论》，胡传胜译，译林出版社2003年版，第8页。

② Isaiah Berlin, "Introduction", in *Liberty*, edited by Henry Hardy, Oxford University Press, Inc., New Yerk, 1995, p.6; [英] 伯林：《自由论》，胡传胜译，译林出版社2003年版，第6—7页。

任。但既然它们必然地源自我的性格和动机,我就对之无能为力。而且,我既没有造就它们,也对它们没有控制力:动机来自外部,而我的性格则是在我的生命过程中都一直在起作用的内在倾向和外部影响的必然产物,因此,决定论和道德责任是不相容的。道德责任预设了自由,亦即对必然性的摆脱。"① 那么,我们怎么看待这一观点?

首先,我们要讨论的是,作为理性存在者的个人在什么条件下不应当为自己的行为承担责任或道德责任?这个问题实际上是自亚里士多德以来两千多年来人们就一直讨论的问题。在亚里士多德看来,只有非自愿的行为才不是行为者本人承担责任的行为。亚里士多德对于什么是非自愿的行为有两种界说,其一是把非自愿的与强制等同起来,即受到强制而非行为主体自愿的行为是一种行为主体无从自由选择的行为。强制的始点是外来的,行为者对此无能为力,是被动的。而另一种强制的行为无从体现主体本身的考虑判断与选择决断。亚里士多德对强制的界定就是"当一个行为的始点在外时,它是强制的,而被强制者本人对这个行为毫无作用"②。所谓"始点在外"的行为,也就是行为主体的自我选择不起作用,不是行为者本人所选择的行为。亚里士多德举例说,就像海上的飓风把船只吹到了某地,又如暴君将某人的父母作人质,而让该人去做罪恶之事。其二,亚里士多德把无知的行为也看成一种非自愿的行为。即如果行为主体完全知情,那他就可能不会做出那样的行为举动。不过,亚里士多德认为对于无知者而非自愿的行为也应当分析。即如果一个人对于他应该知道又不难知道的事(诸如法律规定)无知而犯错,那就应该受到惩罚。另外,在粗心大意的情况下而不知道,也说他无知这也是不可原谅的,因为他完全可以主宰自己,而本可以细心一点。因此,在亚里士多德看来,一个精神正常而头脑清醒的人,即使在醉酒的状态下犯了错,同样要受到惩罚,因为他本可以不犯如此无知的错误。③ 从亚里士多德的自愿

---

① [英]莫里茨·石里克:《人何时应该负责任》,谭安奎译,载徐向东编《自由意志与道德责任》,江苏人民出版社 2006 年版,第 56 页。

② Aristotle, *Nicomachean Ethics*, 1110b16-17.

③ 参见 Aristotle, *Nicomachean Ethics*, 1110b18-1111a;1113b20-1114a.

论的观点看，我的行动是自由的，就在于是自愿的。一般而言，在知情情况下的自愿行动，人们是应当为自己的行为承担道德责任的。那么，亚里士多德的观点可以对应到伯林的观点上吗？

从亚里士多德的观点看，自愿行为不排除以外在的因果性事件为前提。因此，伯林意义上的决定论就是与自由和责任观相容的。实际上，从伯林自己所认可的自由（消极自由）的核心含义而言，自由在于没有强制的自我选择。从因果必然性的决定论来看，外在的因果必然性是一种强制或强迫吗？必然因果性或规律对于自然界而言，并非强制，而是自然遵循之。天体运行的法则或必然性并没有以任何方式来"强迫"行星运动。就社会领域里的个体行为者而言，因果必然性是一个复杂的问题。从马克思主义、当代社群主义、中国儒家或任何一个强调社会对个体的决定性影响的学说来说，自我并不是脱离社会关系或社会背景条件而孤立存在的个体，因而个体总在某种程度上为社会化或社会文化环境、政治环境以及价值环境所决定。以桑德尔的语言来说，自我是嵌入社会结构或社会共同体的结构中的。自我是社会关系之网上的某种网点，如中国儒家所认为的，任何人都不可能摆脱君臣夫妇父子兄弟朋友关系。不同的社会关系汇聚于此，通过自我而向周边扩展或发散。因此，个体不可能不处于多重因果之链中。而在伯林所说的决定论的意义上，实际上存在着两种因果必然性，即宏观社会历史意义上的因果必然性和个体生存社会环境意义上的因果必然性。我们认为，宏观社会历史意义上因果必然性不仅是可以认知的知识，而且是我们行动的宏观历史背景条件，但对于我们具体的社会行动或活动，没有直观意义的作用。人们可直观感受到的是生存环境意义上的因果必然性。然而，同时我们也应当看到作为理性存在者的自我的能动性，即他有着确立自我的目标、欲求和理想的能动性，即社会关系之网中的自我，又是一个自主的意志主体。存在着不同的社会关系以及相应的因果联系，并非意味着自我就没有自我决定和自我选择的可能。因此，自由并不与因果决定论相冲突，"因为如下两个论点都可以是正确的：其一，一个人的行动是因果性地必然为他的环境和意志的活动决定了的，其二，假如一个人有不同意愿的话，他也能够

第二章　伯林与哈耶克

以其他方式行动"①。而洛克早就从这样一个维度界定了自由。洛克说："我们不可设想有比按照我们的能力行事更为自由的了。"② 我们的意志对于行动之前没有或无法控制的因果必然性事件的结果或背景能够施加我们的作用，打上我们的精神印记，而这恰恰就是伯林所说的"自由意味着能够不受强制地做选择"③。不过，我们的自由不仅包括我们愿意行动的能力，而且包括我们不愿意那样行动的能力，即我完全可以自主地决定做什么或不做什么。因此，我们的分析表明，尽管我们的生存环境意味着，存在着前于我们的意志决定的因果必然性，但并不意味着这就是"强制"。对于决定论所宣示的规律或是因果必然性，只有一种情况存在着对人的强制或强迫，即社会以意识形态之力来强制人们相信只有这么一种宏观社会的规律或因果必然性，从而人像自然物那样被操纵和控制。这里有一个很重要的环节是操纵或强制所不理解的，即人并非行星，人的行动不是行星行动，人是有自由意志的行动者，所有事物的内在必然性或外在规律，不仅需要人去把握和理解，而且需要人的自由意志的认同。如果人的自由意志并不认为你所宣称的外在规律或必然性是真的，或真理性的，那人们可能就不会去那么遵循所谓"规律"去做。几千年来的不同种类的人类社会，已经向人们宣称了种种真理，回过头去看，不知哪些能够经得起历史的检验。但是，这样理解决定论的强制或强迫，已经不是在决定论本身，而是在决定论之外的社会条件之中。总之，必然性或因果必然性并不意味着与自由相悖。正如艾耶尔所说："自由所对应的东西不是因果性，而是强制。"④

人们不可逃避社会生活中的因果必然性，并不意味着人们没有自由。也

---

① William L. Rowe, Responsibility, Agent-Causation, and Freedom: An Eighteenth-Century View, *Ethics*, Vol. 101, No. 2, 1991, p. 243.

② John Locke, An Essay concerning Human Understanding, ed. Peter H. Nidditch, Oxford: Oxford University Press, 1975, book 2, Chap. 21, Sec. 21.

③ Isaiah Berlin, "From Hope and Fear Set free", in *Liberty*, p. 271；[英]伯林：《自由论》，胡传胜译，译林出版社 2003 年版，第 308 页。

④ [英]艾耶尔：《自由与必然》，谭安奎译，载徐向东编《自由意志与道德责任》，江苏人民出版社 2006 年版，第 66 页。

101

即，一个理性存在者在社会条件允许的前提下，有着不受强制选择的可能。这也就意味着人们不可避免地承担着由于自我的选择而带来的相应的责任或道德责任。但在这里我们需要指出的是，这是就有着从常识意义上看的正常的人格或品格的理性存在者而言的。伯林关于决定论与自由和责任不相容的论点中还包括一个论据：一个有着偷窃癖的人的偷窃案，我们给予他的不是惩罚而是治疗。①伯林说："人们通常并不谴责（视为'错误'）行动者不得不做的事情（如，布思刺杀林肯，就是假定他不得不选择这种行为，或者不管他选不选择，他都得这样做）。或者，怀特至少认为，对人的被因果性决定的行为进行谴责是不厚道的。虽不厚道，不公平，但与决定论的信念并不冲突。"②伯林批评卡尔（E. H. Carr）的"成年人应当为他自己的人格在道德上负责"的论点，在他看来，卡尔的这个论点对他来说"有着不可解决的困惑"，因为"如果人们能够改变他们的人格本性，而先前的事情都是相同的，那么，他否定了因果性，如果他们不能改变其人格，而人格又能对行为做出完全的解释，那么，谈及责任（在这个词的日常意义上，而这意味着道德褒贬）便没有意义"③。在伯林看来，强调人的性格或人格作为行动的必然性原因，这种说法是一般因果必然性的变种。他认为，在这种意义上无从谈及人的道德责任。换言之，如果一个人的行为是为他的性格所导致，则不可因此而认为他的行为应当承担相应的道德责任。因而对伯林来说，如果某人的行动像有偷窃癖或杀人狂那样的神经病，受他的内在人格或品格因果性的支配，那既无自由可言，也无行为者的责任可言。伯林的这一说法

---

① 参见 Isaiah Berlin, "Historical Inevitability", in *Liberty*, edited by Henry Hardy, Oxford University Press, Inc., New Yerk, 1995, p. 124；参见［英］伯林《自由论》，胡传胜译，译林出版社 2003 年版，第 139 页。

② Isaiah Berlin, "Introductions", in *Liberty*, edited by Henry Hardy, Oxford University Press, Inc., New Yerk, 1995, p. 13；［英］伯林：《自由论》，胡传胜译，译林出版社 2003 年版，第 14—15 页。

③ Isaiah Berlin, "Introductions", in *Liberty*, edited by Henry Hardy, Oxford University Press, Inc., New Yerk, 1995, p. 11；［英］伯林：《自由论》，胡传胜译，译林出版社 2003 年版，第 12 页。

里隐含着这样两层相互关联的意思。其一，如果一个人形成了他的人格或品格，并且不改变他的人格或品格，那么，他怎样做选择也只能按照他性格或品格所决定的那种行为模式去行动，因而他受他的人格或品格的必然性支配因而是不自由的。（但是，我们不禁要问，作为一个正常的理性行为者，谁的行动的背景没有他的品格或人格的因素？）其二，像有偷窃癖作案的行为是不可追究他的道德责任一样，所有为性格或品格所决定的行为都没有道德意义。

现在要问，性格或品格作为内在的因果必然性决定一个人的行为方针或具体行为，就意味着不自由吗？当伯林这样提出问题时，已经偏离了他给自由的核心含义："自由意味着能够不受强制地做选择。"首先，以亚里士多德的语言来说，强制在于非自愿。从人格或品格的内在因果必然性来看，并不一定意味着某人处于一种强制之中。如果某人意识到了他的人格或品格中的缺陷，如任性，但他又无法克服他的任性，因此，我们也许可以把这称为受到他的性格的必然"强制"。然而，从德性伦理学的观点看，德性或完善的德性是一个善者的人格或品格中的关键性因素。换言之，难道一个善者很乐意从他的品格或人格出发来行动，也意味着他处于一种强制之中？因此把一个理性行为者从其性格或人格出发的行为看成一种强制，至少是以偏概全的。其次，伯林所举的偷窃癖或杀人狂的例子，并不是一个理性健全者的例子。伯林以非理性健全者来论证（从性格或人格出发的理性行为者的行动表明）决定论与自由和责任不相容这一命题，从逻辑上就不成立。最后，犯有偷窃癖或杀人狂犯罪心理的人，之所以不等同于正常理性行为者，在于他们没有建立一个与社会大众一致的评价欲望机制。在这里，当代哲学家法兰克福（Harry G. Frankfurt）对于欲望的区分很说明问题。法兰克福把人的欲望（Desire or Want）区分为一阶欲望与二阶欲望，所谓一阶欲望，即人的原始的本能的欲望，或做或不做这件事的欲望，在他看来，一阶欲望是许多动物物种都具有的。所谓二阶欲望，即对于一阶的欲望进行评价或反思之后的欲望。在法兰克福看来，只有人这种物种能够形成反思评价能力，因而具有二阶欲望。人具有二阶欲望有两种情形，或者是他想要某种欲望，或者是他把某种他想要的欲望体现在他的意愿里，法兰克福把这种二阶欲望称作"二阶意愿"

(second-order volitions)。法兰克福说:"一个行动者有二阶欲望,但没有二阶意志,这在逻辑上是可能的,尽管事实上不太可能。在我看来,这种生物不是人。我用'放荡者'(wanton)这个词来指代不是人的行动者,即他是拥有一阶欲望而没有二阶意志的行动者,而不论他是否还有二阶欲望。"① 所谓"放荡者",在法兰克福看来,也就是没有形成正确的评价能力的人,他们也不考虑受什么欲望所驱使,或者宁可为任何什么欲望所驱使。他们放纵、任性、胡作非为,粗暴、荒唐,等等。在他看来,瘾君子就是这样的人。我们承认,像有偷窃癖或杀人狂这样犯罪心理的人,并不是他们没有丝毫理性,而是他们在二阶欲望上出了问题。即他们的行为失去了自我评价的可能。他们没有通过自己的反思评价重新确立自己的欲望的能力。而任何人的自我评价机制都不可脱离社会评价机制,个人生活于社会之中,不可能把自己完全置于社会道德评价系统之外。一个人如此对待自己的欲望和行为也就是把自己放逐于社会大众之外——如果他还有理性的话,否则,他就是一个精神失常的病人。而对于一个精神病人而言,也就无从以社会评价标准来要求他的行为。而这样的精神失常者的行为,已经不在正常人的行为之列,已经失去了讨论他的行为的意义。正如沃森所说:"回到伯林的问题,可以看到,说决定论把我们所有的行为和选择与那些诸如'偷窃癖、饮酒狂等'的'不自主的选择者'(compulsive choosers)的行动和选择视为有同等地位的说法是错误的。我认为,就这种不自主行为的特点而言,这种欲望和情感或多或少地在根本上独立于这些行动者的评价系统。一个偷窃癖的偷窃行为的不能自主的特征与决定论根本没有关系。(他的偷窃的欲望完全是任意的,)宁可说,正是因为他的欲望表达本身独立于他的评价性判断,我们才倾向于认为他的行动是不自由的。"② 因此,决定论并没有否定我们的自由,也没有卸下我们的责任。

---

① Harry G. Frankfurt, "Freedom of the Will and the Concept of a Person", *The Journal of Philosophy*, Vol. 68, No. 1, Jan. 14, 1971, pp. 10-11;[美] H. G. 法兰克福:《意志的自由与人的概念》,应奇译,载徐向东编《自由意志与道德责任》,江苏人民出版社 2006 年版,第 233 页。

② Gary Watson, Free Agency, *The Journal of Philosophy*, Vol. 72, No. 8, Apr. 24, 1975, p. 220.

二 消极自由与积极自由

在自由主义的思想史上,以赛亚·伯林对自由主义的最重要的贡献就是他对自由概念的内在区分以及他所提出的消极自由概念。在《自由与责任》中,我们指出伯林的自由概念的核心内涵是选择或选择自由,即一个人能够在至少两种可能性中进行选择,而与决定论相容的自由概念,即通过对于规律的知识的确信,使我们能够获得更多自由的论点,就是一种自我实现论的自由观。两种自由概念是伯林在另一重要论文《两种自由概念》中提出的,他把政治自由明确地区分为消极自由与积极自由。同时,他的深入讨论进一步丰富了这样两种自由概念的内涵。这一部分的讨论分为以下三层次:其一,消极自由;其二,积极自由;其三,消极自由与积极自由的关系。

(一) 消极自由

《两种自由概念》一文最初是 1958 年伯林接任齐切里讲座教授的就职演讲词。这个演讲从对于"自由"概念的讨论开始。自由的反面是强制,强制即为不自由。然而,什么是自由?在英文中,"自由"以 freedom 和 liberty 这两个词来表达,意思稍有差别。在中文界,liberty 更多被译为"解放",而前一个仅仅译为"自由",但实际上所谓"解放"是相较于"自由"来说的,是更大或更高意义的"自由"。但伯林并不区分 freedom 和 liberty,他将这两个英文词在概念意义上等同性地使用。在伯林看来,自由是一个漏洞百出的概念,有关自由这个词有"两百多种定义"[①]。然而,伯林并不对于这些定义进行讨论,他认为,在这些定义中,有两种核心的含义,正因为此,他将自由概念分为两种:消极自由与积极自由。他认为,在政治领域里最重要的是应当将自由概念区分为消极自由和积极自由。那么,何为"消极自由"?伯林说:"它涉及回答这个问题:主体(一个人或人的群体)不受他人干涉地要成为他所是的那种人的领域是什么或主体应当被允许做什么的那个领域是什么?"又何为"积极自由"?他说:"它涉及回答这个问题:什么东西或什么人,作为控制或干涉之源,来决定某人做这个而不做那个,成为这样的人而

---

① [英]伯林:《自由论》,胡传胜译,译林出版社 2003 年版,第 189 页。

不是那样的人?"① 在另一个地方,伯林又把前者称为不受别人阻碍地做出选择的自由,把后者称为成为自己主人的自由。② 在伯林看来,消极自由概念并非他的独创,从霍布斯开始,经过洛克、边沁到密尔的自由理论,都蕴含着这样一个消极自由概念。因此,要讨论伯林的消极自由概念,我们可从霍布斯的自由概念开始。

霍布斯对自由概念的使用至少可以说有这样三种含义:一是在与其自然状态中的自然权利相关的意义上使用,即为人的一种自然权利;二是政治社会中的自由问题,即政治自由,这类自由是霍布斯在当有理性的人在契约同意之后进入政治社会的问题;三是霍布斯从物理学意义上提出的"自由"概念。这里我们从自然权利与物理学意义上讨论。"自由"就是与自然权利概念内在相关的概念,自由也就是每个人以自己的力量来自我保存的自然权利。在霍布斯看来,人的自然权利是不可剥夺、不可转让的。如果我们的自我保存或生命存在状态受到威胁,那么,也就意味着我们的自由受到伤害或被剥夺。因此,自由也就意味着我们能够行使我们护卫我们生命的权利。从物理学的也就是从消极意义看,自由也就是"外界障碍不存在的状态"③。这也是霍布斯关于自由的著名定义。在霍布斯的机械论的运动观看来,这一自由的定义不仅适合于人类,而且适合于一切有生命的有机体,甚至任何无生命的事物。因此,自由不仅意味着我们能够运用我们的力量或能力做什么,也在于无外在障碍因而我们能够做什么。就物理运动而言,如果没有遇到外在的阻力,那么,这个运动不会停止下来。这一不受外力干涉的自由理念,就人的行为活动或人的主观意愿而言,在于无干涉地能够执行自己的意志决定。伯林也正是在这个意义上讨论消极自由,因而也可以把霍布斯的自由概念看成伯林的消极自由概念的起点。伯林的消极自由就是无干涉性或不受他人阻碍地选择自由。

---

① Isaiah Berlin, " Two concepts of Liberty", in *Liberty*, edited by Henry Hardy, Oxford University Press, Inc., New Yerk, 1995, p. 169.

② 参见 Isaiah Berlin, " Two concepts of Liberty", in *Liberty*, edited by Henry Hardy, Oxford University Press, Inc., New Yerk, 1969, p. 178.

③ [英] 霍布斯:《利维坦》,黎思复、黎廷弼译,商务印书馆1985年版,第97页。

然而，伯林并非泛泛而论地谈论消极自由，他所谈论的政治领域里的消极自由，并非霍布斯在自然状态下强调的自我保存的自然权利，而是现实政治中个人应当受到保护的领域或权利问题。他指出，密尔、贡斯当、托克维尔等人已经指出，应当存在着这样一个最低限度的、神圣不可侵犯的个人自由领域（霍布斯在此则不可能提供这样的思想资源，进入现实政治领域，伯林就与霍布斯分道扬镳了）。因此，他既是在霍布斯的哲学意义上，更是在政治哲学的政治自由的意义上来谈论消极自由。伯林说："我们一般说，就没有人或人的群体干涉我的活动而言，我是自由的。在这个意义上，政治自由简单地说，就是一个人能够不被别人阻碍地行动的领域。如果别人阻止我做我本来能够做的事，那么，我就是不自由的；如果我不被干涉地行动的领域被别人挤压到某种最小的程度，我便可以说是被强制的，或者说，是处于奴役状态的。"① 但被强制并不是所有的"不能"可"无能"状态。如我不能在地球上跳得十英尺高，我读不懂黑格尔晦涩难懂的书，这样的无能不可说是被强制或被奴役。"强制意味着在我可以以别的方式行事的领域，存在着别人的故意干涉。"② 如果是行动主体纯粹的没有能力或能力不够，不能称为被强制或没有自由。如果我想环球旅行，但我没有经济能力，这不能算是不自由，由于残疾而我没有行动能力，这确实是失去了行走的自由，但这类不自由并不等同于没有外在强制的自由，无能力并不必然地称为缺乏自由，更不能说是缺乏政治自由。我没有经济能力支付高额的房价，买不起高价房，并不能说缺乏政治自由，我也并不能说是被奴役或被强制的牺牲品。政治不自由或受压迫，"我认为别人直接或间接、有意或无意地阻碍了我的愿望。在这种意义上，自由就意味着不被别人干涉"③。"自由意味着不被干涉"，意味着自由总是与他人的存在以及他人对我的态度和行为相关的。但是，伯林认为，正因为如此，就必须强制，存在着这样一个不容他人干涉的自由领域。

---

① ［英］伯林：《自由论》，胡传胜译，译林出版社2003年版，第189页。
② ［英］伯林：《自由论》，胡传胜译，译林出版社2003年版，第190页。
③ ［英］伯林：《自由论》，胡传胜译，译林出版社2003年版，第191页。

这样一个自由的领域又是有限度的领域，不可能存在着没有限度的自由领域。所谓限度也就是不可能说某个行为主体的自由是无限不受干涉的，如当某个行为主体作出侵犯他人的行为，这样的自由则是必须受到干涉的，因为这样的所谓"自由"是以侵犯他人的生命与自由为内容的。霍布斯在自然状态中的自然自由就有着这样的内涵，霍布斯认为人人在自然状态中都有着侵犯他人的自由的权利，从而导致一个人对人就是狼对羊的战争状态。限制人们相互伤害的权利，就是霍布斯认为应当走出自然状态的根本原因所在。反过来说，如果自由意味着可以无限制地干涉所有人的状态，就如同霍布斯的丛林法则起支配作用的自然状态。在这样一种状态中，弱者的自由终将为强者的自由所压制，从而最终失去自由。从一个人的自由到存在着社会成员相互间的自由问题，我们就会发现，不受干涉的自由是受到相互的制约的，因此，"不受干涉"实际上是有限定条件的。伯林指出，像洛克、密尔和贡斯当、托克维尔都同样认为，"应该存在最低限度的、神圣不可侵犯的个人自由的领域；因为如果这个领域被践踏，个人将会发现他自己处于一种甚至对于他的自然能力的最低限度发展也嫌狭窄的空间中，而正是他的那些自然能力，使得他有可能追求甚至领会各种各样人们视为善良、正确或神圣的目的"[①]。个人自由不是无限的，个人自由不应被干涉，这两者看来似乎是矛盾的，但确实是个人自由存在的真实要求。不应受到干涉是在什么意义上？如果我的自由造成了对他人自由的压制或伤害，这样的自由就必然受到压制或干涉。因此，在伯林看来，必须划出一个不容他人干涉的领域，这个领域就是私人领域。超出这个领域的自由，如任意干涉或侵害他人的权利与自由的"自由"，则必须受到干涉。如果承认这一点，那么，就必然提出这样一个问题，即怎样划定私人领域与公共领域的界限的问题。但是，这种界定并不是说公共领域就可以受到侵犯，而个人的私人领域不能被侵犯。这里的划界是说，存在着一个私人自由支配的领域，而公共领域则是私人不可支配的。这个私人支配的领域，也就是我们所说的个人自由领域，说到底是一个私人领域不容干涉的问题（公共领域当然也有自由的问题，即公共领域也不容公权力和

[①] ［英］伯林：《自由论》，胡传胜译，译林出版社2003年版，第191—192页。

他人的任意侵犯，公共领域里的自由也是非常重要的自由，如密尔强调的言论自由，这是个人自由，但更应当看作公共领域里的自由）。然而，人与人之间是相互依存的，没有一个人的活动是完全私人性的，而"狼的自由就是羊的末日"。因此，即使是我们强调消极自由是一个关涉私人领域里的个人自由问题，个人自由也不是无限度的自由。并且，在一种专制制度之下，如在沙俄制度之下，如果仅仅我有个人自由，大批的农奴仍然处于贫困、悲惨或枷锁之中，也许这不是我的幸福，并且我会断然拒绝这种自由而与农奴共处灾难之中。在这个意义上，在一个社会中，仅仅只有某个人才有个人自由，这样的自由没有至上性，也可能就是这个社会的悲剧。同时它说明了，普遍的个人自由才是自由主义所要争取的真正自由。因此，伯林所说的个人自由或消极自由，是在一个社会普遍成员意义上的个人自由。

那么，这样一个有限度的普遍的个人自由是怎样一种自由呢？伯林认为，自从霍布斯以来的思想家，虽然有人认为应当加强集权化控制以免社会成为弱肉强食的领地，但是，无论是强调控制还是强调自由的思想家，"两派都同意，人类生存的某些方面必须依然独立于社会控制之外。不管这个保留地多么小，只要入侵它，都将是专制"①。换言之，有一些私人领域或个人权利，是不得侵犯的。如贡斯当认为，在雅各宾专政之后，血的教训使人们认识到，至少宗教、言论、表达与财产权必须得到保障。虽然思想史上强调个人自由权的思想家所强调的权利有所不同，如密尔更强调言论自由权，但人们一致得出的结论是，"如果我们不想'贬抑或否定我们的本性'，我们必须葆有最低限度的个人自由的领域"②。最后，伯林总结到，这种不得干涉的自由，也就是"在那虽然变动不居而永远界限清晰的疆域内有着免于……的自由"③。

---

① Isaiah Berlin, "Two concepts of Liberty", in *Liberty*, edited by Henry Hardy, Oxford University Press, Inc., New Yerk, 1969, edited by Henry Hardy, Oxford University Press, Inc., New Yerk, 1969, p. 176.

② Isaiah Berlin, "Two concepts of Liberty", in *Liberty*, edited by Henry Hardy, Oxford University Press, Inc., New Yerk, 1995, p. 173.

③ Isaiah Berlin, "Two concepts of Liberty", in *Liberty*, edited by Henry Hardy, Oxford University Press, Inc., New Yerk, 1969, p. 176.

不受干涉也就是不受强制。那么，在什么意义上我是受到了干涉或受到了强制，从而失去了自由？或使我没有自由？伯林说："强制（cercion）意味着他人的蓄意干涉，而如果没有干涉，我则可以以别的方式来行事。"① 伯林指出，他人为阻止我达到某个目的，才可说是缺乏政治自由或政治权利。因为我受到强调，从而不能以自己的意愿来行动。伯林认为强制我不能干什么与受奴役的意思是一样的。典型的受人奴役就是在奴隶主与奴隶的关系中奴隶的状况。奴隶没有按照自己的意愿行事的权利，他的行动服从的是主人的意志，如果违反主人的意愿，就有可能受到惩罚，因而奴隶是不自由的。在这个意义上，伯林把强制与无能区别开来，如前已述，没有经济能力，因而我买不起面包，或因生理上的无能（残疾）不能远足旅行，这并不意味着强制因而失去自由，因而纯粹没有某种能力不能说是缺少政治自由。他人对我的强制使我失去自由，如关在铁笼里的性奴一样。不自由不仅指的是他人的干涉，也指的是制度导致的受奴役或受他人强制的状态。伯林承认，马克思主义关于经济制度安排从而导致的经济奴役同样是一种使人失去自由的奴役。换言之，我买不起面包是因为某种制度的安排从而使我没有机会挣得更多的金钱，质言之，不公正的制度安排使我处于匮乏状态，因而使我受到经济的压迫或奴役，因而我失去了自由。因此，伯林说："判断受压迫的标准是：我认为别人直接或间接、有意或无意地挫败了我的愿望。在这种意义上，自由就意味着不被别人干涉。"② 这个不受干涉的范围就更广了，它不仅指直接受到干涉的问题，而且指在制度层面的原因使得我受到干涉。

我们要注意到，人们往往还在人的内在心理意义使用强制这一概念，如我有抽烟的坏习惯，我已经意识到抽烟对自己的身体有害，因而强制自己戒烟。这里使用"强制"这一概念，就是在内在心理意义上使用的。还有，恶劣的天气使得我们无法出门，因而不得不取消了我们的旅行计划，这也可以

---

① Isaiah Berlin, "Two Concepts of Liberty", in *Liberty*, edited by Henry Hardy, Oxford University Press, Inc., New Yerk, 1969, p. 169.

② Isaiah Berlin, "Two Concepts of Liberty", in *Liberty*, edited by Henry Hardy, Oxford University Press, Inc., New York, 1995, p. 170.

说是一种自然环境的"强制",即自然环境使得我们不能遂愿。但伯林不是在这种意义上使用这一概念,他只是在人与人的关系意义上使用,因为即使是制度安排使得人们不自由,同样也体现的是一种人与人关系中的强制。并且,伯林只是在政治领域中使用强制这一概念,即消极自由就是指没有强制或强制不存在的个人空间或个人领域。对于这一领域,人们应当拥有不可剥夺的权利。尽管对于这一领域的限度(至少是最低限度)是多大在历史上仍然存在着争议,但对于自由主义思想家来说,存在着这样一个领域是毋庸置疑的。

从哲学意义上,虽然消极自由的理念可以追溯到霍布斯;然而,在政治意义上,贡斯当对法国大革命的反思所提出的古代人的自由与现代人的自由的区分,强调现代人的个人自由观点,也就是伯林的"消极自由"理念的先声。伯林指出,正是从19世纪的贡斯当开始,人们才注意到了自由的两种理念的不同。在贡斯当那里,伯林的消极自由被称作现代人的自由,而对于伯林所称作的积极自由,在贡斯当那里,被称作古代人的自由。那么,什么是现代人的自由呢?贡斯当说:"自由是只受法律制约,而不因某个人或若干人的专断意志受到某种方式的逮捕、拘禁、处死或虐待的权利,它是每个人表达意见、选择并从事某一职业、支配甚至滥用财产的权利,是不必经过许可、不必说明动机或事由而迁徙的权利。它是每个人与其他个人结社的权利。"[1]这些权利也就是伯林的"消极自由"的内涵,即个人所有的不受任意干涉的权利或领域。在古希腊,公民可以集体方式直接行使完整主权的若干部分,如在广场投票国家的战争与和平问题,与外国结盟重大事务。然而,他们作为个人,其行动则受到种种限制、监视与压制,因而几乎没有消极自由。贡斯当指出,现代人的目标是享有受到保障的个人自由。贡斯当提出的古代人的自由与现代人的自由问题,是对法国大革命的深刻反思。在18世纪末的法国大革命当中,人们所争取的恰恰不是现代人的自由,而是类似于古雅典人的政治自由,然而,在推翻法国专制王朝的统治过程中,则是对于个人自由

---

[1] [法]贡斯当:《古代人的自由与现代人的自由:贡斯当政治论文选》,阎克文、刘满贵译,商务印书馆1999年版,第26页。

的任意侵犯,任何人都有随时遭受逮捕和杀害的可能。如果人的生命权都得不到保障,政治自由的意义何在?法国大革命中如此明显和强烈的倾向问题,为贡斯当所敏锐地感觉到了,而且他提出了一个尖锐的问题,即,难道我们还需要为了积极自由而去大规模地牺牲个人生命吗?连法国大革命的灵魂人物罗伯斯庇尔最后都被送上了断头台,还有谁的生命能够被革命保障?斯大林的"大清洗",又杀了多少人?列宁时期的政治局委员,在"大清洗"之后,还留下了谁?

这里需要讨论一下查尔斯·泰勒对消极自由概念的批评。泰勒指出,在民主自由社会存在着一类被广泛讨论的理论,这种理论只把自由定义为个人独立和免受他者的干预,这里的"他者",不仅指人,而且指社会制度、机构、团体等。但还有一种理论认为,自由至少部分地在于对普遍个体的集体控制之中,这类理论如卢梭的强迫自由的理论。实际上关于社会自由有着更多的理论,如无政府主义的自由论,认为有组织地对个人的控制就是不自由,还有与卢梭相一致的更激进的理论,认为自由就在于无阶级的集体控制之中。这被认为是"左"的理论,而无政府的自由则是极右的理论。但泰勒这样讨论自由问题,并没有进行消极自由与积极自由之分,然而,泰勒这样讲仅仅是他批评消极自由的预备性讨论。他认为消极自由仅仅是关于自由的一种扭曲观点。他也指出消极自由以霍布斯式的消极自由概念为基本要件,即"认为自由仅仅是指没有身体或者法律等外在的阻碍"[1]。然而,泰勒批评道:"这种观点丝毫不涉及其他一些不那么明显的自由的阻碍,比如无知无识、虚假意识、压抑等内在障碍。这种观点坚持认为,把内在因素和自由扯到一起,说虚假意识造成一个人不自由是滥用词语。自由只应该被定义为没有外在障碍。"[2] 泰勒这里的批评是说,这些因素都没有为伯林的消极自由观点所考虑,而这种批评内含着的是,这些因素都应该算是消极自由应当被考虑的范

---

[1] [加] 查尔斯·泰勒:《消极自由有什么错?》,载达巍等编《消极自由有什么错》,文化艺术出版社2001年版,第69页。

[2] [加] 查尔斯·泰勒:《消极自由有什么错?》,载达巍等编《消极自由有什么错》,文化艺术出版社2001年版,第69页。

围。虚假意识、无信息或错误信息造成的不自由，与压抑造成的不自由应该不是一个类型的问题，但泰勒在这里混为一谈了。没有真实信息或没有充分完全的信息往往会造成主体行为的被动或失败，这不是内在因素，这同样是外在因素，压抑则可分为行为主体的内在压抑与外在压抑，所谓内在压抑，可能是行为主体自己造成的，如心理负担，也可能是外在的因素造成的，如外在压力过大。而外在压抑，如面对异常艰难的环境和强大的对手这些因素，虽然有着政治的部分，但主要不是政治层面的因素，伯林明确地说到，他的消极自由主要指政治领域里的自由，而不包括许多其他领域里的自由问题。因此，泰勒这里的批评并没有击中伯林的观点。

　　泰勒进一步对消极自由的理念进行分析。在他看来，认为自由只是应被定义为没有外在阻碍，是一种扭曲的描述，他说："因为在现代对作为个体的独立自由的捍卫背后，有一个非常重要的动机——这是一种后浪漫主义的理念，即认为每个人自我实现的形式只来源于他/她自己，因此也只能由他/她自己独立地完成；而上述对消极自由的描述却将这一动机完全排斥。"[①] 消极自由没有包括自我实现的自由？从我们的讨论可以看出，伯林的消极自由概念确实没有包括自我实现。但消极自由一定要包括自我实现吗？泰勒指出，自由包括以我们自己的方式来自我实现、自我满足这类自由。泰勒认为，如果包括这类自由，不仅外在的障碍，而且内在的某些原因也可能阻碍我们实现这类自由。泰勒这样说时，实际上也就是说，你伯林仅仅强调外在的某些障碍，而没有指及内在因素，因此，这样就并没有完全理解自我实现和自我满足的自由问题。"我们可能因为外在的压迫，也可能因为内在的恐惧或者虚假意识而无法达到自我实现的动机。由此说来，现代的消极自由观念非常重视保护每个人按照他/她自己的方式自我实现的权利，因此，这种观念和霍布斯/边沁的观念是水火不容的。这些作者的道德心理学过于简单。"[②] 泰勒这样

---

① ［加］查尔斯·泰勒：《消极自由有什么错?》，载达巍等编《消极自由有什么错》，文化艺术出版社 2001 年版，第 69 页。
② ［加］查尔斯·泰勒：《消极自由有什么错?》，载达巍等编《消极自由有什么错》，文化艺术出版社 2001 年版，第 70 页。

批评伯林,仍然是将自我实现与自我满足看成自由的核心,而这种自由可以称得上是伯林式的消极自由吗?至少从伯林的典型公式消极自由在于"免于……自由"来看,伯林并没有将他的消极自由理论发展到自我实现理论,而在伯林这里,自我实现的自由是一个积极自由的问题,不是消极自由的问题。泰勒的批评实际上并不是针对消极自由本身而是以自我实现或自我满足这样的自由来批评伯林。但伯林并非没有自我实现的概念(前面相关内容已经有所涉及),或并非没有把自我实现考虑进自由的领域,而是在积极自由中来讨论。

这里我们再说说伯林是怎么看待自我实现的。在《两种自由概念》中,伯林专门以一节来讨论了"自我实现"。伯林说:"我们被教导说,获得自由的唯一真正的办法,是通过批判的理性,理解什么是必然的,什么偶然的。如果我是个学童,数学的真理,除了最简单的之外,都成了我的心智自由发挥作用的障碍,我不理解这些数学定理的必然性;某个外在的权威宣称它们是真的,而把它们作为某种外在的东西呈现给我,要我机械地把它们吸收至我的大脑中。但是当我理解了符号的功能、公理、组合与转换规则——借以得出结论的逻辑——以后,认识到这些事情是不可能不这样的,因为它们遵循那些支配着我自己的理性过程的规律,于是,数学的真理便不再像强加于我的,不管我愿不愿意都必须接受的外部实体那样,是强迫性的,而是我自己的理性活动自然运作过程中我自觉自愿的某种东西……对音乐家来说,当他完全熟悉了作曲家的作曲风格后,就使作曲家的目的成为他自己的目的,而演奏就不再是服从外在法则,不再是一种强迫和对自由的一种阻碍,而是一种自由的、不受阻碍的发挥。演奏家与乐谱的关系不是牛与犁或工人与机器的关系。他把乐谱消化成他自己的东西,他理解它、体认它,从而把它由自由活动的阻碍变成自由活动本身的一个要素。"[①] 伯林以生动的事例说明什么是自我实现。当我们把外在法则和规则转换成我自己的内在的东西,就像演奏家与乐谱的关系一样,当演奏家把乐谱记在自己的心中,从而能够理解它和演奏出来,演奏家也因此而获得了自由。从而也就自我实现

---

① [英]伯林:《自由论》,胡传胜译,译林出版社 2003 年版,第 211—212 页。

了。演奏家把实现外在目标看成自我实现,而这个目标必须通过内在理性认知来实现。不仅如此,伯林将理性对必然的认知扩展到人类社会的必然性。对这种必然的认知与把握,从而也就是在更大程度上的自我实现。因而,伯林将自我实现与"超我"联系在一起,而这正是伯林的积极自由的内涵。

最后,伯林还指出了消极自由的一种重要特征,伯林认为,消极自由主要关涉控制领域,而不是它的根源。伯林说:"这种自由不是与特定类型的独裁,或至少与自治的缺乏不相容。这种意义上的自由主要关涉控制的领域,而不是它的根源。正如民主实际上可能剥夺个体公民在别的社会形式中的享有的许多自由权利,完全能够想象,开明的专制君主有可能让其臣民有较大程度的个人自由。这个让其臣民拥有较广泛自由的专制君主也可能是不公正的,或鼓励其野蛮的不平等,对秩序、美德或知识漠不关心;但假定他没有抑制他们的自由,或者比别的制度较小地抑制这种自由,他就符合密尔的规定。"[1] 伯林在这里特别指出,消极自由主要涉及控制领域的问题,但这类控制领域或在这里的自由,与基本社会制度如民主制度或专制制度、专制君主都无关(他强调"不是不相容")。伯林在这里明确地把消极自由的领域与更大范围的社会基本制度问题区别开来。伯林强调,消极自由并不与民主或自治逻辑地关联,自治或自我管理的问题是积极自由的问题。伯林认为,消极自由与民主统治没有必然的关联性。对"谁统治我?"或"谁告诉我,我是什么或不是什么,能做什么或不能做什么?"与"政府干涉我到何种程度?"这两类问题的回答,没有逻辑的关联性。"政府干涉我到什么程度"是与"我能够自由地做什么或成为什么"这样一类问题相关的。通过这样的区别,伯林将消极自由与积极自由相区别的特征显现出来。泰勒归纳消极自由与积极自由的区别时说:"消极自由理论试图通过个体从他人中独立这个角度来定义自由;积极自由理论则想从集体自我统治的角度来理解自由。"[2] 然而,泰勒

---

[1] Isaiah Berlin, "Two concepts of Liberty", in *Liberty*, edited by Henry Hardy, Oxford University Press, Inc., New Yerk, 1995, p.176.
[2] [加]查尔斯·泰勒:《消极自由有什么错?》,载达巍等编《消极自由有什么错》,文化艺术出版社2001年版,第70页。

认为消极自由的这个概念内涵可以以"机会概念"来替换。他说:"消极自由只能依赖于一种'机会概念',按照这种理论,自由就是指我们能做什么,或者说有什么是敞开着给我们做的。"① 积极自由则是一个关于谁或者什么进行控制的理论,泰勒则以"操作概念"来代替。不过,泰勒认为,消极自由也不可能必须是机会概念。泰勒又从自我实现的角度来讨论问题。在他看来,如果一个人完全没有自我实现,也完全不知道自己的潜力,并且也从未有意识到实现潜能的问题,或者害怕打破某些已经内化的规范的限制,从而我们说他是不自由的。"在这种概念框架下,一个人要自由,就需要某种程度的操作……操作自由就牵涉到去除内在障碍的问题。如果没有某种程度的自我实现,去除内在障碍是不可能的。"② 换言之,在泰勒看来,不能把消极自由仅仅看成机会概念,即哪扇门为我开着,从而我能干什么。在这里,他再次以自我实现问题来质疑消极自由,认为消极自由如果没有操作性概念则不可能成立。这里的问题是,首先,是否消极自由概念一定要与自我实现问题联系在一起?没有自我实现意识但如果在一定的社会条件下(不论是民主还是专制条件),已经为个体成员留有这样的私域自由空间,为什么不能成立?其次,即使是在追求自我实现的前提下,泰勒主要质疑的还是内在障碍问题。即消极自由主要涉及外在的安全自由空间问题,而不涉及内在的自由问题,什么虚假意识、信息不对称等。但内在自由可能更多的是精神洗脑造成的,如像法西斯的宣传部长戈培尔进行的宣传所造成的精神性贫乏甚至反动。因此,即使有外在机会自由,同样是不自由的。这种不自由确实是内在障碍。但这类问题并不应该完全归于内在,而应归之于外在因素。

(二) 积极自由

在伯林这里,自由这一概念的另一重要内涵为积极自由。何为"积极

---

① [加] 查尔斯·泰勒:《消极自由有什么错?》,载达巍等编《消极自由有什么错》,文化艺术出版社2001年版,第70—71页。

② [加] 查尔斯·泰勒:《消极自由有什么错?》,载达巍等编《消极自由有什么错》,文化艺术出版社2001年版,第71页。

第二章 伯林与哈耶克

自由"？伯林说："'自由'这个词的'积极'含义源于个体成为他自己的主人的愿望。我希望我的生活和决定取决于我自己，而不是取决于随便哪种外在的力量。"①"成为自己的主人"，也就是泰勒所说的自我实现或自我满足（当然，泰勒认为从自我实现的角度看，消极自由同样也应包括在内）。在什么意义上我们自己成为自己的主人？自己成为自己的主人，其意为在我与他人的关系中，我不受他人意志的主宰，我以我的意志来决定我的行动，因而我是自我决定的行动主体，而不是服从于外在束缚或听从于外在意志的被动客体。我们要注意，伯林的积极自由是：成为自己的主人，不受他人的主宰，也就是在人与人的关系中，在人与社会的关系中能够不受宰制。换言之，积极自由是政治领域里的自由。积极自由首先并非柏拉图所说的自己灵魂内部理性对情欲的支配，从而使自己成为自己的主人。但伯林显然受到柏拉图的影响，对于积极自由的第二层意思，就是从理性支配的自我意义上展开的。这里我们首先讨论在主奴关系意义的自由问题。

在伯林对积极自由的界说中，伯林的观点从起始意义上主要来自对主奴关系的描述。在消极自由问题上，我们讨论了主奴关系，在积极自由意义上，我们再次回到这个问题，并且进一步展开。这是因为，受到奴役、受到压制和干涉，不仅是消极自由的丧失，而且更重要的是积极自由即在政治领域里的丧失。在自由主义之前的自由观点中，摆脱奴役而成为自己的主人是其核心理念。马基雅维里是近代史上最早追求自由的思想家，他的自由思想就可以以主奴关系的模式来解释，不过，马基雅维里的自由主要从国家这一层面来考虑，即一个国家只有摆脱奴役，才可获得自由。在马基雅维里看来，如果一个国家被外来者入侵或奴役，也就没有自由可言。马基雅维里把自由看得高于一切，而为了国家的安危，可以置道德于不顾，"只要国家的安危有赖于所下的决心，至于是否公正、人道或残忍、光荣或耻辱都可置之不顾。但是必须把一切其他考虑都放在一边，唯一要考虑的问题是：如何才能保全国

---

① Isaiah Berlin, "Two concepts of Liberty", in *Liberty*, edited by Henry Hardy, Oxford University Press, Inc., New Yerk, 1995, p. 178.

家的生存和自由？"①，他把自由的获取看得高于道德。而就国内的公民自由而言，他又把公民的美德看成自由的内在条件。马基雅维里是一个道德功利论者，同时他又是一个向往共和主义自由的共和主义者，在他看来，国家的自由与个人的自由内在相关，一个国家没有自由，也就没有公民的自由。因此，从根本上看，马基雅维里是向往个人自由的。马基雅维里反对对个人的奴役。在他看来，自由与奴役是直接对立的，身为奴隶也就成为某人权利的附属品，处于某人的支配之下。

17世纪英国政治思想从古罗马自然法学派理论里继承了自然权利或天赋权利的思想。通过对罗马法的解释，一种新的公民自由的观念产生了。罗马法将自然人进行法的界定，把那些屈从他人的人界定为奴隶，而自由人则是不受任何人统治，有着自主权的人，即能够按照自己的权利行动的人。② 在当时英国的社会条件下，这表现为在英国君主政体下的公民的觉醒。昆廷·斯金纳指出："对拥有自由意味着什么进行这样一种新罗马的分析包含了有关公民自由和国家体制之间关系的一种特别的观点。争论的本质是自由因为依从而受到限制，因此要成为自由公民，就要求国家的行动体现其公民的意志。否则被排除者将仍然依从那些能够按照自己的意志推动国家行动的人。其结果是……只有在作为自治共和国的公民而生活的条件下，人民才有可能享受

---

① ［意大利］马基雅维里：《论李维前十卷》第三卷第41章，译文引自［美］乔治·霍兰·萨拜因《政治学说史》下册，盛葵阳、雀妙因译，商务印书馆1986年版，第405页。也可参见［意大利］马基雅维里《论李维》，冯克利译，2005年版，第429页。马基雅维里关于自由与道德的思想是复杂的，一方面，作为政治现实主义的他，具有道德工具论的思想，另一方面，从理想的意义上看，认为古罗马公民之所以那么自由，是因为他们所具有的公民美德，而他那个时代的意大利人之所以没有自由，也在于他们没有古代罗马人那样的美德。因此，道德德性在这个意义又不是可有可无的。

② 昆廷·斯金纳追述了这一观念的演变。他指出，是中世纪的法律文本使他们获得了灵感，而罗马法对奴隶与自由民的区分性界定，则使他们直接获得了对政治自由的理解。如在罗马法的《学说汇纂》中对人的界定："自然人法内的基本分界是：所有男人和女人要么是自由的、要么是奴隶"，而"奴隶制是万民法的一种制度，与自然相对立的是，在这种制度中，某些人屈从于其他人的统治"。［英］斯金纳、［瑞典］斯特拉斯：《国家与公民：历史、理论、展望》，彭利平译，华东师范大学出版社2005年版，第14—15页。

个体自由。作为君主制的臣民而生活犹如作为奴隶一样。"① 马基雅维里以及英国的罗马法学派把在国家或共同体中的自由看成公民自由的先决条件,这一考虑的模式同样是主奴关系模式,即如何使得公民真正成为自己的主人。法国大革命中的卢梭同样将怎样摆脱自己的奴隶地位而成为自己的主人看成自由的根本要件。卢梭在其《社会契约论》中,对于公民自由的讨论,就是从主奴关系开始的。在卢梭看来,人是生而自由的,却无往不在枷锁中。这种枷锁就是剥夺了我们做自己主人的自由,而使我们成为他人的奴隶。在卢梭看来,是"强力造成了最初的奴隶,他们的怯懦则使他们永远当奴隶"②。那么,什么是自由呢?卢梭指出,这就是打碎桎梏他们的枷锁,使自己重新做自己的主人。他说:"一旦人民可以打破自己身上的桎梏而打破它时,他们就做得更对。因为人们正是根据别人剥夺他们的自由时所根据的那种同样的权利,来恢复自己的自由。"③ 在卢梭看来,人们一旦达到理智年龄,可以自己判断自己的行为时,从这时候起就是自己的主人。然而,正是不平等的社会制度使得人们失去了自己的自由,从而使得自己不能成为自己的主人,人类理想的自由社会就是重新实现使所有社会成员都能够获得自由或使自己成为自己主人的社会。因此,从思想史上看,以主奴关系为前提讨论人的自由被剥夺以及使人获得自由的自由观点,都是积极自由的观点,虽然伯林也在消极自由意义上稍带讨论了受到奴役的问题。奴役的反面就是我们不能成为自己的主人。积极自由这也就是伯林所说的"我是我自己的主人""我不做任何人的奴隶"。④ 我怎样才能不做他人的奴隶呢?实际上,单凭自己的力量是不可能做到的。在洛克以及卢梭的古典契约论那里,所诉诸的是个人之间通过契约的联合。不过,洛克更强调的是政治权力对个人权利的保护,因而才有个人自由,而卢梭更强调通过契约所结成的共同体的作用,强调在真正的

---

① [英]斯金纳、[瑞典]斯特拉斯:《国家与公民:历史、理论、展望》,彭利平译,华东师范大学出版社2005年版,第17页。

② [法]卢梭:《社会契约论》,何兆武译,商务印书馆1980年版,第11页。

③ [法]卢梭:《社会契约论》,何兆武译,商务印书馆1980年版,第8页。

④ Isaiah Berlin, "Two concepts of Liberty", in *Liberty*, edited by Henry Hardy, Oxford University Press, Inc., New Yerk, 1995, p.179.

共同体中的自由。无论是洛克还是卢梭，都承诺了一个基本的自由观：必须积极参与其中，才可获得自由。原始契约也就是全体社会成员的同意。因此，积极自由涉及作为社会集体统治或集体自由的问题，个人积极参与其中，从而使得我们获得不受他人奴役的自由。

不做他人的奴隶，也就是把自己从他人的奴役中解放出来，即使自己成为自我支配的自我。伯林指出，这种能够自我支配的自我，不仅在于我们从外在的奴役性支配中解放出来，而且在于从内部使自我摆脱非理性的控制和支配。因此，伯林的积极自由观具有两个层次的内容，但作为内在的理性与非理性的关系问题，伯林比柏拉图看得深刻得多。在伯林这里，不仅仅是自我主体内部的理性与非理性关系意义上的自由与非自由，更重要的是将理性与外在的必然性、外在更大的社会力量或社会集团联系起来。使自我等同于理性，等同于我的"高级的本性""真实的""理想的"和"自律的"自我，或是处于"最好状态的自我"。摆脱非理性或嗜欲的理性自由，是积极自由的又一内涵。伯林说："这种高级的自我与非理性的冲动、无法控制的欲望、我的'低级'本性、追求即时快乐、我的'经验的'，或'他律'自我形成鲜明对照。"① 因此，伯林并非像泰勒所说的那样，不讲自由的内在障碍问题，而是在积极自由中讲。自我支配自我，也就是使得自己的理性能够支配自己；而使得理性能够支配自己，也就是自己的理性能够控制和支配自己的非理性，这是柏拉图灵魂说的基本观点，也是西方思想史上长期以来的理性主义的自我观。在柏拉图的理性主义看来，人的灵魂或心灵中的理性与情欲或非理性，是对立的两极，只有理性支配或控制非理性或情欲，人才是自己的真正主人。因此，理性自我的自由论实际上是把自我区分为两种自由：理性主宰的自我与非理性主宰的自我。

伯林指出，理性主义的理性即自由的自我观不仅把自由解释为自我内部的状态（内在真实的自我），而且一定会走向人与人之间的关系，以及自我赖以生存的社会或社会共同体（真实自我的化身）。历史表明，哲学意义上的理性自我会演变成超级自我，即在政治领域里的具有自由本性的理性自我演变

---

① Isaiah Berlin, "Two concepts of Liberty", in *Liberty*, edited by Henry Hardy, Oxford University Press, Inc., New Yerk, 1995, p.179.

第二章　伯林与哈耶克

为一个比个体自我更为广大的"整体",我们在前面已经指出积极自由是一种参与其中或介入其中的自由,即集体中的自由。同时,理性主义的理路也导致自我演变为超级自我。伯林说:"真实的自我有可能被理解成某种比个体(就这个词的一般含义而言)更广的东西,如个人只被理解为是作为社会'整体',如部落、民族、教会、国家、生者、死者与未出生者组成的大社会的某个要素和方面。"① 也就是说,理性自我维度意义上的积极自由本身会变性,这种理性自我从内在的个体转变为外在的巨型实体,理性(或社会理性)化身为社会的某个整体、阶级、集团或国家等超级自我。伯林的这个思想是19世纪至20世纪沉痛历史经验教训的总结和体现。不仅如此,伯林指出,把哲学上的理性自我与非理性自我的对立,以及只有理性自我对非理性自我的支配才是正确或自由的观点,或将这种理解模式搬到政治领域,积极自由就变成了超级自我对个体自我的宰制,或个人只有服从超级的自我才可获得真正的自由。因此,积极自由作为参与政治生活的自由,则演变成服从超级自我的"自由"。伯林说:"这种实体于是被确认为'真正'的自我,它可以将其集体的、有机体的、单一的意志强加于它的顽抗的'成员'身上,获得其自身的因此也是他们的'更高的'自由。"② 伯林指出,这里所谓的"有机体",实际上不过是一些人把他们自己的意志强加到别人头上的借口,而进行这种强制时,他们是把这些不服从的或意志不顺从的成员提升到一个"更高的"自由层次。这也就是卢梭所说的"强迫自由"。③

这种强迫自由的积极自由论还可以得到更深层次的理性主义的"辩护"。

---

① Isaiah Berlin, "Two concepts of Liberty", in *Liberty*, edited by Henry Hardy, Oxford University Press, Inc., New York, 1995, p. 179.

② Isaiah Berlin, "Two concepts of Liberty", in *Liberty*, edited by Henry Hardy, Oxford University Press, Inc., New York, 1905, p. 179.

③ 参见[法]卢梭《社会契约论》,何兆武译,商务印书馆1980年版,第29页:"任何人拒不服从公意,全体就要迫使他服从公意,这恰好是说,人们要迫使他自由。"对于这段话,既可以从伯林所理解的维度进行批评,也可以从卢梭的立场上为其辩护,即如果我们把侵犯社会正义、侵犯法律的罪犯绳之以法,在某种意义上,也就是迫使他服从,从而使他能够意识到什么是正确的行为,从而使他能够懂得什么是自由。

就柏拉图式的理性主义的理性观而言，理性就是能够认知事物或人的本质的能力；事物的法则或万物的法则就是理性的法则，服从理性也就是服从事物的法则或社会的法则。然而，人也可能受到非理性的情欲等因素的宰制，自我成为非理性情欲的奴婢，从而使得他自己并不是自己的真正主人，因而并不可能真正自己作主，因而也并不知道自己的真正自由是什么。在政治领域，这一理性观把理性与自由内在关联，把非理性与不自由关联，即自由并非任意的不服从理性的自由。卢梭认为，个人往往会为其情欲或原始的非理性的情感所惑从而不服从理性的指导，因而需要使他"强迫自由"。因此，我们看到，在近代思想史中，卢梭不仅有着主奴关系意义上的自由观，还有着柏拉图意义上的自由观，表明卢梭深受柏拉图的影响。伯林认为，虽然在18世纪的思想家中，康德的自由思想中有着相当多的消极自由观的成分，然而，在康德的法律自由论中，也有着类似于卢梭的思想，他引康德的原话说："康德告诉我们，'当个体完全放弃他的野性的，不守法的自由，在一种守法的依赖状态中没有损失地找回它时'，这才是唯一真正的自由。"[①] 因此，为何超越于自我之外的主体（超级自我）才是真实的自我？或只有天才的立法者才能发现那些理性的法则？就在于人们往往并非总是处于理性的支配之下。在理性自我面前，真实的自我异化为非我从而为社会或他人所代表。

伯林指出，整个18世纪，几乎除了边沁，"所有关于人的权利的宣言所使用的思想与语言，也是那些将社会视为依据明智的立法者、自然、历史或最高存在的理性法则而构建的一种设计的那些人所使用的思想与语言"[②]。而这也就是真实的自我演变为超级自我的"秘密"通道。由于灵魂中的非理性的存在，以及在社会生活中，也必然表现为非理性者的存在，因而对于政治自由的问题就演变为怎样使得这些人真正有自由的问题。伯林指出，对于这

[①] Isaiah Berlin, "Two concepts of Liberty", in *Liberty*, edited by Henry Hardy, Oxford University Press, Inc., New York, 1995, p. 194.

[②] Isaiah Berlin, "Two concepts of Liberty", in *Liberty*, edited by Henry Hardy, Oxford University Press, Inc., New York, 1995, pp. 194–195.

种理性主义的自由观而言,理性者要与非理性者生活在同一社会,因而要使生活对于理性者是可以容忍的,就需要对非理性者进行强制。① 这是因为,在理性主义者看来,他们不仅要使自己自由,而且有更伟大的胸怀,要使非理性者也获得"自由"。这与灵魂内部理性发挥支配性作用是一个道理:"在我内部的理性要获得胜利,就必须消除压制我并使我成为奴隶的那些'低级'本能,激情与欲望;同样……社会中的高级部分,受过教育的、更理性的、'对其时代与人民有更高洞见的人',可能会运用强迫手段使社会的非理性部分理性化。"② 从而使得他们摆脱无知与激情,成为理性者应当成为的那种人。当然有时我们不能怀疑这类人有着真正伟大的心灵;然而,这也恰恰是能够为那些历史上的恶人所利用的论证,伯林指出:"这是每一个独裁者、掠夺者与恶霸在寻求为其行为开脱时都使用的某种道德的甚至美学上的论证:我应当为人们(或与他们一道)做他们做不到的事情,而且我不可能征得他们的允许或同意,因为他们没有条件知道什么对他们来说是最好的。"③ 伯林指出,不仅费希特使用了这种论证,费希特之后的殖民主义者、独裁者都使用了这种论证。可是,这已经离自由主义的出发点很远了。

(三) 消极自由与积极自由的关系

伯林在贡斯当的现代人自由概念基础上提出消极自由的概念,并且深入分析了政治参与或自我作主的积极自由概念及其内涵,指出积极自由变性的问题,这是伯林对当代政治哲学作出的重要贡献。虽然伯林指出了积极自由的变性问题,但并不意味着伯林完全否定积极自由。欲求独立或不受奴役与主宰,是人类个体最深的渴求。伯林指出:"我并不是说自我完善的理想——不管是对于个体,还是对于民族、教会或阶级——本身就是应受谴责的,也不是说为之辩护的语言在任何情况下都是语义混淆或误用词语的结果,是道

---

① 参见 Isaiah Berlin, "Two concepts of Liberty", in *Liberty*, edited by Henry Hardy, Oxford University Press, Inc., New Yerk, 1995, p. 195.

② Isaiah Berlin, "Two concepts of Liberty", in *Liberty*, edited by Henry Hardy, Oxford University Press, Inc., New York, 1995, p. 196.

③ Isaiah Berlin, "Two concepts of Liberty", in *Liberty*, edited by Henry Hardy, Oxford University Press, Inc., New York, 1995, p. 197.

德或智识反常的结果;我试图表明的是,正是'积极'意义的自由观念,居于民族或社会自我导向要求的核心,也正是这些要求,激活了我们时代那些最有力量的、道德上正义的公众运动。不承认这点,会造成对我们的最关键的那些事实与观念的误解。"[1] 因此,伯林并不怀疑积极自由的意义与作用,因为欲求自我主宰或自己成为自己的主人,是人类最深层的欲求。伯林指出积极自由在历史中变性的问题,因而在积极自由面前强调消极自由的极端重要性,并不是在否定积极自由,这也正如贡斯当所指出的:"个人自由是真正的现代自由。政治自由是个人自由的保障,因而也是不可或缺的。但是,要求我们时代的人民像古代人那样为了政治自由而牺牲所有个人自由,则必然会剥夺他们的个人自由。"[2] 伯林承认人类在追求自由的历史过程中积极自由所占的地位,同时,他在指出人类拥抱积极意义的自由时,沉痛地指出如果没有为消极自由保留空间和地盘,那也就必然意味着新的奴役或公民的自由遭受任意的侵犯。伯林指出:"卢梭所说的自由并不是在特定的领域里不受干扰的'消极'自由,而是社会中所有有完全资格的人(不仅仅是某些人)共享一种有权干涉每个公民生活的任何方面的公共权力。"[3] 这样一种积极自由很容易摧毁被人们视为神圣的个人消极自由。需要指出的是,洛克的自由观同样是一种积极自由观,但洛克完全没有卢梭式的柏拉图主义的理性与非理性关系的自由观。洛克仅仅强调契约结成的政治社会和形成的权力中心,其作用是保护公民的基本权利:生命权、自由权和财产权。如果能够做到这一点,则这类社会是自由的,在这类社会中生活的公民是自由的。

伯林是要在积极自由面前争得消极自由存在的权利。伯林告诉人们,如果人们仅仅得到积极自由,并且这种积极自由没有给消极自由留下任何地盘,那么,这就意味着生活于这种自由中的人们并没有真正的自由,因为他们是

---

[1] Isaiah Berlin, "Two concepts of Liberty", in *Liberty*, edited by Henry Hardy, Oxford University Press, Inc., New Yerk, 1995, p. 214.

[2] [法]贡斯当:《古代人的自由与现代人的自由:贡斯当政治论文选》,阎克文、刘满贵译,商务印书馆1999年版,第41页。

[3] Isaiah Berlin, "Two concepts of Liberty", in *Liberty*, edited by Henry Hardy, Oxford University Press, Inc., New York, 1995, p. 208.

第二章　伯林与哈耶克

以牺牲个人自由为代价换取这种"自由"。伯林在法国大革命至20世纪的历史教训意义上指出，在这种积极自由面前，放弃他们的个人自由是经常发生的事，他们把肯定他们的宗教、阶级、民族或国家看成肯定他们自己，以集体或社会的化身来肯定他们自己。贡斯当指出，卢梭错把古代人的自由移植到现代，"在古代人那里，个人在公共事务中几乎永远是主权者，但在所有私人关系中却是奴隶"①。古代人没有现代人所弥足珍贵的个人自由，然而，个人自由或消极自由是真正的现代自由。伯林强调，"对'自由'这个概念的每一种解释，不管多么不同寻常，都必须包括我所说的最低限度的'消极'自由，即必须存在一个我在其中不受挫折的领域。当然，没有一个社会实际上压制其成员的所有自由，一个被剥夺了做任何他自愿做的事情的自由的人，已经根本上不是一个道德主体……不过，自由主义之父密尔和贡斯当所要求的比这一最低限度更多：他们要求与社会生活的最低限度的要求相适应的最大限度的不受干涉"②。在这里，我们可联系伯林在其他地方对于自由在于选择而不是自我作主的观点来看这个问题，伯林说："自由意味着能够不受强制地做选择；选择包含着彼此竞争的可能性——至少两种'开放的'、不受阻碍的候选项。反过来，这又完全依赖于外在条件，即到底有哪些道路未被堵死。当我们谈论某人或某个社会所享受的自由的程度时，在我看来，我们指的是，他面前的道路的宽度和广度，有多少扇门敞开着，或者，它们敞开到什么程度。"③ 在伯林看来，选择自由才是自由概念的核心，而选择自由，也就是社会能够为个人留下多少空间，留下多少不受干涉或侵犯的领域，因此，伯林这是把消极自由看成自由的核心理念。现代史以来人类对于自由的追求成为时代的最强音，然而，这种追求自由的潮流主要都在于获得集体自我的解放或自由，而却以许多人的个人自由受到严厉限制甚至肉体消灭为代价。如法

---

① ［法］贡斯当：《古代人的自由与现代人的自由：贡斯当政治论文选》，阎克文、刘满贵译，商务印书馆1999年版，第27页。

② Isaiah Berlin, "Two concepts of Liberty", in *Liberty*, edited by Henry Hardy, Oxford University Press, Inc., New York, 1995, p. 207.

③ Isaiah Berlin, "From Hope and Fear Set free", in *Liberty*, edited by Henry Hardy, Oxford University Press, Inc., New York, 1995, p. 271.

国大革命。因此，在追求自我作主、自我主宰的集体自由的同时，保留与现代生活最低限度相适应的最大限度的不受干涉的权利，才可有真正的现代自由。因此，伯林的贡献不仅在于区分了消极自由与积极自由，而且在于他力图指出人类自由的误区就在于人们将自由的核心理念看成自我作主或自我实现，而不是看成应当存在一个不受任何他人干涉的选择领域或自由空间。

伯林十分深刻地指出了积极自由的变性问题。然而，我们也要承认，现代自由虽然是像贡斯当所说的那样，需要保护个人的不受干涉和侵犯的领域，这是现代自由与古代自由的一个主要区别。但我们仍然需要指出，现代人同样需要积极自由，积极的政治自由。这类自由对于现代人来讲同样十分重要。没有政治自由，个人的私域自由或消极自由就无法得到真正的保障。伯林指出了现代人的积极自由变性的问题。我们认为这里的重要问题在于现代人争取积极自由，应当是洛克式的，而不应当是卢梭式的，卢梭式的现代积极自由是自法国大革命以来直至当代的在全球意义上的人类悲剧。因此，必须回到洛克意义的积极自由上来，强调人类的自由就在于政治权力对个人权利的保护，这是现当代人类通过三百多年的政治实践和政治试验所得出的宝贵经验和教训。只有把那类理性与非理性关系的说法从政治自由领域中排除出去，我们才能发现和找到真正人类自由的道路。

以下我们再讨论查尔斯·泰勒对伯林的批评。伯林提出消极自由的概念，几十年来引发了为积极自由辩护和为伯林辩护的激烈争议，泰勒以及斯金纳等人是为积极自由辩护的著名代表。在前面我们讨论了泰勒对消极自由的批评，泰勒的批评还需结合积极自由概念来讨论。泰勒承认霍布斯—伯林式的消极自由概念的核心是机会概念，即有多少门为你的选择敞开着。泰勒的这一把握是准确的。然而，泰勒把伯林所区分的"积极自由"仅定义为"自我实现"，则并不是完整地理解了伯林。自我实现即有着内在的潜能因而能够实现什么。应当看到，这是伯林的积极自由的重要内涵，但并非全部。归纳伯林对积极自由的几层意思，可以看到，伯林这一概念首先包括自我主宰或作自己的主人的意思，其次，则是与理性主义的自我观相联系的理性自我主宰观，最后，则是把理性自我放大为超级自我，即在各种集体中实现自我或自我的自由。应当看到，自我实现有着一种通过自我的努力去实现什么目标的基本内涵，它有一种能动性的意义，或者如泰勒所说，是一种操作性的概念。伯林的摆脱奴役而作自己的主人的积极自由理念，并不意味着某种通过自己的努力或活动去实现什么。只是在第三层内涵意义上，有着明显的自我实现的意味。

与自我实现的概念相联系，自由也可称为一个操作性概念，即自由就在于一个能动的行为者能够做什么。就此而言，就有一个什么样的动机的问题，而什么样的动机才是真正能够达到自我实现目标的动机，也就存在着一个自我认识、自我理解以及自我控制的问题。换言之，只有正确的动机才可真正达成自我实现的目标。还有，我们自己的愿望是不是真正朝向实现自我实现的目标的愿望，人们对自我是否有着虚假意识或虚假愿望，等等。泰勒指出："一旦接受了自我实现的观点，或者是任何自由中的操作概念，那么有能力去做某事就不能被视为自由的充分条件了。因为这种观点给一个人的动机加上了某些条件。如果你有动机，但是恐惧、不真实的内在标准或者虚假意识都会妨碍你的自我实现。"① 实际上，这早就是伯林从理性自我与非理性自我的区分中所包含了的论点。即积极自由的自由观点所承认的是那种能够正确表达和体现自我愿望的理性自我。泰勒接过伯林的这个前提是想导出这样一个结论，即如果把自我实现作为积极自由的核心理念，那么，就要看到，作为操作性的自由概念，不仅在霍布斯的外在运动意义上的不受阻碍是自由的基本内涵，而且积极自由也包含着消极性要求，即内在的不受阻碍，因为内在的非理性以及各种主观的、情感或情绪因素都有可能导致人们不可能达到自我实现的目标，因而不自由。因此，在泰勒看来，"自由的定义可以被修改为：对于我确实或者真正想要的事情没有内部的或者外部的障碍"②。泰勒据此批评伯林的消极自由概念太粗糙。不过，我们认为，泰勒也仅仅是把伯林对积极自由的讨论中的某些因素进一步扩展，把伯林的外在阻碍与理性主义

---

① ［加］查尔斯·泰勒：《消极自由有什么错？》，载达巍等编《消极自由有什么错》，文化艺术出版社2001年版，第73页。

② ［加］查尔斯·泰勒：《消极自由有什么错？》，载达巍等编《消极自由有什么错》，文化艺术出版社2001年版，第82页。

的自我观中所包含的内容结合进来，并因此有意无意地冲淡了伯林思想中的最重要之点，即积极自由中的自我变性问题。

实际上，泰勒在关于自我实现问题上的讨论也承认，从积极自由的意义上，自由是能够做自己想做的事这一规定，从理性主义者的观点看，就内在包含着自我变性的可能。这是因为，如果能够确定自由就是我自己所想做的事，那意味着，我不仅能够确认什么是我最强烈的愿望，而且能够确认什么是我真正的、真实的愿望和目标。然而，泰勒指出，对自由的内在障碍意味着我们不能仅仅以主体自己的认识为依据。他说："主体不是最终的裁定者。因为他真正的目标，对什么是他想要摒弃的这个问题，他可能是完全错误的。"① 那么，谁知道我对我自己的目标的认识或我基于自己的理解而产生的愿望是正确的或不正确的？在我们的理性没有成熟时，是我们的家长或监护人，而在我们已经成长，还有人以我们的教导者自居的，是那些自认为已经握有真理的长者、先知或巫师等。自由不是做非理性的、愚蠢的或错误之事的自由，而是做与理性或理性认知一致的事之自由。对于我的自由就成了一种这样的悖论：那些以理性或社会理性为化身的人，自认为他们才是我的"真实"自我的代言人或化身，并且以真实自我之名对我进行压制或强迫。因此，泰勒的这一论述恰恰使得我们可以把伯林的结论联系起来，即积极自由中的自我变性问题，或泰勒自己谈到的极权主义的问题。积极自由的自由观有着导向自我变性的内在逻辑，这恰恰是伯林的观点的力量所在。

不过，也应当看到，伯林在他的《两种自由概念》之中，有着褒扬消极自由和贬抑积极自由的倾向。当代哲学家尼桑在其文章中反驳泰勒等人的自我实现作为积极自由的重要核心观点，认为像柏拉图、斯多亚派以及马基雅维里和卢梭等人的自我实现的自由，不过只是没有障碍，不论这障碍是内在的还是外在的（实际上，这只不过是泰勒批评消极自由论的逻辑的必然结论，我们已经指出这点）。因此他提出，把自由概念区分为积极自由与消极自由可能包含着过多的内涵，而应当把积极自由的内涵压缩到消极自由的内涵中。

---

① ［加］查尔斯·泰勒：《消极自由有什么错？》，载达巍等编《消极自由有什么错》，文化艺术出版社2001年版，第90页。

即自我实现不过是没有外在或内在的障碍,因此应当排除积极自由的意思来理解自由。① 我们认为,如果完全放弃自由概念中的积极自由意思,仅仅以消极自由来诠释自由概念是不妥当的。斯金纳通过对近代史上的自由思想尤其是马基雅维里的自由思想的研究指出,在马基雅维里那里,没有共同体的自由也就没有个人自由,而共同体的自由不仅仅是一个公民在其中享有什么权利的问题,更重要的是,每个公民都有维护共同体的自由的义务或责任,如参与对共同体保卫,使其免受侵犯的义务。② 我们认为指出积极自由的内在逻辑必然性以及历史中的问题,并非意味着我们要否定积极自由而只需要捍卫消极自由。正如贡斯当所指出的,政治自由是个人自由的保障。政治自由或积极自由不仅仅是实现个人自由的重要途径和方法,免于强制和免于外在干涉和障碍的消极自由同样也是健康的政治自由的内在要素,虽然积极自由存在着变性的可能,但并不因此而意味着积极自由在任何条件下都会变性。研究积极自由变性或在历史中败坏的历史教训,不是要使得我们放弃积极自由,而是要使得我们通过制度因素使得积极自由处于健康运行的状况,从而使它成为个人自由的制度保障。

三 多元主义与消极自由

伯林对于当代世界政治哲学的贡献,不仅在于他所提出的两种自由概念,积极自由与消极自由,而且在于他对价值多元主义的提倡。伯林的价值多元主义开辟了自由主义发展的新维度。自从约翰·格雷1995年发表《以赛亚·伯林》一书以来,伯林的多元主义与自由主义的关系就是人们关注的重点话题。依格雷的论点,伯林把自己与其他自由主义者区分开来,因为他力图把自由主义建立在一个新政治基础上:价值多元主义。格雷指出,如果价值多元主义是正确的,那么,除了自由主义的政治制度能够得到辩护外,自由主

---

① 参见 Eric Nelson, "Liberty: One Concept Too Many?", *Political Theory*, No. 33, 2005, pp. 58–78.

② 参见[英]斯金纳《消极自由观的哲学与历史透视》,载达巍等编《消极自由有什么错》,文化艺术出版社2001年版,第73页。

义的其他理念则难以得到辩护；然而，如果价值多元主义是正确的，由于伯林没有表明，价值多元主义怎么又能够以其普遍性权威来赞同自由制度，因而只能说，对于自由主义的政治制度的辩护也是不成功的。因此，格雷提出一个实质性的问题："价值多元主义支持自由主义吗？或这两者是相互冲突的吗？"① 为了回答这一问题，我们需讨论与此相关的三个问题：第一，价值多元与价值一元问题；第二，消极自由与多元主义的内在张力问题；第三，消极自由与价值多元主义的相融性。首先我们从价值多元论与一元论的讨论出发。

（一）价值多元与价值一元

在讨论价值多元主义与价值一元论之前，我们还需把"价值"这一概念作一交代。在国内学术语境中，应当看到，对于价值这一概念的理解是与西方学术界有所不同的。国内价值哲学的研究是在改革开放以来所兴起的新兴哲学学科，这一哲学学科的兴起与在改革开放初期的主体哲学的兴起直接相关。国内哲学的价值概念就是建构于主体与客体关系之上的概念，价值是在主体的需要与客体的属性之间所对应起来的关系概念，如果没有主客体相互的对应关系也就没有价值可言。现代西方学术界是把所有的伦理概念、宗教概念都看成价值概念。即将所谓"善"与"恶"以及其他伦理学的最基本概念都看成最基本的价值概念。对好或善的目标的追求，也就看成对最有价值的东西的追求。而相对应的"恶"的概念，也就是负价值的概念。还有，在宗教概念中，上帝是最高概念，那么，上帝就代表着人们所追求的最高价值。同时，任何宗教中也都有标示着负价值的概念，如地狱等。不同的政治理想也都有其所追求的最高理想。这类理想内蕴着其所追求的最高价值。价值多元主义也就是认为，不同政治观、宗教观、道德观等都内在蕴含着它的基本价值和最高价值，这些价值为其所使用的不同的概念所表明，或代表。前面已述，中国学术界从"主体与客体"的关系模式来理解价值，这种表达所表明的就是价值或价值概念。如我们称某物有价值或无价值，都是对应于相应的主体或主体需要而言的。在这个意义上，国内相当多的学者不承认西方学

---

① John Gray, *Isaiah Berlin*, Princeton: Princeton University Press, 1996, p.151.

者的"内在价值"这一概念。因为所谓内在价值,指的是某一客观物或思想物(甚至是概念,如善概念)本身就是价值。内在价值是相对于外在价值而言的。所谓内在价值与外在价值,是指称某物所具有的手段价值和目的价值,如某物可成为获得他物的手段,如某门功课的成绩具有增加学分的功能,学分积累到一定数量,也就意味着学满学分,也就意味着可以毕业。对于完成学业而言,这就可称这门课的学习具有外在价值。同时,学这门课本身也是目的,即一个某专业的学生需要学习这门课,就是为了掌握这门课的知识而不是别的,因而这门课对于这个学生来说,就具有内在价值。在哲学史上,有的哲学家认为,在一个价值系统中,有那么一个最高价值或终极价值,不是作为获得他物的手段而其他一切目的都为着它。这样一种目的或存在物,也就只有内在价值。内在价值又称为自有价值,即不因它物而具有的价值。这些价值概念,不是中国哲学界当前所使用的,但是我们文中所使用的。而所谓"价值观",也就是在那些人们所认为的各种价值中,或在自认为的某些价值中,有一些是最值得拥有或追求的基本观点。下面我们进入伯林的价值多元主义的讨论。

为了简要说明伯林的价值多元主义的观点,首先我们看看伯林关于价值一元论的观点。在"两种自由概念"这一部分之中,伯林把积极自由与一元论或价值一元论联系起来,把消极自由与多元论或价值多元主义联系起来。所谓价值一元论,在伯林看来,就是承认所有人类所崇尚的各种价值,在终极意义上和在实践中最终是可以统一或和谐一致的。这种价值一元论是这样一种信念:"在某个地方、在过去或未来,在神启或某个思想家的心中,在历史或科学的宣言中,或者在未腐化的善良人的单纯心灵中,存在着最终的解决之道。这个古老的信念建立在这样一个确信的基础上:人们信奉的所有积极价值,最终都是相互包容甚或是相互支撑的。自然用一条不可分割的锁链将真理、幸福与美德结合在一起。"① 所谓积极自由,其内在核心是自我主宰,在伯林看来,这种自我主宰以及自我实现的自由观在理性主义的指导下,把自我的理想投射为人类的美好理想和美好的价值目标,认为只有在这样的

---

① [英]伯林:《自由论》,胡传胜译,译林出版社2003年版,第240页。

理想目标的实现之中才有真正的自由。并且认为，所有人的理性都应当能够认识到这点，也就是说，所有人类成员所实现的自由在终极意义上都是同一的。这也就是伯林所认为的积极自由与一元论的价值观的同一。伯林承认，这种自我实现或自我完善的理想，不论是对于个体，还是对于民族、教会或阶级，其本身是不应受到谴责的。而且他认为，这种积极意义的自由观念，"居于民族或社会自我导向要求的核心，也正是这些要求，激活了我们时代那些最有力量的、道德上正义的公众运动"①。然而，伯林认为，历史的错误在于，过去人们普遍认为以这样一种一元性的信念来实现人们的多样性的目标。伯林说："从原则上可以发现某个单一的公式，借此人的多样的目的就会得到和谐的实现，这样一种信念同样可以证明是荒谬的。"② 很显然，伯林认为无数人的多样性目标的实现不可能以某个单一的公式式的信念来解释。这是因为，就无数个体的价值追求而言，是多元的而不是一元的。

通过伯林对一元论的批判，我们清楚伯林所说的价值多元主义是什么。价值多元主义就是承认并非所有人的价值追求或目标是可以在终极意义上具有共同性或可以通约的（或可公度的），伯林说："人类的目标是多样的，它们并不都是可以公度的，而且它们相互间往往处于永久的敌对状态。假定所有价值能够用一个尺度来衡量，以致稍加检视便可决定何者为最高，在我看来这违背了我们的人是自由的主体的知识，把道德的决定看作是原则上由计算尺就可以完成的事情。"③ 价值一元论也可是以一个尺度来衡量所有的人类价值。价值多元主义则认为，所有人类价值并不是可以以一个尺度来衡量的。如果我们以"善"这一概念来标明人类的价值，那就是说，无数个人所追求的各种善：理想、美德、权利、自由以及善本身，都具有某种不可通约性。正如伯林的学生格雷所说，说价值是不可通约的并不是因为它们在概念上是含混的，恰恰它们是在确定的意义上是不可通约的。各种价值的不可通约性是将各种价值置于一起我们可以发现的一种关系特征，即它们不可能相互归

---

① ［英］伯林：《自由论》，胡传胜译，译林出版社2003年版，第242页。
② ［英］伯林：《自由论》，胡传胜译，译林出版社2003年版，第242页。
③ ［英］伯林：《自由论》，胡传胜译，译林出版社2003年版，第244—245页。

约。因此，格雷指出："不可通约性是一种关系特性。"① 价值多元主义不是说在人们所共同认可的基本价值意义上，有一些基本价值如善、理想、权利、自由等，是不可通约的，如果那样，从多元主义的立场出发，也就必然问道：共同认可的前提和基础是什么？因为从多元主义的立场看，这种所谓"共同"的立场即某种一元性的理解，而多元主义是不承认的。从价值多元主义出发，也就必然承认，在不同的宗教、道德、哲学甚至政治理念下，都有它们所认可的各种基本价值或最高价值，如果把这些价值放在一起来进行价值比较，是不可排列出一个高低不同的一体性的等级秩序的。

价值多元主义其内涵不仅仅指各种价值的不可通约性，而且指人类在多种宗教、道德和哲学观之下的生活方式，以及各种文化和传统意义上的生活方式的不可通约性。生活方式的核心观念是价值观，即在所有人类的生活方式中，我们都可发现人们所认为的善或好，人们总是将这类伦理观念置于他们生活实践的中心地位。善或至善、幸福、兴盛，理想或理想境界，这些理念是所有生活方式都不可回避的。不同的生活方式由于其传统、习惯和社会制度的迥然不同，因此，尽管在概念名称上是相同的，但其内在的价值追求却是大不相同的。如在传统的等级制的专制社会中，一部分人对另一部分人的压制或专制是这样一种政治制度所许可的。因而在这样的社会中也就不可承认人人平等的权利观念。还有，在相当多的社会或民族中，其宗教信仰对于其生活方式和价值追求来说，都置于其中心地位。因此，其信奉的宗教内涵的核心价值观念就成为它们的生活方式的核心价值观念。

在伯林看来，多元主义价值对价值的不可通约性的认可，是基于人类文明发展到当代的特征的基本认识，也体现了在当代文明条件下的人之为人的人性。伯林认为，也许我们可以把现代人所珍惜的价值要素列出几十个，当然不是无限之多。如自由、正义、权利、道德、良心、秩序、多种宗教的善功、世俗幸福的多种要素、美的追求、精神上的多种追求、形而上学的或超

---

① ［英］约翰·格雷：《自由主义的两张面孔》，顾爱彬、李瑞华译，江苏人民出版社2005年版，第55页。

越境界的追求等。对于现代人所珍惜的这些价值,并非意味着我们每个人类个体都可以有一个一致性的排序,即在每个人的心目中,或在不同的文化传统中,其价值排序都可能是不一样的,并且,在不同的个体或文化那里,这些人类所珍惜的价值,在不同的要素之间,在不同的社会或历史条件下,都可能发生冲突。伯林认为,这并非意味着他在提倡一种相对主义,他承认不同的价值之间可能存在冲突和人们所信奉的价值以及所珍惜的价值之不同,是对现代人的价值信奉的一种客观描述。这些价值的存在是客观的,伯林说:"我认为这些价值是客观的,也就是说,它们的本性以及对它们的追求,是作为人之为人的一个要素,它是一种客观的存在(objective given)。男人作为男人,女人作为女人,而不是作为猫或狗,不是作为桌子或椅子这是一个客观事实,这个客观事实的关键在于,有一定的客观价值,并且只有这些客观价值,当人还是人时,是他们所追求的。"① 因此,伯林强调,他的多元价值论是一种客观价值论,这种客观价值论就在于它所讨论的多元价值是人性的本质要素而不是任何一个人类个体的主观任意想象的产物。伯林指出,我们总是生活于具有某种价值排序的文化价值系统之中,这种价值背景是我们作为个体与他人所共享的,也是我们与他人交往的前提。因此,这种客观事实也是一种超个人的共享性的事实。

(二) 消极自由与多元主义的内在张力

如果我们赞同价值多元主义,也就不可认为这些历史文化现象的多元性没有其合理性,更为重要的是,我们还应当承认体现不可通约的价值多元性的政治、文化以及生活方式存在的合理性,因而在这个意义上,伯林的价值多元主义就存在着一种为非自由的社会辩护的逻辑前提。假设存在着两种社会,一种是民主自由的社会,另一种则是非民主自由的社会。在前一种社会里,宽容多样性的多种价值,从而人们可以依据自己所信奉的道德与宗教观念,自愿自主地选择自己的生活方式。后一种社会包括多样性的社会,像荷马式社会、犹太教社会、传统伊斯兰社会,等等,在这些社会里,

---

① "Isaiah Berlin on Pluralism", a section of the last essay written by Isaiah Berlin, published in the *New York Review of Books*, Vol. 45, Number 8, 1998.

虽然存在多样性的生活方式或价值，但这种社会的主流倾向在于专注于某一种价值或生活方式，并且在所有这些多样性的社会里，都使用国家压制性的手段来压制人们选择其他的生活方式。这些社会可能能够接触到并承认有着多样性的价值或生活方式的存在并且认为是不可通约的，但它们仅仅鼓励自己所遵从的价值而压制其他的价值或生活方式。即使是在现代民主自由社会里，也存在着以自己的价值观来压制其他价值观或生活方式选择的问题。在20世纪50年代，英国法官戴维林（Devlin, Patrick）为维护对同性恋的犯罪宣判，作了有名的法律辩护。戴维林强调，并不是同性恋有什么错，而是说，这样的性倾向对于把英国人联系在一起的道德网络是一种威胁。在他看来，这样一种道德网络是重要的，因为如果缺失一种为文化环境所形成的、由伦理理想和文化教养所形成的连贯准则，人们的道德就易于堕落。维护一种道德价值或道德理想价值就成为社会强制的一个强有力的理由。

在多元价值的民主社会里坚持一元论的价值观也必然形成对其他价值观的压制。那么，从逻辑上看，对于多样性的非民主自由的社会所奉行的价值观，我们是以民主自由社会中的一元论的自由观还是从一种价值多元主义的观点来看待这一现象呢？即从多元主义出发，也就必然认为不论是自由主义的一元论，还是非自由主义的一元论，都是不可接受的。因此，从逻辑上也从宏观意义上看，如果不是从一元论的自由主义所认可的唯一正确的价值观出发，那么，我们就应当承认各种非民主自由社会中的价值合理性，因为多元，并不是讲自由主义的价值多元，而且从逻辑上也包括了非自由主义的多元，即使是在现代民主自由社会里，多元主义也可为反自由的价值或价值观进行辩护；其次，就这些非民主自由社会或专制社会持有这样一种压制他们所不认可的价值与反对他们不认可的生活方式而言，即从他们所进行的压制这一现象而言，则体现了一种价值一元论，这是伯林所反对的。因此，就如何对待像荷马式社会、犹太教社会和传统伊斯兰社会这样一类非民主自由的社会以及反民主自由的价值观（三种前现代社会中的价值观代表了三种非民主的价值观）而言，我们看到了伯林反对一元论提倡多元论的困境。实际上，伯林在他逝世前也说过："多元主义允许各种非自由主义：对消极自由的压制。"① 因此，我们必须认识到，伯林反对一元论，也就不仅是反对非自由的专制主义的一元论，因为因此也就在逻辑上不可能不反对自由主义的一元论，从而提倡多元主义或价值多元主义。当然，从伯林自己的逻辑来看，在自由问题上，他所反对的主要是那种唯一强调自我实现的自由观，把自我实现的自由看成至上的自由观，但他因此也反对任何一种仅仅强调自由所具有的唯一至上价值而不把人类的其他价值置于同样重要地位的自由观。伯林的多元主义所强调的就是，没有一种人类价值是至上的，如果一套价值体系把某种价值看成至上的，这就是一元论。因此，我们看到，这就出现了一个这样的问题：既然强调价值多元主义，也就不能像一元论那样，只把某一种价值看成具有至上价值，这对于伯林把消极自由看成无比重要同样适用。

我们再回到伯林所讲的价值一元论，伯林直接反对的是现代社会主导性的价值一元论，包括自由主义的一元论，如建立在洛克哲学基础上的自由一元论，康德哲学基础上的自由一元论以及功利主义的自由一元论。这些一元论都包含着自由的自我主宰的核心理念，然而伯林的多元主义强调，即使是自由理念，也应是多元的而不是一元的。所谓多元，就是自由主义理论所提倡的这些自由理念也是不可通约的，没有一个可以在价值排序上凌驾于它者之上。由于它们是不可通约的，因而我们不可专注于其中的某一个而打发掉其他。其次，伯林的多元主义是反对自我实现式的积极自由理念的，把人们的理想追求看成受到单一公式的支配自由理念，因为在伯林看来，人们的价值理想是多元的。伯林的这个逻辑当然可以用到他自己头上。即如果没有什么价值可以看作超越于其他价值之上，那么，如果我们要坚持价值多元主义，又如何来为伯林坚持的消极自由辩护呢？

（三）消极自由与价值多元主义的相融性

关于多元主义的价值论与消极自由的关系，伯林在《两种自由概念》中说："多元主义以及它所蕴含的'消极'自由标准，在我看来，比那些在纪律

---

① Isaiah Berlin, *Unfinished Dialogue: Isaiah Berlin and Beata Polanowska-Sygulska*, Amhert, MA, Prometheus Books, 2006, p. 86.

严明的威权式结构中寻求阶级、人民或整个人类的'积极的'自我控制的人所追求的目标,显得更真实也更人道。"① 在这里,伯林明确谈到他的消极自由是与多元主义内在一致的,并且他自己说得更清楚,多元主义是内在蕴含着消极自由的理念的。那么,伯林为什么这样说呢?我们知道,在他看来,无论是自由主义的一元论还是专制主义的一元论,都无视了人类价值取向是多元的,因而如果坚持价值一元论,也就必然会产生对多样性的价值的压制。相反,如果坚持价值多元主义,而不是价值一元主义或一元论,那么也就意味着对于多样性的价值信奉的尊重而不是以支配性的态度来对待多元性的价值取向。因此,理解伯林关于多元主义与消极自由内在蕴含关系的关键在于,坚持消极自由是多元主义的而不是一元论的自由主义观点。即我们只有把消极自由观看成多元主义本身的主张,才可在伯林的意义上为伯林辩护。

那么,消极自由是不是一种至上论的自由论?如果消极自由论不是一种至上论的自由论,而是一种基础性的自由,在这种基础性自由之上,可以展开或在价值上允许多种不可通约的自由或多种价值的存在,那么,我们就可承认,消极自由与多元主义的价值论是相容的。所谓消极自由,也就是贡斯当所说的现代人的自由或个人自由,这种现代人的个人自由也就是贡斯当所说的,现代人的"自由是只受法律制约,而不因某个人或若干人的专横意志受到某种方式的逮捕、拘禁区、处死或虐待的权利,它是每个人表达意见、选择并从事某一职业、支配甚至滥用财产的权利"②,以及迁徙自由、结社自由和信奉宗教自由的权利等。在贡斯当看来,古代雅典人的自由是在公共参与政治活动中的自由,他们是在政治权利的行使中体会到其个人的价值,而几乎没有个人自由可言,贡斯当指出:"我们必然会比古代人更为珍视自己的独立……古代人的目标是在有共同祖国的公民中间分享社会权力:这就是他们所谓的自由。而现代人的目标则是享受有保障的私人快乐;他们

---

① [英]伯林:《自由论》,胡传胜译,译林出版社2003年版,第244页。
② [法]贡斯当:《古代人的自由与现代人的自由:贡斯当政治论文选》,阎克文、刘满贵译,商务印书馆1999年版,第26页。

把对这些私人快乐的制度保障称作自由。"① 伯林则把贡斯当所说的个人自由归结为"免于……自由",也就是为自我留下一片个人自由的空间,外在的权威不得干涉而自我作主。这里的自我作主与伯林所区分的积极自由意义上的自我主宰意义是不同的,积极意义上的自我主宰或自我实现是做什么和实现什么的自由,而消极自由则是免于什么的自由,即有一片不受干涉的自由领域,这样一个个人自由空间的存在,也是以免于强制、免于专横、免于强暴或专制侵害为前提的。如果我们把伯林所珍视的这种消极自由看成伯林所珍视的唯一至上价值,那么,我们就陷入了伯林所反对的一元论的陷阱,但如果我们把伯林的这种消极自由不仅看成一种政治价值,而且更重要的是,把它看成我们能够正常而自由的生存的空间。在这一空间里,多种人类所珍视的价值都有着追求和实现的可能,那么,这样一种消极自由观,就是一种多元民主的价值观,即它必然是承认多元善的追求的合理性的。实际上,伯林的消极自由论存在着多种解释的可能,当然,只有后一种解释可以站在伯林的多元主义的立场上为他的消极自由论辩护。

正因为多元主义既可以为人类生活方式所体现的多种价值进行辩护,并且也可以据此来反对自由主义所主张的某种一元论的价值,所以人们认为,伯林的多元主义主张与消极自由主张,两者没有很强的逻辑关联性。然而,如果认为,伯林强调消极自由与多元主义的一致,是对人类文明成就所达到的程度的尊重和认可,在这个意义上,我们可以看到这两者之间的内在联系。所谓人类文明成就所达到的程度,也就是体现当代文明所认可的与野蛮相区别的标准,如最低限度的人权标准。如果一个现代文明社会,那些最低限度的人权标准如生命权、自由权和财产权都不能得到满足,那么在某种意义上也就不能被看作现代文明社会。②

---

① [法]贡斯当:《古代人的自由与现代人的自由:贡斯当政治论文选》,阎克文、刘满贵译,商务印书馆1999年版,第26页。

② 关于最低限度人权问题,可参看罗尔斯在《万民法》中对于五类国家的区分,其中指出,合宜等级制社会满足了这样一些人权项的要求,因而其人权实现状况仅次于自由人民的宪政民主政体下实现的程度,是自由人民可接受的。具体讨论可参考下章"罗尔斯"中的相关内容。

第二章 伯林与哈耶克

正是在这个意义上,我们可以回到伯林。伯林的消极自由也就是"免于……自由"。伯林强调这种自由,但并不意味着把它放在一种至上的地位。"免于……自由"是一种起始性自由,然而它体现了当代人类文明对自由的最低要求,如果我们不能摆脱奴役,不能摆脱人对人的专制压迫,那也就不能认为我们还处于现代文明之中。在这个意义上,消极自由内在蕴含着对现代民主自由社会的认可,而不是专制制度的认可。然而,这是在最低限度的人权意义上的,即使人免受任意逮捕和任意侵犯的自由,以及免于压迫和奴役的自由。这是人类文明几千年来发展所取得的成就,即对每一个人类个体的平等尊严与权利的承认,这种承认首先体现在最基本的个人权利或自由能够得到尊重,而这也就是伯林的消极自由所要表达的。伯林把这一自由看得无比重要,但并不意味着它在现代生活中处于一种至上的地位,恰恰相反,它是处于一种最基础性的地位,它对于现代文明的进步与发展有着奠基性的作用。它虽不是凌驾于其他价值之上的绝对价值,但却对现代文明生活的展开起着基础性作用。如果没有它,我们可能还处于古代文明中,即使是古希腊社会,也不知道个人自由或伯林式的消极自由。因此,这是文明的进步,也是文明的转换。这种转换也必然体现在政治生活和人类对自由的理解之中。

在强调消极自由在现代人生活中的基础性地位的同时,伯林也强调人类文明的发展,其成果也体现在现代人的生活有着最低限度的一套道德要求作为人们交往与共同生活的基础。伯林的多元主义在于强调,有一系列虽然不是无限系列的但是现代人所珍视的价值,这些价值构成了现代人生活的最基本的价值图景。这些价值及其排序在不同的个人甚至不同的文化那里是不同的,因此,没有一个至上的价值要素应当得到所有人的共同认可。而为了维持人们的这种多元性的价值追求,以及使得这样一些有着不同价值追求的人能够和谐生活在一起,那么,就应当还有一个我们能够共同生活的基础性的价值认同,这就是消极自由所表达的那些我们所不能触犯的基础性价值或最基本的人权,如罗尔斯在《万民法》中所列出的那些人权项目。现代文明已经发展到这种程度,多元性的价值追求都可以在其中实现,而为了确保公民的多样性价值追求的实现,则必须确保着最低限度的"免于……自由"。伯林说:"就人类的实践目的、就最大多数人在最大多数时间和地方而言,有着那些作为人而言具有共同性的核心价值,从这个意义上,我们似乎可以把客观与主观区分开来……一个最低限度的共同的道德基础——有着内在关联的概念和范畴——是内在于人们的交往的。这个道德基础[的因素]是什么,在它的力量的下面,是多么灵活,多么易于变化,这些是经验的问题,是为道德心理学、历史和社会人类学所宣称的领域,在这些领域,它是那么地令人兴奋而重要,可却是不为充分地得到探讨。"[1] 伯林的消极自由,也就是要保护人之为人的生存所需要的道德基础。在这个最低限度道德基础之上,则是不同的社会和文化以及不同的成熟男女所信奉的多元价值,这就是多元主义与消极自由两者的统一,两者所反映的都是现代文明的文明程度。

第二节 哈耶克

哈耶克是20世纪重要的经济学、社会法学家和政治思想家。哈耶克由于其多方面的伟大建树而被认为是20世纪重要的思想家,他的思想是多方面的,可以称为现代一位具有百科全书般思想的思想家,他在经济、政治、法律等方面都有建树。哈耶克那个时代面对的最重要的政治哲学问题,就是法西斯主义和斯大林式的专制主义的兴起。哈耶克没有停留在问题的表面来讨论他那个时代的法西斯主义和专制主义问题,而是从哲学的深层次来进行讨论。这一方面重要的思想之一,就在于他提出了真假个人主义的问题,其次则是他独创性地提出了自生自发秩序的概念,这成了他留给思想界的永久的财富。

一 真伪个人主义

在哈耶克看来,个人主义是近代出现的一种思潮。"由基督教与古典哲学提供基本原则的个人主义,在文艺复兴时代第一次得到充分发展,此后逐渐成长和发展为我们所了解的西方文明。这种个人主义的基本特征,就是把个

---

[1] Isaiah Berlin, *Four Essays on liberty*, Oxford University Press, 1969, p. 32.

人当作人来尊重,就是在他自己的范围内承认他的看法和趣味是至高无上的。"① 哈耶克的这一说法指的是文艺复兴运动所兴起的以人的尊严对抗神的尊严,以人道对抗神道的人文主义,而人文主义中提倡的人的尊严,是人的感性的尊严,即有着肉体存在的感性的人的尊严。因此,个人主义在西方社会的兴起是一重大的思想史事件。然而,哈耶克认为,现代个人主义则有着真个人主义与伪个人主义的区别问题,即个人主义内部实际上分裂为两种根本不同的个人主义。在他看来,他那个时代的严峻的政治问题都可以追溯到现代理性主义与个人主义的起源上。在他看来,正是启蒙运动以来理性主义与个人主义拥抱在一起,催生了现代的专制主义。

(一)个人主义方法论

个人主义问题在哈耶克的社会政治理论中占有极重要的地位。首先,在哈耶克看来,现代社会科学研究中存在着一种方法论的个人主义。何谓"方法论个人主义"?它的典型特征就是将所研究和分析的事物进行化约或分析为原子式的因素或要素,再试图将这些原子式的要素进行理论的重构或重新组合。这种方法论个人主义由来已久。这种科学研究的方法是自霍布斯以来的研究方法,而霍布斯就是将人性的各种因素进行分解,从而将最基本的情感因素作为对于人性和人类社会研究的起点。就社会研究而言,个人就是最小的单位。这样一种研究方法认为,原子因素或个人具有根本的真实性或客观性。普奇替克说:"方法论个人主义的原则在于这样一种信念,即个人构成了人之科学中分析的终极单位。根据这项原则,所有的社会现象,在不考虑有目的的行动者个人的计划和决策的情况下,是不可能得到理解的。"② 在功利主义如边沁那里,则是把个人的痛苦和快乐看成伦理学研究的基点,最大多数的最大幸福就是将所有个人的快乐与痛苦相加减所得出的总和。因而所谓

---

① [英]哈耶克:《通往奴役之路》,王明毅等译,中国社会科学出版社 1997 年版,第 21 页。

② David L. Prychitko, "Methodological Individualism Reconsidered", in Peter J. Boettkle, ed. *The Legacy of Fredrich Von Hayek* (*II: Philosophy*), Edward Elgar Publishing Limited, 1999, p. 162.

社会集体，在边沁那里，也就是个人的相加或集合，除了个人，社会集体就是一个虚幻的概念。个体是真实的社会本体，个人是社会政治生活、经济生活中真正的积极主动的参与者，相对于个人而言，社会的政治制度、经济制度等社会基本制度只具有一种第二层次的实在性。应当看到，这种方法论的个人主义在19世纪初就遭到了许多思想家的批判，形成了以个人主义为一方与以整体论为一方的论战。如黑格尔对康德的个人自主性的理想的批判以及马克思对所有近代以来的方法论个人主义的批判。

在这些论战中，出现了反对自由主义所主张的政治秩序，试图以一种社会秩序高度和谐的共同体（如马克思的共同体观念）来取代方法论的个人主义观念的趋向。在这样一种论战过程中，则出现了方法论个人主义本身的变化，即界分为两种个人主义的方法论。即以哈耶克为代表的方法论的个人主义和原子论的个人主义的区分。哈耶克式的方法论个人主义，就是指出必须考虑个人的社会性质以及个人理性有限性的个人主义，而原子式的个人主义则是抽掉了个人赖以存在的社会前提而以虚构的个人观念为前提。在此前提和基础上，哈耶克进一步提出了"真个人主义"与"伪个人主义"的概念。哈耶克将个人主义的观念与理性概念联系起来，不仅强调真个人主义在于其社会背景与社会实在的重要性，而且强调个人理性的有限性。伪个人主义则相反，伪个人主义不仅是原子式的个人主义，而且是主张理性无限性的个人主义。

哈耶克认为，他所提出的"真个人主义"（true individualism）并非他凭空立论，而是有其知识论的传统。他说："我所努力捍卫的真个人主义在现代的发展，始于约翰·洛克尤其是但纳德·孟德维尔和大卫·休谟，后又经由乔赛亚·塔克、亚当·弗格森和亚当·斯密，以及他们伟大的同时代人埃德蒙·伯克的努力而首次达到了其鼎盛时期。"[①] 在这里，哈耶克将英国主流的自由主义传统的人物都列入其中，表明他的真个人主义是从英国的自由主义传统而来，其中又特别指出苏格兰启蒙运动中的重要人物，如休谟、

---

① ［英］哈耶克：《个人主义与经济秩序》，邓正来译，生活·读书·新知三联书店2003年版，第9页。

弗格森、斯密和伯克等。在这里，他并没有撇开边沁，在他看来，边沁和伯克在个人主义思想方面两人是完全不同的。而只有伯克才是他所认为的真个人主义思想的代表人物之一。哈耶克认为边沁也受到了与真个人主义完全不同的思想流派的影响（但实际情况可能并非如此）。哈耶克指出，这个传统也是个人主义传统，这是笛卡尔式的理性主义、法国大革命中的百科全书派、卢梭以及法国重农主义。哈耶克把笛卡尔的理性主义与卢梭等人的个人主义联系在一起，因此，他又称这样一种个人主义为理性主义的伪个人主义（rationalistic pseudo-individualism）。这样一个伪个人主义的观点就是"那种认为个人主义乃是一种以孤立的或自足的个人的存在为预设的（或者以这样一项假设为基础的）观点，而不是以人的整个性质或特征都取决于他们存在于社会之中这样一个事实作为出发点的观点"①。这一段话的前一句讲的就是哈耶克所认为的伪个人主义，后一句讲的就是他所认为的、以伯克等众多英国哲学家为代表的真个人主义。由于与理性主义联系相对照，哈耶克的真伪个人主义还在于，伪个人主义相信理性的力量，认为人的理性能够决定或建构社会制度与秩序。换言之，哈耶克认为，真个人主义所持有的观点是：社会制度是个人行动的结果，而不是人为设计的结果。自由人自生自发的合作所创造的结果，比个人的心智所能理解的东西更伟大。哈耶克认为，在英国的真个人主义传统中，曼德维尔对于自生自发秩序的认识影响特别大，而他也是清晰地认识到了自生自发秩序的人。这指的是曼德维尔的《蜜蜂的寓言》，曼德维尔在这个寓言中说，一群自私的蜜蜂只为自己谋利益，结果营造了一个繁荣的国度。

　　哈耶克所理解的真个人主义与法国唯理派的伪个人主义在对待理性问题上，存在着重大的区别。在他看来，这是他所主张的真个人主义将伪个人主义区分开来的重要特征。哈耶克指出："一种观点在一般意义上认为，理性在人类事务中只具有相当小的作用；这就是说，这种观点主张，尽管人类事实上只在部分上受理性的指导，尽管个人理性是极其有限的而且也是不完全的，

---

① ［英］哈耶克：《个人主义与经济秩序》，邓正来译，生活·读书·新知三联书店2003年版，第11页。

但是人类还是达致了他所拥有的一切成就。另一种观点则认为：第一，所有的人都始终可以平等且充分地拥有理性；第二，人类所达致的每一项成就都是个人理性控制的直接结果，因而也受着个人理性的控制。"① 哈耶克认为，这种真个人主义的典型特征就是反唯理主义。他说："反唯理主义的认识进路很可能是英国个人主义所具有的一个最为典型的特征。这种反唯理主义的认识进路认为，人类并不是一种具有极高理性和智性的存在，而是一种十分缺乏理性且极易犯错误的存在，而且人类所犯的具体错误也唯有在一种社会过程之中才能够得到纠正；此外，这种认识进路的目的还在于使一种极具缺陷的理性得到最充分的利用。"② 笛卡尔式的理性主义的个人主义，在哈耶克看来，是以一种工程师的态度来对待社会问题，哈耶克又将这种理性主义的个人主义称为"社会契约型的个人主义（this social contract individualism）"③。而当哈耶克这样说时，他是否忘记了洛克？难道他不知道，洛克不是他所说的像伯克、曼德维尔和斯密那样的人？我们知道，洛克恰恰是典型的契约论的个人主义者，而且，自由主义的契约论传统，人们认为正是从洛克才开始的。因为洛克前面虽然还有一个霍布斯，但霍布斯并不是彻底的反王权专制主义者。

在哈耶克看来，相信理性万能的伪个人主义，是以工程师的态度来对待社会制度，而当他这样批评时，所说的恰恰是契约论的个人主义。哈耶克认为，真个人主义是相信理性不及或有限理性的个人主义，哈耶克认为这是与伪个人主义相区别的一个关键方面。哈耶克说："对于任何把个人视作出发点，并且假定个人乃是经由一种形式契约的方式把自己的特定意志与其他人的意志整合在一起而形成的哲学家来说，信奉自生自发的社会产物的做法从逻辑上讲乃是不可能的。而真个人主义则是唯一一种旨在阐明自生自发社会

---

① ［英］哈耶克:《个人主义与经济秩序》，邓正来译，生活·读书·新知三联书店2003年版，第13页。

② ［英］哈耶克:《个人主义与经济秩序》，邓正来译，生活·读书·新知三联书店2003年版，第13页。

③ ［英］哈耶克:《个人主义与经济秩序》，邓正来译，生活·读书·新知三联书店2003年版，第15页。

产物的形成现象并使之得到人们理解的理论。其次，各种设计理论必定会得出这样一种结论，即只有当社会过程受个人理性控制的时候，它们才能够服务于个人的目的，因此，这些设计理论也就会直接导向社会主义；而真个人主义则与之相反，因为它坚信：如果让人们享有自由，那么他们取得的成就往往会多于个人理性所能设计或预见的成就。"① 在这里，哈耶克主要攻击的对象是洛克、卢梭和康德传统的契约主义的个人主义。我们在前面提到边沁。哈耶克并不认为边沁是属于英格兰的启蒙运动传统的，但边沁实际上在近代英国思想史上，是第一个质疑契约论的哲学家，因而也是相信自生自发秩序的一个思想家，从而属于真个人主义思想范畴内。通过哈耶克提出契约论的个人主义问题，我们就更清楚了，因为边沁可以说是英国思想史上第一个最著名的反对霍布斯、洛克的契约论的。上述引文中所表明的，哈耶克认为他所提倡的真个人主义与伪个人主义区别的关键特征是相信契约建构政治社会和相信自生自发秩序这两者的区别。这个区别实际上是前述的对理性的认知态度而来的，笛卡尔式的理性认知态度相信理性对于社会的建构作用，而曼德维尔式的理性认知态度则完全把理性放一边，仅仅承认自生自发的秩序。在哈耶克这里，就是理性不及或理性有限论。正是因为有这样的区别，那么，必然导致的是在如何看待契约建构社会这一几百年来政治哲学的关键问题。而在哈耶克这里，他继承了曼德维尔和边沁的态度，完全否定了契约论的理性主义建构方案。这是因为，在哈耶克看来，如果认可了洛克、卢梭和康德式的契约建构政治社会的基本观点，也就是承认了理性万能，因而也就可以认可社会主义的计划经济。这是哈耶克观点中最关键之处。但契约论就是笛卡尔式的理性论吗？契约论会相信理性万能吗？哈耶克由于看到了相信理性能够进行社会设计，尤其是在经济领域里的计划经济是一种理性设计，从而认为契约论同样也是如此。他所说的承认理性设计导致社会主义，指的就是与西方相抗衡的苏联式的计划经济体制。在整个哈耶克的讨论中，所使用的"社会主义"这一词汇，基本上都是对计划经济的批评。哈耶克把社会主义等

---

① ［英］哈耶克：《个人主义与经济秩序》，邓正来译，生活·读书·新知三联书店2003年版，第15页。

同于计划经济，他并不知道，在他身后还有社会主义市场经济。

（二）真个人主义

哈耶克进一步论证真个人主义的优越处。在他看来，真个人主义是建立在一个认识论的坚实基础上的。这个基础就是个人理性的有限性以及体现在个人在知识和利益构成方面的局限性。哈耶克说："这个事实就是人们所能够知道的只是整个社会中的极小一部分事情，因此构成他们行动之旨趣或动机的也只是他们的行动在他们所知道的范围中所具有的那些即时性结果而已。"① 不仅如此，个人所能有效关注的自己的需要也只是所有社会成员的需要中很小的一部分。或者说，个人知识的有限性表明了个人理性的有限性。最后，还有一个特征，即个人一般能力的有限性。哈耶克说："个人主义的基本假设认为，人之天赋和技艺乃是千差万别的，因此从整体上讲，任何一个个人对于所有其他社会成员所知道的绝大多数事情都处于一种无知的状态之中。如果我们用另一种方式来表达这个基本主张，那么它就意味着，人之理性（即大写的'理性'）并不像唯理主义者所认为的那样是以单数形式存在的，亦即对于任何特定的人来讲都是给定的或者说是可资获得的，而必须被理解成一种人与人之间相互作用的过程（an interpersonal process）；在这个过程中，任何人的贡献都受到其他人的检测和纠正。"② 这里哈耶克从个人理性与能力的有限性，进而指出在社会状态中的结果，即对于其他所有社会成员的情况的无知性。然而，所有社会成员都是处于这样一种无知之中，但所有社会成员都具有理性，其理性都在起作用，但这个作用在一无知的海洋中，只能是作为一个相互作用的过程中的理性，这样的个人理性随时都处于被检测和纠正之中。因而，任何个人理性的作用都不可能放大，社会秩序或制度不可能由个人理性来建构，只能是自生自发的结果，即相互作用的结果。这个相互作用的结果是处于个人可预测的效果或范围之外的，或"处于一种无

---

① ［英］哈耶克：《个人主义与经济秩序》，邓正来译，生活·读书·新知三联书店2003年版，第19页。

② ［英］哈耶克：《个人主义与经济秩序》，邓正来译，生活·读书·新知三联书店2003年版，第21页。

知的状态之中"。

真个人主义与政府政治的关系。哈耶克认为，真个人主义原则是对政府限制的根本原则。哈耶克说："根据对个人知识之局限性的认识，以及根据任何个人或任何一小群人都不可能知道某个其他人所知道的所有事情这个事实，个人主义还得出了一个极具实践意义的重要结论，即它要求对所有的强制性权力或一切排他性权力都施以严格的限制。"① 这句话的前半句是原因，后半句是结果。但是，为什么一个知识的有限性就可以得出一个对于强制性权力的限制？这里的逻辑关系并不明晰。不过，这后半句话表明了哈耶克的政治观点，即他的自由主义的政治观点，这一观点是与伯林的消极自由观点一致的。哈耶克表明，他并不是无政府主义者，承认强制性权力存在的必要性。但是，他认为经济学的"自由放任"和洛克以来的基本人权（生命权、自由权和财产权）原则，对于如何做到对强制权力进行限制没有任何帮助。在他看来，重要的是，"对政府的活动范围与政府不得干预的活动范围做出明确的界分"②。哈耶克说："如果政府不是被限制在某些特定种类的行动范围之内，而是能够按照任何有助于特定目的之实现的方式任意使用它的权力，那么也就不可能有任何自由可言了。正如阿克顿勋爵早在很久以前提出的那样：'无论何时，只要人们把某个明确的目标确定为一个国家的最高目的——尽管这个目标是某个阶级的利益之所在，是这个国家的安全或强盛之所在，是最大多数人的最大幸福之所在或是捍卫某种纯思辨理念的根本之所在，那么这个国家就必定会在某个时候堕落成一个专制国家。'"③ 不过，哈耶克在这里说了两层意思，一是要限定政府活动或治理活动的范围，二是如果政治上确立了某种目标，那么，权力组织可能就会为了这种目标的实现而任意行使其权力，从而扼杀公民自由。

---

① ［英］哈耶克：《个人主义与经济秩序》，邓正来译，生活·读书·新知三联书店2003年版，第22—23页。
② ［英］哈耶克：《个人主义与经济秩序》，邓正来译，生活·读书·新知三联书店2003年版，第24页。
③ ［英］哈耶克：《个人主义与经济秩序》，邓正来译，生活·读书·新知三联书店2003年版，第26—27页。

那么，依据什么来对政府的活动范围进行界分呢？哈耶克认为，要依规则进行。"一种政府治理的活动乃是依据规则而展开的，这些规则的主要目的就在于告知个人什么是他必须在其间进行活动的责任范围；另一种政府治理的活动则是依据那些旨在强行设定具体义务的命令而展开的。"① 不过，哈耶克认为这两种政治治理活动的界限已经模糊不清了，因而这里呈现出相当复杂的情形。哈耶克认为，这两种政治治理活动相当于法律下的自由与运用立法机器来取消自由的做法之间的那种区别。哈耶克认为，这里的具体规则并不具有重要性，而是在某种指导原则的基础上进行。这里的原则是那种仅限于要求个人遵循他们所知道的并且能够在他们进行决策的时候加以考虑的那些原则。哈耶克所说的这种原则实际上只不过是政治的公开性原则。这也是罗尔斯关于选择什么正义原则的先决性条件。哈耶克说："个人主义制度赖以为基础乃是这样一项最为一般性的原则，即它把人们对一般性原则的普遍接受视作它在社会事务中创造秩序的一种手段。"② 哈耶克认为，由于有了政治原则的公开性，普遍公民能够知道什么是可做的什么是不可做的，因为人们可以假定各种可认识到的即时性情势。不过，哈耶克的这一说法似乎离那个根本原则——个人主义原则有点远。哈耶克说："需要强调的是，如果我们所得出的主要结论仅仅认为，个人主义的秩序必须以抽象原则的实施为基础，那么这依旧没有解决我们所需要的一般性规则究竟是何种规则的问题。"③ 在哈耶克看来，这类一般性规则也就是适当的法律制度，而这类法律制度是在以个人主义原则为一般原则的基础上建构起来的。这里就涉及自生自发的秩序与人为制度之间的关系问题，这个问题稍后我们展开。就法律制度而言，哈耶克说："我无法对一种有效的个人主义制度所需要的适当的法律框架这个引人关注的论题做进一步的探究，甚或也无法对政府据以在很大程度上增进

---

① ［英］哈耶克：《个人主义与经济秩序》，邓正来译，生活·读书·新知三联书店2003年版，第25页。
② ［英］哈耶克：《个人主义与经济秩序》，邓正来译，生活·读书·新知三联书店2003年版，第26页。
③ ［英］哈耶克：《个人主义与经济秩序》，邓正来译，生活·读书·新知三联书店2003年版，第27页。

个人行动之有效性的许多辅助性职能（比如说，帮助传播信息和帮助根除那些得以切实避免的不确定性问题）展开讨论。"①

真个人主义与民主政治的关系。民主政治是政治形态的一种，早在古希腊柏拉图就将其与君主制、贵族制和僭主制等列入其中。但古希腊思想家对于民主制态度是否定性的，只是到了近代，民主制或民主政治才被认为在所有的政治体制中是最好的，或者如果说，所有的政治都是某种恶，或坏，但民主制是其中较好的一种。近代以来的民主制相较于古希腊的民主制，前者主要是代议制的，后者则是直接形式的。"民主"这一词，就古希腊的意义而言，是多数人的统治，或人民的统治。20世纪以来，整个世界的思想界，无论是西方的思想界还是以马克思主义为指导的思想界都形成了一种共识，即民主是所有政治体制中最好的一种。哈耶克认为："真个人主义不仅信奉民主，而且还坚持认为民主的理想渊源于个人主义的基本原则。"② 然而，哈耶克并不认为，民主政府的一切决策都是正确的，或民主政府是万能的、全知全能的，在哈耶克看来，人的理性的有限性也体现在民主政府的决策治理之中。其次，即使是民主政府，也应当像伯林的消极自由所理解的那样，有一个保留个人自由的限制性领域。他说："真个人主义认为，在民主制度中，其实与在任何其他形式的政府制度中一样，强制性命令的领域也应当被限制在一个确定的范围之中。"③ 将强制性命令限定在一个确定的范围，也就意味着以法律来保障公民的自由。法律或由政府颁布的成文法是自人类有了国家以来就有的，但哈耶克强调，只有在自由主义的时代，法律或法治才是自由的保障，或由法所保障的自由才可实现。然而在集权专制的国家，同样也有法律，但法律则是使得集权专制的行动合法化。

哈耶克认为，民主的根本价值在于保障个人自由。我们先看看哈耶克对

---

① ［英］哈耶克：《个人主义与经济秩序》，邓正来译，生活·读书·新知三联书店2003年版，第29页。

② ［英］哈耶克：《个人主义与经济秩序》，邓正来译，生活·读书·新知三联书店2003年版，第39页。

③ ［英］哈耶克：《个人主义与经济秩序》，邓正来译，生活·读书·新知三联书店2003年版，第39页。

待民主的态度。哈耶克认为民主并不是实现最高政治目标的手段,"它本身就是最高的政治目标"①。那么,在什么意义上是最高的政治目标呢?哈耶克说:"它并非是为了一个良好的公共管理才被需要,而是为了保障对市民社会和私人生活的最高目标。"② 换言之,哈耶克所说的最高目标的意义在于民主保障市民社会和私人最高目标的实现。那么,在这个意义上,民主又是一种手段,它是保障个人自由的实用手段。在哈耶克看来,有了民主才会有个人自由。然而,民主与个人自由并不存在必然性的内在关联。哈耶克指出,在那教条主义的多数统治的民主政府下,其民主制度可能和最坏的独裁制度同样暴虐。而如果"民主不再是个人自由的保障的话,那么它也可能以某种形式依然存在于极权主义政体之下"③。我们知道,希特勒正是通过当时德国的民主政治体制上台的。而当希特勒拿到了政权,德国的民主制度根本不可能保护个人自由,从而也就从民主制度转变为法西斯专政了。"法治和政府的一切行动是否在法律的意义上合法这一问题没有什么关系,它们可能很合法,但仍可能不符合法治。某些人在法律规定上有权按他的方式去行动,但这并没有说明法律是否给他权力采取专断行动,或法律是否明白地规定他必须如何行动。很可能,希特勒是以严格的合乎宪法的方式获得无限权力的,因而在法律的意义上说,他的所作所为都是合法的。但是,谁会因为这种理由而说,在德国仍然盛行着法治?"④ 因此,从哈耶克的观点看,真民主一定与个人自由相联系,而不能在这样的政体下发现个人自由,则民主已经名存实亡。哈耶克指出,通过赋予政府无限的权力,可以把最专断的统治合法化,从而一个民主制度就可以以这样一种方式建立起一种可以想象得到的最完全

---

① [英]哈耶克:《通往奴役之路》,王明毅等译,中国社会科学出版社1997年版,第71页。

② [英]哈耶克:《通往奴役之路》,王明毅等译,中国社会科学出版社1997年版,第71页。

③ [英]哈耶克:《通往奴役之路》,王明毅等译,中国社会科学出版社1997年版,第71页。

④ [英]哈耶克:《通往奴役之路》,王明毅等译,中国社会科学出版社1997年版,第82页。

的专制统治。①

民主制度如何才能保障个人自由？在哈耶克这里，他认为更多的是一个少数人的权利问题。民主一般认为是多数的统治或依据多数所造成的选择政治原则或政策。为什么需要保护个人的权利？哈耶克的说法是从多数人的观点意见与少数人的观点意见的正确性这个方面来讨论的。在他看来，虽然民主是以多数人的观点为决定共同行动的原则，但并非意味着今天多数人的观点就应当成为普遍接受的观点，"相反，民主的全部正当性都是以这样一个事实为基础的，即随着时间的流逝，今天的少数人的观点也许会在日后成为多数人的观点"②。换言之，民主理论承认保护少数人的权利的重要性，这是因为，不能因为支持或拥护某种观点的人是少数从而其权利就得不到保护，恰恰相反，民主的价值就在于保护少数人的权利与自由。民主在于支持这样两种不同观点之间的竞争，"只要少数人的观点可以在没有任何强制性权利的支撑下就做到这一点，那么这种观点就应当始终享有这项权利"③。民主与专制的社会实践表明，压制或打击不同观点意见，甚至以专制手段让对方噤声，从而达到在舆论上完全性占统治地位的做法，恰恰不是民主，而是专制的表现。

二 秩序与自由

哈耶克的社会自由观是一种秩序自由观。他对于秩序自由的独到观点就在于他提出了一个自生自发的秩序（spontaneous order）的理念。

（一）自生自发秩序

自生自发秩序是哈耶克在政治哲学领域里的重要贡献，也是他从苏格兰启蒙运动中所归纳与提炼出来的重要概念。什么是"自生自发的秩序"？即社

---

① 参见［英］哈耶克《通往奴役之路》，王明毅等译，中国社会科学出版社1997年版，第83页。

② ［英］哈耶克：《个人主义与经济秩序》，邓正来译，生活·读书·新知三联书店2003年版，第40页。

③ ［英］哈耶克：《个人主义与经济秩序》，邓正来译，生活·读书·新知三联书店2003年版，第40页。

会本身所生发出来的秩序,或非人为设计的社会秩序。在哈耶克看来,这一自生自发秩序的概念是为休谟、斯密和福格森,以及随后的塔克、伯克等人的思想传统所发展出来一套社会理论,"这种社会理论表明,在各种人际关系中,一系列具有明确目的的制度的生成,是极其复杂但却条理井然的,然而这既不是设计的结果,也不是发明的结果,而是产生于诸多并未明确意识到其所做所为会有如此结果的人的各自行动"①。哈耶克认为,自生自发的社会秩序并不是凭空产生的,而是不同的社会成员在他们自己也没有预料到他们的行动会有这样后果的情况下产生的。哈耶克提出了这类自生自发秩序的三种特征:"这种理论表明,某种比单个人所思的结果要宏大得多的成就,可以从众人的日常且平凡的努力中生发出来。这个论点,从某黄河旋风方面来讲,构成了对各种各样的设计理论的挑战,而且这一挑战来得要比后来提出的生物进化论更具威力。这种社会理论第一次明确指出,一种显见明确的秩序并非人的智慧预先设计的产物,因而也没有必要将其归之于一种更高级、超自然的智能的设计;这种理论进一步指出,这种秩序的出现,实际上还有第三种可能性,即它乃是适应性进化的结果。"② 自生自发秩序是人类社会自然进化的产物,从社会进化的观点看,它并不是一成不变的,它随着人们社会实践的发展而发展。并且,这种社会进化也并不是人们有意识推动的,而是社会生活本身自生自发进行的。

在对哈耶克的自生自发秩序概念进行分析之前,我们先交代一下"秩序"这一概念(concept of order)。哈耶克说:"所谓'秩序',我们将一以贯之地意指这样一种事态,其间,无数且各种各样的要素之间的关系极为紧密,所以我们可以从我们对整体中的某个空间部分或时间部分所作的了解中学会对其余部分作出正确的预期,或者至少是学会作出颇有希望被证明为正确的预期。"③ 所

---

① [英]哈耶克:《自由秩序原理》(上),邓正来译,生活·读书·新知三联书店1997年版,第67页。
② [英]哈耶克:《自由秩序原理》(上),邓正来译,生活·读书·新知三联书店1997年版,第67页。
③ [英]哈耶克:《法律、立法与自由(第一卷)》,邓正来等译,中国大百科全书出版社2000年版,第54页。

第二章 伯林与哈耶克

谓秩序就是不同的但有着相互联系的各种要素之间处于一种状态之中,人们对于其中的某些要素有所认识,就将对于整体中的其他要素作出正确预期。秩序的构成因素是有序的、有规律地呈现的。哈耶克指出,每个社会都有一种秩序。不过,我们认为,实际上所有社会都有着多种秩序,并且几乎每个社会领域都有着它的秩序。但哈耶克指出这种秩序往往是在未经刻意创造的情况下存在的,即自生自发性的。因此,当哈耶克说每个社会都有一种秩序,实际上他是说有一种自生自发的秩序。他指出,必须破除那种认为秩序是人们或人为的刻意安排的认识。当然,哈耶克也指出有一种"人造"的秩序。

那么,什么是"社会秩序"呢?哈耶克说:"社会活动的有序性展现于如下的事实之中,即个人能够执行一项一以贯之的行动计划,然而,这种行动计划之所以能够得到执行,其原因是他几乎在执行此一计划的每一阶段上,都能够预期其他的社会成员作出一定的贡献。'在社会生活中,明显存在着一种秩序,一贯性和恒长性。如果不存在秩序,一贯性和恒长性的话,则任何人都不可能从事其事业,甚或不可能满足其最为基本的需求'……因此,所谓社会秩序,在本质上便意味着个人的行动是由成功的预见所指导的,这亦即是说人们不仅可以有效地使用他们的知识,而且还能够极有信心地预见到他们能从其他人那里所获得的合作。"[1] 哈耶克指出,个人行动或活动能够有预见性,能够有序地进行,在于每个人在社会网络中,都能够从他人那里可预期地知道他们可能给予的合作,而这就体现了一种社会秩序,或社会的有序状态。哈耶克对于秩序与社会秩序的界说与我们所使用的方法不同。一般而言,我们说起秩序或社会秩序,一般是从规则意义上讲的,即在规则的协调下,人们遵守规则从而社会生活有秩序。这样看来,哈耶克的秩序说或社会秩序说更体现了社会实践的观点。哈耶克这样界定秩序还有一个用意,即仅仅讲规则,无法区分强制与习惯的问题。哈耶克说:我们"能够成功地根据我们的计划行事,是因为在大多数的时间中,我们文明社会中的成员都遵循一些并非有意构建的行为模式,从而在他们的行动中表现出来了某种常规

---

[1] [英]哈耶克:《自由秩序原理》(上),邓正来译,生活·读书·新知三联书店1997年版,第199—200页。

性，这里需要强调指出的是，这种行动的常规性并不是命令或强制的结果，而是牢固确立的习惯和传统所导致的结果。对这类惯例的普遍遵守，乃是我们生存于其间的世界得以有序的必要条件，也是我们在这个世界上得以生存的必要条件，尽管我们并不知道这些惯例的重要性，甚或对这些惯例的存在亦可能不具有很明确的意识"①。因此，哈耶克的社会秩序概念也就内在包括了他所说的自生自发秩序的理念，或这样一个下位性概念。但哈耶克并非认为规则不重要，规则恰恰是自生自发秩序的必要条件。这个问题在下面再展开。

对于自生自发的秩序，哈耶克是在与源于外部的力量所创造的秩序相对照中阐发的。在哈耶克看来，自生自发的秩序是内生的秩序，或社会生活内部所生发的秩序。哈耶克说："自生自发的秩序有别于另一种由某人通过把一系列要素各置其位且指导或控制其运动的方式而确立起来的秩序。这一区别对于理解社会进程以及对于制定各种社会政策来说都是至关重要的。实际上，有好几个术语都可以被用来分别指称这两种秩序。我们把'人造的秩序'称为一种源于外部的秩序或安排，但是这种人造的秩序也可以被称为一种建构或一种人为的秩序，而特别是在我们必须去探讨一种受指导的社会秩序的时候，它甚至还可以被称为一个组织。另一方面，我们把'增长的秩序'称为一种自我生成的或源于内部的秩序，但是这种秩序最为合适的英语称谓则是自生自发秩序。"② 哈耶克明确告诉我们，有两类秩序，一类是内生的，即自生自发秩序，另一类是源自人为的，他也称为外部秩序与安排。在哈耶克看来，这种人造秩序典型的就是计划经济体制。因为计划经济体制是人为创造的一种经济秩序。

哈耶克认为，自生自发的秩序并非仅在人类社会中可见，自然界的秩序就是自生自发的秩序。在他看来，在自然界，自生自发秩序的某些特有的属

---

① ［英］哈耶克：《自由秩序原理》（上），邓正来译，生活·读书·新知三联书店1997年版，第72页。

② ［英］哈耶克：《法律、立法与自由（第一卷）》，邓正来等译，中国大百科全书出版社2000年版，第55页。

性在自然界表现得最为清晰。他说:"在物理世界,存在着许多复杂秩序的实例:就这种复杂秩序而言,我们只能运用趋向于导使这些秩序之型构的已知力量来促成它们,而永远也不可能凭靠那种刻意的把每个要素都置于恰当的位置之中以使它们形成一个晶体的晶格或使它们形成一种以那些构成一有机化合物的苯环为基础的系统,我们也绝不能够创造一些条件,以使各个原子在这样的条件下按这种方式自行安排或自行组合。"① 哈耶克问到是什么因素即将形成晶体或化物的一般特征的同时,又决定着它们中的任何一个要素的具体位置呢?哈耶克提出了几个认知这一问题的方式:首先是这些要素的行为常规性,这对决定形成秩序的一般特征起作用。而所谓行为常规性,也就是秩序形成的一般规则。但有一般规则还不行,因此,其次,各要素的初始位置,最后,每一要素在该秩序形成过程中所回应的即时环境中的所有特定情势。也就是每个要素在相互关系中的相互作用。哈耶克说:"不仅当所有的要素都遵循同样的规则并且它们不同的行动都只取决于各个要素之间相对不同的位置的时候,而且——正如在化合物的事例中所发生的那种情形——当不同种类的要素在某种程度上遵循不同的规则而行事的时候,都会产生一种常规性的模式。不论上述两种情况中发生哪一种情况,我们所能够预测的都只是那种自我型构的秩序的一般特征。"② 自然界的不同事物都是按照常规来行动,从而形成一定的秩序。在生物界,正如我们所知的蜜蜂、蚂蚁等群居性动物,都有着它们的内在规则,并形成一定的自然秩序。一个蜂巢中的蜜蜂,都是自然有序地按照自然分工进行它们各自不同的工作,从而维持一个蜂群的生存与发展。

就人类社会而言,是组织化程度较高或从根本上看是极为复杂的社会,因而自生自发的秩序也就更为重要了。哈耶克说:"这些社会结构之所以具有且能够具有这种程度的复杂性,完全是因为它们是由自生自发的有序化力量

---

① [英]哈耶克:《法律、立法与自由(第一卷)》,邓正来等译,中国大百科全书出版社 2000 年版,第 59 页。

② [英]哈耶克:《法律、立法与自由(第一卷)》,邓正来等译,中国大百科全书出版社 2000 年版,第 59—60 页。

产生出来的。因此，在我们力图解释这些结构的过程中，以及在我们试图影响它们的特征的过程中，这些结构向我们提出了特殊的难题。由于我们至多只能够知道构成这些结构的各种各样的要素所遵循的规则，而无法知道所有的个别要素，甚至绝不可能知道每一个要素所面对的所有的特定情势，所以我们的知识也就只能及至那种自我型构之秩序的一般特征。亦如在人类社会中那样，即使在我们至少有能力改变诸要素所遵循的某些行为规则的情况下，我们据此而能够影响的也只是由此形成的秩序的一般特征而绝非它的细节。"① 哈耶克在这里说了两个情况，一是人类社会的自生自发的秩序远比自然界的更为复杂，二是就人类的认识能力而言，我们最多可以认识人类社会自生自发秩序的一般特征，但无法认知这个秩序的那些细节。通过对自生自发秩序的依赖，我们能够扩展我们可以促使其形成的那种秩序的范围，但我们所能做的仅此而已。对于自生自发秩序的运行状态的认知与把握，就人类的认知能力而言，存在着理性不及或在最基本的细节方面是理性不及的。这种运行知识"绝不可能为个别心智所完全掌握，也不可能受制于一个心智所展开的那些刻意协调或调适的过程"②。任何一个社会赖以存在的前提都在于存在着一种自生自发的秩序，但并不意味着没有人为的因素在干扰它的运行。这种最大的干扰因素就是一种自生自发秩序之外的秩序，即人类组织的秩序，以哈耶克的话来说，就是"人造的秩序和外部秩序"。如在中国几千年来的传统社会中，政治权力对于自生自发秩序的干扰或人为改变所造成的不可忽视的影响。在中国传统社会中，商业或商业经济活动始终是受到打压的对象，"士农工商"的排序就是把商人和经商活动放在末位，即将商业看成政治需要打压的对象，而不是扶持的对象。这一几千年的打压，则造成了中国传统社会几千年来始终是在农业社会的经济中而无从从根本上演进到市民社会。虽然明清时期中国社会在江浙一带已经有了市民社会的经济，但从总体上看，

---

① ［英］哈耶克：《法律、立法与自由（第一卷）》，邓正来等译，中国大百科全书出版社2000年版，第61页。

② ［英］哈耶克：《法律、立法与自由（第一卷）》，邓正来等译，中国大百科全书出版社2000年版，第61页。

中国经济的性质没有根本改变。这种情形就是外部秩序对于自生自发秩序的干扰造成的结果。进入现代社会以来，对于自生自发秩序的干扰的情形仍然存在。让社会自身发展与政权的稳定要求这两者的关系从来都是中国社会的一个基本问题，这一问题的解决方式从来都是认为后者对前者具有压倒性的意义。

（二）自由秩序

在哈耶克的《自由秩序原理》中，对于自生自发秩序的形成，强调的是自由与规则两个因素，而在他后期重要著作《法律、立法与自由》中，则强调的是规则（rule）。这一思想的变化可能在于哈耶克认识到，个人自由与自生自发秩序具有内在相关性，讲清楚了自生自发的秩序，也就可以清楚内在所保护的个人自由。哈耶克说："自生自发秩序的形成乃是它们的要素在应对其即时性环境的过程中遵循某些规则所产生的结果。"[①] 在前述讨论中，我们已经看到，哈耶克提出了自生自发秩序的一般规则问题，而在这里，他明确提出应对即时性遵循的规则。但实际上，哈耶克对即时性运用的规则就称为常规性运用的规则。他对这一问题讨论的标题就是"自生自发秩序源出于其要素对某些行为规则的遵循"[②]。这个标题本身就很有意思，即他认为自生自发秩序是某一整个的组成要素对某些行为规则的遵循而形成的。因此，在哈耶克那里，就没有对于一般规则的抽象性的认知，而是对于偶然性的即时性因素在形成自生自发秩序中的作用的强调。哈耶克再次以物理世界的例子进行讨论。他说："那些支配这类自生自发秩序要素的行动的规则，无须是为那些要素'所知'的规则；这些要素只须实际上以这些规则所能描述的方式行事就足够了。因此，我们在这种场合所使用的规则的概念，并不意指这些规则是以明确叙述的（'形之于文字的'）形式而存在的，而只意味着人们有可能发现个人在行动中事实上所遵循的规则。为了强调这一点，我们偶而也

[①] ［英］哈耶克：《法律、立法与自由（第一卷）》，邓正来等译，中国大百科全书出版社2000年版，第63页。

[②] ［英］哈耶克：《法律、立法与自由（第一卷）》，邓正来等译，中国大百科全书出版社2000年版，第63页。

采用'常规性'（regularity）的说法而不是规则，但是，常规性所意指的当然是要素按照规则行事。"① 人们按常规行事，也就逐渐演化出人类的行为规则，特别是关于"私有财产、诚信、契约、交换、贸易、竞争、收获和私生活的规则。它们不是通过本能而是经由传统、教育和模仿代代相传，其主要内容则是一些划定了个人决定之可调整范围的禁令（不得如何）。人类通过发展和学会遵守一些往往禁止他按本能行事的规则（先是在狭小的部落里，然后又扩展到更大的范围），从而不再依靠对事物的共同感受，由此建立了文明"②。人类通过遵守自生自发的秩序再发展出文明。在人类文明中，这些规则又可称为道德，哈耶克认为，这类道德并不是本能的。他说："我愿意用'道德'一词来定义那些非本能的规则，它使人类能够扩展出广泛的秩序，因为道德规则的概念，只有把它一方面同冲突和不假思索的行为相对照，另一方面同对特定结果的理性思考相比较时，才是有意义的。本能的反应不具备道德属性。"③ 哈耶克的这一观点与进化论的伦理学观点不同。进化论的伦理学认为人类具有某些自然道德，如同绝大多数动物都有着保护自己的幼年后代的母爱，就是自然道德。哈耶克强调，人类克服和约束自己的本能，才可形成文明规则。这一认识与人类的进化历程是一致的。笔者在《社会伦理十讲》（中国人民大学出版社 2008 年版）中的"家庭伦理"中，详细讨论了人类通过对本能约束而进化到文明的问题。但不能因为人类形成了约束本能的道德就否定人类有着自然本能意义上的道德。这是不同的问题。不过，哈耶克比这走得更远，在他看来，像利他主义道德、爱人如己的道德都是与对本能的约束规则对立的。在他看来，利他主义以及爱人如己这类道德，都是小团体的道德，而不是扩展秩序的道德。哈耶克说："不断地服从像对待自己的邻人那样对待一切人这种要求，会使扩展秩序的发展受到阻碍。因为如今生

---

① ［英］哈耶克：《法律、立法与自由（第一卷）》，邓正来等译，中国大百科全书出版社 2000 年版，第 63—64 页。

② ［英］哈耶克：《致命的自负》，冯克利等译，中国社会科学出版社 2000 年版，第 8 页。

③ ［英］哈耶克：《致命的自负》，冯克利等译，中国社会科学出版社 2000 年版，第 9 页。

第二章　伯林与哈耶克

活在这种扩展秩序里的人取得利益,并不是因为他们互以邻居相待,而是因为他们在相互交往中采用了扩展秩序的规则,譬如有关分立的财产和契约的规则,代替了那休戚与共和利他主义的规则。人人待人如己的秩序,会是一种相对而言只能让很少人有所收获的秩序和人丁兴旺的秩序。"[①] 在哈耶克看来,能够扩展秩序的规则才是自生自发的秩序和相关的道德,而那些如爱人如己的道德,则是为小团体服务的道德,这类道德是出于本能或天性,但不能形成扩展的秩序甚至是与扩展秩序相对立的。他认同曼德维尔的"私恶即公利"的观点,即那些在人们看来是私人之恶或罪恶的东西,可以变成人类的公益性行为。因此,就扩展秩序而言,必须限制人们的某些善良的本能。应当看到,人们对于曼德维尔的观点,本身就有着极大的争论,我们认为曼德维尔把早期资本主义的罪恶都看成发展经济和发展秩序所必要的恶的观点是错误的,但哈耶克则把它看成对的。这是因为,发展经济如果靠私人的欺骗、欺诈、没有诚信甚至偷窃来达到其目的,则完全是对经济与道德关系的误解。私人欲望与动力是经济发展尤其是私有经济发展的动力,但绝不意味着可以不要道德约束。因此,在什么样的道德是自生自发秩序的因素的问题上,哈耶克并没有说清楚。不过,从中国传统的社会以及以儒家为代表的传统道德和道德理论来看,自生自发秩序中的道德规则中,掺杂着传统政治权威对于个人自由制约的因素,如《二十四孝》中的问题。换言之,首先,两千多年的道德规则中,并不完全都是自生自发的,而且在很大程度上是扭曲了自生自发的规则。其次,可能这也表明,自生自发的秩序本身也可能需要批判,即并不可能就意味着,如果是自生自发的秩序,就完全是与个人自由和个人权利观念相吻合的。

哈耶克十分强调形成秩序的要素是遵循某些规则而自发形成的,但他认为这种遵循并不意味着行为者已经十分清楚那些规则是什么样的规则。从而能够从文字叙述的意义上讲,人并不知道所有指导其行动的规则。人的行动以及行动所遵循的规则这一社会现象的存在,并不意味着人已经从智力上把

[①] [英]哈耶克:《致命的自负》,冯克利等译,中国社会科学出版社2000年版,第9页。

握了这些规则。因此，哈耶克所说的规则，也就是那些不同要素通常间的行动的惯例，便成了规则。还有，"更为重要意义的是，在个人的行为中，并不是每一种常规性都一定会产生整体秩序的。此外，显而易见的是，某些支配个人行为的规则还会使一种整体秩序的形成成为完全不可能的事情"①。理解哈耶克这一说法的前提无疑是要知道，哈耶克认为是这种既是即时性的又是常规性运用规则的行为形成了自生自发的秩序。那么，为什么有些这样的规则遵循不会产生整体性秩序？他举的例子是如任何人见到其他人都要杀死他人，或都要立即逃走，遵循这样的规则，完全不可能形成一种秩序。但人们会常规性地遵循这样的规则吗？这样的例子显然是不妥当的。而这样不合常理的例子倒是哈耶克得出正面说法的反面理由。他说："只有当那些引导个人以一种使社会生活成为可能的方式行事的规则是经由选择的过程而演化出来的时候，社会才可能存在。"② 哈耶克强调朝这个方向选择规则的重要性，不过，这种选择也不是有意识的行为，是"每个人所应付的特定情势乃是那些为他所知道的情势。但是，只有当个人所遵循的是那些会产生一种整体秩序的规则的时候，个人对特定情势所作的应对才会产生一种整体秩序"③。这里有两层意思，一是每个人都是在特定的知情的具体环境条件下进行自己的行为选择，这些选择是遵循了一定规则的，但同时，这样的选择又必须是能够产生整体秩序的选择，换言之，并不是所有个人在所有具体场合的选择都是有利于产生整体性的秩序。在这个意义上，哈耶克的自生自发的秩序是就一个社会整体而言的，而不仅仅就某一局部秩序而言的。不过，这里的"整体"是一个氏族，一个部落？还是一个民族，一个地区或一个国家？但这样说时肯定不是就全人类而言的。但他心目中所说的是"一个社会"，至于这个社会是多大地理空间或人类学意义的，则不得而知。"一个社会中的所有个人都会

---

① ［英］哈耶克：《法律、立法与自由（第一卷）》，邓正来等译，中国大百科全书出版社 2000 年版，第 64 页。

② ［英］哈耶克：《法律、立法与自由（第一卷）》，邓正来等译，中国大百科全书出版社 2000 年版，第 65 页。

③ ［英］哈耶克：《法律、立法与自由（第一卷）》，邓正来等译，中国大百科全书出版社 2000 年版，第 65 页。

第二章　伯林与哈耶克

遵循某些规则,其原因是他们的环境以相同的方式展示于他们;他们也会自发遵循一些规则,这是因为这些规则构成了他们共同的文化传统的一部分;但是人们还会被迫遵守另外一些规则,因为,尽管无视这样的规则可能会符合每个人的利益,然而只有在这些规则为人们普遍遵守的时候,他们的行动得以成功所须依凭的整体秩序才会得以产生。"[1] 从这里表示来看,哈耶克所说的自生自发秩序,是对于任何人类社会而言的,即不论是对民主社会还是集权专制社会来说都是如此。只要人们都共同遵守某些规则,那么,自生自发秩序也就意味着形成了。

哈耶克以现代社会的情形为例说明这点。在他看来,现代社会的人们每个人都需要工作,挣一份工资以养活自己和家人。换言之,只有工作了才有可能得到收入回报,因此,必须遵守相关规则,努力工作。"因此,要使这样的社会具有某种秩序,人们就至少要在相当频繁的程度上普遍遵循上述那种规则。"[2] 哈耶克认为,可能这还不够,所遵循的规则还需要是约定性的规则。如上班不许迟到早退,遵守公共交通规则,以及遵守纪律等。不过,哈耶克强调,"一种秩序之所以最初是以自生自发的方式形成的,乃是因为个人所遵循的规则并不是刻意制定的产物,而是自生自发形成的结果"[3]。就上述讨论而言,哈耶克是把规则的遵守看成自生自发秩序产生的唯一原因。而这些规则也不是哪个人刻意制定的,是在不同要素或个人间的互动中常规性的活动中形成的,又通过常规性的活动或交互活动来使得这样的遵循形成秩序。而这就是自生自发的秩序。这也就是如同鲁迅先生所说的,世上本来没有路,但走的人多了,就出了一条路,而再这样走下去,走这条路就成了惯例。惯例也就是哈耶克所说的规则。当形成了规则而按规则行事,也就自然而然地形成了秩序。上述关于自生自发秩序与规则关系的讨论,基本是《法律、立

---

[1] [英]哈耶克:《法律、立法与自由(第一卷)》,邓正来等译,中国大百科全书出版社 2000 年版,第 66 页。

[2] [英]哈耶克:《法律、立法与自由(第一卷)》,邓正来等译,中国大百科全书出版社 2000 年版,第 66 页。

[3] [英]哈耶克:《法律、立法与自由(第一卷)》,邓正来等译,中国大百科全书出版社 2000 年版,第 67 页。

法与自由》中的观点；在《自由秩序原理》中，哈耶克则把自由看成自生自发秩序的第一要素。这个问题我们稍后再展开。

就自生自发的秩序而言，哈耶克强调在这一秩序中有两类规则是基本的规则，一是道德规范与规则，二是法律规范与规则。他指出，多数法律或法的规范与规则不是刻意建构的，而是自生自发的，如在西方法律思想中具有重要地位的著名的自然法，就不是任何一个国家颁布的成文法，但却是成文法的根本依据。自斯多亚派以来就认为，自然法是理性法，也是神法，来自神意，是神的意志的体现。

哈耶克自生自发秩序论还有一个重大问题，就是这种内生秩序与外部人为秩序即组织秩序之间是什么关系的问题。哈耶克说："在任何一个规模较大的群体中，人与人之间的合作都始终是以自生自发的秩序和刻意建构的组织为基础的。毋庸置疑，对于诸多内容明确的任务来说，组织乃是促使我们进行有效合作的最有力量的手段……一般来说，上述两种秩序共存于一个复杂的社会之中，而不论其复杂程度如何。"① 在哈耶克看来，"家庭、农场、工厂、商行、公司和各种结社团体，以及包括政府在内的一切公共机构，都是组织"②。哈耶克的观点是组织刻意建构的。但他在这里首先就把家庭看成刻意建构的组织，而不是自生自发秩序的构成因素。家庭是人类两性关系的自然结合的产物，但并不是刻意建构的产物。在他看来，一切人类型构③的团体或共同体，以及社会公共机构都是建构的，而不是自生自发秩序的要素。这坚持了只有人类行为所遵循的规则才是形成自生自发秩序的观点。在与上述各种各样组织相区别的意义上，哈耶克又把自生自发秩序称为"社会"，认为上述各种各样的组织都被整合进了宽泛的自生自发的秩序之中。哈耶克说："我们称之为'社会'的那种自生自发秩序，也无须具有一个组织所通常具有

---

① ［英］哈耶克：《法律、立法与自由（第一卷）》，邓正来等译，中国大百科全书出版社2000年版，第67—68页。

② ［英］哈耶克：《法律、立法与自由（第一卷）》，邓正来等译，中国大百科全书出版社2000年版，第68页。

③ "型构"是哈耶的中文译本经常译出的一个概念，指以某种范式来建构，或体现了某种范式。

的那种明确的边界。在一个联系较为松散的但是所涉却较为宽泛的秩序中,往往会有一个或者好几个由联系较为紧密的个人组成的核心。"① 秩序无边界但却以某些成员为核心。"无边界"的观点可以理解,因为这就几乎与社会的概念相等同了,但"核心"成员的观点则几乎找不到支撑的理由。因为秩序是在无知的状态下生发出来的,但从秩序的哪里去找这样的核心人物呢?

从哈耶克叙述逻辑来看,他是要说这种秩序有核心,从而说到建构组织的核心,即政府。哈耶克说:"在大社会内部的各种组织中,有一种组织通常都占据着一个极为特殊的位置,而这就是我们所说的政府。尽管我们可以想象,如果为型构那种被我们称之为社会的自生自发秩序所必需的最少量的规则在没有一个组织机构强制实施的情况下仍能够得到人们的遵循,那么这种秩序便可以在没有政府的情况下存在,但是,在大多数场合,为了确保那些规则得到遵守,我们称之为政府的那种组织是不可或缺的。"② 哈耶克的观点是,形成自生自发的秩序的规则是不被强制而得到人们遵守的,因此,从其本性上看,作为"社会"的自生自发秩序可以看作人们自我管理的秩序,因而从本性上看是不需要外在强制的。从这个观点上看,哈耶克可以说是一个本质上的无政府主义者。但是,他又认为,为了这样的规则得到遵守,具有强制力量的政府是必需的。哈耶克的解释是,政府对于自生自发秩序社会的作用就像是一个工厂维修队,它不提供任何特定服务项目或公民消费产品,但起着维护工厂机器运作的功能。这种维修队的比喻也就是说,即使是自生自发的秩序,也有可能由于人们不遵守规则而遭受破坏,从而需要外在的强制。

就自生自发秩序的规则与组织规则来说,哈耶克认为这是两类规则,这样两类规则的不同,则是需要明确强调的。哈耶克指出,自生自发秩序的规则,并不是命令性的因素在起作用,支配自生自发秩序的规则对于所有在这

---

① [英]哈耶克:《法律、立法与自由(第一卷)》,邓正来等译,中国大百科全书出版社2000年版,第68—69页。

② [英]哈耶克:《法律、立法与自由(第一卷)》,邓正来等译,中国大百科全书出版社2000年版,第69页。

一秩序中的人来说，都是平等的，并且都有着独立的目的，而组织内部的行动规则，一个显著特征就是，组织内的人必须履行组织所规定所分派的任务，而组织内的规则如服从规则就是起这样作用的。因此，"组织规则必定依附于命令，而且只能调整命令所未规定的事项。对于组织内部来的不同成员来讲，这样的规则会依他命令所确定的特定目的来解释这些规则"①。组织内的规则是要实现明确的秩序，而自生自发的秩序规则所实现的则是一种抽象的秩序，如一般性法律规则和道德规则，人们不可能预见到作为一个社会范围内的自生自发秩序的目的所在。因此，一个社会有两类秩序，一类是组织内秩序，另一类则是社会性秩序。"作为一种组织，必须致力于实现一系列严格限定的且明确无误的具体目的；然而，只有当我们从这个规模最大的组织（即政府）转向整个社会的秩序的时候，我们才会发现一种完全依凭规则且在性质上完全是自生自发的秩序。"②哈耶克认为，现代社会是在不依赖于组织而作为一种自生自发秩序演化发展而来的，所以它才达到了它所拥有的这种复杂程度，而且它的复杂程度远远达到了刻意建构的组织所能达到的任何复杂程度。哈耶克认为，自生自发秩序的演化发展实际上就是人类文明的演化发展。在最初的人类发展时期，因偶然的缘故而采纳了某些适应性规则的人们发展出了一种复杂的文明，而后这种文明又扩展到其他人类的族群。哈耶克较为详细地讨论了这个问题，他认为人类大约在一百万年时间里都是生活在由共同的行为规则凝集而成的群体之中，大多数规则都是先天的，且极少规则是习得的，新规则可以在较大的群体之间得到传播，从而渐次发展。原始人的规则呈现于我们所谓的惯例或习俗之中，人类文明也就是这样发展起来的，而自生自发秩序的演化也就日趋复杂。

自由是哈耶克所关注的又一个重点。自由是自生自发秩序存在的必要条件，而一般性规则（自生自发秩序的核心要素）又是自由得以存在的必

---

① ［英］哈耶克：《法律、立法与自由（第一卷）》，邓正来等译，中国大百科全书出版社2000年版，第72页。
② ［英］哈耶克：《法律、立法与自由（第一卷）》，邓正来等译，中国大百科全书出版社2000年版，第73页。

要条件。这两者之间存在着相互支持的关系。对自生自发秩序的破坏,也就必然破坏人类自由的条件,同时,如果没有个人自由(在哈耶克这里,个人自由与其他诸种自由相比较,是自由的核心内容),则自生自发秩序也就必然遭到破坏。自生自发的秩序规则在社会生活的基础部分发挥着主导性的作用,这就意味着社会规则的统治,从而就不意味着人对人的专制统治。自生自发秩序的规则,如上文所说的道德秩序的规则,具有一般性和稳定性,以及对所有人的平等性。哈耶克也在这种意义上谈到法律或法治。在他看来,人类社会的法或法律大多数是自生自发的,而不是人为刻意建构的。在这个意义上,法律与道德作为自生自发秩序的规则要素共同对于个人自由起保护的作用。

哈耶克的自由论,涉及四个内容:个人自由、政治自由、内在自由与法治自由。在哈耶克看来,个人自由是最根本的自由。哈耶克对自由这一概念,是将 liberty 和 freedom 不加区分的使用,有时是将这两个词一并使用,以表明哈耶克并不加以区分。哈耶克说:"一个人不受制于另一个人或另一些人因专断意志而产生的强制的状态,亦常被称为'个人'自由(individual freedom)或'人身'自由(personal freedom)的状态。"[1] 哈耶克将自由理解为不被强制,这实际上是霍布斯的定义,也是马基雅维里和卢梭关于自由的定义,即关于主奴关系中奴隶的不自由的反面说法。在哈耶克看来,这是自由的原始意义,而且具有明确无误的品格,因为它所描述的是这样一种状态。就此而论,自由指涉及的人与他人之间的关系,即无人受到他人的强制,或者说,对自由的侵犯来自他人的强制。哈耶克说:"强制之所以是一种恶,完全是因为它据此把人视为一无力思想和不能评估之人,实际上是把人彻底沦为了实现他人目标的工具。"[2] 哈耶克另一处给出了"强制"的定义,他说:"当一个人被迫采取行动以服务于另一个人的意志,亦即实现他人的目的而不是自

---

[1] [英]哈耶克:《自由秩序原理》(上),邓正来译,生活·读书·新知三联书店1997年版,第4页。

[2] [英]哈耶克:《自由秩序原理》(上),邓正来译,生活·读书·新知三联书店,1997年版,第17页。

己的目的时,便构成强制。"①

在哈耶克看来,行动自由不仅在于人们能够按照自己的预定目标来行动,而且在于有一众所周知的私人领域的存在。按自己的预定目标行事,也就是不能依他人的意志行事,而所谓有一私人领域,也就是他人不能对这一私人领域之事加以干涉。现实表明,在现代社会,个人可能难以完全避免受到强制。哈耶克说:"强制不能完全避免,因为防止强制的方法只有依威胁使用强制之一途。自由社会处理此一问题的方法,是将行使强制之垄断权赋予国家,并全力把国家对这项权力的使用限制在下述场合,即它被要求制止私人采取强制的场合。如果要做到这一点,将完全有赖于国家对众所周知的个人私域的保护以免遭他人的干预。"② 因此,我们既要防止强权对私人领域的干涉,又要诉诸强权对私人领域的保护。这似乎是一个悖论。很明显,如果没有政府强制权力的干涉,缅北的犯罪集团不会停止犯罪。而政府对个人自由的干涉在某些方面也可能是必要的。如强制性地要求开车要系安全带,不得酒驾等,这既是为了公共安全,也是为了行为者的安全。而如果政府强权对于个人行动自由的干涉超出了正当合法的理由,那必然侵犯个人自由。同时,以公共安全为由而对个人行为自由的干涉,必须是保护个人的生命财产,而不能因此而造成对个人生命财产更大的破坏或危害。如果危害更大,这不仅是损害了个人自由,更是危害了公共意义上的个人生命安全。哈耶克说:"政府运用强制权力对我们生活的干涉,如果是不可预见的和不可避免的,就会导致最大的妨碍和侵害。纵使这种强制甚至在一自由的社会中也属不可或缺者,一如我们被要求参加陪审团或担任临时警察。"③

在如何理解个人自由的问题上,还有一个如何对待选择自由的问题。有一种自由理论认为,个人自由在于个人的选择自由,如果没有选择自由,即

---

① [英]哈耶克:《自由秩序原理》(上),邓正来译,生活·读书·新知三联书店1997年版,第164页。

② [英]哈耶克:《自由秩序原理》(上),邓正来译,生活·读书·新知三联书店1997年版,第17页。

③ [英]哈耶克:《自由秩序原理》(上),邓正来译,生活·读书·新知三联书店1997年版,第177页。

如果人们在进行计划打算或人生规划时,只有一种可能性,而完全没有多种可能来进行选择,那么,也可以说是没有自由。如在传统社会,当你一出生就规定好了你是一个牧羊人或你是打铁匠、你是农民等,这意味着你没有人生选择的自由。雅赛说:"与普遍流行的观点相反,政治的基本问题并不是自由、公正,或平等,这几个问题都是派生出来的问题。从最深刻的意义上讲,政治的基本问题是选择问题。"① 哈耶克则认为,有多少行动途径可供一个人选择是一个很重要的问题,但是,它却与下述问题不同:个人在多大程度上能按照他自己的计划和效果行事,他的行动模式在多大程度上出于自己的构设,亦即指向他一贯努力追求的目的,而非指向他人为他所设计的境况。哈耶克说:"个人是否自由,并不取决于他可选择的范围大小,而取决于他能否期望按其现有的意图形成自己的行动途径,或者取决于他人是否有权力操纵各种条件以使他按照他人的意志而非行动者本人的意志行事。"② 但这实际上说了两种情况,一种情况是在某种社会中,规定了处于一定社会地位的人没有自己的选择的自由,即没有可以按照自己的意图或意愿选择的自由;另一种是即使有这样的自由,还有一个个人是否有可能按照自己的意愿在多种可能中进行选择的自由。哈耶克将这两者混为一谈,实际上是他没有看到,在某些传统社会或专制社会中,人生的一切都是被规定了的,因而对于这种社会情景中的相当多数的人来说,都没有选择人生前景的可能。在这种情况下,人们甚至都没有可能形成除了社会所给予的范围之外的意图或意愿的可能。但哈耶克并不顾及这种情况。不过,在这样的前提下,哈耶克说:"自由预设了个人具有某种确获保障的私域,亦预设了他的生活环境中存有一系列情势是他人所不能干涉的。"③ 而这样的关于个人自由的观点,恰恰是伯林的两种自由中的消极自由的观点。不过,这与哈耶克所说的自由的原始意思即不受

---

① [英]雅赛:《重申自由主义:选择、契约、协议》,陈茅等译,中国社会科学出版社1997年版,第75页。

② [英]哈耶克:《自由秩序原理》(上),邓正来译,生活·读书·新知三联书店1997年版,第6页。

③ [英]哈耶克:《自由秩序原理》(上),邓正来译,生活·读书·新知三联书店1997年版,第6页。

强制的观点在逻辑上是一致的。

接着,哈耶克将政治自由与个人自由进行区分。哈耶克所说的政治自由,是指人们对选择政府、对立法过程以及行政过程控制的参与。在哈耶克看来,这种政治自由,"是一些论者经由将自由的原始意义适用于整体意义上的群体而形成的概念,从而将它赋予了人们一种集体的自由。但是,这种意义上的自由民族,却未必就是一个由自由人构成的民族。此外,要成为一个自由的个人,亦毋须以享有这种集体自由为前提条件"①。这里所说的前半部分意思,恰恰就是马基雅维里的自由观。在马基雅维里看来,个人自由与民族自由的性质是一样的,即摆脱奴役。但哈耶克则认为,只是认为个人自由的集体性放大是不成立的,因为即使是在这样的所谓自由国家中,也未必就成为个人自由的前提条件。哈耶克结合20世纪的政治状态指出,即使是投票权也不可能决定个人自由与民族自由是一回事。哈耶克以一个这样的情形为例。他指出,这将两者混为一谈,其危险在于,这一用法可能掩盖这样的事实,"即一个人可以通过投票或缔结契约的方式而使自己处于奴役状态,从而同意放弃原始意义的自由。就此而言,我们亦不敢苟同下述两种观点:一种观点认为,尽管一个人以自愿的但却不可撤销的方式把自己的劳务长期地出卖给类似于外国军团这样的武装组织,但他却仍享有着我们所谓的自由;另一种观点认为,尽管一个耶稣会牧师遵循其生活秩序之创建者的理想并视自己为一'行尸走肉',但他仍享有我们所谓的自由。而在现实生活中,我们也经常发现成千上万的人通过投票而将自身置于一种完全屈从于暴政的状态之中,或许正是这一事实使我们这一代人认识到,选择政府未必就是保障自由。再者,如果人民同意的政权从定义上讲便是一自由的政权,那么讨论自由的价值也就会变得毫无意义可言"②。哈耶克的这一看法是相当敏锐的。这不仅是马基雅维里没有料到的,就是洛克也没有料到。因为洛克的人民同意,最后则变

---

① [英]哈耶克:《自由秩序原理》(上),邓正来译,生活·读书·新知三联书店1997年版,第6—7页。
② [英]哈耶克:《自由秩序原理》(上),邓正来译,生活·读书·新知三联书店1997年版,第7-8页。

成了专制政府的遮羞布。哈耶克指出,当一个民族欲求摆脱外国的枷锁并力求决定自身的命运时,这是我们将自由的概念适用于民族而非个人的结果,在这个意义上,我们是在整个民族不受强制的意义上使用自由这一概念的。正是基于这种理解,个人自由的倡导者都同情这种意义上的民族自由。而正是这种同情,导致了20世纪的自由运动与民族运动之间的持续的联合。然而,尽管民族自由与个人自由有着概念上的相似,但对民族自由的追求,并不总是导致对个人自由的增进。"对民族自由的追求,有时会导使人们倾向于选择一个他们本族的专制君主。"这是第二次世界大战以来所形成的不少民族国家的现代政治问题。不过,马基雅维里的看法也有正确的一面,即如果一个民族不摆脱外族的奴役,这个民族又怎么可能获得自由?但由于在政治操作中,人们往往将民族自由就等同于个人自由,从而认为实现了民族自由,也就实现了个人自由,而这样的混淆则导致了在现实的自由追求中,将个人自由问题无形中消除了。

内在自由(inner freedom)是哈耶克关注的又一个重点。内在自由的问题可追溯到柏拉图。在柏拉图看来,人的灵魂由理性、情欲(欲望)和激情所构成。但柏拉图讨论最多的是理性与情欲的关系问题。在柏拉图看来,如果人的灵魂受到情欲的支配与控制,即理性为情欲所压制,那么,人就没有内在自由。自由在于人的理性处于支配性的地位。哈耶克说:"内在自由所指涉的是这样一种状态,在这种状态中,一个人的行动,受其自己深思熟虑的意志、受其理性或持恒的信念所导引,而非为一时的冲动或情势所驱使。"[①] 哈耶克认为,依据这种内在自由概念,那么,如果一个人不能成功地按照理性思虑来做事,而是由于情绪冲突或认知信息不足(没有充分发挥理性的功能),那么,我们可以说他"不自由"。不过,哈耶克认为,一个人是否理智地做选择,是否可以一以贯之地坚持自己的选择,这两者不是一回事。他认为,一些人可能认为是强制,而另外一些人则可能认为是意志力量的问题。这确实是两回事。哈耶克认为,这是与意志是否坚强有关,但意志是否坚强(意志软弱)的问题,是一个内在强制的问题吗?还有,是否理智地做出选择,也不同于情欲支配

---

① [英]哈耶克:《自由秩序原理》(上),邓正来译,生活·读书·新知三联书店1997年版,第8页。

的问题，因为是否理智地做出选择，既有情绪或欲望支配的问题，也有信息不对称的问题。哈耶克说："'内在自由'与哲学上所谓'意志自由'这个含混的概念有着极为密切的关系。对自由理想危害最大者，莫过于这样一种信念，即科学决定论已经摧毁了个人责任的理论依据。"[①] 不过，哈耶克所说的决定论与意志自由的关系问题，则是关于内在自由的另一个大问题。一般有两种观点，一是认为决定论取消了意志自由，也取消了个人责任，另一种是认为决定论并没有完全取消个人责任问题，决定论仍然对于个人意志和责任留有空间。关于意志自由无疑既与内在理性与情欲的关系论相关，也与外在决定论有关。当然这两者并不是一个问题。而哈耶克是在关于理性与情欲的关系时提出的，但这两者应当不是一回事。

我们前述说到，哈耶克将自由限定为不受干涉，也与选择无关。然而，当他说到决定论与自由的问题，则承认选择的作用。他说："自由不仅意味着个人拥有选择的机会并承受选择的重负，而且还意味着他必须承担其行动的后果，接受对其行动的赞扬或谴责。"[②] 责任意味着选择的自由，即如果行为者没有选择自由，而只是被动地被决定，那么，也就没有责任可言。如果一个自由社会的成员不能将每个人所处的境况实际源于人们的行动这种现象视为正当，那么，也不会将这种境况作为行动的后果来接受。但社会环境或社会境况的问题，往往并不是某个普通社会成员所决定的。承认社会环境是所有个人交互活动的产物，但并不意味着所有个人都能以自己的意愿来改变环境或影响环境。哈耶克指出，个人努力的结果还将取决于无数偶然因素的作用，不过，个人仍将关注的焦点放在他所能控制的那些境况上。因此，个人行为的责任不仅仅是对个人而言，行为者也能够意识到他的行为对他所能影响的境况的作用。在这个意义上，行为责任不是指对行为者个人而言，也是对他的行为结果所影响的社会环境而言。

[①] ［英］哈耶克：《自由秩序原理》（上），邓正来译，生活·读书·新知三联书店1997年版，第9页。

[②] ［英］哈耶克：《自由秩序原理》（上），邓正来译，生活·读书·新知三联书店1997年版，第83页。

第二章 伯林与哈耶克

哈耶克认为,个人行为责任受到挑战的是科学决定论。对于个人行为责任问题,有两种完全相反的观点,一是唯意志论,二是科学决定论。唯意志论认为,个人的意志使得人的行为排除在因果链之外,从而使得个人完全承担自己行为的责任。科学决定论则认为,人的行为完全由自然原因所决定,所以认为社会要对某人的行为赞扬或谴责是没有根据的。因为人的行为完全为非自我意志的力量所决定。在这个意义,行为者没有选择的自由。哈耶克认为,唯意志论接近于自由与责任的正确答案,而科学决定论则较为混乱。有人以一种形象的方式说明什么是决定论。设想有一种会自动应答的怪物,只要我们有所行动,它就会一以贯之地以某种相同的可预见的方式来对我们所处的环境中的种种事件作出回应。而极端的决定论还有一种说法,即从人的遗传和他的全部经验来解释。这种观点认为,个人人格就像是一个过滤器,外部事件要通过这个过滤器来引发行动。换言之,因果性的根本原因在于个人人格,而不是什么外部决定性因素。然而,认为个人人格是决定性的因素,同样是一种决定论,这种决定论与外部自然客观规律的决定论所说的是一回事,即自由意志并不起作用。哈耶克说:"如果我们说一个人对某一行动的后果负有责任,那么这种说法就不是一种对事实的陈述,甚或也不是一种对因果律的主张。"[1] 换言之,说一个人对某个行动的后果负有责任,这恰恰是在承认他的意志选择所起的作用,而不是什么外在的客观自然规律,也不是内在不可抗拒的行为习惯。这正如伯林所讨论的偷窃惯犯。他之所以偷窃,不是他的道德品性问题,而是他的心理倾向所驱使。我们向人们提出行为责任问题,即"我们因其特定行动或其行动的后果而课之以责任的那个人,是不是那种会产生正常动机的人(他是不是一个我们所说的有责任能力的人),以及在特定的情形中这种人是否能够被期望受那些我们想使其牢记的因素及信念的影响"[2]。是否能够把责任赋予某人,不仅在于一般意义上的选择自由,

---

[1] [英]哈耶克:《自由秩序原理》(上),邓正来译,生活·读书·新知三联书店1997年版,第88页。

[2] [英]哈耶克:《自由秩序原理》(上),邓正来译,生活·读书·新知三联书店1997年版,第88页。

而且在于是否具有承担责任的能力,"它不能适用于未成年人、精神病患者。它假定一个人能够从经验中习得知识和教训,并能够用这种方式习得的知识和教训去引导他的行动……如果一个人的行动完全由种种不可控制的冲动(即使在他意识到了其行动之后果的情况下亦无从控制的那种冲动)所决定,或者完全由真正的人格分裂即精神病所决定,那么这个人在此意义上就不能被视为具有责任能力……此外,那些受真正不可支配之欲求左右的人,也同样不能被认为具有责任能力"①。这里讲了三种情况,第二种情况就是伯林所说的那种情况,而第三种情况,"真正不可支配之欲求",这种情形难以断定,什么是不可支配的欲望?由于这种欲求而产生的犯罪行为,如强奸犯罪,无数案例表明,其中存在着这种因素(性激情水平影响),但可能还有法律意识淡薄、对女性无尊重意识以及没有基本的道德观念等因素在起作用。实际上,即使完全是由所谓不可控制的冲动所支配,只要是成年人或即将成为法律上成熟的行为主体,如虽然我国法律规定18岁为法律上的责任主体,但如果是15岁或16岁犯罪,仍然需要承担相应的法律责任。其次,完全理性成熟的法律主体,即使是由于不可控制的冲动造成了犯罪事实,仍然需要承担法律责任,只是量刑标准不同而已。如酒后冲动、过失杀人等。哈耶克说:"课以责任,因此也就预设了人具有采取理性行动的能力,而课以责任的目的在于使他们的行动比他们在不具责任的情况下更具有理性。"②

个人自由需要法的保障。自由与法的关系是哈耶克的自由论的又一重点。上述讨论也多少涉及法律与自由的关系,不过,主要是在自生自发秩序的意义上。但哈耶克也将目光投向在现代政治意义下的法律与自由的问题。现代国家作为法治国而存在,而法治的根本目的一方面在于限制政府的行为,另一方面则在于对个人自由权的保护。在哈耶克看来,这两者是一个钱币的两面。如果政府不在法的约束下行动,那么,就有可能任意侵犯个人自由。哈

---

① [英]哈耶克:《自由秩序原理》(上),邓正来译,生活·读书·新知三联书店1997年版,第91页。

② [英]哈耶克:《自由秩序原理》(上),邓正来译,生活·读书·新知三联书店1997年版,第90页。

耶克说:"我们必须指出的是,由于法治意味着政府除非实施众所周知的规则以及不得对个人实施强制,所以它构成了对政治机构的一切权力的限制。"①哈耶克指出,法治所限制的是政府的强制活动,政府所能运用的主要的强制性手段乃是惩罚。根据法治,政府只能当个人违反某一业已颁布的一般性规则时,才能侵入他原受保护的私人领域。但这并不意味着政府权力可以任意侵犯私人领域。在自由社会中,每个人都拥有一个与公共领域相区别的私人领域,从而人们的活动只要是在法律的范围内,就不需要征求任何他人的意见或许可,或服从任何人的命令来行事。在法治国里,个人行动和个人自由受到法的保护,这也意味着真正的法律是公共的而且是确定性的。哈耶克说:"我们可以毫不夸张地说,法律的确定性,对于一自由社会得以有效且顺利的运行来讲,具有不可估量的重要意义。就西方的繁荣而言,可能没有任何一个因素比西方普行的法律的相对稳定性所作出的贡献更大。"②

法律对个人自由的保护,还在于它的平等性。哈耶克认为这是真正法律的特点。法律的平等性意味着无人在法律之上,也无人在法律之外,它平等地适用于所有人。与平等性相关的特性就是法律应当是正义的,这意味着法律需要道德基础,恶法本身的问题不在于它是谁颁发的,而在于它的非正义性。哈耶克说:"人们之所以常常认识不到一般的和平等的法律可以为个人自由提供最为有效的保护,以抵抗来自于外部的侵犯,主要是因为人们习惯于默认国家及其代理人可以免受这些法律的管辖,或习惯于认定政府拥有权力赋予个人以豁免权。法治的理想,既要求国家对他人实施法律——此乃国家唯一的垄断权——亦要求国家根据同一法律行事,从而国家与任何私人一样都受着同样的限制。正是所有的规则都平等地适用于人人(也包括统治者在内)这一事实,才使得压制性规则(oppressive rules)不可能得到采用。"③

---

① [英]哈耶克:《自由秩序原理》(上),邓正来译,生活·读书·新知三联书店1997年版,第262页。

② [英]哈耶克:《自由秩序原理》(上),邓正来译,生活·读书·新知三联书店1997年版,第264页。

③ [英]哈耶克:《自由秩序原理》(上),邓正来译,生活·读书·新知三联书店1997年版,第267页。

在讨论法与个人自由的关系时，哈耶克没有再联系自生自发秩序。这里的问题可能是，为国家政府所颁布的法律，并不像自然法或古代在社会自发规则上形成的法律，而是国家政府刻意颁布的。但哈耶克意识到，国家法律无论是刻意颁发的，还是自生自发的，都必须注意到，如果国家法律不像自生自发的规则那样保护个人自由，那么，这样的法律就不是正义的，就没有道德基础或没有道德上的合法性。换言之，并不能因为它是政府颁发的，就具有合法性。合法性的基础在于合乎人类的道德直觉以及对个人权利和个人自由的保护。如果法律不保护个人权利与自由，如法西斯所颁布的灭绝犹太人的法律，就不仅是不保护个人权利与自由，而且是反人类的，没有基本人性的恶法。不过，人类历史上的这类事件的反复出现，也表明了要以法律或法治来捍卫自由，是人类的一件既有理想，也需要努力奋斗的目标。

三 社会正义论批判

哈耶克的《法律、立法与自由》一书是作者经历十七年之久的思考，并且在三个时间跨七年之久分别出版。而之所以第二、三卷会拖了很久才出版，作者说是后来发生了好几件事所致。作者虽然没能直接说出是什么原因，但他在第二、三卷"序言"的最后部分，还是说了，这就是他对于几年前已经写好的"社会正义"这一部分，进行了重新撰写。此书最后出版时间是1979年，而第一卷出版时间是1973年。这几年间之所以重新写作"社会正义"这一主题的内容，应当是当时写作时没有估计到罗尔斯的《正义论》会激发起学术界几十年来从未有过的如此巨大的反响。而他在"序言"的最后部分，也指出了他所做的要与罗尔斯的论点进行区分（他在文中也说他与罗尔斯的观点没有区别，但实际上从根本上是不同的。实际上，他是以相当巨大的篇幅来批判罗尔斯的社会正义论）。

（一）正义概念分析

在哈耶克看来，"社会正义"这个概念就根本不能成立，因此，如果确实是如此，那么，罗尔斯所做的工作就完全被否定了。

首先，哈耶克认为，正义并不是属于社会的，而是属于个人行为的。"正义是人之行为的一种属性。"① 哈耶克对于社会规则进行了自生自发秩序规则与建构性目的组织规则的区分，而正当行为规则就是指称有助于自生自发之型构的规则，这类规则是私法规则，与此对应的是建构性的组织规则，此类规则为政府组织的"公共法则"（public law）。那么，正义与正当有何关联呢？在哈耶克看来，"如果我们把正义与不正义这两个术语适用于一种事态，那么也只有当我们认为某人应当对促成这一事态或允许这一事态发生负有责任的时候，这些术语才会具有意义"②。一个人力所无从改变的事态，或在人的行动规则形成以来的种种情势，有可能好也有可能坏，但不是正义或不正义的。因此，"把'正义'一术语适用于人之行动以外或支配人之行动的规则以外的种种情势，是一种范畴性的错误"③。这个区分在哈耶克对正义问题的讨论中，具有基础性的地位。不过，这里说了两层意思，一是人的行动，二是支配人的行动的规则。那么，这两者是什么关系呢？哈耶克进一步说："只有那些能够由正当行为规则加以决定的人之行动秩序的方面，才会产生正义的问题。所谓正义，始终意味着某个人或某些人应当或不应当采取某种行动；而这种所谓的应当，反过来又预设对某些规则的承认。"④但是，如果哈耶克认为应当从对于人的行为具有支配意义的规则来看待个人的行为正当或正义与否，所谓自生自发秩序规则与建构性组织规则的区分就没有意义。因为就这样两类规则而言，都可看作对人的行为具有决定性的作用。然而，哈耶克的这种区分对于哈耶克的理论来说则有很重要的意义。因为在他的自生自发秩序论看来，自生自发秩序是从人类的社会生活习惯中自然生长出来的，其规则只能是正当合理的，从而在这样的规则之下的行为也

---

① ［英］哈耶克：《法律、立法与自由（第二、三卷）》，邓正来等译，中国大百科全书出版社2000年版，第49页。

② ［英］哈耶克：《法律、立法与自由（第二、三卷）》，邓正来等译，中国大百科全书出版社2000年版，第50页。

③ ［英］哈耶克：《法律、立法与自由（第二、三卷）》，邓正来等译，中国大百科全书出版社2000年版，第50页。

④ ［英］哈耶克：《法律、立法与自由（第二、三卷）》，邓正来等译，中国大百科全书出版社2000年版，第52页。

是正义的。然而，建构性的组织秩序规则，则并不可能完全是正当合理的，因而这样的规则支配下的行为也不可能都是正义的，并且，这样的规则也不可能普遍化。哈耶克说："从历史上看，正是对正义的追求，才使一般性规则系统得以生成和演化，而这个规则反过来又成了日益发展的自生自发秩序的基础和维护者。"[①] 在他看来，法律与道德规则一样，最初都是自生自发秩序的产物，而不是刻意制定出来的。但这样说并不意味着哈耶克要像古代法学家那样认为，自然法是具有永恒正义的法则，是外在永恒的物理规则的一部分。但哈耶克认为，他这样的观点很清楚地捍卫了法律具有不可或缺的正义性的论点。

（二）社会正义批判

哈耶克认为，人们对于类似于将正义概念运用于法律的情形是，人们对于正义概念的泛化滥用。具体来说，当人们说有一种社会正义概念时，这就是滥用了正义这一概念。哈耶克说："我们或许已是见怪不怪了。正是通过对正义观念的这种滥用，'社会'正义有时亦称为'经济'正义才最终被人们视作社会'行动'（或者社会给予个人或群体的'待遇'）所应当具有的一种属性……那些主张'社会正义'的人过去也同样对自生自发的市场秩序所产生的结果作过类似的解释，似乎从这些结果都是由某个智者刻意指导或操纵的，或者说，不同的人从这些结果中所获得的特定好处或蒙遭的特定损害都是由刻意的意志行为所决定的，因而也是能够受到道德规则指导的。"[②] 从行为正义到社会正义或社会正义概念的出现，哈耶克认为这是对正义概念的严重滥用。而这样一种滥用，仍是对于社会自生自发秩序的严重误解。这样理解社会秩序的观念所包含的意思是，社会是某些明智的人所刻意安排的秩序。哈耶克认为，这样理解的社会正义或经济正义不到一百年，他举了最初这样观念的例子，这就是密尔（又译"穆勒"）。他引用密尔的话

---

① ［英］哈耶克：《法律、立法与自由（第二、三卷）》，邓正来等译，中国大百科全书出版社 2000 年版，第 88 页。

② ［英］哈耶克：《法律、立法与自由（第二、三卷）》，邓正来等译，中国大百科全书出版社 2000 年版，第 117 页。

说:"社会应当平等地对待所有应当平等地获得这种平等待遇的人,也就是说,社会应当平等地对待所有应当绝对平等地获得这种平等待遇的人。这就是社会的和分配的正义。"① 这是关于社会正义与平等分配的,还有一段话:"每个人都应当得到他所应当获得的东西(而不论善果还是恶果),被人们普遍认为是正义的。"② 这是应得正义的观点,这同样是关于社会正义的观点。社会正义的观点自密尔以来,已经成了当代政治哲学的一个基本论域,人们对于社会正义是什么,大概确实没有偏离密尔的说法。这表明,哈耶克不仅仅是在批判密尔,而是批判密尔以来的整个西方自由主义关于社会正义的基本论点。那么,这样的说法错在哪里?哈耶克认为,人们应当知道,社会,从与政府机器相区别的那种严格意义上看,是不可能为了某个具体目的而行动的。因此,所谓社会正义,就变成了这样一种要求,即为政府组织以某种特定方式将某种社会产品以特定份额分配给不同的社会成员,而为了做到这一点,某些社会或社会成员就要将自己组织起来,或服从于社会政府组织。依此逻辑,"首要的问题也就变成了这样一个问题:人们是否有道德义务服从这样一种权力机构,亦即一种能够为了实现某种被视为正义的特定分配模式这个目的而把社会成员的各种努力都协调起来的权力机构"③。哈耶克的这一批评涉及以罗尔斯为代表的新自由主义而不是以诺齐克为代表的自由至上主义的根本理路。首先,人是平等的这一观念,是自启蒙运动以来在西方思想界确立的基本立场和观点。如果不否定这样一种观点,应当看到,就有罗尔斯式的满足这一基本本体论的方法,即哈耶克所批评的方法,另一种就是诺齐克那种洛克式的平等权利论,即起点平等或起点式权利平等,而不考虑结果的不平等。但资本主义自由市场经济的发展表明,起点平等必然导致财富占有的结果不平等,并且会越来越扩大社

---

① [英]哈耶克:《法律、立法与自由(第二、三卷)》,邓正来等译,中国大百科全书出版社2000年版,第118页。

② [英]哈耶克:《法律、立法与自由(第二、三卷)》,邓正来等译,中国大百科全书出版社2000年版,第118页。

③ [英]哈耶克:《法律、立法与自由(第二、三卷)》,邓正来等译,中国大百科全书出版社2000年版,第119页。

会的贫富分化或两极分化。因此，平等不仅应当是在起点上，也应体现在对人的尊严的尊重上，这类尊重从基本善的角度看，就是社会应当保障人的基本生活需求，把人当人看。而这样做，当然必然要某个机构或组织能够像个人一样行动。但哈耶克说，这样就错了，因为社会不可能为了某个目的像个人一样行动，从而社会正义也就必然强化政府机构。而这种强化社会机构的结果则是使经营机构者的利益得到了强化。"事实上，在一国的范围内，'社会正义'已经变成了一种谎言——而那些有组织的利益群体的代理人则完全学会了如何运用这个谎言去蒙蔽善良的人们以谋取他们自己的利益。"①

在哈耶克看来，社会正义内含的平等观本身是空洞无物的。任何人在社会生活中的不同命运，并不能完全归结为社会的正义与不正义，他说："显而易见，这种人之命运的不同却是任何人的责任所不能及者，因此，把这种不同说成是不正义的，无疑是极为荒唐的。"② 然而，哈耶克这一说法是完全将人们在社会中的不幸归之于个人的遭遇。哈耶克在这样说时，不同社会制度对人的命运的影响完全不在他的视野里，如在奴隶制下奴隶的命运。当然，不可否认，即使是在同样的社会制度和条件下，个人的选择对于个人的命运同样起了作用，但不能因为个人的意志起了作用，就完全看不到社会制度的作用，正是在这样的制度作用问题上，有着正义与不正义之分。其次，即使个人的意志选择起了作用，甚至个人的偏好或嗜好对于自己的命运起了作用，也并不意味着社会对于每个人可以漠然处之。正如人们所传的一个故事，一个老奶奶因为饥饿而偷了面包被抓住，送去法院审判处罚，法官心情沉重，认为这不是这个老奶奶的错，而是政府的错，法官不仅免除了这个老奶奶的罚单，而且自己带头从口袋中掏出钱来捐赠给这位老奶奶，在场所有人都因为这个老奶奶的行为感到自己受到了羞辱，也都掏出钱来捐给这个老奶奶。如果依哈耶克之说，这些法庭上的人都错了，那个老奶奶的命运是她应得的。

---

① ［英］哈耶克：《法律、立法与自由（第二、三卷）》，邓正来等译，中国大百科全书出版社 2000 年版，第 155 页。

② ［英］哈耶克：《法律、立法与自由（第二、三卷）》，邓正来等译，中国大百科全书出版社 2000 年版，第 125 页。

第二章　伯林与哈耶克

而这显然不合常理,在哈耶克看来,社会正义观念是非常有害的,因为它趋于摧毁真正的道德情感,特别是那些具有平均主义色彩的"社会正义",是直接与自由社会的基本道德原则相冲突的。在哈耶克看来,"社会正义"的观念与他心中的道德原则是直接冲突的:"第一,我们应当一视同仁地尊重我们所有的同胞这项要求与我们的整个道德系统是以批准或不批准其他人的行为作为基础这个事实不相调和;第二,有关每个有行为能力的成年人对他本人和受其赡养者的利益负有主要责任……这项传统要求也与那个认为'社会'或政府应当向每个人发放一份恰当的收入的观点不相容。"[①] 哈耶克这样的观点显然不合于时代,这也是在苏联解体之后,他的观点不得不让位于以罗尔斯为代表的政治哲学观点的根本原因。哈耶克确实是一个市场经济的坚定信奉者,但他对于市场经济所带来的严重社会贫富分化问题视而不见,不正视发达资本主义在社会富裕之后所产生的社会矛盾已经转化为消除社会贫困的问题,而仅仅站在斯密式的自由市场立场上来看当代社会,因而其思想除了坚持市场与计划对立的观点还值得人们听取外,在社会正义问题上,则没有可取之处。

---

① ［英］哈耶克:《法律、立法与自由(第二、三卷)》,邓正来等译,中国大百科全书出版社 2000 年版,第 167 页。

第三章　罗尔斯

罗尔斯（John Rawls，1921—2002）是当代最伟大的政治哲学家，他虽然没有哈耶克那么多产，但他的著述影响了现当代整个西方哲学、伦理学、社会学、法学以及经济学领域。在他为数不多的著作中，《正义论》（1971）、《政治自由主义》（1993）和《万民法》（1999）标志着罗尔斯在政治哲学领域里的不断推进。在20世纪60年代，伯林认为政治哲学似乎已经衰败，几乎没有引起他兴趣的思想观点，但罗尔斯改变了这种状况。自从1971年罗尔斯的《正义论》出版以来，以他的论著为主题的论著和论文不断涌出，人们惊呼在学术界出现了一个"罗尔斯产业"。罗尔斯的《正义论》的出版，在西方学术领域是一个划时代的现象。罗尔斯在《正义论》中提出了公平的正义理论，而在其后的重要著述中，都在不断深化以及不断扩展这一理论的运用范围。由于罗尔斯的理论讨论是多方面的，诸多方面不仅在英美等西方学术界，而且在中文学术界都已经激起了长时间的热烈讨论。本书囿于篇幅，仅以罗尔斯理论的核心方法和核心理念——两个正义原则为基点来展开。

第一节　社会契约与初始位置

社会契约论是罗尔斯公平正义理论的方法论，罗尔斯以契约论为方法来建构他的公平正义理论，这具体体现在他以"初始位置"（original position）[①]

[①] Original Position 原译为"原初状态"，这里采用张国清的新译（参见张国清《〈正义论〉评注》，中国社会科学出版社2023年版）。本书认同张国清的译（转下页注）

这一设置作为他的理论起点。社会契约论在西方思想中有着悠久的传统，罗尔斯的社会契约论所继承的是洛克、卢梭和康德以来的社会契约论。

一 古典社会契约论

罗尔斯在《正义论》第一版序言中说："我试图做的是进一步将洛克、卢梭和康德为代表的传统的社会契约论，上升到一种更高的抽象水平。"[①] 在此书第一章中，罗尔斯再次说道："我的目的在于提出一种正义观，这种正义观将概括人们所熟悉的社会契约论，并把它提升到一个更高的抽象水平，这种社会契约就是在洛克、卢梭和康德那里所发现的那种社会契约论。"[②] 罗尔斯告诉我们，他的正义理论是以社会契约论为基础的。因此，社会契约论对于罗尔斯来说，在其心中有着重要的地位。而这一社会契约论，罗尔斯又明确地告诉我们，他是继承近代以来的古典契约论的。将眼光投射到思想史的长河中，我们会发现，社会契约论有着转换人们对国家制度或国家机器的起源意义的认识。在整个中世纪，君权神授是世俗政权合法性的来源。这一观念来自基督教的上帝观念。然而，社会契约论则改变了人们对于政治合法性的根本观点，即国家权力的合法性不来自神的授意，而是来自人民的同意。罗尔斯上述说法中的第一个人是洛克。不过，严格地说，近代以来的古典契约论是从霍布斯开始的。那么，罗尔斯为什么不说霍布斯？西方自由主义的传统一贯认为，近代以来开启自由主义思想的第一人是洛克，而不是霍布斯。虽然霍布斯为近代以来第一个以社会契约论来建构政治社会的，但他的眼光

（接上页注①）法，在于英文两个词语中的后一个词语的本义是"位置"，而不是状态。原译为"状态"在某种意义上是为了与霍布斯、洛克以及卢梭等人的"自然状态"（the state of nature）中的状态一词相呼应与一致。不过，罗尔斯的设置中无疑有着古典契约论的影响，如他所说的"中等匮乏"，就是受到了霍布斯自然状态说和休谟的正义环境说的影响。不过，罗尔斯为什么未用"状态"这一词而用"位置"这一词，确实也表明了他与古典契约论的区别。

① John Rawls, *A Theory of Justice*, Cambridge Mass., Harvard University Press, 1971, p. viii.

② John Rawls, *A Theory of Justice*, Rev. ed., Cambridge Mass., Harvard University Press, 1999, p. 10.

却是向后看的：他通过社会契约建构的政治社会是一个推崇王权专制的社会。因此，当罗尔斯将洛克等人的契约论提升到一种抽象水平时，实际上不仅包含了对其社会契约论的继承，也是对洛克以来的自由主义思想的肯定。但我们的讨论仍然应当充分肯定霍布斯对社会契约论建构国家之说所具有的开先性意义。这里需要指出的是，罗尔斯在其《政治哲学史讲义》中的第一讲，就是讲霍布斯，并且，其题目就是"霍布斯的世俗道德主义及其社会契约论的作用"。不过，罗尔斯在这一章的开篇处则说："为什么我的政治哲学课程要从霍布斯开始？当然，这并不是因为霍布斯是社会契约论学说的开创者。该学说可以追溯到古希腊以及16世纪，在16世纪，苏亚雷斯、维多利亚、莫林纳等经院神学家极大地发展了该学说。在霍布斯时代，社会契约论是一种得到充分发展的学说。我从霍布斯开始的理由是，根据我自己以及其他许多人的观点，霍布斯的《利维坦》是英语国家最伟大的政治思想专著。"① 罗尔斯这样说的意思是，并不是因为霍布斯的社会契约论学说，他才从霍布斯开始，而是因为他的这部伟大著作。然而，我们显然看到其标题中"社会契约论"这样的文字。而在罗尔斯随后的讨论中，有专门一节讨论霍布斯的社会契约论，这就是第3节"对自然状态和社会契约论的解释"。因而我们仍然可以看到罗尔斯对霍布斯的社会契约论学说是相当重视的。不仅如此，罗尔斯还用了四讲即四章的容量来讨论霍布斯，可见霍布斯实际上在罗尔斯心中的地位和重要性。

在进入讨论之前，需要指出的是，17、18世纪的古典社会契约论遭遇了19世纪以边沁为代表的功利主义以及欧洲大陆的历史主义学派的批判与攻击，从而在19世纪以及20世纪上半叶，社会契约论整个地退出了思想舞台。正是罗尔斯复活了古典社会契约论。罗尔斯的正义理论自20世纪50年代就已经开始酝酿，而直到1971年才正式发表，其间有20年左右的时间。在这个理论准备阶段，罗尔斯曾考虑以经济学的博弈论（罗尔斯曾以大量时间来学习经济学，而经济学在当时是最兴盛的学科）来作为他的理论基础和方

---

① ［美］罗尔斯：《政治哲学史讲义》，杨通进等译，中国社会科学出版社2011年版，第23页。

法论，但最后则选择了古典社会契约论。社会契约论是罗尔斯论证他的公平正义理论的根本性方法，他把社会契约论置于他的理论的最基础地位，罗尔斯如此重视社会契约论，从而宣告了古典契约论的复活。或者说，正是罗尔斯的《正义论》复兴了古典契约论。重新回到社会契约论，这不仅使得现代政治学和政治哲学与古典自由主义关联起来，而且使得人们重新意识到社会契约论在政治哲学中的奠基性地位以及一般方法论的地位。罗尔斯指出："人们想要理解'契约'，就须记住以下一点：它是一个有点抽象的术语。特别值得一提的是，相关契约的内容，既不是想要进入一个特定的社会，也不是想要采纳既定的政体，而只是要接受某些道德原则。除此之外，在契约中给出的承诺也是纯粹假设的。在明确规定的初始场景中，某些原则将会得到承认。"[①] 罗尔斯只是以契约的方法来进行抽象的演绎，而不是像古典契约论那样，要进入某种社会或采纳某种政体。因此，这是罗尔斯的正义理论的逻辑出发点，但不是他的理论的全部。因此，罗尔斯指出，正义论是他的理性选择理论的一部分，当然也是这一理论的重要的一部分。他认为契约论的优点在于，以契约论的方法可以证明理性人所选择的正义原则，同时，契约这一概念意味着主体的多元性，也表明了正义原则的公开性，并且，它有着悠久的传统。[②]

　　古典社会契约论包括三个部分，自然状态—契约同意—政治社会这样一个三分性结构。在这个结构中，自然状态是人类的起始性状态。古典契约论的代表人物霍布斯、洛克、卢梭和康德，每个人对于自然状态的描述并不一样。在这些学者中，卢梭可能最清楚自己所描述的自然状态是一种思想性试验，而康德则只是用了这样一个概念，但并没有像前三位学者那样对于自然状态进行那么清晰的、类似于经验性的事实描述。但他们都将这作为理解人类政治社会或法权社会的前提。不过，罗尔斯认为，霍布斯也不是真的将自

---

① John Rawls, *A Theory of Justice*, Rev. ed., Cambridge Mass., Harvard University Press, 1999, p. 14. 译文参照了张国清所译，参见张国清《〈正义论〉评注》上册，中国社会科学出版社2023年版，第121—122页。

② 参见 John Rawls, *A Theory of Justice*, Rev. ed., Cambridge Mass., Harvard University Press, 1999, pp. 14-15。

然状态看成某种实际状态,但罗尔斯也认为,"毫无疑问,霍布斯认为,某种类似于自然状态的状态的确会在某种状况中存在;他说,它现在就存在于世界的某些地方,它目前还存在于民族国家之间,存在于贵族与国王之间"①。对于为什么人类要走出自然状态,就霍布斯与洛克而言,他们都认为是由于没有至上的权威从而使得人类社会的成员不可能生活于某种安全的状态中。但他们两人对于在自然状态中的道德的理解完全不同。这种区别来源于霍布斯对于人性的理解,从根本上看,是把人看成一种追逐自我利益的或为自我欲望所驱使的存在者。以我们的话来说,人的本性是自私的,从而在自然状态中人并无道德可言,在自然状态中,只有一条自然法则,就是人的自我保存。洛克则更多地受到基督教的影响,在洛克那里,人类从本性上看是仁慈的,对于他的同胞则怀有仁爱之心。同时,自然法是上帝颁发给人类的,在自然状态中就保护着人的生命、自由与财产。换言之,人有着天赋的生命权、自由权和财产权。尽管两人对于自然状态下的人性有不同的理解,但都认为,如果没有一个至上权威,那么,人与人之间的争执就不可能得到合理解决,因为任何人都可能会从维护自己的利益出发来为自己辩护。因此,是人的理性发现,使人认识到必须走出自然状态。由于人们都是势均力敌,因此,不可能是一个人胁迫,强使另一个人走出自然状态,因而只能是在理性认知的前提下来达成一致,即以某种方式的同意来达成一致协议。这种同意就是社会契约。虽然霍布斯和洛克两者都认为,走出自然状态是为了保护自我的生命自由,但霍布斯从人性自私出发,对于人们享有和平但履行承诺的动机抱有不信任感,他认为,言词所缔结的契约并不能完全约束那些极为自私而又想当逃票乘客搭便车的人。因此,通过契约转让不可伤害他人以及报复的权利,从而形成一个具有至上权威的机构——利维坦,从而以强力来制裁那些逃票乘客以及对人们的强制。并且,霍布斯认为,人们转让出去的权利是不能收回的,因此,那个专制的统治者做什么都是对的,即使他下命令杀死你。这样,霍布斯就从保护个人的生命自由走向了相反的方向,即全体成

---

① [美]罗尔斯:《政治哲学史讲义》,杨通进等译,中国社会科学出版社2011年版,第30页。

员所为保护自己生命权利而建构的利维坦，反而成了他人可随时夺走自己生命的一种政治社会。而洛克的出发点虽然相同或相似，但洛克认为社会契约转让权利而成立政府的目的是保护人的生命权、自由权和财产权，因此，如果一个政府不能保护公民的生命权、自由权和财产权，那么，人民就有权推翻和否定这样的政府。因此，不论社会契约所建构的政治社会具有什么样的性质，都表明，如果没有社会契约，那么，人类存在状态就不可能从自然状态转向政治社会，因而社会契约在这里起着关键性的作用。

对于这样一种学说，关键是要理解古典社会契约论学者对于人的理解。除了我们上述所说的如霍布斯和洛克对人的道德品性的不同理解，他们还有一个共同点，就是说所有在自然状态下的人都是平等的人，这既是说人的自然平等，也是说人的理性平等。这是因为，在自然状态中的人，没有社会地位上的区别，从而也就没有对人的不平等的理解。其次，无论说人是自私的还是人是善良的，都并没有说人在道德上有着什么大的差别，而是说所有人的共同道德品性。还有，就契约而言，这里我们不追溯西方的思想史，只是说契约本身。契约一定意味着至少两个有着自由意志的实践主体的存在，也意味着进入契约的主体是为了某种未来的共同事业而进行着谋划。在这里，没有压制的环境，相互尊重以及相互承认，诉诸理性认知，都是最基本的道德环境要求、相互的道德要求以及认知特点。这些最基本的特征，也是罗尔斯在建构初始位置时所考虑的环境因素和主体因素。

二 初始位置

罗尔斯的初始位置的设置所体现的就是古典契约论的设置。罗尔斯在第一章的开篇处说："我要提出'公平的正义'的主要观念，提出一种使传统的社会契约论更为概括和抽象的正义论。在此，社会的契约被一种对最初状态（initial situation）的解释代替。"[①] 不过，在讨论之前，我们需要指出的是，罗尔斯对于契约论的起点的用语更多是使用"original position"（中文译本为

---

① ［美］约翰·罗尔斯：《正义论（修订版）》，何怀宏等译，中国社会科学出版社2009年版，第3页。

"原初状态")。古典契约论是将人类社会的演进设置为从自然状态经过全体社会成员的同意而建立政治社会,但罗尔斯借用这样一种人类社会的演进方法来建构他的正义理论。因此,罗尔斯的原初位置有着将类似于古典契约论中的自然状态的地位。欣顿(Hinton Timothy)认为,罗尔斯的原初位置的假设具有三重意义:第一,它为探究政治哲学的证明问题和客观性问题提供了一种新思路;第二,它引发了许多有意义的哲学问题;第三,它启发了其他哲学家采取不同的立场,重新思考并重新概念化这个观念最初要解决的问题。[①] 罗尔斯重新回到契约论的进路来讨论社会正义问题,实际上是以一种政治建构主义的思路来重新理解现代政治哲学。很显然,在罗尔斯的心目中,这并不是一种对于历史的真实追溯,而是一种建构主义的方法所要求的。罗尔斯在《政治自由主义》中谈到原初位置时指出,作为一种政治建构主义的设置,有些要素尤其是如原初位置这样的要素,并不是建构出来的,而是被制定出来的[②],即建构主义的要求是有些最基础性的要素给定的,然后以一种建构主义的程序一步步地推演,从而达到一种公平正义的原则和政治观念。初始位置的设置目的就在于达成所有参与者都认可和接受公平正义两原则或政治观念。罗尔斯的初始位置的设置,包括"正义的环境"和"无知之幕"这样两个基本设置,以及对于理性与自利人的"相互冷淡"的假设。我们先从"初始位置",然后再从无知之幕讨论这个"初始位置"。

首先,我们要问,罗尔斯为什么不用"自然状态"这一概念而用"初始位置"这一概念?罗尔斯要以类似于古典契约论的方法来提出他的公平正义原则或公平正义的政治观念,必然要借用古典契约论的三重结构方法。不过,他也讲到,他不是像古典契约论那样,通过社会契约而进入某种社会或某种政体,而只是推演出他所需的道德原则,即公平正义的原则。这是说他与古典契约论的区别,但注意,他仍然保留了这样的三重结构,只不过是将最后

---

① 参见 Timothy Hinton, (ed.), *The Original Position*, Cambridge: Cambridge University Press, 2015, pp. 1–2.

② 参见 John Rawls, *Political Liberalism*, New York: Columbia University Press, 1999, p. 103.

第三章 罗尔斯

一个古典契约论所达成的目标进行了转换而已。然而，人们也应当关注社会契约论的第一个环节在罗尔斯这里的变化，首先就是这个概念的问题。张国清提出，译为"初始位置"而不是"原初状态"的理由是："假如'original position'被解读为'原初状态'，那么各方只能在原初状态下开展相关工作，这与罗尔斯关于自由平等理性人的假设不相符合。因为罗尔斯假定的'original position'是理性人的'某个初始场景'（initial situation）。我们可以设想这样的场景：有个小会议室，里面有张圆桌，圆桌周边放着若干椅子，每把椅子上可以坐一人。你就是可以在圆桌边的任何一把椅子上坐下来讨论正义原则和正义观念筛选问题的理性人。你所处的位置就是'初始位置'（original position）。你是参加会议的代表人，会议参与者不必太多。按照罗尔斯的简化原则，虽然罗尔斯从来没有说过究竟多少人，50人也许就已足够。"① 张国清的意见是，初始位置是一个讨论筛选正义原则的场所，每个人都在某个平等的位置上。罗尔斯所使用的position这个英文词确实是中文"位置"的意思，原译为"状态"也确实不合原意。原中文译本译为"位置"，笔者认为第一是为了与古典契约论中的"自然状态"（nature state）这一概念相对接，第二，罗尔斯在解释这一初始位置时，使用的"无知之幕"（the Veil of Ignorance）和"正义的环境"（the Circumstances of Justice）这两个约束性或假设性条件，确实具有状态而不是位置的意思。但我们认同张国清的翻译，是认同他对原初位置的这一解释，即人们是处于这样一种位置来进行正义原则的筛选的。并且，我们认为，罗尔斯使用position而不是state，可能正是他想与古典契约论的状态说区别开来而有意为之。因此，尽管罗尔斯的初始位置有着与古典契约论的状态一样的表述，但他本人强调他的契约论的起点是某种初始的位置，而不是像古典契约论那样的状态。

无知之幕是罗尔斯对处于初始位置的理性人的信息状况的假设。值得注意的是，罗尔斯在这一章中的编排，他是放在"正义的环境"之后，这种编排也确实使人将original position译成原初状态更为提供了理由。但实际上，罗尔斯在《正义论》第一章中最先交代的是无知之幕的假设。罗尔斯说："在公

---

① 张国清：《〈正义论〉评注》上册，中国社会科学出版社2023年版，第435页。

平的正义中,人人平等的初始位置相应于传统的社会契约论中的自然状态。这个初始位置当然既不可以看作一个真实的历史环境,更不可以看作一个原始的文化条件。它可以理解为某个纯粹的假设情景,提出如此假设是为了达到某种确定的正义观念。这一情景的本质特征是:第一,没有人知道自己在社会中的位置,无论是自身的阶级地位,还是自身的社会等级;第二,没有人知道自己在自然资质分布和天赋能力分布上的运气,无论是自身的智力,还是自身的体能,如此等等。我甚至假定,各方既不知道他们持有的善观念,也不知道各方存在的特殊心理倾向,正义原则是在无知之幕之后被选中的。这种情形保证,在筛选原则的过程中,谁都没有因为自然机会的结果或社会环境的随机因素而获利或受损。因为所有的位置都大同小异,谁都无力设计出对自己的特殊条件有利的原则,所以,正义原则便是公平协议或公平交易的结果。"① 在这里,罗尔斯把初始位置与无知之幕直接关联起来,强调了初始位置具有的无知之幕特性。如果离开了无知之幕,也就没有罗尔斯的原初位置的假设。不过,罗尔斯所设想的无知之幕并不是将这样的遮蔽放在每个人的前面,而是设想遮蔽是在人们的知识和文化信息方面。在第三章中,罗尔斯进一步限定了无知之幕这一概念的内涵。除了上述特殊信息需要屏蔽外,还有个人所处的社会环境的特殊信息、文明程度和文化水平,以及自己的世代信息。其次,罗尔斯并非将所有必要信息都给屏蔽掉,他将一般性的社会事实排除在需屏蔽的信息之外,如政治事务和经济学原理,一般法律规则以及社会组织和人类心理学的法则。由于罗尔斯设置的需要,他认为他们还应知道的唯一特殊信息就是受到正义环境的制约。因此,在中文学术界,有人认为,这个"veil"译成"幕"可能太重了点,应译为"无知之纱",因为罗尔斯基本上把除个人特殊信息之外的所有一般信息都没有屏蔽掉。

罗尔斯以无知之幕设定初始位置,这一设置首先是将自己与霍布斯、洛克和卢梭等人的自然状态区别开来。首先,罗尔斯指出这是一种纯粹的假设,

---

① John Rawls, *A Theory of Justice*, Rev. ed., Cambridge Mass., Harvard University Press, 1999, p. 11. 译文参照了张国清《〈正义论〉评注》中的译法。

是逻辑推演的前提,古典契约论则把自然状态看成人类历史上的真实存在。因此,罗尔斯虽然明确地说是将古典契约论提升到一个抽象的水平,而所谓"抽象水平"即将其内在的实质以抽象的方式提炼出来,这就是无知之幕的设置。其次,无知之幕所屏蔽的信息都是个人的特殊信息,屏蔽掉所有个人的特殊信息,则意味着所有人都处于一种平等的地位,人们认为,这里体现了罗尔斯的平等主义,或出发点的平等主义。罗尔斯也称进入初始位置的人是"平等的理性人"。不过,人们认为,罗尔斯的差别原则,即经过筛选而将认可的两个正义原则之中的差别原则并不是平等主义的,而体现的是功利主义的最大化和效率原则。[①] 但罗尔斯的意思是,两个正义原则是处于平等地位的所有代表人同意或认可的,如果不是处于一个平等的地位,则他们不可能认可或选择这两个正义原则,包括不可能选择对于弱势群体有利的差别原则。罗尔斯说:"对任何一个个体来说,通过迎合其威胁优势而制订的原则不是一个正义原则。如果初始位置意在达成正义的契约,那么各方就必须是处于公平的境况中,并作为道德人平等地对待。世界的偶然性必须通过调整最初立约状态的情景环境来纠正。"[②] 包括阶级地位、出身等背景的个人的特殊信息决定了人们所处的社会地位千差万别,如果从这样充分的信息出发,罗尔斯认为人们为了捍卫自己的特殊利益,必然不可能提出一个公平正义的原则。罗尔斯指出,他的正义论的出发点就是人们在实际社会中的不平等的出发点及所产生的问题。他在谈到社会基本结构时说:"社会基本结构之所以要作为我们这里所说的正义的首要主题,是因为它的影响十分深刻并且始终如此。在此直觉的观念是:这种基本结构包含着各种不同的社会位置、出生于不同社会位置的人们有着不同的生活预期,这些预期部分取决于政治体制和经济、社会环境。这样,社会制度就使得某些起点比另一些起点更为有利。这类不平等是一种极其深刻的不平等。它们不仅涉及面广,而且

[①] 参见 John E. Roemer, "Egalitarianism against the Veil of Ignorance", *The Journal of Philosophy*, Vol. 99, No. 4, Apr., 2002, pp. 167-184。

[②] John Rawls, *A Theory of Justice*, Rev. ed., Cambridge Mass., Harvard University Press, 1999, p. 122. 译文参照了张国清在其《〈正义论〉评注》中的相关译文。

影响到人们在生活中的最初人生机会……正是这些不平等一定是社会正义原则最初的应用对象。"① 因此，罗尔斯有意识地屏蔽了这些现实社会生活中的人们的这些特殊信息，并不是认为这些信息不重要，而恰恰是针对这类信息对于社会正义所产生的问题，因而必须找到一个公平平等的起点，即从一种理想的状态入手来回答公平的正义是什么，从而提出一个能够建构优良秩序社会的公平正义原则。

正义的环境。正义的环境是初始位置设置的第二个重要要素。这里需要指出，"初始位置"并不是说某一个人的位置，而是进入契约商谈中的各方代表的位置。而各方代表之所以要进入这样一个场所来进行商谈，以筛选今后决定社会基本制度的正义原则，在于所有人认识到社会合作的必要以及社会合作可能存在着冲突的问题。正义环境也就是社会合作需要正义的背景条件。罗尔斯说："我们不妨把正义的环境描述为使得人类合作既有可能又有必要的正常条件……虽然社会有利于促进相互有利（mutual advantage）的合作场所，但是社会的一大特点在于，它既存在利益冲突，又存在利益的一致，社会之所以是利益一致的，是因为同每个人试图依靠自己努力去独自谋生相比，社会合作使所有人都有可能过得更好些。社会之所以是利益冲突的，是因为为了追求自己的目的，每个人都想要得到更大的而非更小的份额，人们并不在乎如何分配通过协作产生的较大收益，因此就需要一些原则，用来筛选各种社会安排，那些社会安排决定各种利益的划分（division of advantages），并就适当的分配份额签署协议。这些要求明确了正义的作用。产生这些必要性的背景条件便是正义的环境。"② 罗尔斯在此所说的是为什么社会合作需要正义的原则，也就是产生正义原则的背景条件。这个条件无疑是一般性的条件，即在任何时候，只要是有人存在的地方，都需要正义原则来维护或决定利益的分配或划分。需要指出的是，但并非意味着在任何社会、任何时代人们的

---

① John Rawls, *A Theory of Justice*, Rev. ed., Cambridge Mass., Harvard University Press, 1999, pp. 6-7. 本译文参照了张国清在其《〈正义论〉评注》中的相关译文。

② John Rawls, *A Theory of Justice*, Rev. ed., Cambridge Mass., Harvard University Press, 1999, p. 109. 本译文参照了张国清在其《〈正义论〉评注》中的相关译文。另，原文中没有中文所译的"分工"之意。

合作都是由正义原则来调节的,因而,这种一般性的背景并非意味着任何社会都是正义的社会,但不可否认,罗尔斯认为,一个社会的基本制度需要正义原则来调节,其理由就在于此。

除了一般性的缘由,罗尔斯还提出了他的正义原则所需要的正义环境的客观因素和主观因素。这里的客观因素是:"众多的个人共同生存于一个确定的地理区域里,他们的身体与精神能力大致相同,或无论如何,他们的能力在如下意义上是大致相当的:没有任何一个人能支配其他人。他们是易受攻击的,所有人都处心积虑,有自己的盘算,以免受到其他联合力量的围击。最后,在许多领域都存在着一种适度匮乏(moderate scarcity)情况。自然资源和其他资源并不是非常丰富以致使合作的计划成为多余;各种条件也没有苛刻到使得富有成效的合作难以为继的程度。尽管相互有利(mutually advantageous)的安排是可行的,但它们产生的利益与人们提出的要求尚有差距。"①罗尔斯这段话,除了"适度匮乏"外,上述所说几乎都是霍布斯谈到的自然状态中的内容。概括一句话,这就是"自然平等",即人在体力和智力上的平等。这也表明罗尔斯认同了霍布斯对于自然状态中的人的平等的规定。此外,适度匮乏以及合作性问题则是休谟在讨论正义规则作为人为规则中所谈到的。对于这一点,罗尔斯自己明确地说:"休谟对它的解释是特别清楚的。他对此做过更为全面的论述,本人如上概述没有任何实质性的补充。为了简单起见,我特别强调适度匮乏的条件和利益冲突的条件。"② 因此,罗尔斯的正义的环境实际上是综合了霍布斯关于自然状态和休谟关于正义原则的讨论,并且将这两者归到初始位置这一假设之中。

人们在社会中的合作与利益冲突的问题,必然涉及对人的理解。这也就

---

① John Rawls, *A Theory of Justice*, Rev. ed., Cambridge Mass., Harvard University Press, 1999, pp. 109-110. 本译文参照了张国清在其《〈正义论〉评注》中的相关译文。另,"advantageous"一词英文确实是优势之意,不过,译为相互有利也合其意,即对于相互的优势都有利的安排。

② John Rawls, *A Theory of Justice*, Rev. ed., Cambridge Mass., Harvard University Press, 1999, p. 110。另,参见休谟对正义的起源的讨论:《人性论》第三卷第二章"论正义与非正义"。

是罗尔斯在讨论正义问题的起点时必须回答的问题。罗尔斯在其讨论中，首先从社会实践层面进行讨论。一方面，在社会实践和社会生活中，人们有着大致相近的需求与利益，从而使得人与人之间的相互有利的合作成为可能。另一方面，每个人都有自己的生活计划和目标。无疑，各个社会成员的目标并非完全相同，从而在利用自然资源和社会资源方面必然产生冲突。每个社会成员的生活计划或人生规划所涉及的是自我善观念的体现，也是自我利益的体现。由于利益冲突的存在，从而需要正义原则来调节，另一个问题是如何看待个人对于自我善的追求？我们认为，罗尔斯并不像霍布斯和休谟那样，认为人的本性是自私的。① 不过，这里涉及关于自私与利己或利己主义这些概念在中文学术界的一般性理解的问题。首先，人们认为，自私与利己或利己主义应当是具有相同意义内涵的概念，都是认为将自己的利益放在他人利益和（或）社会利益之上，甚至以损害他人利益和（或）社会利益来满足自己的利益。其次，自私、利己或利己主义都意味着将个人利益与他人利益和（或）社会利益对立起来，并且在这种对立中来满足自私或利己的利益要求。最后，自私或利己主义是将个人利益作为中心，以个人利益为最高利益原则。这样理解的自私与利己主义实际上没有将合理的个人利益与不合理的对个人利益的追求，或不合道德和非法谋取个人利益的行为与动机区别开来。霍布斯式的在自然状态下人们唯一的自然法则就是自我保存，或生命的自我保存，同时，由于在自然状态下没有法律也没有真正的道德约束，并且由于资源的匮乏，为了能够生存下去，受利己心驱使的个人总是为了利益与资源攻击他人，甚至对他人先发制人来取胜。这样的利己主义或自私是以为了达到目标而不择手段为其特征的。我们认为，罗尔斯所讨论的个人生活计划以及生活计划的执行与人生愿望的满足意义上的个人合理之善，是自我善观念及其满足的体现，并不是霍布斯式的自私概念也不是休谟式的个人主义的体现。罗尔斯说："应当指出的是，我对于各方的善观念，除了它们是合理的长期计划之外，没有任何限制性规定。尽管这些计划决定着一个自我（a self）的目的

---

① 霍布斯认为，人类的自我保存是一切道德产生的根源，而休谟也认为，正义的法则根源在于人的利己心。见霍布斯《利维坦》及休谟《人性论》相关讨论部分。

和利益,这些目的、利益并没有被假设为自利的(egoistic)或自私的(selfish)。是否属于这种情况要取决于一个人所追求的是什么样的目的。如果一个人的最后目的是财富、地位、势力和社会威望的赞扬,那么他的善的观念确实是自利主义(egoistic)的,他的主导性兴趣(dominate interests)在于其自身(himself),虽然不仅仅是,但总是对自我(a self)的兴趣。那么,这跟以下假定并无矛盾——假定一旦消除无知之幕,各方就会发现他们有各种情感和爱的纽带,想去推进他人的利益,乐见他人实现其目的。"① 这里需要指出,"egoistic"这一英文词一般译为"利己的"或"利己主义的"。但 ego 这一英文词根就是自我,与 self 的意思是一致的。当人们像罗尔斯这样讨论自我或自利时,没有中文词"利己主义"的道德贬义。而且,罗尔斯在这里所说的是对人们自身的合理善的追求,它是自我善观念的具体体现。对于这些合理的个人长期计划以及这些长期计划所体现的自我善观念,罗尔斯并不认为可以在道德上进行贬低。在英国沙夫茨伯里、哈奇逊那个时代,就曾由于曼德维尔大力提倡自私从而有过关于自爱(或自私)的讨论。在他们看来,曼德维尔讲的很多关于自私的说法,实际上都可看成自爱,而人的理性能够发现在某个范围内,自爱与仁爱是一致的或相容的。卢梭也曾对自私有过一个界定性的说法。他说:"自爱心所涉及的只是我们自己,所以当我们真正的需要得到满足的时候,我们就会感到满意的;然而自私心则促使我们同他人进行比较,所以从来没有而且永远也不会有满意的时候。"② 自私所指的是在我们与他人的关系中出现的问题,而自爱涉及的是我们与自我的关系。当罗尔斯谈到我们自己的长期计划时,从卢梭的这一区分来看,应当并不涉及自私的问题。还有,我们还需在此看看罗尔斯如何谨慎地使用"a self"这个词,并且将这个词与"egoistic"和"selfish"区别开来。"egoistic"是"egoism"的形容词,而"egoism"这词现在在英文文献中,应当看作一个在道德上的

---

① John Rawls, *A Theory of Justice*, Rev. ed., Cambridge Mass., Harvard University Press, 1999, p.111.

② [法]卢梭:《爱弥儿 论教育》上卷,李平沤译,商务印书馆 1978 年版,第 290—291 页。

中性词，在"布莱克韦哲学指导丛书"的《伦理学理论》中，有一章讲的就是"egoism"，而作者使用这词是在道德上中性而不是在贬义上使用，对这词我们的译出是"自我主义"。① 即使如此，罗尔斯还是告诉我们，个人有关自我善的问题，并不是 egoistic 或 selfish。另外，罗尔斯还在此加以说明了，当无知之幕解除之后，这样的人进入社会，"会发现他们有各种情感和爱的纽带，想去推进他人的利益，乐见他人实现其目的"。这是再次说明，这样关心自我利益的人，并不是一个在人与人的关系中自私的人。因而，那些认为罗尔斯在初始位置中设定的人是一种利己主义者（自利人）或自私人的说法是对罗尔斯关于人的道德特性的误解。

罗尔斯关于处于"初始位置"的人的道德特性，还有一个重要假定：人与人之间是相互冷淡的（mutually disinterest，或译为互不关切的）。所谓"相互冷淡"，即人们对于不是自己的利益不会热心，并且，人们不会愿意为了他人利益而牺牲自己的利益。罗尔斯说："公平的正义还有一个特征，它把处于初始情景（initial situation）的各方（parties）设想为是有理性的和相互冷淡（mutually disinterested）的，这并不意味着各方是自我主义者（egoists），即那种只关心自己的某种利益，比方说财富、威望和支配性的个人，而是被理解为对他人利益不感兴趣。"② 前面所引罗尔斯所说，这样有着自我利益或自我善的追求的人，在真实的社会中，仍然是对他人有热心的人。但罗尔斯强调人们对于不是他们自己的利益的东西，不会热心去关注，更不用说为了他人利益而牺牲自己的利益。罗尔斯指出这是为了正义的环境的设定，即处于初始位置的人际关系的设定。对于这样的设定，罗尔斯认为，这是从正义原则的筛选角度来设定的。试想如果人们都像圣徒那样能够随时舍去自我利益，那么，就不需要正义原则来调节。然而，在现实社会中，不仅认为人们都在为了自我的利益而努力，而且对于自我利益有着一般大家

---

① 参见［美］休·拉福莱特主编《伦理学理论》，龚群主译，中国人民大学出版社2008年版，第152—173页。

② John Rawls, *A Theory of Justice*, Rev. ed., Cambridge Mass., Harvard University Press, 1999, p.12.

第三章 罗尔斯

都可接受的理解。同时，人们既不会像小偷那样眼睛盯着别人的钱包，也不会像圣徒那样随时准备为了他人利益来牺牲自己的利益。在罗尔斯看来，凡是存在着利益竞争的地方，凡是存在着人们以为有权将自身权利强加于别人身上的地方，就是正义的德性起作用的地方。因此，正义的环境所要确立的，正是这样一种初始性条件。换言之，像君子国那样设想的理想社会，对于人们的道德假设都寄希望于一个高于现实的前提，而这样的君子国分明是一种空想。当所有人都是无私君子时，所有的市场规则都不可通行了。如果要人人都学雷锋，所导致的结果就是普遍的道德伪善。如规定某日为学雷锋日，让一部分人为人们义务修理各种家电等，结果是相当一部分人就会认为这是一种捡便宜的时候，平时根本不能用的东西都拿出来了。还有，如果在公交车上，如果两个人都想学雷锋而只有一个座位时，结果就是谁也不会坐下，因为谁坐下谁可能就不是学雷锋那样来为人民服务了。实际上，公正的秩序是建立在某种合理的理由上的，如两位乘客哪个更需要，而不是看谁思想道德水平更高谁就让（不让座位结果成了觉悟水平低）。

以正义原则来调节人与人之间的利益竞争或利益冲突，首先在于人们所拥有的正义感，正因为在公平正义的合作体系中生活的人们所拥有的正义感，才使得正义原则的确立有了社会成员或普遍公民中的坚实基础。罗尔斯指出，就是在现实社会中，对于人与人之间的利益冲突的调停，主要就是人与人之间的正义德性所起的作用，实际上就是讲人们所拥有的正义感。因此，除了自我善观念之外，正义感是罗尔斯对人的道德特性的又一个重要设定。罗尔斯说："个人因其在必要程度上拥有两种道德人格能力（powers），即正义感的能力和善观念的能力（capacity）而被看作是自由平等的人。"[①] 这是罗尔斯对处于无知之幕中的各方代表作为自由平等人的本体性设定，即所有人都是自由平等的社会成员，而他们之所以是自由平等的人，在于他们所拥有的两种道德能力。这两种道德能力也不是建构出来的，而是罗尔斯的建构主义设

---

① John Rawls, *Political Liberalism*, New York, Columbia University Press, 1993, p.34；[美] 罗尔斯：《政治自由主义》，万俊人译，译林出版社2000年版，第35页。

置的要件，或基本要素。我们已指出，罗尔斯类似于古典契约论的初始位置的假设，与古典契约论的一个重大区别就在于罗尔斯要通过这样一种建构程度来筛选正义原则和正义政治观念，而不是进入某种特定社会和政体。因此，正义感必须是设定的基本要素之一。有了基本的或必要的正义感，对于公平的正义原则就会产生直觉上的认同。但罗尔斯的正义感是正义环境中的一个因素，它要与正义环境中的适度匮乏以及无知之幕的特殊信息屏蔽共同起作用。或者说，排除了那些特殊信息的干扰，那么，作为自由平等的道德人的内在道德资质就可以发挥应有的作用。并且，罗尔斯还认为，正义感的能力是他的理论所论证的理想的公平合作体系参与的能力。他说："正义感即是理解、运用和践行代表社会合作的公平条款为特征的公共正义观念的能力。假定政治观念的本性是具体规定公共证明的基础，那么，正义感也表达了这样一种意愿，如果说不是一种欲望的话，那这就是：在与他人关系中按照他人也能够公开认可的条款来行动的意愿。"① 罗尔斯的社会契约论是要建构一个理想的公平合作体系的政治模式，在这样一种良序社会中，正义感发挥着关键性作用，即建立与他人的公平合作关系。因此，正义感不仅在类似自然状态的初始位置上发挥作用，也是公平正义社会秩序的关键性建构因素。

当然，在初始位置上进行正义原则的筛选，理性或推理判断的作用也很重要，因为在罗尔斯看来，人们所面对的，不是一种甚至不是一类正义原则，而是多种正义原则，并且，对于什么是够格的正义原则，需要进行理论上的甄别；如同对于正义感的能力是公平合作的基本精神条件，理性能力也是罗尔斯所考虑的每个人与其他人公平合作的基本能力。正因为如此，罗尔斯在《政治自由主义》中说："这一基本理念是，个人凭借其两种道德能力（正义感和善观念的能力）和理性（reason）能力（与前述那些能力相关联的判断力、思想能力以及推论能力）而成为自由的。拥有这些能力，使他们在所要求的最低程度上成为自由的。拥有这些能力，使他们在所要求的最低程度上

---

① John Rawls, *Political Liberalism*, New York, Columbia University Press, 1993, p. 19; [美] 罗尔斯：《政治自由主义》，万俊人译，译林出版社2000年版，第19页。

成为充分参与合作的社会成员,这一点又使每个人成为平等的。"[1] 理性能力的重要性,还在于罗尔斯所强调的另一个方法:反思平衡。反思平衡方法就是在原则与实践、原则与建构设置之间的往返。反思平衡首先是在原初位置上进行,即对于原初位置的设置与正义原则之间进行反思平衡。整个正义原则的筛选以及正义原则的完善性表述或提出,都是在反思平衡方法的应用下一步步推进的。而反思平衡方法离不开理性能力,或它是以理性能力为基础的。

第二节　两个正义原则

罗尔斯以类似于古典契约论的自然状态的初始位置来作为筛选正义原则的初始情景和环境场所,在这一初始性场所中,罗尔斯认为,有多种正义原则可供各方代表来选择,如罗尔斯的两个正义原则、功利主义的正义原则,以及利己主义的观念和直觉主义的观念等。通过在初始位置的各方代表的理性选择,以及他们对于无知之幕掀开后的社会处境的考虑,在对于各种可能后果的考虑下,最后选择罗尔斯所荐举的两个正义原则。在这种选择过程中,最大最小值规则起了重要作用,即在可选择项中,我们所选择的那一项的最坏结果优于其他对象的最坏结果。还有罗尔斯认为他们并不愿意拿他们自己的幸福前景来冒险,即他们都有着某种程度的规避风险的心理,这些对于他们的选择起了重要作用。而这里所说的两个因素,都是人们所批评的地方。

两个正义原则是罗尔斯的公平正义理论的核心所在,在整个《正义论》中,对于两个正义原则进行了反复论证,初始位置是罗尔斯对其公平正义理论的论证起点,也在整个论证过程中起着关键性的作用。这个作用就是通过反思平衡的方法来将原则与初始位置进行往返来回,从而最终使这两个公平正义原则得到充分论证与说明。

在《正义论》中,罗尔斯首次表述两个正义原则或两个公平正义原则

---

[1] John Rawls, *Political Liberalism*, New York, Columbia University Press, 1993, p.19;[美]罗尔斯:《政治自由主义》,万俊人译,译林出版社2000年版,第19页。

如下。

第一个原则：每个人对于最广泛的平等自由体系都拥有平等的权利，这一体系与其他人所拥有的一个类似的自由体系（system）是相容的。

第二个原则：社会和经济的不平等应这样安排：使它们（1）被合理地期望符合每一个人的优势（利益）；并且（2）［社会］位置（position）和职位（office）向所有人开放。①

在《正义论》的第46节中，罗尔斯对于两个正义原则给予了最后陈述，并且这一陈述还表述了两者的关系。

第一个原则：每个人对于最广泛的平等基本自由总体体系（total system）都拥有一种平等权利，这一体系与其他人所拥有的自由体系是相容的。

第二个原则：社会和经济的不平等应这样安排：使它们（1）在与正义储存原则一致的情况下，符合最少优势者（the least advantaged）的最大受益（benefit）；并且（2）在机会公平平等的条件下，［社会］的职位和位置向所有人开放。

第一优先原则：两个正义原则应以词典式次序排列，因此，自由只因自由之故而被限制。这有两种情况：（1）一种不够广泛的自由须加强由所有人分享的完整自由体系；（2）一种不够平等的自由必须可以为那些拥有较少自由的公民所接受。②

在这里，罗尔斯有几个重要改动和增加：一是为自由体系加上了"总体"这样的词，这是在充分讨论了各种自由之后，罗尔斯认为有必要加上的限定词；二是对于第二原则的表述更加清楚，尤其是明确提出社会和经济不平等的正义性在于使最少优势者（中文学术界一般说成"最少受惠

---

① 参见 John Rawls, *A Theory of Justice*, Rev. ed., Cambridge Mass., Harvard University Press, 1999, p.53；［美］约翰·罗尔斯《正义论（修订版）》，何怀宏等译，中国社会科学出版社2009年版，第47页。

② 参见 John Rawls, *A Theory of Justice*, Rev. ed., Cambridge Mass., Harvard University Press, 1999, p.266；［美］约翰·罗尔斯《正义论（修订版）》，何怀宏等译，中国社会科学出版社2009年版，第237页。此处还有第二个优先性原则，即正义对效率的优先，公平机会对差别原则的优先。

者")的最大受益（中文学术界一般说成"最大得益",应当看到,这两者意思相近）;三是明确提出自由的优先性原则,即第一原则对第二原则的优先性。这里需要注意的是,罗尔斯在《政治自由主义》中对第一原则的表述:"每个人对于最广泛的平等基本自由的充分适当的体系（a fully adequate scheme）都拥有一种平等权利,这一体系与其他人所拥有的自由体系是相容的。"① 罗尔斯这样改动的理由是,他认为"最广泛"有着最大程度的含义,而"充分适当"则没有这样的含义,也比较切合所讨论的问题。罗尔斯指出,这样的修改意味着自由的体系不是将什么自由最大化,也不是将道德能力的发展最优化,基本自由是平等地保障全体公民的社会条件。

这里需要强调的是公平正义的两个正义原则之间的关系,即第一原则与第二原则有着一种词典式的次序,这种次序是不可颠倒的。词典式次序也就是第一原则永远在第二原则的前面,以及第一原则的平等精神要贯彻到第二原则中去,即第二原则在总体上或精神上对于第二原则起着纲要性的作用,而第二原则从精神上要体现出第一原则的灵魂。这里需要指出的是,罗尔斯的平等主义倾向不仅体现在初始位置的设置上,而且体现在公平正义的第一原则上,即第一原则是无条件的平等原则。然而,第一原则尤其是经济分配意义上的差别原则,则是在承认效率的前提下提出的,即最大获益者如果能够给予社会中的最少受惠者最大得益,那么,这样的社会安排就是正义的,而这也就是差别原则的实质内涵。这一内涵表明,罗尔斯承认差别而没有坚持平等。但是,从给予最少受惠者最大利益的社会安排来看,同样又体现了平等主义的倾向。

一 基本自由及其优先性

罗尔斯的两个正义原则主要适用于社会的基本结构。换言之,社会基本结构的正义是罗尔斯正义论的核心所在。如何理解社会基本结构的正义的重要性? 在罗尔斯看来,社会基本结构是支配权利与义务的分配,以及调节社会和经济利益的分配。罗尔斯认为,社会基本结构可以划分为两个不同的部分。第一原

---

① John Rawls, *Political Liberalism*, New York: Columbia University Press, 1993, p. 291.

则适用于第一部分,第二原则适用于第二部分。这两个部分分别是:一确保公民的平等基本自由方面;二规定与确立社会及经济的不平等方面。那么,什么是基本自由呢?罗尔斯列举了这样一些方面:"重要的有政治上的自由(选举和担任公职的权利)与言论和集会的自由;良心自由和思想自由;个人的自由——包括免除心理的压制、身体的攻击和肢解(个人完整性)的自由;拥有个人财产的权利;以及依照法治的概念不受任意逮捕和没收财产的自由。按照第一个原则,这些自由都应是平等的。"① 第一原则所保证的是基本自由。要讨论第一原则的基本自由②,我们首先从罗尔斯关于自由的定义开始。

何为自由?这是我们讨论自由优先性的前提。罗尔斯指出,他不想像伯林那样区分消极自由与积极自由,也不想像贡斯当那样,认为现代自由比古代自由更为重要。他认为,这些区分都没有涉及自由的定义。罗尔斯认为,对于自由的理解,应当从三个方面的因素来理解或把握,这就是:自由的行动者,自由行动者所摆脱的种种限制和束缚,自由行动者自由决定去做或不做的事情。综合上述三个方面,罗尔斯认为,对自由的一般描述是:"这个或那个人(或一些人)自由地(或不自由地)免除这种或那种限制(或一组限制)而这样做(或不这样做)。"③ 罗尔斯认为这样一个关于自由的定义不仅适用于自然人,也适用于社团等法人。自由意味着不受限制或免除、排除限制,这是霍布斯以来的最原始的关于自由的定义,我们在前述哈耶克那里就看到。罗尔斯也从这里出发讨论自由问题。同时,罗尔斯也像哈耶克一样,联系宪法和法律的限制来讨论自由问题。自由与限制相对立而言,那么,什么限制?怎样的限制?罗尔斯说:"限制的范围包括由法律所规定的种种义务

---

① [美]约翰·罗尔斯:《正义论(修订版)》,何怀宏等译,中国社会科学出版社2009年版,第184页。

② 对于罗尔斯的基本自由即第一正义原则的更为详细的讨论,在笔者《罗尔斯政治哲学》(商务印书馆2006年版)的第七章中,这里由于不是对罗尔斯的政治哲学的全面而详细的讨论,因而相对简约一些。如有兴趣对于罗尔斯这一理论深入研究的读者,可以在这个问题上进一步阅读《罗尔斯政治哲学》,尤其是这一章。

③ [美]约翰·罗尔斯:《正义论(修订版)》,何怀宏等译,中国社会科学出版社2009年版,第158页。

第三章　罗尔斯

和禁令以及来自舆论和社会压力的强制性影响。我在大多数地方将联系宪法和法律的限制来讨论自由。在这些情形中，自由是制度的某种结构，是规定种种权利和义务的某种公开的规范体系。"① 换言之，自由体现在这种规范体系之中，而这种规范体系也就是规定着种种权利和义务的社会基本结构。同时，在罗尔斯对法律规范下的自由的理解也可以是这样的：法无禁止即为自由。如他所认为的，当人们摆脱某种限制做或不做某事，并同时受到保护而免受其他人的侵犯，在这样的情况下，我们可以说他们是自由的。就良心自由而言，罗尔斯认为，当个人可以自由地去追求、从事或不从事道德、哲学和宗教方面的各种兴趣，而且，法律并不要求他们从事或不从事任何特殊宗教或其他活动，同时，他人也无权干涉别人这样做时，那么，个人就有着良心的自由。因此，就罗尔斯而言，自由涉及两个方面：一是由正义原则所允许或赋予的权利与自由；二是法律不禁止而应当认为是许可的自由。法律本身也可以看作规范社会基本制度的正义原则的体现，因此，自由问题也可看作法治下的自由。在罗尔斯看来，"自由是制度确定的多种权利和义务的复杂集合"②。而我们拥有各种自由，这类自由就指定了我们可以去做我们想做的事（权利），而其他人则有着不干涉我们行动的义务。"但如果法无明文规定不为罪的准则受到侵犯，比方说，由于模糊的、不精确的法规而受到侵犯的话，那么我们能够自由地去做的事情就同样是模糊的、不精确的。"③

罗尔斯认为，法治与自由密不可分。他说："法治和自由具有紧密的联系。通过对一个法律体系的观念以及它与作为规则的正义所规定的准则的紧密联系的考察，我们就可以看到这一点。一个法律体系是一系列强制性的调整理性人的行为并为社会合作提供某种框架的公开规则。当这些规则是正义的时，它们就建立了合法期望的基础。它们构成了人们相互信赖以及当他们

---

① ［美］约翰·罗尔斯：《正义论（修订版）》，何怀宏等译，中国社会科学出版社 2009 年版，第 158—159 页。
② ［美］约翰·罗尔斯：《正义论（修订版）》，何怀宏等译，中国社会科学出版社 2009 年版，第 187 页。
③ ［美］约翰·罗尔斯：《正义论（修订版）》，何怀宏等译，中国社会科学出版社 2009 年版，第 187—188 页。

的期望没有实现时就可直接提出反对的基础。如果这些要求不可靠，那么人的自由的领域就同样不可靠。"① 罗尔斯在这里首先指出法律体系的观念与正义原则之间是紧密联系着的，而法律则是社会合作所需要的公开规则。如果法律在本质上是正义的，那么，它就建立了人们合法期望的基础。而如果这些要求不可靠，即人们无法确立社会合作的合法性期望，那么，自由的领域同样也是不可靠的。法律是公开性的公共规则体系，法律确定了那种所有公民的活动都可在其中发生的社会基本结构。作为一种理想的法律观念是认为，法律是正义法则或原则的体现，同时应当体现法治的观念。而法律对正义的偏离表现在，把法律看作推进独裁者的统治或仁慈君主的理想统治。罗尔斯也明确指出，一个暴君可能不预先通告就改变法律，并相应地惩罚他的臣民。② 因此，罗尔斯认为，作为民主法治国的法律以及其法律秩序，当其完善地实行法治准则时，那么，这个法律秩序将比其他法律秩序更为正义。因为"它将为自由提供一个较为可靠的基础，为组织起来的合作体系提供一个较有效的手段"③。

法治下的自由是从基本制度或社会基本结构意义上来讨论自由。在《政治自由主义》中，罗尔斯还从现代社会的公民自由意义上论述了公民的三种自由。第一种自由即因每个公民都具有正义感与自我善观念的能力，故而是平等自由的，这一观点在《政治自由主义》中再次强调。不过，在这后一部重要著作中，罗尔斯说："公民在设想自己并相互设想对方拥有一种善观念的道德能力（moral power）这一方面是自由的。"④ 但这样说，并不意味着罗尔斯在其后期放弃了两种道德能力的说法。在本书稍前些，罗尔斯说："个人成为充分参与公平合作体系的人，因其拥有两种道德能力即正义感和善观念的

---

① ［美］约翰·罗尔斯：《正义论（修订版）》，何怀宏等译，中国社会科学出版社 2009 年版，第 184 页。

② 参见［美］约翰·罗尔斯《正义论（修订版）》，何怀宏等译，中国社会科学出版社 2009 年版，第 187 页。

③ ［美］约翰·罗尔斯：《正义论（修订版）》，何怀宏等译，中国社会科学出版社 2009 年版，第 185 页。

④ John Rawls, *Political Liberalism*, New York: Columbia University Press, 1993, p. 30.

能力以及理性能力（判断能力、思想能力以及与这些能力相联系的推论能力）而成为自由的人。拥有这些能力，使他们在所要求的最低程度上成为充分参与合作的社会成员，这一点又使每个人成为平等的。"① 罗尔斯这是从社会合作的角度上说的，因为社会合作必须有正义感这一道德能力才可进行，而前述引文则是说对于自我善观念而言的自由，即个人可以也应当自我选择自己的善观念，在这方面每个人都是自由的。在罗尔斯看来，对个人自我的评价与个人在一定特殊时期所追求或拥有的善观念评价并不应是等同的，因为人们可以合理地和合乎理性地改变自己的特殊善观念。换言之，假定他们有着形成、改变和理性追求某种善观念，把他们作为自由人的公共认同不受到他们不时改变的善观念的影响。因此，这是从个人的特殊善观念与自由的关系上讲的。罗尔斯还说："个人被看作因其在必要程度上拥有两种道德能力，即正义感能力和善观念能力而成为自由平等的人。"② 这里讲的"必要程度"，实际上就是在参与合作需要的意义上的必要程度。

　　第二种自由是公民们"将他们自己视为各种正当要求（valid claims）的自证（self-authenticating）之源"③。罗尔斯解释说，这是说他们认为他们有资格向他们的社会制度或公共机构提出各种正当要求，以发展他们的善观念或要求他们的正当权利与利益。罗尔斯提出，这种公民从自身利益或自我善观念出发的要求有其自身价值，这种价值与政治的正义观念具有规定的义务和职责无关，公民们会认为，这些要求是建立在那些他们的善观念和生活中认可的道德学说的义务和职责之上的，因而也可说是自证性的。罗尔斯认为，虽然我们可以说这些要求与政治的正义观念无关，但如果公民们把它们看成与公共的政治正义观念相容，那么，也可以说是自证性的。self-authenticating，即"自我证实"或"自我证明"，即公民们从自我善观念出发的、体现正当权利与利益的要求，这些要求是对制度的要求，或者说是社会制度应当满足的要求，这类根源于公民们的自我善观念的要求是可以得到自我证明的。换

---

① John Rawls, *Political Liberalism*, New York: Columbia University Press, 1993, p. 19.
② John Rawls, *Political Liberalism*, New York: Columbia University Press, 1993, p. 34.
③ John Rawls, *Political Liberalism*, New York: Columbia University Press, 1993, p. 32.

言之，公民们把民主宪政的社会制度看成他们自己的社会制度，这个制度的合法性来源于公民们的赋予。在一种相当不同的政治观念中，社会成员并没有把他们自己的要求看成正当要求的根源。如在奴隶社会，奴隶被看作没有要求，即使有要求，也不把他们的要求看作基本社会权利与职责的要求。这样的对比也就清楚了，为什么可以将公民的道德能力和他们拥有的自我善观念看成自由公民的根源。但实质性的意义在于，正是民主宪政制度下的公民才有这样的可能，因而公民以自身利益或自我善观念的要求来要求社会机构，这恰恰是民主制度作为所有公民的制度特征，而在奴隶制下，奴隶则根本不被当人看，那个社会的制度是奴隶主的利益的体现。

公民的第三种自由，是"他们能够对他们的各种目的负责，而这也影响到对他们各种要求的评价。粗略地说，假定有了公正的背景制度，假定每一个人都有一份公平的基本善（primary goods，这是正义原则所要求的），则我们认为，公民们能够按照他们合乎理性的期待来调整他们的目的和志向"[1]。对于这一方面的自由的解释，罗尔斯是联系基本善来说明的。基本善是罗尔斯的正义原则涉及可支配性利益分配的基本概念。关于基本善的内涵，罗尔斯在《正义论》第一版中有一个简要的表述："所有的社会基本善——自由和机会，收入和财富及自尊的基础——都应被平等地分配，除非对一些或所有社会基本善的一种不平等分配有利于最不利者。"[2] 这一表述后来在修订版中被删除，但这并不意味着罗尔斯放弃了这一基本概念，因为罗尔斯对《正义论》的修改，并没有对在其中涉及"基本善"的问题进行其他的修订，而且，在《政治自由主义》中，还有一对基本善的更完善的表述："（1）基本的权利与自由，它们可以列出一个目录；（2）移居自由与多样性机会背景下对职业的选择；（3）在基本结构的政治制度和经济制度中享有的各种权力和特权、职位和责任；（4）收入和财富，以及最后；（5）自尊的社会基础。"[3] 这样一个表

---

[1] John Rawls, *Political Liberalism*, New York: Columbia University Press, 1993, pp. 33-34.

[2] ［美］约翰·罗尔斯：《正义论》，何怀宏等译，中国社会科学出版社1988年版，第292页。

[3] John Rawls, *Political Liberalism*, New York: Columbia University Press, 1993, p. 181.

述是对《正义论》第一版的表述更为详尽的表述。"自由"这一概念有了更清楚的表述,而对于"机会"这一概念,则具体化为第二、三两条,列出的这些内容都表述为社会制度可分配的基本善。以公民的第三种自由来理解社会基本善,即意味着,公民可以以这样的社会基本善为目标,来追求或调整自己的人生目标和期望。当然,首先是社会背景正义制度对这些基本善中的必要部分应当进行社会分配,按罗尔斯的说法,是每个公民的平等份额,但其中一些社会基本善则是为每个公民所提供的机会,如迁移和职业选择的机会,以及社会各种公共职务和职位。这些机会是对所有公民开放的,公民可以根据自己的需求进行有目的的追求。在联系基本善的诸多善目的前提下进行的公民追求是自由的,同时公民对自己的人生规划和追求本身是负责的。

公民自由是罗尔斯对基本自由在公民个人这里的具体体现。因此,我们看到,在罗尔斯这里,自由不仅仅是一个相对宽泛的概念,而且是一个有着一系列内容的概念,这一系列内容,就是罗尔斯的第一原则所包含的基本自由,或我们每个人与他人的自由体系相容的自由体系。罗尔斯在《正义论》中列举了一个基本自由的清单,这就是我们在前面所引的文字:"重要的有政治上的自由(选举和担任公职的权利)与言论和集会的自由;良心自由和思想自由;个人的自由——包括免除心理的压制、身体的攻击和肢解(个人完整性)的自由;拥有个人财产的权利;以及依照法治的概念不受任意逮捕和没收财产的自由。按照第一个原则,这些自由都应是平等的。"[①] 从罗尔斯对基本自由即第一正义原则内涵的表述中我们可以看出,罗尔斯是把伯林的积极自由(政治参与自由)与消极自由的内容合二为一了。因此,我们也可知,他认为积极自由和消极自由的概念并不是自由这一概念的元概念,而是派生性的概念。同时,他将积极自由与消极自由合二为一,表明他认为这两者具有同等重要的意义,而不是像伯林那样认为,消极自由比积极自由更重要。不过,这里有一个伯林留下的问题,即是否存在着以政治自由为代表的积极自由和以保护私人领域为主要特征的消极自由之间的张力问题。我们认为,

---

[①] [美] 约翰·罗尔斯:《正义论(修订版)》,何怀宏等译,中国社会科学出版社 2009 年版,第 184 页。

这个张力在伯林那里确实存在，但在罗尔斯这里，并不存在。这是因为，罗尔斯的这两类基本自由对于公民来说，都是法治之下的自由。而法治国家的基本制度，既保障了公民的政治自由，也保障了公民的私人自由或私域不得侵犯的自由。另外，伯林注意到的积极自由与消极自由之间的张力问题，在于积极自由的变性，即自我在超我团体或阶级想象中的无限增大。但在罗尔斯这里，不存在这样的问题。罗尔斯的政治参与的自由，仅仅是公民履行自己作为公民权利与义务的自由，并不是从事某种更为宏大叙述的事业。我们注意到，伯林的反思实际上是他处在的那个时代条件的反映，这如同哈耶克，哈耶克认为西方式个人主义与斯大林式的集体主义的对立，是东西对立的根本问题。但哈耶克所批评的主要是计划经济体制，且哈耶克没有看到中国特色社会主义市场经济体制，已经不再是他所批判的对象。同样，伯林式的背景也正在隐退，尤其是在罗尔斯从美国的宪政民主制度来看，伯林的政治参与自由与私域保护自由是统一的，如果不统一，则不可能有宪政民主条件下的法治国家。并且，罗尔斯提出了公民自由的一个根本性的问题，即公民是社会基本制度的自证之源，公民自我的善及其利益要求构成了公民与制度之间互动的根本要素。这就从根本上将积极自由与消极自由两者统一了起来。

罗尔斯强调所有基本自由的平等性。他认为平等性是基本自由的根本特征，对于任何人来说，享有这些基本自由不存在谁比谁高一等的问题，亦即这些基本自由对于任何人来说都是平等的，没有高低之分。基本自由的平等性对于罗尔斯来说，既是理论性的原则，也是理想性的规定。然而，在现实社会中，并非完全有可能实现这样的平等性。这里包含两种情况，即各种基本自由可能或者是不够广泛，或者是不平等。或者说，一是社会生活中存在着的不正义现象限制了基本自由，二是在社会生活中基本自由的实现是不平等的。

罗尔斯的理论是从初始位置出发的，从而是首先从理论上建构一种理想形态的正义社会，或公平正义的合作体系下的良序社会。这种理想形态的正义社会首先就是基本自由得到平等保障，或实现平等的基本自由。罗尔斯指出，实际上在现实社会中，仍然存在着对基本自由的限制或不平等现象。对基本自由的限制如果来自自然界和人类生活中的偶发事件，或者来自历史和社会的偶然因素，罗尔斯认为这些是合理限制，不会影响正义原则在社会生活中发挥作用。换言之，即使在一个秩序良好的社会里，思想和良心自由也要服从合理调节。问题在于在一个存在不正义现象的社会里，对基本自由的限制。这种不正义的现象可能来自社会安排之中，也可以是某些个人的行为。罗尔斯认为，人的行为倾向是否正义，在许多方面都依赖各种社会制度，特别是依赖这些社会制度是否正义。罗尔斯设想，在一个为两个正义原则所调节的秩序良好的社会里，其社会倾向是摈弃或至少是控制着人的不正义倾向。但是，一个现实的社会可能是这样一个正义的社会吗？

在这个意义上，罗尔斯认为，他的正义理论应当分为两个部分。换言之，罗尔斯的理论立足于理想性建构，但对于现实社会或现实世界而言，则应当看到它的非理想性。并且，罗尔斯也并非不讨论非理想的现实社会的不正义问题。我们所知，罗尔斯的理论首先是对于理想正义社会的建构，这种理论建构是从契约论的观点，即从原初位置这一契约论的基本设置型构的，在这样一种状态下，人们通过对两个正义原则的选择，从而一步步地解除无知之幕进而演进到现实层面。而这两个正义原则之所以被选择，是在假定这两个正义原则会被普遍服从的基础上考虑的。换言之，罗尔斯的正义理论假设了人们对正义原则的严格服从。正义原则是那些在理想的有利环境下秩序良好的社会的原则。罗尔斯以两个正义原则为轴心，一步步推演而确立了一个完善正义的基本结构的观念，以及在无知之幕被完全揭开和除去后的、现实人类生活的确定约束下的个人的相应义务和责任。但这样说并非意味着罗尔斯没有正视现实社会本身，即使是发展了几百年的宪政民主的西方社会，同样内在矛盾重重，资本主义经济以及政治生活本身都处于不同的观念以及利益的冲突之中，因此，现实与理想的距离是所有政治理论必须面对的。正是在这样的背景下，罗尔斯的理论同样观照到了在现实历史条件下应当采取什么原则的问题。

罗尔斯认为，就理论而言，理想部分与非理想部分应当被看成一个整体。因此，罗尔斯的正义理论并非完全只是提出了一种理想性正义原则，而是在提出理想性正义原则的前提下，再讨论现实的非正义或不正义的问题。理想正义并非像柏拉图的正义城邦那样，只是一种现实的参照。在罗尔斯看来，理想正义原则或正义观念具有柏拉图的正义城邦那样的评价功能，但同时具有以理想正义为目标去实现正义的问题。罗尔斯说："我们根据这个观念来判断现存的种种制度；如果它们没有充足理由就违背这一观念的话，那么在此范围内它们就被视为不正义的。正义原则的词典式次序指定了这一理想部分的哪些因素相对来说是更为紧迫的，这一次序暗示着优先性规则也要同样地运用到非理想的情形中去。这样，在环境许可的范围内，我们就有一种排除任何不正义的自然义务。……虽然正义原则是属于一种理想状态的理论，它们却是［和我们的日常正义信念］普遍相关的。"① 罗尔斯明确地指出，其正义原则对于现实社会是有适用性的，而不是柏拉图那样的只是一种天上王国。罗尔斯的《正义论》，主要是从一种理想或原初的社会状态出发来讨论社会正义问题，从而给出在一种理想状态下应当如何提出和回答社会正义问题的答案。罗尔斯认为这种理想状态理论的长处就在于它可以为我们评判现实的社会制度提供一个标准，同时正义理想的任务也在于将理想状态充分论证的原则运用到现实状态中去。运用正义原则的词典式优先的原则，首先就是去消除那些与基本自由的偏离最大的社会不正义现象。

现实政治社会或非理想的社会政治状态除了有社会的不正义现象，还存在着基本自由不够广泛和基本自由不平等的问题。所谓不够广泛，是指基本自由受到的适当限制，如与公共秩序一致的方式来调节良心与思想自由。政治自由中的多数裁决规则也可看作不够广泛的一个方面。这样的不够广泛，同样也可说是现实的普遍性问题。由于政治价值以及人们的善价值的多元性，致使在政治生活中，对于一项具有影响性的政策，或政治领导人的选举，都有可能出现不够广泛的问题。根据正义原则的词典式次序的观点，对自由范围的限制是出于自由本身的缘故，它所产生的是一种较少但仍平等的自由。罗尔斯这里所意指的不够广泛，仍是一种正义制度允许范围内的不够广泛，他没有把不正义的制度下的基本自由不够广泛的问题包括在内。实际上，不正义的制度之下的自由问题，不是不够广泛，而是严重缺乏的问题。然而，

---

① John Rawls: *A Theory of Justice*, Harvard University Press, 1971, p. 246；[美] 约翰·罗尔斯：《正义论》，何怀宏等译，中国社会科学出版社1988年版，第236—237页。

如何在一种不自由或不够自由的社会条件下使得自由在历史进程中增多，是一个人类历史中的具有重大意义的问题。这一问题实际上是有着历史范例的。从1215年英国的《自由大宪章》到1689年英国光荣革命胜利后通过的《权利法案》，这一漫长的历史时期实际上是一个罗尔斯所说的基本自由从无到有以及不断扩大的过程。

现实政治社会中的基本自由的不平等问题，是这样一些问题，如有些人拥有比其他人更多的表决权，或者社会的某个阶层完全没有选举权，那么政治自由就是不平等的。在许多历史条件下，较少的或不平等的政治自由可能被证明具有历史的合理性。如民主政治参与的选举权问题，就是一个不断扩大的历史演进问题。或者说，由于历史条件或人们的政治认识水平的限制而允许。我们要接受两个正义原则的词典式次序，但这并不要求我们否认自由价值依赖于环境的观点。而接受自由价值适当权威的观点，并不意味着可以为农奴制、奴隶制或宗教的不宽容辩护。只有当奴隶制或农奴制排除了更坏的不正义时，它们才是可容忍的。如以前各城邦不带回战俘而总是处死战俘，现在各城邦根据协议同意把战俘当奴隶。但从这种理由来看的奴隶制最终也是要被完全抛弃的，因为交换战俘是一种更理想的安排，放回某一共同体的被俘人员比奴隶制更可取。这表明，某些历史的条件可以为历史的合理性进行辩护，从长远来看，没有内在正当合理性的制度性安排终究会被否定。同时，即使在那种历史条件下是正当合理的，其合理性也在于使那些有较少自由的人得到了某种补偿，从而表明了它的正当合理性。

基本自由的平等性是理解罗尔斯第一原则的关键所在。但现实历史表明，自由的不平等性总是在不同程度上存在。而如果一种基本自由在所有的公民中不能够得到平等的实现，则必须提出它的正当性理由何在。还有一个重要问题，即经济效率与基本自由的关系问题。罗尔斯认为，不能由经济增长和经济效率的理由来否定基本自由的平等性，让一部人有较少自由或没有自由来达到经济增长的目标，严重的情况就是奴隶制。奴隶没有自由，但可能比没有奴隶劳动能够带来更好的经济效率。美国南北战争前，南方农场实行奴隶制，而在南北战争后，由于废除奴隶制，经济效率下降。这是历史事实。

然而，从长远看，废除奴隶制解放了人，从而从根本上解放了生产力，长远来看必然导致比奴隶制有着更好的经济效率和社会效率。这是从后果论的意义上讲的，如果从道义论来讲，因为人是平等的，但如果为了经济利益而牺牲掉一部分人的自由，这本身就是丧失了正义性。罗尔斯强调，自由只因自由之故而被限制，"这有两种情况：第一，一种不够广泛的自由必须加强由所有人分享的完整自由体系；第二，一种不够平等的自由必须可以为那些拥有较少自由的公民所接受"①。换言之，这里所说的第一种情况，就是自由之因自由之故而被限制，或者说，如果一种自由不够普遍或广泛，却加强了所有人所分享的自由体系，那么，这样的不够广泛是罗尔斯的正义论可接受的。第二是说平等的问题。如果不够平等，首先应当是那些享有较少自由的公民自己可以接受的，或不是任意剥夺了他们的自由，从而使得他们无法接受。但这样的问题应当是在相当特殊的情形下才可能发生的。如果能够使得他们享有平等的自由，而给予他们较少的自由，虽然因为其他利益他们可能接受，但仍然是不正义的。因为给予更多的平等自由才是罗尔斯心目中的真正平等的追求。

上述讨论我们已经涉及了第一原则或基本自由的优先性问题。罗尔斯的正义原则有两个，这里就存在着一个问题，有没有先后次序？即哪一个更为优先？罗尔斯从对初始位置的假设开始，他说："我假定，各方把自己看作自由人，出于根本目的和利益的考虑，他们认为就社会基本结构的设计相互提出要求是合理的。宗教的利益是一人们所熟知的历史例证，保持人格完整的利益是又一例证。在初始位置上，各方不知道这些利益的具体形式是什么；但他们确实假定自己拥有这些利益，而且保护他们所必需的基本自由受到第一正义原则的保障。因为他们必须确保这些利益，所以他们将第一正义原则

---

① John Rawls, *A Theory of Justice*, Harvard University Press, 1971, p. 250. 罗尔斯基本自由的优先性问题在于当与第二原则相联系时，他怎样能够保障第一原则的优先性所提出的基本自由的优先性。这是因为，第二原则强调的经济平等倾向与第一原则强调的基本自由的平等倾向有着内在冲突的可能，并且，实际上第二原则是承认经济不平等的。在诺齐克等人看来，这种经济平等的倾向必然侵犯内在权利要求的基本自由的平等性。自由本来只因自由之故才被限制，但自由如果为经济平等问题所限制，那该怎么办？

排在第二正义原则之前。"① 第一正义原则相比于第二正义原则，前者是词典式的排列在先，而因为第一正义原则即基本自由原则，从而也就是自由的优先性原则。然而，"自由的优先性意味着，只要基本自由能够得到有效确立，就不能用某种较少的自由或某种不平等的自由来换取经济福利的提高。只有在社会环境不允许这些基本权利得到有效确立的情况下，人们才会承认对它们的限制；即便如此，这些限制也只能在如下范围内给出：它们为通往这样的时代所必需，到那时对它们的限制将再也得不到正当性辩护。只有在改变文明的条件以便在适当时候能够享有这些自由的紧要关头，才能替否定平等的自由作辩护。因此，各方假定，在采用两个正义原则的先后顺序时，无论其社会条件是什么，都承认能有效地实现平等的自由。或者，即使他们不这样做，环境仍然如此足够有利，以至于第一正义原则的优先性既指出了最迫切的变革，又确定了通往某个社会状态的首选道路，在那个社会状态中，可以充分确立所有基本自由。按序列完全实现两个正义是这一排序的长期趋势，至少在相当幸运的条件下是如此"②。罗尔斯在此指出了两种可以不将基本自由或平等自由置于首位的权宜境况，而这样的境况并不是长久的，同时更是为了达到那种为否定平等自由再也得不到辩护的时代状况。

人们往往认为，为了优先发展经济，效率原则应当置于第一位，而不是将基本自由置于第一位。罗尔斯也确实讲到了这种情况。他说："社会应当考虑经济效率和组织与技术的要求。如果有一种收入与财富、权威与责任的不平等可以使每个人的状况都比最初的平等状况更好，为什么不允许这种不平等？"③ 罗尔斯认为，如果这类不平等能够改善每一个人的状况，尤其是最不利者的状况，并假定它们与平等自由和公平机会相一致，因此，我们就应允

---

① John Rawls, *A Theory of Justice*, Rev. ed., Cambridge Mass., Harvard University Press, 1999, p. 131. 本译文参照了张国清在其《〈正义论〉评注》中的相关译文。

② John Rawls, *A Theory of Justice*, Rev. ed., Cambridge Mass., Harvard University Press, 1999, p. 132. 本译文参照了张国清在其《〈正义论〉评注》中的相关译文。

③ [美] 约翰·罗尔斯：《正义论（修订版）》，何怀宏等译，中国社会科学出版社 2009 年版，第 117 页。

许这类不平等。不过，我们注意到，罗尔斯主要是在经济不平等的意义上讲的，但在这段话的开头两句，确实是说了这样的话："即使坚持基本自由与机会公平平等的优先性，却没有什么理由说这一最初的接受也应当是最终的。"① 但罗尔斯的两个正义原则已很明显在基本自由原则与经济利益分配原则之间进行了区分，因此，虽然他这么讲了，并不意味着他在这里为了经济利益或社会福利的改善而赞成放弃基本自由的优先性。罗尔斯说："我假定各方把自己看作有基本的目标与利益的自由人……假定他们有这种利益，也有对保护这种利益必要的、由第一原则保证的基本自由。由于他们必须确保这种利益，他们就使第一原则优先于第二原则。"② 这是说，正是由于第一原则即基本自由原则使得所有公民都可能自由地追求自己的特殊利益，从而使初始位置的各方代表将第一原则优先于第二原则。罗尔斯多次说到，基本自由是与每个人的利益，每个人对最终目标的追求相关的。他认为，每个人都有着一系列的利益和目标，而他们首先要确保他们自己的最高利益和基本目标的追求，然而，"如果人们的基本目标与利益是被第一原则涵盖的那些自由保护的，他们将赋予这个原则以优先性"③。这是因为，他们把自己视为自由平等的人，他们都能修正自己的最终目的，那么，他们将赋予这方面的自由的优先性。并且，罗尔斯还进一步明确地说："自由的优先性意味着只要基本自由能够被有效地确立，一种较少或较不平等的自由就不能与经济状况的改善相交换。"④ 这是罗尔斯明确地从两个不同的正义原则意义上来讨论这个问题。罗尔斯则认为，不能因为经济效率而否定基本自由或第一正义原则的优先性，这也就是罗尔斯所说的优先性原则。因此，在正常的社会条件下，基

---

① ［美］约翰·罗尔斯：《正义论（修订版）》，何怀宏等译，中国社会科学出版社2009年版，第117页。
② ［美］约翰·罗尔斯：《正义论（修订版）》，何怀宏等译，中国社会科学出版社2009年版，第117页。
③ ［美］约翰·罗尔斯：《正义论（修订版）》，何怀宏等译，中国社会科学出版社2009年版，第429页。
④ ［美］约翰·罗尔斯：《正义论（修订版）》，何怀宏等译，中国社会科学出版社2009年版，第118页。

本自由或平等的基本自由应当永远置于优先性地位。罗尔斯还提出了这样一个假设：如果我们假定每个人都想在分配中得到更大一份份额，那么，所有人都会对物质生产产生不断增长的欲望，而由于每个人都想努力得到一个集体不可能获得的目的，那么，"社会就会变得越来越忙于提高生产总量和经济效率。这些目标可能变得如此具有支配性，以致会破坏自由的优先性"[①]。

　　罗尔斯还从保障公民自尊的意义上讨论平等自由的优先性问题。罗尔斯指出，自尊的问题与社会地位相关，而每个人都会关心自己的社会地位，地位的高低对于人们的自尊心理有着直接的影响。罗尔斯认为，平等的基本自由则可以调节社会地位对人们自尊的影响。在他看来，在良序社会里，自尊的基础不是一个人的分配份额和社会地位，而是由社会的基本权利与自由的分配。罗尔斯认为，在正义实现不够充分的现实社会中，恰恰是由人们的社会地位和分配份额决定一个人的自尊。换言之，在有些社会，一个人越有地位、越有钱，就越感到有自尊和尊严，并且这些人认为，尊严是有等级的，而最高的等级就是那有着最高社会地位的人，然而这也意味着社会地位和财富占有很低的人则没有尊严与自尊或自尊感无法得到满足。罗尔斯指出，在一个由正义原则所支配的社会基本结构中，基本权利与自由的分配是平等的，"当人们聚到一起从事更广大的范围的社会公共事务时，每个人都有一种相似而可靠的地位。没有人在宪法对平等的肯定之外去寻求保障他的地位的政治方法。另一方面，也没有人倾向于接受一种比平等的自由更低的自由"[②]。罗尔斯认为，如果人们接受一种比平等的自由更低的自由，那么，就会损害和削弱他们的政治地位。并且，一种比平等自由更低的自由，就意味着社会基本结构决定了有部分社会成员将处于比其他人的自由更低或更少自由的地位，因此，这样做将把他们的由社会基本结构规定的弱点公开并确定下来。而"公共生活中的从属地位的确会是丢脸的和伤害（destructive）自

[①] [美]约翰·罗尔斯：《正义论（修订版）》，何怀宏等译，中国社会科学出版社2009年版，第430页。

[②] [美]约翰·罗尔斯：《正义论（修订版）》，何怀宏等译，中国社会科学出版社2009年版，第431页。

尊的"①。罗尔斯由此的结论是,平等的基本自由是社会基本结构或社会背景条件意义上对每个人的自尊的保障。换言之,由社会基本结构所体现的平等的基本自由就是自尊的基础。当然这是从自尊的意义上来看待基本自由,但并不影响对基本自由更丰富内涵的理解。罗尔斯说:"平等权利和相互尊重的社会态度在维护政治平衡和保障公民的自我价值方面起着根本作用……一当对地位的需要所需要的是平等的公民地位,平等的自由的优先性就越发必要。一经选择了一个旨在消除经济社会利益的相对影响以支持人们的自信的正义观念,坚定地维护自由的优先性就成为一个根本性的问题。"② 罗尔斯意识到,影响人们的自尊感的社会因素就是每个人的社会地位和经济财富占有状况,而人们对人的评价的确取决于他在收入和财富分配中的地位。当你在他人眼中的评价地位很低时,则将影响到你的自尊。而并不是每个人都处于社会的最高地位,提高一个人的社会地位就会影响到另一个人的社会地位,即导致他人地位的下降。如我们可以想象在封建等级制的社会中,或社会阶层固化严重以及贫富差距扩大产生的仇富心理,这种深刻的社会对立的状况,都使人丧失自尊感,同时产生普遍的社会妒忌。因此,在社会地位和财富有限的社会状况下,我们不可能通过这样的方式来促进普遍的自尊感或提升普遍的自尊感。"最好的解决办法就是,通过指定的确能被平等地安排的那些基本自由,即通过给所有人规定一种同样的地位,来尽可能支持自尊的基本善。同时,物质手段的相对份额被调整为一种从属的地位……这样,我们就有了把社会秩序分为以正义两个原则为标志的两部分的一个理由。尽管这些可以反过来增进所有人的利益的原则容许不平等,自由的优先性在社会的基础层面包容了尊重的平等。"③ 以平等自由来使人们获得其尊严被尊重的感受,从而使人们获得普遍的自尊,罗尔斯认为这就像是从基督教的观点看,上帝对

---

① John Rawls, *A Theory of Justice*, Rev. ed., Cambridge Mass., Harvard University Press, 1999, p. 477.

② [美]约翰·罗尔斯:《正义论(修订版)》,何怀宏等译,中国社会科学出版社2009年版,第431页。

③ John Rawls, *A Theory of Justice*, Rev. ed., Cambridge Mass., Harvard University Press, 1999, p. 478.

第三章　罗尔斯

于所有人来说都是平等的一样，从而使得每个人都感到他们有着同样的命运和同等的高贵。因而，如果是在一个非基督教信仰同时基本自由又得不到保障的国度，普遍的没有自尊感应当是很显然的问题。

下面我们转入另一个与基本自由相关的问题：良心自由。第一正义原则所内在包含的丰富的自由体系，在罗尔斯这里，也都是同等的重要。也就是说，在所有诸多自由项或权利与义务集中，罗尔斯并没有再将它们进行诸如第一、二等重要性的排列，而是将所有基本自由看成同等重要。这些自由是如此重要，从而其每一项都可说是一个研究课题①，不过，在此，我们不准备对第一正义原则的诸多自由项进行讨论，而只是对良心自由问题展开讨论。

良心自由是"良心"与"自由"两个概念的组合，意思很清楚，即要有良心的自由。因此，要知道什么是良心自由，首先要弄清楚"良心"这一概念的含义。应当说，良心是一个伦理学的概念，是一个道德主体的概念，也是一个宗教信仰的概念，即从信仰者来看的，不违背自己的信仰或信念，即维护自己的宗教良心。不过，良心这一概念有着多重用处，如阶级的良心，在不同的阶级地位，有不同的阶级良心。回到伦理学和宗教学的意义上来，良心这一概念也就是一个主体内在建构起来的道德判断、道德意识、道德立场和道德信念的综合体。良心是在道德认知和宗教认知，以及道德行为习惯和宗教行为习惯实践的基础上建构起来的内在道德感知体，因而，良心又可说是一种很强的内在的道德情感和道德心灵。良心这一概念，在西方伦理学史上，近代的情感论伦理学家如哈奇逊、巴特勒等人，都给予了大量关注与讨论。巴特勒说："每一个人有一较高的反省或良心之原则，此原则卓然自显于他的种种内在的原则以及外在的行为之间裁判他自己及它们，确定地宣布某些行为本身便是义的，对的，善的；某些行为本身便是恶的，错的。"② 巴特勒认为良心是最大的内在道德机制。中国哲学中的王阳明的良知说，实际

---

① 希望对这一问题深入研究的、有兴趣的读者可以在读罗尔斯原著的前提下，再读读一些二手材料，也可阅读拙作《罗尔斯政治哲学》（商务印书馆 2006 年版）。

② 周辅成编：《西方伦理学名著选辑》上卷，商务印书馆 1964 年版，第 824 页。

上就是良心说和以良心为认知器官的统一,即良知、良能和知行合一。

良心自由问题在西方思想史上,是宗教迫害所产生的严重问题。宗教迫害是自有宗教以来就存在的问题。基督教在成为西方占主导的宗教之前,就长期受到罗马官方和罗马宗教的迫害。我们知道,基督教的教主耶稣就是被罗马官方杀害的。基督教最初在罗马社会的底层和下层民众中传播,而在罗马官方则长期受到打压与迫害。而自基督教成为西方社会占统治地位的宗教以来,则出现了对异教的打压与迫害。然而,最严重的打压与迫害则发生在路德、加尔文的宗教改革及教会的分裂之后。宗教改革后,基督教分裂为天主教与新教,其中,北欧主要是路德宗为主,而在瑞士与荷兰等地,则是加尔文的新教。加尔文新教后来发展到英国,激起了新旧教派之间的斗争,新教受到长期的打压与迫害。许多新教徒被杀害,而其中有一部分新教徒在新大陆被发现之后,则逃离了英伦岛,漂洋过海来到美洲新大陆,从而建立了一个以新教徒为主的基督教国家。而宗教迫害和反迫害的说法,就是良心自由问题。如果是在近代的英国,你是一个新教徒,则可能就会受到迫害。而被迫害的原因就是你的信仰。信仰就是内心的信念,因为内心信念而被迫害,就是良心不自由的问题。宗教自由的良心自由问题仅仅是良心自由的一项,任何因为内心信念而被迫害的问题都是良心自由问题。良心自由也就是良心有不受迫害的自由。

罗尔斯认为,所有的基本自由都是平等的自由,良心自由也不例外。罗尔斯说:"良心的平等自由问题已被确定。这个问题是我们所考虑的正义判断中的一个基本点。但是,正是由于这个事实,它可以解释关于平等自由原则的论证的性质……谈到良心自由,各方显然必须选择保证他们的宗教、道德自由整体的原则。"① 罗尔斯从初始位置的角度进行推理,由于处于无知之幕的情景中,人们不知道自己所属的宗教,虽然知道一般的宗教是什么。在这样的情形下,良心的平等自由应当是初始位置情景中的人能够接受的唯一原则,这是因为,西方宗教迫害历史的一般状况在他们心里是清楚的。因此,

---

① [美]约翰·罗尔斯:《正义论(修订版)》,何怀宏等译,中国社会科学出版社2009年版,第161页。

他们不会让自由冒险，不能允许占统治地位的宗教、道德学说随心所欲地迫害或压制其他学说。

在《政治自由主义》中，罗尔斯谈到了宗教改革所产生的巨大后果问题。他指出，当一种中世纪的权威主义、救赎主义宗教产生分裂，就不可避免地意味着，在同一社会内，出现了与之对抗的又一种权威主义和救赎主义的宗教，因而不可避免地发生冲突。德国的宗教战争就是因为新教运动而发生的战争。罗尔斯说："在宗教战争期间，人们对至善的本性或神圣律法中的道德义务的基础并没有疑虑。他们认为，他们通过信仰的确定性便可知道，正如他们的道德神学给予了他们完全的［行为］指导一样……然而，问题是：在那些持不同信仰的人之间，一个社会如何可能？人们可以想象的宗教宽容的基础是什么？对于许多人来说，压根儿就没有这种基础。因为宽容意味着最初在许多事情上要默许异端邪说，并导致基督教世界的分裂灾难。即使是早期宗教宽容的支持者，也认为基督教和分裂是一场灾难，虽然从没有结束的宗教内战的可替代性观点来看，这场灾难不得不接受。因此，政治自由主义（以及一般意义上的自由主义）的历史起源，乃是宗教改革及其后果，其间伴随着16、17世纪围绕着宗教宽容的漫长争论，类似对良心自由和思想自由的现代理解正始于那个时期。"[1] 罗尔斯这里指出，早期虽然宗教改革后产生了基督教的分裂，然而，对于宗教宽容的基础是什么并没有得出一个结论，罗尔斯甚至问到，分裂的宗教徒如何能够共处于一个社会之中，或如何能够组成一个社会？同时罗尔斯也指出，现代对良心自由的理解就是从宗教宽容开始的。换言之，宗教宽容就是对不同教派的宽容，而宗教宽容所尊重的就是人们内心对信仰的尊重，即对良心自由的尊重。

罗尔斯将正义社会选择良心自由作为初始位置情景中的最初选择。罗尔斯的初始位置的假设是认为，无知之幕使人们无法弄清各种学说和各种宗教的相对力量，因而他们将不会选择那种不尊重自我选择的宗教原则。罗尔斯指出，有人可能反对平等的自由原则，他们会认为，各种宗教团体不可能承

---

[1] John Rawls, *Political Liberalism*, New York: Columbia University Press, 1993, pp. xxiii–xxiv.

认任何限制它们相互要求的原则，由于服从宗教、神圣律法的义务是绝对的，所以从宗教的观点看，不同信仰者之间的谅解是不允许的。从绝对不宽容的宗教信仰者的观点看，这样的观点是可以理解的，也是从经验性观察可知的。如我们当代世界范围内的伊斯兰教和基督教的冲突。这样一种冲突必然导致社会的危机和世界的危机。然而，罗尔斯从初始位置作为逻辑起点来建构的，是一个理想的正义社会。这样一个正义社会必然是宗教宽容的良心自由的社会。罗尔斯说："一个人甚至可能认为其他人应该承认他所承认的信仰和首要原则，如果不这样的话，他们就犯了极大的错误并迷失了通往拯救的道路。但是对宗教责任和哲学、道德的首要原则的一种理解表明，我们不能期望其他人默认一种次等的自由，更谈不上要求他们承认我们是他们的宗教义务和道德责任的正确解释者。"① 宗教意义上的良心自由如此，其他思想道德观念上的良心自由也如此。平等自由原则意味着一个人不能被他人剥夺或强制性剥夺已有的思想信念。

对于良心自由问题，也可以从功利主义的观点来进行辩护。罗尔斯考察了密尔在功利主义原则前提下所提出的思想自由观点。密尔有着丰富的良心自由观点，他认为，自由的领域不可分开思想自由来讨论："这个领域包括三个方面。第一，意识的内向境地，要求着最广义的良心的自由；要求着思想和感想的自由；要求着在不论是实践的、思考的、科学的、道德的或神学的等一切题目上的意见和情操的绝对自由。说到发表和刊发意见的自由，因为它属于个人涉及他人那部分行为，看来像是归在另一原则之下；但是由于它和思想自由本身几乎同样重要，所依据的理由又大部分相同，所以在实践上和思想自由分不开。第二，这个原则还要求趣味和志趣的自由；要求有自由订定自己的生活计划以顺应自己的性格；要求有自由照自己所喜欢的去做，当然也不会规避随来的后果。这种自由，只要我们所作所为并无害于我们的同胞，就不应遭到他们的妨碍，即使他们认为我们的行为是愚蠢、悖谬或错误的。第三，随着各个人的这种自由而来的，在同

---

① [美]约翰·罗尔斯：《正义论（修订版）》，何怀宏等译，中国社会科学出版社2009年版，第163页。

第三章 罗尔斯

样的限度内,还有个人之间相互联合的自由,这就是说,我们有自由为着无害于他人的目的而彼此联合,只要参加联合的人们是成年,又不是出于被迫和受骗。"①在密尔看来,这三个方面的个人自由是对一个社会是不是一个自由社会的衡量标准。他认为,一个社会如果上述这三项自由整个来说不受到尊重,那就不算是自由的社会,如果上述自由在那里的存在不是绝对的和没有规限的,那就不算完全自由。"唯一实存其名的自由,乃是按照我们自己的道路去追求我们自己的好处的自由,只要我们不试图剥夺他人的这种自由,不试图阻碍他们取得这种自由的努力。"② 当我们讨论自由时,不可把思想自由与行动的自由区分开。罗尔斯指出,密尔对于自由的考察以功利主义观点为前提。在密尔看来,人对不同活动的喜好是合理的而且有知识的根据,因而自由制度及其所允许的实践是必需的,因为人类没有其他办法知道他们能做什么并且哪种事情是值得去做的。密尔以功利理由为思想自由辩护。在他看来,如果没有思想自由,则真理就不可能得到辨明。而如果把并非正统的意见都看成异端压制,那么,所败坏最大的还不是异端者,而是并非异端者的心灵。由于害怕异端之称,从而使得他们的整个精神都受到了限制,"世界上有一大群大有前途的知识分子和秉性怯弱的人物,弄得不敢追随任何勇敢、有生气的和独立的思想的结果,否则就要把自己带到会被认为不信教或不道德的境地——请问谁能计算这世界受到何等的损失?"③ 罗尔斯承认密尔对思想自由的辩护是成功的,指出在有利条件下,一种相当程度的自由是追求合理价值的一个先决条件。但罗尔斯认为,密尔从功利主义出发并没有证明人人平等的自由何在问题。因为这要从人的本体条件来论证。如证明所有人都具有某种从事活动和谋取利益的相似或同等能力。换言之,平等公民权的自由应当首先得到证明。而这正是从原初位置出发从而逻辑地推演平等自由包括良心自由论证的优势所在。

良心自由是否可被限制?或什么条件下才可受到限制?这是良心自由也

---

① [英] 密尔:《论自由》,许宝骙译,商务印书馆1959年版,第12—13页。
② [英] 密尔:《论自由》,许宝骙译,商务印书馆1959年版,第13页。
③ [英] 密尔:《论自由》,许宝骙译,商务印书馆1959年版,第35页。

是对不同信念宽容的一个问题。罗尔斯指出，公平正义原则或平等的公平正义原则为平等自由包括平等的良心自由提供了强有力的支持。良心自由即为对异端宽容的问题，然而，并不是在任何社会环境条件下都可以完全宽容的问题。罗尔斯说："任何人都同意，良心自由要因公共秩序和安全的共同利益而受到限制。"① 罗尔斯赞同因公共利益或公共安全而限制良心自由的观点，他认为这种限制自身可以很容易地从契约观点中推演出来。但罗尔斯认为，接受这种限制并不意味着公共利益在任何意义上都优越于道德与宗教的利益，并且，"接受这种限制也不要求政府把宗教事务看成无足轻重的东西，或者当哲学信仰和国家事务发生冲突时，政府就可以要求一种压抑哲学信仰的权利"②。换言之，以公共利益、公共秩序或公共安全的理由，对良心自由进行限制，则并不意味着国家权力机构可以以此为借口来进行超越自己权限的强制。因而这里有一个在什么意义上是对公共秩序和公共安全的危害问题。在罗尔斯看来，我们必须回到初始位置的观点来讨论这个问题，即每个人或所有人都意味着某种情形是对公共安全或公共秩序的破坏，或所有人都认为这样的情形构成了对所有人基本自由的威胁，那么，为维护公共秩序和公共安全为理由的限制才可成立。从理论上是可以回到契约论的初始位置上去的，但实际上，在现实政治生活中则不存在这样一种可能。因此，实际上还必须从已经有了宪政制度这样一个民主政治的现实出发。然而，即使如此，也应当从契约论的初始位置上得出的公平正义原则来指导这样一种限制。罗尔斯说："在公共秩序中按国家利益的标准（不管多么不精确）来限制良心自由，就是一种来自共同利益即平等的公民代表的利益原则的限制。政府维护公共秩序和安全的权利是一种授人以权的权利，如果政府要公平地维持那些使每个人都能追求的他的利益和实行他所理解的义务的必需条件，它就必须有这个权利。"③ 因此，任何

---

① ［美］约翰·罗尔斯：《正义论（修订版）》，何怀宏等译，中国社会科学出版社2009年版，第166页。
② ［美］约翰·罗尔斯：《正义论（修订版）》，何怀宏等译，中国社会科学出版社2009年版，第166页。
③ ［美］约翰·罗尔斯：《正义论（修订版）》，何怀宏等译，中国社会科学出版社2009年版，第167页。

第三章 罗尔斯

将国家权力或国家权威与平等公民代表的利益区分开来的说法都是错误的。即如果国家权力机构以公共秩序和公共安全为理由来限制良心自由，则必须是从平等公民的普遍性观点来为自己辩护。"进一步说，只有当不限制就将破坏政府应当维护的公共秩序的合理期望时，良心自由才应当受到限制。这种限制必须建立在所有人能接受的证据及推理方式之上。"① 罗尔斯这里说了两层意思，一是政府限制的理由，二是这种限制的条件不在政府本身，而在于"所有人"可接受的证据和推理方式。换言之，还是必须回到初始位置的契约论观点上来。罗尔斯认为，这种所有人都能理解和认知到的正确思维模式和推理，并没有暗示什么特殊的形而上学或认识论，而是一种日常观察就可认知到的或任何人都可接受的、为人们的常识和共同理解就可获得支持的东西，更是一种既在初始位置也在宪政制度下的人们可接受的协议性东西。而如果偏离一般公认的推理方式如契约论式的共同认可方式，将一些人的观点凌驾于其他人之上，则是在初始位置的各方代表不会接受的。同时，这样各方代表所接受的东西在宪政民主政体下是同样有效的，而不能因时过境迁而放弃或否定了初始契约所共同认可的平等自由的公平正义原则。罗尔斯认为，这也体现了"良心自由、思想自由的崇高地位"②。罗尔斯强调，良心自由和思想自由的论证不是从实际需要中推演出来的，以公共秩序与公共安全为理由的限制并不表明良心自由与思想自由的平等性或普遍性问题，而是为了更好的平等自由。在罗尔斯看来，对于良心自由的论证或辩护只是因为它是正义原则的重要内涵或平等的基本自由的重要成分，所以，"否认平等的自由的唯一理由就只是避免更大的不正义或者避免丧失更多的自由……只有在为了避免对自由是更糟糕的侵犯从而对自由本身是必须时，对自由的限制才是合理的"③。自由只因自由之故才被限制。

---

① [美]约翰·罗尔斯：《正义论（修订版）》，何怀宏等译，中国社会科学出版社2009年版，第167页。
② [美]约翰·罗尔斯：《正义论（修订版）》，何怀宏等译，中国社会科学出版社2009年版，第168页。
③ [美]约翰·罗尔斯：《正义论（修订版）》，何怀宏等译，中国社会科学出版社2009年版，第168页。

二 第二正义原则

基本自由为第一正义原则的基本内容,第二正义原则涉及公平机会和经济利益的分配正义。第二原则的具体内容为:"社会和经济的不平等应这样安排:使它们(1)被合理地期望符合每一个人的优势(利益);并且(2)[社会]位置(position)和职位(office)向所有人开放。"① 第二原则涉及社会和经济的不平等,不过,就具体内容而言,罗尔斯在这里所讲的是公平机会与经济利益的公平分配。第二原则与第一原则一起,合为罗尔斯的两个正义原则。之所以划分为两个正义原则,在于罗尔斯认为社会基本结构可以大致划分为两个部分,一是确立公民的平等基本自由,二是规定和确立社会和经济的不平等方面。不过,不像第一原则有着一个丰富的自由项或自由的体系,第二原则就是这样两个方面的内容。这样两个方面的内容作为第二正义原则的基本内容,在于罗尔斯认为这样两个方面的问题是结合在一起的。罗尔斯认为,和第一原则一起,这些原则适用于社会基本结构,它们要支配权利和义务的分配,调节社会的经济利益。罗尔斯说:"所有社会价值——自由和机会、收入和财富、自尊的社会基础——都要平等的分配,除非对其中一种价值或所有价值的一种不平等分配合乎每一个人的利益。"② 罗尔斯认为,这是一般正义观的基本观点内容,但他同时指出,两个正义原则是这个一般正义观的一个具体实例。换言之,罗尔斯不仅认可一般正义观,也认为他的两个正义原则体现了这个一般正义观。所谓一般正义观,也就是超出了罗尔斯自己的正义原则的视域,并且把两个正义原则置于更为一般的正义视域下。对于"一般正义观",罗尔斯没有说它具体所指是从什么思想渊源或哪个思想传统而说的,就此而论,我们只能说罗尔斯正义观在西方社会已经成为常识的正义观,因而并不需要进一步讨论。"所有社会价值"又称为"社会基本善"(social

---

① John Rawls, *A Theory of Justice*, Rev. ed., Cambridge Mass., Harvard University Press, 1999, p. 53;[美]约翰·罗尔斯:《正义论(修订版)》,何怀宏等译,中国社会科学出版社 2009 年版,第 47 页。

② [美]约翰·罗尔斯:《正义论(修订版)》,何怀宏等译,中国社会科学出版社 2009 年版,第 48 页。

primary goods），并且，罗尔斯在其论著中反复提到的是"社会基本善"而不是"价值"这个概念。从西方自休谟以来的传统看，"价值"这一概念就是概称为"道德"或相关的伦理学领域的所有概念[①]，罗尔斯对这一概念的可互换性使用，也表明罗尔斯认同休谟式对价值的理解。不过，罗尔斯对于这个一般正义观的接受是有条件的，当他在说完"都要平等地分配，除非对其中一种价值或所有价值的一种不平等分配合乎每一个人的利益"之后，他说："这样，不正义就只是那种不能使所有人得益的不平等了。"[②] 在前面，罗尔斯也说了一个让步条件从句，这一句进一步强调了不平等的分配在于让所有人得益。实际上，罗尔斯的这个让步条件从句以及这个强调句都表明了罗尔斯的两个正义原则中的一个现象，即可以存在着社会利益或权利与义务分配的不平等，但这类不平等只要对所有人有益，就是正义的。后来，随着讨论的深入，罗尔斯进一步提出对最不利者有益才是正义的。不过，正如人们所指出的，罗尔斯从契约论观点看的平等地位，应当推出的是平等的正义观，而不是允许不平等的正义观，因此，罗尔斯的这一说法是与他的前提或立场不一致的。不过，从罗尔斯的观点看，他所说的是不平等的社会与经济地位或分配能够为社会的最不利者带来好处或益处，则这类不平等是正义的。这是说，这类分配结果有益于改善不平等，从而是正义的。因此，这是一类从后果论来看待的正义，而不是从出发点的平等来看待的正义。

罗尔斯的第二正义原则实际上有一个相当复杂的结构，罗尔斯指出，这个原则中有两句关键性的短语："每一个人的优势或利益"和"向所有人开放"。这两个短语有多种方式的运用和结合，从而导致不同的分配结构和分配结果。罗尔斯指出，这样就存在着四种经济分配模式。并且，所有这些经济分配模式是在第一原则即平等的基本自由得到满足，同时经济体制是在市场经济的前提下才有可能。

第一种，自然的自由平等。这就是第二原则的第一部分被理解为适用于制

[①] 参见龚群《价值理解的休谟进路》，《社会科学辑刊》2023年第1期。
[②] ［美］约翰·罗尔斯：《正义论（修订版）》，何怀宏等译，中国社会科学出版社2009年版，第48页。

度或社会基本结构的效率原则,第二个部分被理解为一种开放的社会体系,即前途向才能开放。就这种经济分配模式是一种效率原则的体现,罗尔斯说:"自然的自由体系坚持认为满足了效率原则的、其中各种地位是向所有能够和愿意去努力争取它们的人开放的社会基本结构,将达致一种正义的分配。这种分配权利和义务的方式被设想为给出一个分配方案,在这一方案中以一种公平的方式分配财富和收入、权威和责任,而不管分配的结果是什么。"[1] 罗尔斯认为,这样理解当然包括了纯粹程序正义的重要因素。在诸多种程序正义中,纯粹程序正义也就是不论结果是什么,只要完全按照所设计好的程序,都是正义的。这样的纯粹程序正义如赌博或博弈的程序。自然的自由体系注重效率原则,所谓"效率"是在帕累托效率意义上的效率,即当它至少使一个人或一些人的状况变好但同时并不使一个人或一些人状况变坏的这种状况,就是有效率的。[2] 不过,罗尔斯认为:"在一个社会被相应地划分成一些阶层的时候,我们假定,是有可能使任何一个代表人的利益都得到最大限度的增加的。这些最大值至少给予这个社会许多有效率的地位,因为在这些地位中,使人们离开任何一种地位来提升他人的期望都必然会降低代表人的期望,而最大值正是相对于代表人来确定的。这样,这些极端情形的每一个都是有效率的,但它们肯定不可能都是正义的。"[3] 另外,就社会体系向有才能者开放,罗尔斯指出这是一种形式的机会平等。也就是说,所有人都有合法的权利进入所有有利的社会地位。当然,这里需要以第一正义原则的实现为背景条件。罗尔斯把这样的机会平等也看成一种初始的分配,即按才能分配。然而,就是在第一正义原则实施的背景条件下,这种初始的分配受到自然的和社会的偶然因素的强烈影响。如人们的自然天赋,以及社会环境如好运或厄运的影响。罗尔斯说:"自然的自由体系最明显的不正义之处,就是它允许分配的份额受到这

---

[1] [美]约翰·罗尔斯:《正义论(修订版)》,何怀宏等译,中国社会科学出版社2009年版,第51页。

[2] 对于帕累托效率,罗尔斯以及诸多经济学家都有批评,参看龚群《罗尔斯政治哲学》(商务印书馆2006年版)中的相关章节。

[3] [美]约翰·罗尔斯:《正义论(修订版)》,何怀宏等译,中国社会科学出版社2009年版,第55页。

些从道德的观点看是非常任性专横的因素的不恰当影响。"① 正是这一论点，受到了诺齐克等人的激烈批评。

第二种，自由的平等。这是对自然的自由体系的改进。这里的改进是在前途对才能开放这一规定外，加上机会的公平平等原则的限定。在罗尔斯看来，上一种模式中的社会地位向才能开放，是形式上的，因为并非所有人都有一种公平的机会来实现它。不过，罗尔斯认为，这第二种分配模式仍然并非对自然天赋的限制，而是对于有着同样自然天赋的人，应当给予他们同样的机会和条件，而不论他们的社会地位是什么。也就是说，这里强调的是机会的公平平等，对于有着相似动机和禀赋的人，应当有着大致平等的教育和成就前景。有同样才能和志向期望的人，不论受到其出身、地位和教育程度的影响。罗尔斯说，这是减少社会的偶然因素和自然运气的影响，因而它比自然的自由体系更可取。不过，罗尔斯认为，这仍然没有排除自然天赋和能力的影响，允许财富和收入的分配受能力和天赋的影响，"分配的份额是由自然抓阄的结果决定的，而这一结果从道德观点看是任意的"②。而正像没有理由让社会运气来决定财富和收入的分配一样，也没有理由让天资和才能的分布来决定。由此而论，公平正义的原则并没有得到完全的实现，而只能在家庭这种形式层面上实现。因而在实践上，保障那些有着同等天赋的人在受教育和取得成功方面的机会平等不可能实现。

第三种，自然贵族制的观念。"按照这种观念，除了形式的机会平等所要求的以外，不再作任何调节社会偶然因素的努力，但是，具有较高的自然禀赋的人们的利益将被限制在有助于社会的较贫困部分的范围之内。"③ 罗尔斯指出，这种贵族制的分配模式，类似于帕累托效率或帕累托优态，即如果上层的人士所得减少，那么，处于下层的人们的收入也将减少。因此，这种贵

---

① ［美］约翰·罗尔斯：《正义论（修订版）》，何怀宏等译，中国社会科学出版社2009年版，第56页。
② ［美］约翰·罗尔斯：《正义论（修订版）》，何怀宏等译，中国社会科学出版社2009年版，第57页。
③ ［美］约翰·罗尔斯：《正义论（修订版）》，何怀宏等译，中国社会科学出版社2009年版，第57页。

族制观念虽然像第一种分配模式,即对社会的和自然的偶然因素不作干预,即任其自然,但它强调贵族所具有的社会责任,他们得的多,理应由他们来补偿收入少的下层人士。但以什么方式来做到这一点,罗尔斯没有说,是以第三次分配的模式,还是国家税收强制性地征收高额累进税?在这里罗尔斯没有告诉我们。不过,无论是以什么方式来做到这一点,只要不是自愿的,诺齐克都不会同意。

第四种,民主平等和差别原则。这是罗尔斯认为对他的第二原则的正确解释,即他的正义第二原则,所包含的内容是民主的平等和分配上的差别原则。罗尔斯说:"民主的解释是通过结合机会公平平等的原则与差别原则(difference principle)来达到的。为一原则通过挑选出一种特殊地位消除了效率原则的不确定性。基本结构的社会和经济不平等将通过这一地位来判断。我们假定存在着平等的自由和公平机会所要求的制度结构,那么,当且仅当境遇较好者的较高期望是作为提高最少获得者的期望计划的一部分发挥作用时,它们才是正义的。"① 罗尔斯在前面多次讲到了机会的公平平等问题,在此,罗尔斯则将机会的公平平等与制度结构或社会基本结构联系起来,强调机会的公平平等体现在制度上能够像纯粹的程序正义那样起作用,就是正义的。因此,分配的正义性在于合作体系的正义性,"我们不可以离开分配从中产生的体系,或撇开个人自信地根据既定期望所做的事情来评判一种分配"②。为了在分配份额上应用纯粹程序正义的概念,我们就有必要建立可公平地贯彻正义原则的制度体系。

对于差别原则的理解涉及相对复杂的问题。罗尔斯指出,正义的基本问题是社会的基本结构,这是因为它们的影响极其深远且自始至终。社会基本结构在划分社会合作产生的利益时使某些人的出发点比其他人的更为有利,而两个正义原则所要调节的就是这些不平等。罗尔斯认为,正义原则的调节

---

① [美]约翰·罗尔斯:《正义论(修订版)》,何怀宏等译,中国社会科学出版社2009年版,第58—59页。

② [美]约翰·罗尔斯:《正义论(修订版)》,何怀宏等译,中国社会科学出版社2009年版,第68页。

分为两个部分，这两个部分对应每个公民的两种相应的地位，一是平等公民的地位以及收入，二是财富分配中的不平等地位。罗尔斯说："公平的正义是尽可能地从平等公民的地位和收入与财富的不同水平来评价社会体系。"① 从平等公民地位的视角出发，所体现的是平等的基本自由和机会的公平平等原则。罗尔斯认为，许多可以从这种地位来考虑。因为有些事情关系每个人的利益，又与分配的结果不相干或关系不大，在这些情况下，就可采用共同利益的原则。② 罗尔斯在这里的意思是说，这样的事情并不是经济上相关的或那些有着个人特殊性的利益，因而有着更多的共同性。罗尔斯说："根据这一原则，我们评价制度要看它们能够在多大程度上有效地推进保障所有人平等地追求其目标所必需的条件，或能够在多大程度上有效地推进对每个人都同样有利的共同目标。"③ 罗尔斯列举了一些这样的目标，如公共秩序、公共安全、公共健康以及正义战争中为保卫祖国所作的共同努力。

对于判断公民经济和财富的不平等，罗尔斯提出的是首先确立最不利者。那么，处于怎样的经济地位的人可以看作最不利者？罗尔斯提出三个主要因素：家庭和阶级出身比别人处于不利地位，天赋所得比别人也少，在其生命历程中的运气又使他们更为不幸。④ 另外，他还提出了一种具体的判断标准。如选出某种特殊的社会地位的人，比方说不熟练的工人，然后把那些收入与财富接近或少于这一阶层的人都看作不利者。这是一个标准。"另一个标准是仅仅通过相对的收入和财富而不管其社会地位来确定。这样，所有收入达不到社会平均收入一半的人都可以算作最不利的阶层。"⑤ 罗尔斯指出，这个定

---

① ［美］约翰·罗尔斯：《正义论（修订版）》，何怀宏等译，中国社会科学出版社 2009 年版，第 75 页。

② 参见［美］约翰·罗尔斯《正义论（修订版）》，何怀宏等译，中国社会科学出版社 2009 年版，第 74 页。

③ ［美］约翰·罗尔斯：《正义论（修订版）》，何怀宏等译，中国社会科学出版社 2009 年版，第 74 页。

④ 参见［美］约翰·罗尔斯《正义论（修订版）》，何怀宏等译，中国社会科学出版社 2009 年版，第 74 页。

⑤ ［美］约翰·罗尔斯：《正义论（修订版）》，何怀宏等译，中国社会科学出版社 2009 年版，第 75 页。

义仅仅依赖分配中较低的一半阶层,有使人集中注意最不利者与一般公民之间的社会差距的优点。而"这两个定义中的任何一个,看来都包括了那些在各种偶因方面最不利的人们,并可以为确定一条合理的社会底线提供依据,在此基础上,辅之以其他措施,社会就可以满足差别原则"的要求。[①] 确立最不利者是实施差别原则的第一步,也是关键的一步。罗尔斯的正义原则就是为了纠正社会财富和社会地位给人们带来的不平等而提出的,这其中就包括分配正义的差别原则。

最不利者的确立,是实行差别原则的第一步。确立最不利者或最少受惠者是为了利用国家权力或体现在社会基本结构中的平等倾向向最不利者进行利益的倾斜。罗尔斯指出,差别原则有着强烈的平等主义色彩的观念。可以把差别原则的实施简化为两个人的状况,差别原则所要求的是,不管其中一人的状况有多大改善,如果另一个人的状况得不到改善,那么,这样的状况就是得不到差别原则所认可的状况。现实社会中的实际情况是,确实是处境好或最好的人的状况由于处于社会地位和财富占有的有利地位,因而他们在社会的政治和经济活动中,总是处于一种向好的状况,或处于一种其期望能够得到实现的状态之中。然而,如果社会处境好或最好的这些人的状况总是处于不断地改善之中,但却对社会处境差或最不利者、最少受惠者的处境改善没有贡献,或者是使他们处于一种无助的处境中,从而使他们无法看到他们的期望有实现的可能,那么,这样的状况或处境好的那些人的状况的改善就得不到差别原则的辩护,因而这样的状况就不是一种社会正义的状况。因此,罗尔斯指出,要尽量避免使得处境较好者对于处境最不利者或最少受惠者的处境贡献为负值的社会分配方案。在上述文字中的"最不利者""最少受惠者",罗尔斯实际上是以多种词语,如"least advantage""least favored""the worst off""most unfortunate""the lowest position"等来表述的。罗尔斯指出,社会地位或财富占有中的处境较好或相当好的那些人的期望实现与社会处境最不利者或最少受惠者的期望实现之间存在着某种密切的关联。他说:

---

① [美]约翰·罗尔斯:《正义论(修订版)》,何怀宏等译,中国社会科学出版社2009年版,第75页。

"如果处境较好者的期望受到压制或被迫降低,那么最不利者［或：最无优势者］的前景也会相应地下降。"① 这是一种相关性,另一种是:"当处于一个或多个高阶优势较多者持有的较高预期过高时,由此产生的方案便是违反正义的方案。如果这些预期降低,最不利者（the least favored）的处境就会得到改善。"② 罗尔斯的差别原则所要求的处境较好者与处境最不利者之间是一种怎样的互动关系呢?罗尔斯说:"在平等自由和公平机会所要求的制度框架下,当且仅当处境较好者拥有的较高期望作为提高最无优势者社会成员的预期计划的一部分时,他们拥有较高期望才是正义的。"③ 换言之,处境较好者的收益与期望有益于提高最不利者的期望,这样的不平等才是合乎正义的。罗尔斯的说明只是举出了社会财富和收入分配的两端来说明问题,但实际情形是,在这两端之间,还有诸多层级的财富和收入状况。社会基本结构使得"更有利地位者的贡献遍布于整个社会而不是某些特殊部门时,看起来似乎合理的是,如果最不利者能够受益,那么,居间者也能够受益"④。这也可看作一种"链式反应",即当社会提高最低社会地位或最不利者的社会期望时,那么,相应地在社会中间层次的人们的社会财富收入也将提高,同时其社会期望也将提升。然而,即使是如此,也存在着不同的正义程度问题。罗尔斯提出有这样两种情形。一是完全正义的方案:"最无优势者（least advantaged）的预期的确得到了极大化。……［在这种情况下］,处境较好者（the better off）预期的任何改变都不能改善处境最差者（those worst off）的状况。于是,最佳安排得到了实现,我称之为完全正义方案。第二种情况是,所有处境较好者的预期受到压制或被迫降低,最无优势者的前景也会相应地下降。然而,

---

① John Rawls, *A Theory of Justice*, Rev. ed., Cambridge Mass., Harvard University Press, 1999, p. 68. 本译文参照了张国清在其《〈正义论〉评注》中的相关译文。

② John Rawls, *A Theory of Justice*, Rev. ed., Cambridge Mass., Harvard University Press, 1999, p. 68. 本译文参照了张国清在其《〈正义论〉评注》中的相关译文。

③ John Rawls, *A Theory of Justice*, Rev. ed., Cambridge Mass., Harvard University Press, 1999, p. 65. 本译文参照了张国清在其《〈正义论〉评注》中的相关译文。

④ John Rawls, *A Theory of Justice*, Rev. ed., Cambridge Mass., Harvard University Press, 1999, p. 71. 本译文参照了张国清在其《〈正义论〉评注》中的相关译文。

[所有处境较好者的预期] 尚未达到极大值。优势较多者的更高预期，将提高处于最低处境者的预期。这个方案是充分正义的方案，但不是最佳正义安排。"① 完全正义的方案就是，当处境最不利者的预期达到了最大化，这种状况下处境较好者期望的改变都不能改善最不利者。充分正义的方案是，处境较好者的预期受到压制直接影响到处境最不利者的前景或期望。因此，罗尔斯认为，差别原则是一个互惠的原则，是一个对进入这一合作体系各方都有利的原则。不过，罗尔斯更为关注的是最不利者的社会期望的提高，或者说，即使是由于最不利者的社会期望的提升从而使得中间层次的社会期望同样提升，也希望使得处境较好者的财富或收入因社会政策倾向于最不利者而受损，但罗尔斯差别原则的重心是在最少优势或最不利者的社会期望的提升上。同时，罗尔斯以图表的方式表示，各方不是在牺牲对方的利益条件下获利的，曲线在一定程度上符合各方的利益。但如果较为有优势者的得利过多，则不会有利于处境较差或最不利者，并使他们的利益受损。因此，罗尔斯的差别原则既是从整个公民全体的利益着想，同时更着重于社会底层人员的受益。这反映了罗尔斯的差别原则的平等主义倾向。不过，具体地说，差别原则是分配原则，而向最不利者或处境最差者倾斜，必然是在基本善的根本上更多关照这个底层群体。这种关照也就是作为物品的善目的分配倾斜。但问题是，如果不降低处境较好者的福利预期，从哪里拿物质或资金来改善低层人群的生存状况？如果不动处境较好者的收益，罗尔斯力图关照到社会全体成员的想法很有可能就是一个空想。并且，他说天资或自然禀赋对于拥有者个人是偶然的，是公共资产、并非为个人所有。但当他说不能迫使处境较好者的预期降低时，则与之产生了冲突。因为天赋或自然禀赋高必然收益或在社会分配体系中占有一个优势地位，但罗尔斯说这是个人不应得的。当罗尔斯这样说时，他是想为如福利国家的高额累进税进行道德辩护。但如诺齐克的观点所指出的，当人们无论同意还是不同意而征税时，实际上就造成了某种"被迫"。

---

① John Rawls, *A Theory of Justice*, Rev. ed., Cambridge Mass., Harvard University Press, 1999, p.68. 本译文参照了张国清在其《〈正义论〉评注》中的相关译文。

罗尔斯认为差别原则还有一个特征，这就是体现了博爱（fraternity）精神。差别原则倾向于最不利者或最少优势者，因而差别原则体现了一种博爱的精神。罗尔斯指出，与自由和平等两概念相比，博爱被看作一个不那么专门性的政治概念，不定义任何民主权利。严格地说，博爱是一个伦理学的概念，并且它是基督教的伦理概念，指的是基督教所提倡的超越于家庭亲情而将人类的所有成员视为上帝子民的平等的爱。不过，罗尔斯认为"博爱体现了某种社会评价方面的平等，这种平等表现于各种公共习俗和对奴颜婢膝的鄙视。博爱无疑包含有这些意思，以及一种公民友谊和社会团结的意义"[1]。基督教的博爱，应当看到，耶稣是这类爱的典范。耶稣对所有人，包括社会最底层的人，那些被人瞧不起的人、社会边缘的人，如妓女、窃贼、乞丐等都给了无私的爱。爱的精神就是给予，给予关怀、给予帮助、给予尊重。当罗尔斯强调差别原则是倾向于社会最不利者并通过社会调节给予社会最不利者提高其社会期望时，就体现了这样一种博爱精神。罗尔斯认为，至少在差别原则所允许的不平等有助于不利者的福利意义上，差别原则具有博爱精神。罗尔斯说："一旦我们接受了这一点，我们就可以把自由、平等、博爱的传统纲领与两个正义原则的民主解释如此联系起来：自由相应于第一原则；平等相应于与公平机会的平等联系在一起的第一个原则的平等观念；博爱相应于差别原则。这样我们就为博爱的观念在两个原则的民主解释中确立了一个地位。"[2]

第三节　重叠共识与公共理性

罗尔斯于1996年出版发表的《政治自由主义》（*Political Liberalism*, Columbia University Press，1996），是罗尔斯第二部重要著作。这部著作是罗尔

---

[1]　[美]约翰·罗尔斯：《正义论（修订版）》，何怀宏等译，中国社会科学出版社2009年版，第80页。

[2]　[美]约翰·罗尔斯：《正义论（修订版）》，何怀宏等译，中国社会科学出版社2009年版，第81页。

斯一系列演讲的汇集。应当看到，罗尔斯的《正义论》出版之后，激起了学术界十分热烈的反响，也掀起了批评与辩护的热潮。全球学术界围绕着罗尔斯的正义理论所发表的论文、论著，几乎形成了一个"罗尔斯产业"。罗尔斯也认真思考了人们对他的观点和论证所提出的批评。而这些演讲也就是在回应人们的批评。罗尔斯说："这些演讲的目的和内容似乎与《正义论》有着巨大的改变。当然，诚如我所指出的那样，两者间确有着重要差别。但要理解这些差别的性质和程度，就必须将它视为源自力图消除内在于公平正义的一个严重问题，亦即源自这样一种事实：《正义论》第三部分关于稳定性的说法与全书不一致。我相信，所有差异都是消除这种不一致的结果。"① 因此，我们可以看到，罗尔斯的《政治自由主义》是对于《正义论》的重大推进，这一推进实质性地改进了《正义论》中的关于稳定性的一些观点。而这种改变源于他对现当代社会的哲学学说、道德学说和宗教学说多元性的考虑，这类考虑则是在《正义论》里没有的。

　　罗尔斯将其第二部著作的标题称为"政治自由主义"，在于罗尔斯认为，他在《正义论》中所提出的一种整全性的学说，即包括了政治学或政治哲学与伦理学等学说的一种整全性学说，而现在他要提出的是一种仅仅从政治或政治哲学这一维度提出的自由主义学说。换言之，实际上《正义论》就是一种自由主义的理论，但却是一种包容了道德学说、哲学学说的整全性自由主义，如功利主义的政治哲学就包括了伦理学，并且是以伦理学说为前提的。而之所以有这样的考虑，在于罗尔斯对现当代社会的理性多元的认识。罗尔斯坦诚指出，在《正义论》中所提出的宪政民主政体的支持信念，是为整全性学说所提供的。但由于理性多远这一事实，因而某种整全性学说不可能为公民所普遍坚持。罗尔斯指出："现代民主社会不仅具有整全性宗教学说、哲学学说和道德学说的多元性，而且具有一种互不相容而却又合乎理性的多种整全性学说的多元化特征。"② 但这样说并非意味着罗尔斯又要提出一种整全

---

① John Rawls, *Political Liberalism*, New York：Columbia University Press, 1993, pp. xv-xvi.

② John Rawls, *Political Liberalism*, New York：Columbia University Press, 1993, p. xvi.

性的政治哲学,而他所做的力图将其论证与讨论的领域限定在政治领域。如在《正义论》中的正义观念,就既是伦理学意义上的道德观念,又是政治哲学意义上的政治观念。而在《政治自由主义》这里,罗尔斯认为,它就是一个政治的正义观念,把它作为道德观念,也是因为它是一个政治正义观念。换言之,政治正义的观念同样具有道德性,但首先它是政治观念,其次才是道德观念,并且,因为它是政治的正义观念,才具有道德上的合法性。罗尔斯说:"政治自由主义的问题,是为一种立宪民主政体制定一种政治的正义观念。"① 因此,罗尔斯的自由主义的学术使命很明确,并不是要像边沁、密尔那样提出一种伦理学说,并在此基础上再提出一种政治哲学。

罗尔斯虽然不把他自己的学说称为一种整全性的哲学学说,但他认为,在现当代社会条件下建构一种政治哲学,则必须承认现代社会的理性多元这样一种理性状况,即存在着多样性的相互不容但却是理性的宗教学说、哲学学说和道德学说,《正义论》在论证正义社会的稳定性问题时则没有从这一方面来进行,从而这是《正义论》的严重缺陷。要改进这一问题,首先就要承认这样一种理性多元的状况。从这样一种考虑出发,罗尔斯对于《正义论》第三部分关于正义社会的稳定性问题进行了重新解说,在这一解说中,最重要的就是提出了重叠共识(overlapping consensus)和公共理性(public reason)这样两个关键性概念。

一 重叠共识

一个正义社会如何具有稳定性问题,是罗尔斯在《正义论》第三部分的重心所在。罗尔斯在这里是以一种道德心理学的学说来解说的。在《正义论》中,罗尔斯的信念是,有利于正义社会稳定的道德心理的培养与建构,就可达成正义社会的长久稳定。首先,罗尔斯汲取了以科尔伯格为代表的道德发展心理学成果,提出一个从儿童的权威道德到团体道德最后到原则道德的三阶段的道德发展论。其次,罗尔斯提出了道德心理学的三原则。

权威道德是道德发展的第一阶段,罗尔斯又称这一阶段的道德为儿童道

---

① [美]罗尔斯:《政治自由主义》,万俊人译,译林出版社2000年版,第26页。

德。权威道德也就是儿童服从家长之类的长者的道德。在罗尔斯看来,儿童完全没有证明某件事情是正当的这种概念,这种概念是他后来获得的。不过,罗尔斯指出儿童在与父母家长的互动中,将产生一种相互的感情即爱。或者说,虽然有着相互的爱,但儿童在道德上仍然是服从权威。被珍视的德性是服从与忠诚,主要的恶是不顺从、反抗和轻率。第二阶段则是社团道德。罗尔斯认为是随着年龄的增长儿童交往的扩大而发展为社团道德。儿童的权威道德是由许多准则构成的,而社团道德则是适合于个人在不同交往中的角色的道德。罗尔斯指出,社团道德有赖于人的理性能力的发展,如果一个人要能够从各种不同的观点来看待事物,并把这些事物看作一个合作系统的不同方面,就需要这样的能力。第三阶段是原则道德。罗尔斯说:"一个达到比较复杂的交往道德——比如平等的公民的理想所表达的那种道德——的人,具有一种对正义原则的当然的理解力。同时,他也形成了对许多具体的人和共同体的依恋情感中,而且,他倾向于遵循适合他的各种地位,并且被社会的赞许与谴责坚持着的道德标准。由于已经变得依恋于其他人,已经渴望去实践这些伦理观念,他关心的是以他的行为和目标赢得人们的承认。看来,尽管他理解正义原则,至少有些时候,他遵循正义原则的动机主要还是产生于与他人的友谊和同情的纽带,以及对于更广泛的社会认可的关切……正如在社团的道德上一个阶段他可能想成为一个好运动员一样,现在他想成为一个正义的人。行为公正的观念,发展公正制度的观念,对他慢慢地具有了与以前那些次要的理想的类似的吸引力。"[1] 当一个人的道德发展到原则道德阶段,也就是一个在道德上具有了正义德性的人。在罗尔斯看来,原则道德既在形式上与正当与正义对应,也同人类之爱和自制相对应。[2] 在正当与正义的道德中,包含着权威道德与社团道德的德性,换言之,罗尔斯所理解的道德发展阶段,并不是后一个阶段是前一个阶段的完全否定,而是一种在前者的

---

[1] [美]约翰·罗尔斯:《正义论(修订版)》,何怀宏等译,中国社会科学出版社2009年版,第374页。

[2] 参见[美]约翰·罗尔斯《正义论(修订版)》,何怀宏等译,中国社会科学出版社2009年版,第378页。

基础上的进一步的发展。并且,在最后这个阶段构成了一个人德性的体系。不过,罗尔斯强调道德的发展是与他对正义背景制度的联系相关的。他说:"假如一种社会安排是正义的并且所有的人都知道它是正义的,那么,当他人带着明显的意图履行他们的义务和职责并实践他们的职位的理想时,这个人就会在交往中发展同他人的友好情感和信任的联系。"①

虽然罗尔斯认为可以信赖道德发展的阶段论来考察公平正义的理想社会的稳定性问题,但罗尔斯认为,还需考察一下道德心理学的三条法则,这三条法则实际上与道德发展的三个阶段是相联系的。第一条法则是联系儿童在家庭中的爱,即如果父母通过关心孩子而表现出对他们的爱,孩子一旦认识到,他就会逐渐爱他们。第二条法则是从家庭中所获得的情感能力在社团道德中的扩大,个人将在社会交往中发展与他人的友好情感。第三条法则是,以第一、二条法则相符合的方式发展了依恋关系和社会友情感的人,即获得了这种道德情感能力的人,在正义的制度背景下将获得相应的正义感。② 罗尔斯认为,这样他就证成了公平正义的理想社会的稳定性问题。他说:"一个由公共的正义感调节的社会是内在的稳定的:如其他条件相同,促进稳定性的那些力量将(朝向某种极限地)日益增强。这种内在稳定性是三条心理学法则之间的互补关系的一个结果。"③ 罗尔斯从道德心理学所进行的论证,他在《政治自由主义》中进行归纳说:"在《正义论》第三部分,该书假设公平正义的良秩社会是可能的,而且多多少少已成为现实。然后,就要探讨这种社会是否稳定的问题。我强调,自然法和人类心理学引导那些该社会里成长为公民的社会成员获得一种正义感,这种正义感充分而足以使他们世代坚持其政治制度和社会制度。整个论证在该书的第八、第九两章中

---

① John Rawls, *A Theory of Justice*, Rev. ed., Cambridge Mass., Harvard University Press, 1999, p. 429.

② 参见[美]约翰·罗尔斯《正义论(修订版)》,何怀宏等译,中国社会科学出版社2009年版,第388页。

③ [美]约翰·罗尔斯:《正义论(修订版)》,何怀宏等译,中国社会科学出版社2009年版,第393页。

达到顶点，这两章中叙述了道德［发展］学习诸阶段和稳定性的一个框架。"① 但罗尔斯在《政治自由主义》中认为，《正义论》通过道德心理学的道德发展阶段论以及心理法则来进行良秩社会的稳定性是有问题的。因为这一论证没有考虑到现实社会的价值多元这一事实。罗尔斯说："《政治自由主义》的主要目标在于表明，《正义论》中的良秩社会的社会理念可以重塑，从而能够对理性多元论的事实进行说明。为达此目标，该书将《正义论》所提出的公平正义学说转换为一种适应社会基本结构的政治正义观念。将公平正义转换为一种政治的正义观念，要求重新阐发作为政治观念的各种构成性理念。"② 换言之，现在罗尔斯认为，应当把公平正义的观念看作政治正义观念，而不是作为一种整全性学说的体现，它本身也不是整全性学说。罗尔斯说："我说正义观念是政治性的观念，有这三层意思：它的构成只适用于社会的基本结构，及其主要的、作为统一的社会合作体系的政治、社会和经济制度；它的存在独立于任何博大的整全性宗教学说或哲学学说；它是依据基本的政治理念来阐发的，这种基本政治理念隐含于民主社会的公共政治文化之中。"③ 罗尔斯这里说得很清楚，正义的政治观念是独立于各种整全性学说的，同时罗尔斯指出，正义的政治观念本身体现在社会的基本结构，以及民主社会的政治文化之中。这样的认识还有一个前提，即在现代社会，任何一种整全性的宗教学说、道德学说和哲学学说以及相应的政治学说都不可能得到所有公民的理性接受，除非运用国家机器的压迫性权力进行强制。

不过，罗尔斯并非完全否定自己在《正义论》中的考虑。他认为，正义社会的稳定性问题包括两个方面：一是正义制度下成长起来的公民是否获得了一种正常而充分的正义感，他们的正义感就能使他们抵制各种非正义的倾向，从而使他们对这个社会的基本制度进行自觉维护，因而制度的稳定性来自公民们的那种正常而强大的正义动机；二是要考虑民主社会公共文化的基

---

① John Rawls, *Political Liberalism*, New York: Columbia University Press, 1993, p. xl.

② John Rawls, *Political Liberalism*, New York: Columbia University Press, 1993, p. xli.

③ John Rawls, *Political Liberalism*, New York: Columbia University Press, 1993, p. 223.

本特征，这一特征也就是理性多元的事实，在这样的前提下，正义的政治观念是否能够成为重叠共识的核心。也就是说，仅仅讲一个方面是不够的，但并不能因此而认为就完全错了。就第二方面而言，罗尔斯认为，从民主社会理性多元这一事实，那么，公平正义的政治社会所需要稳定性，就要建立在它作为一种自由主义政治观点的基础上，以能够为理性而合理的和自由而平等的公民所接受，并达成对正义的政治观念的重叠共识。这就是罗尔斯在《政治自由主义》中进行的新的探讨。罗尔斯首先将公平正义作为一种政治正义观念提出，其次，则是联系在理性多元的事实前提下，如何能够使得公民们或社会成员都认可或接受这样一种政治的正义观念：这就是重叠共识或通过重叠共识才能做到的。

"重叠共识"为"重叠"（overlapping）与"共识"（consensus）这两个概念所构成，英文"overlap"一词的意思是重叠、交叠或部分重叠，指的是两个物体交叠在一起。在罗尔斯这里，这个概念是指公民们或现代社会的成员在理性多元的社会条件下，因其信奉多元性的整全性宗教学说、道德学说和哲学学说，从而这些理性主体的信念或他们所信奉的学说可以重叠或部分重叠。对于重叠共识，罗尔斯指出，具有这样几个基本特征。第一，理性多元的事实。共识是在宗教学说、道德学者和哲学学说的合理多元的前提下的重叠共识。理性多元这一现代民主政治社会的事实并不是一件不幸的事，而是民主政治社会长期发展的历史结果，是"政治自由主义把这种多样性看作一持久的自由制度背景内人类理性力量长期作用的结果"[1]。第二，公平正义的政治观念独立于各整全性宗教学说、哲学学说和道德学说，即公平正义的政治观念并不是隶属于某种整全性的学说，如功利论的学说和道义论的学说就是一种整全性学说。它是各种合乎理性而又相互冲突的整全性宗教学说、道德学说和哲学学说的共识目标所在。第三，具有一定的深度和广度。重叠共识的深度足以达到诸如公平合作系统的社会理念，其广度则涵括了一种政治观念的各种原则和价值，适用于作为整体的基本结构。在这里，罗尔斯所说的第二个特征最值得注意，因为罗尔斯把公平正义的政治观念作为独立于

---

[1] ［美］罗尔斯：《政治自由主义》，万俊人译，译林出版社2000年版，第153页。

所有整全性学说的政治观念，与《正义论》中公平正义原则所体现的完全不同。在《正义论》中，我们可以说罗尔斯的公平正义观念和正义原则是道义论的观念和原则，而现在，罗尔斯明确地说它不可归属于任何整全性学说。

罗尔斯指出有几种不同的重叠共识观念，如下三种都不是他所说的那种。那是哪三种？第一种是确信政治观念，因为它的宗教学说和自由信仰的理论导致宽容原则以及赞同立宪政体下的基本自由。第二种观点则是如同功利论和道义论的整全性自由主义道德学说基础上的政治观念。第三种则是除了一种独立的政治正义观念以及为它所规定的政治价值，还包括诸多政治价值。这是一种多元论的观点。如伯林的价值多元论就是类似于这样的观点。罗尔斯认为这三种观点是部分整全性学说的观点，不过，这三者都可导致大致相同的政治判断，因而可以在政治上达成重叠共识。罗尔斯这里所说的第一种是建立在其宗教学说和信仰自由的信念学说上的共识，第二种和第三种则是具有从整全性学说出发的特点，而这恰恰是罗尔斯在从《正义论》转向《政治自由主义》中就放弃了的原因。罗尔斯指出，如果要在一种整全性学说的基础上来达到统一的政治社会，那就必然排除理性多元并使用压迫性的国家机器。罗尔斯所说的第一种，指的是16、17世纪的宗教迫害与宗教宽容的历史中产生的政治信念，其所持有的宗教宽容原则以及对宪政政体的基本自由的赞同，并不意味着是在一种整全或完备的学说下提出的，其只是类似于不同整全性学说之间的重叠共识。这是因为，罗尔斯认为像16、17世纪的宗教宽容只不过是一种临时协议（modus vivendi）。①

有一种观点认为，重叠共识不过是各种价值观主体的临时协议。临时协议这一短语是指某种妥协性条款。罗尔斯批评了这样一种观点。罗尔斯指出，重叠共识不是一种纯粹的临时协议。他说："'临时协议'这一短语，其典型

---

① 罗尔斯说："在16世纪，对宽容原则没有任何重叠共识。天主教和新教两种信仰都坚持主张，统治者的责任是维护真正的宗教，并压制各种异端邪说的蔓延。在此情形下，接受宽容原则的确只是一种纯粹的临时协定。因为假如任何一种信仰成为占支配地位的信仰，则宽容原则就不会得到遵循。"（[美]罗尔斯：《政治自由主义》，万俊人译，译林出版社2000年版，第153页）此译文中的"临时协定"的英文原文是"a mere modus vivendi"。

第三章 罗尔斯

的特征,是指两个民族国家的目的和利益之间发生冲突时的一种条约。在协商条约时,每一个国家都会明智而谨慎地弄清,它们所提出的协议代表着一种平衡点。这就是说,条约的款项和条件是以这样一种方式来确定的,即双方对于如违反条约则对任何一方都无益处这一点有着共同的认识。"① 罗尔斯指出,临时协议是在利益冲突时,利益双方的一种妥协性协议条款。这类条款可以得到遵守,是因为双方都把遵守条款看作自己的民族国家利益。但不排除其有着一种牺牲对方的内在想法,即以牺牲对方利益来实现自己利益的最大化,如果能够这样做的话,那么这种协议随时都可被推翻。因此,这显示了这类协议是临时协议的特点。"当我们认为社会共识只是建立在自我利益或群体利益的基础上的时候,或者,当我们认为它只是建立在政治谈判的结果上的时候,也会出现类似的背景。这时的社会统一仅仅是表面的,一如社会的稳定性只是偶然的,有赖于那种不去推翻侥幸的利益集中的条件环境。"② 罗尔斯指出,社会政治生活中也会出现类似于临时协议式的条款,但这不是重叠共识。在他看来,重叠共识与临时协议全然不同。这体现在两个方面。第一,共识的目标是正义的政治观念,它本身就是一个道德观念(正义的政治观念本身又是一个道德观念的问题,我们在前面已经指出了)。第二,重叠共识本身有着道德的基础,这个道德的基础就是社会合作的观念,作为公民的个人观念,公民观念包括对正义原则和政治德性的解释,通过这种解释,人们认识到,那些正义原则是具体体现在公民的品格之中的。因此,重叠共识不是一种在自我利益或团体利益的基础上的共识,而是从公民们自己的整全性的宗教学说、道德学说和哲学学说所包含的观点出发,并基于这些观点来得出自己的结论,并认同相同的正义政治观念。第三,重叠共识与公平正义的政治社会的稳定性相关。上述两点则产生了另一个特征,即重叠共识与政治社会的稳定性相关。罗尔斯认为,重叠共识的道德目标和道德基础,决定了它与稳定性的关系。罗尔斯认为,既然公民把正义的政治观念看

---

① John Rawls, *Political Liberalism*, New York: Columbia University Press, 1993, p. 147;[美]罗尔斯:《政治自由主义》,万俊人译,译林出版社2000年版,第156页。

② [美]罗尔斯:《政治自由主义》,万俊人译,译林出版社2000年版,第156页。

作其共识目标,又从其自身的道德基础出发,那么,公民们就不会撤回自己对正义的政治观念的支持。罗尔斯认为,这样三种观点(罗尔斯所说的是宗教观点、道德观点和哲学观点,但实际上是多样性的三种观点或三类观点)被确立并不再修正,该公平正义的政治观念将得到支持,而不论政治权力的分配如何变化,"每一种观点都以自己的理由或依自身的优势来支持这一政治观念。检验这一点的标准是,是否共识是稳定的,是联系权力分配在各种观点之间的变化来考虑。稳定性的这一特征突出地表现了一种重叠共识与一种临时协议之间的对比,后者的稳定性取决于各种力量的偶然情形和平衡"①。

在理性多元的现当代宪政民主社会,罗尔斯认为,达成重叠共识也不是一蹴而就的。在他看来,重叠共识具有一种乌托邦式的想象。在没有足够的政治力量、社会力量或心理力量的条件下,即在还不具有条件实现重叠共识的条件下,是这样一种情形。因而在迈向重叠共识这样一个阶段前,还应有一个先行阶段,这一阶段就是宪法共识。在这个阶段,首先要看到的是,宪法满足了政治正义的某些自由原则。宪法是自由民主政体的根本大法,宪法的功能在于它的基本原则缓和了社会内部的紧张和对峙。宪法所确立的基本原则,如选举权、政治言论自由权、结社权以及民主选举程序和立法程序所要求的各种权利通过宪法原则性地确立下来,缓和甚至消弭了不同政治派别以及不同阶层和不同利益之间的冲突和对立,从而在这些基本权利方面达成了共识。宪法共识实际上也就将各派政治力量以及各种不同的利益团体的利益需求通过民主宪法在政治上体现出来,而当人们能够在根本大法的基本原则下进行有程序和有秩序的活动时,也就是宪法共识及其实践。然而,罗尔斯指出:"宪法共识既不深刻,也不广泛,它范围狭窄,不包括基本结构,而只包括民主政府的政治程序。"②

那么,宪法共识是如何产生的?罗尔斯认为,达成宪法共识的第一步就是类似于宗教改革后将宗教宽容原则作为一种纯粹的临时协议一样确定下来。换句话说,达成宪法共识的第一步是临时协议。因此,虽然罗尔斯明确地说

---

① John Rawls, *Political Liberalism*, New York: Columbia University Press, 1993, p. 148.
② [美]罗尔斯:《政治自由主义》,万俊人译,译林出版社 2000 年版,第 169 页。

第三章　罗尔斯

到，重叠共识与临时协议有着本质的区别，但是，在宪法共识阶段，其第一步是临时协议。罗尔斯认为，可能历史机缘或某种偶然性，使得人们将自由主义的正义原则作为一种纯粹的临时协议而接受下来，并将这些原则与现存的政治制度结合起来。当罗尔斯这样考虑的时候，可能他想到的是美国建国时的那些美国国父，即联邦党人。正是以杰斐逊为代表的美国开国先哲们，将洛克式的自由主义原则作为美国宪法的立国原则而确立下来。这既是历史的机缘，也确实具有某种偶然性。然而，罗尔斯把这种情形上升到一种哲学的高度来把握，说明西方式的宪政民主体制的产生也并不是什么历史的必然，而是充满了偶然性的历史事件。但这样的历史事件得到了两百多年的美国历史以及从1215年以来的英国《大宪章》的历史发展证明，这是人类在偶然性中为自己开辟的一条真正体现人类的自由与正义的大道。不过，罗尔斯认为，美国宪法作为临时协议的产物，也与那个时代的各种整全性学说没有达到充分完备以及它们的理论形态还不严谨有关。

从对宪法的自由民主的正义原则的临时协议演变到对民主自由的宪法的共识，需要对一种政治正义原则的忠诚。那么，这种忠诚如何能够得到？罗尔斯分析了政治原则产生的三类情况：一是仅从一种整全性学说中产生的；二是政治原则并不是从该整全性学说中产生或推导出来的，但却与该学说相容；三是不与该学说相容。在政治生活中，人们并没有对这个问题进行思考，要想在这三种情形中作出判断是很困难的事。实际上，大多数人并不把他们所信奉的宗教学说、道德学说和哲学学说看作具有充分普遍性的并且是整全性的，并且在不同的人那里也不同程度地抱有某种信念。把这种信念情形从政治社会中的全体成员的视域看，也就可知，自由主义的政治正义原则和政治观念在许多方面都与不同的各种整全性学说保持着某种程度的连贯性，也在许多方面，允许人们追求自己所信奉的那些合乎理性的整全性学说。罗尔斯说："许多公民（如果不是大多数的话）在没有看到这些原则与其他观点之间的任何特殊联系的情况下，就越来越确认了这些已经合并到他们的制度之中，并已成为其政治实践的正义原则。"[1] 罗尔斯指出，实际上，正因为民主

---

[1] John Rawls, *Political Liberalism*, New York: Columbia University Press, 1993, p. 160.

政治的宪政宪法所确立的正义政治原则或观念，或多或少地与不同人们信奉的宗教学说、道德学和哲学学说内在包含的观念或观点相关联，从而人们在不知不觉中支持了宪法所确立的正义政治原则和观念，并且在实践中将其巩固下来。这就是罗尔斯所认为的宪法所确立的政治正义原则得到人们忠诚的理由。换句话说，在这里并没有从任何一种整全性的学说出发，而是公民们都从自己所信奉的那种整全性学说出发，但都可以在政治实践中并通过政治实践来强化自己对宪法确立的政治正义原则的信奉与忠诚。同时，罗尔斯指出，公民们对政治正义原则的忠诚也有来自自我利益以及群体利益、社会习惯方面的支持。不过，更为深层次的支持，从而达到稳定的宪法共识则是自由主义正义原则本身产生的。或者说，自由主义的政治正义原则和观念是产生公民们的稳定支持和忠诚的深厚基础。当人们相信政治制度和政治程序的正义时，他们便会在确信他人会履行自己的职责时，履行自己的那一份职责，因而这样的政治实践将增强他们对宪政民主制度的信任与信心，同时这种信任也会随着保障我们基本利益的宪政基本制度的巩固而增强。

当宪法所确立的自由主义政治正义原则有效地调节基本政治制度时，罗尔斯认为它就达到了一种稳定的宪法共识的要求。罗尔斯认为，在这里有这样三个要求。第一，最初导致临时协议的宪政政体，其所确立的自由主义原则满足了下列要求，即最终确定某些政治的基本权利和自由原则，并赋予它们以特殊的优先性。这样做的前提条件是，面对理性多元这一民主社会的事实。在理性多元的前提下确立自由主义的基本原则和基本权利，从而将政治竞争排除在这些原则之外，把各党派和持有各种整全性学说而产生的观点排除在外，从而使得政治议程超出党派和各种利益集团的利益计算。第二，引进公共理性的概念。在这里，仅仅依靠理性多元意义上的各种宗教学说、道德学说以及哲学学说，不可能达到一种超出整全性学说所包含的观点之外的共识，因此，必须跳出各种整全性学说，寻求新的理性，这就是公共理性。应当承认，理性多元学说所诉诸的也是正当的理性，但不是宪政民主的政治理性。"公共理性，亦即公民在有关宪法根本和基本正义问题的公共论坛上所使用的推理理性。"① 公共理性，也可以看作罗尔斯在讨论宪法共识和重叠共识时所运用的重要工具，如果没有公共理性，则宪法共识和重叠共识都不可能实现。罗尔斯认为，正因为现代民主社会是理性多元的，从而应超越各种学说所内在蕴含的理性，而诉诸那些普遍适用于公民的推理与论证形式来为正义的政治原则和观念或宪法所确立的自由基本原则进行论证和辩护。第三，罗尔斯认为，公共政治德性是重要的条件和因素。这些公共的政治德性包括理性之德性、公平感、妥协精神，妥协精神包括为达成协议而满足他人作出让步的德性，而所有这些德性"都与那种在每一个人都可以公共接受的条件之基础上与他人合作的意志相联系"②。罗尔斯对政治德性的强调，是弥补了《正义论》在这方面的不足。这是因为，在《正义论》中，罗尔斯仅仅强调两种道德能力，然而，人们批评罗尔斯不重视政治德性在政治哲学中的重要性。因而在《政治自由主义》中罗尔斯对政治德性给予了适当的位置，这包括罗尔斯在此所说的政治德性对于宪法共识的作用。

随着宪法共识的日益深入，罗尔斯认为将其转化为重叠共识。罗尔斯指出，宪法共识只是对宪政基本制度和政治程序的共识性认可。重叠共识则在深度和广度上超出了宪法共识。重叠共识"要求所达成共识的政治原则和政治理想必须建立在一种政治的正义原则之基础上，该政治的正义原则适用于公平正义所阐释的那种社会理念和个人理念。而其广度则超出了那些将民主程序制度化的政治原则，进一步包括那些涵盖着作为整体之基本结构的原则。因此，它的原则也确立了某些诸如良心自由、思想自由以及机会均等和包括某些根本需要的原则的实质性权利"③。

我们要注意到，罗尔斯对于重叠共识的讨论在相当程度上都是与宪法共识相对照来说明的。罗尔斯指出，一旦达成宪法共识，不同的政治集团就必须进入政治讨论的公共论坛，这些不同的政治集团都有着自己所信奉的宗教

---

① ［美］罗尔斯：《政治自由主义》，万俊人译，译林出版社 2000 年版，第 10 页。
② ［美］罗尔斯：《政治自由主义》，万俊人译，译林出版社 2000 年版，第 173 页。
③ ［美］罗尔斯：《政治自由主义》，万俊人译，译林出版社 2000 年版，第 174—175 页。

学说、道德学说和哲学学说,但他们应当在宪法的基本原则上从自己所信奉的整全性学说进入讨论,并且,应当超出自己的党派和团体局限,面对更广阔的公共世界来解释其政策偏好,并且在与其他利益集团的讨论中不断修正自己的观点,以便在宪法所确保的根本利益的前提下形成多数意见并达成共识。罗尔斯说:"当他们这样做时,他们也就被引导到系统阐释正义的政治观念……的方向上来。"① 罗尔斯同时指出,在可操作的宪法系统中,法官也需要发展一种正义的政治观念,并且也有可能需要按照这一政治观念来解释或作出决定。换言之,宪法共识的一定深度,不可避免地是重叠共识。

就宪法共识的广度而言,超出罗尔斯所说的就纯政治和程序性的宪法共识达到一定广度时,也就是重叠共识。他认为,纯政治的和程序性的宪法共识过于狭窄,无法在现存的宪法根本和基本正义问题上立法,必然会围绕着相关问题道德发生冲突。在罗尔斯看来,公平正义的第一原则只是一种政治的正义原则,但它应当体现在民主政治的生活中而成为正义的政治观念,且必须通过立法来保障基本自由的诸多自由项,如政治言论自由、良心自由、思想自由等,同时,也必须通过立法来保障结社的自由和移居自由,以及各种基本制度来维护公民的基本需求,从而使得他们能够有时间、空间和精力参与政治生活和社会生活。罗尔斯说:"共识广度的要点是,宪法共识所包含的权利、自由和程序,仅仅涵盖了人们将对之发生争论的根本性政治问题的有限部分。各种力量都倾向于对宪法作某些方面的修正,以使其包括更深刻的宪法根本内容,或者想要用必要的立法来达到相同效果。在这两种情况中的每一种情况下,各集团往往都想发展更为广阔的包括整个基本结构的政治观念,以便用一种在政治上一致而连贯的方式来解释他们各自的观点。"② 宪法共识无法达到这样的深度和广度,而当共识向其深度和广度发展时,则就从宪法共识发展为重叠共识。

重叠共识以宪法共识为基础和前提,重叠共识是在围绕着宪法根本这一核心上展开和进行的,从而将宪法共识推向深入以及达到社会政治生活的更

---

① John Rawls, *Political Liberalism*, New York: Columbia University Press, 1993, p. 165.
② [美]罗尔斯:《政治自由主义》,万俊人译,译林出版社 2000 年版,第 177 页。

广范围。不过，无论是宪法共识还是重叠共识，公平正义的政治观念都是其核心。而公平正义的政治观念也就是罗尔斯在《正义论》中提出的公平正义原则。还有一个问题，就是罗尔斯所说的重叠共识是在理性多元性的现代民主社会的事实前提下，对于理性多元这一事实如何在宪政民主政体条件下达成共识的思考，而这就必然还有一问题，就是这些多元性的宗教学说、道德学说和政治学说本身有没有达成共识的内在基础条件？罗尔斯从三个方面考察了以上问题。

首先是关于康德的道义论学说，康德的道德学说以及相类似的道义论学说，罗尔斯认为可以从中推导出公平正义的政治观念以及宪法根本意义的正义原则，并且可以认可基本自由的正义原则的优先性。同时，把公平正义作为社会基本结构的首要主题，也可以从康德的道德学说中推导出来。罗尔斯认为，这是一种演绎关系。那么，我们怎么可以从康德的道德学说以及相类似的道德学说中推演出公平正义的政治观念呢？这个问题实际上罗尔斯在《正义论》已经提出和解决了。在《正义论》中，罗尔斯明确地说到他的理论基础是康德式的自我，即罗尔斯是以康德式自我来建构他的正义理论的。这体现在无知之幕中的所有各方代表，当然也可以看作那种情景下的所有公民，他们都具有两种道德能力和理性能力，这样的道德能力决定了所有人都是平等的。而这正是康德式的自我。康德认为，所有人都因其具有理性因而是平等的，理性能力是人能够履行道德法则的前提条件。因为道德法则就是理性人的自我立法，而道德法则之所以能够成立，在于任何人都可以以自己的理性来设想，在某种相同的情景中，应当如何行动。正是人的理性能力以及人对人的尊重（人是目的而不仅仅是手段），从而能够合乎理性地行动。人类的理性以及道德能力内在包含的平等自由观念，也就是罗尔斯的公平正义原则的理论来源。不过，在《政治自由主义》中，罗尔斯将其从某种整全性的道义论学说中独立出来，认为公平正义的政治原则和观念不从属于任何整合性学说，但并不因此而排除了康德式的整全性学说能够推导和演绎出公平正义的政治观念。

就以边沁、密尔为代表的古典功利主义而言，罗尔斯说这与公平正义的政治观念是一种近似（approximation）关系。我们知道，在罗尔斯的初始位置的契约论的假设中，有一个对于不同正义原则的选择的环节，罗尔斯的论证是所有人或各方代表都将选择他所荐举的两个正义原则，而不是功利主义的正义原则。从平等公民地位以及公平正义惠及全体尤其是惠顾最不利者的观点看，公平正义原则与追求最大化善（好）的功利主义原则是有冲突的。然而，罗尔斯现在面对的是无知之幕解除之后的宪政民主社会，罗尔斯认为，多元性的合乎理性的各种整全性学说是民主社会的一个永久性事实。换言之，民主政体下的民主社会不可能以压制性权力来有意地赞同或打压某种合乎理性的整全性学说，包括宗教学说、道德与宗教学说。如果为了某种理性学说而压制其他学说，则同样不符合民主社会的自由主义正义原则。罗尔斯指出："假设一特殊宗教及其所属的善观念只能在它控制国家机器并能实施有效迫害的条件下生存，那么，这种宗教在政治自由主义的秩序社会中将不复存在。"① 因此，罗尔斯认为，如果要以国家权力机器来阻止某种整全性学说，至少有两个原则，或是与它们相关联的生活方式可能与正义原则直接发生冲突，或者是它们可能为人们所接受，但却无法在正义的立宪政体的政治条件和社会条件下赢得信奉者。前一种情形是通过一种善观念而得到说明，该善观念要求以诸如种族的、民族的或完善论的理由来压制某些个人，如美国南北战争以前的南方奴隶。第二种情况则是某些宗教中的情形。但这两种情形都不是宪政民主政体的正义的政治观念以及其所包含的自由主义的政治观点所允许的。但显然，功利主义的学说不是这样需要压制性的权力来压制的理性的整全学说。罗尔斯认为，功利主义作为一种合乎理性的整全学说（内在包含着功利主义的正义原则和正义观），与公平正义的政治观念的关系不会是一种需要压制的学说，而是会因为民主制度作为一种生活方式，从而形成一种为功利主义所接受的生活方式，因而这种"相似关系"在于"我们对社会制度的有限知识以及我们正在发展的社会环境"②。不过，笔者觉得，根本原因还在于功利主义作为一种政治学说，虽然有其道德上善的目标，这一目标确实与公平正义的善目标不同，但仍然是一种自由主义的善目标。正如伯林所认识到的，在一个价值多元的社会中，自由的善价值也不可能是一元的，

---

① ［美］罗尔斯：《政治自由主义》，万俊人译，译林出版社2000年版，第209页。
② John Rawls, *Political Liberalism*, New York: Columbia University Press, 1993, p. 170.

但这并不影响持有功利主义的正义原则政治观的人接受公平正义的政治观念，因为在一个宪政民主的社会中，以公平正义为核心的政治观念的民主政治实践将更为有利于功利主义的价值实现。这是因为，即使是从最大多数人的最大幸福的功利主义的最高原则看，公平正义的政治观念也是能够在最大范围的意义上得到实现的。正如罗尔斯所指出的，如果实现功利主义的这一原则，则反而有可能影响政治社会的稳定性。这是因为，如果实行功利主义的这一原则，必然产生的后果是社会弱势群体的利益得不到关照，从而导致社会的怨恨情绪普遍存在，从而必然影响到政治社会的稳定性。公平正义的政治原则则不同，它的差别原则的重心就在于惠顾最不利者。罗尔斯指出，理性共识所认可的那种正义的政治观念在我们所能看到的范围内，能够满足所有合乎理性的批判反思的标准。"政治自由主义所允许的最合乎理性的保障和我们最合乎理性地拥有的东西是，我们的政治制度包含了足够的空间允许各种有价值的生活方式存在，而正是在这一意义上，我们的政治社会是正义的和善的。"① 当然，还有其他多种整全性的学说，在罗尔斯看来，每一种都以一种不同的方式与公平正义的政治观念相联系。多种整全性学说也代表着多元性价值。社会存在着不同的价值领域，每一种价值都有自己不同于其他价值的存在意义。政治价值是政治领域里的价值，而多种整全性宗教学说、道德学说和哲学学说作为某种或某类价值，都包含着政治价值和政治观念。但是，不同的整全性学说所内在包含的政治价值与政治观念不等于民主宪政的公平正义的政治价值。不过，多种整全性的学说通过理论推演，以及平衡各种判断而支持民主宪政的根本政治价值，即公平正义的政治价值。因此，罗尔斯认为，可通过重叠共识而接受宪政民主的核心价值或体现宪法根本的公平正义的政治观念。因此，重叠共识并非某种妥协，而是从各种不同的整全性学说内部出发来达成对宪政民主根本政治观念和政治价值的共识。

二 公共理性

"公共理性"（public reason）是罗尔斯在《政治自由主义》一书中所提

---

① ［美］罗尔斯：《政治自由主义》，万俊人译，译林出版社2000年版，第223页。

出的另一个重要概念，公共理性又是与重叠共识内在相关的一个概念，重叠共识需要得到公共理性的支撑或以公共理性为推理基础。罗尔斯的"公共理性"又是一个有着相当丰富内涵的概念，罗尔斯在《政治自由主义》中多处给予了阐释，又单独以"公共理性"之名进行了探讨（附在《万民法》这一论文之后）。从罗尔斯对公共理性概念的重视以及其丰富内涵我们几乎可以说，罗尔斯提出了一种公共理性学说。

罗尔斯指出，公共理性这一概念有着漫长的历史，自从康德在《什么是启蒙?》[①] 一文中提出公共理性概念以来，这一概念就以某种形式为人们所广泛接受。应当看到，康德并没有明确提出这个概念，但他以理性的公共运用和私人运用的区分提出了这样的问题。康德认为，必须永远有公开运用自己的理性的自由，并且唯有如此才能给人类带来启蒙。同时，康德也指出什么是理性的私下运用，即当某种职业的人以他的理性服从职业的需要，如军人服从上级的命令而不争辩。康德指出，如果"一个服役的军官在接受他的上级交下的某项命令时，竟抗声争辩这项命令的合目的性或者有用性，那就会非常坏事；他必须服从。但是他作为学者而对军事业务上的错误进行评论并把它提交给公众来作判断时，就不能公开地加以禁止了……同样地，一个牧师也有义务按照他所服务的那个教会的教义向他的教义问答班上的学生们和他的公众们作报告，因为他是根据这一条件才被批准的。但是作为一个学者，他却有充分自由，甚至于有责任，把他经过深思熟虑有关那种教义的缺点的全部善意的意见以及关于更好地组织宗教团体和教会团体的建议传达给公众"[②]。服从职责，康德认为是理性的私下运用，但就公共运用而言，康德认为是面向公众全体的，作为学者的发声。康德说："我所理解的对自己理性的公开运用，则是指任何人作为学者在全部听众面前所能做的那种运用。一个人在其所受任的一定公职岗位或者职务上所能运用的自己的理性，我就称之为私下的运用。"[③] 就一

[①] 康德关于理性的公开使用与私人运用的区分，发表在《答复这个问题："什么是启蒙运动?"》一文中。见《历史理性批判文集》中第二篇文章。

[②] ［德］康德：《历史理性批判文集》，何兆武译，商务印书馆1990年版，第25页。

[③] ［德］康德：《历史理性批判文集》，何兆武译，商务印书馆1990年版，第24—25页。

定公职岗位的人而发声,康德认为这是服从于某种共同体或某种机器运转的需要,因为这个人是这部机器的一部分。这是我们所看到的,在不同的国际场合,不同国家的代表在联合国的发声,那是代表某个国家而不是他自己在发声,从而对于命令他所说的不容有怀疑,但康德认为,就他作为整个共同体成员乃至作为世界公民社会的成员而论,"从而也就是以一个学者的资格通过写作面向严格意义上的公众时,则他是绝对可以争辩的,而不致因此就有损于他作为一个消极的成员所从事的那种事业"①。康德强调公开运用自己的理性的自由,是启蒙运动给我们的最宝贵的启示。他说:"这一启蒙运动除了自由以外不需要任何别的东西,那就是在一切事情上都有公开运用自己理性的自由。"②

康德的理性公开运用与私下运用的区分,其公开运用确有罗尔斯所说的"公共理性"之意,或者说,是某种形式的公共理性。罗尔斯说:"并非所有的理性都是公共理性,正如存在各种属于教会、大学和诸多其他市民社会联合体的非公共理性一样。在贵族政体和独裁政体中,当人们考虑到社会善时,不是通过公共理性的方式(如果确实存在这种公共方式的话),而是通过统治者(不管他们是谁)来管理社会善的。公共理性是一个民主国家的基本特征。它是公民的理性,是那些共享平等公民身份的人的理性。他们的理性目标是公共善,此乃政治正义观念对社会之基本制度结构的要求所在,也是这些制度服务的目标和目的所在。"③ 罗尔斯指出,有公共理性,也有非公共理性。非公共理性也就是各种教会、团体的理性。这种理解与康德不同。康德的非公共理性是理性的私下运用,或理性对履行职责的运用。罗尔斯则把从教会、团体立场出发的理性看作非公共理性,这样理解也符合康德对理性的公共运用的推演。罗尔斯指出,公共理性的公共性体现在三个方面:一是作为公民自身的理性;二是它的目标是公共善和根本性正义;三是它的内容是公共的。

---

① [德]康德:《历史理性批判文集》,何兆武译,商务印书馆 1990 年版,第 25 页。
② [德]康德:《历史理性批判文集》,何兆武译,商务印书馆 1990 年版,第 24 页。
③ [美]罗尔斯:《政治自由主义》,万俊人译,译林出版社 2000 年版,第 225—226 页。

罗尔斯这样的理解也与康德对理性的公共运用是一致的。具体来说，从内容上看，公共理性适用于那些包括我们称之为宪法根本或基本正义的政治问题。大部分税法和财产调节法、环境保护法，包括野生动物植物物种法规等，并不是宪法根本。并且，公共理性也不适用于公民对政治问题的个人性反思，不适用于教会和大学这类联合体的成员对其政治问题的推理。"公民们在公共论坛上介入政治辩护时，公共理性的理想就适用于他们，并因此适用于政治派别的某些成员，适用于这些政治学派的竞选候选人，以及支持这些候选人的其他群体。当宪法根本和基本正义发生危机时，同样也适用于这种情形下的公民投票情形。因此，公共理性的理想不仅支配着公民在选举中涉及那些基本问题的公共商谈，也支配着公民们就这些问题进行的投票。"[1] 不过，不能认为公共理性所适用的范围仅仅为宪法根本或涉及最根本的政治问题的政治论辩，罗尔斯指出，公民的政治生活已经是这样的生入其中死出其外的政治体制中的一个基本部分，作为自由而平等的公民，如每隔几年一次对国家最高领导人的选择性投票，就是他们的平等权利，因此，公共理性并不仅限于最高法院或最高法庭，以及作为官职人员在行使职权时的理性。实际上，后者在康德那里，仅仅是对理性的私人运用，而作为公民，在康德的观点上，应当作为共同体的成员向这个世界发出理性的声音来表明作为一个公民的立场和观点，而这才是公共理性对于公共事务的参与态度。

对于许多人来说，理解公共理性的困难在于，在讨论和投票决定最根本的政治问题时，为什么公民们不诉诸他们所信奉的整全性学说，而仅仅诉诸公共理性？或者说尊重公共理性的限制？人们诉诸公共理性而不诉诸自己整全性学说的理性或真理，这似乎是不合理的。因而这涉及如何理解自由主义的合法性问题。罗尔斯指出，政治合法性是与民主社会的公民之间的政治关系相联系的。这有两个特征：一是所有公民在其政治共同体中，是生入其中死出其外的，因而是在其社会基本结构中的一种人际关系；二是政治权力作为一种政治强制权力，是一种公共权力而不是某个人手中所独有的权力，民

---

[1] John Rawls, *Political Liberalism*, New York: Columbia University Press, 1993, p. 215.

主宪政体下的权力,不像专制社会中的政治权力仅仅是独裁者手中的权力。宪政民主政体下的政治权力乃全体平等公民的权力,这个权力对于普通公民来说,就是行使他的选举权的投票权。对于公民的政治选择来说,还有两个相冲突的因素:一是社会基本结构和社会基本制度的内在政治关系体现的正义的政治观念;二是与理性相关的另一个问题是,各种合乎理性的多元性的宗教学说、道德学说和政治学说的存在,是民主社会的一个永久性事实,它是长期的历史文化演变的产物,并将继续下去。那么,当政治根本问题发生危机时,公民们按照什么原则和观念来选择行使他们的权利?罗尔斯说:"只有当我们的行使符合宪法——宪法的根本内容是所有公民都可以合乎理性地期待大家按照他们视之为理性而合理的,因而认为是可接受的原则和理念来认可的——时,行使政治权力才是恰当的,因之也才是正当有理的。这便是自由主义的合法性原则。"①"所有公民都可接受的原则和理念",无疑是公共理性的理念和正义的政治观念所体现的原则。如果各自都从自己所信奉的整全性学说来提出自己的政治见解和理由,无疑不可能在政治上达成政治共识。共识只能是体现社会基本结构和基本制度的正义的政治观念,而这也只能是通过公共理性来表达。"当政治观念获得各种合乎理性的整全性学说重叠共识的支持时,公共理性的悖论也就消解了。"② 这里需要指出,各种多元性的理性整全性学说及其内在所包含的政治观念不等于罗尔斯所说的体现宪政民主政体的公平正义的政治观念,但它们可以从自身出发,对宪政民主政体的公平正义的政治观念达成重叠共识。在这里就有着公共理性的作用,即对于政治性领域的公共事务,人们应当运用公共理性,以正义的政治观念为标准或根本性指南进行相应的参与和讨论。在这里,公民们并没有离开他们的合乎理性的整全性学说,而是应当从中获得对宪法根本或以公平正义的政治观念为核心的根本原则的支持,从而形成重叠共识。在宪政民主社会里,公民们平等地分享政治权力、参与政治生活是公民们的政治义务。平等地分享与参与,并不仅仅意味着是在最高权力机构的最高统治者的选

---

① [美] 罗尔斯:《政治自由主义》,万俊人译,译林出版社 2000 年版,第 230 页。
② John Rawls, *Political Liberalism*, New York: Columbia University Press, 1993, p.218.

举上，也体现在公民们对于自己的社区和共同体的政治事务的平等参与。如在美国，不仅总统、国会参议员是通过选举产生的，而且其州长、州议员以及自己所居住的小镇官员都是通过选举产生的。这些选举活动，都是公民参与公共事务的活动，是公民的政治义务，公共理性在这里都需要发挥作用。公民们对公共理性限制的普遍尊重，是公民的基本权利和要求，以及相应的义务所要求的。公民义务与公民的重大政治价值的结合，以每一个人都认为可以合乎理性地期待他人能够接受的方式去产生支配他们自己的公民理想，而这种理想又反过来得到各种合乎理性的整全性学说的支持。

对于在公共论坛和政治选投票上从公共理性出发和坚持公共理性的理想，有人提出反对意见，认为人们只是从自己的偏好和自我利益出发来投票和发声，因而这只是个人的事。换言之，人们可以不尊重公共理性的限制，也不认为这是公民的政治义务。因此，这涉及我们如何看待非公共理性的问题。个人偏好与个人利益如果不与公共理性相符合，无疑是非公共理性。罗尔斯指出，不仅如此，各种联合体的理性，包括大学和教会以及社团和职业群体的理性，如行会在中世纪就起着重要作用。这样，个人理性实际上是三大类：个人利益和偏好所体现的个人理性、团体行动所体现的理性，以及公共政治所需要的公共理性。罗尔斯认为，这里需要区分的是团体理性与公共理性。团体理性对于该团体或小共同体来说，是公共的，但对于普遍公民来说，则是非公共的。非公共理性由许多公民的理性构成，与公共政治文化相比，它属于背景文化。在"背景文化"的意义上，罗尔斯实际上提出了两类背景文化，另一类是各种合乎理性的整全性学说，它们都是公民们所持有的。整全性学说属于宗教、道德和哲学观念，是一类观念文化，另一类则是从不同的利益主体如个体主体和团体或小共同体主体出发的理性需求。在这类理性意义上，罗尔斯认为，仍然具有某种共同性。他说："所有的推理方式——不论是个体的、还是联合体的，还是政治的——都必须承认某些共同的因素：判断概念、推论原理、论据规则以及许多其他因素；否则，它们就不是推理的方式，或者只是雄辩或说服的手段……一种推理方式必须把各种基本的理性观念和原则统合起来，包括正确性的标准和证明标准。掌握这些理念的能力，乃人类共同理性之一部分。"① 罗尔斯把理性（reason）明确地等同于人类的推理论证和方式。在这样最基本的层次上，所有理性都具有共同的形式，但并不等同于所有理性都是某种个人理性或团体理性，而不是公共理性，这就是在内容上，它们是不同的。换言之，个人理性或团体理性能够在个人事务和团体事务上发生作用，但并不等同于可以在公共政治事务上发生作用。如果人们认为只要凭个人偏好就可以在公共政治事务上发声或投票，则是完全将个人事务与公共政治事务相等同了。或者说，这样的行为并没有履行公民所应有的政治义务。

基督教或天主教教会在西方国家仍有很大的势力，由于宗教宽容，当代世界伊斯兰教的势力也正在发展之中，在西方民主政体的国家中，伊斯兰教的势力正随着信教人口的增长而增长。不过，宗教问题与公共政治问题不同。这体现在，人们可以自由接受或不再接受某类教会的权威，叛教与成为某种宗教的异端并不触犯法律，也就是说，那些不再承认某种教会的人可以在不触犯国家权力的情况下终止其教徒身份。这也就是人们的良心自由和思想自由的权利。同样，人们也可以自由地信奉某种整全性的宗教学说、道德学说和哲学学说。但良心自由与思想自由的权利并不意味着公民可以不受到公共理性的限制，虽然你可以放弃你对公共事务发声或投票的权利，但并不意味着你可以做违反公共政治利益的事。

罗尔斯具体阐明了公共理性的内容。首先，公共理性的内容就是正义的政治观念，或者说，关于社会基本结构的实质性正义原则。其次，罗尔斯则从公共理性的角度，提出"各种探究指南，即推理原则与证据原则。按照这些原则和规则，公民们便可决定能否恰当适用实质性原则，并确认最令他们满意的法律和政策"②。同时，罗尔斯认为，公共理性还与政治价值相关联，这些价值也有两种："第一种是政治正义的价值，它属于基本结构的正义原则：即平等的政治自由和公民自由的价值；机会均等；社会平等与经济互惠

---

① ［美］罗尔斯：《政治自由主义》，万俊人译，译林出版社2000年版，第234页。
② ［美］罗尔斯：《政治自由主义》，万俊人译，译林出版社2000年版，第237页。

的价值；让我再补充共同善的价值，以及所有这些价值所必需的各种必要条件。第二种价值是公共理性的价值，它属于公共探究指南，也使这种探究成为自由和公共的。在这里，它还包括诸如合乎理性和随时准备尊重公民（道德）义务一类的政治美德，这些公民的美德有助于使有关政治问题的理性的公共讨论成为可能。"① 从公共理性的内容看，公共理性以正义的政治观念或实质性正义原则为其基本内容，同时，公共理性作为一种理性或推理运思，无疑还包括了其本身的内容，即推理原则、论证原则等。值得注意的是，罗尔斯提出的政治价值作为与公共理性相关联的问题。从罗尔斯引入公共善、公民美德这样的概念来看，罗尔斯接受了休谟以来的一个基本观点，即所有的伦理德性都是价值，或所有的伦理概念都是价值概念的观点。不过，由于价值概念有着比伦理学概念更广泛的涵盖性，因而在政治哲学领域里所研究的重要理念都可从价值意义上来把握，如可以把政治上所尊为目的的东西都称为价值。罗尔斯在这里实际上讲了从公共理性角度来看待的两类价值，即目的价值和工具价值。他所说的第一种价值就是目的价值，即自由主义政治认为的内在价值，而第二类可以看作工具价值。所谓内在价值，即因其自身而具有的价值。这类价值也就是目的，或目的价值。公共理性本身以及公民的政治美德是实现自由主义的政治价值的工具，或因其作为工具而有价值。所以罗尔斯认为，在探讨宪法根本和基本结构的问题时，不会诉求那些整全性的宗教学说、道德学说和哲学学说，因为公共理性本身就具有工具价值，而其实现的目的价值即政治正义的价值，也不是可从那些整全性的学说中推导出来的，而是宪政民主政体本身所内含的根本价值。罗尔斯说："公共理性之理想的关键是，公民将在每个人都视之为政治正义观念的框架内展开他们的基本讨论，而这一正义的政治观念则建基于那些可以合乎理性地期待他人认可的价值，和每一个人都准备真诚地捍卫已如此理解的政治观念上。"②

---

① [美] 罗尔斯：《政治自由主义》，万俊人译，译林出版社 2000 年版，第 237—238 页。

② John Rawls, *Political Liberalism*, New York: Columbia University Press, 1993, p. 226.

第三章　罗尔斯

第四节　万民法与全球正义

全球正义是罗尔斯在一部题为《万民法》的小书中所阐述的主题,这也是罗尔斯后期最重要的一部著作。应当看到,在《正义论》中,就已经涉及了全球正义问题。不过,《正义论》主要讨论的是一国之内的正义问题,因而这可以看作罗尔斯在《正义论》中关于正义问题向全球或全人类社会的扩展。罗尔斯在《正义论》的结尾处说:"从原初状态的观点来看我们在社会中的地位,也就是从自然的观点来看它:不仅从全社会,而且从全时态的观点来审视人的境况。永恒的观点不是一个从世界之外的某个地方发生的观点,也不是一个超越的存在物的观点,毋宁说,它是有理性的人在世界之内能够采取的某种思想和情感。一旦人们采取了这种思想和情感,无论他们属于哪一代人,他们就能够把所有个人的观点融为一体,就能够达到这样一些调节性的原则:每一个人在其依赖这些原则而生活的过程中都肯定这些原则。"[1] "原初状态"即为本章前述所采用的新译法"初始位置"。这是罗尔斯正义论的出发点。在罗尔斯看来,从这样一种理论出发点出发,必然得出的是可适用于全时态的全人类的普遍永恒的正义原则和观点,不过,对于这样一种普世性的确信,在《政治自由主义》那里就已经收缩为现代西方式的民主社会背景下的正义观和正义原则,而在《万民法》中,则更是进一步承诺了这样一种收缩。因此,与他在《正义论》中关于国内正义向全人类社会扩展中的说法不同的是,《万民法》也可以看作罗尔斯的正义思想在全人类领域里的重大转折。

一　两种正义

与《正义论》中的正义原则不同的是,罗尔斯在《万民法》中对于正义的阐释体现了他的两种正义观。要讨论他的两种正义观,首先我们必须看看

---

[1] [美]罗尔斯:《正义论(修订版)》,何怀宏等译,中国社会科学出版社2009年版,第464—465页。

他对于现当代人类社会的区分。罗尔斯把现当代的人类社会区分为五种类型：第一种是自由的人民；第二种是合宜的人民，或合宜等级制社会（decent hierarchical societies）；第三种是法外国家；第四种是负担不利条件的社会；第五种是仁慈的专制主义社会。我们首先注意到的是罗尔斯将这五种类型的社会区分开来，在别人使用同一概念的地方他用了不同的概念来指称，亦即他人在谈到"国家"时，并非像罗尔斯这样使用不同概念。罗尔斯把此书称为"万民法"而不是国际法或万国法，就在于他想以"人民"（people）这一概念来取代国家这一概念，对于这个问题，我们稍后再展开。当他将现当代全人类不同国家进行区分时，同时使用了三个概念：人民、国家与社会。人民与国家这两个概念的区分他在书中进行了较详细的讨论，但他并没有将人民与社会这两个概念进行区分使用的问题进行讨论，实际上，他往往将这两者混用。如他说"等级制社会"，也会说"等级制人民"，虽然这两者所指重点不同。其次，罗尔斯对于这五种国家或社会，讨论得最多的是自由的人民和合宜的人民或社会。而在这种讨论中，能明显地感到他在改变正义观念或正义原则的内涵。

　　自由人民在万民法即国际法的意义上，又称为自由与合宜的人民或自由社会、宪政民主社会；并且，又在万民法意义上称为人民社会。在罗尔斯看来，合乎他所提出的正义两原则或正义政治观念的自由社会是一类现实的乌托邦。罗尔斯说："自由的正义理念是现实的，这有两个条件。第一，它必须依赖于自然的实际法则，以及这些法则所取得的稳定的成就，即有正当理由的稳定性。（依照自然法则）把人当人看，并且是宪法和民法所规定的，因为他们是处于合理正义和秩序良好社会。"[①] 这里的自由正义的理念的现实性，实际上所说的是西方式的民主宪政社会的现实性，而所谓"自然法则"，罗尔斯并没有在洛克的意义上使用这一概念，他的解释是宪法与现代民法所规定的意义上的"自然法则"，这实际上已不是什么自然法则，而只是罗尔斯把它们当成了类似于洛克的自然法则而已。它们具有自然法则的性质，在于它们是在罗尔斯的初始位置上，在契约式的同意而推演出来的正义原则指导下确

[①] John Rawls, *The Laws of Peoples*, Harvard University Press, 1999, pp. 12–13.

立的。换言之,在这样具有自然法则意义的宪法与民法的保护下,罗尔斯的政治正义观念是具有现实性的。第二,罗尔斯认为"自由人民"或"人民社会"又是具有乌托邦性质的。所谓乌托邦性质也就是其理想性或还没有实现或没有完全实现的性质。对于这个乌托邦性质,罗尔斯两次在一个部分的不同段落给出了理由。罗尔斯说:"对于政治的正义观念的必要条件来说是乌托邦的,因为它使用政治的(道德的)理想、原则和概念,去具体说明一个合理性的和正义的社会。这里有一类相关的有关正义的合理自由概念,它们每一个都有如下三个特征性原则:第一,来自宪政体制的基本权利与自由;第二,设定这些权利、自由和机会特别的优先性,特别是一般善和完善主义价值的主张;第三,为确保所有公民都有必要的基本善,从而使他们都能够既理智地而又有效地使用他们的自由。"① 所谓乌托邦性质,是指在公民的权利与自由方面,尤其是体现在基本善方面的权利与自由具有一定的乌托邦性质。这两者结合起来,就是罗尔斯对于自由人民的"现实乌托邦"。就万民法而言,罗尔斯认为既是现实的,也是乌托邦的。就现实性而言,它行之有效,可以运用到合作性政治安排以及其关系之中。就乌托邦性质而言,罗尔斯重复了对于人民社会的现实性的说法,他说:"合理正义的万民法是乌托邦的,因为它使用政治的(道德的)理想、原则与概念,去具体说明万民社会的合理正当和正义的政治安排。在国内情形中,正义的自由概念区分了合理性和理性,它们在于利他主义(altruism)与自我主义(egoism)之间。万民法复制了这些特征。人民的利益由其土地、领土、其合理正义的政治与社会制度,以及以各种联合体相关联的自由公民文化所构成。这些不同的利益是区分合理性与理性的理由,它对我们表明,不同人民的关系怎样才能长期保持正义与稳定。"② 罗尔斯认为,人民社会之间的关系就如同在国内社会之间的关系,他将建立了西式民主宪政的国与国的关系类比于国内人民的关系。在他看来,这是由于都是在政治正义观念之下,并且像在国内的人民一样,以政治正义的观念以及理想、原则等来处理相互的利益关系。我们前述了罗尔斯

---

① John Rawls, *The Laws of Peoples*, Harvard University Press, 1999, p.14.
② John Rawls, *The Laws of Peoples*, Harvard University Press, 1999, p.18.

的相互性原则以及相互冷淡原理,这两者使得具有两种道德能力的公民既不是利他主义的,也不是自我主义的,而是在相互性原则之下的公平正义的合作关系。总之,罗尔斯这里首先是立于在《正义论》以及《政治自由主义》中所论证的政治正义观念,即基于两个正义原则来理解的政治正义观念,其次是既从现实也从理想态来理解人民社会之间的关系。而这两者的前提都在于它们满足了两个正义原则所提出的那些相关的权利项和基本善的清单。

那么,合宜等级制社会呢？罗尔斯对于合宜等级制社会提出了两个标准:第一,社会不可能具有侵略性的目的,它承认通过外交、贸易以及其他的和平途径来实现国际性的目的；第二,第二个标准分为三个部分。首先,"合宜等级制人民的法律体系,应与正义的公共善观念一致,应确保所有成员拥有那被称为人权的东西(what have come to be called human rights)。一个侵犯这些权利的社会体系,不能确立为政治与社会合作的合宜体制"①。这里有两个要点,一是公共善观念,二是"人权"观念。其次,必须将法律体系的真正的道德义务加之于境内所有人。最后,必须真诚且绝非不合理地管理法律体系的法官以及其他官员。第二个标准的三个部分实际上是一个法治观念的体现。在罗尔斯看来,合宜等级制的社会同样是一个法治国。所有社会成员的义务与责任的根据在于法律,而法律必须尊重人权。抽象地讲,"其法律体系必须遵循正义的公共善观念,该观念重视其所视为社会中每个人的根本利益"②。合宜等级制社会的法律不仅根源于人权,而且与公共善观念直接关联。公共善观念我们在下面再讨论,这里先说人权概念。罗尔斯这里对于"人权"这个概念,用了一种很怪的表达方式,实际上,这表明他心中对于合宜等级制社会中的人权是什么的一种不确定性的感觉。不过,他还是说了这些东西是什么。在罗尔斯看来,对于合宜等级制国家来说,其应当做到的、应保护的人权项有:生命权、自由权以及财产权。对于这些人权的具体要求是,生命权指维持生存与安全的手段,自由权指废除奴隶制、农奴制以及强迫性职业的自由,以

---

① John Rawls, *The Laws of Peoples*, Harvard University Press, 1999, p. 65.
② [美]约翰·罗尔斯：《万民法》,张晓辉等译,吉林人民出版社2001年版,第71页。

及有着确保宗教与思想自由的良心自由的有效措施,而财产权则指对于个人财产的保护。在罗尔斯看来,这是最低限度的人权。很明显,罗尔斯将合宜等级制国家的人权与自由人民国家的人权概念的内涵进行了明显的区分,如现代西方式的宪政民主制度中的政治参与权或选举与被选举权不包括在这些人权清单中,当然还有其他内容也不在此列。罗尔斯的合宜等级制国家包括宗教的,也包括世俗的。宗教的合宜等级制国家,罗尔斯心中所意指的主要是伊斯兰国家。其次,等级制国家与西方式宪政民主国家的一个重要区别在于这些国家的成员之间是不平等的。自由平等的公民权是属于自由民主政体下的公民的,而在合宜等级制社会,"把人权视为属于联合式的社会形式(用我的术语来说),它首先把人视为集团中的成员——联合体、社团和社会等级中的成员。作为这样的成员,人们拥有权利和自由,俾使他们能够履于其义务与职责,并参与合宜的社会合作体系"[1]。换言之,如果说合宜等级制人民还有人权,那么,其首先是属于联合体的,只有在联合体中,他才享有这种联合体赋予的人权。罗尔斯这样讲时应该清楚,既然是等级制,那么不同等级的所谓联合体的人权实现程度是很不一样的,或享有的人权程度是很不一样的。

不过,罗尔斯认为,考察人权的实现还有一个指标,这就是社会合作。在他看来,无论是在自由民主的宪政体下的公民的人权还是合宜等级制下的联合体成员的人权,其享有或实现都是为了社会合作。为何人权不是从个人自身出发,而是从社会合作来看?这是因为,罗尔斯认为,合宜等级制社会本身是不平等的,而如果从个人来看,那就是一种平等人权观了,罗尔斯所列举的那些人权项,对于社会合作来说,则是重要的。换言之,在社会合作的意义上,罗尔斯认可在这样的社会中的人权现实。而从社会合作来看,罗尔斯更为重视的则是公共善。然而,何为公共善?罗尔斯没有给出界定,虽然他在《万民法》的第二部分,在多个方面涉及对公共善这一概念的表述。如他说社会的宗教和哲学价值体现为公共善观念,对于政治异议的看法,罗

---

[1] [美]约翰·罗尔斯:《万民法》,张晓辉等译,吉林人民出版社2001年版,第72页。

尔斯认为政治异议代表了公共善,"异议是公共抗议的一种形式,它得到许可是在正义的公共善观念(the public good idea of justice)的基本框架之内"①。我们在前面简述罗尔斯所认为的合宜等级制社会的第二个标准中的第一部分时,就已经注意到了正义的公共善概念是他衡量一个等级制社会的重要标准。在这里,罗尔斯将公共善进行了某种界定,即它是从属于正义的。在谈到等级制下的社会成员不被视为平等的社会成员时,罗尔斯也是这样说"公共善"的。他认为,合宜等级制社会中的所有人不被视为平等公民,但由于他们仍然是有着道德学习能力的社会成员,因而被看作合宜的和有理性的,"作为社会负责的成员,他们能够认识到,他们与正义的人民的公共善观念一致的道德义务与责任"②。这里强调了与"人民的公共善观念一致",但这种道德责任与义务具体体现在哪里呢?罗尔斯认为,是体现在每一个人作为某个集团的成员而有的责任。他说:"每个人都属于一个集团,该集团在协商等级制中由一个团体代表,同时每一个人都从事着特定的活动,并在整个合作体系(overall scheme of cooperation)中扮演确定的角色。"③ 罗尔斯在这里说的是什么?不是柏拉图在《理想国》中所说的、每个人在自己的位置上,各做各的事,而不相互干扰,就是正义吗?柏拉图的《理想国》不就是一种等级制的社会吗?三个不同的等级,各做各的事,相互配合,从而实现和谐秩序正义。因此,我们发现,罗尔斯在讨论合宜等级制社会的正义或公共善时,实际上已经远远偏离了他自己在《正义论》中从初始位置出发而推导出来的两个正义原则。因此,罗尔斯不仅修正了他的人权概念,也修正了他的正义概念。当然,罗尔斯在《正义论》中也强调社会合作,认为由正义原则所支配的社会合作体系是公平的合作体系。这种公平性建基于个人权利。但在他讨论等级制社会时,则认为是以等级集团为单位的合作,而个人的权利虽然仍然在罗尔斯的视野里,但更为重要的是社会等级制下的集团成员的成员感,为成员身份所规定的道德义务和责任。这比个人权利观念更为重要。因此,合作

---

① John Rawls, *The Laws of Peoples*, Harvard University Press, 1999, p. 72.
② John Rawls, *The Laws of Peoples*, Harvard University Press, 1999, p. 71.
③ John Rawls, *The Laws of Peoples*, Harvard University Press, 1999, pp. 71–72.

的根本要素也在此发生了重大改变。罗尔斯说:"人们首先属于等级、社团和联合体——就是说,首先属于集团。由于这些集团代表其成员的理性利益,一些人会在协商过程当中参与公开代表这些利益,但他们之如此行动,乃是作为联合体、社团和等级的成员,而不是作为个体。这种安排如下:如若按此一观点所示,在自由社会里,每个公民都有自己的一票,公民的利益趋于缩小,并集中于其私人经济方面对共同体契约损害的关注。而在协商等级制中,当其集团如此得到代表时,各种集团的投票成员要考虑政治生活较广泛的利益。"① 换言之,这样一种共同体观念可能较之个人权利的个人主义观念更为合理。当然,罗尔斯并不是说在西式宪政民主制度中是如此,但他这是一种对等级制社会的客观描述吗?为什么他不说这样的等级制社会中的对弱势群体的关注更应当体现了正义呢?

二 两层次联盟

罗尔斯在《万民法》中的整体思考是康德在《永久和平论》中的思路的体现。罗尔斯说:"我的基本观念,遵循了康德在《永久和平论》(1795)中的概述,以及他的和平联盟的观念。"② 康德在《永久和平论》中论证道,不可能建立一个全球性的世界政府。在康德看来,凌驾于一切之上的君主制权力合并为一体,"法律总是随着政权范围的扩大而越发丧失了它的份量的。而一个没有灵魂的专制政体在它根除了善的萌芽之后,终于也就会沦于无政府状态"③。康德是以导致永久和平的世界联盟来趋向于人类这个崇高目标的。罗尔斯以这个思路思考基于现当代世界的和平问题。罗尔斯将康德的世界联盟方法具体化,即基于五种类型的国家这一人类世界的现状,来探讨和平联盟的可能。这一联盟首先是自由人民即西式宪政民主体制国家的联盟。其次是自由人民与合宜等级制社会的联盟。对于其他三类国家,涉及和平问题的,

---

① [美]约翰·罗尔斯:《万民法》,张晓辉等译,吉林人民出版社 2001 年版,第 77 页。

② [美]约翰·罗尔斯:《万民法》,张晓辉等译,吉林人民出版社 2001 年版,第 10 页。

③ [德]康德:《历史理性批判文集》,何兆武译,商务印书馆 1990 年版,第 126 页。

罗尔斯主要探讨的是法外国家的问题。

对于国家联盟，罗尔斯在《万民法》中两次运用原初他在《正义论》中的契约论，即从初始位置来建构不同国家的联盟契约。不过，在这里进入原初位置的代表不是代表个人，而是国家。为什么是两次呢？由于对于国内的初始位置的运用是自由的理念，因而并不适应于合宜等级制国家，"这就是为什么万民法使用三次初始位置的论证，两次是自由社会（一次为国内层次，另一次为万民法层次），但仅有一次，在第二层级的水平上，运用于合宜等级制社会。只有平等的不同部分能够对称地处于初始位置上。平等的人民或他们的代表，在万民法的层次上是平等的各方，在另一个层次上，当自由与合宜的人民一起处于一个初始位置上，结合在一起进入地区性的联合体或某种联邦时，原初位置[的假设]就有意义，如欧洲共同体，或苏联的加盟共和国共同体。当好的部分组合为这样的有一定制度的联邦（good part composed of such federation together with certain institutions），诸如联合国那样，因而我们可以言及未来所呈现的所有部分的世界社会，这是很自然的事"①。罗尔斯区分为五种类型的国家，但在他看来，好的部分也就是前两部分，即自由人民和合宜等级制社会。这两部分如果建立联邦，在他看来，我们就可想象未来世界的联邦了。为什么要建构这样的联邦？答案是：为了人类的永久和平。永久和平问题的另一相应问题就是，如何看待战争或避免战争的问题。而联邦的建立就在于让人类免遭战争等人类的灾难的侵害。这也是联合国在第二次世界大战之后建立的初衷。

类似于康德，罗尔斯在《万民法》中建构了两次世界不同层级的联邦。第一次级是自由人民的联邦。罗尔斯从历史与理论两个方面论证，自由人民之间没有战争。罗尔斯说："历史记录俨然表明了，合理正义宪政民主社会将满足基于正当理由的稳定。虽然自由民主社会经常与非民主国家进行战争，但自 1800 年以来，稳固确立的自由社会还未曾互相交过战。"② 不仅如此，罗

---

① John Rawls, *The Laws of Peoples*, Harvard University Press, 1999, p. 70.
② [美]约翰·罗尔斯：《万民法》，张晓辉等译，吉林人民出版社 2001 年版，第 53 页。

第三章 罗尔斯

尔斯指出，历史上多数著名的战争，都不是发生在自由民主国家之间的。如古希腊时期的伯罗奔尼撒战争，以及雅典与斯巴达之间的战争，都不是民主国家之间的战争。在罗尔斯看来，雅典并非真正的民主国家，仅仅指出雅典有三十万奴隶这点就够了。不过，几乎所有的历史著作都认为雅典是人类历史上第一个民主国家，虽然它有那么多的奴隶人口。雅典作为民主国家而具有侵略性是一个十分复杂的问题。我们认为，这是因为它还处于从荷马所体现的阿伽门农的强力价值观向普罗塔哥拉或苏格拉底式的平等价值观转换时期。雅典的侵略性还在于它的贪婪。它通过战争征服了周边小城邦从而成为希腊的霸主。罗尔斯也认识到了这个问题的重要性，他强调，现代自由人民是满足的人民。他说："只有组织良好的人民，并学会在政治、经济与社会合作较不广泛的形式方面与其政府协同行动时，组织良好人民之合理正义社会的观念才能在国际政治理论当中占据重要地位。我相信，依照康德的观点当实现了这种情形，这些人民的社会会形成满足人民的群体。我坚持认为，由于他们的基本利益得以满足，他们便没有理由相互作战。我们熟悉的战争动机将会消失；这样的人民既不会试图令旁人改信他们的宗教，也不会侵占更大的领土，更不会向其他人民行使政治权力。通过谈判和贸易，他们就能实现自己的需求与经济利益。"① 由于其符合两个正义原则的宪政民主制度对于人民需求能够在制度上得到保障，从而他们并不需要向外扩张来满足其基本需求。对于不满足而产生的对外扩张或侵略，这种情形在古代社会时常发生，如游牧部落或民族对以农业为主的定居点（村落）的入侵、烧杀抢掠。以贸易方式来实现与外民族的互通有无，这是现代国家间的交往方式。然而，应当看到，人类交往方式的转变，仍然在于价值观的转变。如果有的民族自古以来一直保持扩张主义的价值取向，那么，是否即使到了现代社会，仍然有着这样的侵略倾向呢？因此，我们认为，最为重要的还是国民的品格特征或价值取向。实际上，罗尔斯也注意到了这个问题。他说："自由人民具有特定的道德性格。像国内社会的公民一样，自由人民既合理而又理性，而其理性

---

① ［美］约翰·罗尔斯：《万民法》，张晓辉等译，吉林人民出版社2001年版，第21页。

的行为，一如选举与投票中之组织与表达，以及其政府的法律与政策，乃由其合理的情感所约束。如同国内社会的合理公民要在公平的条款下与其他公民合作，（合理的）自由（或合宜）人民也要提出与其他人民合作的公平条款。一旦人民确保其他人民尊重这些条款，他们也便会同样尊重之。"① 平等尊重建立在对于所有人都是平等的这样的本体论前提之上，也在于自由人民长期在国内的日常生活和政治生活中养成的对于他人平等尊重的情感与习惯。万民法也就是承认所有人的平等地位，以及所有人的人身安全不得侵犯。正是在这样的道德品格与具有法律意义的国际条款基础上，宪政民主政体下的人民同样会承认与尊重其他国家人民的权利，从而也消除了自由人民发生战争的道德根源。罗尔斯说："为由自由正义理念良好组织的社会的成员，我们推测，这些特征是我们所接受作为公平的——我和你，此时与此地——人民间合作的基本条款，这些人民作为自由人民，将自己视为自由平等的。这便使得第二层次初始位置上的代表模式，与第一层次模式极为相同。"② 就此而论，罗尔斯认为初始位置的第二次运用与第一次是完全相同的。这是因为，它仅仅是从国内人民向国际自由人民群体的外移而已。

然而，值得注意的是，罗尔斯在此对人民与国家之间区别的解释。确实会觉得有点诧异，为什么在讨论宪政民主政体国家时仅仅使用"人民"这一概念，而不使用"国家"这一概念？罗尔斯为此以一节内容进行了专门解释。在他看来，"人民"这一概念所表明的主体的优点在于，人民是在合理正义的宪政民主政体之下的，并且是由"共同的道德情"所结合起来的，而就道德本性而言，就是合理而又合乎理性的，能够平等尊重他人。而使用"人民"这一概念，是为了将1618—1648年的三十年战争以及此后关于政治国家的传统思想区别开来。这一政治思想认为国家权力包括发动战争的权力。人民概念所表明的首先是在国内的政治生活中，国内正义原则所表明的只允许警察来维持秩序，而军队是防御外部侵略的。他说："'人民'一词就意味着强调

---

① [美] 约翰·罗尔斯：《万民法》，张晓辉等译，吉林人民出版社2001年版，第27页。

② John Rawls, *The Laws of Peoples*, Harvard University Press, 1999, p. 33.

人民独特的特征不同于传统国家所具有的特征，也意味着突出其道德特征及其体制合一正义的合宜的本质。人民对其抽绎自万民法的所谓主权的权利与义，只要环境适合，他们总会与其他人民共同恪守。"① 人民的正当利益是人民正当地自我尊重，并且，这一自我尊重与得之于其他人民的平等尊重不可分开。罗尔斯说："人民之能够与国家判然分开——而这一点至关重要——正在于正义的人民充分准备着给予其他平等人民同样适当的尊重与承认。"② 而"国家"这一概念带着传统政治理论所蕴含的发动战争的权力意味，许多关于战争的原因与保持和平的政治理论，都是把国家作为行动者。当国家总是受其利益的引导，为其在国际舞台上的权力、财富等而在世界性的无政府状态中斗争时，就与修昔底德时代无异。"国家与人民的差异的程度，系于对权力的运用以及国家的基本利益在何种程度上符合于理性……如果国家对权力的运用占了优势地位，如果国家的利益包含了强使其他社会改宗为自己的国教，或者扩大帝国，赢得领土，或者获得王朝抑或民族的荣誉与光荣，或者增加自己相关经济实力——则国家与人民间的差异便相当巨大。这样的利益，会驱使国家与其他国家及人民产生龃龉，威胁到别国的安全，无论其扩张与否。这样的背景状况，也产生了争夺霸权战争的危险。"③ 值得注意的是，罗尔斯是在讨论自由人民这一概念时，将它与国家这一概念相区别时所说的。因此，这表明罗尔斯没有排除在现代西式宪政民主国家这样的权力机构所代表的国家中，有可能或存在着与自由人民主体的价值倾向不一致的政治走向。换言之，就是在现代西式宪政民主政体的国家状态中，仍然存在着导致战争存在的可能。自由人民与国家政体之间的潜在矛盾是我们必须意识到的，罗尔斯以十分隐晦的语言深刻地说明了这一点。

---

① ［美］约翰·罗尔斯：《万民法》，张晓辉等译，吉林人民出版社 2001 年版，第 29 页。
② ［美］约翰·罗尔斯：《万民法》，张晓辉等译，吉林人民出版社 2001 年版，第 37 页。
③ ［美］约翰·罗尔斯：《万民法》，张晓辉等译，吉林人民出版社 2001 年版，第 30—31 页。

自由人民或人民社会与合宜等级制社会之间的结盟,或结成联盟,是罗尔斯在《万民法》中提出的第二次运用初始位置而推导出来的。自由人民何以能与合宜等级制社会或合宜等级制人民结成联盟?在罗尔斯看来,这由两方面的原因决定,首先是自由人民的宽容精神。罗尔斯认为,自由人民要与所有合格的人民合作,并帮助他们。在罗尔斯的政治自由主义理论中,自由社会尊重公民的所有整合性的宗教、道德和哲学学说,同样,虽然合宜等级制社会下的成员并不是平等的成员,但如果非自由社会的基本制度能够满足人民政治权利和正义的特定条件,并引导人民尊重自由人民社会的合理正义原则,那么,"自由人民将宽容和接受此一社会"①。前面已述,虽然在合宜等级制社会中,其人权并不表现为个人权利,而是作为集团或团体来代表他们的利益,但不能说他们否认人权,"合宜的人民承认和保护这些权利;自由人民也不能说合宜的人民拒绝其成员在决策中受咨询的权利或实质性的政治作用,因为这些社会的基本结构正要被视为包含了合宜的协商等级制或其等价物。最后,合宜的人民允许持异议的权利,政府与司法官员又被责成给予尊重的回答"②。我们在前面指出,罗尔斯对于合宜等级制社会提出了两条标准,第一条就是不具有侵略性,第二条是法治国家。这对于结成联盟来说很关键。罗尔斯强调,只要能够满足这样两个标准,但并不要求其社会是自由的。其次,在初始位置上,这些合宜等级制社会的代表与自由人民的代表处于公平平等的地位,他们是理性的,也是为适当理由所推动而来与自由人民代表进行初始契约的商谈。"最后,设定他们的基本利益由两个标准来指定,则代表合宜等级制社会的各方会采用代表自由社会的各方同样采用的万民法。"③ 至此,两层次的世界联盟就已宣告完成。

---

① [美]约翰·罗尔斯:《万民法》,张晓辉等译,吉林人民出版社2001年版,第63页。

② [美]约翰·罗尔斯:《万民法》,张晓辉等译,吉林人民出版社2001年版,第65页。

③ [美]约翰·罗尔斯:《万民法》,张晓辉等译,吉林人民出版社2001年版,第67页。

三 战争正义问题

在讨论战争是否正义的问题，罗尔斯认为应当回击两类关于战争的虚无主义论调，一是"战争纯属地狱"论[①]，二是认为在战争中所有人都是罪人。罗尔斯认为这样两种说法否定了一切合理的区分，从而太肤浅。而"事实上正义及合宜的文明社会——其制度与法律、市民生活、背景文化，以及诸如此类——都永远依赖于在道德与政治之间划定重要的区分。战争自然是地狱；可因何这便意味着不该坚持正常的区分？"[②] 不同体制的人民的道德品格应当区分，战争的正义问题更应当区分。战争正义问题，实际上分为两类问题，一类是发动战争的正义与否的问题，另一类是战争中的正义问题。关于发动战争的问题，在罗尔斯看来，这涉及对于哪类国家可能发动战争的问题。罗尔斯提出，在现代人类世界，存在着上述五种类型的社会，上述能够结成联盟的只有两类社会，那么，我们怎么看待那三类社会或国家呢？这里我们主要讨论战争问题，这主要涉及罗尔斯划分为法外国家这一类。罗尔斯说："我们必须考虑这一源于我们世界极端非正义和广泛社会罪恶之高度非理想条件的问题。"[③] 自由人民与合宜等级制社会所应对的主要问题之一，就是法外国家的侵略。罗尔斯认为，自由人民与合宜等级制社会"绝不会相互发动战争，只有当他们真诚而合理地相信，他们的安全已经遭到法外国家扩张政策的严重威胁，才会展开战争"[④]。罗尔斯认为，在遵循《万民法》的意义上，任何国家都无权发动战争。罗尔斯提出了八条万民法原则，其中有三条涉及战争

[①] 参见［美］约翰·罗尔斯《万民法》，张晓辉等译，吉林人民出版社2001年版，第109页。罗尔斯此处的说法是反驳沃尔泽在《正义与非正义战争》中的说法，"战争是地狱"或"战争就是地狱"。参见［美］迈克尔·沃尔泽《正义与非正义战争》，任辉献译，江苏人民出版社2008年版。

[②] ［美］约翰·罗尔斯：《万民法》，张晓辉等译，吉林人民出版社2001年版，第109—110页。

[③] ［美］约翰·罗尔斯：《万民法》，张晓辉等译，吉林人民出版社2001年版，第95页。

[④] ［美］约翰·罗尔斯：《万民法》，张晓辉等译，吉林人民出版社2001年版，第96页。

与干涉问题。在第五条中,则明确规定"人民要有自卫的权利,除为自卫之外,无权鼓动战争"①。自卫或反击外部侵略的战争是正义的战争,同时,援助受侵略的盟友自卫的行动同样也是正义的行动。万民法法则指出了自卫战争的权利。自由社会进行自卫战争,是为了保护公民的基本自由和宪政民主制度。不仅如此,即使是仁慈的专制主义社会,同样有进行自卫的权利。任何国家为了追求国家的领土扩张或其他经济利益而对他国悍然发动侵略战争,都是不正义的。同样,自由社会不可能要求公民为了权力和帝国而去作战,这样的要求是不正义的。罗尔斯强调,任何国家,在追求合乎理性利益时,都无权发动对外侵略战争。然而,国家的疆域或领土,是一个有着历史性原因而导致的现实存在。第一、二次世界大战以后,欧洲各国的版图在战后都有了相当程度的改变。如法国与德国的版图在第一次大战后就有了大的改变,还有土耳其,在沙俄的扩张主义侵略下,历史性地改变了领土的边界。在第二次世界大战后,波兰的版图以及波兰周边国家的版图都发生了巨大的改变。苏联解体后,加盟共和国包括俄罗斯独立,从而形成了新的东欧国家版图。我们发现,历史性的国家版图的改变,有的是因为战争强力或战争暴力征服。现在的问题是,所有国家是否可以依据历史版图来提出领土要求?如果提出这样的要求,是不是合乎理性的?而历史上受到侵略而要求恢复失去的领土这样的对外战争是正义的吗?应当看到,罗尔斯的正义战争论不包括这样的问题。第二次世界大战后,目前国际上对于世界秩序的看法是在维持"二战"后形成的各国领土边界的前提下的国际秩序,但对于"二战"后因为战争占领的他国领土这样遗留的问题,国际法包括《联合国宪章》②反对用战争来解决,但如果相关国能够用和平谈判方式来解决相互的领土争端,国际法并不反对而是鼓励。

其次,则是战争中的正义或非正义行为问题。战争中的行为是否正义

---

① [美]约翰·罗尔斯:《万民法》,张晓辉等译,吉林人民出版社2001年版,第40页。

② 参见《联合国宪章》第一章第一、二条款,联合国官网,https://www.un.org/zh/about-us/un-chart/er。

的问题,即战争责任问题。对于这一问题,应当看到,罗尔斯读了沃尔泽的《正义与非正义战争》一书,因而其中对问题的讨论受到了他的影响(对于沃尔泽的观点,我们将在其相关部分展开)。罗尔斯指出,首先要区分侵略战争的责任问题,即非正义的战争谁来负责?在战争行为中,应当区分法外国家的三种集团:领袖与官员,士兵、平民,平民无法发动战争。"战争是由领袖和官员发动的,并得到其他控制和掌管国家机器的精英的援助。他们才对战争负有责任;他们才希望打一场战争;为此他们就成了罪人。"①那么,侵略战争中的军人应负有什么责任?罗尔斯认为,除去高级军官外,士兵不应对发动的战争负有责任。而他们在战争中受到攻击,并不是由于他们要对战争负责,而是被侵略的人民别无选择,因为他们除了消灭入侵者,无法以其他方式来保卫自己。罗尔斯指出,只要有可能,被侵略国的人民就应当尊重平等和士兵的人权,因为敌人也像其他人一样,享有万民法所规定的各项权利。不过,对于这个问题,沃尔泽讲得更清楚。沃尔泽指出,战争中的双方士兵,"他们可以尽力杀死我,我也可以尽力杀死他们。然而,切断敌方受伤者的喉咙或在他们请求投降时射杀他们却是错误的"②。在战斗中的双方有杀人的权利,但对于放下武器投降的敌人,没有杀死他的权利,此时,他已经选择放弃杀人的权利,因而对方军人也没有杀死他的权利,而受到万民法中所规定的人权保护。

关于在战争中受波及的平民问题,罗尔斯的观点始终站在平民的立场上为平民辩护。他认为,平民不仅无法发动战争,而且平民是受了国家宣传的支配,对于为什么发动战争浑然无知,因而对战争并不负责。平民对于战争不应负责,即使是平民对国家发动战争的情形是清楚的,但最终能够发动战争的依然是民族的领袖而并不是平民。平民没有战争责任,因此,即使是发动侵略战争国家的平民,也不应承担相应的责任。这就涉及,如果是反侵略

---

① [美]约翰·罗尔斯:《万民法》,张晓辉等译,吉林人民出版社2001年版,第100页。

② [美]迈克尔·沃尔泽:《正义与非正义战争》,任辉献译,江苏人民出版社2008年版,第42页。

战争，是否可以对平民进行攻击？在罗尔斯看来，保护平民与在交战中消灭敌人同样重要。然而，在反侵略战争中，是否存在着一种"最高紧急状态下的豁免"（Supreme Emergency Exemption）权？即在这样的状态下，可以攻击或杀害平民？也就是在战争的特殊情况下，不考虑在正常情况下应避免攻击平民的状态。罗尔斯认为，最高紧急状态下的豁免是否实行，有赖于特定环境。如"当英国孤军作战而再无其他手段击败德国的优势兵力时，轰炸德国城市或许也能够证明其为正确"①。具体来说，战争期间何时可以作为这样一种时刻？并非人们有着一致的认识。罗尔斯指出，至少从1940年6月法国败亡，直到1941年秋，俄国显然击败了德国的第一次进攻，看不到德军会取得决定性胜利的时刻，至少可以算到1942年的斯大林格勒战役时期。然而，英美联军则是在1945年，即已经看到了德军决定性的失败时，轰炸了德累斯顿。罗尔斯说："丘吉尔把他轰炸德累斯顿的判断失误，归之于对冲突的强烈激情。但政治家才干的义务，正在于防止这种情感。"② 罗尔斯把这称为"政治家才干的破产"。英美联军对于德累斯顿的轰炸是在1945年的2月，这时反战一方美英苏已经取得了决定性的胜利，并且到了快最终结束欧洲战场的时候（1945年4月至5月，苏军与盟军会战柏林）。罗尔斯认为，在这样一个时刻，政治家必须以这样的方式来进行战争，即令敌方的人民对将受到的待遇有所准备，使持久和平有实现的可能，而不是让敌方人民心存恐惧，以为他们将遭受可怕的报复。但丘吉尔的做法则恰恰相反。并且这是对于平民进行的大规模攻击，无数平民死于大轰炸之中。罗尔斯认为，1945年对于日本城市的轰炸，以及在广岛和长崎投放原子弹，同样是政治家策略的破产。罗尔斯说："1945年春天对东京和日本其他城市的轰炸，以及对广岛和长崎的原子弹攻击，都主要是攻击平民，因而构成了非常严重的错误。"③ 1945年8月

---

① ［美］约翰·罗尔斯：《万民法》，张晓辉等译，吉林人民出版社2001年版，第104页。

② ［美］约翰·罗尔斯：《万民法》，张晓辉等译，吉林人民出版社2001年版，第107页。

③ ［美］约翰·罗尔斯：《万民法》，张晓辉等译，吉林人民出版社2001年版，第101页。

6日和8月9日所投放的两颗原子弹,确实加速了太平洋战争的结束和日本的投降。"我相信这种策略颇为有效,也避免了将来的严重伤亡。然而到8月6日,战争实际上已经结束,再来次侵略便实在没有必要。然而它正确与否,已经没有区别。作为自由民主的人民,美国应该向日本人民提出谈判,以结束战争。在6月26日或者更早,日本政府和军队已由天皇的诏令,走向结束战争的道路。"[1] 以大规模杀伤平民作为加速战争结束的手段,已经违背了正义战争的本性和目的。罗尔斯强调,"由正义而组织良好的人民进行的正义战争,其目的乃是在人民中间达成正义与持久的和平,特别是与人民的当前敌人达成和平"[2]。进行反侵略的正义战争,其目的不仅在于战胜侵略者、结束战争,而且在于达成人类的持久和平,并且是当前的敌人在他们失败后,与他们背后的人民达成持久和平。

---

[1] [美] 约翰·罗尔斯:《万民法》,张晓辉等译,吉林人民出版社2001年版,第108页。

[2] [美] 约翰·罗尔斯:《万民法》,张晓辉等译,吉林人民出版社2001年版,第100页。

第四章　诺齐克与德沃金

罗伯特·诺齐克（Robert Nozick，1938—2002 年，以下简称"诺齐克"）与罗纳德·德沃金（Ronald Myles Dworkin，1931—2013 年，以下简称"德沃金"）都是现当代重要的自由主义的政治哲学家。不过，两人工作的重心有所不同，诺齐克主要工作的领域是哲学领域，而德沃金工作的重心在法律领域。但两人在政治哲学领域都有着重要影响。

1971 年，罗尔斯《正义论》发表激起了学术界的强烈反响和热烈讨论，而罗伯特·诺齐克是对罗尔斯理论激烈批评的学者中著名的一个。1974 年，为回应罗尔斯的正义学说，诺齐克发表了他的《无政府、国家与乌托邦》（*Anarchy, State and Utopia*, Basic Books, Inc., 1974）。诺齐克比罗尔斯持有更为激进的自由主义立场，从而被认为，这是来自自由主义的激进批评。诺齐克的激进自由主义立场，被人们认为他是"自由至上主义者"（libertarianist）。诺齐克是罗尔斯的同事，二人同为哈佛大学哲学系教授。作为同事的诺齐克对罗尔斯的正义理论进行了激烈的批评，这在中文学术界是不可想象的。诺齐克毕业于哥伦比亚大学、牛津大学和普林斯顿大学，他在政治哲学、决策论和知识论等领域都有建树，作出了重要的贡献，他的著作除了《无政府、国家与乌托邦》，还有《哲学解释》（*Philosophical Explanations*，1981）、《生命之检验》（*The Examined Life*，1989）、《理性的本质》（*The Nature of Rationality*，1993/1995）、《苏格拉底的困惑》（*Socratic Puzzles*，1997）、《恒常：客观世界的结构》（*Invariances: The Structure of the Objective World*，2001/2003）等，他的多方面的理论建树使他成为 20 世纪的重要哲学人物。

德沃金是美国著名哲学家、法学家。与罗尔斯、诺齐克等人不同，德沃金研究工作的主要领域是法学领域，但他也在哲学领域里有重大影响。由于

第四章　诺齐克与德沃金

多方面的重要建树，他被认为是当代与罗尔斯和诺齐克一样重要的思想家、哲学家。德沃金一生多产，其代表作有：《认真对待权利》（*Taking Rights Seriously*，1977）、《原则问题》（*A Matter of Principle*，1985）、《法律帝国》（*Law's Empire*，1986）、《自由的法》（*Freedom's Law*，1996）、《至上的美德：平等的理论与实践》（*Sovereign Virtue，The Theory and Practice of Equality*，2000）、《身披法袍的正义》（*Justice in Robes*，2006）、《民主是可能的吗？》（*Is Democracy Possible Here?*，2006）、《刺猬的正义》（*Justice For Hedgehogs*，2011）等。在政治哲学领域里，德沃金的主要贡献在于分配正义领域。

第一节　诺齐克

诺齐克的政治理论的出发点类似于罗尔斯，他也是从自然状态出发的。不过，他并不像罗尔斯那样，将古典契约论提到一个抽象的层次，他说，他是接着洛克的自然状态讲的。那么，怎么接着讲呢？洛克的自然状态实际上类似于霍布斯的自然状态，二者都是从自然状态对人的权利的保护的不便从而认为人们的理性发现了需要改变这样的状态，也就是结束人人都有自卫权利和都可自卫的自然状态。无论是洛克还是霍布斯，在他们看来，结束自然状态就是进行一次性契约，从而达成协议，结束自然状态。然而，这样一种对结束或终止自然状态的理解，遭到了历史上很多学者的质疑与反对，如功利主义者边沁就是最著名的反对者之一。他问那些相信社会契约的法学家或律师，说你们在哪里看到过有这样一种契约？或在什么书上看到过记载着、在历史上有这样一类结束自然状态的社会契约的事件？既然没有，那就是一种完全的虚构。罗尔斯是把这样一种状态看成完全的理论假设，从而把它提到一种抽象的层次。换言之，罗尔斯只是把它作为一个理论和逻辑论证的起点。诺齐克当然也是把自然状态看作理论和逻辑论证的起点，但他的不同之处在于，他认为可以将自然状态看作一种人类真实起源的历史状态。不过，结束自然状态则不是像霍布斯和洛克所说的那样，而是从自然状态中发展出某种过渡状态，从而进化到国家状态。

一 自然状态与保护性团体

类似于古典契约论，自然状态是诺齐克的国家学说和分配正义理论的起点，这一理论分为两个部分：自由状态与保护性团体。

（一）自然状态

诺齐克引洛克在《政府论》下篇中关于自然状态的论述来界说洛克的自然状态。诺齐克指出洛克的自然状态中的人处于这样一种自然状态中，他们在自然法的界限内，按照他们认为合适的办法来决定他们的行动和处理他们的财产和人身，而无须听从于任何他人。当诺齐克这样引洛克的话时，也就指明了洛克的自然法实际上是在自然状态中生效的，同时，洛克还认为，自然法约束着人们，不应侵犯他人的生命、健康、自由和财产。但在自然状态中，由于人人平等并且没有一个至上的仲裁者，当他人违背了自然法从而侵犯了他人权利的时候，人们可以捍卫这种权利并且反对这种侵害。换言之，每个人都有惩罚违反自然法的人和行为的权利。洛克与霍布斯关于自然状态的描述有所不同，霍布斯只是强调人与人之间是自然的平等，同时，也认为保全自己的生命是在自然状态中唯一起作用的自然法，洛克则认为，人的生命、自由和财产都是自然法所要保护的，因为自然法来自上帝，是上帝为人颁发的。但霍布斯却没有说到自然法来自何处。同时，霍布斯认为结束自然状态之后，人们才开始了一系列签订自然法的行为，这些自然法是人与人之间相互订立的。因而从总体上看，霍布斯的自然法是人为法，而洛克的自然法是上帝为人立法。霍布斯与洛克关于自然状态还有一个区别，就是霍布斯认为在自然状态中的人没有道德，道德是在人们签订了自然法之后才产生的，正义也是如此。但洛克认为，人们在自然状态中天然地有着仁爱、同情的道德。不过，洛克也认为在自然状态中人们常常会做出违反道德和自然法的事来。

霍布斯和洛克都认为，自然状态有种种不便。在这里，诺齐克发展了霍布斯与洛克的推演。诺齐克认为，人们理解的自然法不可能为每种偶然事件提供恰当的处理办法，而判断涉及自己案件的人将总是给予自己更多好处，并总认为自己是正确的一方。同时，当他们受到伤害时，他们总是过分夸大自己受到的伤害，而激情导致他们试图去过分惩罚他人，或者索要过分的赔偿。这样没有仲裁者所产生的后果就是世代仇恨，以及无休止的报复行为和索赔行为。即使对方停止报复行为，另一方也不会放心，单独一方采取任何一种试图永远摆脱世仇宿怨的办法，对方都会感到不是可靠的解决问题的办法。"心照不宣的停战协议也是不稳固的。这种相互都感到自己被伤害了的感情，甚至在权利很分明和对每个人行为的事实都无异议的情况下也会出现。而当事实或权利在某种程度上都不分明的情况下，这样一种复仇之争产生的机会就更多了，还有，在一种自然状态下中，一个人也可能缺少履行他的权利的力量，他可能无力惩罚一个侵犯了他的权利的较强敌手，或者无力从他那里索取赔偿。"① 诺齐克从霍布斯、洛克对自然状态的描述出发，并且进一步从逻辑上推演了在权利平等和自然平等的前提下，如果人们产生了相互侵犯的行为，将产生和面临怎样的局面。

不过，诺齐克没有像霍布斯和洛克那样，认为在这样的处境下，会有人们的理性发现，需要一个契约来结束自然状态。这就是：他提出了一种新思路，这就是建立保护性团体。

（二）保护性团体

诺齐克认为，在自然状态中，如果某个人遭受他人的侵害或攻击，那么，人们如何保护自己呢？他说："一个人可能自己去强行他的权利"②，保卫自己，以及索要他人的赔偿和惩罚。而遭受同样处境的人也可能会在这样的情况下，呼吁与他人联合起来。"他们可能与他联合起来去击退一次攻击，或追逐一个侵害者，因为他们或者是乐于助人的，或者是他的朋友，或者求助者以前也曾帮助过他们，或者希望他以后将会帮助他们；或者为了交换什么东西。这种个人的联合可能形成相互保护的社团：社团中的所有人都要响应任何成员保护自己或强行其权利的请求。"③ 因此，如果人类真正有过自然状

---

① ［美］罗伯特·诺齐克：《无政府、国家与乌托邦》，何怀宏等译，中国社会科学出版社 1991 年版，第 20 页。

② ［美］罗伯特·诺齐克：《无政府、国家与乌托邦》，何怀宏等译，中国社会科学出版社 1991 年版，第 20 页。

③ ［美］罗伯特·诺齐克：《无政府、国家与乌托邦》，何怀宏等译，中国社会科学出版社 1991 年版，第 20 页。

态,则在自然状态中的侵害与报复,以及相互保护性的行为必然发生。这确实是一条理解从自然状态走出的新思路。但这一新思路也确实可能是真实的人类社会发展的进路。霍布斯认为人们在这种状态下,相互伤害必然短寿、贫穷,是理性发展使他们必须结束这样一种状态。诺齐克指出,就是在这样的状态下,人们也可能相互联合起来,反对某些人对他的朋友或曾经帮助过他的人的伤害。因而发展的结果,可能就是某种保护性团体(Protective Association)的出现。保护性团体中的"团体",诺齐克所使用的英语单词的中文意义是"联合体"。联合体在这里的意思是不同的个体之间的联合,中文也可以说是形成了一个团体。

这样一个联合体或团体,也就是一个个体相互保护性的私人性机构。这样一个保护性的机构或团体,具有裁判、索取赔偿甚至侦探的功能,当该团体内部的成员遭受了团体外的人的攻击或侵害时,这样一个团体就可以从事启动机制性功能。但在一个团体内部,对于某个受到侵害的人的伤害情形,可能需要的是其他人来仲裁,他可能把他受到伤害的情形以及受危害的程度,这些相关情形申诉给另一个较中立的一方,从而使裁决者能够公正而有成效。这样发展的结果,在一个团体内部,可能就会自然产生一个受到普遍尊重或被认为具有公正心的人。"争执双方就可能都如此试图保护自己以免出现偏袒的情况,甚至双方都可能同意由同一个人作为他们的裁决者,同意服从他的决定(或者可以有一种专门的程序,对他的决定不满的一方能诉诸这一程序)。而出于明显的理由,人们将强烈地倾向于把上述的职能集中于一个代理人或一个机构。"[1] 保护性私人团体在履行对其成员的保护的实践过程中,将逐步发展出一种类似于机构性的裁决机构,从而由某一个权威性的人士或机构来履行这样的保护功能。这就类似于中国古代的镖局,镖局就是中国传统社会的私人性保护机构,它对付钱的客户进行保护。如果其客户遭受土匪的抢劫,镖局可以动用它的人马来讨回这个客户的损失,甚至杀死那些冒犯他的客户的土匪。一个保护性团体也面临着团体内部的成员之间的冲突问题。

---

[1] [美]罗伯特·诺齐克:《无政府、国家与乌托邦》,何怀宏等译,中国社会科学出版社1991年版,第22页。

第四章 诺齐克与德沃金

如果对内部成员的冲突不干预,那么,将造成它的团体内部的不和,从而也可能导致一些相互冲突或相互斗争的成员结成内部的亚联盟,或亚团体。而这样的结果将使得这一团体倾覆。面临这样的后果,保护性团体会采取一些手段或办法来谴责一些成员,或决定在一些成员谴责一些成员侵犯自己时该怎么办。如果有一定的程序和透明的办法来解决内部冲突,当保护性团体成员与非成员之间发生冲突时,也可采取这种程序或办法来解决问题。当一个保护性团体能够这样做时,不仅能够维护团体的稳定,而且使得那些还没有加入这一团体的人愿意加入。这种保护性工作也可以用雇佣的方式来进行。保护性团体可以出价,一些人可以被雇佣来承担保护性工作,各种各样的保护性工作将以各种价格来提供。诺齐克以合理性的保护性实践的发展来推演这样的保护性团体的形成与发展。应当看到,从最初的无保护性的个人到保护性团体的出现以及发展,在没有一个至上的权威统治的社会条件下,完全是合乎人类为保护自己的生命与财产的实践的。因此,这是一条并不需要一个社会契约而非常合乎逻辑的发展思路。

  诺齐克指出,就是在有国家机器的情况下,有人也把他们的争端带到法庭之外,交给他们所选择的机构或其他裁决者来裁决。在中国传统社会的乡村,当一个村庄的村民与另一个村庄的村民发生争端,如将另一个人打伤时,当地的习俗就是要另一个村庄的村民给予解决,如果得不到他们满意的解决方案,另一个村子的人可能就仗着他们人多势众,从而决不罢休。最后的结果可能就是两个村子的大规模械斗。换言之,争端各方都不希望国家机器介入他们的争端,而只是想自己来解决问题。诺齐克指出:"那些不同于国家提供的特定形式的其他审判裁决形式,是肯定能够成立的。人们使用国家的形式,并不是由于建立和选择其他形式代价最贵。不是这样的,因为很容易找到大量的各方能选择的既定形式。使人们采用国家审判体系的原因大概是最终的强制力的问题。只有国家能够违反其中一方的意愿而强制实行一个裁决。因为国家不允许其他任何实体强行另一个实体的裁决。"[1] 这里还有一问题,

---

  [1] [美]罗伯特·诺齐克:《无政府、国家与乌托邦》,何怀宏等译,中国社会科学出版社 1991 年版,第 22 页。

即保护性机构是否可以要求它的委托人放弃他们实行个人报复的权利？在霍布斯和洛克的自然状态中，每个人都有报复他人侵害的权利，这是个人自卫权或生命权的延伸。然而，当人们把惩罚伤害的权利出让给了一个仲裁机构或保护性团体，由它来惩罚对其伤害的人，那么，个人是否还有实行报复的权利？正如霍布斯和洛克所认为的那样，当一个保护性团体将个人的保护权也就是报复伤害的权利收为己有之后，不可能再允许人还持有这样一种权利。这是因为，个人的生命财产权已经由这个保护性团体来行使了。诺齐克认为，如果个人还持有这样一种报复权，那么，"这样一种报复很可能导致另一个机构或个人的反报复，一个保护性机构不希望在随后的阶段由于要保护它的委托人免遭反报复而陷入泥潭。保护性机构将拒绝保护对反报复的防卫，除非它们一开始就允许个人报复……保护性机构甚至不必提出要求：一个人作为一个委托人与机构协议的一部分，他要按约放弃他对它的其他委托人实行个人报复的权利"①。换言之，当个人将报复的权利交给了一个保护性机构，那么，个人也就放弃了私自报复的权利。但如果任何保护性的机构，甚至国家机器不保护他的委托人怎么办？这个问题实际上就又回到了没有保护的丛林之中。

诺齐克设想，可能在一个地区最初会形成不同的保护性团体，这些保护性团体都提供保护性服务。不过，可能在一个地区有多个保护性团体，会形成竞争关系。如某个保护性团体对某些地区或地段形成垄断关系，从而不允许其他的保护性团体插手这里的买卖和人员之间的事件。如果有两个势均力敌的保护性团体在一个地区，那么，这可能是这两者之间的实力的较量了；或者是一个势力集团在一个地区，另一个势力集团在另一个地区；或者是两个保护性团体长期保持着势均力敌的状态，经常斗争而胜负相当。但这样一种状态不可能永远存在下去，其结果就是产生支配性保护团体。

那么，一个支配性保护团体与国家有什么不同？洛克设想必须有一契约来结束自然状态这样的说法是错误的吗？诺齐克没有直接说洛克这样的设想

---

① ［美］罗伯特·诺齐克：《无政府、国家与乌托邦》，何怀宏等译，中国社会科学出版社1991年版，第23页。

第四章　诺齐克与德沃金

是错误的。但诺齐克以货币的产生来说明洛克的设想是错的。洛克曾设想，"协议"或"相互同意"对于"发明货币"是必需的。但诺齐克认为，发明货币恰恰不是一种协议和相互同意，而是市场活动，借斯密的说法，是"看不见的手"的作用。诺齐克认为，在市场交换中，人们总希望能够获得那种更具普遍性的物品，这种或这类物品更易于流通，而对于获得者来说，将更易于进行市场交换。显然，人们通过市场交换活动，则更集中地关注这类物品，当然这类物品本身具有独立的价值，并且具有一些自身的特性，如便于长期保存、不会腐烂、不可分割、便于携带等。换言之，并不是人们有意为之才有了货币这种商品，而是人们的物质交换的需要。同样，一个国家的出现，正是如此。支配性的保护团体的发展就是国家的出现，并不是人们刻意为之，不是一次性契约，而是保护性团体发展到支配性保护团体再到我们意义上的国家。"一种看不见的手的解释将说明，那种乍看起来是某个人有意设计的产物的东西，实际上不是由任何人的意向带来的。我们可以称与此相对照的一种解释为'隐藏的手的解释'。一种隐藏的手的解释说明，那种乍看起来仅仅是一组不相关的事实、肯定不是意向设计的产物的东西，事实上却是一个人或一个团体有意设计的产物。有些人也会发现这种解释亦令人满意，这从'阴谋'理论的流行可以看到。"[1] 但毫无疑问，一种保护性团体的产生，绝不是什么"阴谋的产物"，而是类似于斯密的看不见的手的产物。

对于从支配性保护团体的产生到国家的诞生，诺齐克认为这是类似于斯密的看不见的手的作用的结果。而对于看不见的手的作用，诺齐克认为他并没有提供更详细的讨论，但他认为，有多种理论实际上都是指向这种解释的。诺齐克在其著述中，提供了16种可以称为看不见的手的理论进路。如有机体和群体进化论的解释、动物群体的调节生态学解释、对各种复杂行为模式的某些有效制约性解释、有关非市场干预的效果、有关新平衡的建立和性质的微观经济学解释，还有哈耶克关于社会合作的解释，等等。

诺齐克问到，他的这种解释提供了对国家的看不见手的解释吗？他认为，

---

[1] ［美］罗伯特·诺齐克：《无政府、国家与乌托邦》，何怀宏等译，中国社会科学出版社1991年版，第28页。

至少在两个方面，私人性保护团体还不是最弱意义的国家：第一，私人性保护团体允许某些人强制行使他们自己的权利；第二，它并不保护处在它范围内的所有人。这两点中的第二点，尤其说明私人性保护团体并没有像一个国家权力机构那样履行权力。诺齐克指出，私人性保护团体显然不能满足的一个必要条件即"当一个国家说只有它可以决定谁能使用强力，以及在什么条件下使用时，它坚持着这种决定的独占权"[①]。而且，国家权力机器存在的一个必要条件还在于，惩罚一切它发现但未经它明确允许而使用了强力的人，同时，它还保留了是否可以赦免某人的权力。而保护性团体或保护性机构无论是通过个人还是集体都不可能做这样一种宣称。保护性团体不是一个国家或国家机器的第二个理由是，在这一体系下，只有那些为保护付了费的人才能得到保护，而每个生活在一定疆域内的人都能得到国家政府的保护。然而，诺齐克认为，保护性团体则有着类似于国家机构的特征，这个特征就是有人捐赠足够资金来当作保护的费用，一个国家机构能够运转，也在于有人付费从而能够使其他人得到保护。古典自由主义理论中的守夜人式的国家，就是这种意义上的再分配。这样，诺齐克就从对保护性团体的论证过渡到了对国家的论证。换言之，从诺齐克所列出的保护性团体不是国家政府机器的理由也可看出，如果从不独占强力向独占迈进，以及对所有人进行保护，保护性团体也就变成了国家机器。但诺齐克指出，保护性团体存在的必要条件就是它收了保护费，而为了维护最弱意义的国家，同样也需要收取维持运转的费用。而只在这个意义上，保护性团体与国家机器是一回事。这是在诺齐克所认为的"最弱意义的国家"上，国家向被保护人收取保护费，合乎道德可做的只是这个事。

二 最弱意义的国家

诺齐克的国家理论是与他的权利约束的再分配理论联系在一起的。因此，要讨论他的再分配理论，我们首先看看他的最弱意义的国家论。

[①] [美]罗伯特·诺齐克：《无政府、国家与乌托邦》，何怀宏等译，中国社会科学出版社1991年版，第32页。

第四章　诺齐克与德沃金

（一）超弱与最弱意义的国家

诺齐克指出，"古典自由主义理论的守夜人式的国家，其功能仅限于保护它所有的公民免遭暴力、偷窃、欺骗之害，并强制实行契约等，这种国家看来是再分配的"①。不过，诺齐克认为，我们至少可以设想一种介于私人性保护团体制与守夜人之间的社会安排。守夜人式的国家被称为最弱意义的国家，那么，这样的过渡形式就可称为超弱意义的国家（ultraminimal state）。超弱意义的国家，有着一般国家的特征，即对所有强力的独占权，从而也就排除了所有个人或其他所有机构的报复侵害和索取赔偿的权力。这是国家强力机构的最重要特征。不过，诺齐克指出，超弱意义的国家只为出了钱的人提供保护，即为购买了它的保护的人和强行保险的人提供保护服务，而没有出钱的人则得不到保护。值得指出的是诺齐克的"超弱意义的国家"实际上并不是国家，而仍然是在自然状态。只是到了最弱意义的国家这样一个发展阶段，才是他所认为的真正意义上的国家。诺齐克这样界定超弱意义的国家也确实存在着问题，因为所谓国家，即在一个领土范围内对所有强力或暴力的独占权。如果它已经具有了这样的独占权而不对其境内的所有居民而只是对部分居民（那些出了钱的人）提供保护，这无法说明它对强力的独占性。因为如此的排他性，也就意味着只有它有能力保护所有人。但是，如果其中没有付费的居民受到伤害，那么，他们是否可以自行报复而不必经过这个强权或强力组织机构？因为既然你不保护我，那么，我就有自卫权，或我有惩罚对我侵害的权利，这一权利并没有上交给任何人或任何组织。所以，在这个意义上的超弱国家的概念是存在着内在逻辑困境的（稍后我们会相应讨论不愿进入保护性团体的独立人问题）。其次，则是最弱意义上的国家。"最弱意义上的（守夜人式的）国家，等于是在超弱意义上的国家之外，再加上一种（明显是再分配）弗雷德曼式（Fried manesque）由岁收在财政上支持的担保计划。在这一计划下，所有人或有些人（例如那些需要保护者）得到一种以税收为基础的担保，而这种担保，他们在一个超弱意义的国家中只能通过自己的购

---

①　[美]罗伯特·诺齐克：《无政府、国家与乌托邦》，何怀宏等译，中国社会科学出版社1991年版，第35页。

买保障获得。"① 最弱意义的国家通过税收来维持法庭、警察、军队以及其他国家强力机器的运转，从而为在其领土范围内的所有居民或公民提供保护，包括在其领土范围内旅行的外国人或不是本国公民的人。诺齐克指出，税收本身就是一种再分配，但这种税收的合法性或合道德性只在于它能够为公民提供免遭暴力、偷窃和欺骗之害的保护，超出这之外的征税都是不合道德的，也是不合法的。或者说，其合法性不在于是不是政府所颁布的法令，而是首先要看是否合乎道德。只有合乎道德的才可称为合法的，也是合理的。不过，实际上，就是这样为全体成员提供保护的警察国家，同样有着在一定的时候或一定的区域里，不能为某些居民提供保护的问题，甚至有些公职人员或警察与黑恶势力一道来伤害其居民，这就是"黑道"与"白道"一起来压榨民众。历史上这样的问题司空见惯。但这并不意味着上述定义错了，而只是说即使是在国家机器统治的情形下，仍然有着其社会成员得不到其保护的问题。

以税收来为守夜人式的国家服务付费，本身意味着有一部分收入不多或不足以付税的社会成员将享受其他人付费而得来的保护。诺齐克指出，这就是它迫使一部分人为另一些人的受保护而出钱，这样的事情就是再分配。即并非生产后的收入分配，而是国家机器迫使一部分社会成员将其收入拿出来供养国家保护机器及其人员，因而这是社会意义上的再分配。诺齐克说："它的提倡者就必须解释国家的这一再分配功能为何是仅有的。如果保护所有人的某种再分配是合法的，为什么用于其他有吸引力和可欲望的目标的再分配就不是合法的呢？有什么理由专门选择保护性服务作为唯一合法的再分配活动呢？有可能找到一种理由说明保护性服务这一项并不是再分配的。更确切地说，'再分配'这个概念是用于指一种社会安排的理由类型，而非指这一安排本身。当然，我们也许可以简称一种安排为'再分配的'，如果它的主要的（唯一可能的）支持理由本身是再分配的。"② 何为再分配？一般而言，初次

---

① ［美］罗伯特·诺齐克：《无政府、国家与乌托邦》，何怀宏等译，中国社会科学出版社1991年版，第35页。

② ［美］罗伯特·诺齐克：《无政府、国家与乌托邦》，何怀宏等译，中国社会科学出版社1991年版，第36页。

分配是指通过市场实现的分配，而再分配则是继初次分配之后，政府转移支付部分社会财富而实现的分配。而政府转移支付的社会财富则主要是通过税收征收来的。再分配是政府调节的，初次分配则是市场调节。诺齐克认为，政府主导的再分配的功能应当是保护所有人，即他所说的为了保护所有公民免遭暴力、偷窃、欺骗之害，在这个意义上是合法的。这也就是诺齐克所说的最弱意义上守夜人式的国家的功能。然而，用于其他目标的再分配具有合法性吗？如何为最弱意义上的再分配辩护，即它的合法性何在的问题就是一个必须回答的问题。

（二）权利的边际约束

权利的边际约束是诺齐克再分配正义的核心理论。诺齐克之所以提出一个国家再分配的合法性问题，在于他认为，存在着一个权利的边际约束的问题。不过，诺齐克的权利的边际约束是一个复杂的理论问题。在诺齐克看来，国家再分配功能的合法性是一种道德合法性问题。不过，诺齐克对于国家功能的道德合法性的辩护，首先是从超弱意义的国家开始讨论的。

道德合法性问题也就是一种道德正当性问题。然而，对于合法性的道德正当性解释，则存在着功利主义、康德主义以及自由主义的解释，这些理解是相当不同的。功利主义是将某种活动所能产生的最大善来解释的。然而，人们认为，功利主义并没有恰当地考虑到权利及其不可侵犯性问题。如罗尔斯就认为，以他的两个正义原则来取代功利主义的总量最大化善的正当性就在于功利主义没有考虑其总量如何在人与人之间分配的问题，而边沁的最大多数最大幸福原则，实际上也就包括了如果牺牲少数人而带来最大多数人的幸福，功利主义至少是不反对这样的后果的。但如果在某种情景下，人们只能把对权利的侵犯减到最少，从而保护更多人的权利？如福特所设计的轨道车问题。在这一典型案例中，司机因天气等原因并没有看清前面的路况，而正前方正有五个工人施工，但还有一个岔道，在岔道上正有一个工人施工，轨道车已经来不及刹车了，那么，这个司机最好的选择就是将车改变轨道，开到岔道上去。请问，司机这样做是对了还是错了？诺齐克说："设假设要达到的目的状态是把权利的侵犯的总量减到最少，如此我们就有了一种像'权利功利主义'的理论了，在此与一般功利不同的地方，在于它以最大限度减少对权利的侵犯,代替了幸福总量的目标。"① 人们一般认为,在没有其他可选方案的情况下,减少对功利的侵犯应当是在道德上可得到辩护的。然而,诺齐克认为,"这一权利功利主义还是会要求我们侵犯某人的权利。只要这样做能最大限度地减少这一社会对权利侵犯的总量"②。诺齐克甚至举例说,一伙暴徒在某个城镇进行杀戮和破坏,而有人则试图证明,如果惩罚一个众所周知无罪的但却触犯了这伙暴徒的人是恰当的,因为这样的惩罚将平息甚至避免这些人对更多人的权利的侵犯,因而这将导致这个社会对权利的侵犯降到最低值。这样的案例也是一类典型案例,如小镇的骚乱和法官。法官将一个无辜者处死即可平息这场骚乱。诺齐克认为,这样一种权利功利主义只是将对权利的侵犯降到最低,但仍然没有排除对权利的侵犯,因而并不能以这样的理论来证明国家再分配的合法性和正当性问题。诺齐克说:"与把权利纳入一种目的状态相对照,人们可以把权利作为对要采取的行动的边际约束(side constraints)来看待,即在任何行动中都勿违反约束。他人的权利确定了对你的行动的约束。"③ 诺齐克指出,这一理论不同于把边际约束放进目标中的理论。边际约束的观点禁止你在追求你的目标时违反道德的或权利的边际约束,但那种为最大限度地减少对这些权利的侵犯的观点,则允许你违反这些权利对你的行为的约束,而如果能够达到你的最大化总量目标的话。

诺齐克认为,对于超弱意义的国家功能意义,可以有两种不同的解释。从权利功利主义来解释,它假定的目标在于最大限度地减少一个社会内对权利侵犯的总量;而诺齐克认为,"超弱意义国家的倡导者也可以把勿侵犯权利作为对行动的一种约束,而并不把它作为一种要去实现的目的状态……这样看来,超弱意义国家的倡导者所持有这一观点就是前后一贯的,只要他的权利观念坚持:你被迫为他人的福利作出捐献是违反了你的权利的,而别人不

---

① [美]罗伯特·诺齐克:《无政府、国家与乌托邦》,何怀宏等译,中国社会科学出版社1991年版,第37页。
② [美]罗伯特·诺齐克:《无政府、国家与乌托邦》,何怀宏等译,中国社会科学出版社1991年版,第37页。
③ [美]罗伯特·诺齐克:《无政府、国家与乌托邦》,何怀宏等译,中国社会科学出版社1991年版,第37—38页。

第四章　诺齐克与德沃金

提供你很需要的东西,包括对保护你的权利必需的东西,这本身并不侵犯到的权利"①。超弱意义的国家是受到严格意义的权利边际约束保护的,这一权利边际约束的观点完全立足于个人对自我的生命财富所拥有的自我所有权利以及完全尊重个人意志的自愿性。如果个人没有某种帮助他人的意愿,那么,即使这样使得某人可能易于遭受伤害或受到侵犯,但并不能因此而强迫你去提供他人所需要的东西。个人对于自我的生命财产所拥有的完全的自主权和所有权,以及个人意志能够自我决定的能力,是这一观点的基点所在。

　　接受权利边际约束的观点,也就是反对那种旨在最大限度地减少对权利侵犯的权利功利主义观点。不过,诺齐克提出,既然权利这样重要,为什么不把它作为目标呢?对不侵犯权利的一种关心,怎么才能使人们甚至在某种对权利的侵犯将防止更大的侵犯情况下也拒绝侵犯权利?诺齐克这样提出问题,实际上也表明了诺齐克并不考虑轨道车和小镇骚乱这样的案例提出的功利主义的问题,而是要坚持无论在什么样的情况下,都坚持权利的道德边际约束观点。诺齐克认为,"对行为的边际约束反映了其根本的康德式原则,个人是目的而不仅仅是手段,他们若非自愿,不能够被牺牲或被用于达到其他的目的。个人是神圣不可侵犯的"②。换言之,无论如何,即使是在侵犯最少的权利从而可最大化保护权利的情况下,权利的边际约束都是不可动摇的。诺齐克举例说,如果我们有一个工具自己来使用,无任何边际约束。但在我们如何对别人使用它的问题上,则存在着道德约束。如我这里有一个工具你要借去使用,我会提出某个条件你不得违背,如你不得损坏,必须在几点钟前还给我等。工具不是你的,使用并非完全按照你的意愿,当然你也可能会逾越约束。诺齐克认为,如果我们对其使用加以不可逾越的约束,那么这个物品在某些方面也就不可当作一个工具使用了。但一个人能够在所有方面都加以足够的约束从而使得一个物品完全不可能作为一个工具使用吗?

---

①　[美]罗伯特·诺齐克:《无政府、国家与乌托邦》,何怀宏等译,中国社会科学出版社 1991 年版,第 38—39 页。

②　[美]罗伯特·诺齐克:《无政府、国家与乌托邦》,何怀宏等译,中国社会科学出版社 1991 年版,第 39 页。

应当看到，这超出了人们的想象。如人们也许可以想象，在古代的某个地方有一棵大树，人们把它当作这个村庄的神来崇拜，从而对于人们除了当神来供奉，都加以了严格的限制。在这个意义上，这棵树已经不再是可以作为人们使用工具的物品了。那么，权利的边际约束是不是这种意义上的约束呢？诺齐克说："政治哲学只涉及人们不可利用他人的某些方面，首先是对他人人身的侵犯。一种加于对他人的行为的特定边际约束，表明了下述事实：不能用这种边际约束禁止的特定方式利用他人。边际约束表明在它们指定的范围内，表明了他人的神圣不可侵犯性。这种不可侵犯性表现于下列的命令：'不要以某种特定方式利用人们。'"[1] 诺齐克将这种道义论的约束论与目的论观点对照，指出目的论观点则会是一个这样的目的论命令：最大限度地减少以某些特定方式把人们当作手段的情况。在诺齐克看来，康德本人的道义论立场并不彻底，这是因为，在他那里仍然有一个目的论的倾向。如他在《道德形而上学奠基》中的第二个绝对命令：你要如此行动，以最大限度地减少把人只作为手段的用法。这个命令就不是像纯粹道义论的权利边际约束命令那样所说：人是目的，而不仅仅是手段。诺齐克所批评的目的论与权利的边际约束的不相容，实际上是功利主义的或权利功利主义的目的论问题。但诺齐克指出，实际上康德仍然有这样一种功利主义的倾向。

诺齐克强调，权利边际约束表明了人的神圣不可侵犯性。但为什么一个人不可为了较大的社会利益而侵犯个人呢？诺齐克以个人一时牺牲或受损来为了将来或长远利益的收益来进行比较，指出，对于每个人来说，都有那种为了将来较大利益或避免较大痛苦而愿意承担某种痛苦或牺牲的情形，如为了不再有牙痛而承受拔牙的大痛苦。那么，能不能同样认可，以某些人的痛苦或牺牲来换取其他人或多数人的更大的幸福？但诺齐克像罗尔斯那样认为，不能以牺牲少数人的幸福来换取多数人的幸福，因为"只有个别人的存在，只有各各不同的有他们自己的个人生命的个人存在，为了别人的利益而使用

---

[1] ［美］罗伯特·诺齐克：《无政府、国家与乌托邦》，何怀宏等译，中国社会科学出版社1991年版，第41页。

这些人中的一个，利用他去为别人谋利，不用更多，这里所发生的是对他做某种事而目的是别人。谈论一种全面社会利益就属于这种事情。(有意地)以这种方式利用一个人，就意味着没有充分地尊重和理解他是一个单独的人、他的生命是他拥有的唯一生命的事实。他不能从他的牺牲中得到一种超额利益，故而没有任何人有权把这一牺牲强加给他——而一个国家或政府尤其不能要求他在这方面的服从（当别人并不如此做时），因此，国家必须小心谨慎地在其公民中保持中立"①。个人的生命只有一次，以个人的生命来换取他人的幸福或利益的增长，所牺牲的这个人则永远不存在了，从而也就不可能从其牺牲中获利。功利主义者密尔也有类似观点，他认为，功利主义虽然也提倡牺牲，但并不认为那种不能带来更大利益的牺牲是值得的。但密尔这一观点，并没有对牺牲者与受益者之间的区分，实际上掩盖了功利主义所提倡的个人牺牲与大多数人利益之间存在的问题。不过，关于个人牺牲的问题仍然是一个复杂的问题。当一个国家、一个民族处于生存危机的紧急关头，在这样的情景下，没有人愿意上前线去保卫国家，这个国家、这个民族就有可能遭受亡国之危。因此在这个危急关头，在整个利益、国家利益遭受重大危机的时刻，个人的牺牲虽然不能换来自己的任何利益，但这样的行为却是整体生存的需要。某个国家遭受入侵，也许这个国家不会因此而灭亡，但整个国家的人民会因此而遭受奴役，因此，是自由还是奴役更能带来人民的幸福？这样的后果不言而喻。为了自由，不是爱情和生命都可抛弃吗？因此，诺齐克强调个人的牺牲一定要给该牺牲者带来什么利益的说法并不适用于人类个体可能遭遇的所有情景。那么，诺齐克这样说的目的何在？应当说，诺齐克所针对的国家对其国民的内部事务，尤其是他所要讨论的国民对其国家再分配所需资源的征收上，就是他所说的："超弱意义国家的倡导者所持有的这一观点就是前后一贯的，只要他的权利观念坚持：你被迫为他人的福利作出贡献是违反了你的权利的。而别人不提供你很需要的东西，包括对保护你的权利必需的东西，这本身并不侵犯

---

① [美]罗伯特·诺齐克：《无政府、国家与乌托邦》，何怀宏等译，中国社会科学出版社1991年版，第41—42页。

你的权利。"① 换言之，无论国家权力机构要向其国民征收什么，都必须得到其国民的同意，即不是被迫捐赠给某一机构，这样的状况就是诺齐克所说的"超弱意义的国家"。这样的超弱意义的国家，也就是诺齐克所说的权利的边际约束。

诺齐克持有一种强烈的权利或道德的边际约束的观点，他认为，"对我们可以做什么的道德边际约束，反映了我们的个别存在的事实，说明了没有任何合乎道德的拉平行为可以在我们中间发生。我们中的一个生命被其他生命如此凌驾，以达到一种更全面的社会利益的事情，绝不是合乎道德的"②。诺齐克坚持每个人的存在都是他人所不可替代的，每个人都享有不同的生命，没有任何人可以为他人做出牺牲。在诺齐克看来，这就是道德或权利边际约束的根据或理由。诺齐克认为，面对着强有力的功利主义的最大值的目的论观点，坚持权利或道德的边际约束的观点就应当更加强有力。诺齐克指出，反对道德的边际约束的观点有这样三种：一是拒绝所有的边际约束的观点；二是提出一种不同的解释，即在一种追求目标最大值的结构之外，还要加以道德的边际约束；三是一方面接受关于个人分立性的观点，另一方面又坚持对个人的有意侵犯与这一观念是相容的。第一种观点是诺齐克所明确反对的，但第二种和第三种观点则既承认道德的边际约束，又坚持目标最大值的功利主义观点。这似乎给诺齐克提出了难题。但问题是，坚持道德的边际约束与追求目标的最大值这两者能够相容吗？起码诺齐克并不认为这两者能够相容，在他看来，他所追求的是坚持道德的边际约束，但如果追求目标的最大化值，则必然影响对边际约束的坚守。因而这两者并不存在着相容的可能。如威廉斯所举的南美洲植物学家的遭遇那样，要他杀一个无辜者，那么，将释放另外十九个，这样的结果无疑实现了善的最大化，但同时必然是这个植物学家侵犯了道德的边际约束。因而这两者不是可兼得的。诺齐克禁止牺牲一个人

---

① ［美］罗伯特·诺齐克：《无政府、国家与乌托邦》，何怀宏等译，中国社会科学出版社 1991 年版，第 39 页。

② ［美］罗伯特·诺齐克：《无政府、国家与乌托邦》，何怀宏等译，中国社会科学出版社 1991 年版，第 42 页。

第四章　诺齐克与德沃金

去为另一个人谋利,哪怕是为更多一些人谋利。当然,这里没有把被牺牲者的个人意愿放在里面来考虑。如果被牺牲者变成了主动的自我牺牲者,则是相当不同的一回事。

诺齐克的超弱意义的国家也就是为那些自愿为自己购买保险的人提供保护,而对那些没有购买的人则不提供保护。换言之,在我们的保护机构之外,还存在着一些不愿进入我们保护机构的人。正如洛克所说的,不可以强迫任何人进入公民社会。那么,保护性团体如何处理与这些人的关系呢?禁止他们进入保护性团体的地带?但可能保护性团体与这些独立人的生活地带是交错的,即使是禁止他们越界进入,如果他们非要入侵,也可以甚至从直升机上入侵。保护性团体不可能不介入、不干涉这样的侵犯行为。同样,保护性团体内部的受保护的成员也可能侵犯那些没有受到任何保护的独立人。诺齐克认为,保护性团体成员与这些不愿加入的独立人之间如果发生侵害行为,就存在着一个赔偿程序与机制的问题。诺齐克认为,重要的是确立一种公平赔偿的程序机制。那么,保护性团体如何能够做到公平合理地惩罚那些不为这一保护性团体内的成员?"它可以宣称它将惩罚任何对其委托人采用一种在惩罚时尚未被证明是可靠和公平的程序的人吗?它可以把自己确立为预先通过任何用于其委托人的程序的审查机关,以致惩罚任何对其委托人使用一种尚未得到保护性团体赞成(the protective association's seal of approval)程序的人吗?……保护性团体并没有这种权利,包括唯一支配性的团体也没有这种权利。"[1]在诺齐克看来,每个人都应当可以公开得到或足以充分显示一个用于他的裁决程序是可靠的和公平的信息。他有权得知他是否受到某种可靠和公平体系的处理。并且,任何人都无权采用一种相对不可靠的程序来决定是否惩罚另一个人,他用这种程序无法知道别人是否应受惩罚,因而也就无权惩罚这个人。因此,诺齐克认为,即使是在自然状态中形成了某种保护性团体,在处理团体成员与团体外部人员之间以及团体内部成员之间的侵害与惩罚的问题时,首要的仍然是确立程序正义。诺齐克

---

[1] Robert Nozick, *Anarchy, State and Utopia*, Oxford, Basic Books, Inc., 1974, pp. 101-102.

强调,"每个人都可以抵制陌生的和不可靠的程序,都可以惩罚那些对他使用这种程序的人。作为代理人,保护性社团有权为它的委托人做这件事,它承认每一个人(包括那些未加入社团的人)都有这种权利"[①]。不过,诺齐克认为,在这样的情形下,保护性团体还没有提出任何独占保护权的要求。而独占保护权,诺齐克认为是进入国家状态的标志。支配性保护团体向独占保护权的团体转化,进而迈进国家状态。这是诺齐克从自然状态到国家状态的过渡路线。

诺齐克认为,任何时候,人们都要求公平公正的程序来解决任何人之间的惩罚与赔偿的争端,而支配性保护团体虽然没有提出独占权,但这一支配性团体通过它的力量具有了一种独一无二的地位,因而只有它认为可以以适当的方式强行禁止别人的裁决程序,而声称只有自己的裁决程序是公平公正的。"它承认每个人都有权正确地采用这些原则,但它作为这些原则的最有力的采用者,它强行它真心认为是正确的意志。由于它的力量,它占据了一种对自己的委托人来说最终强行者和最后法官的实际地位。它只要求正确行动的普遍权利,但它是按它自己的判断去正确行动的。只有它处在这种仅仅按它自己的判断行动的地位上。"[②] 人类历史的发展很值得玩味,起初是大家都要求公平公正程序,而后则是有那种机构宣称只有它才能做到公平公正。支配性保护团体的地位构成了一种独占权吗?诺齐克认为,在这样的情形下,它并没有要求任何一种唯一它才有的权利。但它的力量使它能够成为唯一越界强制行使特殊权力的行动者。在诺齐克的支配性保护团体与超弱意义的国家的讨论中,我们无法分辨他的超弱意义的国家所说的是不是"支配性保护团体"。这两者在诺齐克的描述中几乎是一回事。不过显然,超弱意义的国家并不是最弱意义的国家。真正作为国家的概念,是他的最弱意义的国家,而所谓"超弱意义的国家",仍然是他所说的那种独占性保

---

① [美]罗伯特·诺齐克:《无政府、国家与乌托邦》,何怀宏等译,中国社会科学出版社1991年版,第113—114页。

② [美]罗伯特·诺齐克:《无政府、国家与乌托邦》,何怀宏等译,中国社会科学出版社1991年版,第114页。

护团体。

诺齐克的从自然状态向国家演进的路线图是，由于支配性保护团体发展为整个地区的强力独占，必然发展为一个具有国家形态的保护性机构。这一保护性机构不仅具有使用强力的独占权，而且为这一地区内的所有居民提供保护。为全体居民提供保护是通过一种再分配的方式来提供的。那么，这种强力的独占和再分配的道德合法性在哪里？诺齐克认为，从一种自然状态到出现对强力的独占保护性团体即超弱意义的国家，不会侵犯任何人的权利，从而在道德上是合法的。而从超弱意义（ultraminimal）的国家过渡到最弱意义（minimal）的国家，是否会侵犯有些人的权利？从而在道德上是不是合法（moral legitimate）的？诺齐克认为，最弱意义的国家也不会侵犯任何人的权利，从而也在道德上是合法的。"道德合法性"似乎是一个较怪的概念。"moral legitimation"也可译为"道德的正当性"，即可以经过道德检验的正当性、合法性。换言之，国家权力机构的合法性来源于道德的正当性。诺齐克认为，一个支配性保护团体在一个地区满足了国家的两个关键性必要条件："一是它拥有一种必要的在这个地区对使用强力的独占权；一是它保护这个地区内的所有人的权利，即使这种普遍的保护只能通过一种'再分配'的方式来提供。"① 换言之，当一个保护性团体也就是一个独占其保护权的团体已经具有了这样两个必要条件，那么，这个地区就已经是一个国家了。诺齐克指出，这两个条件是无政府主义谴责国家不道德的主要依据。但诺齐克认为，从一种自然状态过渡到超弱意义的国家（出现了独占保护权的团体），在道德上是合法的，而从一个超弱意义的国家过渡到最弱意义的国家（出现了再分配因素），在道德上同样也是合法的。

诺齐克认为，这种再分配在道德上的合法性，可以用赔偿原则来证明。他说我们可以设想保护性机构可提供两种类型的保险：一种是保护其委托人免受那种私人强行正义的威胁；另一种则是不提供这类服务，但提供对其委托人免受偷窃、谋杀等行为侵害的保护。第一种需要补偿禁止私人性的强行

---

① [美]罗伯特·诺齐克：《无政府、国家与乌托邦》，何怀宏等译，中国社会科学出版社1991年版，第118页。

正义而遭受损失的人，而第二种保险的人则不必为他人的保护付款，没有任何理由他们必须补偿这些人。诺齐克认为，可能保护的发展将导致人们更愿意得到第一类保护，即担心有人以行正义之名来进行私人报复，因而更希望以更多资金购买第一类保险，这就涉及对那些独立于保护团体的人的保护。换言之，这样就将那些并不在这一保护团体内的人都纳入保护之中，从而也就避免了他们以私人名义来强行正义。诺齐克认为，这样他就完成了一个国家从自然状态中产生的演变过程。"这种国家并不是一种独占的不公正的强加。一种事实上的独占权，是通过一种看不见的手的过程和道德上可允许的手段产生的，并没有侵犯任何人的权利，也没有提出对一种其他人不具有的特殊权利的要求。"① 从超弱意义的国家到最弱意义的国家的推论，诺齐克认为他的理论已经建构起了这样一个过程。但我们注意到他在推演过程中的不断变化。首先，他的超弱意义的国家并不是真正意义上的国家，而只是某种独占性保护团体；其次，我们尤其要注意到他在这里所说的两类保护类型的问题。即他已经不只是说守夜人式的最弱国家的功能仅仅是免于偷窃、暴力和欺骗之害，而是更多地保护自己免于私人性强行正义之侵害。这既是最弱意义的国家的起源，也是它的主要功能，甚至这个功能要强于他所说的第二个功能，而第二个功能正是他对最弱意义的国家的界定。为了避免私人性的强行正义，必须把那些不愿意加入保护团体的独立人也拉进来，否则，与他们的惩罚或伤害的纠纷将使得他们无法或无程序正义，从而使得保护团体人的受到以正义之名而行的更多或不公正的报复之害。而当人们愿意付更多的钱来保护自己时，那些所谓的独立人也就处于保护性团体的保护之中，从而禁止那种危险的私人的强行正义，从而也就完成了对于整个地区的所有居民的独占性保护。

在诺齐克看来，再分配的功能只有在维护最弱意义的国家上，才是合乎道德的和可得到辩护的。诺齐克的研究发现，现存的不同的分配原则实际上都是模式化的分配，这些模式化的分配都超出了维护最弱意义国家功能，并

---

① ［美］罗伯特·诺齐克：《无政府、国家与乌托邦》，何怀宏等译，中国社会科学出版社1991年版，第120页。

且是对个人权利的攻击。如按照道德价值的分配原则,这一原则要求全部分配份额直接因人的道德价值不同而不同。与道德价值比自己高的人相比,任何人都不应当比他们持有更大的份额。此外还可以以"对社会有用"作为原则来取代道德价值的分配原则,以及考虑"按照道德价值、对社会有用和需求的平衡总额进行分配"。"如果一个分配原则规定一种分配要随着某一自然之维,或一些自然之维的平衡总额,或自然之维的词典式次序的不同而给予不同量的分配,那么让我们称这样的原则为模式化的原则。"① 如果某一种分配符合某一模式化原则,那么,这种分配就是模式化分配。所谓模式化分配,也就是按照每个人的( )从每个人那里拿走或给出( ),与此相应的还有另一个公式:按照每个人的( )给予每个人。② 前一个公式是某些强力集团从其成员那里拿走了什么,而只有前者才有后者,即只有强力集团才有资金给予它们认为应当给的人。在诺齐克看来,这样的模式化分配公式正反映在政府税收以及罗尔斯的差别原则上。因为罗尔斯要确立的最不利者群体,就是他要惠顾的对象。联合国给巴勒斯坦的难民,每人每月补助800美元,这是无差别的,只要你有联合国难民署发的难民证。"人们提出的几乎所有分配正义原则都是模式化的,如果照每个人的道德价值、需求、边际产品、努力程度或上述因素的总的平衡来对每个人进行分配。"③ 诺齐克认为,符合持有的资格正义三原则(以下我们再进一步讨论这个原则)的分配,就不是模式化的分配。而诺齐克所说的持有的资格正义的分配,也就是自愿转让。如所有国家政府的税收都是模式化的,因为不论是否愿意,只要你的收入达到一定水平,政府就要征你的税。交税是强制性的公民义务,如果你偷税漏税,政府则要罚你。在诺齐克看来,只要不是你自愿交税,那么就是对你的权利的干涉。一些人收到他们的边际产品,一些

---

① [美]罗伯特·诺齐克:《无政府、国家与乌托邦》,何怀宏等译,中国社会科学出版社1991年版,第161页。

② 这里的"( )"是诺齐克用来表示任何一种模式化分配的简洁示图,即任何一种模式化的分配都可以往这里填充它所认可的东西或相应数量的东西。

③ [美]罗伯特·诺齐克:《无政府、国家与乌托邦》,何怀宏等译,中国社会科学出版社1991年版,第162页。

人赢得了一场赌博，一些人从他们的配偶那里得到一些资金，一些人从基金会那里得到资助，等等，这些都不是模式化的分配。一种符合资格正义原则的分配，对任何模式都是无目的地随机选择的，或它本身并没有什么模式。诺齐克强调，假如有人任意强制他们的持有不自愿地转让，这就是专横干涉他们的权利。

诺齐克以球员张伯伦的例子来说明他的持有与转让分配正义与模式化分配的根本区别。张伯伦是一个球星，他与球队签订了一份协议，在每场比赛中，从每张门票中抽取 25 美分给他。现假设一个赛季中，有 100 万球迷观看了有他参加的比赛，结果张伯伦得了 25 万美元。无疑这是一笔很大的收入。"这些人的每一个都自愿从他们的钱里拿出 25 美分给张伯伦。他们本来可以把这 25 美分花在电影、买糖果或买几册《异议》或《每周评论》杂志。"①但他们都把这笔钱给了张伯伦，以换取观看他打篮球。如果他们的持有是正义的，他们自愿转让同样也是公正的。而这就是非模式化分配的例子。张伯伦的持有这里涉及两个方面，即从一种正当公正的持有状态（1）通过正当公正的（完全自愿）步骤（2）而产生的结果。张伯伦的案例让柯亨苦苦思考了多年。柯亨指出，诺齐克非常确信其（2）是正义的，即这是自由自愿的行为。"我们可以说，自愿的自我奴役是可能的，奴隶制是不正义的，因此（2）是错误的。"② 这只是其中一个问题。在诺齐克看来，如果是人们一致同意的一项交易，也就不会是不正当的。然而，交易的正当性在于持有的正当性。而持有的正当性问题恰恰是私有权的问题。即诺齐克犯了乞题的错误，他是以持有的私有权合理性来为张伯伦的所得辩护的。如果持有的私有权得不到辩护，则张伯伦的所得也得不到辩护。同时，从社会主义观点看来，这种交易可能是不公平的，因为它助长了社会不平等。③

---

① ［美］罗伯特·诺齐克：《无政府、国家与乌托邦》，何怀宏等译，中国社会科学出版社 1991 年版，第 167 页。

② ［英］柯亨：《马克思与诺齐克之间》，吕增奎编，江苏人民出版社 2007 年版，第 3 页。

③ ［英］柯亨：《马克思与诺齐克之间》，吕增奎编，江苏人民出版社 2007 年版，第 9 页。

三 资格正义

我们进而讨论他的正义理论的核心：资格正义。诺齐克的国家理论是为了论证他的正义理论，而他的正义理论则主要是与分配和再分配相关联的。分配与再分配都涉及国家的功能。国家的存在是为了什么？国家的存在在于它有着保护公民或臣民的功能，诺齐克认为这是它的唯一的合法性功能。"最弱意义的国家是能够证明的功能最多的国家，任何比这功能更多的国家都要侵犯人们的权利。"[1] 最弱意义的国家也就是保护它的公民免于偷窃、暴力和欺骗之害，然而为了保护它的公民，则需要保护费用，因为国家并不能生产财富。这些费用只有从被保护的人身上来征收。而为了保护它的公民或臣民，其受委托人所付的费用将包括那些并不愿意加入保护性团体的人需要保护的费用，因而这就是诺齐克所说的再分配。再分配或税收的合理性涉及分配的正义。分配的正义是诺齐克的正义理论的基本内容。怎样的分配或再分配才是正义的？再分配的问题的根本就是持有的正义问题。在诺齐克这里，持有的正义就是资格（entitlement）正义问题，这一英文概念中译本译为"权利"，但这样的译法并没有与将 right 译为权利区别开来。

（一）正义三原则

何为持有的正义？所谓"持有"，即对物品的持有，也就是个人或私人所拥有的财产。私人的财产或财富在什么意义上是合法的，或正当的、正义的？持有正义也就是个人财富的正当性或正义性问题。持有正义在诺齐克这里包括三个部分的内容：获取正义、转让正义和矫正正义。

关于获取的正义。诺齐克认为，持有的正义是"持有的最初获取，或对无主物的获取"[2]。对于持有正义的最初获取的这个正义的内涵是什么，诺齐

---

[1] [美] 罗伯特·诺齐克：《无政府、国家与乌托邦》，何怀宏等译，中国社会科学出版社1991年版，第155页。

[2] [美] 罗伯特·诺齐克：《无政府、国家与乌托邦》，何怀宏等译，中国社会科学出版社1991年版，第156页。

克还有一个规定："一个获得一个持有的人，其持有符合获取正义原则，对那个持有是有资格（acquisition is entitled）的。"[1] 在这里，我们看到"获取正义原则"是一关键概念，但在诺齐克的论著中，我们则没有看到逻辑严谨的诺齐克对于获取正义原则进行概念界定。首先我们看看诺齐克的讨论。在其讨论中，诺齐克将获取正义与转让正义联系起来讨论。诺齐克认为，若一种分配是通过合法的手段来自另一个公正的分配，那么它也就是公正的。而从一种分配到另一种分配的合法手段是由转让的正义原则规定的。"合法的（the legitimate）最初'运动'则是由获取的正义原则规定的。"[2] 诺齐克认为，这样一种"运动"，无论是什么，只要它是从一公正状态中以公正的步骤产生的，那么，它本身就是公正的。从一种公正状态转向另一种公正状态，即转让也就是正义的。由转让的正义原则规定从一种状态到另一种状态的转让手段就保持着正义。在诺齐克看来，如果是盗窃来的东西，盗窃者可以把偷来的东西作为礼品转送给别人，但这样的转让并不意味着他有对他非法所得的权利，也就不是能认为他的转让是正义的。"并非所有的实际持有状态都符合两个持有的正义原则，即符合获取的正义原则和转让的正义原则。有些人偷窃别人的东西或欺骗他们、奴役他们、强夺他们的产品，不准他们按自己的意愿生活，或者强行禁止他们参加交换的竞争。"[3] 诺齐克从反面讲的这些不是获取正义的状态，也可以说是从反面或消极面规定了什么是正义的获取，这个正义的获取，也就是不偷、不抢、不骗。但由于存在着这样的获取不正义的问题，因而就产生了第三个正义原则，即矫正正义原则。矫正正义也就是对于获取的不正义和转让的不正义所获得的东西进行矫正。即对前两个获取过程和转让过程中的非正义或不正义进行纠正或矫正。诺齐克指出矫正正义是历史性原则，有的分配正义理论只是有着即时性的原则，而没有历史性原则，"正义的历史原则则认为，人们过去的环境或行为能创造对事物的不同权利或

---

[1] Robert Nozick, *Anarchy, State and Utopia*, Oxford, Basic Books, Inc., 1974, p. 151.

[2] [美]罗伯特·诺齐克：《无政府、国家与乌托邦》，何怀宏等译，中国社会科学出版社1991年版，第157页。

[3] [美]罗伯特·诺齐克：《无政府、国家与乌托邦》，何怀宏等译，中国社会科学出版社1991年版，第158页。

应得资格。而一种不正义也可能从一种分配转向另一种结构同样的分配过程中产生,因为外观相同的第二种分配可能侵犯了人们的权利或应得资格,可能不适合实际的历史"[1]。我们知道,人类财富的获取和转让都是一个历史过程,而历史是一笔糊涂账。某个海盗的后代继承了万贯家产,但作为继承者,如果政府不查处,或外界无法知道他的财富来源,他自己不自动返还,则不可能将他的财产没收或强制他交出。多少世代之后,由于他们成为富有之家,从而享受着最好的教育和过着上流社会的生活,由于上流社会的生活所带来的人脉与资源,从而使得他们享受着普通人所没有的生活境遇。这样的状况都是源自不正义的获取,那么,怎么使用矫正正义原则?即使是其后代认为其祖先不正义,对于那个时期的其他人太坏,但他们会将他们所继承的财富以及由此而得到的地位及知识和文化都除去吗?在一定的历史时期可能会这样做。这就是在大革命时代,那些地主富豪的后代受到马克思主义的教育,认知到他们的父辈、祖辈的财富是不正义得来的,从而挥刀首先砍向他们。不过,在无数的历史时期,这样的事件并不会发生。站在印第安人的立场上,就会发现,整个美国近代以来的移民都是在印第安人的土地上发展的,而他们的土地在相当大的程度上,并非来自印第安人的自愿转让,而是通过血与火的掠夺得来的。但这样非正义的历史之账,是无法算得清的。

(二)对无主物的获取

诺齐克的"持有的最初获取",是一个具有历史内涵的说法,即最初持有不论是当代的还是历史上的,都应从最初获取来看待是不是正义的,但这样的正面说法或积极说法,本身也不是一个获取正义的明确界定,不过,诺齐克所加上的"对无主物的获取",则是一个比较明确的说法。也就是说,如果你在海边捡到一个贝壳,这个贝壳是无主的,那么你的持有就是正义的。因此,这里的最初获取,也可说是诺齐克在这句后所补充的"无主物的获取"。但所谓无主物,实际上更多是承续其对自然状态的说法而来的。因为只有往人类的早期去追溯,才可发现更多的无主物。而在现代社会,只有去海边而

---

[1] [美]罗伯特·诺齐克:《无政府、国家与乌托邦》,何怀宏等译,中国社会科学出版社1991年版,第161页。

且是公海的海边,你才可能捡到无主的贝壳。

诺齐克强调对于无主物的获取的正当合法性。然而,对于地球上的无主物,至今已经没有多少可说是无主物了。因为地球上的所有的陆地,除了南极洲,都已经被所有国家划分完毕。即使是地下挖出来的文物,也并不意味着无主物,因为所有文物都是国家的,如果私自藏着,则是非法的。因此,所谓无主物的获取,那可能只有在人类从动物转变为人的最初时期是如此。即使是欧洲人从欧洲移民到美洲,那里也并不是无主的土地,而是有原住民的,即印第安人。如果从对无主物的获取来看待美国的正义,则现在所有的美国公民,除了在保留地里的印第安人,几乎都是欧洲和其他地区移民的后代,因而所有这些人作为美国公民,从其居住地的合法性上讲,就都不具有正义性。因为他们的祖先都居住在印第安人的土地上。至今不少美国的地方法院,仍然有印第安人在为自己失去的土地打官司。诺齐克说:"合法的最初'运动'则是由获取的正义原则规定的。无论什么,只要它是从一公正的状态中以公正的步骤产生的,它本身就是公正的。"① 获取正义也就意味着如果我在工厂干活,我手上的物品并不是无主的,而是厂家或资本家的,即使因为我的劳动而使得工厂的原材料成了产品,但并不能因此就说是我创造了财富。因为这并不是第一次获取,当然,也并不意味着资本家给的材料是第一手获取的。其次,诺齐克的正义第一原则,则明显不是洛克的劳动财富论,即在洛克看来,在人类诞生之初,这个世界上的一切都是全人类所共有的,土地和一切低等动物都是一切人所共有的。同时,每个人对他自己的人身享有着所有权,除他之外的任何人都没有这种权利。"他的身体所从事的劳动和他的双手所进行的工作,我们可以说,是正当地属于他的。所以只要他使任何东西脱离自然所提供的和那个东西所处的状态,他就已经掺进他的劳动,在这上面他自己所有的某些东西,因而使它成为他的财产。"② 洛克的观点是,首先,地球上的所

---

① [美]罗伯特·诺齐克:《无政府、国家与乌托邦》,何怀宏等译,中国社会科学出版社1991年版,第157页。

② [英]洛克:《政府论》下篇,叶启芳、瞿菊农译,商务印书馆1964年版,第19页。

第四章 诺齐克与德沃金

有土地和自然物品,都是人类的共有财产,而不是无主物。其次,并不是我将无主物归为私人所有,就是正当的获取,而是要通过自己的劳动,公有或共有的自然物品包括土地才是私人所有的。当然,"获取"本身也是一种劳动。而像早年的美洲移民,面对大片的无主土地,跑马圈地所到之处,都成为这个跑马主人的土地。然而,诺齐克对于洛克的劳动价值论进行了直接的批评。诺齐克说:"洛克把对一个无主物的所有权看作由某人对无主物的劳动产生的。这引起了许多问题,如对无主物的劳动是在什么范围导致所有权呢?如果一个私人宇航员在火星上扫干净一块地方,这种劳动能使他占有整个火星乃至整个无人居住的宇宙吗?还是仅仅使他占有一块特定的地方呢?这块归其所有的地方划在哪里,有多大呢?这块地方的最小范围(也许不联结)只是一个行为使其减熵的地域吗?一架用于生态调查的高空飞机,能够通过一种洛克式过程把一块处女地置于某种所有权之下吗?围绕着一个地区建起一道栅栏,大概将使一个人成为仅仅这一栅栏(和直接在栅栏下的土地)的所有者。"[①] 诺齐克的这个批评是从这一概念的外延进行的,即如果有劳动掺进了无主物,那么,这种劳动所掺进的无主物,其边界是不清晰的,因此,无法以劳动为理由将无主物归为己有。在诺齐克看来,将一个人的劳动与某物联结起来,就使得这个人拥有了某物,那这是什么样的理由呢?他承认这里的理由就是劳动所有权,劳动所有权使得一个无主物在掺进了他的劳动的情况下,从一个无主物变成了他的所有物。"但为什么不把我的所有权的东西这样地联结于我没有的东西——与其以一种得到我没有的东西的方式,不如以一种丧失我拥有的东西的方式去如此联结呢?如果我有一罐番茄汁,我把它倒入大海以使其分子均匀地溶于整个大海(我使分子具有放射性而能验证这一点),我就因此而拥有这个大海吗?"[②] 这里,诺齐克又从个人所拥有物掺入或渗入其他无主物中的情形来指出劳动所有权存在着问题。但这样做仍

[①] [美]罗伯特·诺齐克:《无政府、国家与乌托邦》,何怀宏等译,中国社会科学出版社1991年版,第179页。

[②] [美]罗伯特·诺齐克:《无政府、国家与乌托邦》,何怀宏等译,中国社会科学出版社1991年版,第179页。

然无法清楚地指出其边界所在的问题。当然，将番茄汁倒入大海来将所有权扩展的说法显然是很荒谬的。但这正是诺齐克否定劳动所有权的有力证据。然而，劳动所有权是完全错了吗？劳动所有权是自洛克以来的经济学家以及马克思对资本主义进行批判的理论所在。马克思认为，正是工人在资本家所提供的原材料上的劳动从而生产了商品，也就创造了价值，但资本家并没有将工人所创造的全部价值都给予工人，从而剥削了工人，即拿走了工人在付给工资之外的剩余价值。但诺齐克将劳动对无主物上所施加的劳动进行了无限夸大的推论，从而认为仅仅说劳动创造价值从而应当拥有经过劳动改造了的该物品或相应的价值推论是不成立的。不过，诺齐克并没有说这样的论点是完全错误的。他说："也许应当把这一解释修改为：对某物的劳动改造了它，使它更有价值；任何人都有权占有一个创造了其价值的东西。"[①] 然而，诺齐克的这一修正实际上是他自己在攻略上的后退，即这样的解释就已经回击了他自己的倒番茄汁到大海里的说法。因为倒番茄汁本身并不是一种劳动创造活动，只是番茄汁自己会扩散的问题。不过，诺齐克认为这样来解释劳动所有权及其创造的价值也有问题。因为有时某物加了某人的劳动可能会使得某物更没有价值。如有人将你的汽车涂上黄漆，你就不得不去汽车店维修，因此，不是增加价值，而是损害了原有价值。不过，这样的情形并不是工厂工人生产的情形，而是有人有意进行破坏。但诺齐克认为，这样的反例表明现在还没有一种可行的和前后一贯的有关增加价值的所有权理论。

诺齐克进而讨论对无主物的占有或改造问题。如果可以改善的无主物是有限的，那么，把改善一物品看作创造了一种对它的全部所有权也就是不合理的。这意思是，如果某人对某一物品加进了自己的劳动，那么，这个人就获得了这个物品的全部所有权。但诺齐克认为，如果无主物很有限则不合理，如果无主物多到无限多，那么这是合理的。这是因为，作为无主物时，任何人都可使用，但现在只有那个将自己的劳动加进去的人（因为拥有了所有

[①] ［美］罗伯特·诺齐克：《无政府、国家与乌托邦》，何怀宏等译，中国社会科学出版社1991年版，第179页。

第四章　诺齐克与德沃金

权），才可使用。但是，由于这个世界无主物相对稀少了，因而对于其他人来说就构成了束缚。不过，诺齐克认为可能还会有另一种情况，即那被我占据了的物品，我可以通过我的努力来使它更好地为大家服务。不能因为我的占有而使其他人的状况变坏，诺齐克指出这是洛克在占有问题上的较弱条件。洛克在提出劳动所有权的那一段话的最后一句中，有这样的意思，但不过，这种意思确实不很强烈。洛克在谈到由于某人劳动因而某物的所有权发生改变时说："那么在这上面就由他的劳动加上了一些东西，从而排斥了其他人的共同权利。因为，既然劳动是劳动者的无可争议的所有物，那么对于这一有所增益的东西，除他以外就没有人能够享有权利，至少在还留有足够的同样好的东西给其他人所共有的情况下，事情就是如此。"① 诺齐克之所以说洛克提出了对无主物的占有应当不引起他人状况变坏，指的就是洛克在这里所说的话。如果这样的意思，应当看到，是很弱的。但洛克确实讲到了留有足够好的东西给他人，诺齐克则直接说这是不使他人状况变坏的意思。不过，诺齐克说："一个人的占有可能以两种方式使一个人的状况变坏：首先，使别人失去通过一个特殊占有来改善自己状况的机会；其次，使别人不再能够自由地使用（若无占有）他先前能使用的东西。一种规定占有不能使别人状况变坏的严格要求，将不仅禁止第二种方式的占有，也禁止第一种方式的占有，只要没有别的什么能抵消机会减少带来的损失。而一个较弱的要求则只禁止第二种方式的占有，但不禁止第一种方式的占有。"② 但是，如果是洛克所说的"留有足够的同样好的东西给其他人所共有"，那么诺齐克所说的这两种情况都不存在。但诺齐克强调，虽然这是洛克提出的一个弱条件，但在诺齐克这里，则是正义的最初获取，从而具有所有权，以及由此之后的继承权的基本约束条件。诺齐克说："我认为任何恰当的有关获取的正义理论，都将包括一个条件，即一个类似于我们刚才归之于洛克的那种较弱条件。如果不再能

---

① ［英］洛克：《政府论》下篇，叶启芳、瞿菊农译，商务印书馆1964年版，第19页。

② ［美］罗伯特·诺齐克：《无政府、国家与乌托邦》，何怀宏等译，中国社会科学出版社1991年版，第181页。

够自由使用某物的他们的状况将因此而变坏,一个通常要产生一种对一原先无主物的永久和可继承的所有权的过程就不被允许。"①但诺齐克认为,这一限制性条件并"不包括占有机会减少造成的状况的变坏(即上文相应于较严格条件的第一种方式的状况变坏)"②。然而,第一种方式的变坏不是诺齐克认为应当限制或对于获取具有约束性的条件吗?并且,实际上诺齐克也意识到了,共有物或无主物在人类历史的发展过程中,随着人口的增长以及永久性的继承权,必然导致占有机会的减少。而这样的机会减少相对于一个人类在最初始期的情形来看,不是会越来越少吗?这种越来越少不会导致洛克式的较弱条件变得根本不现实吗?因此,诺齐克所说的由于某物被人占有因而使他人的使用自由状况变坏作为获取正义的条件,就与他所说的"不包括占有机会减少造成的状况的变坏(即上文相应于较严格条件的第一种方式的状况变坏)"直接矛盾了。而洛克所说的就是"留有足够的同样好的东西给其他人所共有的情况下"的对无主物的获取,但如果没有足够的共有物呢?他人的状况不会因此而变坏吗?应当看到,这不涉及为私有制辩护的问题,也不涉及私有制与经济效率的问题,而是面对着当共有物或无主物越来越少的情形或条件下(人类几千年来文明社会的发展,实际上无主物已经所剩无几),这一洛克式的较弱条件还是否可起作用的问题。如果不能起作用,诺齐克的这一获取正义的理论就丧失了逻辑的自洽性。

诺齐克的分配正义的三原则,最重要的是第一原则,即获取正义原则。然而,他的获得正义,除了以消极因素说明什么不是正义,严格地说,并没有明确地告诉我们什么是正义的获取,而他对获取正义的大量讨论,多数都在说对无主物的获取。因为他坚持对无主物的获取是正义的,从而大量批评洛克的劳动价值论。但正因为他对洛克的劳动价值论的批评,使人们不得而知他的获取正义到底是什么。因为如果行为者在自然物上施加自己的劳动都

---

① [美]罗伯特·诺齐克:《无政府、国家与乌托邦》,何怀宏等译,中国社会科学出版社1991年版,第183页。

② [美]罗伯特·诺齐克:《无政府、国家与乌托邦》,何怀宏等译,中国社会科学出版社1991年版,第183页。

不是自己应该得到的,那么,获取正义到底指什么样的获取是正义的?仅仅指对无主物的获取?这对于早期人类可能可以说明其获取状态,但是对于诺齐克所生活的时代,则这样的获取只能是对极少数物品而言,真正大量的生活所需都不是对无主物的获取,而是通过劳动来实现的。这正是诺齐克的正义论的严重问题。

四 对罗尔斯的批评

诺齐克的《无政府、国家与乌托邦》就是为应对罗尔斯的《正义论》而写作的一部批评罗尔斯的著作,自然,本书内容在学术界引起巨大反响不仅在于他提出了一种资格正义论,而且在于他对罗尔斯的批评。这一批评归纳起来,有如下几个方面:社会合作与差别原则,自然资质与任意性等。

(一)关于社会合作与差别原则

对罗尔斯的批评,是诺齐克《无政府、国家与乌托邦》一书关注最多的部分。不过,在展开对罗尔斯的正义理论的批评之前,诺齐克首先表达了对罗尔斯的敬意。他说:"《正义论》是自约翰·斯图亚特·密尔的著作以来所仅见的一部有力的、深刻的、精巧的、论述宽广和系统的政治和道德哲学著作。它把许多富于启发性的观念结合为一个精致迷人的整体。政治哲学家们现在必须要么在罗尔斯的理论框架内工作,要么解释不这样做的理由。"[①] 诺齐克相信,人们通过对罗尔斯的著作的阅读,将发现许多的优点和洞见。不过,他现在要做的是提出他与罗尔斯的不同观点或分歧之处。

对罗尔斯批评的第一点,即关于社会合作与差别原则的批评。诺齐克指出,罗尔斯的分配原则中最突出的是他所提出的差别原则。而他的差别原则的背景是社会合作论。罗尔斯认为,每个人来到这个世界上,都进入了一种社会合作的体系,社会合作对于所有进入这一合作体系的人来说都是一种相互有益的社会体系。罗尔斯认为,社会合作将使人们比不合作生活得更好。

---

① [美]罗伯特·诺齐克:《无政府、国家与乌托邦》,何怀宏等译,中国社会科学出版社1991年版,第187页。

但同时，人们对于合作产生的更大利益并非不动心，而且每个人都喜欢更大的份额而不是更小的份额，这样就产生了利益冲突，就需要一系列的指导利益分配的社会安排原则，而这一原则就是社会正义原则。诺齐克指出，罗尔斯关于社会合作的利益分配有两种理解，一种是对于合作所收获利益的总额分配，一种是对于合作盈余的分配。不过，诺齐克针对罗尔斯的需要分配正义原则的社会合作理由提出了疑问。他说："为什么说分配正义的问题是由社会合作创造的呢？如果完全没有社会合作，如果每个人仅仅凭自己的努力得到他的份额，就不会存在任何正义问题，不会需要任何正义理论吗？"① 换言之，如果像罗尔斯那样设想，没有社会合作也就不可能提出正义问题，那么，在人类社会中存在着的并非由于合作生产而产生的社会正义问题，就会不在类似于罗尔斯的视域之下了。在诺齐克看来，人们不能说仅仅是在社会合作的地方才产生利益冲突，而在独立生产或一开始是彼此隔离的状态中生产的个人不会提出涉及正义的要求问题。诺齐克假设，有十个鲁宾孙各自在不同的荒岛上独自生产生活两年，后来通过二十年前留下来的发报机进行联络，彼此知道了别人的存在和各种不同的命运。现在假定彼此向不同的岛屿运送物品是可能的，那么他们不会提出有关的权益问题吗？诺齐克说："他们不会至少根据需求，或根据他的岛是最贫瘠的事实，根据他先天缺乏独立生活能力的事实而提出一种要求吗？他不可以说正义要求别人应当给他多些，不可以指责说他竟然只得到这么少，陷入贫困甚至濒于饿死是不公平的吗？他可以继续说，这种有差别的个人非合作利益份额是源自不同的天赋能力，这些天赋能力并不是个人应得的，正义的任务就是矫正这些任意的事实和不平等，然而，与其说会出现这种情况，不如说任何人都不会在这种没有社会合作的状态中提出这种要求，其原因也许是这种要求显然没有意义。它们为什么显然没有意义呢？可以说，在非社会合作的状态中，每个人都应得他自己努力所助而得到的东西，或宁可说，没有任何别人能对这种持有提出一种正义要求。在这种状况中，谁对这种持有拥有资格是十分清楚的，所以无须任何正

---

① ［美］罗伯特·诺齐克：《无政府、国家与乌托邦》，何怀宏等译，中国社会科学出版社1991年版，第189页。

义理论（it is pellucidly clear in this situation who is entitled to what, so no theory of justice is needed）。按照这一观点，社会合作就把浑水引进来了。"① 诺齐克认为，首先，如果以罗尔斯的正义理论来处理这样的利益要求，就会产生一系列问题，如他的岛是最贫瘠的，天赋差别并非个人应得等与正义相关的问题，但如果按照他的资格理论，这些问题都不存在。因为他们都在荒岛上，所有他们的物品都是可占有的，即都是无主物。因而无论是贫困还是富有，都是他们所应得的。而社会合作论就像一团浑水一样，无法确定谁应得什么。因而宁可说，没有一种社会合作论能够应用于这样的非合作的案例。"因此，我说，这里很清楚的是正确的正义理论应用的例子：资格理论。"② 不过，我们看到，显然诺齐克的资格理论对于谁最贫困的问题视而不见，而罗尔斯的正义理论恰恰最为关心这样的问题。其次，如果要将不同的鲁宾孙生产的物品进行交换，必然存在着哪个岛屿的某种生活所需的物品最为丰富，从而其在价格上必然出现以不同量（假设没有货币）的物物交易问题，而在交易中，如果会形成某些交易规则，如诚信以及等价交换等，而这样的规则也就是正义的规则。最后，当人与人之间的交往达到一定程度，也必然产生人与人之间的情感交往，且不说是否有不同性别的因素问题，而如果发现哪个生病或天赋差、能力差，同情之心也必然在这里起作用，按照罗尔斯的理论，差别原则所体现的就是博爱的精神。这些合乎逻辑的推理，既适用于罗尔斯的社会合作体系，也适用于诺齐克的鲁宾孙式的独立生产者，只要他们之间有了交往，就会发生社会关系和社会联系。

诺齐克指出，按照罗尔斯的理论，需要分配正义在于社会合作中产生的利益是每个人的利益都混在一个总体之中，对于这种共同产品每个人都有一份，因而都有同等有力的要求，而对于这种共同产品如何分配的问题，就是分配正义的问题。但是，个人资格论不适合于这种合作产品的各部分吗？诺

---

① Robert Nozick, *Anarchy, State and Utopia*, Oxford, Basic Books, Inc., 1974, p.186; [美]罗伯特·诺齐克：《无政府、国家与乌托邦》，何怀宏等译，中国社会科学出版社1991年版，第190页。

② Robert Nozick, *Anarchy, State and Utopia*, Oxford, Basic Books, Inc., 1974, p.187.

齐克假设不是像罗尔斯设想的那样在一个大车间中大家共同合作劳动，而是在专业化的劳动分工条件下，每个人单独地对他所收到的任务进行加工，生产产品之后大家都进行交换。这样，每个人的生产劳动都是单独的，每个人都是一个微观公司。但每个人的产品质量都是可以鉴定的。社会的产品交换是在公开的信息条件下进行的。那么，在这样一个社会合作体系中，一种正义论的任务是什么呢？诺齐克说："无论什么样的持有结果，都将依赖于交换的比率或交换进行时的价格，所以一个正义论的任务就是确定'公平价格'的标准。"① 不过，诺齐克这里所说的与他设想的十个鲁宾孙的案例没有多少差别。诺齐克再假设一种存在着大量交换的情况，拥有资源者分别同企业家们就使用他们的资源达成协议，企业家们与每个工人分别达成协议，或者在工人群体中首先达成某些联合协议等。"人们以一种通常的交换比率（价格），在自由市场上转让他们的持有或劳动。如果边际生产理论是合理准确的，人们在这些对持有的自愿转让中，将收到大致相当于他们的边际产品的东西。"② 边际生产理论是这样一种理论，指在其他条件不变的情况下，每增加一个单位要素投入所增加的产量，而增加一个单位要素投入带来的产量所增加的收益，叫作边际收益产品。并且，如果市场是完全自由竞争的，那么，资源配置就是有效率的。诺齐克在此指的是边际效应与自由市场相结合的情形。由于边际效应，人们的投入将带来更多的效益，这些效益在市场中通过价格机制来实现其价值。诺齐克以边际效应的观点来讨论共同劳动或社会合作，换言之，如果有资格持有正义原则，就不需要罗尔斯的分配正义原则，而只需要通过市场来实现其价值。在诺齐克看来，无论什么分配，只要它来自当事人一方的自愿交换，都是可接受的。但诺齐克无视自由市场的自由竞争所带来的贫富差别扩大的现实，而只承认边际效应的价值，这样就无法真正意识到现代社会不平等所产生的严峻问题。

---

① ［美］罗伯特·诺齐克：《无政府、国家与乌托邦》，何怀宏等译，中国社会科学出版社1991年版，第191页。
② ［美］罗伯特·诺齐克：《无政府、国家与乌托邦》，何怀宏等译，中国社会科学出版社1991年版，第192页。

第四章 诺齐克与德沃金

诺齐克确实注意到了罗尔斯的差别原则所包含的对经济不平等的承认。诺齐克论述道:"罗尔斯努力说明某些不平等是可以得到辩护的,只要它们有助于提高这个社会中状况最差群体的地位,若是没有这些不平等,这一群体的状况会变得更坏。"① 诺齐克注意到了罗尔斯对于不平等的状况是倾向于努力改善社会弱势群体的生存状况,虽然他自己在为所谓分离性的生产者的产品通过市场交换不需要罗尔斯式的正义原则论证时,丝毫不关心社会弱势群体的生存状况。诺齐克认为,罗尔斯保留这种不平等是为了提升一部分人的工作积极性,刺激他们更高效地工作。这也就是柯亨所说的罗尔斯的激励论证。柯亨说:"不平等之所以是正当的,是因为它通过推动经济增加了国民生产总值,从而增加了人类的总体幸福。"② 但诺齐克仍然抓住罗尔斯社会合作中的利益共同性问题挑战,他说:"当谈到有必要提供刺激促使某些人去实行他们的生产性活动时,就不能说一种不能在其中分辨个人贡献的共同社会产品了。如果这种产品是完全不能分离开的共同产品,那就不可能知道额外的刺激要给予哪些关键人,就不可能知道由这些得到刺激的人生产的额外产品是否大于对他们的刺激费用,所以,也就不可能知道刺激的规定是否有效,是带来净赚还是净失,而罗尔斯对可得到辩护的不平等的讨论是假定能知道这些事情的。"③ 诺齐克认为他抓住了罗尔斯对不平等保留的弱点。因为罗尔斯确实认为刺激那些天赋高的人,或给予他们更高工资待遇等将有利于提高社会生产效率,从而使得社会有更多资金来帮助最弱势的群体改善生存状况。但诺齐克认为这就意味着你承认了共同劳动生产的共同产品是可分离的,如果不承认这一点,那就意味着你不可能区分出在共同生产中的那些卓越生产者的劳动。但实际经验是,在任何一个生产和经营部门中,都是可以将优秀或卓越的生产者与能力平庸或低下的生产者区分开来的,但这并不意味着他

---

① [美]罗伯特·诺齐克:《无政府、国家与乌托邦》,何怀宏等译,中国社会科学出版社1991年版,第193页。
② [英]柯亨:《马克思与诺齐克之间》,吕增奎编,江苏人民出版社2007年版,第194页。
③ [美]罗伯特·诺齐克:《无政府、国家与乌托邦》,何怀宏等译,中国社会科学出版社1991年版,第193页。

们的劳动产品能够区分开来。如计件工资还有优质品率等指标，就可能把不同工人的劳动成效完全区分开来，但这并不意味着将共同劳动的产品区分为天资高的人的产品和天资低的人的产品。如以计件为例。只不过是工资速度和效率的问题，但不同生产部门分工生产的产品，最后到总装车间却仍然是组装在一起的。

诺齐克对于差别原则进行了诸多挑战。我们知道，罗尔斯强调差别原则主要倾向于弱势群体，或为了惠顾最不利者群体。诺齐克发问说："为什么原初状态中的个人会选择一个与其说是关注个人，不如说是关注群体的原则呢？最大最小值规则的采用，不是要使原初状态中的每个人都赞成最大限度地提高状况最差的个人的地位吗？确实，这一原则将把评价社会制度的问题还原为最不幸的受压迫者如何发展的问题。但通过关注群体（或代表性个人）而避开个人看来却是很特别的，按个人观点看这种动机是不恰当的。"① 诺齐克的思路是：既然参与初始位置状态（原初状态）的是个人，那么，怎么成为为弱势群体发声的人？不过，他自己也说了，这些个人是代表人，罗尔斯说是"各方代表"，这是罗尔斯在《正义论》中反复说到的。既然是各方代表，也可以看作各种群体的代表。因此，诺齐克的这一批评本身并非有的放矢。

上面已经涉及诺齐克对罗尔斯的社会合作的两个批评。诺齐克指出，罗尔斯通过差别原则将利益分配倾向于最不利者群体，并不是在不同群体间保持一种不偏不倚的态度和立场，那么这还是一个公平的合作协议吗？在诺齐克看来，既然是社会合作，那么，各方的收益应当是对称的，才智较高者通过与才智较低者合作而得益，同时，才智较低者通过与才智较高者合作而得益。当分配倾向于最弱势的群体后，那么，不同群体的收益就不对称了。如果出现不对称，那么，由于倾向于弱势群体从而导致有较高期望值的群体会认为这样的合作不公平？换言之，如果感觉不到公平，就不会出现所有成员都同意的合作安排。因而可能出现的情况是，将不是一种全面性的人员合作，

---

① ［美］罗伯特·诺齐克：《无政府、国家与乌托邦》，何怀宏等译，中国社会科学出版社1991年版，第195页。

第四章 诺齐克与德沃金

而只是在小范围程度上的社会合作，如才智高的人仅仅与才智高的人的合作，才智低的人仅仅与才智低的人的合作，这两者之间没有任何交叉的合作。在诺齐克看来，如果某个群体从普遍合作中增加的收益要比另一个群体增加的收益大，那么，普遍的合作对才智较高者或较低者就有更大的利益。他同时认为，如果承认才智较高者对于经济的发展有着大的贡献，以及带来技术进步，但同时认为，才智较低者从普遍的合作体系中将带来比才智较高者更大的利益，那么，这样的结论将难以让人信服。但是，诺齐克这样批评，实际上他忘记了罗尔斯提出所有人或各方代表都会同意包括差别原则在内的两个正义原则的前提条件：无知之幕。正是由于无知之幕，人们并不知道自己的任何特殊信息，包括自己的出身、教育背景和个人的自然资质等特殊信息。因而正是在这样无知之幕的背景下，人们会考虑，当无知之幕除去之后，自己会不会是处于社会的最底层、是最弱势的群体中的一员？正是在这样的背景下，罗尔斯认为，人们不会拿自己的生活前程冒险，因而都会同意那能够惠顾最少受益者或最不利者群体的正义原则。当然，罗尔斯也提到，加入一个公平的合作体系，那些大富翁所得并不会多，可能只会少。因为这受到了相互性规则的影响。而罗尔斯所说的相互性规则，又是与承认每个人都具有的平等的自由公民地位相关的。因此，罗尔斯指出，"相互性观念并不是相互有利的观念。假设我们把一个在某个财产非常不公平的社会中靠着运气而得到财富的人转送到一个为两个正义原则所支配的良序社会中去，将不能确保那些（为他们先前的态度所判断）的变化所得到的东西。他们拥有的大部分财产将失去，并且，他们将历史性地抵制这种变化"[1]。相互性就是从这样的平等公民地位出发来调整人与人之间的财产占有，从而使其达到一种趋于平等的状况。罗尔斯强调，平等的公民地位是一个基本的观察点，从这一基本观察点出发，来调整公民的财富占有和收入水平，则意味着分配正义应当是差别原则指导下的趋于平等的分配。而"唯一与我们相关的指标问题只是最少受惠阶层的指标。由别的代表人享受的基本状况要被调整来提高这一指标（当然是在通常的约束条件下）。细致地确定对各种较有利地位

---

[1] John Rawls, *Political Liberalism*, New York: Columbia University Press, 1993, p. 17.

的衡量是不必要的。我们只要确信它们是较有利的就够了"①。

诺齐克认为，他的历史—资格正义理论与罗尔斯的差别原则的根本区别在于，他的历史—资格理论在罗尔斯那里始终没有得到运用。诺齐克这样描述罗尔斯的分配状态：在实际生活中，对于那个公共的馅饼怎么分，一般人们认为应当是谁贡献大就应得更大的份额，但罗尔斯正义分配的差别原则则是要让本来得小份额的人拿比他应得的更多的份额，而这意味着那些贡献大的人将会得到比他应得的更少的份额。诺齐克说："谁是能使馅饼扩大的人呢？是否给他较大的一份，他就会去做这件事，而在平等分配的体制下给他平等的一份他就不会去做这件事呢？要提供给谁整片利益刺激以使他作出这种较大的贡献呢？"② 诺齐克讥讽最不利者得到比自己的贡献更多的东西，就像是想天上掉下"吗哪"（《圣经》中从天而降的食物）一样，而这显然是不合理的。诺齐克认为，在原初状态中的人们就像是等待天上的"吗哪"一样期盼着罗尔斯的分配正义。而之所以可以这样，就在于罗尔斯没有像诺齐克那样的历史—资格正义原则。如果有诺齐克那样的持有正义，那么，分配就依赖天赋和智力的发展，依赖人们的努力程度以及历史的偶然因素等。诺齐克认为，如果他的历史—资格正义理论即持有正义原则是正确的，那么，罗尔斯的差别原则就不是正确的。但诺齐克由于仅仅囿于自己的历史—资格正义理论，从而更大范围的考虑并不在他的视野里。罗尔斯的差别原则是在力图缩小贫富差距从而向最不利者或最小受惠者倾斜。诺齐克没有意识到，巨大的贫富差距同样会影响社会经济增长和发展速度，如果是这样，富有者虽然没有降低生活水准，但整个社会的经济状况的恶化同样必然影响社会上层人的收入与发展前景。其次，罗尔斯的差别原则并不是要让富人的生活水准下降到最不利者或最底层人的生活水准，而是向平等方向倾斜。奥肯指出："对富人偏爱的反面就是对穷人的歧视。作为结果产生的非效率和机会不均

---

① [美]罗尔斯：《正义论（修订版）》，中国社会科学出版社2009年版，第71—72页。

② [美]罗伯特·诺齐克：《无政府、国家与乌托邦》，何怀宏等译，中国社会科学出版社1991年版，第201页。

等，阻碍了穷人在开办企业、购买住宅、教育以及所有形式的人力资本方面的投资。这种情况比比皆是。"① 穷人如果得不到应有的平等尊重，则使得他们处于一种没有尊严的生存状况之中。然而，历史告诉人们，如果将越来越多的人抛入贫困之中，所导致的则是风暴式的社会动荡与危机。如何消除或者缩小贫富差别，历来是思想家们的思维方向。罗尔斯的方案是，以差别原则力图缩小贫富差距，但同时仍然保留社会的经济或财富占有的不平等，这样有利于调动那些天资高或处境有利者的社会积极性。换言之，当社会贫富差距扩大，必然影响社会效率和社会的发展，而如果扩大平等达到某种社会均平的程度，同样也将影响社会的发展和社会生产的效率。因此这根本不是什么天下的"吗哪"之物的问题，而是涉及平等如何重要的问题。但是，一个社会也不可能无限制地增加平等，"增加平等达到这一点，更多的平等所增加的好处正相当于更大的非效率所增加的代价"②。罗尔斯也是基于这样一种考虑，才允许和保留社会经济的不平等。

（二）对罗尔斯的自然资质说的批评

对罗尔斯批评的第二点，就是对他的自然资质与任意性的批评。前文讨论罗尔斯的部分，我们已涉及了罗尔斯关于正义第二原则的讨论，其中罗尔斯提出了四种分配方案，在罗尔斯否定"自然的自由体系"这一方案时，其理由是这种自由体系允许分配的份额受到一种从道德的观点看是非常任意专断的因素的影响，这些任意专断的因素也就是运气、自然资质（天赋）以及才能等。自然资质等天赋从道德的观点看是任意的，因而其天赋及其由于天赋等自然资质带来的收益也是不应得的。诺齐克论证道，对于罗尔斯的这一观点可以以推理形式将其展开：

1. 任何人都应在道德上应得他的持有，不应允许人们有他们不应得

---

① ［美］阿瑟·奥肯：《平等与效率》，王奔洲、叶南奇译，华夏出版社1987年版，第71页。
② ［美］阿瑟·奥肯：《平等与效率》，王奔洲、叶南奇译，华夏出版社1987年版，第82页。

的持有。

2. 从道德上看人们并不应得他们的自然资质。

3. 如果一个人的 X 部分地决定着他的 Y，那么，如果他的 X 是不应得的，他的 Y 也就是不应得的。

因此：

4. 人们的持有不应当部分地受到他们的自然资质决定。①

诺齐克指出，罗尔斯并不接受这里大前提 1 中的观点。不过，"道德上应得"是一个比自然资质更宽泛的观点，如人们的品德以及努力所带来的收获。对于常识性的分配正义观点，一按天赋能力及其贡献分配，二按工作态度或努力来分配。后者明显是德性决定了分配的份额。但这两者罗尔斯都是反对的。罗尔斯说："在常识里有一种倾向，它假设收入、财富和一般生活中的美好事物都应按照道德上的应得来分配。正义即为由德性决定的幸福。虽然人们认识到绝不能完全实现这个理想，但它却是分配的正义的适当观念，至少是一个首要原则。当环境允许时，社会应当试图实现它。公平的正义反对这一观点。"② 那么，为什么罗尔斯反对这一常识性的正义分配观点？罗尔斯认为，按照德性来分配的观点不能区分道德应得与合法期望。在罗尔斯看来，只要个人与团体参与了正义的安排，那么，它们（他们）就有了由公认的规则所规定的相互的权利要求。如果人们完成了制度所确定的事，那么，他们就拥有了相应的权利，如应得什么的权利。因此，罗尔斯的分配正义是建立在制度正义的基础之上的，而如果人们满足了制度所规定的义务，那么就拥有了相应的应得权利或以诺齐克的语言来说的"资格"。罗尔斯说："一个正义体系回答了人们有权要求什么的问题；满足了他们建立在社会制度上的合法期望。但是他们有权利得到的东西并不与他们的内在价值相称，也不依赖

---

① ［美］罗伯特·诺齐克：《无政府、国家与乌托邦》，何怀宏等译，中国社会科学出版社 1991 年版，第 219 页。

② ［美］罗尔斯：《正义论（修订版）》，何怀宏等译，中国社会科学出版社 2009 年版，第 243 页。

于他们的内在价值。"① 罗尔斯这一观点已经很明确了，德性品格确实是人的内在价值的东西，同时这一德性品格也能在对社会的贡献中表现出来。但罗尔斯认为，它对于社会的贡献是一不确定性因素。不过，罗尔斯在为自己的观点辩护时，既从自然资质或天赋才能方面进行，也从社会经济运行的角度来分析。首先，他指出，竞争经济赋予按贡献付酬以重要地位。但是，贡献大小不仅是个人能力和努力工作的问题，而且依赖供求关系。市场经济中的竞争无疑是风险与机会并存，因而努力或德性并不会对效率或贡献完全起着决定性的作用。其次，罗尔斯认为，人的天赋能力会变化，但人的内在道德价值不会变化。他说："一个人的道德价值无疑并不随着有多少人提供了类似的技能或者碰巧需要他能生产的东西的情况而变化。没有人会设想：当一个人的能力退化（如歌唱家）或者对这种能力的需求不大时，他的道德价值也经历了类似的变化。所有这些是相当明显的，而且一直为人们所同意。"② 罗尔斯将天赋能力与道德品格能力或德性价值在这里混为一谈，但实际上是以天赋能力在人生中的变化来作为道德价值不能成为分配标准的理由。最后，罗尔斯明确说到德性品格在贡献中的作用问题。罗尔斯说："没有一个正义准则旨在奖赏德性。例如，绝世天才之所以被付给特别丰厚的报酬，是为了让他支付训练费用、激励他努力研习技艺，并把他的才能引导到最能推进公共利益的方向上去。正义准则所导致的分配份额和道德价值无关，因为从一种道德的观点来看，自然天赋的最初资质和早期生活中发展和教养的偶然性是任意的。按照直觉观点，最接近奖赏道德应得的准则似乎是按努力分配（或更恰当地说，按真诚的努力分配）的准则。不过，我们仍然很清楚地看到：一个人愿意做出的努力是受到他的天赋才能和技艺以及他可选择的对象影响的。在其他条件相同的情况下，禀赋较佳的人更可能认真地做出努力，而且似乎用不着怀疑他们会有较大的幸运。奖励德性的观念是不切实

---

① ［美］罗尔斯：《正义论（修订版）》，何怀宏等译，中国社会科学出版社2009年版，第244页。

② ［美］罗尔斯：《正义论（修订版）》，何怀宏等译，中国社会科学出版社2009年版，第244页。

际的。"① 在这里,罗尔斯指出德性与才能相关,不可离开天赋才能来讨论德性贡献问题。因此,罗尔斯实际上将平庸者或普通人的努力或德性问题放在了一边。实际上,在生活中,我们发现相当多的普通人,并没有多少才华,但确实在诚实而真诚地工作,人愿意做出努力并不一定意味着他就有很高的才华和天赋。关于道德价值,罗尔斯还有一个论点。在他看来,一个正义的社会制度已经使得所有公民都具有平等的权利与义务,从而也使得人们有了平等的道德价值。罗尔斯说,"我们可以假设每个人具有平等的道德价值。现在我们按照正义感、按照那种根据原初状态中所选择的原则来行动的愿望来规定道德价值的观念。用这种方法来理解时,个人的平等的道德价值显然并不导致平等的分配份额。每个人都应该得到按正义原则规定他有资格得到的东西,这些东西并不要求平等"②。应当看到,作为平等自由的公民,每个人在这种意义上具有平等的道德价值,但这并不意味着每个人的品德德性都处于同一水平,也不意味着每个人的职业精神、职业道德都处于同一水准。然而,恰恰是这个方面的差别,产生了生产劳动贡献上的差别。因此,罗尔斯是将两类道德价值混为一谈了。应当看到,诺齐克挑出这方面的问题来批评罗尔斯,并不是无理质疑,而是抓住了罗尔斯在这方面的论证弱点。

诺齐克认为,罗尔斯反对以自然资质来进行分配,因为它在不同的个人之间的分布是任意的。首先,诺齐克认为,将某种东西说是任意或偶然的,并不构成对其反对的理由。诺齐克在一条重要的脚注中说:"如果任意和偶然产生的东西毫无道德意义,那么任何特定个人的存在也都毫无道德意义,因为,从道德观点看,在许多精子中,哪一个要成功地与卵子结合,就我们所知完全是任意的。这暗示着另一种对罗尔斯观点的实质精神而非字面意义的较一般的反对。"③ 从诺齐克的观点看,我们每个人来到这个世界上都是任意

---

① [美]罗尔斯:《正义论(修订版)》,何怀宏等译,中国社会科学出版社 2009 年版,第 244 页。

② [美]罗尔斯:《正义论(修订版)》,何怀宏等译,中国社会科学出版社 2009 年版,第 245 页。

③ [美]罗伯特·诺齐克:《无政府、国家与乌托邦》,何怀宏等译,中国社会科学出版社 1991 年版,第 229 页。

第四章　诺齐克与德沃金

的，但并非意味着我们每个人的存在都从道德的观点看是不合理的。不过，我们认为，罗尔斯所说的在人群中自然资质的分布或不同人的持有是任意的，因而它不能完全决定对人们的财产的分配。也就是说，完全以自然资质来决定哪个人应当富有，哪个人应当贫困完全违背了人的平等性。自由平等性是罗尔斯的康德式的人性观的基本特性，并且这一特性也并非应在个人财产占有中主要起作用。但罗尔斯的差别原则也承认了天赋高的人应当占有更多一些分配份额，这也是诺齐克所承认的。

其次，诺齐克认为，罗尔斯按差别原则进行的分配也是任意的。因为从罗尔斯的观点看，自然资质导致的持有是有差别的，而以差别原则进行的分配所导致的持有也是有差别的。并且，差别原则按诺齐克的观点看，是一种模式化的分配。诺齐克认为，任何模式化的分配都包含着从道德的观点看任意的事实，罗尔斯所提出的模式也不例外。诺齐克说："差别原则的实行给某些人以比别人多的分配份额，而这些人收到这些较多的份额至少部分是由于这些人与别人之间存在着从道德观点看是任意的差别；提供给这些有特殊天赋的人以一种较大的份额，是为了刺激他们以某些方式运用这些天赋。"① 诺齐克以人之矛攻其之盾，来表明罗尔斯本人的问题同样也是从道德的观点看是任意的。但罗尔斯的差别原则允许天赋高的人可以多得份额，真的从道德观点看是任意的吗？我们认为，诺齐克这样的批评并未真正击中对方。这是因为，差别原则允许天赋高的人比其他天赋低的人拿更多份额，首先是由于这有利于激发天赋高的人的生产积极性，从而有利于将"馅饼"做大，从而有利于提高弱势群体所得的份额。因而这在道德上并不是任意的，恰恰相反，这在道德上是有合理依据的。还有，诺齐克认为，除了像张伯伦案例中那样自愿自由转让自己的持有，所有分配模式都是模式化的。模式化的问题就在于其中有着强制性，并不是自愿地转让持有。应当看到，像税收这样按照某一个收入标准来征收所有国民的财产，确实有着诺齐克所说的模式化分配的问题。差别原则的实行无疑要以税收并且是高额累进税为基础。但既然所有

---

① ［美］罗伯特·诺齐克：《无政府、国家与乌托邦》，何怀宏等译，中国社会科学出版社1991年版，第220—221页。

超出维持最弱意义的国家运作的收取费用都是模式化的，那么，这就并不仅仅是罗尔斯的分配原则所存在的问题，而是维持现代国家所必需的手段。

罗尔斯对于自然资质所持有的另一个观点是，所有人的自然资质在总体上是集体共同的资产。罗尔斯说："差别原则虽然不等同于补偿原则，但它却达到补偿原则的某种目的。它改变社会基本结构的目标，使整个制度结构不再强调社会效率和专家治国的价值。这样我们就看到差别原则实际上代表这样一种同意，即把天赋的分布（distribution）看作在某种意义上的一种共同资产，可以共享这种由这种天赋分布的互补性带来的较大社会与经济利益。那些先天有利的人，不论他们是谁，只能在改善那些不利者状况的条件下从他们的幸运中得利。在天赋上占优势者不能仅仅因为他们天分较高而得益，而只能通过抵消训练和教育费用和用他们的天赋帮助较不利者得益，没有一个人能说他的较高天赋是他应得的，也没有一种优点配得到一个社会中较有利的出发点。"[①] 诺齐克对于天赋作为一个社会共同体的"共同资产"评论道，罗尔斯认为人们的天赋才能是一个自由联合体的共同资产，团体内的其他人因他们的在场而得益，也就是说，有天赋才能的人的能力不仅有利于他们自己，而且有利于他人。有利于他人是以什么方式做到的呢？在诺齐克看来，无疑是通过再分配。那还有没有别的办法来做到呢？诺齐克说："如果人们的资质和才能不能被套上为他人服务的车套，要做些什么事情为消除这些额外的资质吗？是不是要禁止人们利用它们来为自己或为他选中的别人谋利呢，即使这一禁止并不会改善那些不知何故不能利用别人的才能来为自己谋利的人们的绝对地位？"[②] 我们知道，诺齐克的观点是持有资格正义论，而这一资格正义论，正如柯亨所理解的，从根本上看，是一种自我所有权理论。不过，这种自我所有权在其论证关于什么是应当合理持有的问题上，则除了对无主物的占有，他没有给出什么合理的解释。其自我所有权的一个有力论证是个

---

① ［美］罗尔斯：《正义论（修订版）》，何怀宏等译，中国社会科学出版社 2009 年版，第 77—78 页。

② ［美］罗伯特·诺齐克：《无政府、国家与乌托邦》，何怀宏等译，中国社会科学出版社 1991 年版，第 232 页。

第四章　诺齐克与德沃金

人的分立性，即必须看到个人的目的性，而不能把人仅仅当作手段。诺齐克对于罗尔斯的个人天赋与才能的"共同资产"说的批评，其观点就是个人所有权理论。诺齐克的上述发言，也就表明了他的观点，即罗尔斯的这一论点是把那些有着个人天赋才能的人当成他人谋福利的手段或工具了。罗尔斯关于个人天赋才能的共同资产论，有很多的论证。这些论证是说，一个人有某种或某些天赋，并非完全得自他自己，"认为有较高天赋能力和使他自己优越性格能够发展的人对合作体系有一种权利，使他们能够获得甚至更大的利益而不必对他人的利益有所贡献的观点是不正确的。我们并不应得自己在自然天赋的分布中所占的地位。正如我们并不应得我们在社会中的最初出发点一样——认为我们应得能够使我们努力培养我们的能力的优越个性的断言同样是成问题的。因为这种个性在很大程度上依赖于幸运的家庭和早期生活的环境。而对这些条件我们是没有任何权利的"①。在罗尔斯看来，社会是一个合作体系，这个合作体系不仅产生了利益分配问题，也是我们个人成长的环境和条件，这些环境和条件也影响着我们作为个人所有的天资和能力。正是因为罗尔斯的社会合作论，人们认为他具有某种共同体主义的观点。换言之，在这个意义上，罗尔斯并不是完全的原子式的个人主义者，而是以一种"生入其中死出其外"的社会合作体系的观点来看问题。不过，在诺齐克等人的批评下，罗尔斯后来强调了他关于天赋才能"共同资产"的"分布"性。值得指出的是，罗尔斯所使用的"distribution"一词，既可以译成"分布"，也可以译成"分配"，在他的《作为公平的正义：正义新论》一书中，中文译者就将这一概念译为"分配"。罗尔斯说："请注意，被看作共同资产的东西是自然天赋的分配（distribution），而不是我们的自然天赋本身。这并不意味着，似乎社会分别拥有个人的天赋，而将个人一个一个地加以查看。相反，我们天赋的所有权问题根本不会产生出来；如果它产生出来了，拥有其天赋的也是人们自己。人们生理上和心理上的完整统一是由基本权利和自由加以保证的，而这些基本权利和自由都属于第

---

① ［美］罗尔斯：《正义论（修订版）》，何怀宏等译，中国社会科学出版社2009年版，第79页。

一正义原则的范围之内。"① 不过，该书中这个概念的翻译，可能还是有问题的，请看下一段译文："应被看作共同资产的东西是自然天赋的分配，即人与人之间所存在的差别。这些差别不仅存在于相同种类才能的种种差异（在体力、想象力或其他方面的种种差异）之中，也存在于不同种类才能的种种差异之中。"② 在这一段话里，如果将"分配"（distribution）改译为"分布"就非常好理解了。第一，在英文原文中，罗尔斯在后面这部著作中与在《正义论》中所讲的关于自然天赋资质是否作为共同资产的问题所用的关键概念是同一个词（不查英文原文，在本书附录的索引中也可证明）。那么，我们怎么理解罗尔斯后来的这个解释呢？罗尔斯希望能够澄清人们的误解，即将天赋才能看成不是具有个人所有权的东西。第二，罗尔斯强调了在社会中的分布，从这种意义上提出，它具有一个社会共同资产的意义。我们认为，罗尔斯的这个解释与他在《正义论》中的解释相比似乎向后退了，因为他没有像我们所引的《正义论》中那样的说法，即天赋才能与幸运的家庭和早年环境有关。这一说法在一定程度上强调了天赋才能的不应得性。

诺齐克的资格正义理论，尽管在许多论证中显得粗糙，但却是十分尖锐而深刻的。诺齐克坚持康德式的个人权利论，对于国家的功能给予了道德边际约束的论证。这一论证表明，只有维护最弱意义国家功能的再分配才具有道德上的合法性。而这一论证背后的支撑理论是其资格正义三原则。这个正义三原则中的转让正义原则，也就间接否定了除了维持最弱意义的国家的再分配，所有其他的再分配都是模式化的分配，在道德上是不合法的。我们的论证指出，诺齐克关于最弱意义的国家和超弱意义的国家这两者与再分配之间的关系的论证并不是很清晰，其次，最大的问题是他在获取正义原则上的解释，这是因为，诺齐克除了对无主物的占有，并没有对于其他怎样的获取是正义的解释，并且，由于他对洛克的劳动价值论的批评，从而使他无法对

---

① ［美］罗尔斯：《作为公平的正义：正义新论》，姚大志译，上海三联书店2002年版，第121页。

② ［美］罗尔斯：《作为公平的正义：正义新论》，姚大志译，上海三联书店2002年版，第122页。

于获取正义有一个正当的阐释。诺齐克对于罗尔斯的分配正义原则的批评同样是深刻而有力的,但他的批评并不是完全无瑕的。诺齐克敏锐地指出罗尔斯的分配正义原则与他的社会合作理论之间的内在关系,从而提出一种非合作性的生产与分配的问题,这种分析与批评都是富有启发性的。

第二节　德沃金

德沃金是一个高产而著述颇丰的理论家、思想家,并且,几乎他的每一部著作都引发了广泛的讨论。从其主要著述来看,他从法律角度讨论正义问题占了相当重要的部分,不过,他一生关注平等权利,认为平等权利是法律与政治正义的核心。而他关于平等(权利)的政治哲学观点,使他成为政治哲学这一领域里的重要思想家。他早期的《认真对待权利》一书从个人权利角度探讨权利问题也是其重要的政治哲学观点。德沃金思想的重心虽然是在法学领域,但在政治哲学领域里,其重要的著作《至上的美德:平等的理论与实践》一书中讨论的分配正义思想与观点,对于现代政治哲学亦有着十分重要的影响。金里卡说:"事实上,在过去20年里,关于分配正义的最有意义的工作都立足于德沃金的基本前提。"① 德沃金对于分配正义进行了十分复杂而精微的研究,但目前国内的讨论并不多。我们的讨论主要围绕着这一著作展开。

一　福利平等与资源平等

德沃金《至上的美德:平等的理论与实践》一书是重要的政治哲学著作,在这一书中,德沃金讨论了政治哲学的核心概念之一——平等,同时围绕平等问题讨论了分配正义以及政治共同体等重要的政治哲学问题。德沃金的分配正义理论独树一帜,他坚持从平等的资源分配出发,并且与市场经济中的拍卖行为相结合,让人们对于分配问题有了全新的理论理解。

---

① [加]威尔·金里卡:《当代政治哲学》(上),刘莘译,上海三联书店2004年版,第163页。

（一）福利平等

德沃金的讨论首先从福利平等出发。德沃金指出，平等是政治哲学极为关切的问题，我们不可能对平等是什么不闻不问。"平等的关切是政治社会至上的美德——没有这种美德的政府，只能是专制的政府。"[①] 因而，当一个社会极为繁荣而国民财富却极为不平等时，这样的发达国家政府的平等关切就让人极为怀疑了。但是，对于国民的财富占有的平等关切并非指保证每个人都拥有同等的财富，那么，它是指什么呢？德沃金指出："平等是个有争议的概念：赞扬或贬低它的人，对于他们赞扬或贬低的究竟是什么，意见并不一致。准确地表达平等本身就是一个哲学难题。"[②] 比如，平等是指机会平等还是收入平等，结果平等还是出发点的平等，等等，都没有达到一致意见的可能。德沃金说："公平的机会应当致力的目标，是让公民拥有同等的财富，还是拥有同样的机会，或是让每个人只拥有其最低需要的财富？为何不忘掉抽象的平等，专注于这些显然更为准确的问题？"[③] 德沃金问到，如果一个社会在保障了公民起码的营养、住房和医疗保健后，对于公民的巨大的财富占有差距不闻不问，这能够说是公平的吗？德沃金所提出的问题，就是当代以美国和欧洲为代表的发达国家的状况。德沃金以一个哲学的良知提问，有些人所认为是理所当然的生活而他的同胞连做梦都不敢想，这能够满足人们对于平等关切的要求吗？[④] 这也正如柯亨所提出的问题，如果我是一个平等主义者，为什么我还如此富有？在一个如此众多的人连最基本的生活都得不到保障的社会中，我们的富有几乎就是一个时代的耻辱。相比罗尔斯，德沃金的分配平等理论，更关注的是公民的财富占有或某种形式的物质平等问题。他把这称为"资源平等"。

[①] ［美］罗纳德·德沃金：《至上的美德：平等的理论与实践》，冯克利译，江苏人民出版社2003年版，第1页。

[②] ［美］罗纳德·德沃金：《至上的美德：平等的理论与实践》，冯克利译，江苏人民出版社2003年版，第2页。

[③] ［美］罗纳德·德沃金：《至上的美德：平等的理论与实践》，冯克利译，江苏人民出版社2003年版，第3页。

[④] 参见［美］罗纳德·德沃金《至上的美德：平等的理论与实践》，冯克利译，江苏人民出版社2003年版，第3页。

第四章 诺齐克与德沃金

关于分配平等理论，有两种一般性的理论：一是平等的福利，或福利平等；二是资源平等，即分配或转移资源，直到再也无法使他们在总体资源份额上更加平等。这两种理论都非常抽象，但它们显然在许多具体形式上都提出了不同的建议。

福利平等有三种类型。第一种是福利即成功理论，即人们在实现其偏好、目标和抱负上的成功。如假如有十个人，这十个人各有各的抱负，但最后都成功了，这就是从成功意义上看的福利平等。关于与福利相关的偏好，德沃金解释到，他所使用的依偏好分配这一概念，是指有关共同体应当如何把各种物品、资源和机会进行分配，比如物品应当根据功绩进行分配；也可能是非正规的，如算不上理论的那类偏好，如许多人有着对他人同情的偏好，还有那种与个人生活或境遇无关的偏好，如关心科学知识的进步等，当然也有那些与个人生活或经历相关的偏好。关于成功平等，德沃金认为，在偏好意义上，这是这样一种平等："在人们所有的各种偏好的实现程度达到平等之前，再分配应一直进行下去。"① 第二种理论为"感觉状态理论"。这种理论的福利平等观认为，分配应当努力使人们在其自觉的生活的某些方面或质量上尽可能达到平等。应用边沁式的功利主义的快乐痛苦来说，就是分配应使人享有更多的快乐和避免更多的痛苦。不过，他认为，以快乐和痛苦这样的感觉来界说这类福利平等，可能概念太狭隘，不足以表达其感觉的整个范围。当然，德沃金认为可以加上"满足"这个概念来表达。第三种观点还有客观观点。客观观点相对于主观观点，如享受满足的问题在某种意义上是一种主观感受。而另一种公认的福利平等观，可以被视为客观的观点，"这种观点假定，一个人的福利在于他可以利用的资源，广义地理解，这不仅包括物质资源，还包括体能、智力、教育和各种机会，或者按某些更为狭义的观点，它实际上只包括人们认为最重要的东西"②。换言之，这种观点认为，人生的福

---

① ［美］罗纳德·德沃金：《至上的美德：平等的理论与实践》，冯克利译，江苏人民出版社 2003 年版，第 11 页。

② ［美］罗纳德·德沃金：《至上的美德：平等的理论与实践》，冯克利译，江苏人民出版社 2003 年版，第 45 页。

利（well-being）至少要根据他可自由支配的某些基本资源来确定。根据这种观点，福利平等要求人们在一些规定的资源上达到平等。

就福利平等的成功理论而言，德沃金进行了政治偏好、个人偏好、非个人偏好以及总体成功这样四个方面的讨论。德沃金的依据政治偏好的成功理论，实际上指的是在政治共同体意义上、具有政治意义的福利分配。如他指出有这样一类情况，即对于物质分配作出的安排，出于政治理论的原因而热情地坚持另一种分配的群体，不管他们个人的收益是多少，都有可能引发强烈的不满，而另一些则因此而十分高兴，因为这符合他们赞同的政治理论。还有他指出种族因此在分配中的作用。如少数族群（或种族偏见）在分配中的得与失问题。但如某种政治理论否定了这类人的得或失，那么，这种平等观在这些人那里就失去了吸引力。还有，是贵族还是平民应当拥有更多的资源？是更有才能的人还是在政治道德上更有功绩的人应得到更多的资源？为了满足某种政治偏好，是否应当进行补偿？在德沃金看来，各种平等主义的分配理论都各持一端，但实际造成的则是各种混乱和偏离平等主义的状态。但如果没有人极力坚持任何正式的政治理论但却都富有同情心，如有些人特别同情一个比他本人更不幸的群体：孤儿。那么，这可能会造成另一些群体如残疾人群体的收益或资源的减少。这是因为，是孤儿而不是残疾人将获得更多的额外资源。"可见，我们有充分的理由否定无限制的成功平等观，在对成功加以比较的计算中去掉正式的和非正式的政治偏好，至少对于其成员在政治偏好上有分歧的社会是这样。"[1] 在德沃金看来，其结果是一种将受到更多限制的理论，即应当让人们在非政治偏好上取得平等成功。换言之，按政治偏好进行分配将导致这样一种分配不是平等的，因而平等分配需将政治偏好完全放弃。那么，是否可以以一种非平等主义的政治成功理论来代替？如设想一种印度式的种族制度理论，即按照种族地位的高低来进行分配。但德沃金指出，不平等的政治制度不能因为大家误认为它是公正的而成为公正的，不平等的种族制度本身无法取代一种合乎正义的分配平等

---

[1] ［美］罗纳德·德沃金：《至上的美德：平等的理论与实践》，冯克利译，江苏人民出版社 2003 年版，第 19 页。

模式。德沃金认为,"只有当人们恰好持有的政治偏好不仅普遍而且正确时,无限制的成功平等才是可以接受的,这当然意味着它说到底是一种空洞的理想"①。

德沃金认为,必须对成功平等的非个人偏好进一步限定,因为平等显然并不要求在所有非政治愿望得到实现的程度上达到平等(当然,德沃金也指出了在政治愿望方面成功平等的问题)。如查理发自内心地希望在火星上找到生命,或在他的有生之年能有伟大的美国小说问世,可平等并不要求资金从别人那里转移到查理来满足他的愿望。但德沃金认为,"如果减少所有真正非政治目标或偏好上的失望的不平等是正确的,那么,政府就应当在这方面尽力而为,尽管它无法让火星有生命,它至少能够通过让查理在其他事情上更为成功,使他的希望落空得到部分补偿"②。不过,德沃金这样讲可能超出了政府所能做的范围。如果某人做了个他能得到百万两黄金的梦,政府是否也应当为这样完全不可能的美梦来作某种补偿?不过,德沃金在论证过程中所举的例子,恰恰并不是非个人偏好,而正是个人偏好,如他所说的查理的上述两个希望,还有德沃金在书中写到的其他查理的愿望。但德沃金说这是非个人偏好,应当是与那种如享受性嗜好、昂贵嗜好这类个人偏好相区别的偏好。这样的偏好与自己的关切性不大,但却出现在他的愿望里。

对于成功平等应当有着严格的限定。德沃金说:"成功平等的最严格的形式,它要求对分配作出的安排是,在分配能够使每个人的生活和处境的偏好得到满足的程度上,使人们尽可能接近于平等。这种福利平等观是以一种特殊的、但言之成理的哲学心理学理论作为前提的。它假设人们是能动的主体,他们一方面在个人作出的选择和决定中区分出成功与失败,另一方面区分出对这个世界的总的赞同或不赞同的态度,然后他们根据自己有关什么事情会

---

① [美]罗纳德·德沃金:《至上的美德:平等的理论与实践》,冯克利译,江苏人民出版社2003年版,第20页。

② [美]罗纳德·德沃金:《至上的美德:平等的理论与实践》,冯克利译,江苏人民出版社2003年版,第20页。

使生活更好或更糟的观点，努力使自己生活得尽可能有价值。"① 德沃金这里所说的成功平等，不仅提出了分配问题，还在于他把个人作为能动的主体来对待，即个人在政府分配资源方面并不是无能为力的。在这里，就成功平等而言，个人负有应有的负责。那么，是否个人对于资源分配，不论是否平等，都应当进行自我人生价值目标的确定，从而接受无论怎样的分配呢？德沃金还说："社会资源应尽可能这样进行分配，使人们在他们自己所认为的人生价值的实现上达到平等。人们选择某种生活，是以他们可以利用的资源类型和数量的某些假设作为背景的，这些资源可以让他们过上不同类型的生活。"② 这里关于成功平等仍然是两层意思。这两层意思是可以分开来看待的。前者并不一定意味着后者。后者即个人行为者也可以根据不论什么样的资源分配来进行人生的谋划。德沃金进而从这两个方面来讨论成功平等的问题。先假设从资源平等上看。在一个人们确信资源平等的社会，会发现有些人对自己的生活更为满意，这样就会形成一个没有成功平等社会。那么，根据试错法，一些人的资源就被取走交给另一些人，直到几乎每个人都认为是大致达到了同等水平或程度的成功为止。德沃金认为，这似乎已经解决了实践难题但却提出了理论难题。这是因为，人们认为自己的成功并不完全取决于自己的政治信念以及非个人的目标，而且因为他们把这种成败看作个人处境的一部分。也就是说，任何人都是把他们所能获得的自然资源和物质资源作为自己的生活背景，从而选择自己的生活计划，并且，具体来说，他们生活在不同的地区、不同的社区，有不同的朋友或情人，认同某一群体，发展某些技能，或培养某种爱好兴趣，等等。并且，这些选择也并不是完全自觉地作出的，运气、机遇和偏好都发挥了作用。而一旦人们完成了自己的选择，有了自己的偏好，我们就可以问，人们在实现自己的无论什么人生计划目标或偏好上，是在多大程度上成功或失败了。"一旦某人为自己的人生制定了一个哪怕是尝试性的或不完整的计划，一旦以这

---

① [美] 罗纳德·德沃金：《至上的美德：平等的理论与实践》，冯克利译，江苏人民出版社 2003 年版，第 23 页。

② [美] 罗纳德·德沃金：《至上的美德：平等的理论与实践》，冯克利译，江苏人民出版社 2003 年版，第 23 页。

种方式确定了他的特殊偏好,他便可以通过使自己的处境与计划相符,以相对机械的方式来衡量自己的相对成功。"① 因而就这一方面而言,资源平等并不能够说明问题。

然而,资源分配并不是无所作为的。德沃金指出,把福利平等看作在分配所能做的范围内使人们的相对成功达到平等,即在人们完成自己所确定的目标程度上的平等,那么,原先的那个主张就站不住脚了。在前面我们谈到,将资金给了这个人而不是那个人,或从此人手中取走送到别人那里,以便达到某个方面的平等。对于某个方面,这人比那人更为看重。由于在某个方面取得成功是如此重要,所以天资有限的人,有可能因为有很好的成功前景而选择非常有限的人生。而另一个人可能选择几乎不可企及的人生目标,因为对他来说挑战才有意义。"相对成功的平等是这样来分配资源的,它——很可能分给这两者中的前者很少,后者很多——使每个人在实现这些极为不同的目标时都有同等的成功机会。"② 即使人生在很大程度上依赖于自己的主动性或个人自己的能动性、抱负或机遇,但政府的资源分配并不是无所作为的,它可以从实现成功平等的目标出发,进行不平等的资源分配,从而实现相对成功的平等,这也是对福利平等的理解。

个人计划或目标的成功,德沃金称之为相对成功,其平等也就是相对成功的平等。对于德沃金来说,还有一个总体成功的概念,从总体成功的角度来看平等,也就是总体成功的平等。总体成功也就是一个人从总体上来进行评价的成功。德沃金说:"我们必须把一个人本身对其总体成功的评价(或者,如果我们愿意这样说的话,假如他对日常的种种事实完全了解,他便会作出的判断)与他实际上多么成功的客观判断区分开。一个人自己的评价(即便对事实完全了解)反映着他本人对于什么使人生有价值这一问题的哲学信念,而站在客观评价的立场上,这些信念可能是混乱的和不准确的,甚至

---

① [美]罗纳德·德沃金:《至上的美德:平等的理论与实践》,冯克利译,江苏人民出版社2003年版,第25页。

② [美]罗纳德·德沃金:《至上的美德:平等的理论与实践》,冯克利译,江苏人民出版社2003年版,第27页。

是错误的。这里我将假定，总体成功的平等，是指人们从各自的、可能各不相同的哲学信念出发，由自己作出判断的总体成功的平等。"[1] 德沃金所认为的人生的总体成功，并不是从客观意义或从某种客观标准来看待的成功，而是个人自己对自己的评价，对自己的评价，不是对自己的某种偏好或欲望实现的评价，而是对于人生的总体评价，这些评价在某种意义上是一种关于人生价值的哲学信念在起作用。因此，总体评价是一个人的自我评价问题。在这里，德沃金将自己人生的价值与自己对人生价值的评价区分开来。如果说，一个人不是不对他现在和将来的生活而感到骄傲，而是他认为与他自己赋予自己的工作或别人生活的价值相比较，他自己的人生价值不高，这时我们会说他对自己的人生价值的评价不高。

在德沃金看来，对总体成功的评价首先体现在对于自己的人生作为的整体评价。但德沃金并不是像古希腊七贤中的梭伦那样认为，要到有着个体生命的人即将离开这个世界才可对他进行人生总体评价，即所谓"盖棺论定"，他认为，人们随时可以反思自己的人生，进行总体性评价。如在当代世界中，我们经常听到有人自杀，而这正是他对自己的人生进行了总体评价而进行的结束自己生命行为。但当然，自杀者也有可能是遇到了某种外在的逼迫或强制性的、自己不可控制的问题。德沃金分析到，这里至少有两类问题，一是某人认为自己的人生从整体上看有多大价值，二是他在多大程度上希望自己的生活继续下去。有人可能会认为自己的人生是一次失败，从而希望结束自己的生命，或不太在乎继续活下去。但也有可能是他的人生是如此辉煌，因而不因自己缓慢衰老而黯然失色。还有可能有人会想通过一次创造性的自杀从而使自己成功的人生更为成功。当然也有战争中那些英勇牺牲自己而救了战友和保卫国家的人。还有面对酷刑视死如归，从而使得生命升华的人。因此，我们并不能这样说，如果某人选择死，是认为将来的生活没有价值或几乎没有价值。德沃金认为，大多数情况可能如此，但这两者之间的关联是偶然性的。除了在特殊情况下人们只有选

---

[1] [美] 罗纳德·德沃金：《至上的美德：平等的理论与实践》，冯克利译，江苏人民出版社2003年版，第27—28页。

第四章 诺齐克与德沃金

择死才可保持或创造自己的人生价值,在正常情况下,"从某人非常希望活下去,其寿命就像他所想象的一样长这个事实中,也不能推断他认为他的人生,甚至他未来的人生将持续成功。相反,他可能认为自己的人生并不成功,需要更多的时间去做值得做的事情,因此希望活得更长久"①。因此,一个人对自己寿命长短的偏好,并不是对人生总体成功与否的评价。

如果说,某人的人生对于他本人的价值,仅仅是指他希望自己继续生活下去的这种偏好态度。承认这点,我们也就清楚,某人在自己生活中的价值与某种生活对他的价值之间的区别。但德沃金认为,事情比这还要复杂,因为这包括两种意思:一是自己的人生对于整个宇宙价值的评价,二是对自己的人生具有一定价值负有责任的评价。有人认为自己的生存对于整个宇宙来说微不足道,并且认为既然人类都最后会灭亡,那活着有什么意义?在现实生活中,确实有人从这样的思考中得出人生没有价值的结论从而结束了自己的生命。但德沃金指出,他所说的是第二种情况。即他自己的理想、抱负与他拥有的那些才能、机会和信念之间的关系,即以他的价值观来评价自己的人生是不是有价值的人生。德沃金认为,我们可以设想一些大艺术家,他们常常不是出于享受而是处在持久的痛苦中进行创作、作曲或绘画。而对他们来说,不进行创作是不可能的,造成这种他们的才华与他们的信念的结合,几乎是一件人生悲剧性的事件,是人生的一大失败。这也表明了相对成功与总体成功之间的不同。不过,从完全失败到非常巨大的成功之间,有着很多不同的中间过渡。但可能不同的人使用不同的标准来形容这些过渡带。如杰克可以认为"非常巨大的成功"与"巨大成功"之间有重大差别,但乔可能认为没有多大差别。换言之,这也表明人与人之间的评价或评价标准可能是有差别的。现在我们把资源问题与人生总体评价联系在一起。我们假设杰克和乔两人拥有平等的资源,并且两人都身体健康、事业都获得了相当的成功,他们也享受着大致相同的日常生活。杰克认为,按部就班的日常生活就是有价值的生活,乔则不以为然。杰克认为,一个日夜忙碌无所成就的农民的一

---

① [美]罗纳德·德沃金:《至上的美德:平等的理论与实践》,冯克利译,江苏人民出版社2003年版,第29页。

生是充满价值的人生，而乔则认为，这是一个完全失败的人。假如让这两个人各自对自己的人生进行打分，杰克会对自己的人生有很高的评价，而乔则会给很低的评价。但如果我们把杰克的资源转移一些给乔，这无疑会提高一些乔对自己的人生价值的评价。

杰克和乔之所以会产生这么大的价值评价上的差别，在于这两个人所持有的是不同的价值标准。我们也可以要求杰克将他自己的生活价值与其他价值理想进行比较，假如他有理想的生活能力和条件的话，他将生活得怎样；或者以他目前的生活状况与他认为是最差条件下的生活进行比较，或者问，如果只有极少的生活资源和机会他会生活得怎样，也向乔提出这样的问题。或者我们向每个人都提出这样的问题。德沃金认为，这些问题将影响资源再分配的问题。"假设杰克认为自己目前的生活大大好于他能想象的最差的生活，但比最好的生活还差得多，乔则认为她的生活比最差的生活强不了多少，比最好的生活也差不了多少，那么再分配的方向就取决于人们认为这两种比较中的哪一种对于总体成功水平的比较更为重要。"① 我们要注意到，德沃金的假设是杰克和乔两人在资源、享受以及他们在自己选择生活的相对成功上，都大致平等。但两人的差异则是两人信念的差异而非生活或福利水平的上的差异。因此，要求将资源从杰克那里转移到乔那里从而使两人的福利更为平等的说法看来是没有道理的。德沃金说："我打算建议用一种对人生总体成功的比较，它同于所有这些问题所提议的比较。它至少跟分配平等的问题有一定关系。只有当人们对他们的生活总体上有多好的评价的差异不是想象的和信念上的差异，而是成果上的差异，这种差异才是他们的人生之间的差异而不是想象中的差异。"② 那么，怎么才能表明这样一种差异？德沃金提出了另一个指标，即合理遗憾，如人们不能因为没有像传说中的彭祖那样高寿而合理遗憾，但却对于自己没有能

---

① ［美］罗纳德·德沃金：《至上的美德：平等的理论与实践》，冯克利译，江苏人民出版社2003年版，第33—34页。

② ［美］罗纳德·德沃金：《至上的美德：平等的理论与实践》，冯克利译，江苏人民出版社2003年版，第35页。

够像大多数人那样享有正常能力或正常寿命而合理遗憾。"现在要点大概已经清楚了。任何关于总体成功的平等的建议，如果不让'合理遗憾'这个观点（或类似的观点）以这种方式起到关键作用，它便与合理的分配平等理论无关。"① 不过，德沃金指出，人生总是有很多遗憾，如受到各种挫折、厄运、意志薄弱等，还有对自己没有做的事会感到遗憾，但这些遗憾在平等的讨论中没有地位。"也许正是资源的真正不平等的分配这个最根本的罪恶，使某些人有理由对一个事实感到遗憾：他们被剥夺了别人所拥有的使生活变得更有价值的机会。"② 不过，德沃金对合理遗憾的这一界定并没有把问题说清楚，如在他所举的杰克与乔两人的例子中，假如把一些资源从杰克那里转移到乔那里，乔会感到生活变得更有价值，然而，这恰恰又是一种资源占有上的不平等。但是，乔如果没有更多资源，她的遗憾不是合理的吗？"用来确定总体成功的合理遗憾的尺度作出有关什么样的分配公平，人们有资格得到什么分配的假定。如果这种尺度假定公平分配是指资源平等的分配，但是给予乔的那一份资源多于平等的份额，给予她的那一份，就会多于假定为给资源转移作辩护的理论论证所说的她的公平份额。"③ 因此，总体成功意义上的成功平等，与资源平等并不是一回事，甚至二者是有冲突的。

德沃金还从享受的平等、客观的福利理论以及奢侈的爱好等方面对福利平等进行了讨论，这里需要更多的对于德沃金在奢侈爱好问题上展开的对福利平等的批评。德沃金说："福利的平等，如果仅仅抽象地表述……有可能一开始就造成一些很麻烦的反例。其中最突出的就是奢侈爱好（大多数时候我把开支甚大的抱负也包括在这个概念之中）的问题。福利平等似乎是在建议，喜欢喝香槟的人应当有更多的收入，这仅仅是因为他们若想达到跟那些有着

---

① ［美］罗纳德·德沃金：《至上的美德：平等的理论与实践》，冯克利译，江苏人民出版社2003年版，第36页。

② ［美］罗纳德·德沃金：《至上的美德：平等的理论与实践》，冯克利译，江苏人民出版社2003年版，第38页。

③ ［美］罗纳德·德沃金：《至上的美德：平等的理论与实践》，冯克利译，江苏人民出版社2003年版，第39页。

花钱不多的嗜好的人相同的福利水平。"① 德沃金认为,这使得我们一开始就觉得这有点不对劲。我们再假设,有人开始想培养某种花费很大的嗜好,一旦培养出这种嗜好,如果他还是那样的收入水平,他就不会再享有与过去一样的福利水平,除非他得到更多的财富。我们假定,他可以培养在食品和饮料方面的嗜好,也可以培养运动的如滑雪的嗜好,或对歌剧的爱好,或对政治的爱好。但人们改变自己的爱好常常是为了使自己的生活变得更好,如果这样看问题,我们对他要求更多资源的想法也就有了说服力或不那么违背直觉。然而,如果社会奖励那些培养奢侈爱好的人,向他们提供更多资金来满足这种嗜好的需要,那么,人们就会乐此不疲。而其结果则是从总体上减少了能够产生的福利总量。"路易知道,或者至少应当知道,如果他在一个比如说致力于做到享受平等的社会里,培养奢侈嗜好并得到了补贴,这会减少别人可以得到的享受。"②德沃金认为,他可以有三种选择:一是以现有的资源安于现在所享受的生活水准;二是以现有的资源决定过一种比现在更成功的生活;但比现在的享受少;三是以别人为代价,在不牺牲自己的享受的同时过上比别人更奢侈的生活。德沃金认为前两种选择是正确的,但第三种选择不是。因为这侵害了别人的公平份额,这对他们是不公平的。路易不应为了更奢侈的生活而得到比别人更多的资源,这里起作用的是一个公平份额的概念,而公平份额的概念要发挥作用,就要诉诸对分配公平的独立解释,这就是资源平等的解释。德沃金指出:"如果我上面这些不同的论证是正确的,则福利平等并不像人们时常认为的那样,是个具有内洽性的或有吸引力的理想。所以我们有理由考虑一下资源平等这一替代性的理想。"③德沃金经过反复详尽的论证,表明福利平等并不是一个自洽性的概念,从而转向资源平等。

---

① [美]罗纳德·德沃金:《至上的美德:平等的理论与实践》,冯克利译,江苏人民出版社2003年版,第47页。

② [美]罗纳德·德沃金:《至上的美德:平等的理论与实践》,冯克利译,江苏人民出版社2003年版,第56页。

③ [美]罗纳德·德沃金:《至上的美德:平等的理论与实践》,冯克利译,江苏人民出版社2003年版,第63页。

第四章　诺齐克与德沃金

（二）资源平等

德沃金的资源平等理论涉及两个方面的重要内容，首先是资源拍卖平等，其次是运气与保险制度。这两个方面在某种意义上，德沃金都可以说是从现实的市场经济中汲取了智慧，将它们运用到资源平等的讨论中来。从这个意义上看，德沃金的资源平等论具有很强的可操作性，但实际上，则完全是某种理想性的讨论。

德沃金讨论资源平等的进路类似于古典契约论和诺齐克，即从最初的占有开始。德沃金说："资源平等就是在个人私有的无论什么资源方面的平等。"[1]在德沃金看来，资源平等与政治权力的关系是交织在一起的。什么样的资源分配是平等的分配，在一定程度上也与人们分到的资源也获得了什么权力相关。如对于空气质量的公共决策，有能力影响这项决策的人就比没有能力的人更为富有。然而，德沃金认为，资源平等分配的前提在于某种形式的经济市场，"我将试图说明，作为大量不同的商品和服务之定价手段的市场，在任何富有吸引力的资源平等理论的阐释中都必须处在核心位置"[2]。类似于霍布斯、洛克的自然状态，以及罗尔斯的初始位置（原初状态）和诺齐克的自然状态，德沃金假设了一个遇难者被海水冲到荒岛的案例。这个案例的主要情节是：一条遇难船只被海水冲上了一个荒岛，这个荒岛上资源丰富，没有人烟，任何救援都只能发生在多年之后。这些遇难者成了这里的第一批移民，这个荒岛也就成了他们对无主物的占有，这符合诺齐克的自然状态的正义获取的条件和设置。但德沃金没有从这样一种状态发展出保护性团体，而是假设他们之间订立了一条原则。"这些移民接受了一条原则：对于这里的任何资源，谁都不拥有优先权，而是只能在他们中间进行平等的分配……他们也接受（至少暂时如此）对资源平等分配的如下检验标准，我把它称为妒嫉检验：一旦分配完成，如果有任何居民宁愿选择别人分到的那份资源而不要自己那

---

[1] ［美］罗纳德·德沃金：《至上的美德：平等的理论与实践》，冯克利译，江苏人民出版社2003年版，第67页。

[2] ［美］罗纳德·德沃金：《至上的美德：平等的理论与实践》，冯克利译，江苏人民出版社2003年版，第68—69页。

份,则资源的分配就是不平等的。"① 将所有这些还是无主物的资源进行平等分配,而不是哪个人占有了别人就不得占有,这类似于罗尔斯的初始位置中的所有各方代表的平等地位,而资源占有就从这样的平等地位出发。同时,类似于罗尔斯,先订立一条原则再分配资源。如果在出发点上是诺齐克式的思路,那么就是一些人占有了一些资源,另一些人占有了另一些资源,他们各自抱团成立保护性团体,渐次发展出国家。而德沃金考虑的重心是资源分配。这里的分配原则是平等分配。就好比将所有不同资源都放在一个市场上,分成平等的不同份额,让大家来自愿选择。这里,德沃金提出了一个妒嫉检验,即如果我不满意自己分到的那份,而是想要别人所得到的那份,那么,这样的分配就是不平等的。而这样的妒嫉检验实际上是罗尔斯的程序正义原则的再现,如同分蛋糕,分蛋糕者得最后一个拿他那份,这样才可得到妒嫉检验。

现在假设他们选出一位移民来按照这条原则进行资源分配。但他所面对的是岛上的各种各样的资源,如可耕种的土地、树木以及德沃金所设想的奶牛(但荒岛上可能是没有的)等,每一种资源不可能完全分割成 N 份,或正好是 N 的倍数,并且,有些地块可能更优于其他地块,更好耕种等。假设分配者通过大量试错法和耐心细致地工作,把资源分成了 N 份,每一份虽然与另一份稍有不同,但能够使他分给每个移民一份,并且事实上没有人妒嫉别人那份。

但德沃金假设,可能这群移民还有人不满意。如果有人不满意自己所得的那份,那意味着没有通过妒嫉检验。现在假设分配者使用魔法将全部资源变成凤头麦鸡蛋和前根瘤葡萄酒的巨大存货,然后将这些东西分成等份的篮子和瓶子。然后假设这些移民中除一人之外,大家都很满意得到了公平的对待。不过,那个不太满意的人也不想以任何其他人的那份来换走自己的那一份,他宁可得到他在这初始资源分配中得到的东西,因而这也就通过了妒嫉检验。但在没有魔法的情形下,可能还会产生类似的不公平。分配者在搭配

---

① [美]罗纳德·德沃金:《至上的美德:平等的理论与实践》,冯克利译,江苏人民出版社 2003 年版,第 69 页。

份额时，要进行资源组合，当这些移民面对这些经过组合的分配份额时，可能有些组合更适合于某些人而不适合于其他人，而这些资源组合的每一份都要经过妒嫉检验，因而可以预见的是，这种妒嫉检验并不可能通过。因此，德沃金认为，无论是简单的还是复杂的资源组合性分配，都具有某种任意性，因而不可能通过妒嫉检验。"为了解决这些问题，分配者需要某种形式的拍卖或其他市场程序。"① 那么，这是一种怎样的拍卖市场呢？德沃金假设，现在分配者给每个移民同样多的贝壳，这些贝壳充当可以购买资源的货币来使用。岛上的每一件资源或物品都被标上了相应的价格来出售。拍卖者的标价要让某种物品能够卖得出去，如果卖不动，拍卖者就调整价格直到达到清场的价格。不过，如果人们对自己在拍卖市场上买到的资源不满意，每个移民还可以将自己手中资源出价或竞买不同的商品。不过，我们假定，最后在这个拍卖过程结束之时，人人都表示自己很满意，物品各得其主。"现在，妒嫉检验得以通过。没有人会妒嫉别人购买的东西，因为根据假设，他可以用自己的贝壳不购买自己的这一份而购买另一份。对份额的选择也不是任意的。许多人也能够设想另一种满足可能已经制定出来的非妒嫉检验的份额组合，但是实际的份额组合具有的优点是，每个人根据自己那一份人人平等的货币，可以在决定份额组合中发挥平等的作用。"②

相较于福利平等，第一，德沃金指出他所提出的以拍卖市场为基本方案的资源平等的优势。如果以满足嗜好或抱负成功为衡量标准的福利平等，假设某种嗜好或抱负较为普遍，若是存在着生产他所需要的东西的规模经济，那么这样的环境将对他的嗜好满足或成功有利，如果他的需要十分稀缺，则对他不利。如果这些移民想建立福利平等而不是资源平等的政体，他就会和别人一起来分享这种好运气或坏运气，而其福利观必然是在确立拉平差距的政策上。但资源平等不会为改正各种偶然因素提供类似理由。换言之，资源

---

① [美] 罗纳德·德沃金：《至上的美德：平等的理论与实践》，冯克利译，江苏人民出版社2003年版，第70页。

② [美] 罗纳德·德沃金：《至上的美德：平等的理论与实践》，冯克利译，江苏人民出版社2003年版，第71页。

平等不会为如特殊抱负或特殊嗜好提供某种特殊的分配倾向。第二，德沃金认为，在福利平等的政策倾向下，行政官员需要收集民众的嗜好、欲望和抱负倾向，以便了解哪一种分配能使每一种选择达到符合某种作为正确的平等尺度的福利观的成功平等。而资源平等则是以可以公平利用的资源总量所承担的实际成本来考虑的。资源平等将抱负、嗜好等偶然性的事实，并不看成可以向不平等的分配发起挑战的理由，而是把它们看成决定着在这种环境下何为资源平等的背景事实。实际上，德沃金认为，资源平等是不考虑这些偶然因素的任意分布的。"资源平等假设，给予每个人的资源应当是平等的，这个目标需要某种标准。拍卖提供了妒嫉检验所承认的标准，即确定分配给一个人的生活的社会资源的真正标准，是搞清楚那些资源对别人有多么重要。它认为，按照公正的要求，以这种方式计算的成本要被算作他本人以及每个人对应过什么样的生活的个人判断中的正确成分。"① 换言之，资源平等仅仅考虑初始分配在资源上的平等，而不认为每个人不同的初始嗜好能够决定资源的不平等分配和占有。因此，凡是认为初始嗜好的某种表现违反了这种平等的人，肯定会拒绝资源平等而回到福利平等上去。

在德沃金看来，围绕荒岛的资源的平等拍卖这一设计有着相当成功的吸引力，那么，是否可以对这一理想进行更为普适性的解释？也就是说，是否这样设计的模式具有更普遍性的意义？对于这个问题，德沃金指出有三个方面的问题。首先，他认为这个方案提供了一种检验资源平等观念的内洽性和完备性的重要标准。这样一种拍卖资源平等的方案，其前提在于不违背独立的公正原则的限制，如果不作出违背独立的公正原则的限制，拍卖就不可能是平等的，那就表明，不存在具有内洽性的资源平等理想。其次，一种对于更复杂的社会平等的拍卖的恰当描述，在德沃金看来，可以为现实世界中的各种制度和分配提供一个判断标准。不过，德沃金认为，现实社会中的实际分配都与平等拍卖相去甚远。而拍卖设计可以提供一个标准，以判断实际分配与资源平等相去得有多远。最后，资源拍卖平等的设计，可以为现实的政治制度

---

① [美]罗纳德·德沃金：《至上的美德：平等的理论与实践》，冯克利译，江苏人民出版社2003年版，第72页。

的设计提供某种参考。换言之，也许可以设计一种政治制度，它具有理论上的平等拍卖的有关公平拍卖的办法或特征，在他看来"许多国家的经济市场都可以被解释成拍卖的形式（许多民主政治过程的形式也可这样解释）"①。资源拍卖就是承认起点平等，现代民主国家的政治选举在形式上承认所有人一视同仁，在这个意义上，可以说是与德沃金的拍卖市场理念一致的。不过，现实政治以及现实的市场充满了各种由于出身、阶级或阶层、自身教育素质、天赋、知识水平、从政经历或经商经历等方面的前提条件的限制，因而并不可能人们进入市场经济领域或政治领域就如同进入德沃金的荒岛。因此，德沃金也说："大体上说，我们这里所讨论的设计完全是理论性的。我们的兴趣主要在于设计一种理想，一种描述这个理想并检验其内洽性、完备性和吸引力的方法。"② 一种理想性的设计或试验虽然没有很强的现实性，但正如德沃金自己所说的，它可以作为一种标准判断现实的资源分配或涉及分配的政治制度设计的合理性或正当性。

运气与保险是德沃金的资源平等论的第二个重要方面。德沃金意识到，拍卖平等资源平等的初始分配，以平等货币来拍卖，是解决各种不同资源以及人们需求倾向不同的问题。就理论设计来说，这确实是很高明的一种资源平等理论。但在这之后，问题来了。德沃金说："假如拍卖如所描述的那样取得了成功，移民这时便有了资源平等。不过也仅仅是在这一时刻，因为在拍卖完成之后如果立刻让他们自己随便从事生产和交易，妒嫉检验马上就会失效。"③ 这是因为，人们在拍卖完成之后，是要进入生产和消费领域的。但有的人的劳动技能比别人更好，有的人可能拥有更易赚钱的技能，或拍卖到了比别人更肥沃的土地，从而更易于出产更多的成果，或者是，有的人并不愿意从事劳动，而拿到了拍卖的那一份再卖出去，拿到了钱去游玩，还有，有

---

① ［美］罗纳德·德沃金：《至上的美德：平等的理论与实践》，冯克利译，江苏人民出版社2003年版，第75页。

② ［美］罗纳德·德沃金：《至上的美德：平等的理论与实践》，冯克利译，江苏人民出版社2003年版，第75页。

③ ［美］罗纳德·德沃金：《至上的美德：平等的理论与实践》，冯克利译，江苏人民出版社2003年版，第76页。

的人会生病，有的人保持着健康，再如，天会降灾害给某人，如其农场被雷电击到，等等。德沃金把这一切称为"运气"。他把运气分为两类。一类是"选择的运气"，如在拍卖市场上人们自愿选择的东西，便是选择的运气，还有拍卖之后，人们爱干什么，或不干什么，也可以说是选择的运气。像天上打雷灾祸从天而降，被流星击中，无端生了一场大病，便是无情的运气（brute luck），或坏运气。不过，我们认为最好说是"自然的运气"，因为如果风调雨顺，也就是自然的好运气。因此，自然给的既有无情的坏运气，也有好的运气。然而，无论是选择的运气还是自然的运气，都将平等变为不平等。德沃金说这个过程不出五年。那么，怎么解决运气不平等的问题？德沃金提出以买保险的方式来解决，当然保险不可能完全解决，但比不买保险造成的处境好多了。他说："如果能够利用保险的手段，倒是提供了一个把无情的运气和选择的运气联系起来的纽带，因为决定购买或不购买灾难险，是一种经过计算的赌博。当然，保险不会消除这种差别。有人买了医疗保险而被不可预见的流星击中，他仍然是交上了无情的厄运，因为他比买了保险而无需使用的情况更糟。但是和他不买保险的情况相比，则有着更好的选择运气，因为他的处境要好于他拒绝参与保险的处境。"[①]

还有，买保险对于选择的运气有影响，即会破坏资源平等吗？德沃金在前面已经指出，当进入生产领域，拍卖平等肯定会变成不平等，即资源分配的平等变成了财富占有上的不平等。因此，德沃金提出问题，如果以买保险来平衡或补偿由于生产运气所带来的不利，这会破坏或威胁资源平等吗？德沃金指出，人们在进行拍卖时，可以选择种植价值高但有风险的作物，也可种植收益比较可靠但出产并不太高的作物，前者中有人买了保险，也有人没有买。德沃金认为，这样的选择就像赌博。有人喜欢冒险，有人不喜欢冒险。喜欢冒险就像喜欢赌博一样。赌博的人所选择的是有风险的生活，不喜欢赌博的人所选择的是较安全的生活。拍卖平等的要点在于人们要为自己的选择付出成本，衡量成本的标准就是他们这样做或这样选择也就意味着他们放弃

[①] ［美］罗纳德·德沃金：《至上的美德：平等的理论与实践》，冯克利译，江苏人民出版社2003年版，第77页。

了其他选择。拍卖完成之后人们还将为自己的生活进行选择,选择更安全而不是冒险的生产或生活,那也就意味着放弃了某种更大收益,或者是更大的风险。而当德沃金这样考虑时,也就意味着他否定了罗尔斯以最大最小值规则来讨论处于原初位置的各方代表不愿冒险的考虑,德沃金直接把冒险作为一个选择因素放在重要地位。德沃金认为,既然冒险,也就可能有冒险的收益,也可能有冒险的成本。但现在问题来了,如果冒险失败,他们的生活处境可能困难。那么,是否需要以罗尔斯的差别原则进行惠顾呢?德沃金说:"我们还得比较赌博获胜的人和赌博失败的人之间的处境。我们不能说后者选择了不同的生活,所以他必须作出相应的牺牲,因为他们跟获胜的人选择了同样的生活。但是我们可以说,失败的可能性是他们所选择的生活的一部分——这是收益之可能性的公平价格。"① 德沃金的意思是,这种赌博的后果应当是行为者自己来承担的。他让我们想象一下是否应当把获胜者的资源或所得物品通过再分配给失败者。他认为,如果让获胜者与失败者分享他的胜利品,那么,就没有人会参与赌博。因此,"针对那些为了取得资源平等而鼓吹再分配的人而提出如下论证并不高明:通过再分配使某些生活方式的吸引力减少甚至使它们成为不可能……从赌博中的赢家转移给输家的再分配,其结果是剥夺了他们双方偏好的生活,这不仅会造成一种生活方式之可不取的缩减,而且剥夺了他们在确定拍卖品中的平等发言权"②。德沃金强调,失败的机会与成功的机会一样,是赌博生活的正常代价,而如果以再分配从胜利者那剥夺他的胜利品,则是不公平的。因此,资源平等并不包括由于运气造成的不平等。德沃金的观点是,"我们的初始原则,即资源平等要求人们为他们的生活付出真实的代价,保护而不是谴责这种差别"③。是不是可以禁止某种形式的赌博?某些国家的法律明令禁止,但并非不存在某种形式的赌博。这就像是

---

① [美]罗纳德·德沃金:《至上的美德:平等的理论与实践》,冯克利译,江苏人民出版社2003年版,第77—78页。

② [美]罗纳德·德沃金:《至上的美德:平等的理论与实践》,冯克利译,江苏人民出版社2003年版,第78页。

③ [美]罗纳德·德沃金:《至上的美德:平等的理论与实践》,冯克利译,江苏人民出版社2003年版,第79页。

进入股市，风险必须自己承担，但不能因为你赔了，就要别人补偿给你。因为你是风险自我承担。所以，输了多少都是你自己的事，当然你赢了也是你的收益。德沃金认为，让选择的运气影响每个人的收入和财产，从原则上看也就是说人人都可以参与同样的赌博。因此，赌博并非要在某种明确的形式上，人生本身充满了选择，也就充满了赌博。德沃金这样的说法，并不意味着把罗尔斯的差别原则完全驳倒。因为除了选择运气和自然运气，还有社会外在环境的运气。如你投资当前的股市，就很难说你会有好运气。还有在经济不景气的条件下的市场投资，也很难说会给你带来好运。因此，在个人不可抗的外在因素的条件下，并不可以说都如天上掉下流星击中你一样是你的厄运。一定的外在社会环境给人带来的厄运从而将人推入人生的谷底以及社会的底层，并不像自愿的赌博那样，完全要行为者本人来承担负责。

不过，虽然德沃金认为如果你赌博输了，你应当承担因此而带来的损失，但是，德沃金也认为，社会也并非无能为力，可以听任你的贫困而不救。这种救你的方法仍然与你的选择有关，这就是买保险。买不买保险不仅是一个人的自愿行为，实际上也是一种收益计算的结果。德沃金认为，在资源拍卖，每个人用货币购买自己所喜爱的物品时，无论是否喜爱冒险，都应当把是否还买保险放进来考虑，即如果选择具有一定风险的物品，那么，拿出一部分货币来买保险就应当在考虑之中。当然你也可以不买保险，买与不买都是你自己的选择。但当风险真的来临，买了保险的与不买保险的后果就有了很大差距。但如果在未来的那些时间里并没有来风险，买了保险无疑比不买保险在资源上会有差距。而这个差距也是你自己愿意承担的。

残疾或残障问题是人们批评罗尔斯的正义理论的一个问题。在罗尔斯的契约论中，只有智力正常的理性行为者才可出现在订立契约的最初选择阶段，即类似于古典契约论的自然状态阶段（本书译为"初始位置"）。正因为如此，残障人的利益不可能由他们自己出面来提出，因而即使是为理性正常的各方代表人来提出，毕竟不是他们本人出现在各方谈判代表中。而在德沃金的资源平等论中，德沃金认为每个人都可分得一份平等量的货币，把市场上对于分成平等份额的物品进行拍卖交易，从而购得自己的一份。现在，德沃

第四章　诺齐克与德沃金

金不仅考虑到了人们按照自己的喜好已经买到了自己所喜欢的那份资源，而且已经进入生产领域。从而出现了不平等的问题。但德沃金认为，这个问题应当在进行资源市场时就加在拍卖行为之中，为今后在生产过程中的风险买保险。不仅如此，德沃金还考虑了罗尔斯所没有考虑到的残障人问题。在德沃金看来，是否会有残障如失明的问题，同样是一个风险问题。如果有两个人过着同样的生活，一个突然失明了，这时我们不能用一个人承担着另一个人没有承担的风险来解释他们之间由此产生的收入差别。但假如在最初的拍卖中可以买到失明保险，再假设两个有视力的人在拍卖期间有遭遇导致他们失明的平等机会，并且他们知道有这样的可能。再假设在初始资源平等拍卖中只有其中一人买了保险。再假设现在两个人都已经失明了，买了保险的那个人无疑将得到相应的物质保障。然而，我们要问，是否我们需要将那个买了保险的人的较多物质以再分配之名给予另一个没有买保险之人？德沃金说："他们之间的差别是选择运气的差别。我们反对在平等的可预见风险的条件下根据选择运气的结果而进行再分配的论证，在这里同样成立。但是，假如决定不买保险的人只是那个将来可能失明的人，则情况也不会有何不同。因为这里的差别还是选择运气的差别，其背景是参与或不参与保险的平等机会。"① 德沃金认为，平等的机会已经给了你了，你不用而落得这样的后果，还有理由别人给你什么资源吗？

　　拍卖保险不仅是在初始资源分配中的平等分配，也考虑了心理倾向、天赋以及人的自然生理方面的问题，从而也需要在拍卖购买资源的同时购买保险。然而，保险并不是消除初始分配之后的生产以及消费所产生的不平等后果，而只是一些补救性措施。德沃金说："一旦通过拍卖建立起资源平等，并为残疾人采取了修正措施，它立刻就会受到生产和交易的破坏。例如，有个移民特别擅长种植西红柿，他就会用自己的剩余产品换来多于别人的东西，在这种情况下，别人就会开始嫉妒他那一份资源。"② 因此，尽管通过拍卖和

---

①　［美］罗纳德·德沃金：《至上的美德：平等的理论与实践》，冯克利译，江苏人民出版社 2003 年版，第 80 页。

②　［美］罗纳德·德沃金：《至上的美德：平等的理论与实践》，冯克利译，江苏人民出版社 2003 年版，第 87 页。

339

保险在初始分配中保障了资源平等，但是，这种平等不久就会被打破，从而妒嫉又会出现。那么，我们要以什么方式来建立持续的平等吗？持续平等还是需要的吗？

德沃金设计了这样一个案例：有两个移民，一个叫亚德里安，另一个叫布鲁斯。亚德里安对于生产劳动有着高度的敬业精神，集中精力进行生产，结果他一年产出的物品总量多于任何人。那么，是不是其他人都会妒嫉他？因而认为资源分配是不平等的？从产出量来看，可以这么看，但如果人们将敬业精神也看作物品的一个部分，那么，就不能说这种分配是不平等的。因为任何人都没有发挥亚德里安的敬业精神。拍卖购买所得资源本身是平等的，但资源上的收获则是个人利用资源的方式，价值来自他本人的决定。布鲁斯也得到了块土地。他想把这块土地作为网球场。这块土地会有多少进账，要看别人愿意付出多少。而布鲁斯这块地的地价是在与亚德里安的那块同样大小的土地的价格比较中确定的。亚德里安的出价所反映的是他的劳动出产量的价值。布鲁斯会按一定价值格来保住他的网球场，但这个价格应当比亚德里安所出的低，因为亚德里安所出的土地价格包括了他的产出可能带来的价值。而这样的结果就是导致资源的不平等。但如果一个喜欢网球运动的人来作评价，则会给予布鲁斯的网球场土地更高的评价。但从德沃金的观点看，由于亚德里安的敬业精神和对劳动的喜爱，其正常年份的出产肯定不低，因而他对自己土地的价值更有信心。在德沃金看来，用土地生产此物而非彼物的决定，或用土地来消遣娱乐而不是生产的决定，也是为自己的生活作出的决定。假设亚德里安虽然极想得到凤头麦鸡蛋，但他却宁愿在自己的土地上辛勤劳作，而产出结果除了能够满足有香槟酒，则没有别的。但我们没有理由否定他的辛勤劳动及其结果。如果他通过别人没有的辛勤劳动而挣到更多的钱从而能够满足过一种奢侈和高消费的生活，同样我们也没有理由来否定他。在德沃金看来，这两种选择都没有什么不同。他的偏好没有提供任何证据说明，在资源平等的条件下，他所得到的钱和物应当少于他自己的每一份劳动。"因此，我们必须从历时的角度采用嫉妒检验，它要求没有人嫉妒别人长时间拥有的敬业精神和资源，虽然有人在某个时刻嫉妒别人

第四章 诺齐克与德沃金

那一份。"① 然而,由于劳动技能或天赋的差别,初始的资源拍卖平等必然导致各人占有的资源与财富的不平等。"假如我们继续坚持认为,妒嫉检验是资源平等的必要条件,那么,在生产技能不平等的现实世界里,我们的初始拍卖就不能保证继续的平等。"②

德沃金指出,平等的要求实际上指向方向相反的两个方向。一是起始性平等,即他的初始资源拍卖平等,他的荒岛移民的资源拍卖所描述的就是这种情况,这也是一种形象描述的起点平等公平论。二是要求在承认人们的天赋能力差别、劳动能力以及敬业精神等所产生的不平等结果后所要求的平等。这大概与洛克式的权利理论相符。然而,这两者并不容易共存。我们必须承认不平等所造成的社会困境,而允许任何时候的资源分配反映人们的抱负。也就是说,它必须反映人们作出的选择给别人带来的成本或收益,例如那些选择了投资而不是消费的人,或消费比较节俭的人,或以收益较高而不是较低的方式工作的人,允许那些在资源平等拍卖之后在作出自己的决定之后所得到的收益。"另一方面,我们又不允许资源分配在任何时候反映天赋,即让它受到有着相同抱负的人在自由放任经济中造成收入差别的那一些能力的影响。"③ 德沃金谈到,诺齐克的正义理论是一以贯之的,即从初始的获取正义到移让正义。但实际上诺齐克回避了在初始的获取正义之后的不平等问题。德沃金说:"假如人们以相同的处境作为起点,相互之间既没有偷也没有骗,那么人们保留自己通过技能得到的东西就是公平的。但是这种起点公平论与资源平等相去甚远。其实几乎根本不能把它说成一种严谨的政治理论。"④ 德沃金指出洛克以来的起点平等论,即他以荒岛移

---

① [美]罗纳德·德沃金:《至上的美德:平等的理论与实践》,冯克利译,江苏人民出版社2003年版,第89页。
② [美]罗纳德·德沃金:《至上的美德:平等的理论与实践》,冯克利译,江苏人民出版社2003年版,第90页。
③ [美]罗纳德·德沃金:《至上的美德:平等的理论与实践》,冯克利译,江苏人民出版社2003年版,第94页。
④ [美]罗纳德·德沃金:《至上的美德:平等的理论与实践》,冯克利译,江苏人民出版社2003年版,第92页。

民形象说明的起点平等与洛克式的产权论之间存在着深刻的内在冲突。移民上岸初期，所有人都没有任何资源，荒岛上的所有资源都是属于岛上全体移民的，因此平等原则指的是平等的初始份额。"但是在初始资源被拍卖后，它们以某种方式为每个人所拥有，因此平等原则就为对人们的产权的尊重所取代。"① 然而，这里的问题是，最初的资源拍卖平等就与这种后果的所有制相关，如果提出问题，那意味着，是否当初就不应当建立这样的所有制，而应当是一种不断服从再分配的所有制？或者说，单纯的财产所有权已经取消了再分配？德沃金说："我们自己的原则是，假如技能平等的人选择了不同的生活，那么在其人生旅途中进行再分配就是不公平的。它并不诉诸起点论。它的基础是另一种非常不同的观点，这里所说的平等是用于整个人生的资源的平等。"② 换言之，既然在最初的资源拍卖时已经进行了平等的分配，那么，这样的平等资源应当对于整个人生都起作用。而某些人因为勤奋劳动有着比别人更多的收益，这不能作为再分配的理由。但实际上，社会贫困差距问题比德沃金所说的复杂百倍。首先，起点平等本身在几千年来的人类文明发展过程中早已消失。任何人来到这个世界上，都处于不同的社会地位和不同的社会利益集团或不同的社会群体之中。其次，在社会经济关系和政治关系中，存在着人对人的剥削和压迫，或阶级的压迫和剥削。这是在几千年来的文明社会中所造成的经济不平等的更深刻的根源。不过，德沃金的理论认识同样是深刻的。他指出了洛克式的起点论和洛克式的财产所有权之间的冲突或不相容。再分配问题本身不是资源起点平等能够相容的，实际上，罗尔斯的再分配理论并不是资源起点平等，而是权利平等，即每个人所享有的各项社会权利的平等。这不仅体现在罗尔斯的正义第一原则里，也体现在他的第二原则里。

但我们不能说德沃金没有正视由于劳动技能和抱负不同而产生的财富占有的不平等问题。假设性的起点平等之后仍然进入了私有产权所有制，也是

---

① ［美］罗纳德·德沃金：《至上的美德：平等的理论与实践》，冯克利译，江苏人民出版社2003年版，第92页。

② ［美］罗纳德·德沃金：《至上的美德：平等的理论与实践》，冯克利译，江苏人民出版社2003年版，第94页。

第四章　诺齐克与德沃金

不同的劳动技能和不同的抱负发生作用的人生过程。那么，我们是否可以把移民的劳动能力或劳动技能也作为资源的一部分来进行拍卖？但如果能够这样做，那么，每个移民都可以竞买自己或他人的一部分或全部劳动的控制权。或者说，移民 A 也许就可以以自己的贝壳买到移民 B 的劳动和劳动技能，从而使 B 为自己劳动服务。不过，德沃金认为，既然可以竞买平等的资源，每个移民就都会出足够买价以使自己的劳动得到保障。但是，德沃金没有考虑到，假如有人联合起来想买某一个人的劳动或劳动技能怎么办？如他所设想的亚德里安就比布鲁斯的劳动技能更强。不过，在德沃金看来，如果是这样，那么，每个移民都会用接近于商业上最有利可图的方式来运用自己的生命和技能，因为这是他自己花了大价钱买到（保住）的。当然，他虽然花了大价钱保住了自己的劳动技能所有权，但也可以将它白白浪费掉，如整天娱乐，而不事劳动。由此，要么就是对技能的奴役，要么就是技能的浪费。因此，德沃金认为，不能让这样的事情发生，即不能让劳动技能或前政治的初始天赋进行到资源和资源拍卖的范畴内。德沃金说："我们是否可以说，既然一个人拥有自己的头脑和身体，他也就拥有仅仅作为其能力而存在的技能，从而他也拥有这些技能的成果？这当然是一些不合逻辑的推理。这也是一种为劳动力自由市场辩护的常见论调，我们已经断定当我们的技能不平等时，这种论调是对资源平等的违背。"[①] 为何这是一种不合逻辑的推理？德沃金并没有进行前因与后果之间联系的分析，但他承认这是人们的常见论调。他所说的是与资源平等相违背，只不过是在他的假设中，他认为如果将人的天赋等劳动技能进入资源项目内而进行拍卖，有可能造成对人的奴役，从而加以否定。德沃金进一步说到，个人的劳动技能不能进入资源项中，"我们在任何情况下都无法接受它，是因为它采用了以平等之外的因素为基础的前政治的初始天赋概念，这与我们阐述的资源平等方案不一致"[②]。而他所说的当移民进行荒

[①] [美] 罗纳德·德沃金：《至上的美德：平等的理论与实践》，冯克利译，江苏人民出版社 2003 年版，第 95 页。

[②] [美] 罗纳德·德沃金：《至上的美德：平等的理论与实践》，冯克利译，江苏人民出版社 2003 年版，第 95 页。

岛之初的资源，不是前政治的吗？那些自然资源本身也是因为人为的因素才分成不同等份和组合，并且进行拍卖，这些拍卖都是一个竞价的过程，这样的竞价不也是一个不断试错的过程吗？因此，德沃金在这里将劳动技能排除在他的资源之外从逻辑上看是有问题的。但德沃金还有进一步的论证，即他意识到，有劳动技能并不意味着某个当事人一定会运用这样的技能来进行生产，因为这也与人的抱负相关，即如果有一定的劳动技能，又想运用这种技能来生产更多的物产从而为自己创造财富，那么，这时的劳动技能才能真正发挥作用。假如允许亚德里安拥有他的技能使他能够生产出任何东西，那么，布鲁斯会嫉妒亚德里安的资源；假如亚德里安以另一些资源为代价去购买闲暇或生产效率不高的职业的权利，亚德里安就会嫉妒克劳德的那份资源。个人劳动技能与个人抱负的这种任意组合，给了德沃金反对将劳动技能进入资源项的强有力的理由，因此，他认为，如果要进行资源平等拍卖和坚持嫉妒标准，就必然反对将劳动技能纳入资源项中。

　　德沃金反对将劳动技能纳入资源平等拍卖的行列，那么就涉及对于劳动技能所产生的不平等的产出量，从而也就产生了财富占有的不平等问题。虽然德沃金推理出从拥有技能到拥有技能的产品是不合逻辑的，但他并没有指出其不合逻辑在哪里。当然这样简单的说法省略了相当多的环节，如资源是谁给的或是不是自己占有的，是否其技能还存在着因为接受教育或培训从而获得的，以及其劳动能力与受教育水平之间的关系等社会因素。但从德沃金的推理来看，即从资源拍卖到私人拥有这样一个过渡，也是省略了这样一些环节的。如果说，在承认私有产权制度的前提下，亚德里安在自己拍卖所得的土地上产出的物品，不是归自己所拥有，那归谁拥有？德沃金并不认为这是在公有产权情况下的资源拍卖，因为如果是公有产权制下的拍卖，亚德里安就不是代表自己得到那份土地，而是一个超出他之外或他之上的组织得到的，而德沃金没有这样说。因此，其逻辑必然承认由此带来的财富占有的不平等问题。德沃金自己也指出，资源的初始平等即初始的正义与资源拍卖之后的不平等所产生的正义问题是两个方向的不同问题。那怎么解决这个问题？如果承认私有产权制度以及劳动所有权，不平等问题该怎么对待？如果像诺齐克那样，在承认私有产权制度的前提下，我们承认获取的正当性、正义性，那么，不平等的获取就不是一个正义问题，只要其来路是正当的，就是正义的。但德沃金认为，不平等的财富占有仍然是一个必须面对和改变的状态，平等是必须坚持的美德。然而，从他所坚持包括个人天赋和技能的私有产权制度的必然结果则是直接与他对平等的追求相冲突的。德沃金说：自由主义"相信这样一个经济制度，在其中没有一个公民应当更少地享有共同体资源，以便其他人可以占有他被剥夺的份额。我并没有说自由主义者坚信的是通常被称为'结果平等'的平等，也即没有一个公民应当在其中生活的每一个时刻都具有相同的财富。受到后一观念束缚的政府必须不断地再分配财富，消灭由市场交换后产生的在财富上的任何不平等"①。在德沃金看来，自由主义者只是提倡在初始资源占有上的平等，而不是结果的平等。假定在人们的职业生涯的中期，两个人由于所抱有的职业生活态度不同，从而有了数额悬殊的银行存款。如一个人决定不去工作，或不再去做他可以找到的最赚钱的工作，而另一个则愿去从事风险大但回报也大的投资，"人必须给予平等对待的原则在这些条件下便没有提供支持再分配的良好理由；相反，它提供了反对再分配的良好理由"②。

即使我们不要求结果平等，自由主义也并不允许让一部人落到失去体面生活的生活资源的境地。那么，怎么才能保障社会资源在结果不平等的背景下的每个公民的尊严生活？德沃金想到了税收。我们知道，在诺齐克那里，税收的正当合法性只在于维持最弱意义的国家机器的运转。而德沃金所考虑的是平等的要求。德沃金说："我们应当转而谈另一种更常见的观点：通过某种形式的所得税，定期进行资源的再分配。"③ 不过，在他看来，应当将选择某种职业带来的结果和不同技能的作用区分开来，既考虑前者的因素，也承认遗传性运气对人们生活的作用。在社会生活中，确实某种职业会在社会中

---

① ［美］罗纳德·德沃金：《原则问题》，张国清译，江苏人民出版社 2005 年版，第 268 页。

② ［美］罗纳德·德沃金：《原则问题》，张国清译，江苏人民出版社 2005 年版，第 269 页。

③ ［美］罗纳德·德沃金：《至上的美德：平等的理论与实践》，冯克利译，江苏人民出版社 2003 年版，第 96 页。

更有地位也更能比其他行为或职业获得财富,家庭地位或出身这种遗传性运气当然更是直接的影响。以所得税来进行定期的或持续的再分配调整,是为了满足平等在实践上和理论的要求,而不是为了效率而在平等上作出的妥协。德沃金说:"一种税收方案的吸引力,自然取决于我们确定税率以便正确达成那种妥协的能力。为此目的,假如我们能够找到某种办法,从人们任何特定时刻的财富中分辨出哪一种是可以归因于不同技能的成分,哪一些是可以归因于不同抱负的成分,这对我们会有帮助。然后我们就可以设计出一种税收方案,为进行再分配而只对前一种财富征税。"① 德沃金在此指出,应对不同技能所影响的收益进行征税,而这是诺齐克完全反对的;其次,这里再把抱负放在与技能相对应的位置上,职业以及遗传运气的问题只能说是与此有点相关,但并不等于就是这个问题。不过涉及技能与抱负两者的问题,德沃金马上承认,在个人劳动产出意义上,这是一对无法分开的因素。"技能和抱负相互作用而形成的影响阻挠着我们……因此,我们无法确定我们的所得税。它能够把每个人得自技能而不是抱负的那一部分收入进行正确的再分配。技能和抱负过于紧密地纠缠在一起。"② 不过,德沃金认为,我们有可能找到把职业、遗传运气包括相应的抱负与技能区分开来的办法。

德沃金将缺乏技能与残疾相比较,而对于残疾则是可以通过保险来补救。当然,残疾与缺乏技能不同,因而与针对残疾造成灾难的保险市场不同,并不存在着因缺少技能而设立的保险市场。不过,可以设想一个类似于残疾那样缺少某种技能的保险市场。在这样一个社会中,某些人都因为缺少某种技能因而面对着同样的后果,现在,他们都可以购买针对这种后果的保险。"人们会用什么样的成本购买多少保险呢?假如我们能够让这个问题有意义,并通过对平均数作出较低的限制来为它提供一个答案,则我们就能得到一种解

---

① [美] 罗纳德·德沃金:《至上的美德:平等的理论与实践》,冯克利译,江苏人民出版社2003年版,第96页。

② [美] 罗纳德·德沃金:《至上的美德:平等的理论与实践》,冯克利译,江苏人民出版社2003年版,第97页。

第四章　诺齐克与德沃金

决办法，至少可以用确定一种满足资源平等要求的税收和再分配方案的较低约束。"[1] 德沃金认为，这类似于为残疾或残障者所建立的虚拟保险市场，即如果缺少什么技能则买哪类保险。并且，这样的类似恰恰可以把两类保险市场整合到一起。因此，最后，还是保险市场在调节因技能而产生的财富占有不平等上起了关键性的作用。德沃金对于这样的保险市场有着诸多讨论。他在书中不同地方都讨论了来自反方的反对意见。在他看来，对于人们的投保金额与人们收入的比率，可以设定不同的理赔级差，即投保金交得越多的人，理应得到更多的保险回报。"如果支付的保费总额更多的话，保险公司就有理由提供这种不同的方案，如果在我们规定的风险平等的条件下这种改变增加了移民的预期福利，则购买保险的移民也有理由接受它。既然我们假定货币的边际效用在一定范围内下降，这是我们估计人们在购买保险时所依据的假设的内容之一，那么这些条件就会得到满足。移民将愿意'下注'，如果这种赌注的成本是他们的收入增益的函数，且他们的赌注足以给保险公司带来利润，即使考虑到累进制保费方案的行政成本的增加。"[2] 德沃金对于他这个保险市场方案，现在加进了技能因素，就比前面的更复杂了。在他看来，可以把每个移民的嗜好、抱负、技能和他们对待风险的态度，以及相关的原料和科技信息，都输入电脑，然后它不但对拍卖结果进行预测，而且对拍卖之后的生产和交易时设计好的收入结构进行预测，"可见，计算机可以预测到的实际保险状况，很可能比我们那种有缺陷的税制所模仿的简单结构更为复杂。如果移民把这种更为复杂的保险状况转变为一种征税方案，他们便达到了一种更易于得到认可的征税模式。他们可以制定一种分级所得税，用于对以下两者之间的差额进行转移支付：一方面是没有合作保险因素时的平等投保水平；另一方面是申请人可以合理主张的他事实上能挣到的最高收入"[3]。这里

---

[1] [美] 罗纳德·德沃金：《至上的美德：平等的理论与实践》，冯克利译，江苏人民出版社 2003 年版，第 98 页。

[2] [美] 罗纳德·德沃金：《至上的美德：平等的理论与实践》，冯克利译，江苏人民出版社 2003 年版，第 107 页。

[3] [美] 罗纳德·德沃金：《至上的美德：平等的理论与实践》，冯克利译，江苏人民出版社 2003 年版，第 108 页。

德沃金不是设想可以将保险与税收相结合,以税收来提供保险所需支持给投保人的费用,而是以税收水平来测量和决定投保人的级别。从而即使是由于残疾、技能以及职业选择而产生的收入风险,也都可以通过购买保险得到补偿,换言之,虚拟保险市场要求不让任何人仅仅因为天生技能差而有较少的收入。德沃金的这一套保险与税收相结合的制度设想,在他看来,就可以保障那些不论什么原因而导致的较低收入的人,都能够得到某种程度的物质保障,或达到某种程度的资源平等。保险与社会保障制度的不同在于,保险需要自己出一部分,即买保险,而政府社会保障则是将政府通过税收所转移的资金补贴给弱势群体,从而使他们达到一定的收入水平。保险公司要有盈余,如果没有税收来的资金,则必须是给投保人支付的比保险公司给予的多才行。德沃金的设想还在于,如果投保人交的保险费多,那么回馈也高,因此,不仅仅是为了保证那些弱势群体不低于某种水平的生活。而一定的投保级别可以由计算机来计算,从而确保其准确性。虚拟保险市场为选择一个水平或平均保额水平作为决定性因素,从而也为某一水平的平均保额提供了正当理由。换言之,这里不像诺齐克所批评的那种政府的模式化的税收,而是将个人的收入水平按一种分级标准来处理,个人自愿按其所处的水平级来交保险费。但个人也可以交低于他所处的收入水平的保费,这意味着如果他的收入水平下降,将只能按照他所交的保费级别来补偿。

  德沃金在资源平等拍卖之后建立起来的虚拟保险市场,其结果仍然是允许社会经济的不平等。然而,德沃金认为,"我们描述的那种经济的特点,也许能够大大减少财富差别,以至于依然存在的财富不平等给我们带来的麻烦不像我们事先估计的那样大。当然,那些特点的整体效益的成本有可能非常之大,以至于打算为了普遍效用或为了使生活最差的人尽可能非常之大,以至于打算为了普遍效用或为了使生活最差的人尽可能好转而在资源平等上作出妥协的人也会认为,他们更全面的公正观会谴责那种过分的平等"[①]。德沃金通过保险市场来缓解社会经济不平等,是他在初始资源平等之后力图建立

  [①] [美]罗纳德·德沃金:《至上的美德:平等的理论与实践》,冯克利译,江苏人民出版社 2003 年版,第 113 页。

一个平等的资源（财富）占有社会的努力。但这样一个通过保险市场而建立的经济社会，仍然存在着经济的不平等，甚至是巨大的不平等。但应当承认，它通过投保而消减了那些由于不同缘由尤其是因为天赋或劳动技能的差别或残疾而产生的劳动所得所产生的差别，尤其是使因此而产生的贫困问题得到了缓解。这类似于罗尔斯的差别原则。不过，不像诺齐克所批评的那样，政府税收是一种模式化的方式，从而是不正当地拿走了人们的合理所得。保险市场的前提是人们自愿投保。但德沃金也没有提供需要建立一个财富占有趋于平等的社会的正当理由。如果不平等是由于身体、天赋、个人技能等劳动能力的生产所得造成的，那么，不平等就有强有力的正当合理性。既然德沃金反对将劳动技能等天赋能力作为资源拍卖，那么就要承认不同天赋、技能所带来的产量的不同。保险市场是隐性地从其他投保人那里拿到更多资源，从而使那些劳动能力差的人的生活水准得到提升。这不类似于普鲁东所说的私有财产是"偷盗"吗？在这个意义上，罗尔斯更为彻底，因为罗尔斯强调人因为具有理性，拥有正义感的能力和善观念的能力，从而是自由平等的人。这也就是从个人存在的本体论上回答了为什么人在资源分配和占有上应当是平等的理据。

在德沃金看来，当代资本主义社会的价值观出了严重问题。现当代西方社会的价值是，"积累财富是生活成功的标志，为取得这种成功而安排生活的人是令人嫉妒而非同情或关切的对象"①。在德沃金看来，这是一种古怪而又相辅相成的态度。虽然人们嫉妒，但人人都想富有。"因为在我们的世界里，维持并培养这些态度的假设是，既然人们只有一次人生机会，所以追求积累财富和消费奢侈品——其魅力主要在于它们是为非常富有的人保留的——的生活是有价值的生活。任何有关美好生活的理论所能达到的彻底的荒谬性，大概莫过于这种看法了。"② 不过，如果美好生活不在于拥有一定财富，拥有

---

① ［美］罗纳德·德沃金：《至上的美德：平等的理论与实践》，冯克利译，江苏人民出版社2003年版，第113页。
② ［美］罗纳德·德沃金：《至上的美德：平等的理论与实践》，冯克利译，江苏人民出版社2003年版，第114页。

能够使得自己过上体面生活的财富,那是什么?当然,我们承认,物质财富并不等于人的美好生活的全部,甚至不等于最为重要的。人生中最重要的,应当是精神追求,或精神富有。但正如一句俗语所说的,金钱并非万能,但无钱则万万不能。德沃金的资源平等和拍卖保险市场说,不正是通过再分配的资源而让那些身体残疾和劳动技能低下的人也能过上体面生活吗?在德沃金看来,追求财富的心理根植于社会长期的社会心理,因而是一个社会心理学和思想史的问题。但他发现,甚至高度资本主义社会中的严肃艺术和文化都一直在谴责对财富既追求又嫉妒的态度。"我虽然理解艺术对它的拒斥可能只是因为它在生活中被人不假思索地接受,然而甚至最流行的艺术所发出的抗议,却加深了人们的迷惑。"[1] 在德沃金看来,人们对财富的这种嫉妒态度反映了人们对不平等的抗议。因而人们并不是不爱财富,而是对于不平等的财富占有持有一种嫉妒态度,因此,应当追求的是一种平等的社会。那么,我们怎么才能建设一个人们占有经济财富或经济资源平等的社会?德沃金说:"一个平等的社会应当以平等的名义,用专门的资源去训练那些由于技能而处在收入排序之较低位置的人……我们若不作出有关那个世界里人人平等分享的技能组合的假设,则我们根本无法着手复制在那个世界里的财富分配,对这种组合的任何具体规定,都不可能对我们打算在其中从事复制工作的现实世界的不同抱负和嗜好保持中立。"[2] 德沃金在这里所说的"那个世界",即他所虚拟的荒岛移民的世界以及他的初始资源的平等拍卖和拍卖保险设计。平等至关重要并且他的设计并非完全是种虚构。在德沃金看来,否认这一点,就是将其他价值置于平等之上。因此,他的这个荒岛移民的故事并非完全虚构和理想化的乌托邦,而是(在他看来)可以在现实中落实的社会平等规划。

二 自由的地位

"自由"在自由主义的政治哲学中占有一个核心地位,德沃金作为一位自

---

[1] [美]罗纳德·德沃金:《至上的美德:平等的理论与实践》,冯克利译,江苏人民出版社2003年版,第114页。

[2] [美]罗纳德·德沃金:《至上的美德:平等的理论与实践》,冯克利译,江苏人民出版社2003年版,第115页。

由主义的政治哲学家，当他强调平等的重要性时，不可回避自由的问题，尤其不可回避自由与平等的关系问题。

(一) 自由及其与平等的关系问题

"自由"是自由主义的核心概念之一，不同的思想家对于自由都有他自己的看法或观点。德沃金讨论自由是与他的资源平等相联系的。德沃金说，"首先，他所说的自由，是指人们有时所说的消极自由——不受法律限制的自由，而不是指更宽泛的自由和能力。其次，我不想泛泛地讨论自由，而是只想讨论自由和分配平等之间的关系"①。就自由与分配平等的关系而言，德沃金提出的主张是：自由是平等的一个方面，而不是像人们所经常认为的那样，自由与平等是相冲突的。同时，也不是像有些人所认为的那样，自由比平等更为重要。在德沃金的资源平等观看来，自由必须是平等的自由，才可维护资源的平等。因此，自由是平等的一个方面，自由与平等相互关联。德沃金说："我有若干理由认为，自由具有道德上的重要性的观念，必须用另一种不十分常见的方式加以说明：不是坚持自由比平等更重要，而是证明按照何为分配平等的最佳观点，这些自由必须得到维护。"② 所谓"道德上的重要性"，也就是在道德意义上我们应当认识到自由的重要性。这并不是在法律意义上，而是诉诸人的道德认同。其次，在这里，德沃金所强调的是自由与平等的关系。平等的自由与平等资源分配是相互关联的。在讨论自由与平等的关系时，德沃金再次指出自由的两种意义。首先，"自由"只是简单地表示不存在的限制。③ "不存在限制"中的"限制"，是指法律意义上的禁止，法律不禁止即为自由的领域。这与前述说法是一致的。其次，则是在规范意义上使用"自由"这一概念。何为规范意义？德沃金并没有给予界定，而只是说，是为了

---

① [美] 罗纳德·德沃金：《至上的美德：平等的理论与实践》，冯克利译，江苏人民出版社2003年版，第130页。

② [美] 罗纳德·德沃金：《至上的美德：平等的理论与实践》，冯克利译，江苏人民出版社2003年版，第132页。

③ 参见 [美] 罗纳德·德沃金《至上的美德：平等的理论与实践》，冯克利译，江苏人民出版社2003年版，第136页。

"描述我们认为人们应当享有的自由的态度"①，实际上，自由的规范性意义仍然是法律规范的意义上的自由。最后，德沃金指出平等同样具有两种意义。一是在较浅显的意义上使用，即只表示在某些方面的相同或同一。如人们可以说，平等意味着在财富、幸福或能力等方面的相同或同等。二是"从规范意义上使用'平等'，是要表示在某一个或某些方面应当相同，或以相同的方式加以对待是公正的。"②德沃金的规范意义，实际上表示的"应当"，即不是实然，而是应然。规范意义无疑有应当的含义，但也有实然的意义，如任何公司企业的规则章程，无疑是一种应当，但也是一种实然性规范，即它是规范公司经营的必然遵守的规则，而且这些规则为一个公司员工的行为划定了界限。不过，德沃金强调规范的应然性，即理想性。他说："凡是把自由或平等作为规范的理想加以接受的人，对于人们应当享有自由以及他们应当在某些方面相同或得到相同对待的方式必须持有某种想法，而不同的人会有不同的想法。"③ 规范的理想性在不同的人那里可能有不同的观点，因为应然并不是实然，对于应当如何，不同的人会有不同的观点和看法。而德沃金讨论自由与平等的关系问题，则主要从一种规范的意义上来讨论。

从资源平等的角度看，德沃金指出，平等不是依赖偏好的满足以及个人抱负的倾向，而是一个协调的过程，德沃金的资源平等是通过拍卖过程来实现的，拍卖中的出价是一个在与他人的出价比较中最后成交的。因此，对于自己的抱负或责任是在一个相互关切的共同体中实现的，从而需要考虑自己与他人的真实成本。在德沃金看来，为使这一过程充分恰当，必须有本质上的自由，即个人在没有外在压制下的选择自由。某人占有的一定资源或机会将给别人造成一定的成本，而这只有在人们的抱负和信念是真实的、他们的选择和决定合理地选用于那些抱负和信念时，才能实现。这也就是说，选择

---

① ［美］罗纳德·德沃金：《至上的美德：平等的理论与实践》，冯克利译，江苏人民出版社2003年版，第136页。
② ［美］罗纳德·德沃金：《至上的美德：平等的理论与实践》，冯克利译，江苏人民出版社2003年版，第137页。
③ ［美］罗纳德·德沃金：《至上的美德：平等的理论与实践》，冯克利译，江苏人民出版社2003年版，第137页。

第四章　诺齐克与德沃金

是出自内心的。而没有自由则不可能做到。在这个意义上，是不是说，自由是实现平等的手段或工具？德沃金不这样认为。在他看来，自由使平等得到界定和保障，但这并没有使自由成为平等分配的工具，倒不如说，这两者是融合在一起的。

德沃金指出，关于自由与规范的关系，有一种很流行的观点，即这两者是冲突对立的关系。在现代西方的政治论争的频谱中，其一端是绝对自由主义，认为当自由与平等相冲突时，自由绝对不能服从平等，当然，还有无政府主义者，追求绝对的自由，无疑会认为自由与平等之间存在冲突。另一端则是绝对平等主义，认为平等应置于自由之上。在这两者之间居中的观点则认为，应当把不同的政治价值赋予这两种政治美德。然而，德沃金对于所有这些争议及其相关观点都持异议。德沃金说："我相信我们现在已经一致同意一条抽象的平等主义原则：政府必须让它所统治的人过上更好的生活，它必须对每个人的生活给予平等的关切。"[1] 这条抽象的平等主义原则，是它讨论自由与平等关系所坚持的根本原则。在《原则问题》一书中，德沃金阐述了一条相类似的平等主义的抽象原则："这个自由主义形式坚信，政府必须在以下意义上平等地对待人。它不得通过以下论证把任何牺牲或限制强加于任何一个公民：要是不放弃他的平等价值感，公民便不会接受该论证。"[2] 然而，对于这样一条原则，我们所见的常常是，如政府关心某些公民的生活胜过对另一些公民生活的关心，因而所见则是不平等的现实。在某些社会，这种情况几乎司空见惯。如某些人享受着优质的医疗条件，而社会底层的人则连最基本的医疗保障都没有。还有人认为增进国家的力量而不是每个公民的幸福更为合理，也有人认为，应当致力于促进知识和保护艺术的发展，这样做是为了艺术本身，而不是为了改善人民生活。而当人们对不平等进行辩护时，似乎都与自由相关。如取消私有医疗机构从而使穷人得到更好的医疗资源，

---

[1] [美] 罗纳德·德沃金：《至上的美德：平等的理论与实践》，冯克利译，江苏人民出版社 2003 年版，第 139 页。

[2] [美] 罗纳德·德沃金：《原则问题》，张国清译，江苏人民出版社 2005 年版，第 268 页。

这样做体现了对平等的关切,但取消私人医疗机构则意味着限制了富人有着更多选择就医的自由。批评自由主义的人们经常指出,有时自由较少反而更能增加幸福。"但是,如果一个人不认为在自由状态下的生活仅仅由于这一点便是更有价值的生活,因为这种生活更加自主、更加真实或有更多的尊严,或在其他方面更美好,那么他也不可能热爱自由。"① 然而,这样的认知是反事实的。而所谓较少自由更能增加幸福,并非指穷人的幸福,而是少数权贵或富人的幸福,从而并不是政府对每个人的平等关切的体现。因此,平等要求政府更多关注自由,就在于要求政府更多关心被统治者的幸福。因此,"平等怎么会与正确的自由观相冲突呢?"② 德沃金在这里指出的是"正确的自由观",虽然只关注少数人的幸福的自由观并不是正确的自由观。德沃金认为,如果认为平等与正确的自由观会发生冲突,那么,必须满足两个条件:一是尽管自由对人的生活是有价值的,但从平等的立场看,社会中的某个群体的地位会因为取消某些自由而得到改善;二是对这个群体的平等关切要求这么做。德沃金再举私人医疗机构之事来说,如果取消私人医疗机构会使穷人得到更好的医疗条件,那么,对他们的平等关切就要求这么做。"我们假定,自由除了它给人们的生活作出的贡献外没有其他价值或重要性,那么对这种结果就不能用与政府应当给予公民的关心无关的原则或目标加以辩护。只有当我们接受跟平等原则显然不一致的原则时,才能作出这种辩护。"③ 然而,这样的辩护是不成立的,因为在这种处境下,穷人的生活显然不如另一些人的生活重要。

自由与平等作为规范性的理想,对于人们应当享有的自由以及所有人都应当得到同等对待或在某些方面相同的问题,不同的人会有不同的想法。因而,人们是否认为自由与平等之间存在着冲突,在于人们所持有的立场观点

---

① [美]罗纳德·德沃金:《至上的美德:平等的理论与实践》,冯克利译,江苏人民出版社2003年版,第141页。
② [美]罗纳德·德沃金:《至上的美德:平等的理论与实践》,冯克利译,江苏人民出版社2003年版,第141页。
③ [美]罗纳德·德沃金:《至上的美德:平等的理论与实践》,冯克利译,江苏人民出版社2003年版,第142页。

的不同。前面已述,自由主义,尤其是如同诺齐克那样的自由至上主义者,以及无政府主义者,他们无疑主张将自由置于平等之上。然而,从更为普遍的观点看,如果自由与平等之间必然存在着冲突,那么其后果也就是我们只能在自由与平等两者之间选择一个。在德沃金看来,无论是主张绝对自由还是主张绝对平等,从我们的文化背景来看,都不可能理解为让理想的平等屈从于自由,因此,"自由和平等之间的任何真正的竞争,都是自由必败的竞争"[①]。在德沃金看来,"我们不能彻底否定平等原则,因为政府不应当对公民的生活给予关切的观点是荒谬的,政府应当给予某些更多关切的观点是不道德的"[②]。假如这两者之间真正发生冲突,由于这样一个强有力的理由,无疑只能牺牲自由了。在德沃金看来,抽象的平等主义原则(政府应当平等地关切所有公民)是平等主义的核心所在,正因为如此,就不能赋予和我们所赞成的平等观要求相冲突的任何自由权利。但我们不能因为强调平等主义的抽象原则,从两者的调和角度来看,就认为自由具有从属性的地位,或认为自由是平等的工具。就人文主义的理想而言,自由的重要性不亚于平等,自由是人类的尊严所在,是人类存在的先验性价值。而就两者的关系看,平等是自由的平等,自由是平等的自由。

(二) 两种战略

德沃金意识到,从不同的观点看,自由与平等之间存在着冲突的可能,而如果自由与平等确实存在着冲突,则是自由必败的结果。那么,如何使自由与平等之间能够和谐一致?德沃金认为,处理自由与平等的关系,有着两种不同的战略,这就是利益战略与制度战略。利益战略是以利益为根据分两步走的战略,制度战略则是一步到位。在德沃金看来,这两种战略都与资源分配相关。分两步走的利益战略是以人们关于利益的观念来定义理想的分配。"这种战略的所有版本,都要求对如何确定人们的利益以及理想分配所要满足的人们的不同

[①] [美] 罗纳德·德沃金:《至上的美德:平等的理论与实践》,冯克利译,江苏人民出版社 2003 年版,第 139 页。

[②] [美] 罗纳德·德沃金:《至上的美德:平等的理论与实践》,冯克利译,江苏人民出版社 2003 年版,第 142 页。

利益有何作用作出具体的解释。"① 换言之，利益战略优先考虑的是人们的理想利益分配，不把自由作为重要项放入利益考虑之中，或者说，自由是独立于利益的。其第二步，则是将自由作为工具来满足人们的利益需求，"为了恰当地保护这些利益或遵守权利公理，要求确立并尊重享有这些权利的自由"②。那么，什么是制度战略呢？与利益战略开始并不考虑自由这一要素，将自由作为与利益分配相独立的要素（第二步则作为工具）不同，"制度战略把自由纳入它最初选定的平等观的结构之中。它主张必须在理想分配的定义中考虑到自由"③。

德沃金指出，功利主义是利益战略的典型例子。功利主义的平等观把理想分配定义为从长远看可以促进平均福利的分配。这里就没有涉及自由问题。但功利主义不排除通过利益战略表明，保护选择的自由以及言论自由的权利，是达到最大可能的平均福利的最佳方式。这里特别指出关于言论自由的权利，是指密尔曾有专门的《论自由》，在这篇专论中，密尔着重强调了言论自由的重要，而他这样强调，其背景符合功利主义的原则。德沃金还着重指出，一般而言，契约论是一种利益战略。"他们认为，公正的统治原则，就是人们在正确规定的条件下因为符合他们的利益而在选择中一致同意的原则。"④ 而所谓理想的利益分配也就是在那样的环境下所选择的原则指导下的分配。不过，德沃金认为，像罗尔斯这样的契约论则比一般契约论复杂得多，因为罗尔斯的契约论是将利益战略与制度战略相结合。自由是通过制度战略的方式引入，而初始位置的代表们对于他们的利益则有着重要的关切。德沃金认为，利益战略有着它的难题，这是因为，契约论式的利益战略，是公民们通过自己的讨价

---

① ［美］罗纳德·德沃金：《至上的美德：平等的理论与实践》，冯克利译，江苏人民出版社2003年版，第147页。
② ［美］罗纳德·德沃金：《至上的美德：平等的理论与实践》，冯克利译，江苏人民出版社2003年版，第147页。
③ ［美］罗纳德·德沃金：《至上的美德：平等的理论与实践》，冯克利译，江苏人民出版社2003年版，第147页。
④ ［美］罗纳德·德沃金：《至上的美德：平等的理论与实践》，冯克利译，江苏人民出版社2003年版，第147页。

还价来接受相应的利益与自由条件的，因而不可能喜欢自己没有某种受到保护的，对所有人平等的自由。然而，德沃金认同哈特的如下说法："我大可以认为，我的生活因为这些自由在我的社会中的普遍性，即因为别人拥有这些权利而变得更差了。"① 这是因为在德沃金看来，人们会计较自己在生活中的利益得失，而如果某些自由并不是他们在契约中约定的，并且因此造成了他们的利益损失，无疑他们会反对。不过，德沃金认为，罗尔斯的契约论可能不会这样，因为他不允许我们根据自己的特别处境或利益来对正义原则作出选择。当初始位置上代表人同意保护他们的自我利益和善观念的能力时，他们用的是利益战略，而当他们同意普遍的平等自由的正义原则时，他们用的是制度战略。

德沃金的制度战略是与他的资源平等理论联系在一起的，如果我们不理解他的资源平等理论，也就不能理解他的制度战略。从制度战略观点看，自由属于社会环境中的一部分，而不是人的身体或人格的一部分。在德沃金的资源平等论的拍卖活动中，拍卖是以某种现实中的自由或限制体系为前提的。前面已述，资源平等的拍卖方案中有一个嫉妒检验的尺度，而嫉妒检验则是与自由或限制相关的。背景规定给予人们的拍卖以选择自由，这种选择直到参与者满足为止。拍卖首先提供一个背景底线体系来安排进行，这个背景底线体系包括了不可缺少的对自由的具体规定。德沃金说："如果资源平等想使它的平等观与任何恰当的自由观取得调和，它就必须回到制度战略。它必须表明，对取得平等最为恰当的底线自由/限制体系，提供了正确的自由观所要求的权利。"②

前面已述，德沃金提出了一条抽象平等原则，即政府应当对所有公民平等关切，就制度战略而言，德沃金认为应当在资源平等上落实对平等的关切。而从德沃金的理论来看，也就是要求落实平等关切的拍卖。他把资源的平等拍卖

---

① ［美］罗纳德·德沃金：《至上的美德：平等的理论与实践》，冯克利译，江苏人民出版社2003年版，第149页。

② ［美］罗纳德·德沃金：《至上的美德：平等的理论与实践》，冯克利译，江苏人民出版社2003年版，第159—160页。

作为他的制度战略的架桥版本。德沃金说:"这种架桥战略赞同把强有力的一般性原则,即抽象原则,作为任何恰当的底线的核心内容。这项原则作出赞同选择自由的强有力的假设……这条抽象原则不把自由作为特权,但它有着足够的力量形成一种正确的自由观的核心。此外,我还希望说明,架桥战略也支持更为具体的自由权利,甚至当抽象原则有其他方面的考虑时,它们仍保护着人们的自由不受限制……如果确实如此,调和自由与平等的制度战略便取得了成功。"① 联系德沃金的资源平等的拍卖活动来讨论自由与平等,实际上这里的"自由",或他所说的核心的自由原则不过是选择自由。应当看到,功利主义的平等观从最大多数的最大幸福原则出发,确实没有将自由与福利平等联系起来,但契约论的平等,则同样是在没有压制的环境下的平等的选择,即自由选择。不过,从拍卖选择的假设出发,德沃金认为,他的底线设计的自由是与抽象的平等原则一起起作用的,从而他的讨论更为具体或细致。同时,他将抽象的平等原则与法律观念联系起来,认为抽象性要求对全部自由作出某种法律限制,从而使得人们能够合法地支配他们通过拍卖选择而获得的资源。因而抽象性也就包括了安全所需的法律限制。在德沃金看来,抽象原则坚持让人们自由行事,在底线体系条件下按照他们自己的愿望来利用他们平等获得的资源,只要它符合安全原则。而这里的所谓"安全",不是别的,即法律的保障和限制。在德沃金看来,自由并不是任意,而是规范性的自由,这就意味着自由不可离开法律。

资源平等的拍卖保险市场是德沃金所设想的一种或一个思想试验,但这样的试验可以回到现实中来吗？德沃金认为,一种平等主义的理想理论,如果不能对不平等的分配提出某种平等主义的改进办法,则是没有价值的。他指出,可以一步步来讨论这个过程。首先,设想嗜好和抱负一样的人们能够按照我们的要求,共同组织并举办一场这样的拍卖,它的底线是尊重抽象原则以及其他所确立的原则。可以想象一下拍卖之后我们立刻进行生产交易和消费,以及随之产生的法律和经济制度结构,或者说,对我们即将产生的产权分配模式以及

---

① [美]罗纳德·德沃金:《至上的美德:平等的理论与实践》,冯克利译,江苏人民出版社2003年版,第161—162页。

法律制度作出判断。德沃金说:"我们的刑法会按照我们讨论过的抽象原则和其他原则的形式,保护我和尊重自由。会有补贴性的保险方案,使失业者或就业不充分的人、病人或残疾人得到特殊的资源,他们会在一个平等的保险市场中得到这些资源。人们会有不同的资源、职业和储藏,但是不存在那种大多数现代社会中常见的财富与贫穷的极端分化。"① 不过,我们认为,德沃金的这种资源平等的拍卖市场方案的想象性太强,这是因为,起点平等即无主物即无占有性荒岛几乎在这个真实的社会世界就不存在。因此,这样一个起点反倒不如诺齐克的保护性团体来得真实。不过,德沃金所设想的以保险来应对随后的私有产权社会,由于天赋、生病、身体残疾等原因所产生的财富占有差别,尤其是使人们落到平均财富占有水平之下的人的生活得到保障的设想,则是有着平等主义倾向的现实可能性的。换言之,它是一种对于不平等的财富占有现实的被救措施,或纠错措施。不过,德沃金提出的这一措施,对于权力对市场的干涉以及对于财富分配所起作用的关注度远远不够。权力所造成的市场外部性因素对人与人之间的财富分配的作用要远大于市场本身对财富分配所造成的不平等。不过,仅就德沃金所提出的理论而言,在应对现实不平等的分配方面而言,仍然提出了很有价值的观点。

与思想试验性的资源平等拍卖和保险市场理论相对应的,是现实的不平等的分配。德沃金引入会计学的术语"赤字"来表示这一问题。他说:"我们可以把一个人的公正权益赤字(equity deficit)定义为他在自己社会中的所得低于他在理想的平等主义分配中应得的程度或水平,或他的处境比他应当得到的更差的程度。"这里所译的"公正权益",实际上是"平等",译者译为"公正权益赤字"也有其合理性,即可以看作在理想的平等条件下的平等缺失。德沃金将现实的没有达到理论上的平等水平的资源获取,称作公正权益赤字。在他看来,以理想的平等主义分配理论即他的资源平等理论为指导的改进理论,其目标在于减少公正权益赤字。但这首先就有一个计算问题。如

---

① [美]罗纳德·德沃金:《至上的美德:平等的理论与实践》,冯克利译,江苏人民出版社2003年版,第178—179页。

果是会计，无疑需要数据，但怎样来确定一个准确的数字？德沃金认为可以得到这样一个数字。他说："一个人的资源赤字是指他拥有的资源与他在采用公平底线的拍卖中可以得到的资源之差。对于实践性的改进理论来说，一般可以相当准确地测定资源赤字。人们的资源赤字是他为了把自己的资源转化为他在拍卖中可以得到的资源所需要的总和。"① 这样说从理论上是可行的，但问题在于，"公平底线的拍卖"这一说法在现实社会中是否可行？如果没有或甚至不可能从理论上进行这样的现实拍卖，那我们怎么能够得出这样一个赤字？其次，相对于自由问题，德沃金也提出了自由赤字的问题。"另一方面，一个人的自由赤字是由他的生活变差的那些方面构成的，此外还有由于其社会中的自由/限制体系不符合资源平等的要求而表现为资源赤字的那些方面。"② 应当看到，德沃金的这一说法过于含糊，无法将他这一所谓"自由赤字"说法与上述的资源赤字上仅就资源本身而言的界定区分开来。不过，德沃金所举的案例说明了自由赤字是什么。如限制创作讽刺雕塑，因有这样一个禁令，无论多少钱都无法买到想创作讽刺雕塑的资源价值，这无疑是政治自由原因而造成的资源损失，或资源赤字。如没有对真理讨论的自由，将使多少人处于某种愚昧之中。像在中世纪的宗教裁判所，就对所有对基督教信仰持怀疑态度的人进行审判，从而使得一代又一代的人失去了信仰自由和对真理的追求。德沃金指出，我们虽然不能以金钱来计算这种赤字，但我们能够比较这类赤字。如我们可以禁止一个人吃花椰菜，同时禁止另一个人读书，这两个政治禁令，无疑后一个比第一个更为严重。③ 但德沃金的这个说法也不一定能够成立。如清军入关后，对于汉人禁止留发的命令，就使得多少汉人失去了生命。如果加进自由赤字，对于德沃金的分配平等理论来说，就弥补了他在建立保险市场中只对技能差以及身体残疾这类的保险而没有对由于失

---

① ［美］罗纳德·德沃金：《至上的美德：平等的理论与实践》，冯克利译，江苏人民出版社2003年版，第181页。

② ［美］罗纳德·德沃金：《至上的美德：平等的理论与实践》，冯克利译，江苏人民出版社2003年版，第181页。

③ 参见［美］罗纳德·德沃金《至上的美德：平等的理论与实践》，冯克利译，江苏人民出版社2003年版，第182页。

第四章　诺齐克与德沃金

去自由进行保险的问题。但是，如果是他所说的禁令创作讽刺雕塑，这样对那些在这方面专长的艺术家来说，其损失又如何通过保险机制得到弥补呢？因为这类损失是无法计算的。如清军让无数的汉人失去生命，仅仅因为一个留发不留人的禁令。

德沃金将自由赤字放入资源平等分配之中，应当看到是考虑到了政治因素对于资源平等分配的影响。但自由赤字同时引入了另一个问题，是否人们可以为了平等而牺牲某些自由？这是因为，自由是一个包含着多重内涵的概念。不过，在德沃金的自由赤字概念上，任何自由损失都可以进入这一概念。德沃金说："我们可以用以下方式重新表述我们的自由赤字这个会计概念。自由赤字就是一个因法律限制而导致的做某些事的能力的损失，在可为之辩护的分配中，他本来是可以做这些事的。当社会给它的一个成员造成自由赤字时，它就使他蒙受了牺牲。"① 当无人蒙受损失时，当人们感到他所得到的资源如同在没有任何外在压制的情况下进行的拍卖时所能得到的平等资源一样多时，或者是在可为之辩护的分配中拥有了不受限制的自由一样多的自由时，他否认他的自由受到侵害。

然而，在现实社会中，限制自由的事总是在发生，很多人认为这有着正当的理由。如人们提出为了平等，要限制私人医疗机构；为了平等，要限制私人教育机构。这是因为，私人医疗机构和私立的教育机构都可能提供了远高于公立机构所提供的服务于教育。如果限制或废除了私人医疗机构或私人教育机构，则限制了那些富有人的选择更好医疗或教育的机会。激进的平等主义自由者可能会说，在一个理想的世界里平等的要求是，自由可能随时会因为平等而牺牲。"利益战略如果成功，就会允许按照重要性对自由加以排序。"② 而某些被人们认为没有重要性的自由，则会被平等地要求消除掉。在德沃金看来，他的制度战略也对于不同的自由项给予了不同的地位，"我所采用的

---

① ［美］罗纳德·德沃金：《至上的美德：平等的理论与实践》，冯克利译，江苏人民出版社2003年版，第192页。
② ［美］罗纳德·德沃金：《至上的美德：平等的理论与实践》，冯克利译，江苏人民出版社2003年版，第191页。

制度观点确实建议，赋予一些自由在理想平等的底线中以特殊地位。我为我所说的真实性原则描述了一种制度论据，例如它赋予言论自由以特殊地位"①。但德沃金认为，他这样说仅仅是主张，在理想的平等中，限制言论自由与限制其他自由相比，需要比基于安全更强有力的论证，但德沃金认为这样的论证并没有说服力。他强调他的实际主张仍然是对于所有自由一视同仁。德沃金的真实性原则是对抽象原则的补充，即在资源拍卖市场，所有参与者的信息应当是真实的，这一要求所体现的就是言论自由，即允许人们提出不同意见和有不同的声音。参与拍卖者既想有形成自己的信念的机会，也希望能够与他人的信念进行交流和相互影响。言论自由、表达自由和信仰自由在这里就显得尤为重要。强调言论自由的真实性原则是对抽象原则的重要补充，但不意味着其他自由不重要。那么，那些不重要的自由如选择医疗机构和教育机构的自由是否要因为平等的理由而牺牲掉呢？德沃金认为，禁止私人医疗机构这样的事带来了更复杂的问题。在他看来，任何合理的可为之辩护的分配中都不会实行这种限制。但是为什么？德沃金只是从后果上看，而没有从理由上看。即如果取缔私人医疗机构，英国的全民保健服务也不会因此而得到改进。②当德沃金这样看问题时，无疑他是在保护富有者的选择自由而不是更大范围的平等。

德沃金的分配平等理论是一个结构复杂的理论，这一理论的起点类似于古典契约论的自然状态，但他设计的则是一个以市场经济的资源占有平等为起点的拍卖市场，再加上保险市场对技能不足和残疾或残障造成的收入水平低于平均福利水平的保险制度。这样一个结构没有考虑到自由的地位。因此，他对这一分配平等的理想设计又加上了对于自由的论证，并进一步提出平等的抽象原则这一更核心主张，同时强调自由本身是在拍卖选择之中，或题中应有之义。但作为以拍卖相关的最核心的自由则是选择自由，同时为了保障

---

① ［美］罗纳德·德沃金：《至上的美德：平等的理论与实践》，冯克利译，江苏人民出版社2003年版，第191页。

② 参见［美］罗纳德·德沃金《至上的美德：平等的理论与实践》，冯克利译，江苏人民出版社2003年版，第194页。

人们意图的真实性，德沃金提出了言论自由和表达自由的重要性。对于现实世界的不平等，德沃金强调他的理论应当有着应用的可能。不过，他对于现实的西方社会中的自由与平等的冲突问题，所提出的方案并没有像他在理想的虚拟拍卖和保险市场那样有说服力。

第五章　麦金太尔与桑德尔

阿拉斯代尔·麦金太尔（Alasdair MacIntyre，1929—2025，以下简称"麦金太尔"）、迈克尔·桑德尔（Michael Sandel，1953—　，以下简称"桑德尔"）两人与查尔斯·泰勒和沃尔泽一起，四人被称为当代最重要的社群主义者（Communitarianists）。麦金太尔是一位重要的伦理学家和伦理学史学家，他被称为社群主义者，是因为他对于现当代自由主义的批评以及对亚里士多德式的共同体的向往。麦金太尔是一位高产的哲学家，自20世纪50年代以来，一直笔耕不辍，如《马克思主义的解释》（Marxism: An Interpretation，1953）、《基督教信仰的困境》（Difficulties in Christian Belief，1959）、《伦理学简史》（A short history of ethics: a history of moral philosophy from the Homeric age to the twentieth century，1966）、《德性之后》（After Virtue，1981）、《谁之正义？何种合理性?》（Whose Justice? Which Rationality? 1988）、《三种对立的道德探索观点》（Three Rival Versions of Moral Enquiry，1990）、《依赖的理性动物：人类为何需要道德》（Dependent Rational Animals: Why Human Beings Need the Virtues，1999），等等。桑德尔工作的领域是政治哲学，他是社群主义哲学家中最有影响力的一个，相关著作有《自由主义与正义的局限》（Liberalism and the Limits of Justice，1982）、《自由主义及其批评者》（Liberalism and its Critics，1984）、《民主的不满——美国在寻求一种公共哲学》（Democracy's Discontent: America in Search of a Public Philosophy，1996）、《公共哲学》（Public Philosophy: Essays on Morality in Politics，2005）等。

第一节　麦金太尔

麦金太尔一生著述颇丰，所涉及的领域有伦理学、政治哲学和宗教神学等,这里我们仅从政治哲学的角度对他的相关观点进行讨论。这里重点讨论三个方面:一是他的传统共同体观念,二是他的历史正义观,三是他对以罗尔斯为代表的当代政治哲学的批评。

一 传统共同体观念

麦金太尔是中国读者所熟稔的哲学家之一,他为中国读者所熟悉,首先在于他的《德性之后》一书(此书中文版于 1995 年由中国社会科学出版社出版)。此书英文原版于 1981 年出版,在英文读书界被认为是 20 世纪 80 年代最优秀的哲学著作,被各大学以研讨班形式进行研读。此书之所以会如此有名气,在于他对于当代道德世界的大胆诊断,在他看来,由于启蒙运动放弃了以亚里士多德为代表的传统德性伦理,从而现当代世界处于德性之后的时代状况,德性被放逐到生活世界的边缘,而其中心则为功利概念所取代。*After Virtue* 这一书名所标明的就是这样一个时代的道德状况,并且其书中的第一章就是一个十分生动形象的比喻,这个比喻以一个想象中的人类大灾难情景来蕴含,这个大灾变导致所有的自然科学概念、思维以及实验材料都从人类的精神世界和物质世界中摧毁,从而使得灾难之后的人类的科学知识只有原来的残章断片。麦金太尔以此为参照,提出人类的道德世界正遭遇着这样一场大灾变。在他看来,这场大灾变正在进行之中,因而我们处于德性之后的现代时期。那么,何为历史中存在的德性?本书在以四章的篇幅讨论启蒙运动以来的思想运动之后,即转入历史上的传统德性的探讨之中。正因为如此,作者认为他这个书名有着双重意思,即德性之后和追寻德性。但追寻是在现当代失去传统德性的背景之下进行的,因此,此书名更妥当的中文表述仍然是"德性之后"。麦金太尔是一个伦理学史学家,他对西方伦理学史的长期思考和研究,使他醉心向往着以亚里士多德为代表的传统德性伦理。在他看来,18 世纪的启蒙运动意味着对以亚里士多德为代表的传统德性伦理的彻底摒弃,从而导致现当代进入一个以情感主义的主观主义为代表的道德时代,情感主义的伦理学占统治地位,也就意味着一个道德相对主义的时代。而我们正处于一种失去了传统德性的道德相对主义的历史时代。麦金太尔怀念那个有着相对稳定性的道德信仰的历史和历史传统,正是在这样一种背景下,麦金太尔表达了他对传统共同体的向往。

（一）从荷马到柏拉图

在麦金太尔看来，古代社会是一个德性共同体的社会。在荷马史诗的描述中，就存在着一个神—人共同体。这一神—人共同体是以人类社会的生活为中心的，但神不时会介入人类社会的生活中去。就荷马所描述的人类群体而言，这是一个英雄群体或英雄共同体，因而称为英雄社会或"英雄时代"。在麦金太尔看来，在欧洲的古代社会，如冰岛或爱尔兰的英雄社会，都有着类似于荷马的英雄社会的特征。这是一个怎样的共同体呢？麦金太尔指出，这是一个有着分明等级制和职责的共同体。即在这样一个共同体中，那些被称为"英雄"的贵族，都是有一定的社会地位，有着自己的职责担当的人。麦金太尔说："关于荷马的社会，芬利写道：'社会的基本价值标准是既定的，早就确立了的，一个人在社会中的位置以及来自他的社会地位的权利和责任也同样如此，芬利说的是荷马的社会情况，冰岛或爱尔兰的英雄社会也同样如此。既在一个得到明确界定并具有高度确定性的角色和地位系统里，每个人都有既定的角色和地位。'"[1] 这里强调指出的是英雄社会的基本价值标准与人们在这个社会中的位置、地位以及权利与职责的相关性。每个人都有得到了明确界定的位置和地位，而从这样一种职责体系中派生出来的就是相应的德性要求。在麦金太尔看来，荷马式的英雄社会或英雄共同体就类似于一种有机结构的组织或共同体。然而，现当代社会则是一个角色破碎和分裂的社会，这体现在现代自我角色的分裂上。现代社会的人们的时间已经分割成上班时间与下班时间，而上班时间的角色与下班时间的角色是完全不同的，前者是公共领域里的角色，后者则是私人领域里的角度，这种角色的分离导致的是德性的分离，在公共领域里的德性可称为公共德性，如勤奋，而在私人领域里的德性则称为私德。而在荷马式的英雄社会，判断一个人的德性标准也就只有在公共领域里的德性。英雄社会或英雄共同体没有私人德性与公共德性的区分，根源在于没有私人关系与公共关系的区分。麦金太尔指出，

---

[1] ［美］阿拉斯代尔·麦金太尔：《德性之后》，龚群等译，中国社会科学出版社2020年版，第154页。

第五章　麦金太尔与桑德尔

这类共同体系统中的关键性结构，是亲属关系。他说："这个系统的关键结构是亲属关系的和家庭的结构。"① 这类似于中国传统社会。在中国传统社会的五伦关系中，其中的三伦，即父子、夫妇、兄弟，都是家庭亲属关系结构。亲属关系与家庭关系结构只是一种关键性的内在结构，在这样一种亲属关系和家庭关系的结构之外，还有一种共同体的政治关系结构，即以国王或首领为最高统治者的国家关系结构，而在最高统治者之下，则是贵族群体。荷马史诗所表现的主要是以这样一个贵族群体在战争中的表现为主体的叙述。

作为贵族的个人与共同体的关键性的联结在于个人对职责的履行，麦金太尔指出，"善"这一概念最初对荷马贵族角色的述词，而后则演化成对于贵族的职责履行的评价词。麦金太尔说："反映在荷马史诗中的是这样一个社会：在这个社会中，最重要的判断是在个人事务方面，即在履行社会指派给他的社会职责方面。正因为，一定的品质对于履行一个国王、一个武士、一个审判官或一个牧羊人的职责是必需的，所以诸如权威、勇敢、正义这类词才有了用途。'$àyaθ6ς$'一词（我们的'善'这个词的始祖），起初是专门用于描述荷马贵族角色的述词。"② 而后则转化为与所有的评价词相应的概念，麦金太尔引阿德肯斯的话说："要成为善的，一个人无论是在战场还是在和平时期，都必须是勇敢、技艺娴熟和成功的人。"③ 在这个意义上，善已经开始成为伦理意义上的普遍概念，它可以与所有那些对人的品格或品质进行赞扬的概念进行互换。因此，如果说一个人是善的，而不是说他是高贵的、勇敢的和聪明的，则是不可理解的。麦金太尔认为，将这些形容词所代表的品质归于某人，是在进行一种事实性的陈述，这个事实不是别的，就是他对职责的履行，"并且唯一地取决于他对职责的履行"④。职责

---

① [美]阿拉斯代尔·麦金太尔：《德性之后》，龚群等译，中国社会科学出版社 2020 年版，第 154 页。
② [美]阿拉斯代尔·麦金太尔：《伦理学简史》，龚群译，商务印书馆 2003 年版，第 28—29 页。
③ [美]阿拉斯代尔·麦金太尔：《伦理学简史》，龚群译，商务印书馆 2003 年版，第 29 页。
④ [美]阿拉斯代尔·麦金太尔：《伦理学简史》，龚群译，商务印书馆 2003 年版，第 29 页。

也就是一个人在共同体中承担的角色。在英雄共同体中,每个人都有着自己的确定的职责,这些职责的履行使得共同体能够存在与发展下去。与职责的履行相应的品格又有着另一个一般性的品格概念来描述,这个概念就是"德性"。"一个履行社会指派给他的职责的人,就具有德性。然而,一种职责或角色的德性与另一种职责和角色的德性是完全不同的。国王的德性是治理的才能,武士的德性是勇敢,妻子的德性是忠诚,如此等等。如果一个人具有他的特殊的和专门职责上的德性,他就是善的。"① 各种各样角色的履行都可称为德性在起作用,就此而论,荷马式的英雄共同体就是一个德性共同体。麦金太尔着重分析了荷马史诗中"勇敢"的德性。勇敢之所以重要,首先是在战场上,对于荷马所描述的正在进行着战争的两支军队而言,如果没有勇敢的德性,则战场上的胜利也就不可能取得。勇敢不仅表现在战争中,而且表现在竞赛中。麦金太尔说:"勇敢之所以重要,不仅由于它是个人的品质,而且由于它是维持一个家庭和一个共同体所必需的品质。荣誉属于在战斗中或在竞赛中的优胜者,是为他的家庭和共同体所承认的一种标志。与勇敢有关的其他品质也得到公众的承认,是由于它们在维持公共秩序方面起的作用。"② 在麦金太尔看来,英雄社会的德性之所以重要,就在于它的功能,即维护共同体、维持家庭以及维护公共秩序。正因为如此,我们不可能把德性从所描述的社会结构关系中抽取出来,如果这样做,对于德性的描述就变得不可理解了。这也意味着,在荷马的英雄社会或英雄共同体中,每个英雄或每个人都有自己的确定的位置,这些社会地位或社会位置本身规定了他应当履行的职责,而如果他能够胜任他的职责,则表明了他具有相应的德性。"英雄社会的德性的践行既要有一种特定的人,也要有一种特定的社会结构。"③ 这样一种结构井然、人人都有在其中的位置的共同

---

① [美]阿拉斯代尔·麦金太尔:《伦理学简史》,龚群译,商务印书馆2003年版,第31页。

② [美]阿拉斯代尔·麦金太尔:《德性之后》,龚群等译,中国社会科学出版社2020年版,第156页。

③ [美]阿拉斯代尔·麦金太尔:《德性之后》,龚群等译,中国社会科学出版社2020年版,第160页。

第五章　麦金太尔与桑德尔

体，就是麦金太尔心目中的共同体。他以这样一种共同体的视域来观看现当代社会，从而指出当代社会本身是一种碎片性的社会和社会生活。

柏拉图是古希腊的重要思想家，他的《理想国》以思想试验的方式，系统地描述了一种正义的共同体。对于麦金太尔来说，在古代共同体的形象中，无疑也有着柏拉图式的共同体形象。不过，麦金太尔对于柏拉图所建构的理想共同体即理想城邦则有着很多的批评。在《伦理学简史》中，麦金太尔以专章的形式讨论柏拉图的理想城邦共同体。麦金太尔按照柏拉图在《理想国》中的叙述线索来讨论。柏拉图在书中是从苏格拉底与智者们关于正义的对话开始的，柏拉图为了回答智者们所提出的正义与幸福的关系问题，进而转入对城邦共同体的思考。麦金太尔说："柏拉图的回答是想努力说明，首先在国家中，其次在人的灵魂中，正义是什么。他勾画了一个国家的轮廓，在这个国家中，所有基本需要都得到了满足。这个国家需要三个等级的公民：工匠和体力劳动者生产产品满足社会的物质需要；武士保卫这个国家；统治者组织这个国家的社会生活。这里的关键性墨迹是：从确认社会生活必须履行的三种职责到断定需要三个彼此区分的公民等级，其中每一个等级履行一种职责。"[①] 每个人都有着其相应的职责，或每个等级都有着相应的职责，这不就是荷马式英雄共同体吗？麦金太尔批评柏拉图将人们固定在某一个等级或某种职业上，因为柏拉图认为人们天生就适合于从事某种职业。"它忽视了这一事实：大多数人都有不同的能力，这些能力并不是相互排斥的，且莫说在现实社会中，大多数人的大多数能力未能得到发挥这一事实。"[②] 不仅如此，柏拉图还以不同的等级（职业）有着不同的德性来界定这样一个共同体。麦金太尔说："在这种国家中，正义就是每个人都清楚他自己的适当位置。在正义、勇敢、智慧、节制这四种德性中，勇敢属于辅助管理者，他们的职责是护卫；智慧属于统治管理者；节制不是某一个等级的德性，而是社会全体的

[①] ［美］阿拉斯代尔·麦金太尔：《伦理学简史》，龚群译，商务印书馆2003年版，第67—68页。
[②] ［美］阿拉斯代尔·麦金太尔：《伦理学简史》，龚群译，商务印书馆2003年版，第68页。

德性，因为'下层大众的欲望是为上层少数人物的欲望和智慧所控制的'；正义既不属于这个等级也不属于那个等级，也不属于各个等级之间的特殊关系，而是与整个社会的运转有关。"① 不同的德性在这个共同体中起着不同的作用，其功能既是维持某个等级的人从事或履行某种职业的活动，又是维护整个共同体的运转。麦金太尔的叙述应当是准确地表达了柏拉图的共同体观念，虽然并不完整。还有，麦金太尔批评柏拉图的职业三分以及人分成三个等级的观念，其论证是比较拙劣的，同时他也指出，他的这一论证得到了灵魂三分的加强。柏拉图的灵魂三分，尤其是理性与情感的关系论，同样也受到了批评，麦金太尔指出他的理性与欲望之间的关系讨论得并不清晰。然而，通过灵魂说以及随后的形式学说，柏拉图强化了他关于善的知识以及不同等级的人的不同德性的学说。麦金太尔说："正义国家的统治者内心具有理性的尺度，由于受教育的结果，他们是具有理性的，教育使他们能够理解形式。在一个正义的国家中，哲学家是国王，唯有他才能产生和维持这样一个国家。正义社会的等级的区分……是通过这样一种教育来维持的，这种教育使一些人成为统治者，另一些人成为被统治者。"② 荷马的英雄共同体和柏拉图的理想共同体，两者在麦金太尔这里都表现出等级制社会的特征，两者都有着关键性的德性在起作用。在柏拉图的理想城邦中，虽然柏拉图强调了教育的区分性作用，但这种作用在于回答为什么统治者才具有理性从而才具有管理国家的智慧问题。而智慧在管理国家的意义上，则是关键性的德性。在柏拉图的理想共同体中，实际上是三个等级的德性都起着维持共同体的作用。也就是说，不仅是统治者的智慧德性，而且护卫者的勇敢德性以及全体成员的节制，在这里尤其是下层人员的节制德性，对于共同体的存在或秩序都起着关键性的作用。

（二）亚里士多德的共同体

麦金太尔在讨论亚里士多德的德性伦理学时，给予了亚里士多德的共同体

---

① ［美］阿拉斯代尔·麦金太尔：《伦理学简史》，龚群译，商务印书馆2003年版，第72页。

② ［美］阿拉斯代尔·麦金太尔：《伦理学简史》，龚群译，商务印书馆2003年版，第77页。

第五章　麦金太尔与桑德尔

极大的关注。在麦金太尔看来，善与德性的统一在于某种生活方式的存在。或者说，当亚里士多德说到善与德性的关系时，他是以某种生活方式为其背景的。这种生活方式不是别的，就是雅典所代表的城邦共同体的生活。亚里士多德批评柏拉图，说他将最高善或善的理念看成在经验世界之上的形式王国中的理念，或善自身，这是与人的生活或社会实践完全脱离的，从而与人的道德实践完全无关。亚里士多德说："所有的科学都在追求某种善，并对其不足之处加以充实，而把善自身摆在一边。由于它的帮助是如此微不足道，也就无怪技术家们对它全然无知，而不去寻求善自身了。谁也说不清，知道了这个善自身，对一位织工，对一个木匠的技术有什么帮助；或者树立了善的理念一位将军如何成为更好的将军，一个医生为更好的医生。"① 而亚里士多德的最高的善的概念内涵不是别的，就是幸福。那么，什么又是幸福呢？在亚里士多德那里，幸福的核心内涵是德性。亚里士多德说："幸福就是合乎德性的实现活动。"② 人生就是一连串的行为与活动。而人的行为活动是具有内在目的意义与规范意义的，因此，人的行为应当与规范、规则相符合，就个人的品格而言，也就是应当是发自内在德性的行为。亚里士多德同时认为，人生的目的就在于追求幸福，而追求幸福的活动也只有与德性相符合，或在规则、规范相符的意义上，才可说是一种幸福的实现活动。换言之，如果一个人的行为体现不了道德德性或合乎伦理道德的要求，这样的行为或者是不道德的，或者是违法的，而这样的行为即使能够带来某种个人利益，也必然不是善而是坏的或对人和社会来说是恶的行为。麦金太尔说："善对人类究竟意味着什么呢？亚里士多德反对把善等同于金钱、荣誉或者快乐的论证是有说服力的。他把它命名为幸福（eudaimonia）——这经常引起翻译上的困难：恩赐、幸福、繁荣。它是良好的生活和在良好生活中的良好行为的状态，一个人的自爱以及与神明相关的状态。"③ 亚里

---

① ［古希腊］亚里士多德：《尼各马科伦理学》，苗力田译，中国社会科学出版社1992年版，第11页。

② ［古希腊］亚里士多德：《尼各马科伦理学》，苗力田译，中国社会科学出版社1992年版，第15页。

③ ［美］阿拉斯代尔·麦金太尔：《德性之后》，龚群等译，中国社会科学出版社2020年版，第188页。

士多德的善的概念内涵就是幸福,不过,幸福这一概念并非功利主义所理解的那样,仅仅是快乐的追求和痛苦的免除,现代作家更多将其译为人的"兴盛"。然而,幸福并非一种静态的东西,它是人的活动和活动过程,当然也包括了活动中产生的感受和后果。这都可称为良好生活或良好生活的状态。"构成人类的善的是人的最好时期的全部生活(或最佳状态中的完美人类生活),德性的践行是这种生活的必要的和中心的部分,并非仅仅确保这种生活的准备性实践。这样,如果不参照德性,我们就不能恰当描述人类的善。"①

善、幸福与德性这三者的内在关联,是亚里士多德伦理学的核心部分。不过,我们怎么才能理解这样一种关系呢?麦金太尔说:"德性和幸福连接的多种可能性不仅取决于这两个概念特征——这两个概念仍然没有变公,因此有一种不变的关系——而且也取决于社会生活方式;依据社会生活方式才可理解这些概念。让我们举两个极端的例子。第一个是有关这样一种共同体的,在这种共同体中,它的规则构成了社会生活并使社会生活成为可能,这个共同体的成员所追求的目的,使得规则比较容易遵守,也使目的本身比较容易达到。完全一体化的传统社会形态就符合这种描述。在实现做荷马式英雄或封建爵士或过沉思式生活等个人理想与遵从社会规则(这些规则本身就要求尊重社会等级和宗教)之间,不会产生根本性冲突。在天平的另一端,我们可以列举出这样一种社会,这个社会中仍然保留着传统的诚实和公正规则,但是已引入了资本主义的竞争和贪欲观念,所以德性和成功不容易在一块出现。"② 麦金太尔认为,幸福与德性的这种内在关联恰恰来自一种自荷马以来的社会共同体,这种共同体不仅是荷马式的,也是亚里士多德的,即亚里士多德在《尼各马科伦理学》的第十卷中所推崇的沉思式的个人生活理想,这种生活理想本身也是在这样一种共同体中的个人生活理想。这种沉思式的个人生活理想似乎仅仅是个人性的,但麦金太尔认为,如果不联系这种德性与幸福内在关联的共

---

① [美]阿拉斯代尔·麦金太尔:《德性之后》,龚群等译,中国社会科学出版社2020年版,第189页。

② [美]阿拉斯代尔·麦金太尔:《伦理学简史》,龚群译,商务印书馆2003年版,第139页。

第五章 麦金太尔与桑德尔

同体背景,则是无法理解的。

在麦金太尔看来,在亚里士多德式的共同体中生活,善不仅仅是个人性的,如果仅从个人来理解,则分离了它与共同体的善的关系。亚里士多德指出,城邦共同体的最高善也就是全体国民的幸福。他说:"一个城邦的作用及其终极目的却是'优良生活',而社会生活中的这些活动却只是达到这种目的的一些手段而已。城邦为若干家庭和[若干家庭所集成的]村坊的结合,由此结合,全城邦可以得到自足而至善的生活,这些就是我们所谓人类真正的美满幸福。"① 共同体的共同善即城邦全体国民的幸福,也就是共同体或城邦的最高善,全体国民的德性活动参与和创造了这个最高善,也分享着这个最高善和共同善。德性是参与共同善的必要和内在条件,没有德性也就只有恶,那么,必然破坏或损害共同体的共同善。麦金太尔指出,亚里士多德关于德性在共同体的社会生活中的位置的观点,必然联系他的关于法律的观点来考虑。亚里士多德说:"凡订有良法而有志于实行善政的城邦就得操心全邦人民生活中的一切善德和恶行。所以,要不是徒有虚名,而真正无愧为一'城邦'者,必须以促进善德为目的。不然的话,一个政治团体就无异于一个军事同盟,其间唯一的差别就只在空间上,一个'城邦'内的居民住在同一个空间,而另一个'同盟'内的人民则住在互相隔离的两个地区。如果不是这样,法律也无异于一些临时的合同……法律的实际意义却应该是促成全邦人民都能进于正义和善德的[永久]制度。"② 促进德性与禁止恶行,都在于对共同体的维护。而禁止恶行的功能就在于法律的功能,因此,法律与德性对于共同体的繁荣与发展来说,都是至关重要的。但是,亚里士多德的这个法律观,仍然没有现代以保护权利为中心的法律观,而只是一种以惩罚为中心的观点。麦金太尔指出,建设一种社会共同体,这种共同体要实现某种共同的计划,要为其成员带来某种利益,这种利益是所有那些参与这一计划的人共同享有的。如果没有利益,或不能为其参与成员带来利益,则这样的共同体计划就可能失败。如我们有建设一座学校、一座医院或一座艺术馆等。在麦金太尔

---

① [古希腊]亚里士多德:《政治学》,吴寿彭译,商务印书馆1965年版,第140页。
② [古希腊]亚里士多德:《政治学》,吴寿彭译,商务印书馆1965年版,第138页。

看来，参与这样计划的人必须培养两种不同类型的价值实践。一是需要看重精神和性格中的那些有助于实现他们共同利益的品质和品格，"也就是说，他们需要把某一系列品质看作德性，那些相应的缺点看作恶。不过，他们也需要把某些类型的行为看作对这种秩序的损害。这些行为毁坏了共同体中的连接纽带，使得至少在某些时候和某些方面，既不能从事善（有利）的活动，也不能获得善（利益）。这种违法行为的典型例子是夺去无辜者的生命、偷窃、伪证和背叛"①。在一个共同体中，获得人们赞扬的那些德性将给人们带来荣誉与功绩，而那些对于共同善的获取起着破坏作用的犯罪行为将受到社会法律的惩罚和制裁。麦金太尔认为，罪犯是自己把自己清除出了共同体，他们的行为导致了共同体对他们的惩罚。"在一个大范围内对犯罪行为的严重程度的一致看法，总是部分地构成了这样一个共同体，恰如与在同样大的范围内对各种德性性质和意义的一致看法也是这样一个共同体的部分构成一样。"② 二是亚里士多德的共同体不仅仅是因为其成员的德性而成其为共同体，人们对法律的共同认知和遵守，同样是共同体得以成立和维护的重要条件。不过，这两者相比，共同善与德性仍然是第一位的，因为法律所维护的，仍然是其成员的共同善和共同幸福，如果离开了这个基本点，法律的功能就不是保护其基本成员的根本利益和权利，而法律本身也就成了违反其全体成员利益的"恶法"。在一个城邦共同体内，对于公民的共同善和德性的一致看法，使得公民的联结或合作成为可能。"按照亚里士多德的看法，这种联结构成了城邦。这种联结就是友谊的联结，友谊本身就是一种德性。亚里士多德心目中的友谊体现在对善的共同认可和追求上。这种共同性是构成任何共同体的最主要的因素和实质所在，不管这个共同体是一个家庭还是一个城市。"③ 友谊这一德性在亚里士多德的共同体的建构中相当重要，它是政治德

---

① ［美］阿拉斯代尔·麦金太尔：《德性之后》，龚群等译，中国社会科学出版社2020年版，第191页。

② ［美］阿拉斯代尔·麦金太尔：《德性之后》，龚群等译，中国社会科学出版社2020年版，第192页。

③ ［美］阿拉斯代尔·麦金太尔：《德性之后》，龚群等译，中国社会科学出版社2020年版，第197页。

性，在于它使公民能够联结在一起。而在现代社会，友谊成为纯粹的私人德性，从而失去了它的政治性和公共性。正是在友谊具有使得公民联合或团结起来的重要作用，麦金太尔引亚里士多德本人的话说："亚里士多德说，'立法者似乎把友谊当作一个比正义更为重要的目标'，其理由是非常清楚的。正义是在一个已经建立起来的共同体里进行赏罚和在赏罚中补救过错的德性；友谊则是刚建立的共同体所必需的。"① 但应当看到，这只是亚里士多德关于法律正义的一种看法，亚里士多德的正义观是一个远比柏拉图的正义观更复杂的正义观。但这样的看法仍然值得我们注意，它突出了亚里士多德对友谊的重要性的看法。

二 正义：在历史中演变的观念

以亚里士多德的共同体为代表的传统共同体是麦金太尔精神所向往之地。在他看来，现当代社会已经远离了亚里士多德式的共同体，从而德性也被移到了生活的边缘。而正义观念在历史中演变，则是他从正义观念角度对于当代困境的又一种忧思。

（一）从荷马到阿奎那

麦金太尔对于西方思想史上的正义观念，从源头荷马一直追溯到近现代。不过，在中世纪之后的历史阶段，麦金太尔主要讨论的是英国近代思想史上的正义观念，为此麦金太尔选择了两个人物：哈奇逊和休谟以及自由主义的问题。麦金太尔的讨论是将正义（justice）概念与合理性（rationality）概念联系在一起的。为什么要将合理性与正义联系在一起讨论？这首先在于麦金太尔对当代社会的判断。对于正义是什么和正义允许什么的问题，不同的个体和群体之间都提出了种种选择性的、互不相容的回答。在这些问题以及特殊判断背后，是一组相冲突的正义概念。"这些正义概念间在许多方面都处于鲜明的对峙中。有些正义概念把应得概念作为中心概念，而另一些正义概念则根本否认应得概念与正义概念有任何相关性；有些正义概念求助于不可转让的人权，而另一些正义概念却求助于某种社会契约概念，还有一些正义概

---

① ［美］阿拉斯代尔·麦金太尔：《德性之后》，龚群等译，中国社会科学出版社2020年版，第197页。

念求助于功利标准。"① 麦金太尔认为，我们的社会不是一个在观念意识上一致认同的社会，而是一个分化冲突的社会。然而，人们要以何种正义观念来指导自己的行动？"要了解什么是正义，我们必须首先了解实践合理性对我们的要求是什么。"② 正义要成为行动的标准，这就是一个实践合理性或行动合理性问题。正因为如此，合理性问题与正义问题纠缠在一起了。然而，正义的观念是在历史中形成和演变的，因此，探讨正义的实践合理性，也就必须从历史的角度来探讨正义观念在历史中的演变。

荷马史诗中的"正义"是西方正义概念的源头。麦金太尔说，"荷马史诗的'dike'这个词便一直被译为'正义'"③。麦金太尔指出，荷马史诗中正义概念的使用前提是，"宇宙有一种单一的基本秩序，这一秩序既使自然有了一定的结构，也使社会有了一定的结构"④。这一秩序的最高统治者是宙斯，而这一秩序下的人类共同体的统治者是国王和首领，他们的正义也就是从属于宙斯所分配的正义，服从宙斯的统治，维持宇宙的秩序、万物的秩序和人间的秩序，就是正义。维持秩序的正义也是通过惩罚违反宙斯意志的行为来实现的。要成为正义的，也就是按照这一秩序来规导自己的行为和事务。麦金太尔指出，荷马史诗中的宇宙秩序也是一个等级秩序，为宙斯和国王、首领所支配的秩序，是一种按等级秩序化了的社会规则构成的秩序。在这样一个秩序中，不仅人而且诸神都处于一定的位置上。"如果去剥夺某人应该占有的角色，或是篡夺另一个人的角色，就不仅仅侵犯了 dike（正义），也侵犯了他人的 time（荣誉）。"⑤ 麦金太尔指出，荷马的正义概念有两个特点，一是

---

① ［美］阿拉斯戴尔·麦金太尔：《谁之正义？何种合理性？》，万俊人等译，当代中国出版社1996年版，第1页。

② ［美］阿拉斯戴尔·麦金太尔：《谁之正义？何种合理性？》，万俊人等译，当代中国出版社1996年版，第3页。

③ ［美］阿拉斯戴尔·麦金太尔：《谁之正义？何种合理性？》，万俊人等译，当代中国出版社1996年版，第19页。

④ ［美］阿拉斯戴尔·麦金太尔：《谁之正义？何种合理性？》，万俊人等译，当代中国出版社1996年版，第19页。

⑤ ［美］阿拉斯戴尔·麦金太尔：《谁之正义？何种合理性？》，万俊人等译，当代中国出版社1996年版，第21页。

第五章 麦金太尔与桑德尔

它被置于更大的概念图式之中,二是它同时可以称为一种德性(美德),它要求展示人身上的某些确定的德性品质。

麦金太尔指出,在后荷马时期即从荷马到苏格拉底的希腊和雅典时期的社会,仍然继承了荷马式的正义概念的特点。应得(desert)和功绩(merit)则用来定义正义。然而,这两者都与共同体背景相关。这是因为,"唯一可能给它自身提供一种标准的共同体可能是这样的:它的成员按照这样一种形式的活动来构造他们的生活,这种活动的特殊目标是,在它自身内部尽可能地把它所有成员的实践活动融合起来,以便创造和维持作为其特殊目标的那种生活形式"[1]。而城邦就是这样一种与人类自身的善相关的共同体和制度。在麦金太尔看来,城邦共同体所体现的不是这种那种特殊的善,而是人类的善本身,而某一城邦的特殊宪法则把一组可以将人类之善秩序化为一种生活方式的表达。"城邦内部的秩序化,不仅仅是一个按等级来安排善的问题……而且,也是一个在正常时日、正常月份和正常年份的模式内认同每一种善的位置,以便至少在某些城邦里能有一种让悲剧诗人和戏剧家都能各得其所的时年安置的问题。"[2] 在麦金太尔看来,希腊城邦所体现的是全面的善秩序,也是将荷马式的正义体现在希腊的城邦制度之中。这是与现代社会多元性的价值冲突完全不同的一种社会价值形态,在这样全面性的善秩序中,人们诉诸怎样的合理性原则,才可使这样的秩序成为合理性的秩序呢?麦金太尔认为,公民们要按照这城邦的特殊善秩序来行动,这表现在公民们要以不同的方式、不同的奉献和对卓越的追求[古希腊语中的,被译为 virtue 的希腊词可同时译为"卓越"(excellent)和"德性"],以及以理性的态度来履行这些善所需的行动来体现这点。麦金太尔指出,这曾是城邦正义和城邦公民的实践推理的唯一方式。然而,古希腊这一时期对于个人而言的善如手段、权力、财富、声誉等(麦金太尔将此称为"个人卓越性善"),可能与城邦正义之善发生

---

[1] [美]阿拉斯戴尔·麦金太尔:《谁之正义?何种合理性?》,万俊人等译,当代中国出版社 1996 年版,第 48—49 页。

[2] [美]阿拉斯戴尔·麦金太尔:《谁之正义?何种合理性?》,万俊人等译,当代中国出版社 1996 年版,第 49 页。

冲突，因此，对于某一特殊的个体或社会群体来说，可能使一种善完全屈从另一种善，这样就造成了基本的立场冲突。麦金太尔把城邦的正义规则之善，称为有效性善（goods of effectiveness）。在他看来，在正常的人类社会中，每个人进入社会也就进入了与他人的合作之中。而麦金太尔这样的说法，明显是他学习了罗尔斯，因为罗尔斯认为社会是一个合作体系。麦金太尔还指出，正义在于相互性，而相互性也是罗尔斯在其设计的初始位置中对于正义原则的一个基本考虑。所谓相互性，"依赖于各方给那种以正义原则为其结果的交易境况所带来的东西"①。不过，麦金太尔基于他的德性论伦理学，发展了这样一种观点。如同罗尔斯，他认为有效合作规则可以通过谈判来达成。并且，在任何一个社会秩序历史的任何一个阶段，相互作用都将对各个群体以及对个体产生不同程度的影响，"凡在合作有效性正义普遍流行的地方，总是出现这样的情况：仿佛正义曾是一种契约的结果，是一种公开的谈判事件"②。然而，麦金太尔认为，这就将出现两种正义：一种是把正义归于个人的卓越，另一种则是归于有效合作的相互性。对于个人卓越而言，要求那些管理和执行正义的人本身是正义的，而对于合作性正义规则来说，破坏这些规则首先是伤害他人，而不是自己。然而，这两种正义也互不相同。卓越正义作为一种德性正义，是在不参考并先于强制性的规则正义的情况下被定义的。同时，遵守规则正义的人也可能并不具有正义之德，他可能由于害怕惩罚而遵守正义规则，因此仅仅是一个出于害怕的不正义之人。尽管两者互不相同，"但对于两者来，这一点却是一样的：不仅作为德性的正义是整个德性范畴中的一种德性，而且，无论是在社会秩序中确立正义，还是在个体身上把正义作为一种德性，都要求人们实践各种德性，而不是实践正义。这些支撑着正义德性的范例是节制、勇敢和友谊"③。不过，这里应该是"不仅仅是实践正义"，

---

① ［美］阿拉斯戴尔·麦金太尔：《谁之正义？何种合理性？》，万俊人等译，当代中国出版社1996年版，第52页。

② ［美］阿拉斯戴尔·麦金太尔：《谁之正义？何种合理性？》，万俊人等译，当代中国出版社1996年版，第52页。

③ Alasdair MacIntyre, *Whose Justice? Which Rationality?* Notre Dame：University of Notre Dame Press, 1988, pp. 30–40.

第五章 麦金太尔与桑德尔

当然，正义需要各种德性的实践，但并非"不是实践正义"。

柏拉图在《理想国》中的正义讨论，同样也是麦金太尔关注的一个重点。麦金太尔的讨论延续了他对荷马时代之后的正义问题的讨论思路。这主要体现在他将正义仍然区分为个人卓越之正义和规则意义上的有效性之正义。麦金太尔认为，如果从荷马以来的关于正义的思路出发，人们必然思考关于正义的概念以及实践推理和理论推理的关系问题，而这个问题也是柏拉图的《理想国》必然遇到的问题，这里的难题也就是卓越之善和制度规则之有效性善之间的冲突问题。在麦金太尔看来，这两者之间的冲突困境一直影响着其随后的哲学思想。不过，柏拉图在《理想国》最初那些篇章中所使用的驳难辩证法则受到了麦金太尔的关注，麦金太尔更多地讨论了智者与苏格拉底之间关于正义的辩论。麦金太尔认为，《理想国》第一卷明确规定了首先反对的是什么，并且，最后也没有得出什么结论。麦金太尔认为，这可能确实是柏拉图撰写这本书的目的所在。《理想国》第一卷从个人德性正义开始进行探讨，而到了第二卷的后半部，在智者的质难下，柏拉图开始转入超出个人的正义，即国家制度建构和城邦正义的探讨。麦金太尔认为，在第二卷中格劳孔等人提出的"正义是强者的利益"的观点，是一种效用观点。而苏格拉底则用秩序良好的城邦和精神这对近似的概念来反对智者们的效用观点。麦金太尔说："处于良好秩序中（in good order）的城邦是这样一个城邦，在该城邦里，每一个公民都能从事那种他或她的心灵特别适合的完善活动。处于良好秩序之中的精神（psuche）是这样一种精神：它能够在其活动中完善自身，因为理性为它提供它的善知识，而驱动它的那种爱则是对理性对象而言的，根据柏拉图的观点来看，理性本身而不是那些激情或生理欲望具有驱动行动的力量。强调善概念集中于特定类型的个人履行特定活动中的卓越。一种德性对于这样一种善的获得是必需的品格品质。而正义则是一种关键性的德性，因为在精神和城邦中，只有正义才能提供那种使其他德性发挥其作用的秩序。"[1] 在这里，麦金太尔对于柏拉图的城邦正义给予了充分肯定，而在关于

---

[1] Alasdair MacIntyre, *Whose Justice? Which Rationality?* Notre Dame: University of Notre Dame Press, 1988, pp. 73-74.

共同体的讨论中，我们提到，麦金太尔对于柏拉图的城邦正义有着诸多的批评。然而，麦金太尔将"爱"的概念放在《理想国》的讨论中，则是将柏拉图在《会饮篇》中的讨论错置于其中。

麦金太尔指出，柏拉图和修昔底德都一致认为，而且柏拉图也把苏格拉底和特拉西马库斯描述成一致同意，在《理想国》中，苏格拉底所界定和描述的那种正义，是不可能在任何现实的城邦中找到的。"与之相对，亚里士多德在《尼各马科伦理学》第5卷中所提供的一种正义解释，却把作应然理解的正义作为隐含在实然正义之中的正义来展示。"① 人们认为，现实城邦的正义在许多不断改变的方面都是有缺陷的，但正是对隐含在这些不断改变中的正义与一种可能的最好城邦之最佳正义的正义形式相分离，使我们能够找到某种理想形式的城邦正义。麦金太尔认为，亚里士多德的政治学是一种宪法的汇集，就像把各种海洋和陆地生物汇集在一起一样。这样做，是为了发现什么样的宪法形式才能作为一种具有普遍意义的范式。

对于亚里士多德的正义论而言，亚里士多德不仅有关于整个正义的观点，也有关于部分正义的观点。就其整体正义论而言，麦金太尔指出，"亚里士多德用两个类比来表达他的中心观点。人之于城邦尤如部分之于整体；在某一方面两者都可作这样的类比：作为身体之一部分的手或脚之于身体……把一只手与其身体分开，它就会缺乏一只手所具有的特殊功能和特殊能力，即它便不再是同一意义上的一只手"② 。因而个人与城邦是不可能分开的。正是在这种对于个人与城邦关系的理解下，亚里士多德提出了城邦正义论。在麦金太尔看来，亚里士多德将荷马式的秩序正义重新找了回来。这是因为，"亚里士多德宣称，正义是城邦的秩序；但他是以一种将他的主张与荷马对正义的用法联系起来的方式来理解的。因为，城邦是通过实现其目的而获得完善和完成的人类共同体，而每一种事物的本质本性即它实现其目的所是的状态，

---

① [美]阿拉斯戴尔·麦金太尔：《谁之正义？何种合理性？》，万俊人等译，当代中国出版社1996年版，第129页。

② [美]阿拉斯戴尔·麦金太尔：《谁之正义？何种合理性？》，万俊人等译，当代中国出版社1996年版，第138页。

第五章　麦金太尔与桑德尔

而人的本性乃最高的动物本性。因此，荷马把正义看作宇宙秩序的观点又重新出现在亚里士多德把正义看作最高自然的秩序的观点之中"①。亚里士多德关于城邦是人类社会发展自然演进的结果的论点，包括了麦金太尔所说的关于人的目的论的观点。不过，将这样一种目的论与秩序论联系起来的观点，在亚里士多德的整个正义论中的表现并不是很突出。这是因为，亚里士多德的整体正义论，是一种全体国民的幸福论，也体现在他所说的："正义以公共利益为依归。"② 我们真正能够发现，荷马式的秩序正义论是在柏拉图那里，而不是在亚里士多德这里。亚里士多德只是强调在城邦中能见到人的本性，而并不是说这是自然秩序的表达，更不是说，这里体现了荷马式的秩序正义。不过，麦金太尔认同亚里士多德所说的人是政治动物的说法，而所谓政治动物也就是只有在城邦中生活才是人的生活。因此，对于人的德性和理智来说，城邦是必要的，正如对公正来说城邦是必要的。如果与城邦分离开来，一个人只可能成为一只野蛮的动物。

不过，麦金太尔反对对亚里士多德文本的非历史的阅读。他的主张是，亚里士多德的论证是一种开始于荷马的一系列论证的结果，并且，荷马也提供了一种论证框架。不过，我们看到，这个论证以及对于正义的解释，虽然开始于荷马，但并不意味着荷马式的对正义的解释仍然有效，或也就是亚里士多德式的理解。然而，麦金太尔意识到，城邦和城邦概念的确提供了这样一种框架，在这一框架内，亚里士多德发展了他对正义、实践推理及正义与实践推理之间关系的解释。但麦金太尔更为强调亚里士多德的正义不仅与城邦，而且与宇宙本身的联系。而与宇宙的联系也就是与事物本身的联系。不过，这样讲几乎把亚里士多德看成斯多亚派哲学家了。而当麦金太尔这样考虑亚里士多德的正义时，实际上并没有把亚里士多德的部分正义尤其是分配正义置于其思考之中。

亚里士多德所讨论的部分正义主要有两类：分配正义与矫正正义。矫正

---

① [美]阿拉斯戴尔·麦金太尔：《谁之正义？何种合理性？》，万俊人等译，当代中国出版社1996年版，第138页。

② [古希腊]亚里士多德：《政治学》，吴寿彭译，商务印书馆1965年版，第148页。

正义具有尽可能恢复被某种或某些不正义的行动所部分地毁坏了的那种正义秩序的作用。那么，什么是分配正义呢？麦金太尔认为，分配正义是与规则和个人的德性相关的正义。他说："在每一个城邦内部，实际上支配善分配的那些原则是各有不同的。所以，亚里士多德考察了各种不同的政治宪法。而当我们凭借一种符合在某人特殊的城邦里通过宪法确立起来的分配原则之行动或品质，把正义归结到该行动或该行动主体身上时，我们所归结的一切都是与这一原则有关的正义。"[①] 每个城邦的宪法不同，因而每个城邦中规定分配正义的原则也不同。麦金太尔指出，不同的城邦分配原则虽然不同，但最好的城邦为最好的公民所统治，因此，所得到的奖赏应是德性。换言之，在古希腊，理想的分配原则应当符合德性的原则，并且，分配所得应为德性。在亚里士多德看来，每个人都会同意，分配正义必须符合某种形式的应得，而在希腊人中的分歧在于，分配正义应符合哪一种应得。不同的城邦和城邦内不同的党派都有不同的应得观点，如民主派赞同平等分配，而贵族则认为应当以德性来分配。而奴隶，则被认为只是主人的工具，从而没有德性，也就被排除在应得的范围之外。亚里士多德认为，不同的情境要求不同的德性，如勇敢是对军事行动的要求，节制是对快乐的要求，慷慨之所以应当得到城邦的赞许，是因为城邦有着公共利用资源的规定，剧作家应得的奖赏是理智与审美的卓越。麦金太尔这里的应得，并不仅仅是我们所说的物质利益，那种奖赏或城邦所给予的荣誉，都处于应得之列。麦金太尔说："分配正义就在于将一种应得的原则应用到各种各样的境况之中。但是，应得的概念只有在下面两个条件都得到满足的情景中才能得到应用，即必定有某种共同的事业是这样一些人想成就的目标，他们被看作比那些没有这种目标的人更应该多作贡献；而且，对于怎样来评价这些贡献并怎样给予相应的奖赏，人们也必定有一种共享的观点。这两个条件都只有在城邦的生活中才能得到满足。追求这些人类善的成就是一种事业，而对这种共享的事业，不同的职业和不同的公共职务都以不同的方式在不同的程度上作

---

① [美]阿拉斯戴尔·麦金太尔：《谁之正义？何种合理性？》，万俊人等译，当代中国出版社1996年版，第148页。

第五章　麦金太尔与桑德尔

出自己的贡献。"① 麦金太尔对于亚里士多德的分配正义观值得注意。他将分配与城邦共同体联系起来，将分配正义与个人对城邦善的贡献和分享联系起来，从而能够把握亚里士多德的分配正义的本质特征。

阿奎那在西方思想史上占有一个重要位置，他是中世纪晚期最伟大的神学哲学家。阿奎那的哲学和神学著作是系统性的，麦金太尔认为其系统性超过了柏拉图和亚里士多德。对于阿奎那来说，他的思想至少出自两个传统，一个是古希腊罗马哲学的传统，另一个则是基督教神学哲学的传统。具体来说，就是以亚里士多德为代表的传统和以奥古斯丁为代表的传统。对亚里士多德来说，其正义与实践理性的探求都是政治学的，即在实践中其必要的中介是城邦，正义是在城邦共同体中才可产生和实现的共同体的德性和个人的德性。而对阿奎那来说，正义及实践理性则必须放在神学的框架内来理解。"当阿奎那面临两种不同的且在一些重要方面互不相容的哲学传统的主张时，他能够从每种传统自身来理解这种传统。"② 实际上，阿奎那第一个系统地将亚里士多德的哲学引入神学领域，从而对于中世纪哲学来说产生了根本性的变化。阿奎那在基督教神学的背景内，重新阐发了自古希腊以来的正义等德性概念，古希腊的四种基本——德性、理智、勇敢、节制和正义仍然是阿奎那所阐发的基本德性。在阿奎那的德性论中，在这四种基本德性中，"正义"最初是用来称呼上帝的，是上帝的名称之一，而且本身是纯粹的正义。阿奎那认为，"上帝不仅完满地构思了正义，而且本身就是纯粹的正义。依阿奎那所见，柏拉图的错误在于，他认为'正义'是一种独立自足的形式，而他的正确之处是，认为'正义'是本原，正义的所有其他属性都必须以此为典范"③。而就社会关系中的正义而言，"正义（Iustitia）是应合理地付予别人的，无论是按照自然法还是按照成文法。在罗马法中，'权

---

① ［美］阿拉斯戴尔·麦金太尔：《谁之正义？何种合理性？》，万俊人等译，当代中国出版社1996年版，第152页。
② ［美］阿拉斯戴尔·麦金太尔：《谁之正义？何种合理性？》，万俊人等译，当代中国出版社1996年版，第232页。
③ ［美］阿拉斯戴尔·麦金太尔：《谁之正义？何种合理性？》，万俊人等译，当代中国出版社1996年版，第270—271页。

利'（Ius）① 是用于界定一个人与他人关系的规范的词语，正义是那些有着活力的规范德性的名称，对于每个人来说是一种持续的和不间断的意愿，它展示在一个人的性情之中，那应当给予他的或属于他/她的，或以正当的标准所要求的每个人的东西"②。在这段话中，麦金太尔揭示了阿奎那的正义概念在应得名下的与权利和正当概念的关系。麦金太尔认为，这样描述正义的特征，是把阿奎那自己的学说与亚里士多德和奥古斯丁等人关于正义的学说统一起来了。麦金太尔指出，亚里士多德的分配正义在阿奎那这里也是以应得概念来理解的。当每个人的收入与贡献成比例时，亦即根据一个人的地位、职务和作用以及他如何胜任其职务从而对整体的善有何贡献，来确定一个人的应得分配。如果以这样一种考虑进行分配，分配正义的要求就得到了满足。阿奎那还更多地考虑了亚里士多德式的矫正正义或补偿正义。在阿奎那看来，正义本身当然不要求人们违反法律和犯罪，但如果犯了罪，则必须对受害者进行补偿。且对罪行的惩罚与罪行相当，这也就满足了矫正正义的要求。

麦金太尔对于阿奎那关于财产权问题的观点给予了关注。"定偷窃为罪，也就预设了私有财产的合法性，然而，阿奎那从教父那里继承了一种观点，即限制私有财产的权利（right），我们将看到，这种观点受到一些后来的思想家，如休谟、布拉克斯通极为强烈的反对。假如某人处于绝望之境，如果他/她有责任照顾关照这种境况的人，那么，这个人就可以把原本属于别人的任何东西看作人类共同财产的一部分从而享用，这将救他/她一命，或那些对他负有责任的人，将他从生命之危中拯救出来，这与他自己所拥有的财产并不是相似的要求，唯一假设的是，那些把私有财产转变为公共财产的人没有其他资源。"③ 此段话的后半部分麦金太尔以参照原文方式指出，这来自阿奎那

---

① 在拉丁文中，"Ius"是"Iustitia"这词的词根，Ius 的基本义是法律，也可转译为"权利"（rights）或"正当"（right）。"Iustitia"不仅有正义之意，而且有公平之意。

② Alasdair MacIntyre, *Whose Justice? Which Rationality?* Notre Dame: University of Notre Dame Press, 1988, pp.198-199.

③ Alasdair MacIntyre, *Whose Justice? Which Rationality?* Notre Dame, University of Notre Dame Press, 1988, p.199.

的《神学大全》。这是一个关于私有财产的重要思想,这一思想指出,并不是私有财产神圣而是生命神圣。这一思想与现代社会中的某些地区医院要钱不救命的做法形成鲜明对比。人们难以想象,一个中世纪的基督教神学哲学家能够具有这样尊重生命的思想。此外,麦金太尔还提到,阿奎那对于不正义的法律与人们行为的关系问题:"阿奎那不仅认为人们不必要遵守不正义的法律(如果这些法律要求的内容与神圣的善相反,人们应起来反对它;而如果它们只是不必要的累赘,那么,人们就没有义务去遵守它,这样做也许是审慎的。"① 并且,阿奎那还同意奥古斯丁的看法,即认为不正义的法律不具有法律效力,也不配称为法律。不过,与奥古斯丁不同的是,奥古斯丁将不正义看作骄傲的结果,而阿奎那则认为是纯粹的罪与恶。无疑,阿奎那关于不正义法律的观点有一个神圣律法的自然法的观念在先,即人类社会国家的法律只有与神圣律法和自然法相符,才可称之为正义之法。但我们也可认识到这一观点的超越性意义,即这一观点使我们意识到了必须思考法律的正当性和正义性问题。并非任何政府所颁布的法律都具有天然的正义性和正当性,而是必须以正义的标准来检验,从而才知道其是否正义和正当的问题。如法西斯政府所颁布的屠杀犹太人的法律,就是反人类和种族灭绝的法律,是没有正义性的恶。

就中世纪晚期或11、12世纪所开启的文艺复兴时期而言,在麦金太尔看来,阿奎那的学说是那个时代"唯一可经得起挑战和考验的学说","因为它是从一个扩展的和复杂综合的言论和冲突传统中产生的,这个传统远不止亚里士多德和奥古斯丁"。② 麦金太尔指出,这个时期产生了两种完全不同的学术事业,一种是对《圣经》的评注,另一种是对前人遗产如逻辑学、辩证法以及法与政治权威的理解,后者指的是文艺复兴的思想家们所做的工作。麦金太尔认为,这两者都没有完全理解阿奎那的计划的独特性,即系统地发展有关辩证建构的研究工作。而阿奎那的追随者则拒绝当时的讨论所使用的术语以及范式,

---

① [美]阿拉斯戴尔·麦金太尔:《谁之正义?何种合理性?》,万俊人等译,当代中国出版社1996年版,第273页。

② [美]阿拉斯戴尔·麦金太尔:《谁之正义?何种合理性?》,万俊人等译,当代中国出版社1996年版,第280页。

从而把自己孤立起来。因而我们看到,在16世纪的大学中亚里士多德主义获得戏剧性的复兴时,已经是不带任何阿奎那烙印的亚里士多德。

(二) 哈奇逊与休谟

文艺复兴以来的西方哲学对于正义问题的探讨,麦金太尔所做的工作是偏重于苏格兰启蒙运动,而不是法国启蒙运动。在他的《谁之正义？何种合理性?》中,对于法国启蒙运动中的正义观尤其是卢梭的正义观,没有给予应当给予的篇幅进行讨论。而对于苏格兰启蒙运动中的正义观念,麦金太尔所着重讨论的是两个人：哈奇逊(麦金太尔在万俊人的中文译本中被译为"赫起逊")和休谟。这两个都是生活于英国18世纪的人,而休谟无疑对后世的影响更大。麦金太尔指出,哈奇逊重新回到了亚里士多德,但不是阿奎那意义上的亚里士多德。然而,国内学者所知的哈奇逊,主要是一个情感论者,他属于当时所兴起的道德感理论学派的成员之一,即沙甫茨伯利、哈奇逊和巴特勒三人都是道德感理论家。麦金太尔说:"由德性所构成的道德论部分,是哈奇逊所理解的柏拉图和亚里士多德所说的。在《道德哲学创立纲要》一书中(这书是主要讲给他的学生听的),这一点说得很明白。于是在第一册第三章中,哈奇逊从柏拉图和西塞罗的四主德开始,并把它归结于'古代哲人';在后面的章节中,在对上帝、对他人和对我们自己的义务题目下,讨论了特殊德性,这些讨论往往与亚里士多德很接近。"[1] 哈奇逊是一位道德感或道德情感主义的道德哲学家,然而,他对德性尤其是正义德性的解释,却并没有什么创见,而是依古代哲人之见,"正义是'经常关注共同利益的习惯,并在服从这一习惯时,对每个人给予或践行根据自然权利所应做的任何东西'"[2]。引文中有引号的地方是哈奇逊著述中的话。因此,从这些文字可以看出,哈奇逊的正义德性的要求确实是追随着亚里士多德的定义的。在哈奇逊看来,正义德性是一种习惯,这种习惯就是在人际关系中保持友好交往,并因此把我们所属的东西奉献

---

[1] Alasdair MacIntyre, *Whose Justice? Which Rationality?* Notre Dame: University of Notre Dame Press, 1988, p. 262.

[2] [美] 阿拉斯戴尔·麦金太尔:《谁之正义？何种合理性?》,万俊人等译,当代中国出版社1996年版,第350页。

第五章　麦金太尔与桑德尔

给公共利益。不过,这里所说的自然权利是什么呢?应当看到,这是哈奇逊与亚里士多德不同的地方。因为他所说的自然权利是与自然法则相关联的。麦金太尔指出,哈奇逊的著述大讲自然法则。如在《道德哲学创立纲要》的三册书中,整个第二册都讲自然法则,而在他的另一本书《道德哲学体系》中,几乎七分之六的内容都与自然法则相关。英国哲学界尤其是伦理学领域里对自然法则的重视,应该看到是始于霍布斯。在霍布斯通过社会契约所建构的国家理论中的道德哲学,以霍布斯自己的话来说,就是自然法则就是道德哲学。他将人们从自然状态中走出而相互签订契约之后所订立的十多条道德法则都称为自然法则。因此,哈奇逊不可避免地受到了霍布斯这类的影响。在讨论正义德性时介入自然法则和自然权利,这体现了他的时代特征,也是他与亚里士多德有区别的地方。实际上,洛克与鲁芬道夫、格劳秀斯等人都大谈自然法则。因而可以说,这是这个时代的伦理思想的特征。

关于正义,实际上除了麦金太尔所注意到的在《伦理学创立纲要》中所说的,在《道德哲学体系》中,对于正义亦有着相关的讨论。不过,他并不像亚里士多德那样,将正义放在讨论人与人的关系和人与城邦国家关系的首位,而只是在一个很小的位置上谈到了正义。《道德哲学体系》第二篇为"对更多特殊自然法的论述:对先于公民政府和其他获得性政府之人生责任的论述",第三篇为"论公民政体"。这几乎占了整部著作一半的篇幅。在第二篇中,哈奇逊首先讨论了契约与商业活动,其次讨论了权利问题;"公民政体"在亚里士多德那里则是整部《政治学》的内容,在《政治学》中,亚里士多德的核心概念是正义,而在哈奇逊这里,则是权利与义务概念。并且,在第三篇中,首先讨论的是婚姻,其次则是父母、子女与主人和仆人的权利与义务。这很好理解,因为在自然法的视野里,权利或自然权利概念居于中心地位。不过,在第三篇的第九章"论国家法律的本质及其执行"的第五点,则讨论了正义原则(译文为"公正")。哈奇逊说:"一个国家普遍盛行高度的公正原则对全民的幸福意义重大,更不用说伴随人们这种意愿的内在满足感了,由于公正通过保证每个人的劳动果实让人们享有了一切宝贵的权利并极大地鼓励了勤劳,所以它让人们产生了普遍的安全和闲适。"① 虽然在哈奇逊的体系中，正义原则远没有亚里士多德的那样重要，但可以看到，他对这一原则的表述，仍然有着亚里士多德的痕迹，即将正义原则与国民幸福或公民幸福联系起来。

不过，麦金太尔还不得不面对的是，哈奇逊受到的沙甫茨伯利的影响。正因为沙甫茨伯利，哈奇逊才是一个以道德感理论为主的道德哲学家。麦金太尔指出，哈奇逊认为自己将从希腊哲学那里所学到的和从沙甫茨伯利那里所学到的结合在一起不会有问题。自然法则在那个时代，认为是人类所共同具有或可以普遍起作用的。自然法则这类标准，就是人类社会所共同拥有的共同标准，这类标准决定着人类社会的正义。自然法则的标准就是正义的标准。"然而，我们对这些标准和规则的认识（他在其道德认识论中如此声称），来自借助道德感（一种自成一类的感知模式）在特殊情形下所鉴别的东西，舍此，这种认识最后便无法论证。"② 道德感不仅是一种道德情感，还在道德认知方面起着关键性的作用。而哈奇逊赋予道德感这样的关键性作用，通过自然法则这一中介，将古希腊的道德哲学与他那个时代的道德感理论联系到一起了。

麦金太尔指出，哈奇逊的道德感有几个主要特征。首先，它是一种感觉，是我们冠之以"良心"的那个感觉。作为一种感觉，它使我们直觉察觉到某种特殊的东西。不过，这种被命名为"良心"的感觉，在哈奇逊那里被称为"道德感"。道德感在18世纪的情感主义伦理学家那里，是我们除五官之外的第六感官。在他们看来，道德感具有这样的认知能力，而且这种能力还是直觉性的能力。其次，"因受到道德感使我们察觉的东西之驱动，我们得以解脱某种困难。因为我们是既受自爱又受博爱所驱动的动物，没有道德感，我们就无法裁决赫起逊（书中哈奇逊的中文译文名）称之为'平静的自爱'之权利要求和利他的仁爱之权利要求"③。自爱与仁爱的关系问题首先是由于霍布

---

① [英]弗兰西斯·哈奇森：《道德哲学体系》（下），江畅等译，浙江大学出版社2010年版，第287页。

② [美]阿拉斯戴尔·麦金太尔：《谁之正义？何种合理性？》，万俊人等译，当代中国出版社1996年版，第359页。

③ [美]阿拉斯戴尔·麦金太尔：《谁之正义？何种合理性？》，万俊人等译，当代中国出版社1996年版，第360页。

第五章　麦金太尔与桑德尔

斯的自私论的道德哲学，最后则是由曼德维尔的自私论所引发。自私论在沙甫茨伯利、哈奇逊和巴特勒的道德感理论中，转换成了自爱论，仁爱则来自他们的基督教伦理。这两者之间有着明显的冲突，那么，如何化解这里的冲突？哈奇逊等人提出道德感理论，不过，在这三人中，良心概念用得最多的是巴特勒而不是哈奇逊。正因为哈奇逊受到当代的道德理论氛围和自然法理论兴起的影响，所以正义在他的理论中并没有很重要的地位。虽然如此，麦金太尔在对于正义历史的讨论中仍然给了他很重要的地位。

休谟是麦金太尔在《谁之正义？何种合理性？》一书中所讨论的最后一位哲学家。不过，麦金太尔在书中的讨论相较其对其他人的讨论来说，显得更为散乱。就思想传承而言，麦金太尔指出，他受到哈奇逊很深的影响，"休谟的思想明显地得益于赫起逊的思想。休谟往往被认为是属于苏格兰的思想家——事实上他是苏格兰启蒙运动最伟大的思想家。但休谟从赫起逊那里所得到的，是赫起逊身上隶属'理念方法'的东西，而绝不是赫起逊从苏格兰传统中所获得的东西"①。这个方法不是别的，即从对人性的研究出发来提出其伦理观点。而从对人性的研究出发，也就是从感觉和感情的研究出发。休谟步哈奇逊的后尘，将其伦理学解释建立在对人性构成的观点上。我们知道就休谟的伦理学来说，其自然情感如同情并不能够导致正义，正义德性是人为的德性，而不是自然德性。那么，人类社会怎样才能建立起正义的法则从而会有正义的德性呢？在休谟看来，正义的德性来自人们对自我财产保护的意识，或来自对自我利益的保护需要。然而，麦金太尔在对正义问题的具体讨论中，则出现了明显矛盾的说法。首先，他说："利益或同情都似乎不能解释为什么我们中的每一个人都应该赞同正义规则或政府行政的那些规则，不可能是私人利益或自爱导致我们把正义当成美德来看待。"② 这个自爱观念显然是从哈奇逊和巴特勒他们那里继承来的，这个自爱观念无疑有着

---

① ［美］阿拉斯戴尔·麦金太尔：《谁之正义？何种合理性？》，万俊人等译，当代中国出版社1996年版，第377页。

② ［美］阿拉斯戴尔·麦金太尔：《谁之正义？何种合理性？》，万俊人等译，当代中国出版社1996年版，第404页。

个人利益的成分在内。并且，休谟说到了"利益"，这个利益无疑是指私人利益，然而，财产不是私人利益的重要组成吗？然而在稍后的段落里，麦金太尔则说："那些解释把人类对正义的忠诚太直接地与个人自我利益相连。但在他提出问题的方法上以及在他为解决这些问题而提供材料的方法上，他取得的成就要比这还多得多。依休谟之见，正义这一问题，其核心是关于财产规则及其实施问题。"① 这里所说的"太直接"，可能是人们对休谟正义规则的理解问题，因为依麦金太尔之见，这种正义规则所保护的是不受人类需要的必然性限制的财产权利。但即使是作如此理解，休谟的正义规则所保护的财产权就不是保护个人的财产或利益吗？在休谟看来，恰恰是要保护个人的财产和财产权。不过，依麦金太尔之见，之所以这样的正义规则是不以必然性的需要相联系，是指反对阿奎那的在个人必需时可以去偷窃，这样的偷窃在阿奎那那里是符合正义的。但休谟反对这种因急切的需要而可以偷窃他人私人财产的事，认为这是违反了保护个人私产的正义规则。而为了防止这样的侵害个人私有财产的犯罪行为的发生，正义规则就要强制性地执行。麦金太尔指出，在休谟这里，强化财产规则的最基本的论证是在没有或缺乏这类规则的社会生活中的它作为工具性的作用。有了财产或财富，即通过我们的辛勤劳动获得的财产而享有对它们的占有，"而这恰恰产生了社会的不稳定，把我们暴露于'他人的暴力'之下，即暴露给那些缺乏物质因而正在寻求它们的人。因为在这些财物方面，'没有足够的数量来满足每个人的需求'"②。休谟认为保护财产的正义规则之所以必要，在于防止穷人的造反，因为社会处于这样的贫乏状态，总是有人得不到维持生计的财产。然而，强制实行保护财产的正义规则，则又成为引发社会不稳定和动荡的因素。休谟处于工业革命前夜的英国，社会的物质财富匮乏是前工业革命社会的普遍现象。因而，正义规则对这种不平等的财产维护的作用以及压制贫困人口的最基本需求，

---

① ［美］阿拉斯戴尔·麦金太尔：《谁之正义？何种合理性？》，万俊人等译，当代中国出版社1996年版，第405页。

② Alasdair MacIntyre, *Whose Justice? Which Rationality?* Notre Dame: University of Notre Dame Press, 1988, p. 308.

从而导致社会的不稳定和动荡,这样一种现象为休谟所观察到。麦金太尔指出,"政治理论传统的一个中心论题,来自柏拉图和亚里士多德的论题,便是财产方面太大的不平等,典型地产生了社会冲突。以贪得无厌出现的非正义,典型地产生了这种不平等,而强行实行保护这种非不正义和不平等的财产规则,便因之引起混乱,甚至革命"①。这样讲来,几乎是休谟对财产正义规则的认识使之成为革命理论了。但实际上,休谟并不是不维护这样的正义规则。在他看来,人们是为了保护私有财产权才通过协商而建立起正义的规则,而我们的情感也在维护这样的正义规则。正义规则给我们每一个人在社会交往和交易中,提供了和平、秩序和稳定的社会机制,使之能够达到我们的目的。"我们以及任何别人偶尔也为特殊的紧急情况和自身利益所驱动,来打破这种和平、秩序和稳定。就是说,我们受到相反的情感折磨。然而,理智向我们作出保证,正是通过让在先的那组情感占据首位并通过控制(如有必要,则压抑)后者,才能达到我们和任何他人最广泛和最持久的满足。"② 因此,休谟对正义规则的态度并不是认为正义规则维护了富人的利益从而是需要改变的,相反,他认为为了秩序与和平,人们应当从理智与情感上来认同这些规则。然而,我们一般认为,休谟的保护私有财产的正义规则,恰恰反映了一个重视私产的商业时代的到来。像哈奇逊把商业契约与经济交易作为他的伦理学的重要部分,休谟强调保护私有财产的正义规则的重要性。还有,同时代的斯密则以道德讲座教授的身份,发表了他的《国富论》,从经济学上全面系统地研究以市场经济为基本原点的经济活动,这都表明了一个商业兴盛时代的到来。

三 对罗尔斯和诺齐克正义观点的批评

在《德性之后》一书中,麦金太尔以专章形式来批评罗尔斯和诺齐克。我们知道,诺齐克是以批评罗尔斯而著名的,他的《无政府、国家与乌托邦》

---

① [美]阿拉斯戴尔·麦金太尔:《谁之正义?何种合理性?》,万俊人等译,当代中国出版社1996年版,第406页。
② [美]阿拉斯戴尔·麦金太尔:《谁之正义?何种合理性?》,万俊人等译,当代中国出版社1996年版,第408页。

一书，就是为罗尔斯所激发从而写就的一部政治哲学专著。在这部著作中，诺齐克提出了他的著名的正义三原则，这一正义三原则也就是直接与罗尔斯的正义两原则相对而言。然而，麦金太尔将他们两人放在一起来进行批评，认为他们在正义理论上有着共同的问题。而且，这一共同的问题又是与他们两人的自由主义立场相关的。在这一批评的基础上，麦金太尔提出以共同体的观念来取代自由主义观念的构想。

（一）对罗尔斯与诺齐克的批评

麦金太尔以设想的 A 和 B 的权利冲突为案例来引出对罗尔斯与诺齐克的批评。A 是一个劳动者、小店主或警察，他不得不努力工作或劳动，以省下钱来买自己的住房、送子女上学以及为父母支付医疗费用。现在，他发现他的个人规划遭到不断上涨的税收的威胁。他认为这样的税收是不公平的。他声称他拥有他的劳动所得是他的合法权利，别人无权掠夺走他的合法收入。另，假设 B 也是一名普通劳动者，不过他的职业与 A 有所不同。他是一名自由职业者，或遗产继承人。然而，最重要地体现在他对社会财富分配不公的态度上。财富、收入机会的社会分配不平等使他不满。并且，更使他感到不满的是，由于权力分配的不平等而使穷人和被剥夺者无力改善其现状。他认为，这两类不平等是不公平的，而且将引起新的不公平。他的更为普遍的信念是："对一切不平等都要进行合理论证，而唯一可能得到合理论证的是改善穷人和被剥夺者的条件的不平等，比如说不平等促进经济增长。他得出结论，在现有条件下，资助福利事业和社会服务的再分配税制符合正义的要求。他决定投票支持将保护再分配税制符合他本人正义观的候选人为政府官员。"[①] 麦金太尔认为，他所设想的这样两个人在当代社会中并非不切实际的假设。但他的这个假设实际上代表了诺齐克与罗尔斯这两者在正义观上的不同。前者实际上是诺齐克在理论上的表现，而后者则是罗尔斯在理论上的主张。麦金太尔认为，在一定的社会经济政治条件下，A 和 B 无须表现为政治冲突。不过，就 A 或 B 而言，该社会的经济资源至少能够保证 B 的公共再分配计划

---

① ［美］阿拉斯代尔·麦金太尔：《德性之后》，龚群等译，中国社会科学出版社 2020 年版，第 312 页。

第五章　麦金太尔与桑德尔

实现，如果同时不影响 A 的生活计划，那么，A 和 B 将同时支持某种政治计划或方案、支持某种类型的政治家或政府政策。然而，如果为了满足 A 的生活计划必须牺牲 B 的计划，或者反之亦然，那么，这两者在逻辑上的不相容也就很清楚了。麦金太尔指出："这里逻辑上的不相容性是不难认识的。A 所持的正当所得和权利原则限制了再分配的可能性。如果正当所得和权利原则的运用造成严重的不平等，那么，正义的代价就是不得不忍受不平等。B 所持的公正分配原则限制了合法所得与权利。如果公正分配原则的运用的结果是以税制或国家支配权之类的方式干预目前的社会秩序中一直被认为是合法所得与权利，那么正义的代价就是不得不忍受这种干预。"① 这两种现实生活中的冲突，再现了诺齐克与罗尔斯的正义原则之间的冲突。在麦金太尔看来，就他们的理论本身而言，根本就是没有解决这种冲突的可能。在麦金太尔看来，这不仅是他们的正义原则是互不相容的，而且产生于他们原则背后的理论问题。A 的主张的正义原则的基础性理论是，一个人有权得到（合法来源的收入）什么取决于他自己的收入来源途径，而只要是合法应得的，任何人想以任何方式从他这里拿走什么，都是不正义的。而 B 则认为，正义的要求应当从人的基本需求来考虑，在人的基本需求和满足基本需求的手段方面，应是人人平等的。对于某份特定的财产或资源，A 说，这是他通过合法劳动挣得的，因而任何人想拿走他这份或其中的一部分，都需要他的同意，而任何人或机构以强制手段从他这里拿走它或其中一部分，都是不正义的。像人们看张伯伦的球赛一样，那是人们自愿拿出自己收入的一部分，这样才是正当的或符合正义规则的。然而，B 也许会声明，如果别人特别需要这份资源以免于饥饿，那么，这份财产或资源也就应当是别人的。因为如果缺少这些资产，别人的基本需要就得不到满足。"我们的多元文化中找不到适当的衡量方法或理性标准来判定基于合法权利与基本需要的主张之间的是非。"② 人的基本需求作为人权

---

① ［美］阿拉斯代尔·麦金太尔：《德性之后》，龚群等译，中国社会科学出版社 2020 年版，第 312—313 页。
② ［美］阿拉斯代尔·麦金太尔：《德性之后》，龚群等译，中国社会科学出版社 2020 年版，第 313 页。

的基本要求，在于人的生命权以及健康权都是平等的，这也是现当代社会确立社会保障线和免费医疗的哲学前提。当一个人没有最基本物质保障从而没有免于饥饿的自由时，则是人的生命权受到了威胁。如果一个饥饿的老人因为饥饿而去偷一片面包，那么，这是一个城市的耻辱，而不是那位老人的耻辱。

麦金太尔在书中直接指出，A 和 B 都有理论上的代表人物，这就是诺齐克和罗尔斯。麦金太尔以相当的篇幅直接引证罗尔斯与诺齐克在他们的著述中提出的基本论点，如罗尔斯的两条正义原则和诺齐克的正义三原则。麦金太尔说："罗尔斯与诺齐克的阐述的互不相容实质上反映了 A 和 B 所持观点的互不相容，从而在一定程度上从道德哲学的高度成功地表达了像 A 和 B 两人作为哲学门外汉的普通平民之间的意见分歧。但在哲学论证方面，罗尔斯和诺齐克也重新产生了相同的互不相容性和不可通约性，并致使 A 和 B 两人的争论无法在社会冲突的层次上得到解决。"[①] 具体来说，罗尔斯把涉及需要的平等原则设定为起始物，这就是他的差别原则所要惠及那些弱势群体的原因。而诺齐克则把权利设定为起始物。因而在论证起点上两人是根本不同的。麦金太尔指出，两人在对待分配正义原则的时间维度上也是不同的。罗尔斯不问那些处于贫困中的人是什么原因造成的，而诺齐克则把获取物的来源以及转让问题都看成正义所涉及的。A 接近诺齐克的观点，B 接近罗尔斯的观点。A 反对在基本需要意义上的分配正义，而 B 反对诺齐克式的权利原则而赞成尊重需要的原则。然而，麦金太尔指出，罗尔斯赞同基本需要的原则，是因为那些代表人处于"无知之幕"之后，即他们不知道自己需要什么，正是由于这样的背景才使得他们赞同了罗尔斯的正义原则。但是，现实中的人并不处于无知之幕之后，都知道自己需要什么，因而必定会赞成诺齐克的权利原则。而"如果诺齐克要证明，任何分配原则一旦实施，就会违反每个人都享有的自由权利（正如他论证的那样），那么，对此的直接回答是，他如此解释基本权利的不可侵犯性，乞求这个问题有利于他自己的论证，倒使得罗尔斯

[①] ［美］阿拉斯代尔·麦金太尔：《德性之后》，龚群等译，中国社会科学出版社 2020 年版，第 316 页。

的前提无可指摘了"①。实际上，罗尔斯与诺齐克两人所持有的是两种不同的理论诉求。罗尔斯从人的基本需求角度来理解人的基本权利，而诺齐克则从洛克式的劳动所有权来理解人的权利。因此，两个人的权利理论及其出发点并不相同，从而导致相冲突的结论。诺齐克强调任何模式化的分配都存在着对人的意志的强制而非自愿的状况，就是对人的权利的侵犯。这在逻辑上并不有利于罗尔斯，而恰恰是对罗尔斯的直接批评。不过，诺齐克的理论确实存在着听任穷困者处于贫困和饥饿中的问题，但这并不意味着这个理论直接违反了罗尔斯式的权利。还有，麦金太尔认为，"罗尔斯和诺齐克的阐述还有一个重要的共同点。在他们对正义的阐述中，都未提到应得的概念，也不可能始终如一地谈论应得。可是，A、B两个在谈及正义问题时都参照了应得"②。"未提到"与"不可能始终如一"根本就不是一回事，但麦金太尔把它们当一回事来说。实际上，罗尔斯确实是反对在正义问题上运用传统的应得概念的，如天赋应得问题，还有德性应得问题等。但说诺齐克反应得，这找不到有说服力的证据。因为他的正义第一原则即获取正义原则就是一个应得原则。

（二）现代社会与共同体问题

麦金太尔提出罗尔斯与诺齐克的正义理论都没有应得概念在其中的位置，是为了引出现当代社会的社会背景问题。在他看来，诺齐克和罗尔斯都认为，社会是由各有其自身利益的个人组成的，然而这些人不得不走到一起，共同制定公共生活的准则。换言之，这是一种原子式的个人主义社会，而"应得赏罚的概念只有在这样的一个社会共同体的背景下才适用，即该共同体的基本联结物是对人而言的善和共同体的利益这两者有一个共同的理解，个人根据这种善和利益判定自己的根本利益。罗尔斯明确地把下述论断作为其观点的前提：对人而言的好生活是什么，我们必然与他人有不同的看法……诺齐

---

① ［美］阿拉斯代尔·麦金太尔：《德性之后》，龚群等译，中国社会科学出版社2020年版，第317页。

② ［美］阿拉斯代尔·麦金太尔：《德性之后》，龚群等译，中国社会科学出版社2020年版，第317页。

克的论证同样缺乏应得赏罚概念所必需的社会共同体的概念"[1]。麦金太尔提出只有那种共同善的共同体才可是应得赏罚概念的社会背景，而罗尔斯与诺齐克所理解的社会都不具有这样的共同体理解。就罗尔斯来说，罗尔斯明确地说，社会是一个合作体系，或一个公平的合作体系，但这个合作体系的前提是有着个人利益的个人的联合，人们都是为了自己的个人利益的增进而走到一起来进行合作的。诺齐克式的最弱意义的国家，实际上也是人们的一种社会政治组织，是为了保护人们的利益而自发产生的政治权力机构。麦金太尔理解的共同体是共同利益的优先性。罗尔斯与诺齐克所理解的社会确实是不同的。但这构成了可应用应得概念或不可应用概念的前提吗？我们认为，像罗尔斯，恰恰是从社会合作性来看待人们的天赋，从而得出天赋是不应得的这样的正义观点。因此，共同体的共同性正是从罗尔斯这样的观点中我们才可以看出。换言之，正是因为有了社会合作的共同性，才使得天赋不为个人所得，而不是因为这种社会合作不是麦金太尔式的共同体，从而应得概念才没有运用的可能，事情恰恰相反。另外，我们已经指出，诺齐克的正义第一原则（正义获取）就是一个以应得概念为前提的正义原则。当然，诺齐克的应得概念，并不是社会的赏罚，而是个人劳动或获取的应得，确立这样的正义原则，也就意味着社会应当承认它的合法性，而不是通过社会组织或社会机构来奖赏什么的问题。应得再加上赏罚一定是某种形式的利益再分配，但这是初始分配，而不是什么再分配。

尽管我们看来，应得的问题不是罗尔斯与诺齐克的正义原则的问题，但麦金太尔因此而引出了现代社会的原子性与古代共同体的不同，他认为这是现代正义问题的背景。现代社会的原子性特征就如同我们都是遇难后被抛到荒岛上的难民，而且这些难民相互不认识。但为了生存下去，我们不得不制定某种契约或签订某种规则，从而最大限制地保护我们每个人。相互的契约有一限制，即为我们个人间的相互竞争的利益确立了界限，从而保护我们每一个人。在麦金太尔看来，"这种观点本身包含了一定的对现

---

[1] ［美］阿拉斯代尔·麦金太尔：《德性之后》，龚群等译，中国社会科学出版社2020年版，第318—319页。

代社会的现实主义观察；现代社会至少在表象上常常是陌生人的集合，其中每个人都选择阻力最小的道路追逐自身利益……他们的观点排除了对这样一个人类共同体的任何阐述，在这个共同体内，在追求共有的利益的过程，对共同体的共同任务的贡献相关的赏罚概念为有关德性和非正义的判断提供了基础"①。罗尔斯的正义原则是为了确立一种合乎正义的分配原则，这一分配原则不仅说的是差别原则，还有罗尔斯认为在合作中产生的利益盈余，即这个多出于个人单打独斗的产出怎么分配的问题。因此，在某种意义上，也是一种社会赏罚的机制问题。因此，虽然并不是一种对于共同利益的共同追求的共同体，而只是一种为了个人利益的合作体系或合作机制，仍然有一个应得赏罚问题。罗尔斯首先要确立正义规则或正义原则，就是解决合作所产生的利益分配的公平合理问题，即首先确立分配规则，其次才可知应得多少的问题，即应得赏罚问题。就是在麦金太尔式的共同体中，其应得赏罚也是依据其对共同善的贡献来决定的，而不是没有规则可循的。

不过，麦金太尔通过 A 和 B 的分歧以及理论上诺齐克与罗尔斯的分歧，他要表明现代社会已经不是古代式的共同体了，这体现在现代社会在分配原则问题上无法达成道德和政治共识。在分配正义原则上达不成一致性共识，在麦金太尔这里，就意味着现代社会本身已经远离了古代亚里士多德的共同体。罗尔斯与诺齐克的分配正义原则之争，反映了现代社会内在的深刻冲突。我们认为，现代社会与古代社会的不同，在于现代社会已经深深地确立了启蒙运动以来所确立的平等原则，没有平等就没有自由，没有自由也就没有平等。而对于平等本身如何在现实的政治与经济生活中得到体现，则存在着重大的分歧。诺齐克的平等是坚持彻底的洛克式的权利平等，而罗尔斯则从康德式的平等权利出发，认为人应当有过尊严体面生活的平等权利。实际上，两人并不是不承认现代社会的财富占有的不平等，而只是诺齐克对于洛克式平等权利所产生的财富占有的不平等视而不见。因此，如果诺齐克同意平等

---

① ［美］阿拉斯代尔·麦金太尔：《德性之后》，龚群等译，中国社会科学出版社 2020 年版，第 319 页。

意味着人的生存尊严平等，则他应当能够同意罗尔斯的差别原则。因此，现代社会是否一定要回到亚里士多德式的古代共同体的问题，并不是因为在利益问题上存在着道德与政治冲突就一定可以判断现代社会得了不治之症，从而需要古代共同体主义的药方。

第二节　桑德尔

桑德尔是四位最著名的社群主义（communitarianism）中最年轻的一位，也是在中国影响最大的一位。"communitarianism"这一概念在中文翻译中，最早译为"共同体主义"，而后共同体主义这一中文说法仍然在使用，不过，多数人已经用"社群主义"来表述这一英文概念。"社群"是一社会学的概念，而"共同体"这一概念在西方思想史已经有着长久的使用，目前在18世纪以来的哲学文献中可见到"共同体"这一概念的大量使用。如在马克思的著作中就大量使用了共同体这一概念，在卢梭的《社会契约论》中，是将共同体与集体这两个概念共同使用的。马克思没有使用"集体"这一概念，原来根据苏联译本翻译的马克思恩格斯著作，中文使用了"集体"这一概念，但在根据德文译出的新版，原来使用中文"集体"这一概念的地方，都改译为"共同体"。"社群主义"这一概念实际上就是以共同体这一概念为基本词再加上表述"主义"的后缀，从而成为另一名词，但词义应当是以词语意思主体部分为依据的。不过，既然大家都这么译了，我们遵从俗规，也称之为"社群主义"。对于社群主义或共同体主义这一标签，桑德尔明确表明了他并不是很愿意接受。他说："《自由主义与正义的局限》一书与其他同时代的自由主义政治理论之批评者（最著名的有阿拉斯代尔·麦金太尔、查尔斯·泰勒和迈克尔·沃尔泽）的著作一起，渐渐被认为是对具有正当取向（rights-oriented）的自由主义的'共同体主义'批评。由于我的部分论证是，当代自由主义对共同体提出的解释不适当，'共同体主义'这一术语在某种程度上还是合适的。然而，在许多方面，这一标签会引起误解。最近几年在各种政治哲学间爆发的这场'自由主义—共同体主义'之争，表明了问题讨论的范围，而我并不总是认为我本人站在共同体主义一边。"① 在桑德尔自己看来,他称之为"共和主义"可能更为适当。然而,我们认为,他的观点表明,他是站在共同体主义或社群主义这一立场上的,因此,这一称呼还是恰当的。

一 对罗尔斯正义理论的批评

桑德尔的《自由主义与正义的局限》是一部对罗尔斯的正义理论以及政治自由主义进行全面批判的著述。首先,桑德尔从罗尔斯所持有的道义论立场以及罗尔斯的宏观意义上的框架进行批判,其次转入对他的初始位置(原初状态)、分配正义、契约主义以及正义与善方面进行批判,最后,则是对罗尔斯的政治自由主义的批判。因此,与诺齐克从构造自己的正义原则来对罗尔斯的分配正义进行批判不同,桑德尔则是直接针对罗尔斯的理论进行批判的。

(一) 正当与善

桑德尔指出,自由主义与社群主义之争,实际上是这样一些人的争议,即一些人重视个人自由的价值,另一些则重视共同体的价值。这两类人还体现在这样两类不同观点上,一些人相信普遍人权,另一些人则认为,不同文化与传统之间的价值是不同的。桑德尔在书中的第二版序言中,谈到他与罗尔斯的理论之争:"罗尔斯的自由主义与我在《自由主义与正义的局限》一书中所提出的观点之争,不是权利是否重要,而是权利是否能够用一种不以任何特殊善生活的观念为前提条件的方式得到确认和证明。争论不在于是个体的要求更重要,还是共同体的要求更重要,而在于支配社会基本结构的正义原则,是否能够对该社会公民所信奉的相互竞争的道德确信和宗教信念保持中立。换言之,根本的问题是,正当是否优先于善。"② 但实际上远不止他在

---

① Michael J. Sandel, *Liberalism and the Limits of Justice*, Cambridge: The Press Syndicate of the University of Cambridge, 1998, p. ix. 本处译为"共同体主义",参照了万俊人等译《自由主义与正义的局限》一书的译法。

② Michael J. Sandel, *Liberalism and the Limits of Justice*, Cambridge: The Press Syndicate of the University of Cambridge, 1998, p. x.

399

这里所说的这些，尤其是关于自我与共同体的关系问题，他在这里并没有说到。

桑德尔在书中的"导论"篇将罗尔斯的基本理论前提进行了概括。桑德尔说："我所关注的自由主义是一种在现今道德哲学、法哲学和政治哲学中占有突出地位的自由主义版本：在这种自由主义中，正义、公平和个人权利的概念占有一种核心地位，而其哲学基础在很大程度上得益于康德。作为一种断言正当优先于善，并与功利主义概念相对立而加以典型定义的伦理，我所了解的这种自由主义最好应描述为'道义论的自由主义'，对于我认为熟悉这一学说的人们来说，这似乎是一个可怕的名称。"① 这里桑德尔集中概括了罗尔斯的学说，但将这一学说命名为"道义论的自由主义"，而且说这是一个"可怕的名称"。可见首先就是对罗尔斯的理论在情感上给予否定。具体来讲，桑德尔再进一步归纳了罗尔斯的正义理论的基本要素，他说："道义论的自由主义，首先是一种关于正义的理论，尤其是一种关于正义在诸道德理想和政治理想中具有首要性的理论。我们可以将其核心陈述如下：社会由多元个人组成，每一个人都有他自己的目的、利益和善观念，当社会为那些本身不预设任何特殊善观念的原则所支配时，它就能得到最好的安排；这些调节性原则可得到辩护，不是因为它们能使社会福利最大化，或者是能够促进善，相反，是因为它们符合正当概念，一个既定的优先于和独立于善的道德范畴。"② 桑德尔对罗尔斯正义理论的这两种概述，其中最值得注意的是他强调正当对善的独立性或正当优先于善。这两种理解都是桑德尔对罗尔斯正义理论的十分重要的观点。这一观点，桑德尔在书中的最初部分给予了相当多的篇幅来分析批判。在桑德尔看来，这是他的共同体主义或社群主义理解与罗尔斯的正义理论相区别的关键点之一。何谓

---

① Michael J. Sandel, *Liberalism and the Limits of Justice*, Cambridge：The Press Syndicate of the University of Cambridge, 1998, p.1, 参照了万俊人等译《自由主义与正义的局限》一书的译文，主要因对"right"一词的不同理解，而用了原文。

② Michael J. Sandel, *Liberalism and the Limits of Justice*, Cambridge：The Press Syndicate of the University of Cambridge, 1998, p.1, 参照了万俊人等译《自由主义与正义的局限》一书的译文。

"正当"（right）？何谓善？首先，罗尔斯与桑德尔都认为（当然是根据罗尔斯的说法），正当在罗尔斯那里，是与正义原则相关联的，也就是只有知道什么行为是符合正义的，才可知什么是正当的。其次，在确立了正义原则之后，我们才知道什么是善什么是非善或恶，即不符合正义的行为或决策并不是善的。因此，正当既优先于善，也独立于善。

桑德尔认为，罗尔斯如同康德，正当优先于善基于两种主张。其一，某些个体的权利是如此重要，哪怕是普遍福祉也不能僭越。其二，具体界定我们权利的正义原则，并不取决于它们凭借特殊善生活观念所获得的证明。而桑德尔说，他要挑战的就是这第二种正当优先于善的主张。他主张："正义是与善相关的，而不是独立于善之外的。"① 桑德尔指出，正因为他把正当与善联系起来，被人们认为他是批判罗尔斯的共同体主义或社群主义者。不过，他认为，人们一般搞不清楚社群主义版本的正当与善的联系的两种版本。第一种版本是，正义原则应从特殊共同体或传统中人们共同信奉或广泛分享的那些价值中汲取道德力量。"这种把正义与善联系起来的方式，在下述意义上是共同体主义的，即共同体的价值规定着何为正义、何为不正义。按照这种观点，承认一种权利取决于向人们表明，这种权利隐含在传统或共同的共享理解之中。"② 什么是"共同体的价值"？也就是共同体的善。在亚里士多德那里，就是城邦最高的善，即全邦公民的幸福，也可称为"共同利益""公共利益"。在这个意义上，只有符合这样的价值或善的才是正义的，因此，这不是罗尔斯式的，而是桑德尔式的和所有古代与现代社群主义者的理解。第二种版本是："把正义与善观念联系起来的第二种方式主张，正义原则及其证明取决于它们所服务的那些目的的道德价值或内在善。依此观点，承认一种权利取决于向人们表明，它能为某种重要的人类善增光添彩，或使之发展。这种善是否偶然得到人们的珍重，或是否隐含在该共同体的传统之中，可能不

---

① ［美］桑德尔：《自由主义与正义的局限》，万俊人等译，译林出版社 2001 年版，第 3 页。

② ［美］桑德尔：《自由主义与正义的局限》，万俊人等译，译林出版社 2001 年版，第 3 页。

西方政治哲学通史：现代美英政治哲学卷

是决定性的。第二种正义与善联系的方式，严格地说并不是共同体主义的，由于它使权利依赖于权利所促进的那些目的或意图的道德重要性，因此最好把它描述为目的论的，或者（用当代哲学的术语）是完美主义者的。"① 罗尔斯的理论不主张正义与善有着在共同体善的意义上的内在关系，并且强调正义基于维护个人权利的正当性之上，然而，桑德尔等社群主义者则主张社群主义的共同善的优先性，虽然不是目的论的。正因为他们是社群主义的共同善有着根本性的地位，从而在他们看来，自由主义的正义论强调正当优先于善，是将这两者的关系完全颠倒了。

在桑德尔看来，正当优先于善，也就意味着正义较之善有着更为重要的价值，在罗尔斯这里，就是正义具有首要价值或是社会基本结构的首要德性。桑德尔指出，罗尔斯的道义论的自由主义或正义理论，其理论前辈是康德和密尔。我们可以从两个方面来理解正义的首要性问题。首先是直接的道德意义。桑德尔说："正义的首要性主张，正义之所以是首要的，在于正义的要求超过其他道德利益和政治利益，无论这些利益可能有多么迫切。依此观点，正义就不仅仅是诸种价值中的一种价值，可以随情况的变化来加以权衡和考量，而是所有社会美德中的最高美德，是在其他社会美德能够提出其要求之前所必须满足的美德。如果世界的幸福只能通过不正义的手段来促进，那么能够适当普遍推行的不是幸福，而是正义。而且，当某个体权利发生正义问题时，即使是普遍福利也不能凌驾于这些权利之上。"② 桑德尔这里所说的是关于正义作为德性与其他德性相比较，在康德、罗尔斯式的正义观中的重要性，无论是在康德还是在罗尔斯那里，他们并没有将诸多德目进行排序，而将正义作为德性排到最高位置。罗尔斯只是将正义作为制度的首要德性，但在个人两种基本道德能力的说法上，是将正义感的能力与自我善观念的能力并列放在一起的。而作为自我善观念的能力，实际上包含了诸多种德性，如

---

① ［美］桑德尔：《自由主义与正义的局限》，"第二版前言"，万俊人等译，译林出版社2001年版，第3—4页。

② Michael J. Sandel, *Liberalism and the Limits of Justice*, Cambridge: The Press Syndicate of the University of Cambridge, 1998, p.2, 参照了万俊人等译《自由主义与正义的局限》一书的译文。

智慧、审慎等。不过,罗尔斯的正义的首要性应当还体现在初始位置的正义原则的选择上,但这不过是服从于制度正义重要性的要求。其次,桑德尔认为,不仅仅是在道德意义上,而且是在证明方式上。正当优先于善,"这就意味着,与其他实践戒律不同,正义的原则是以一种并不依赖于任何特殊善观点的方式而得到辩护的"①。不仅如此,正当还以其特殊的方式约束着善并设定着善的界限。但这并不意味着罗尔斯式的正义原则得不到任何理由的辩护。这一理由就是普遍性的个人平等自由权利。当然,康德并没有像罗尔斯这样直接地讨论正义首要性的论点,桑德尔从康德伦理学领域进行讨论,应当看到是符合康德的基本伦理要求的。桑德尔还指出,密尔作为一个功利主义的自由主义者,同样也是强调正义具有首要重要性的哲学家,但密尔是从社会长远利益这一功利主义的后果论来为正义具有首要性和权利具有压倒一切的重要性辩护的。实际上,在密尔那里,正义与权利何者更为重要或更具有真正的首要性,仍然是一个问题,笔者曾在多处涉及密尔的正义论证时指出了这一点。简单地说,密尔对于正义重要性的认知,不仅从他的功利主义后果论来考虑,也隐含着运用了个人权利这一关键性的视角。

桑德尔指出,他所说的正义的首要性突出地体现在罗尔斯自己所说的正义是社会制度的基本德性这一说法上,在他看来,这一说法是罗尔斯的核心主张,不仅贯穿全书,而且是罗尔斯极力维护的核心信念。桑德尔说:"正义的首要性是一个强有力的主张其实存在的危险是我们可能对其胆大妄为熟视无睹。"② 然而,桑德尔是如何得出这样尖锐批评的结论的呢?桑德尔认为,你说正义是制度的首要德性(first virtue),那么,桑德尔就撇开制度不谈,而只将正义置于不同的价值之中,即价值或德性的族类中来进行比较,既然你认为是首要的,那么,在这样的族类价值意义上,也就是在许多同类价值中,

---

① [美]桑德尔:《自由主义与正义的局限》,万俊人等译,译林出版社2001年版,第3页。

② [美]桑德尔:《自由主义与正义的局限》,万俊人等译,译林出版社2001年版,第20页。

它是价值的价值，更是权衡和估量各种价值的工具，当各种价值相互冲突以及与善相互竞争时，正义就是这些冲突的和解或调解标准。并且，任何善观念都不可驳倒正义，正义自身置于善与各类价值之上。但罗尔斯是这样提出论点的吗？不是，罗尔斯强调它是社会基本制度的第一德性，是社会基本结构的正义，这就是从社会基本制度的要求出发，当然，也可以看作在各种不同德性之间与制度需要之间进行了比较，从而得出了这样的结论。但重要的是，罗尔斯强调正义对于社会基本制度是最为重要的德性，如果换一种方式问，仁爱是社会制度的首要德性吗？同情是吗？勇敢是吗？当我们这样提问时，你会觉得似乎不着边际。当然，与制度相关的政治价值，还有自由与平等。但在罗尔斯的理解和解释中，是把这两种基本的政治价值放在正义的范畴里面了。这在《正义论》第一章第一节的第一段文字中就很清楚。换言之，正义作为社会制度的第一德性，它的重要性是对于社会制度而言的，也是在社会制度的意义上，相对于其他人类的德性，它具有第一重要性，当然，你可以把第二、三重要性的价值（德性）都排上，但罗尔斯没有这样做，因为他的工作重心不是在那些人类的政治德目或伦理的德目上，而是在社会制度的正义以及正义的建构上。依桑德尔的逻辑，既然你说了这是第一德性，那么就成了其他德性价值宰制者（这种说法根本不合罗尔斯的逻辑），然而，正义的这种首要性、优先性到底意味着什么呢？这种优先性首先是一种道德的"必须"，即正义的优先性是人类的本质多样性和构成人类个体完整性的要求。桑德尔假定，在罗尔斯的理念中，正义与善是冲突的，不能为了善尤其是普遍性的善来牺牲正义，如果是这样，就侵犯了不可侵犯的。桑德尔认为，这突出地体现在罗尔斯对功利主义的批判中。因为罗尔斯拒绝了功利主义的最大化的善以及从最大化善出发的正义论，因此，这就意味着罗尔斯承认普遍善与正义是相冲突的，而要坚持正义，也就必然意味着正义优先于善。但实际上，罗尔斯对功利主义最大化善的批评，只是认为功利主义为了最大化的善而可以牺牲少数人的利益。在利益最大化的善与正义关系上，实际上是正义与效率的关系问题。罗尔斯并不反对公平与效率之间可以有正相关的关系，当然他并不这样提倡，但罗尔斯认可这样一种可能。因此，我们也就不能认为罗尔斯在功利主义的最大化善问题上的态度导致了正义与普遍善的冲突。

其次，桑德尔认为，正义优先于善还在于认识论上的原因。这就是罗尔斯所说的，我们需要一个"阿基米德点"，才能评价社会基本结构，而正义原则就是一个这样的"阿基米德点"。然而，桑德尔认为，如果正义原则来自社会流行的价值和善观念，那么，怎么能够保证正义原则所提供的批判立场呢？但如果完全排除经验，看起来则是可疑的先验假设。以这样一种正义原则来评价社会基本结构，这样一种正义原则确实提供了一种"阿基米德点"，但罗尔斯以"无知之幕"所确立的这个阿基米德点，并不是完全排除经验而诉诸先验理性，因此，罗尔斯并非像桑德尔所批判的那样，只是从先验出发来建构一种正义原则，从而观照现实世界。在这里，桑德尔的第一种批评似乎有理，因为完全从现实社会的实践经验中得出这样的原则，确实难以用它像是置身其外那样来批评它。然而如果完全排除经验，则可能是一种与经验世界不相关的纯粹超验或先验的标准，同样也难以运用来观照现实世界。但实际上桑德尔这样抽象的讨论并没有面对理论本身。如柏拉图的理想国，就完全是他按照自己的理念来构想的，而康德的目的王国，就完全是从实践理性出发进行一步步推演，从而得出的一种理论建构，来自理想国的正义原则和来自康德的目的王国的正义原则，难道对于现实世界没有任何评价功能吗？桑德尔这样看待问题，是来自他对自由主义的偏见。

（二）先在性自我和占有性自我

桑德尔从正当优先于善这一问题开始，但并不终止于这个问题。在桑德尔看来，正当优先于善，所以主体优先于其目的。从康德的伦理学来看，道德法则的基础在于实践理性主体自身，而不在于实践理性的客体，康德式的实践主体是一个拥有自主自律意志的主体。康德伦理学的基本设定是，外在自然服从必然律，而人的意志则服从自己为自己制定的法则，即自由的法则，并且，人的意志本身的自由特性在于人的选择能力。人对自由法则的服从是人的意志自觉选择和理性认知的结果。人的实践理性所服从的是自由的法则，如果我们永远都能够自由选择，那我们就不受那些偶然的环境制约。"按照道义论的观点，首要的问题不是我们所选择的目的，而是我们选择这些目的的能力。而且这种能力先于它可能确认的任何特殊的目的，它存在于主体自身。"① 先于目的的说法还有进一步的含义，即被认为是摆脱了外在环境和自然机制制约的独立主体或先验主体，或超验主体。应当看到，罗尔斯对认知和道德主体的预设，并没有像康德那样从一种先验的认知结构出发，虽然罗尔斯强调他的理论的哲学前提是康德式的自我。罗尔斯的这种康德式的自我，强调人的实践理性和道德认知能力是道德主体的实践能力。并且，这也确实是罗尔斯的出发点。但罗尔斯的理性自我并不是一类超验或先验的自我，这一点，桑德尔也注意到了，因为罗尔斯运用了休谟式的正义环境概念来说明处于初始位置的代表人的处境。这就表明，罗尔斯并非像康德那样预设自我和人的实践理性能力是完全与环境和目的无关的。然而，桑德尔认为康德式的这种独立于日常心理学假设和目的论假设的自我，是康德、罗尔斯式自我自由主义的问题所在。桑德尔说："因为正义是首要的，所以某些事情对于我们来说必定是真的，我们必定是某种形式的物类，必定以某种方式与人的环境相联系。尤其是，我们必定总是与我们的环境保持某种距离，肯定会受到条件的限制，但我们的一部分永远都先于任何条件。只有用这种方式，我们才能把我们自己既看作经验的主体，也看作经验的客体，看作行动主体，而不只是我们所追求的目的的手段。道义论自由主义设想，我们能够且的确也必须在这种意义上把我们自己理解为独立的。我将论证，我们并不能这样独立，而在这种自我影像的片面性中，我们倒可以发现正义的种种局限。"② 在这里，桑德尔似乎是对于康德和罗尔斯式的自我还有某种程度的肯定，但实际上，他并不既这样讲又那样讲，而只是对于康德罗尔斯式的自我进行批评，认为其根本问题是其主体的先在性，而主体的先在性又在于正义的首要性和正当相比较善的优先性和独立性。

道德主体的先在性还在于与作为行为主体的个人与其目的的分离。我必

---

① ［美］桑德尔：《自由主义与正义的局限》，万俊人等译，译林出版社2001年版，第8页。
② ［美］桑德尔：《自由主义与正义的局限》，万俊人等译，译林出版社2001年版，第13页。

第五章 麦金太尔与桑德尔

须把我理解为区别于我的价值与目的的自我。因此，与目的论相反，罗尔斯认为最为根本的不是我们所选择的目的，而是我们选择目的的能力。桑德尔继续以经验现象来反对罗尔斯的选择自我的说法。在桑德尔看来，自我相对于其目的的优先性意味着，我不仅仅是"累积性的目标、属性的被动接受器，和经验所抛出的一连串目标，并不单是多样性环境产物，而总是一个不可还原的、积极的、有意志的行为者，能从我的环境中分别出来，且具有选择能力。把任何一种品格特征作为我的目的、抱负和欲望等，总是在这些背后隐含着某个主体的'我'。这个'自我'的形式（shape）必须先于任何目的或我的属性。正如罗尔斯所说，'从无数的可能性中，必须选择一个主要目的'，而在选择一个目的之前，必须有一个自我在选择"①。桑德尔在这里强调的是，罗尔斯式的自我，是先于环境，先于可选择的目标，并且具有选择能力。桑德尔认为，这是将自我与自我所拥有的东西的分离。在他看来，任何形式上采用我是 X、Y、Z 而非我拥有 X、Y、Z 的关于自我的理论，都消弭了主体与情境之间的距离。在桑德尔看来，这一距离，对于任何连贯的自我概念来说，都是不可少的。自我的拥有意味着对构成自我而言从来就不是充分的，因为总有些属于是被拥有而非是我的。因此，依照桑德尔的自我或主体理论，自我可分为两部分，即一部分为我是什么，另一部分是我拥有什么。然而，罗尔斯的自我理论则指我拥有什么完全排除在自我概念之外，仅仅从主体自身来界定自我。桑德尔所说的"我拥有的什么"，即"object of possession"，因为目标是外在的，是环境所给予的，而自我则是"the subject"。② 然而，我所占有的客体是构成自我的一部分吗？我们不是说客体是身外之物吗？而且作为身外之外，其归属物如果是确切的财物，是要在法权概念之下才是具有正当性的我的财物，而作为我的目标之物，并不归属于我，只是我把它作为目标来追求，并且，别人也可以把它作为目标来追求。在桑德尔看来，罗尔

---

① Michael J. Sandel, *Liberalism and the Limits of Justice*, Cambridge: The Press Syndicate of the University of Cambridge, 1998, p. 19, 参照了万俊人等译《自由主义与正义的局限》一书的译文。

② 参见 Michael J. Sandel, *Liberalism and the Limits of Justice*, Cambridge: The Press Syndicate of the University of Cambridge, 1998, p. 21。

斯将自我与我所拥有的排除开来，就消弭了我与环境的区别，"它就变得不可能将我是什么与我拥有什么区别开来，从而剩下的也就被称为根本性的处境自我"①。也就是一个完全性的环境自我或经验性自我，而不是完全性的非环境的先验的自我，不知桑德尔的这个逻辑是怎么推演的。就在桑德尔这样武断地讨论之后几段文字，桑德尔就写道："一个完全与其经验既定特征相分离的自我，只不过是一种抽象的意识（意识到什么？），一个根本性（激进）的处境主体，让位于与情境根本性分离的主体（disembodied one）。"② 笔者认为，这倒是桑德尔对罗尔斯的真实批评，而不是前者。

然而，桑德尔自己也承认，这样完全与经验性情境相分离的自我，或先验性自我，不是罗尔斯的，而是康德的，虽然罗尔斯自己承认他的自我观念是康德式的。桑德尔认为，罗尔斯有着康德式的谋划，但是，虽然两人的理论架构大致一致，并且有着类似的道义论主张，如正当的和优先性以及自我优先于情境等，但罗尔斯的解决方案则与康德的不同。"这种对照反映了罗尔斯更关心如何在不求助于先验或抽象主体的情况下来建立其所需要的道义论之优先性……对于康德来说，正当的优先性，或者说道德律的至上性，以及自我的统一性，或者说知觉的综合统一，只能通过先验演绎和设置一个本体的或知性的王国才能建立起来，以作为我们的自由与自我认知能力的必要预设。罗尔斯拒绝了康德的这种形而上学，但他相信，可以'在经验理论的范围内'保留其道德力量。"③ 然而，既然桑德尔对于罗尔斯有这样的评价，为什么他要那样批评罗尔斯呢？难道他不是在批评罗尔斯而是批评康德？不是，也许他是想揭示罗尔斯理论内部的不连贯性，即他的自我论与他的经验论倾向之间的困境。对于这个问题，我们要在他关于初始位置（原初状态）的讨论基础上进行。

---

① Michael J. Sandel, *Liberalism and the Limits of Justice*, Cambridge: The Press Syndicate of the University of Cambridge, 1998, p. 21.

② Michael J. Sandel, *Liberalism and the Limits of Justice*, Cambridge: The Press Syndicate of the University of Cambridge, 1998, p. 21.

③ [美] 桑德尔：《自由主义与正义的局限》，万俊人等译，译林出版社2001年版，第30页。

第五章　麦金太尔与桑德尔

当桑德尔进入对罗尔斯的初始位置的批评时,桑德尔关于罗尔斯的先在性的自我已经不说了,转而说罗尔斯的自我是一个占有性自我。在桑德尔看来,在道义论观点意义上的自我是优先于其目的的先在性自我,罗尔斯的这种自我与康德不同,他面临着因排除先验性或本体王国内而获得先在性的问题,而他的解决方案就包含在对初始位置(原初状态)的设计中。在桑德尔看来,罗尔斯在初始位置的设计中,已经不再把自我看成一个先于其目的和与所拥有之物相分离的自我,而是一个占有性自我(a subject of possession)。这个占有性的自我"在占有关系中与他的目的有距离但两者并没有区别开来"①。并且桑德尔又说,"这个占有主体的观念被限定在相互冷淡(mutual disinterest)的假设之中"②。所谓占有,也就是桑德尔在前面所说的自我所拥有的东西,在前面,桑德尔说那个先在性的自我是与所拥有的东西先离开的,现在回来了,回到主体这里了,因而是占有性的自我。那么,所拥有的东西是什么?按这个说法,就是这个主体拥有他的目的,虽然有距离但并没有分开。然而,这说得过于抽象,无法把握桑德尔说的是什么。我们大概可以根据"相互冷淡"这一假设猜得出桑德尔所说的是什么。因为罗尔斯的所谓相互冷淡,是指对于那些不是我的或不属于我的利益不感兴趣,这也就意味着他们拥有他们自己认为是合法的利益或正当的利益。桑德尔认为,相互冷淡这个规定看起来像是一个心理学上的假设,即各方不关切他人的利益,但实际上,我们认为是伦理学上对人的道德水平或道德境界的一种规定。因为罗尔斯自己也谈到,我们不可能设想进入初始位置的代表是一些道德很高尚的人,如果这样就对人的道德要求太高了则有可能达不到,同样,也不可能对人的道德要求太低,好像大家都是唯利是图的自私者。而相互冷淡,也就是我们对于他人的利益不感兴趣,而只关心我们自己的利益得失。因为所有人都既有正义感也有着关于自我善的观念。实际上,这一开始就是罗尔斯

---

① Michael J. Sandel, *Liberalism and the Limits of Justice*, Cambridge: The Press Syndicate of the University of Cambridge, 1998, p. 54.

② Michael J. Sandel, *Liberalism and the Limits of Justice*, Cambridge: The Press Syndicate of the University of Cambridge, 1998, p. 54.

对于行为主体的道德预设，因而在这个意义上，如果桑德尔承认这点，罗尔斯的自我本来就是一个没有将其所拥有的与本体自我区别开来的自我，因而本来就是一个占有性自我。桑德尔指出，相互冷淡既然是在原初位置假设中有其地位，那么，它就是作为一种知识论在起作用，是具有自我认知形式的要求。这不是一个关于动机的假设，而是一个关于主体本性的假设。这里的主体，所关切的是利益与目的，而不是那些利益与目的的内容，即不论这些目的和内容是什么。相互冷淡无疑是关切利益也关切主体目的的，即关切在初始位置上达成的目的，这是罗尔斯的条件假设。

那么，桑德尔怎么将他所理解的占有性自我与先在性自我的认识统一起来呢？或者说，这两者在罗尔斯那里是分离的还是统一的？这是桑德尔所面临的问题。就先在性自我而言，自我或主体是先于经验而确立下来的，要成为一个道义论的自我，主体的认同必须独立于所拥有的事物而给定，即这两者必须分离开来把握。然而，占有性的自我则必须将主体所拥的东西置入其中进行把握。在桑德尔看来，这两者的结合即先在性自我与占有性自我的结合构成了罗尔斯的个人理论。先在性的自我，在桑德尔这里是道义论的自我，这个自我同样也是罗尔斯继承道义论的立场所具有的。桑德尔认为，可以从道义论的自我的某种特性来看待这两者的关系。

桑德尔从占有概念的讨论开始。占有也就是以某种特有方式使某物成为我的。但如果某物已不在我手上，"我"将仍然是那个曾占有过某物的"我"。因此，桑德尔认为，"占有概念就是一个间距性概念。这一间距性因素基于自我的连续性。它通过将其从最轻微的偶然性之变迁流转中拯救出来而为自我保留了尊严和完整性"[①]。桑德尔对于"占有"这一概念，是从时间性进行理解的，即自我与占有物之间存在着一种时间持续的关系。我们在前面已经指出，占有的问题是一个法权概念，没有私有产权的合法性就没有占有的合法性。把偷来的东西或抢来的东西据有已有，都是占有，而如果回避这样的问题，显然都符合桑德尔的占有概念的内涵，但桑德尔则把占有问题拉回到自我概念上，仅仅从

---

① ［美］桑德尔：《自由主义与正义的局限》，万俊人等译，译林出版社2001年版，第69页。

第五章　麦金太尔与桑德尔

独立的自我来讨论，认为这里有一个我之所是与我之所有的关系问题。我之所是一个自我认识的问题，这个问题在我之所有之先，而占有会随着时间的推移变得失去对某事物的占有，"不仅是在我的人格与某一事物之间产生了距离时，我才渐渐地失去对该事物的占有，而且在我的自我与该事物之间的距离逐渐缩短以至快要消失时，我也会渐渐失去对该事物的占有。我不仅在我对某一欲望或抱负的承诺消失时，在我不再坚持这种承诺时，会失去对这一欲望或抱负的占有，而且，在某一点之后，随着我对它的把握，随着我渐渐地得到它，我也会失去对它的占有"①。桑德尔这段话思维跳跃而混乱。到底是某种东西的占有，还是想占有某种东西的欲望或目的？桑德尔把它混为一谈。其次，自我与占有之物的距离是指什么？是某种物品在身边或在家中或在一个远处的地方？而当自我与占有之物之间没有了距离，怎么就不是占有了呢？桑德尔将占有的合法性、正当性或道德性避而不谈，仅谈自我占有或拥有某物，这种自我与某物的关系如果没有内在包含着法权概念，则占有并不意味着就是某个主体的东西。康德指出，占有不仅与自我相关，而且与我们所处的人与人的关系相关联。占有之所有将外在物变成了"我的"，也就是将它排除了其他人所有。在时间在先的条件下，"第一次占有，才与每个人的外在自由的法则协调一致（因此是先天的）。但是，'物品'（因此也是世上一个确定的被划分开来的场所）应当是'我的'这种意志，亦即归己"②。但康德指出，通过单方面的意志对任何外在物的占有，这种获得可称为强占，但是，任何一个意志单方面的占有都不可能将要他人认可的义务强加在他人身上，"相反这需要一个全面的意志，不是偶然的而是先天的，因而必然地联合起来的仅仅因此而立法的意志；因为只有按照这种意志的原则，每一个人的自由任性和每一个人的自由的一致，因而一种一般而言的法权，从而甚至一种外在的'我的'和'你的'，才是可能的"③。在康

---

① ［美］桑德尔：《自由主义与正义的局限》，万俊人等译，译林出版社2001年版，第69页。
② 李秋零主编：《康德著作全集：注释本·第6卷，纯粹理性界限内的宗教　道德形而上学》，中国人民大学出版社2007年版，第276页。
③ 李秋零主编：《康德著作全集：注释本·第6卷，纯粹理性界限内的宗教　道德形而上学》，中国人民大学出版社2007年版，第276页。

德看来，任何人都处于与他人的实践关系之中，有我的，也就必然就有你的，这样的占有和占有的区别是在实践和实践关系中才有的。因此，桑德尔所说的康德式的自由主义或个人主义仅仅是一个孤立的自我，完全是臆想。

桑德尔还从剥夺所占有之物这样一个角度来讨论占有与自我的关系以及自我的性质问题。桑德尔区分了两种对占有的剥夺。"第一种占有的剥夺意味着目的与曾经拥有该目的的自我之间拉开了距离。"① 那么，这是说某个行为主体的行为目的被剥夺了，还是说占有物被剥夺了？怎么理解目的被剥夺？外在的目的实际上只是行为主体的欲望或欲求而已，而并不是真正占有的东西。外在的目的如何会被剥夺？谁能强加行为主体的意志？从而使得别人干涉主体而不得欲求？桑德尔说，"人们越来越不清楚的是，在何种意义上这是我的目的而不是你的目的，或者是某一其他人的目的，或者根本不是任何人的目的"②。既然这样认识，那剥夺目的又如何理解？桑德尔在目的与行为主体关系根本不清楚的前提下认为，自我之所以被剥夺，是因为自我与那些目的和欲望相分离。然而，人生的目的和欲望在生命活动中构成一个连续的整体，形成生活计划和人生的规划。人的行为和人生的价值意义就体现在对于这些目的和欲望的实现之中。但桑德尔认为，罗尔斯式的主体的先在性，即先在于其目的的特性，则使得人生目的的这种连续性成为问题，从而要将占有的意志与目的作为一个对象来把握。罗尔斯在什么意义上将行为主体的自我与占有性主体区分开来从而将占有性主体放在后面？我们前述，桑德尔是在讨论初始位置的状态假设时，因为罗尔斯的"相互冷淡"的假设才提出要讨论罗尔斯的占有性主体的。在人与人之间的个人利益"相互冷淡"的意义上，内在包含着占有性主体的内涵，但这意味着是与先在性的主体分离的主体吗？不过，在桑德尔的心目中，仍然是先在性的自我为第一位的，然后，则是在先在性自我的前提下来理解占有性自我。

---

① ［美］桑德尔：《自由主义与正义的局限》，万俊人等译，译林出版社2001年版，第71页。

② ［美］桑德尔：《自由主义与正义的局限》，万俊人等译，译林出版社2001年版，第71页。

这个问题在桑德尔所理解的第二种剥夺中我们可以看得更清楚。在桑德尔看来，第二种占有的剥夺是使主体丧失力量。我们可以把主体的力量理解为自我因其目的而产生的。而剥夺其目的必然使其丧失力量。但我们为什么不能认为是因为主体有一定的力量或能力，才可追求一定的目的？桑德尔认为，如果我们承认人的力量是自我因其目的而产生的，那么，作为一个有目的的存在者，可以至少通过以下两种方式来与目的相联系：一是通过选择来确定，二是通过发现找到它们。而第一种通过选择来获得目的，也就是通过一种意志主义的力量来获得，"在此意义上，自我作为一个选择对象的意志主体而与其目的相关，这种相关的力量需要意志发挥作用，因为正是意志才能跨越主体与其对象之间的空间"①。如果目的需要人们来发现，这就是认识论意义的，而不是意志主义的，并且，如果说目的是预先给定的，那么，与此相关的力量就不是意志主义的而是认知意义的，即并不关乎自我选择意向，而关乎我们对目的的认知。在桑德尔看来，由于罗尔斯的道义论的自我是优先于其目的的，那么，自我界限就是给定的，而无须通过反思性认知来把握。相关的道德问题就不是"我是谁"这样的反思性问题，而是"我将选择什么样的目的"这样一个意志指向问题。因此，在桑德尔看来，"预先性个体化且优先于其目的而给定的占有主体的概念，看起来恰恰就是在未失之于先验的情况下换回道义论伦理所要求的概念。以此方式，自我与其目的相区分——自我超出其目的，它们有一种距离，自我具有某种优先性——但作为选择对象的意志主体，自我也与其目的相关联"②。

在桑德尔看来，这样一种先在性自我和意志选择的自我，其本质是一种排除社群主义（共同体主义）的个人主义，并且，桑德尔认为，罗尔斯的相互冷淡的条件假设就是一种个人主义价值的体现，因为个人只关心自己的利益而不关心他人的利益，尽管罗尔斯自己不这样理解。而这仅仅是对罗尔斯

---

① ［美］桑德尔：《自由主义与正义的局限》，万俊人等译，译林出版社2001年版，第72页。

② ［美］桑德尔：《自由主义与正义的局限》，万俊人等译，译林出版社2001年版，第74页。

式个人主义的表层描述，在更深层次上，罗尔斯的个人主义就体现在他的先在性的个体主体上，这种主体总是要将自己与所拥有的利益拉开某种距离，"这种距离的一个后果是，将自我置于超越于经验极限的地位，使之变得无懈可击，一次性地也是永久性地将其身份固定下来"①。在桑德尔看来，罗尔斯式的个人主义是与他的社群主义或共同体主义直接冲突的。因为如此彻底独立的自我排除了任何与构成性意义上的占有紧密相连的善。而所谓"构成性意义"，即共同体的构成意义。在他看来，良秩社会不仅仅是一种个人主义的生活方式，一般来说，人们总是或多或少地从属于某个联合体或共同体，因而总是会有一些集体性的目的，追求这些集体性的目的，也就是追求共同体构成意义的善。在桑德尔看来，排除这类依附性的可能，也就排除了一种公共生活的可能，在这种共同生活中，参与者的身份与利益或好或坏都是至关重要的。"而且它还排除了共同的追求和目的能或多或少激发扩展性的自我理解，以至在构成性意义上确定共同体的可能性——这个共同体描述的是主体，而不是共享志向的目标。"② 因此，桑德尔批评罗尔斯，在根本上就是说，罗尔斯的个人主义与他的社群主义不相容。然而，桑德尔指责罗尔斯式的以先在性的自我为特征的个人主义排除了共同生活的可能，则完全是没有理据的。这是因为，罗尔斯的两种道德能力的预设，尤其是正义感的能力，就是强调社会合作的可能。在罗尔斯看来，如果没有正义感，我们在与他人利益发生冲突时，必然就不会去做正义的选择，从而也就失去了与他人合作的能力。因此，人类共同生活的需要就是罗尔斯的正义理论的内在要求。

我们应当看到，罗尔斯的个人理论或他所说的康德式的自我是他的哲学本体论，但这一哲学本体论是从实践理性的立场上对人的道德本性、道德品格特性的预设。并且，罗尔斯自己也承认，类似于无知之幕和相互冷淡的初

---

① ［美］桑德尔：《自由主义与正义的局限》，万俊人等译，译林出版社2001年版，第77页。

② ［美］桑德尔：《自由主义与正义的局限》，万俊人等译，译林出版社2001年版，第77页。

始位置的设定，是他的契约论的建构主义的建构所需要素，而不是建构出来的东西。虽然罗尔斯的道德主体的本体论是最深层次的，但罗尔斯通过这样的人性或人的道德本性的预设，并通过其他一些条件假设，是要进行社会基本结构的正义原则的探求，并且，罗尔斯人的道德本性的预设，也是以对社会合作机制的预设为前提的，即为什么探求社会基本制度或基本结构的正义原则需要那种具备了正义感能力和善观念能力的理性人来承担？因为社会合作体系对于我们来说，是"生入其中，死出其外"的，而一个良秩的公平正义的合作体系，其前提只有在具有这类道德秉性时方可建构。其次，桑德尔意识到，先在性的道德主体对其目的的选择建构了自我与其目的的关系，从而罗尔斯的个人理论又是一种意志主义的理论。实际上，强调自我选择的重要性，恰恰是自由主义特性，说是意志主义也并没有什么错，因为自由意志就处于自由主义正义理论的核心地位。但桑德尔说罗尔斯的选择目的的意志倾向，实际上并没有涉及意志自由的一系列问题，如意志自由与道德责任，意志自由与环境关系，等等。然而，就罗尔斯自己的理论而言，应当内在包含了意志自由与道德责任的解决方案。即罗尔斯既强调了个人自由选择的权利，也强调了个人应当承担的道德责任，罗尔斯正义感理论以及两个正义原则，实际上就是对应选择目的与道德责任义务的机制。同时，罗尔斯的先在性自我的进路，并非像桑德尔所说的那样，是与社群主义所强调的人类共同生活的善相冲突的。人类在共同体中的共同生活，并非仅仅是有着集体性目标的生活，也是有着个人目标的众多个体的集体生活。在这种集体生活中，如何能够在与他人合作的过程中，在获得个人利益的同时良好地与他人互动，这就是建构一个有内在良好秩序的社会共同体的基本要求。

二 共和主义与政治中立性

桑德尔自己并不愿意人们说他是共同体主义（社群主义）者，而更愿意把自己称为共和主义者，不过，我们从桑德尔对共和主义的系统表述中看到，他对共和主义的那些基本理解完全可以看作社群主义的观念。《民主的不满——美国在寻求一种公共哲学》就是桑德尔的共和主义思想的表述。

在该书中，桑德尔从共和主义的政治思想对自由主义的政治思想进行批判，并且，这一批判既是《自由主义与正义的局限》中的基本论点的展开与继续，又是对原书中观点的拓展。桑德尔的共和主义观点，集中体现在这样两个方面，一是关于自由与自治的观点，二是对于自由主义的政治中立性的批评上。

(一) 自由与自治

首先，对自由主义的正当与善（the right to the good）的关系问题的批判，仍然是《民主的不满——美国在寻求一种公共哲学》中的一个基本点。其次，则是自由与自治的关系。最后，则是德性在共同体中的地位。在现代西方尤其是美国政治生活中，自由主义的体现就是程序共和国的政治实践。正当优先于善，自由主义所理解的善，是就个人的善的多元性而言，也是就功利主义所说的社会效用总量或福祉总量意义上的善而言。这两类善在自由主义那里，都被置于正义原则之后。正当则意味着政治正义原则优先于善的考虑，以罗尔斯和诺齐克等为代表的现代自由主义的正义原则，内在包含着个人权利（rights）的观念，因此，往往当人们说正当优先于善，也就意味着权利优先于善；正当优先于善，也就决定了自由主义国家的政治中立性特征，这突出地体现在国家在多元性的个人善面前保持中立性（这一点在后面展开）。而共和主义理论则不是根据在善的观念之间保持中立原则来界定权利，而是根据良好社会的观念来解释权利。与自由主义主张正当优先于善不同，"共和主义肯定一种共同善的政治。但是共和主义所肯定的共同善不同于个人偏好加总的效用主义观念。与效用主义不同，共和主义的理论没有一概地接受人们现存的偏好——无论它们可能是什么，并尽量满足这些偏好。相反，它要在公民中培养实现自治的共同善所必需的那些品质"[①]。"效用主义"是"功利主义"在中文中的另一表述。这里桑德尔指出共和主义强调共同善而不是正当，也不是功利主义的总量意义的善，同时指出公民品质的重要性，这不仅是共和主义的特征，也是社群主义的特征。

---

① [美]迈克尔·桑德尔:《民主的不满——美国在寻求一种公共哲学》，曾纪茂译，江苏人民出版社2008年版，第28页。

第五章　麦金太尔与桑德尔

桑德尔认为，自由与自治是两种不同的政治公共生活哲学。自由主义的自由，在哲学史上，涵盖了从洛克、康德、密尔到当代的罗尔斯等人的自由理论，这种自由主义理论强调个人权利和宽容的重要。然而，桑德尔认为，这种自由主义的核心是选择能力，或意志主义的自由。"自由在于我们选择我们目标的能力，这一观念在我们的政治与法律中表现得非常重要。其范围不限于那些在美国政治中被称为自由派的人，也包括那些被称为保守派的人，这可以看到它横跨了整个政治光谱。例如，有时候共和党人争辩说，向富人征税来支付福利项目是强制富人仁慈，这侵犯了人们选择如何处理自己金钱的自由。有时候民主党人争论说那些受困于生活必需品的人并不真正具有在其他领域的自由，因此，政府应该保障所有公民有像样的收入、住房和健康水平。尽管双方在关于政府应该如何尊重个人选择的问题上意见不一，但双方都假定自由就在于人们选择他们价值与目标的能力。"[①] 桑德尔在进入政治生活的讨论中，以美国建国以来的民主、共和主义与自由主义发展的大量事例来说明当代美国处于自由主义的政治理论的支配之下，其代价就是失去了共和主义的政治意识，以及造成了这一传统的衰落。桑德尔指出，这种自由观我们是如此熟悉，看上去就像是美国政治与宪政传统一脉相承。但当我们追溯历史，就会发现，美国人并不总是以这种方式理解自由。这种自由主义版本的自由理念是最近几十年才发展起来的。而在这之前和它与此竞争的是共和主义的自由理念。那么，什么是共和主义的自由理念呢？桑德尔说："共和主义理论的核心是这一看法：自由取决于共享自由。这一看法本身与自由主义的自由并非不相容。参与政治可以是人们选择追求自己目标的一种方式。然而，根据共和主义的政治理论，共享自由包括更多的东西，它意味着与公民伙伴就共同善展开协商，并致力于塑造政治共同体的命运。而就共同善展开充分协商，不仅需要选择自己目标的能力以及对他人做同样事情的权利的尊重，而且需要关于公共事务的知识、归属感、对集体的关心和与自己命运休戚与共的共同体的道德联系。因此，分享自治

---

① ［美］迈克尔·桑德尔:《民主的不满——美国在寻求一种公共哲学》，曾纪茂译，江苏人民出版社2008年版，第5页。

要求公民拥有或者逐步获得某些品质或公民德行。而这就意味着共和主义的政治不能对其公民所赞同的价值与目的保持中立。"① 桑德尔在此提出了一个共和主义的但确实又是社群主义的自由概念。这个自由概念与自由主义所不同的是，它强调自由是与共同体的共同善内在相关的，对于这一共同善的理解涉及共享自由的基本内涵。然而，这个共同体的共同善又应该怎么理解呢？桑德尔的方式是：通过公民间的协商达成对于共同善的一致看法，并且，公民对于共同体的建构是与公民的内在德性品质相关的。因此，所要求的就是培养公民的德性与对共同体命运的关切。因此，这导致了对于公民本身的善与价值的态度，即共和主义对于公民自身的善与价值并不是中立的。然而，桑德尔没有意识到我们处于一个价值多元的社会中吗？公民自己的价值目标本身是不可通约的、多元的，但为了共同体的价值和善，我们就不能要求中立吗？实际上，桑德尔的这一说法是混淆了公民对自身价值的追求与公民作为政治人而拥有的共同体价值和观念之间的区别。作为公民，正如亚里士多德所说的那样，需要有政治德性，而作为一个人，一个善者，则需要作为善者或好人的德性。两者是有可能统一或一致的地方，但并不能因此而认为两者是完全重合的，从而不能要求在个人所追求的目标上保持中立。

不过，关于公民德性问题，较之于自由主义，桑德尔更为重视共和主义或社群主义。在他的视域里，共和主义者认为自由与自治以及维持自治的公民德性有着内在关系。共和主义要求某种形式的公共生活，这则有赖于公民德性的培养。有两种版本的共和主义，强硬版本的共和主义把公民的德性和政治参与视为自由的内在要求，既然我们像亚里士多德那样认为公民在本质上是政治动物，那么，只有当我们运用自身的能力协商共同善，并参与自由城邦或共和国的公共生活，我们才是自由的。温和版本的共和主义则把公民德性和公共服务看作自由的工具性要素，这种观点强调共同体的自由与个人自由的关系，即个人自由有赖于共同体的自由保障。强硬版本的共和主义将公民与共同体以及共同体的善连为一体，而温和版本的共和主义则把个人与

---

① ［美］迈克尔·桑德尔：《民主的不满——美国在寻求一种公共哲学》，曾纪茂译，江苏人民出版社 2008 年版，第 6 页。

第五章　麦金太尔与桑德尔

共同体之间看成有着相对距离的关系，但强调个人的德性与善对共同体的善的服从与建构关系。然而，自由主义的自由观念则在于，自由不是内在地而只是偶然地与自治相关联。不过，从上面对于共和主义的自治概念的描述中，我们可知桑德尔的共和主义的自治，实际上就是强调共同体的价值、共同体的善在公民生活中的重要性，并且，由于它是如此重要，从而也强调公民的参与以及公民德性在参与中的重要性。自由主义强调公民的自由在于追求自己的利益与目的的机会。

桑德尔指出，自由主义与共和主义在对待民主政府的态度上有着明显的差别。他引伯林的话来表明，自由主义并不认为民主政府就一定与公民自由是内在相关的。伯林所说的是，"民主政治可能会侵犯个人权利，而开明专制的政府也可能会尊重个人权利。自由'与民主或自治并不存在逻辑的联系'"①。这是因为，自由主义，尤其是诺齐克那样的自由至上主义者所持有的自由主义政治立场，毫无疑问，是认为即使是民主政府同样会以模式化分配来侵犯个人权利。伯林同样持有这样的观点并不足为奇。自由主义者随时都在防范政府对个人权利的侵犯。然而，桑德尔就这样信任民主政府吗？他身处美国社会，并且对于两百多年来的美国政治有着那么深的研究，都不知道民众与政府的关系在民主政府下没有那么和谐吗？桑德尔说："这两个传统在评价政治制度时提出的问题也不同。自由主义首先问政府应该如何对待其公民，它寻求的正义原则将公民平等地看作追求各自不同利益和目的的个人；而共和主义则首先问公民如何能够自我统治，它寻求的政治形式与社会条件是那些能够促进自治之有意义实践的形式和条件。"② 实际上，像美国这样的大国，公民自治根本不可能像在瑞士这样的小国那样实现民主。正如托克维尔在《论美国的民主》中所记载的那样，美国的公民自治是一种小社区的公民自治，而对于国家层面的民主，只能是代议制的政府在起作用。因此，公

---

① ［美］迈克尔·桑德尔：《民主的不满——美国在寻求一种公共哲学》，曾纪茂译，江苏人民出版社2008年版，第29页。
② ［美］迈克尔·桑德尔：《民主的不满——美国在寻求一种公共哲学》，曾纪茂译，江苏人民出版社2008年版，第30页。

民的自我统治或自治的问题，在超越于地方或小型地区如村落和小镇或城镇这样小型共同体的地方，公民的统治不可能由全民投票来实现，而只能靠推选出来的议员来进行管理。因此，当桑德尔既说到政府又说到公民自治时，实际上是将这样两个层次的政治运作混为一谈了。不过，说到共和主义者或社群主义者主张公民自治，即使是地方性自治，这样讲也是没有问题的，并且，这也确实是共和主义者或社群主义者的优点。桑德尔对于这两者从对方的观点看，"每一个传统都凸显了对方潜在的缺陷。从自由主义的立场看，共和主义强调自我统治，结果使得个人权利在可能的多数暴政面前脆弱无力。此外，共和主义主张自由有赖于公民德行，让国家来关切其公民的品质，从而可能为强制与压迫敞开大门。另外，从共和主义的立场来看，将公民首先且主要地当作客体而不是自治的主体来对待——不管多么公正，从一开始就屈从于某种权力的剥夺，或者说主体性的丧失。如果自由要求公民的认同部分地由公民责任来界定，那么，中立国家的公共生活就可能会削弱而不是维护我们作为自由人的主体性"[1]。在这里，桑德尔站在对方立场来看待问题。不过，我们认为，对于共和主义的两种批评都应当成立，而对于自由主义的批评并不一定能够成立。所谓暴民问题，是民主政治向来需要面对的一个问题，而自由主义没有像共和主义那样强调公民自治，但并不意味着自由主义在政府与公民关系中，就是把公民当作客体看待。恰恰相反，自由主义自洛克以来，都是将个体公民的权利作为政治考量的核心，因而个体公民始终都在自由主义的视域的中心。正如桑德尔在《民主的不满——美国在寻求一种公共哲学》所写到的，权利是自由主义的王牌。桑德尔指出，共和主义的自由观与自由主义的自由观两者都贯穿着美国的政治历史，在其早期，主要是共和主义的自由观占主导地位，而在近期以来，则演变为自由主义的自由观占主导地位。桑德尔认为，这种演变说明了美国政治生活的困境，尽管自由主义有其优长处，但缺乏公民资源来维护公民自治，并且，不能激发公民的共同体意识和公民的参与。但桑德尔这样的批评太抽象，并且经不起批驳。

---

[1] [美]迈克尔·桑德尔：《民主的不满——美国在寻求一种公共哲学》，曾纪茂译，江苏人民出版社2008年版，第28页。

这是因为，就拿桑德尔认为问题最为严重的公民自治来说。罗尔斯强调的两种道德能力，对于公民的自治来说，无疑具有十分重要的作用，并且，对于桑德尔所批评的自由主义不重视公民的德性问题，罗尔斯在《政治自由主义》书中也做了很好的回答。罗尔斯说："那些使立宪政体得以可能的政治合作德性，便是一些非常伟大的德性。我的意思是指宽容的德性，准备对他人作出妥协的德性、理性的德性和公平感。当这些德性在社会上广泛流传并支撑该社会的政治正义观念时，它们就构成了一种巨大的公共善，构成了社会政治资本的一部分。"① 而对于公民自治问题，罗尔斯也给予了回答。罗乐斯说："古典共和主义是这样一种观点：它认为，如果民主社会的公民们想要保持他们基本权利和自由，包括确保私生活自由的那些公民自由权，他们还必须既有高度的'政治德性'（我如此称谓），又愿意参与公共生活。这种理念是，如果没有一个坚实而明智的公民实体对民主政治的广泛参与（那肯定会带来一种朝向私人生活的普遍退却），即便是设计得最好的政治制度，也会落入那些寻求统治权并为了权力和军事荣誉，或者是出于阶级利益和经济利益的原因，而通过国家机构将其意志强加于民的人的股掌之中，更不用说那些扩张主义的宗教狂热和民族主义的狂想了。民主自由的案例需要那些拥有维护立宪政体所必需的政治德性的公民们的积极参与。"② 罗尔斯认为，如果这样理解共和主义的自由和公民自治，那么，对于自由主义的政治自由，也就没有根本性的反对意见了。

(二) 政治中立性

中立性（neutrality）问题是桑德尔批评自由主义的又一靶点。在前面我们已讨论桑德尔对于自由主义正当优先于善的观念的批判，桑德尔对于与此相联系的一个自由主义的基本论点同样也展开了批评，这个观点就是政治中立性观点。政治中立性，即国家对于公民们的各种善观念应当持有一种中立

---

① John Rawls, *Political Liberalism*, New York: Columbia University Press, 1993, p. 157, 译文参照了万俊人的译本。

② John Rawls, *Political Liberalism*, New York: Columbia University Press, 1993, p. 205, 译文参照了万俊人的译本。

性的态度和立场,而不是以国家政治手段来支持某种偏好或欲望。桑德尔说:"政府对于良善生活问题应该持中立的观念是现代政治思想所持有的。古代的政治思想相信政治的目标就是培养德行或者是道德的卓越。亚里士多德认为,所有的社会联合都是要达到某种善,而城邦或者说政治联合体则要达到最高的、最全面的善。"① 亚里士多德被桑德尔认为是古代共和主义的代表人物,桑德尔在书中引用了多条亚里士多德的原话来证明这点。城邦共同体并非因为人们居住在一起而需要联合,而是因为有着共同的善,并且,城邦共同体本身最终目标是全体公民的良善生活,因此,在共和主义看来,公民的善与共同体的善是一致的、统一的,因而并不存在公民善的多元性问题,也不存在什么政治中立性的要求。桑德尔说:"与古代的观念不同,自由主义的政治理论并不认为政治生活关切最高的人类目标和公民的道德卓越。自由主义的政治理论不是去促进某种特定的良善生活观念,而是坚持宽容、公正的程序以及尊重个人权利——尊重人们选择他们自己价值的自由。但这带来了一个难题:如果自由主义的理想不能在最高人类善的名义下得到辩护,那么这些理想的道德基础在什么地方呢?"② 桑德尔在此的观点明确地回到了亚里士多德,如同麦金太尔一样,他们都从亚里士多德那里寻求理论支持,这表明他们向后看的理论态度,并且,他们根本无视现代社会是一个价值多元的社会,现代社会已经回不到亚里士多德式的理想城邦共同体了。但实际上,亚里士多德自己所处的时代就是一个希腊城邦共同体正在衰落和已经衰落的状态,因为当他从马其顿的宫廷再回到雅典来举办他的学园时,已经没有雅典的城邦了,而亚里士多德仍然活在自己的理论思维中。

中立性这一概念并非自由主义者很愿意使用的一个概念,罗尔斯一开始也并不喜欢使用它。罗尔斯最初与如同许多理论家一样,排斥政治中立性这

---

① [美]迈克尔·桑德尔:《民主的不满——美国在寻求一种公共哲学》,曾纪茂译,江苏人民出版社2008年版,第7页。

② [美]迈克尔·桑德尔:《民主的不满——美国在寻求一种公共哲学》,曾纪茂译,江苏人民出版社2008年版,第8页。

第五章 麦金太尔与桑德尔

一概念。他说:"初始位置(original position)当然在其描述不使用任何道德概念的意义上不是中立的(not neutral)。很明显,一般性、公开性和终极性的形式条件都是道德观念。人们还可以说,由无知之幕表达的限制也是如此。"① 此文写于《正义论》发表之后不久的1975年,在转向政治自由主义之后,他仍然对中立性这一概念有所顾虑,他说:"'中立性'这个术语是不幸的。它的一些含义具有高度的误导性,而另一些含义则暗示了完全不切实际的原则。"② 谭安奎认为,中立性这一概念之所以容易使人产生误解,在于它的歧义性。他说:"中立性之所以容易产生误导性,主要原因大概在于,它容易被设想成放弃任何道德约束的道德中立性。我们发现,即便在倡导中立性的自由主义者当中,也存在这样一种术语上的混乱。比如,德沃金就曾用'道德中立性'来表达政治中立性的含义。"③ 那么,自由主义所提倡的政治中立性到底说的是什么?政治中立性这一概念是与宽容这一概念的内涵相容的。西方近代以来出现的宽容原则,首先就是对不同信仰的宽容,即宗教宽容,宗教宽容是近代以来宗教改革所引发的宗教战争的产物。或者说,通过宗教战争,西方政治和社会领域里的宗教宽容原则才真正确立起来。而在思想史上,最著名的论述宽容和宗教宽容的思想家是洛克和密尔。洛克认为宗教信仰是内心的事,强制并不能够使人们改变信仰,并且强制是非理性的,而密尔则以人类认知的不确定性来为宗教宽容辩护,指出在真理与谬误之间,并没有绝对肯定而清晰的界限,从而任何对于言论和信仰自由的压制都是阻碍人类进步的专制行为。因此,经过密尔,宽容不仅是宗教意义上的,而且是对于人类不同的信仰、态度和知识信念持有理解和容忍的态度。在这个意义上,也就是尊重不同或多元价值和持有不同价值的人,而中立就是对于各种不同的价值与观念持有一种不偏不倚的态度。而这也就是价值判断的中立

---

① John Rawls, "Fairness to Goodness", *Collected Papers*, Harvard University Press, 1999, p. 270.

② John Rawls, "The Priority of Right and Ideas of Good", *Collected Papers*, Harvard University Press, 1999, p. 458.

③ 谭安奎:《政治的回归:政治中立性及其限度》,中央编译出版社2007年版,第55页。

性。罗尔斯说:"中立性可以以不同的方式来定义。一种是程序性的,如参照能得到合法性辩护的程序,而不是诉诸任何道德价值。或者,假如这似乎是不可能,既然表明某种东西是可辩护的,涉及诉诸某些价值,一种中立性的程序能够诉诸中立性的价值而得到辩护,这类价值如不偏不倚,如同一致性地将一般原则运用到所有合理相关的情形中那样……对于相互竞争性的双方给予平等机会。"① 罗尔斯在这里指出,中立性是指程序的,即在有着竞争的不同方的情形下,能够有着这样的程序,从而能够对各方一视同仁,或给予竞争方平等的辩护机会。中立性背景实际上体现的是对对立或竞争方的权利的平等尊重。罗尔斯说,"另一种对中立性的界定的不同的方式是,参照整全性学说和它们相关联的善概念,依据基本制度的目标和公共政策来界定。在这里,中立性的目标是相对于程序中立性的,即,这些制度和政策在公共政治范围内能够为公民所普遍赞同,因而是中立性的。这里的中立性意味着,例如,第一,国家能够确保所有公民都有平等的机会推进他们自由地确信的任何善观念;第二,国家不打算做任何只推进或赞同某种整全性学说而不是别的学说的事,或对那些追求它的人给予更多的帮助;第三,国家不做任何那种使得个人更可能接受任何特殊的观念而不是另一种观念的事,除非对于那些这样做了的政策来采取废除的步骤或补偿措施而不得不这样做"②。罗尔斯对于中立性的这两种解释,实际上给出了中立性一个较完整而清晰的概念界说。第一种是程序性的,这样一种中立性的程序能保障进行论辩或利益竞争的双方都可在程序上得到公平而不偏倚的对待,第二种则是实质性的,即中立性在理性多元和整全性的宗教、道德和哲学学说多元的现代社会,中立性要求平等地对待它们所信奉的公民以及公民们的各种善观念,这样就对如何在现代政治生活中做到政治中立给出了清晰的界说。作为自由主义的中立性的提倡者拉莫尔则主要持有一种程序中立性的观点。他说:"它的中立性

---

① John Rawls, "The Priority of Right and Ideas of Good", *Collected Papers*, Harvard University Press, 1999, p. 458.

② John Rawls, "The Priority of Right and Ideas of Good", *Collected Papers*, Harvard University Press, 1999, p. 459.

并不意味着结果的中立,而是程序的中立。也就是说,政治中立性存在于对何种因素可被诉求用于为一项政治决策辩护的限制之中。只有当一项决策在不诉诸任何特定的好生活观念被设定的内在优越性而能得到辩护时,这样一项决策才能算是中立的。"① 拉莫尔的这一程序中立的观点,很清楚也是以整全性学说和善观念的多元性为前提的,不过,拉莫尔所强调的是不得为某一种好生活的观念或善观念所限制,但罗尔斯强调进行论辩的双方的公平平等性,在罗尔斯看来,所有善观念的内在价值都是平等的,同样,拉莫尔也持有这样的观点,这种平等实质上体现的是对所有公民权利平等的看法。当然,这里还有一个条件,即公民的善观念或所持有的整全性学说是合乎理性的、是从根本上看可以与其他善观念或整全性学说在宪法共识的意义上达成重叠共识的,因而从根本上看都是可以接受公平正义的政治观念的善观念和学说。虽然这些善观念可能在社会后果上是相当不同的,但罗尔斯与拉莫尔都不是在它们的社会后果意义上,而是在持有者的权利平等意义上对它们持有一种中立性的看法。谭安奎说:"政治安排不能以任何一种特殊的善观念为辩护依据,不能以任何一种善观念的内在优越性为辩护理由。这两个方面当然是直接相关的,因为如果政治安排以一种特殊的善观念为辩护依据,其实也就是预设了这种善观念的内在优越性,当代自由主义理论家想要运用这种中立性来解决的问题,乃是在合理多元论的条件下社会正义原则应当建立在什么根据之上才是合法的。由于中立性强调的是这种辩护根据,而不是外在结果,因而,我们可以说,不同的、合理的善观念与生活方式在社会生活中能得到多少支持者并发展到什么程度,这一点不是国家可以负责的事情。"② 那么,我们怎么看待桑德尔以古典共和主义来批评自由主义的政治中立性观点呢?桑德尔举了大量的美国政治生活中在自由主义影响下所体现的政治中立性的事例,包括最高法院的政治中立性。但是,由于他所持有的共和主义或社群

---

① Charles Larmore, *Patterns of Moral Complexity*, Cambridge: Cambridge University Press, 1987, p.44.

② 谭安奎:《政治的回归:政治中立性及其限度》,中央编译出版社 2007 年版,第 60 页。

主义的观点，从而对于政治中立性基本上是持有一种批评的态度。然而，相较于自由主义的丰富的政治中立性观点，他的批评是苍白无力的，尤其是他无法理解在进入现当代这样一个理性多元即宗教、道德和哲学学说的多元性的现代社会，政治中立性是回应这样一种理性多元的恰当方式。不过，政治中立性并不是没有政治底线的政治思维和运作方式。这一底线就是必须分清理性多元的理论事实与非理性的理念或学说，不能在政治中立的前提下包容非理性甚至反人类、反人性的邪恶学说和宗教观点。当代世界所发生的由于宗教冲突而导致的世界冲突，其中所反映出来的反人类性、反人性的恶劣暴力事件，就不可打着政治中立性的幌子来不闻不问。因此，在这个意义上，桑德尔的共同体的善作为公民善的必要组成要素的观念就值得我们认真汲取。虽然我们处于一个尊重公民权利和理性多元性的历史时代，但同时，人类作为一个命运共同体，对于这个共同体的最高的善同样也是我们必须关切的。

第六章　泰勒与沃尔泽

查尔斯·泰勒（Charles Taylor，1931—　）和迈克尔·沃尔泽（Michael Walzer）与麦金太尔和桑德尔一道，这四人都被认为是当代最重要的社群主义的哲学家，或者说，是社群主义的主将。查尔斯·泰勒是加拿大的哲学家，他出生并长期生活在加拿大的蒙特利尔，曾任教于多所大学，包括普林斯顿大学、加州大学伯克利分校、牛津大学及蒙特利尔的麦吉尔大学。泰勒的研究领域广泛而博大，对于哲学认识论、解释学、美学、心灵哲学、语言哲学、政治哲学和道德哲学都有专著发表，同时他在宗教社会学和思想史领域里也有博大精深的著作发表，因而被公认为当代大师级的思想家和哲学家。他已发表论著30多部，其中有：《行为的解释》（*Explanation of behavior*，1964），《黑格尔》（*Hegel*，1975），《黑格尔与现代社会》（*Hegel and modern spciety*，1979），《作为实践的社会理论》（*Social Theory as Practice*，1983），《人类行为与语言》（*Human Agency and Language*，*Philosophical papers*，1985），《哲学与人的科学》（*Philosophical and Human Sciences*，1985），《自我的根源：现代认同的形成》（*Sources of the Self：Making of Modern identity*，1989），《现代性的隐忧》（*The Malaise of Modernity*，1991），《本真性伦理学》（*The Ethics of Authenticity*，1991），《多元文化主义与政治承认》（*Multiculturalism and "the politics of Recognition"*，1992），《天主教现代性》（*A Catholic Modernity?*，1999），《今日宗教多样性》（*Varieties of Religion*，2002），《现代社会想象力》（*Modern Social Imaginaries*，2004），《世俗时代》（*A Secular Age*，2007），《世俗主义和良心自由》（*Secularism and Freedom of Conscience*，2011），《宽容的界限》（*Boundaries of Toleration*，2014），《挽救实在论》（*Retrieving Realism*，2015），《语言动物》（*the Language Animal：the full shape of the human linguistic capaci-*

ty，2016），《重建民主》(reconstructing Democracy, how citizens are building from the ground up，2020) 等。

迈克尔·沃尔泽（Michael Walzer, 1935— ）现为普林斯顿高等研究院荣休教授，在英美政治领域里活跃的公共知识分子，当代著名的社群主义者，政治哲学家。1962 年起在普林斯顿大学任教，1966 年转任哈佛大学，1980 年，进入普林斯顿高等研究院任社会科学终身教授。沃尔泽的研究领域广泛而精深，涵盖战争正义、分配正义、身份认同、政治义务、民族主义、种族、犹太复国主义、政治义务、经济正义、社会批评、激进主义、宽容等哲学领域，享誉哲学、伦理学和社会领域。迈克尔·沃尔泽像查尔斯·泰勒一样，都是十分勤奋而著述甚丰的哲学家。他已发表学术论著 27 部，其代表作有：《正义与非正义战争》(Just and Unjust Wars, 1977),《正义诸领域》(Spheres of Justice, 1983)，《解释与社会批判》(Interpretation and Social Criticism, 1987)，《论宽容》(On Toleration, 1997)，《自由的困惑》(The Paradox of Liberation, 2015) 等。而他之所以被人们称为社群主义者，主要在于他的《正义诸领域》一书。

第一节　查尔斯·泰勒

一　共同体与自我

查尔斯·泰勒（以下简称"泰勒"）在当代政治哲学领域里的重要贡献就是，他与麦金太尔、桑德尔和沃尔泽一起，对以罗尔斯为代表的自由主义发起了挑战。泰勒被人誉为"大师级"的人物，其政治哲学思想是多方面的，这里我们重点讨论他的共同体与自我观。

（一）共同体即为"框架"

与桑德尔明确地针对罗尔斯的观点和论证进行批驳不同，泰勒并不直接针对罗尔斯的论点进行讨论，同时他也与麦金太尔不同，麦金太尔是直接将历史上的观念与现代思想观念进行对照，并且直接找到罗尔斯的相关观点进行批驳，泰勒则是从人类思想演变的历史深处来挖掘现代思想与传统的转变与断裂，从而认为现代性的自我出了某种问题，正是在他提出和讨论问题之

第六章 泰勒与沃尔泽

中，我们发现他所持有的是一种社群主义的观点。读泰勒的著作你会发现，他在该明确提到"共同体"（community）的地方并没有使用这个概念，如在《自我的根源：现代认同的形成》①一书中，在其他人认为应该使用"共同体"这一概念的地方，他所使用的是"框架"（framework）。泰勒说："我一直称为框架的东西体现着一套关键性的性质特征。在这个框架内的思考、感觉和判断，就是这样一种意义在起作用，即某些行为、生活方式，或感觉方式无比地高于（incomparably higher）那些我们更加乐于实行的方式。"② 泰勒指出，人类社会中有多种生活方式，一种生活方式也许比其他的更完满，或另一种给人的感觉更为纯洁或深刻，而还有的生活方式可能更令人欣赏等，当我们处于某个框架中时，那么，我们可能就会认为我们所选择或我们所拥有的生活方式较之其他的生活方式是不同的，这个不同也表明了我们的拥有，因而所谓"高于"，是一种自我感觉。那么，"无比"这个意义呢？泰勒说："我试图以'无比的'这个词表达所有这些差别共同具有的东西。在这些情况的每一种之中，其意义在于，那种以某种方式有价值的或值得向往的目标和善，是不能以我们日常的目标、善和欲望相同的尺度来衡量的。"③ 这是说，有某种超越于我们日常目标和善的价值，或者说，有某种比日常生活中的那些目标和善价值更高的价值。那这又怎么理解呢？泰勒说："关注这类框架的某些一般的例子，有助于把焦点集中在这个讨论上。我们的文明中最早的一个例子，是与荣誉伦理相联系的而且对某些人来说它今天仍在起作用。武士、公民或公民战士的生活被认为高于单纯献身于平静的艺术和经济福利的私生活。高的生活以与之相不联系的名望和荣耀，或至少是非凡的情况为标志，那些人都取得了辉煌的成功。在公共生活中或作为武士至少有获取名望的候选资格。为了荣耀时刻准备拿自己的平静、财富甚至生命冒险，是一位真正

---

① 泰勒在本书中，最初是在提到"语言共同体"时使用了"共同体"这一概念。
② ［加拿大］查尔斯·泰勒：《自我的根源：现代认同的形成》，韩震等译，译林出版社2001年版，第27页。
③ ［加拿大］查尔斯·泰勒：《自我的根源：现代认同的形成》，韩震等译，译林出版社2001年版，第27页。

的男人的标志。"① 通过这里的叙述，我们进一步弄清楚了泰勒所说的"框架"的意思。这种框架，是高于日常生活的价值与目标，而与超出个人生活的更大的目标和善相关联的。泰勒在说到框架的地方，也用了另一个词，即"视域"，视域与框架的意思一样，不过，视域是在当我们观察事物时所使用的，而他所说的框架则是我们的行动与思考的背景，在这框架之内，我们决定我们的行动目标与善。换言之，这些目标和善价值是为一种框架所决定的，而在其他人如麦金太尔或桑德尔那里，这就是"共同体"，即泰所勒所说的那些价值、荣誉和目标，是为一种共同体所决定的，或正是共同体，构成了我们生活的背景，并且决定了我们的生活方式中最有意义和价值的目标。在这里似乎泰勒讲了两种不同的生活方式，但实际上，这就是为个人的日常生活所决定的生活方式，和在共同体意义上，为共同体所决定的价值与目标对于个人生活的意义。它并不与人们的日常生活分离开来，但我们可以从理论上分析出，这两者在个人生活方式中的意义与价值。泰勒说："武士、公民、家长等人的尊严支撑着这样一个背景，即理解某种特别的价值依附于这些生活形式，或依附于这些人在这些生活形式之中所达到的等级地位。"② 泰勒所说的"这些生活形式之中所达到的等级或地位"，清楚地表明了他正在说的是人们生活的共同体。人们生活于某种共同体之中，从而有着某种生活形式以及人们相应占有的等级和地位的目标价值与尊严。

对于尊严这一概念，泰勒有着更多的讨论。泰勒认为，在人们的道德思维中，有三个轴心（axis）：一是我们对他人的尊重和责任感，二是我们对什么是完满生活的理解，三是关于尊严的理解。实际上，尊严与我们对他人的尊重是内在相关的，即我们对他人的尊重本身就是人与人之间的尊严感的体现，而我们在前面所讨论的生活目标与价值问题，也就是人们对完满生活理

---

① ［加拿大］查尔斯·泰勒：《自我的根源：现代认同的形成》，韩震等译，译林出版社2001年版，第28页。

② ［加拿大］查尔斯·泰勒：《自我的根源：现代认同的形成》，韩震等译，译林出版社2001年版，第34页。

解的诸多内容中最重要的那些要素。那么,什么是尊严呢?泰勒说:"我们的'尊严'——在这里我在特殊意义上使用它——就是我们要求(基于个人的态度和感情)尊重自己的感觉。"① 在泰勒这里,尊严是自己要求对自己的尊重吗?我们注意到他说了道德思维的三个轴心,第一个是对他人的尊重,而尊严则是对自己的尊重。泰勒具体解释说:"我们在我们的尊严构成中看到的究竟是什么?可能是我们的权力,是我们对公共究竟的支配感;或是不会受到权力和伤害;或是我们的自信与自足,我们的生活有自己的中心;或是我们为他人所喜爱和关注,是注意的中心。但是,这种尊严感时常可以建立在前边我提到的某些同样的道德观念基础上。例如,我自己作为一家之主、父亲,拥有工作和养活家人的感觉;所有这些都可能是我的尊严感基础。"② 在这里,所谓尊严或尊严感,是我被尊重或我要求他人尊重我。而我们认为这种"尊重",一定是在一种人际关系中呈现出来的。泰勒强调出自某人所拥的权力或说我们的权力,或出自作为家长的地位,荣誉本身也是一种尊严的体现,同时,在泰勒这里,如武士的荣誉是一种等级的体现,如家长的权威是一种尊严的体现。在这个意义上,泰勒历史地看待尊严观,认为历史上存在的是一种等级制的而不是自由主义在人人权利平等基础上的尊严平等观,而是一种在具有等级的共同体中的等级尊严观。不过,泰勒认为在现代社会是承认人人权利平等的尊严的。

在泰勒看来,类似于这三种轴心的东西可能存在于每一种文化之中。然而,在不同的文化中,它们之间又存在着重大的差别。如在古希腊时期,占统治地位的阶级,其行为在荷马史诗中受到称赞,而其占主导地位的武士以及其荣誉的道德,则是占主导地位的,也就是第三轴心是首要的,甚至第三轴心包括了第二轴心。出身高贵就是有尊严和权势。泰勒指出,在柏拉图那里,他描述了一种权势与自我膨胀(self-aggrandizement)的伦理。这样的观

---

① [加拿大]查尔斯·泰勒:《自我的根源:现代认同的形成》,韩震等译,译林出版社2001年版,第20页。

② [加拿大]查尔斯·泰勒:《自我的根源:现代认同的形成》,韩震等译,译林出版社2001年版,第27页。

念代表人物就是斯拉西马冠斯，但对我们来说，则是不可思议的。而在我们的时代，则是第二轴心是最主要的问题，一系列伦理问题都是围绕着第二轴心而展开的，而这在早期时代则是较少见的。"现代人可能焦虑地怀疑生活是否有意义，或者对它的意义是什么感到困惑。无论哲学家为何倾向于攻击这些提问方式是含混和混乱的，但我们对由这些词表达的那种忧虑都有直接的感受，这仍旧是个事实。"① 在泰勒看来，从第三轴心转换到以第二轴心为首要问题，仍是一个框架时代性转换的表征。泰勒指出，人们发现生活的意义，往往要创造一些新词，而当生活缺少意义或没有意义时，则更是如此。如我们2024年新春的到来，就发现我们从古代生僻的词里找来一些古里古怪的词来给大家一些新奇之意，如像生活就有了新的意义一样。"生活意义的问题显然进入我们的议事日程，不管是以威胁到意义丧失的形式，还是因为过有意义的生活就是我们搜寻的对象。"②

为什么在现代社会，生活的意义问题会成为首要问题？泰勒认为，这是因为现代社会中的人们与其框架的关系出了问题。这体现在"认同"问题上。泰勒认为，理解这点的最好方式，是集中于我们通常所讨论的认同问题。经常提出这个问题的方式是，问："我是谁？"对于这个问题，并不是通过说出你的名字和家世来回答的。知道我是谁，就要知道我站在何处。"我的认同是由提供框架或视界的承诺和身体规定的，在这种框架和视界内我能够尝试在不同的情况下决定什么是好的或有价值的，或者什么应当做，或者我应赞同或反对什么。"③ 换言之，认同问题也就是要说出我在框架中的地位、身份以及相应的人际关系。认同是与你的社会背景相关联的。如果不是这样，人们就可能丧失他们的认同或价值立场。"当然，某些人已出现了这种处境。这就是我们称为'认同危机'的处境，一种严重的无力方向感的形式，人们常用

---

① ［加拿大］查尔斯·泰勒：《自我的根源：现代认同的形成》，韩震等译，译林出版社2001年版，第22页。

② ［加拿大］查尔斯·泰勒：《自我的根源：现代认同的形成》，韩震等译，译林出版社2001年版，第25页。

③ ［加拿大］查尔斯·泰勒：《自我的根源：现代认同的形成》，韩震等译，译林出版社2001年版，第37页。

第六章　泰勒与沃尔泽

不知他们是谁来表达它,但也可被看作对他们站在何处的极端的不确定性。他们缺乏这样的框架或视界,在其中事物可获得稳定意义,在其中某些生活的可能性可被看作好的或有意义的,而另一些则是坏的或浅薄的。"① 在泰勒看来,人们的认同需要与人们所处的框架相联系。而这种联系也并不是抽象的,而是具体的可感知的。在他看来,这种认同既有方向感,也是多层次的、复杂的。我们每个人都有着自己的身份,如我是一个魁北克人、一个亚美尼亚人。不过,事实上,认同比这种表达更为深刻和多面性。具体来说,我是谁的问题是一个对话问题,即我提出"我是谁?"这样的问题,不是问自己,而是问他人,从而使自己处于与他人的对话之中,因而我也就成了与对话者组成的社会的对话者的地位。当然,我们也可以是自己对自己发问,能够自己回答自己是谁即知道自己处于何处,具有什么身份和职责,那么,这也就有了自己基本的思考联系的方向感。泰勒说:"我们把这种基本的道德方向感理解为能够自我回答的人类对话者的本质特征。然而,讲方向感就是假定了一个人可以在其中发现自己道路的类似空间。根据在道德空间中发现和失去方向感来理解我们的困境,就是把我们的框架所寻求的空间规定为本体论上的基础。"② 泰勒形象地将我们寻找生活的意义看成在寻找我们生活的方向,而这种方向感也只有与我们的背景框架联系起来才可获得。自我如果失去了生活的方向,也就看不到生活的意义,当人们发现了生活的真正意义,也就获得了这样的方向感。在泰勒看来,古代人不会产生这样的生活意义的困惑,他们在自己的生活意义价值与框架之间存在着内在的不可分离的联系,而在现代社会,人们发现自己与所处的框架之间正发生着断裂,从而找不到自己的道德方向,也失去了生活的意义。在这个意义上,泰勒与麦金太尔一样,对于现代社会的诊断是都认为传统社会中人的生活意义与价值对于人的生活并不可能失去意义,而恰恰是现代社会才导致如此。泰勒说:"某些传统的框

---

① [加拿大] 查尔斯·泰勒:《自我的根源:现代认同的形成》,韩震等译,译林出版社 2001 年版,第 37 页。

② [加拿大] 查尔斯·泰勒:《自我的根源:现代认同的形成》,韩震等译,译林出版社 2001 年版,第 40 页。

架,像传说中的空间,已是信誉扫地或降低到个人偏好的地步。其他的就像它们的原初形式,如柏拉图的存在等级的概念,在所有方面都不再有任何可信性。天启宗教的形式仍然很活跃,但也是非常有争议的。"[1] 韦伯所谓的"祛魅",实际上所说的是一个有意义的宇宙秩序感的消散。因此,在泰勒看来,即使是我们生活的世界仍然是我们道德思维的框架,但这是有疑问的框架,"所有的态度共同具有的理解是,没有任何框架为所有的人共有,或能够被同意当作唯一最重要的框架,或能深入作为没有疑问的事实的现象学的地位"[2]。现代社会对于我们身处的共同体的理解,已经不像古代社会那样,好像框架本身是既定的,从而人生的价值和意义也是既定的。现代社会的价值多元,体现在人们对框架的理解已经从既定的一元的转换到了多元的、不既定的。对于身处的共同体没有共同理解,这确实可能导致有人失去方向感,失去生活的意义感。那么,这对于人类社会的发展来说,该如何评价?泰勒显然认为这是现代社会的重大不幸。并且,泰勒把价值多元等同于完全失去方向感,而"脱离了所有框架的主体肖像,对我们来说更表现得像是一名处在令人震惊的特性危机状态中的人。这种人不知道他立足于何种根本的重要性问题之上,在所有这些问题中没有任何方向感,自己不能对它们做出回答。如果人们力图在描述这个肖像时,说这人缺少框架并不是一个缺点,换言之他根本未处于危机之中,那么人们将得到一个更令人担忧的分裂形象"[3]。在价值多元的背景下,确实有可能使人们产生价值混乱,但并不意味着整个社会都将导致价值混乱,从而失去方向感。价值多元意味着人们根据自己对框架的理解,从而得出自己的方向感。因此,这并不意味着人们完全脱离了那个人们生存的框架,而只是不像古代传统社会,有着一个统一的框架。

---

[1] [加拿大] 查尔斯·泰勒:《自我的根源:现代认同的形成》,韩震等译,译林出版社 2001 年版,第 23 页。

[2] [加拿大] 查尔斯·泰勒:《自我的根源:现代认同的形成》,韩震等译,译林出版社 2001 年版,第 23—24 页。

[3] [加拿大] 查尔斯·泰勒:《自我的根源:现代认同的形成》,韩震等译,译林出版社 2001 年版,第 42 页。

（二）自我

我是谁这一问题不仅是一个认同问题，从本体论上看，同样是一个自我（self）问题。泰勒说：自我"是个有各种用法的词……在我们说人是自我时，这个术语有一种含义，即他们是拥有……必要深度和复杂性的存在"①。在存在的意义上讨论自我，在泰勒看来，必须将它与心理学和社会学意义的自我进行区分。在心理学意义上的欲望，并不能说明人作为存在的本质，如黑猩猩也会有按照欲望来指导自己的行为的能力。而就社会学意义而言，自我呈现出"自我形象"。泰勒认为，形象的重要性并没有与自我的特性相联系，形象只是通常社会所通行的某些标准，没有人把这看成人的人格本质的东西。而且，日常生活中的自我与形象反映的都是人性的弱点。这在中国文化的语境里，就是"面子"。中国文化人们说是一种面子文化，不过，在欧洲也有类似，最突出的是英国人讲究"形象"，但美国人并不怎么讲究"形象"。关于中国的面子文化，林语堂曾在他的著述中有着多方面的揭示。当代中国社会生活仍然在某种意义上是一种面子文化在起作用，谁的面子大，谁可能更会办事。泰勒说，在社会学意义上的形象，并没有反映人格的本质，但实际上，这恰恰反映了面子文化盛行中某些人的人性恶劣的本质。不过，泰勒这样讲反映了他对人性的非常美好的期待，这也反映在他对自我的定义中。他说："与我们对认同的需要相关的自我概念，意指突出人类主体性的这个关键的方面，在没有趋向善的某种方面感的情况下我们无法获得这个概念，正是依靠它我们每个人才本质上（即至少特别是规定我们自己）拥有立场。"② 泰勒强调只有向善的方向感才可界定自我，但实际上像摆面子这样的问题并非向善的方向感，可仍然是人性本质的一个方面。在社会生活中，自我作恶并非不自愿，而往往是自愿的，他们的存在本性就是恶而不是善。以上是泰勒对"自我"的第一个规定，作为"自我"本质的第二个重要特征，泰勒说："我

---

① ［加拿大］查尔斯·泰勒：《自我的根源：现代认同的形成》，韩震等译，译林出版社 2001 年版，第 44 页。

② ［加拿大］查尔斯·泰勒：《自我的根源：现代认同的形成》，韩震等译，译林出版社 2001 年版，第 46 页。

作为自我或我的认同,是以这样的方式规定的,即这些事情对我而言是意义重大的。"① 个人生活是一种规划性生活,总有一些事情在某些时候对于某个人来说是意义重大的事情。通过做某些事情或努力完成某些事情,自我成就了自我。或者说,当我们要理解某人为某人时,通过他的一连串的行为,我们也就知道这个人是什么样的人。泰勒认为,从上述讨论中我们可引出关于自我或人的一个关键性事实,即自我不大像通常意义上所理解的客体。"我们不是在我们是有机体的意义上是自我的,在我们有心和肝的意义上我们并不拥有自我。我们是具有这些器官的生物,但这些器官是完全独立于我们的自我理解或自我理解或对我们具有意义的事物的。"② 由此也引出关于自我的第三个特征:自我部分地是由其自我解释而构成的。自我理解也就是个人指向自己的内在精神世界,从而发现自我的精神特征和自我的希望与欲求。当然,也有自己的经验和体验。不过,泰勒认为,自我的解释总是不完全清晰的,我们不可能全面表达我们认为应当给予的内容。但这样讲是不是说词不达意?就我们的说法而言,即言不尽意,象在言外。

然而,泰勒承接现代语言哲学的基本观点,即语言与存在是一体两面的事情。泰勒说:"研究一个人就是研究这样一种存在,他只存在于某种语言中,或部分地由这种语言所构成。这把我们带到了第四个特征。语言只能在语言共同体(a language community)中存在和得到保存。"③ 一种"语言共同体"作为语言存在者的先在性条件,表明了人的存在是一种在共同体中的存在,并且是在语言共同体中的存在,尽管语言往往不可能把自我表达得很清晰。在共同体中则意味着他人的存在,泰勒对于这点给予了详尽的讨论。语言共同体中的存在意味着,一个人只有在其他自我之中才是自我。我们在前面关于自我认同的讨论中指出,自我是通过对我是谁这个问题的

---

① [加拿大]查尔斯·泰勒:《自我的根源:现代认同的形成》,韩震等译,译林出版社 2001 年版,第 47 页。

② [加拿大]查尔斯·泰勒:《自我的根源:现代认同的形成》,韩震等译,译林出版社 2001 年版,第 47 页。

③ [加拿大]查尔斯·泰勒:《自我的根源:现代认同的形成》,韩震等译,译林出版社 2001 年版,第 48 页。

回答来定义的。然而，我们是在说话者通过语言交替使用时才发现其原始含义的。泰勒说："我通过我从何处说话，根据家谱、社会空间、社会地位和功能的地势、我所爱的与我关系密切的人，关键地还有在其中我最重要的规定关系得以出现的道德和精神方向感，来定义我是谁。"① 这些基本意思泰勒在讨论框架时已经说过，现在他从语言角度进一步叙述这一思想。泰勒认为，首先，如果不说语言，就没有办法引入人格。或者说，理解人的人格就涉及语言。这是因为，我们的道德与精神人格的养成首先就在于长辈通过语言将我们带入道德与精神境遇的世界，对自我来说那些最初的关键性词语，它们有意义是对我们来说是如此的。而语言对话的关键在于，在谈论某事时，你和我使之成为我们的共同客体，或者说，我们成为使用和理解同一语言的主体，而我在你面前也就是你需要面对的使用着同一语言的客体。并且，我们作为使用同一语言的客体的存在，也表明了共同空间的存在。共同空间不仅是说存在着对话者共同使用的时空中的空间，也表明了由于语言而形成的某种精神空间，即在这种空间中，共同拥有对于语言所表征的事物的理解。在泰勒看来，作为自我的我，只能存在于某种公共空间之中。"通过我和他人对这些为我们而存在的客体的经验，才知道愤怒、爱、焦虑、对完满的渴望，等等是什么。这个真理支持了维特根斯坦的名言，即意义的一致与判断的一致有关。随后，我或许有创新。我可能发展出一种理解我自己和人类生活的崭新方式，至少是一种与我的家庭和背景尖锐地不协调的方式。但是，创新只有在共同语言的基础上才能发生。甚至作为极其独立的成年人，也有这样的时候，除非是与了解我、或有智慧、或与我有亲密关系的某个或某些特别的伙伴谈论它，我也无法阐明我的感受。这种无能为力只是儿童所经验的一种阴影。对他来说，没有为他确定这种语言的交谈的话，一切都会是混乱的，根本就不可能有辨别的语言。"② 在前面，泰勒说自我部分地在于

---

① ［加拿大］查尔斯·泰勒：《自我的根源：现代认同的形成》，韩震等译，译林出版社2001年版，第49页。
② ［加拿大］查尔斯·泰勒：《自我的根源：现代认同的形成》，韩震等译，译林出版社2001年版，第50页。

对自我的理解。但通过对语言与存在的分析，泰勒认为，"一个人不能基于他自身而是自我。只有在与某些对话者的关系中，我才是自我：一种方式是在与那些对获得自我定义有本质作用的谈话伙伴的关系中；另一种是在与那些对我持续领会自我理解的语言目前具有关键作用的人的关系中——当然，这些类别也有重迭。自我只存在于所称的'对话网络'中"①。泰勒在这里有几重意思，首先是对于自我存在的规定性的理解，这种理解强调了语言关系或语言共同体是自我存在的先决性条件。其次，这也涉及前面关于自我的特征性规定，在这里泰勒把它置于语言网络之中。换言之，自我理解并不完全是朝向内在性的自我，而是在那些对于我而言具有关键性作用的人的关系中，自我与他人的对话关系起着重要作用。但如果完全说，自我只存在于对话网络中，这也就否定了自我的内在性理解的面向。泰勒虽然谈到了自我的创新，成年人的极其独立性，但他力图把观点拉到交谈网络上来，从而没有认识到这些因素对于他的结论所具有的挑战性。不过，泰勒似乎意识到了存在着这样反驳他的可能，他说："对自我的共同描绘，例如（至少潜在地和理想地）在其自身内引出其目的、目标和生活规划，仅在它们'正在实现'的范围内寻求'关系'，这很大程度上是因为忽视了这一事实，即我们是被嵌入在对话网络中的。"② 在这里泰勒再次将人们内在的意向精神以及生活规划置于对话网络之中，从而表明即使是朝向内在性的自我，同样也没有摆脱外在的对话者或对话网络。但是，内在性自我与外在的网络世界没有相对区分的可能吗？如果没有区分，如何解释在相同的对话网络中即使是在完全相同的环境中出生和抚育的孪生兄弟，都可能会产生不同的兴趣、爱好和思维框架呢？

在泰勒看来，我们不仅可以从内在性的自我来想象我们与对话网络不存在一种依赖性，而且我们可以从这种独立观点进一步完全走出对话的超验条件，即表明我们绝不置身于其中，有着超脱这一网络的本体论的独立性。他

---

① [加拿大]查尔斯·泰勒：《自我的根源：现代认同的形成》，韩震等译，译林出版社 2001 年版，第 50—51 页。

② [加拿大]查尔斯·泰勒：《自我的根源：现代认同的形成》，韩震等译，译林出版社 2001 年版，第 56 页。

说:"实际上,我们甚至能够走得更远,明显地根本不以与任何网络的联系规定我们自己。从内在自然和外在世界的大自然中吸取其营养,关于自我的某些浪漫主义观点就倾向于走这个方向,它们在现代文化中的派生物也是如此。而浪漫主义的一个近亲是美国先验论的自我,它在某种意义上包含着宇宙,但忽略与其他人的任何必要的联系。"① 在泰勒看来,摆脱我们置身其中的社会框架以及我们在对话网络中作为语言的存在者,这就是现代个人主义的一个本质特征。泰勒说:"排除历史、自然、社会、团结要求,排除在我之外的每件东西,就会消灭一切要紧事物的候选者。"② 泰勒认为,这种个人主义及其种种幻象,在美国文化中有着很深厚的土壤。美国人在其成长过程中,就有着早期清教徒的离家传统。我们知道,最早那些欧洲到美洲的移民,就是为逃脱英国天主教会对清教徒的迫害而远走美洲的。早期移民的后代,即所有那些年轻人,必须通过自己的、个人的皈依,从而建立起他们自己与上帝的联系,才可被允许成为教会的正式成员。泰勒指出,这一点已经成为美国的离家传统,年轻人必须离家,脱离父母的荫庇,在社会上开辟自己的人生道路。然而,泰勒指出,独立态度所涉及的是文化的规定,年轻人被引入其中是在持续的对话中做到的。换言之,独立性是超验地嵌入对话中的。"这点的真实的可能性只存在于伟大时间深度的社会理解的框架之中,事实上,也就是'传统'之中。"③ 泰勒认为,强调独立性和摆脱依附性本身就是一个文化和历史传统,这持续地存在一种文化和文化传统中,年轻人不仅与自己的父母,而且持续地与传统对话,从而致使这种文化和脱离假象的存在。泰勒这样的分析有其合理性。在这种意义上,对话就不仅仅是与活着的人的对话,对话网络不仅是一种社会生活的网络,也是一种历史文化的网络。在这个意义上,泰勒大大扩展了他所说的"对话网络"所具有的共同体意义,他说:"谈话将

---

① [加拿大]查尔斯·泰勒:《自我的根源:现代认同的形成》,韩震等译,译林出版社2001年版,第56页。

② [加]查尔斯·泰勒:《本真性的伦理》,程炼译,上海三联书店2012年版,第51页。

③ [加拿大]查尔斯·泰勒:《自我的根源:现代认同的形成》,韩震等译,译林出版社2001年版,第57页。

不仅包括活着的当代人，而且包括，例如，预言家、思想家、作家等等这些已经死去的人。"① 可能人们会问，我们怎么可能与死去的人谈话呢？泰勒在一条注里说明，我们与不在场和死去的人的谈话，以口头的和书写的作品，一般以谚语、宗教作品、思想著作、诗歌和艺术作品为中介。这实际上是伽达默尔的诠释学或者说解释学的内容，即诠释者与文本的对话。泰勒认为，这样的谈话或对话是不断或重复进行的，这就是对作品的阅读。在我们与一切流传下来的作品进行对话或与所有古今中外的著作家的谈话意义上，泰勒把他的框架这个概念不仅看成我们身处的社会环境和文化背景，而且看成一种历史文化中流转的人类文化思想背景，而任何人类个体都处于这样一种框架之中。

泰勒对现代自我给予了深度的讨论。在他看来，现代自我与以柏拉图为代表的传统自我（在古希腊那里，个人还不称为"自我"）有着根本性的区别。在《自我的根源：现代认同的形成》一书中，泰勒以大量篇幅追叙了西方思想史上的这个重大的历史转折，而在《本真性的伦理》中，则以压缩的篇幅重述了他在前一书中的叙述。泰勒以柏拉图来代表传统的对自我的理解，柏拉图式的对自我的理解是以灵魂中的理性对欲望或情欲的控制来建构的。而柏拉图所理解的理性，则是一种与宇宙秩序内在关联的理性，这个世界的逻各斯就像存在于我们之中一样存在于宇宙实在之中。受理性支配，也就意味着人的合理生活为先在存在的理性秩序的塑造。从外在秩序到内在自我秩序的转化，发生在思想史的演化过程中，"我想称之为'内在化'的转变，在于这样一种对理性控制的理解，被另外一种理解所替代，在这种更易于为我们接受的后一种理解中，关系到理性最高秩序的制造的，而不是发现的。这种与柏拉图相对立的现代观点的代表人物是笛卡尔"②。而从柏拉图到笛卡尔，中间还经过了奥古斯丁。所谓"内在化"，也就是切断柏拉图式的理性与外在宇宙秩序的内在关系，理性也就只是人内心中的理性。这也就是泰勒所说的"理性的秩序是制造的，而不是

---

① ［加拿大］查尔斯·泰勒：《自我的根源：现代认同的形成》，韩震等译，译林出版社2001年版，第54页。

② ［加拿大］查尔斯·泰勒：《自我的根源：现代认同的形成》，韩震等译，译林出版社2001年版，第185页。

第六章　泰勒与沃尔泽

发现的"。奥古斯丁在这个转变过程中的重要性在于，他转向自我是通过激进的反省，即通过对自己心灵的批判与反思而重建自我，这使得内在性语言形成为不可避免的事性。"说奥古斯丁引入了激进反省的内在性，并把它留给西方思想传统，这几乎不是夸张。这一步是命运攸关的，因为我们的确有了非常必要的第一人称立场。从笛卡尔以来的以及现代文化中所有源于此的现代认识论传统，已使这种立场成为根本性的……它已到了产生这样的观念的地步，即存在着一个特殊的'内在'对象的领域，这个观念只有从这种立场看才有用；或出现了这样的观念，即'我思'的优点在于以某种方式脱离了我们体验的物的世界。"① 经过笛卡尔，泰勒认为再到18世纪的西北欧和美国的社会，已经具有了可以称作像现代自我的那种东西。但这个历史过程应当是在17世纪的契约思想那里就已经展现了。泰勒认为，这种自我也就是现代个人主义，它为这样三个方面所构成：一是自我负责的独立性，二是意识到其特殊性，三是个人承诺。当我们从世界分离出来，实体性的逻各斯不再对我们的有意义，而作为独立的自我而存在。自我的独立性体现在自我是一个独立存在的主体，从而与客体相对，因而主体与客体有了新的理解，即在现代意义上出现了区位性的变化。把自我与外在的客观世界相对分离，从而建立以自我为中心的人类世界，这是自笛卡尔以来的思想发展趋向。这一趋向在政治哲学领域里就是以契约论来建构现代国家。泰勒称霍布斯、洛克式的契约论是原子个人主义。他说："在这种原子契约论基础上，我们可看到新个人主义的两个侧面。从宇宙秩序分解出来，就意味着人类主体不再被理解为宏大的、富有意义的秩序的构成因素。他的典型目的是在内部发现的。他依靠的是自身。适用于宏大宇宙秩序的东西，最终也将运用于政治社会。而这种运用于服从至上个体的图景，个人'本性上'不受任何权威的约束。"② 泰勒指出，洛克式政治社会的条件是社会中的原子个体所创立的，那么，这种原子式的个体如何能够创立这样一种政治社会？这

---

① ［加拿大］查尔斯·泰勒：《自我的根源：现代认同的形成》，韩震等译，译林出版社2001年版，第195页。
② ［加拿大］查尔斯·泰勒：《自我的根源：现代认同的形成》，韩震等译，译林出版社2001年版，第293页。

441

就是靠个体主体的同意。同意意味着承诺。也就是说，现代个人主义的又一个侧面就是对个人承诺的强调。泰勒指出，我们继承了17世纪的原子论，为体现在像罗尔斯这样的契约论中。这种契约论也是一种权利论，而这也是当代西方思想所继承的。泰勒说："这是把自主的个体置于我们法律制度的核心的概念……我们享有建立在财产所有制之上的最基本的豁免权概念——生命、自由。"①

在泰勒看来，现代个人主义的出现有着一个漫长的历史过程，这体现在从柏拉图式的人类个体与宇宙秩序的整体性关系脱离出来，这种脱离与西方精神思维走向内在性直接相关，正是通过走向内在性从而摆脱了理性作为宇宙与个人的统一性的理解，而理性仅仅成为自我的主宰。由此新型的个人主义产生了。它不仅摆脱了宏大的宇宙秩序，营造了主体与客体的对立，而且力图摆脱泰勒所说的"框架"从而成为一个自主的主体。

（三）本真性理想

"本真性"是泰勒关于自我的又一重要概念，这一概念的英文"authenticity"，还可译为"纯正性""可靠性""确实性""真实性"等，中文译本译为"本真"，这是与现代自我的内在性相关的，即本真也就是那个真实性的自我。这是因为，在泰勒看来，本真性与自我是密切相关的。依泰勒的理解，现代性的自我是自奥古斯丁开启反省性意识以来，西方思想摆脱了以柏拉图为代表的与宇宙秩序相关联的理性概念，而走向了内在性自我，这种转换开启了个体本位的文化。泰勒说："个体在现代西方文化中无可置换的优先性，这是现代道德秩序构想的核心特质……因为对于我们而言，个人主义已经是常识。现代人的错误，便是认为这种对个体的理解是理所当然的……我们最初的自我理解深深地嵌入社会之中。我们的根本认同是作为父亲、儿子，是家族的一员。只是到了后来，我们才把自己看作一个自由的个体。"② 在泰勒看来，个人主义文化体现为内在性的文化，这种文化也有它的道德理想，即这种转变体现在社会道德

---

① ［加拿大］查尔斯·泰勒：《自我的根源：现代认同的形成》，韩震等译，译林出版社2001年版，第296页。

② Charles Tayor, *Modern Social Imaginaries*, Duke University Press, 2004, p. 64.

理想上，就是将古代雅典式的英雄理想转换成了本真性理想。当然，中世纪也有它的道德理想，这就是宗教圣徒的理想。"人们反复表达一个忧虑，那就是，个人失去了某个重要的东西，这个东西是与行动的更大的社会和宇宙视野相伴随的。有人把这表述为生命的英雄维度的失落。"① 然而，现代社会的自我将这些与外在社会和世界秩序的精神联系切断，转向人的内在世界，并非完全失去了道德理想，对于内在世界本身而言，其本真性就是其道德理想。泰勒指出，现代个人导致以自我为中心，从而随之而来的是对那些更大的、自我之外的问题和事务的封闭和漠然，无论这些问题是宗教的、历史的还是政治的。其后果则是生活的平庸化和狭隘化。"自我实现"不是实现外在的目标而只是自我，然而，泰勒认为这里有一个不为多数人所认识的东西，即某种道德理想在起作用，不论这种理想的表述是多么低劣和被歪曲。他说："自我实现背后的道德理想对自己真实。"② 怎么理解对自己是一种道德理想？首先，这里的道德理想指的是什么？这里的理想指的是这样一种说法，"关于什么是一种较好的或较高的生活模式，在这里，'较好的'和'较高的'，不是依照我们之碰巧所欲望或所需来定义的，而是提供了一个关于我们应该欲求什么的标准"③。在这里，泰勒所理解的"理想"与我们平常的理解一样，即所谓理想也就是应然，它相对于实然或实存，是人们认为比现实更美好些，是人们应当追求的，因为它就是人们现实的目标。"自我实现"实现什么？所实现的就是人们内在的欲求。当然，我们可能说，那是要实现外在的目标，并且，首先是从自我出发。泰勒说："这里我们需要的是像自我实现这类概念背后的道德力量。一旦我们试图将它简单地解释为一种利己主义，或一种道德败坏，一种与更粗暴、更苛求的早期岁月相关的自我放纵，我们就已然偏离了轨道。谈论'放任'是大异其旨。道德败坏古已有之，我们的时代绝不独善。我们需要解释的是我们时

---

① ［加］查尔斯·泰勒：《本真性的伦理》，程炼译，上海三联书店2012年版，第4页。

② ［加］查尔斯·泰勒：《本真性的伦理》，程炼译，上海三联书店2012年版，第19页。

③ ［加］查尔斯·泰勒：《本真性的伦理》，程炼译，上海三联书店2012年版，第20页。

代独有的东西。"① 泰勒的观点是，不要我们一说到自我就是一种利己主义和道德败坏，因为道德败坏并不是当代才有的社会道德情形。在泰勒看来，"在这个批评中没有考虑的东西是本真性理想的道德力量"②。那么，这种具有道德力量的理想是什么？泰勒认为，就是他在前面所说的，在自我形象中，有某种更高的生活形式。如果把自我看作漠视自我之外的任何事务，把我们的过去当作不相干的东西加以排斥，否定公民身份的要求，否定团结的义务，这种观点最终背离了道德的洞见；同时，如果把这些关系看作个人自我实现的工具，同样也是对本真性自我的歪曲。因此，与当代他人把个人主义当作一种道德堕落甚至万恶之源不同，泰勒认为，个人主义的自我有其值得尊重的道德力量。

在泰勒看来，本真性是一个有价值的道德理想。本真性好就是内在，我们不仅可以在奥古斯丁的《忏悔录》中看到奥古斯丁对自己的过去的真诚忏悔，而且在卢梭的《忏悔录》中也能读到。我们不得不承认这种真诚所具有的强大道德力量。泰勒还在卢梭的本真性思维中发现，"卢梭也以一种最有影响的方式，阐释了一个密切相关的思想。这就是我想要称为自决的自由观念。它是这样的思想：当我自己决定什么东西与我有关，而不是为外部影响所左右的时候，我才是自由的"③。泰勒指出，我不受他人干涉，能够自由地决定做我想做的事，而这与我服从社会的法律，即我为社会法律所影响和塑造并不矛盾。泰勒认为，自决的自由已经明显地超过了伯林的"消极自由"，因为它不与外在相关，而是内在性的自由概念。不过，泰勒的这个定义是含混的。因为"自己决定什么与自己相关"，是在内在性意义上，还是在与外在相关的意义上？如果是在与外在性相关的意义上，也就逃不出伯林的消极自由与积极自由的范畴。然而，仅仅是只注重内在性而与外在隔离开来的内在自由，在爱比克泰德那里就有。在爱比克泰德看来，即使你把我关进牢房，我的内心也是自

---

① ［加］查尔斯·泰勒：《本真性的伦理》，程炼译，上海三联书店2012年版，第21页。

② ［加］查尔斯·泰勒：《本真性的伦理》，程炼译，上海三联书店2012年版，第21页。

③ ［加］查尔斯·泰勒：《本真性的伦理》，程炼译，上海三联书店2012年版，第35页。

第六章 泰勒与沃尔泽

由的。中国庄子的逍遥游,不也是一种心理的自由想象吗?

泰勒对本真性理想则有着一种忧虑。在他看来,这种本真性的自我实现,或自我实现的个人主义,有滑向相对主义的内在可能。泰勒说:"相对主义本身是一种形式的个人主义的衍生品,其原则大约如此:每个人都有发展他们的生活形式的权利,生活形式是基于他们自己对何为重要或有价值的理解。人民被号召去真实地对待自己,去寻求他们自己的自我实现。最后,每个人必须为自己确定自我实现取决于什么。任何别的人都不能或都不应该试图规定其内容。"① 泰勒这里所说的自我实现的个人主义,或本真性的自我,实际上又是一种相对主义,一种与自我本真性相关的相对主义。这样说,当然并不是赞赏,泰勒强调,这种个人主义导致以自我为中心,因而必然发展为普罗塔哥拉式的相对主义。在他看来,自我实现的文化已经引导人们丧失了对他们自身之外的关怀的洞察。并且,我们可以在他的浅薄的和自我放纵的形式中看到,因而这种新兴的生活方式甚至可以导致一种荒谬性。泰勒认为不仅将滑向这种相对主义,而且导致非道德或道德衰落的状况。泰勒说:"个人主义事实上在两个不同的意义上使用。在一个意义上,它是一种道德理想,是我一直在讨论的道德理想的一个方面。在另一个意义上,它是一种非道德现象,某个类似于我们用利己主义所指的东西。在传统视野的失落只留下尾随其后的无目的性,并且每个人只为自己谋生——例如,在第三世界(或在19世纪的曼彻斯特)新城市化了的农民形成的某些道德混乱、犯罪缠身的贫民窟里——的地方,这个意义上的个人主义的兴起常常是一种崩溃现象。当然,混淆这两种具有完全不同的原因和后果的个人主义,是灾难性的。"② 在这里,道德与不道德这样两面都是现代个人主义的肖像。不过,泰勒以"道德混乱、犯罪缠身的贫民窟"为例来说明个人主义的道德败坏,则完全找错了地方,并且很少有人会以这样的地方为例来说明个人主义的道德败坏现象。贫民窟的道德败坏并不是贫民本身

---

① [加]查尔斯·泰勒:《本真性的伦理》,程炼译,上海三联书店2012年版,第17页。

② [加]查尔斯·泰勒:《本真性的伦理》,程炼译,上海三联书店2012年版,第27页。

445

造成的，而是由于贫民们所处的十分低下的社会地位。现代贫民窟往往与黑社会内在相关，难道黑社会就代表了现代个人主义？

泰勒还认为，本真性的自我在起始性意义上，就是一种矛盾体。首先，它起源于思想史上的内在性和对外在的框架关系的摆脱或脱离，这在泰勒那里就叫"脱嵌"（disembodied）。我们是在摆脱宇宙秩序的理性，甚至摆脱外在社会关系秩序的前提下才转向内在性自我的。泰勒说："我想表明，就（a）我们与他人之间的纽带要求，和（b）任何种类的、来自多于或异于人类欲求或渴望的东西的要求而言，选择了自我实现的那些模式是自拆台脚，这些模式摧毁了实现本真性的条件。"① 然而，我们真正要定义我们自己，则是不可不将背景条件或泰勒所说的"框架"联系起来，我们必须把某种重要的东西或把对某种重要东西的感觉当作背景。要界定我们自己就必须找到我与他人的差别。换言之，我们总是在与他人的关系和与他人的比较中才可见证自己的存在。如果我界定我自己，从而找出我的特性，如我的发现真理的能力，弹奏钢琴的能力（可能无与伦比），或我宣布我有3732根头发，那么，这意味着什么？你会说，你的这些特性具有人类的重要性，那么，就将你自己与人类的一般背景联系起来了；或说你的3732根头发意味着神圣的数字，而这就意味着你通过它与神圣的意义联系起来了。而这神圣意味着什么？如果所有人都不知道你说的是什么，可能会说你有狂想症，而当你说这就是耶稣头发的数量，那人们相信你所说的。可不管你说的是真还是假，但必然是外在之物与你的某种东西相关联，你才说清楚你是谁。泰勒说："事物具有重要性是针对一个可理解的背景而言。让我们称这个背景为视野（horizon）。那么，如果我们要有意义地定义我们自己，我们不能做的一件事情就是隐埋或否认事物对我们而言据以取得重要性的那些视野。这是一种自挖墙脚的动作，在我们的主观主义文明里被频频采用。"② 我们在抛弃古希腊

---

① ［加］查尔斯·泰勒：《本真性的伦理》，程炼译，上海三联书店2012年版，第45页。

② ［加］查尔斯·泰勒：《本真性的伦理》，程炼译，上海三联书店2012年版，第47页。

思想关于人类个体理解的同时，发现人的内在性，进而将排除框架或视域的自我看成本真性的自我，本真性自我是现代个人主义的积极成果。然而，当它一出现，就意味着这是一个人类自我认识的悖论，因为要准确地界定或定义自我，我们必须把它与对自我有重要性的社会关系与背景关联起来，否则，我们很有可能只能遇到一个无法界定的人类怪物。因此，现代自我在把本真性作为理想追求的同时，仍然需要回到与社会背景和他人相联系的框架或视野中去。

二 承认政治

承认政治理论是泰勒的政治哲学中的重要组成部分。泰勒提出承认政治观点的现实背景是加拿大魁北克的文化认同与承认问题。魁北克是加拿大的以说法语为主的地区，也是加拿大第一大省（总面积为第二大行政区）。在历史上，这个地区曾是法国殖民地，1763年，法国将这里割让给了英国，1867年，加拿大自治领成立，魁北克成为加拿大的一个省。但在这之前和之后，魁北克由于历史和语言文化缘故则不少闹独立。一个语言、文化和种族都有所不同的地区以及民族，如何在一个以英语为主的国家能够与英语文化的民族和谐共存？这成了加拿大的特殊的现实政治问题。而泰勒出生于此地，并长期生活于此，而且是其首府蒙特利尔的麦吉尔大学（虽然他在不同的大学任教过，但他在这里也是长期任教）的教授，因此，不同文化民族之间的承认问题也自然进入他的研究范围之内。

（一）承认政治的两种倾向

何为承认政治？在理解承认政治前，首先我们要看看泰勒对当代政治的判断。在泰勒看来，当代西方的政治是这样两种路向：一是普遍主义的承认政治；二是差异政治（politics of difference）。普遍主义的承认是建立在文艺复兴以来从等级制的尊严荣誉转变为现当代社会的平等尊严的产物。从等级制的尊严到现代在权利平等基础上的平等尊严，从而所有公民都享有平等的权利和资格，它不允许在公民间进行"一等公民"和"二等公民"的划分。这个思想和观念由来已久，它在洛克和卢梭的政治观念中占有基础性地位。

差异政治则是在当代认同理论中发展出来的，它的代表就是年轻有才华却英年早逝的女哲学家艾丽斯·杨（Iris M. Young）。杨通过对少数族群、女性、同性恋、老年人、身心障碍者、劳工等弱势群体的关怀性探讨，提出了一个全新的政治概念：差异政治。在杨看来，她类似于诺齐克那样的观点，认为普遍主义的承认正义，只是以一种模式化的方式来进行正义分配，从而并非真正的正义。差异政治理念认为，承认是不能普遍分享的，而应当差别化对待。普遍性的承认政治要求承认的是普遍的权利，反对任何形式的歧视，无视差异；然而，差异政治则要求承认是有差异性和独特性的。平等承认基于这样的认识：作为人类个体，我们都是在能力和智力方面大致相同或相等的人，在康德那里，是因为人人都是具有理性或理性能力、理性潜能的人，因而是平等的。

差异政治也承认每个人身上的潜能，但是，当我们说到潜能的时候，不仅是说具有这样的潜能，也相信这样的潜能只要有条件就可实现。泰勒引索尔·贝娄的话说，如果祖鲁人能够产生托尔斯泰，我们也会阅读他。但实际上泰勒也并不清楚是否真的贝娄说了这样的话，而不论是不是他人说了这样的话，这个话的意思所表明了的是，人们并不相信像祖鲁这样的少数族群有这样的潜能。这反映了人们对祖鲁文化的轻蔑。这样的观点实际上是以文化成就来评判不同的文化，从而武断地认为有的民族文化的地位是比较低的，然而，这是一种错误的承认观点。但我们发现，这可以从普遍主义的平等承认和差异政治的理论中导出。这个观点所表明的就是如果承认潜能，但如果没有事实证据，我们就可以得出这样的观点。因而，立足于平等观点的这样两种政治模式，其内在要求则有可能导致这样错误的观点。泰勒说："一种观点认为，平等尊重的原则要求我们忽视人与人之间的差异，其核心是，人之所以要求平等尊重是因为我们都是人。另一种观点则认为，我们应当承认差异性和特殊性，甚至应当保护并鼓励它们健康发展。前者指责后者违背了非歧视性原则，后者则指责前者将人们强行纳入一个对他们而言是虚假的同质性模式之中，从而否定了他们独特的认同。"①

---

① ① Charles Taylor, "The Politics of Recognition", in *Multiculturalism and The Politics of Recognition*, Princeton University Press, 1992, p. 43.

第六章　泰勒与沃尔泽

在泰勒看来，普遍主义的承认政治，有着以普遍尊重之名而行文化霸权之实的嫌疑，导致某些文化采取异化的形式存在，从而对这些文化群体造成了实质性的伤害。因此，在泰勒看来，平等主义尊严即普遍主义的权利平等，这样的政治必然导致漠视差异。泰勒与诺齐克一样认为，这种仅关注公民平等权利的模式，将无一例外地导致同质化的政治与分配。分配正义也就是在这样的哲学前提下进行的。然而，温和的自由主义者为其"无视差异"辩护，这是因为，这体现了自由主义的中立性原则。即不论公民的善有多大不同或差异，但对于公民个人的善，政府应当保持中立的态度和立场。他们认为，正是政治中立或政治价值中立，才可让具有不同善观念的公民，或不同宗教、道德以及语言文化背景的人无障碍的交往和共存，但拉什迪（Salman Rushdie）已证明这种观点的错误。在泰勒看来，自由主义的中立性原则所导致的无差别地对待每个人的方式，所谓的一视同仁，仅是一种形式上和表面上的做法，因为它对不同的公民在其思想文化中的不可磨灭的信仰、传统、风俗与语言等文化上的所谓中立性认同，实际上并没有对文化传统中的不同公民的特殊性给予认真对待，因而在平等的表面既"遮掩"了也造成了人的不平等。并且，泰勒认为，自由主义本身也不可能在思想文化上中立。这是因为，自由主义本身就是在反对封建特权与专制的斗争中产生的。不过，当泰勒这样看问题时，实际上把方向搞反了。因为自由主义作为一种在反封建、反中世纪的宗教神权中出现的新思想和新观念，其意思指的是对于封建政治权力与神权的反抗，而不是反对公民自我选择善的权利；恰恰相反，自由主义的诞生，正是为了公民的权利，它首先确立的是公民的普遍权利。与普遍主义的政治观相反，以杨为代表的差异政治承认差异，因而与以洛克等为代表的普遍主义正好相反，强调差异、尊重差异，并以此出发，才能真正做到平等。但在泰勒看来，差异政治观同样存在着两种后果。一是同质化。"差异政治有可能以千人一面而告终。"[1] 杨等人所强调的差异政治，表面上是尊重差异，但其最终则有可能在尊重差异的前提下，走向同质化。如杨认为社会的等级

---

[1] ［加拿大］查尔斯·泰勒：《承认的政治》，董之林、陈燕谷译，载汪晖、陈燕谷主编《文化与公共性》，生活·读书·新知三联书店2005版，第329页。

结构、阶级、阶层是现代社会不平等的根源所在，而其理想就是消除社会阶级、阶层的差别。在泰勒看来，这不是同质化吗？二是种族中心主义。种族中心主义强调种族的特殊性，既然强调种族以及所包含的文化、宗教、语言的特殊性，那么，怎么可能持有一种政治平等观呢？实际上，美国多年来所推行的少数族群尤其是对待有色人种的优惠政策，如体现在教育政策上，有色人种的后代可以降低分数优先录取，从而所体现的必然是不平等。加利福尼亚州近年来出现的"零元购"现象，就是在这种对黑人补偿政策的背景下发生的对正常的市场经营进行严重破坏的恶劣现象，全世界可能只有美国才可纵容这样的恶性抢劫时时发生而警察则爱莫能助。因而差异政治在呼吁特殊性的同时，又违背了平等思想，甚至严重影响了公民们的正常社会生产和生活。在泰勒看来，这是矫枉过正。其结果是，一些社会劣势的群体，通过合法和非法的途径，享有了其他群体所没有享有的特殊"待遇"，事实上是将"歧视性措施颠倒过来"，以杨等为代表的差异政治观，反对普遍主义的平等观，认为在普遍主义的平等观要求下，有着不同文化、宗教和种族特性的少数族群在平等要求下受到了不公平的歧视。因此，差异政治观认为，要真正做到平等承认，就要区别对待，如同罗尔斯的差别原则，在平等精神下，只有惠顾弱势群体，才有可能真正趋于平等。然而，艾丽斯·杨、詹姆斯·塔利等激进的差异平等理论比罗尔斯走得更远，他们认为罗尔斯的差别原则并没有真正体现平等精神，没有承认文化、宗教和种族上的差别，便使差异政治最终导致他们以自己的少数族群的种族标准来取代普遍主义的政治，即特殊的种族标准成了他们的普遍标准，依此去判断和衡量其他所有社会阶层和普遍公民，这就走向了反面，形成了一种以少数族群为标准的"特权政治"。

泰勒以加拿大魁北克为例。魁北克是泰勒的家乡，他对于这个法语地区有着浓厚的情感，他很清楚这个地区为保持和发展法语文化即在加拿大地区的这种独特的语言文化的努力。泰勒指出，魁北克人的这种努力表明，他们倾向于与英语文化不同的自由社会发展模式，即"我们根据一种好生活的概念来组织社会，同时又不歧视那些持不同观点的人。如果一种好生活的概念需要大家共同努力才能实现，它就成为公共政策的理由，根据这个观点，自由社会的特征恰恰在于它对待少数者（包括那些拒绝认同公共好生活的人）

的方式，尤其是在于它给予所有社会成员的那些权利"①。在这里，泰勒的好生活概念是一种共同体概念，即一种社群主义的共同体概念，这一概念体现了现代社会的特征，它不同于亚里士多德的共同体，亚里士多德的共同体强调的是共同体中的公民的共同善，而泰勒的共同体强调的是包容性，强调共同体中的少数族群的权利。泰勒的这种思想有着现代社会的重要的意义。当今社会是一个文化多元主义社会，文化多元，体现在不仅是族群的多元化，而且在共同体内存在着多样性的语言、宗教、道德与哲学的多元，多种整全性的宗教、道德与哲学学说并存。同时，人们的视野已经从某一地区投射于世界，从某一国家的视域投射到全球，随着现代科学技术的发展，人类资讯已经实现快速传播，几个小时内东半球的大事，整个世界瞬间都可知道。人类的多元文化的交流日益频繁，且彼此渗透。我们已经处于一个你中有我、我中有你的全球化时代。我们既是某一国的公民，又是世界公民。

（二）多元主义与承认

泰勒强调的文化多元性以及政治的多元性，既是针对自由主义的普遍主义的尊严政治所产生的问题，即对于平等价值的尊重所带来的忽视社群的作用，以及漠视差异带来的同质性问题，又是对差异政治观强调差异，但实际上是一种种族中心主义标准在起作用的问题，差异政治观强调少数族群以及阶层差异，但却有着以种族或少数族群的标准来取代普遍主义的倾向。在当代西方，少数族群问题已经成为一种政治焦点问题，这些问题是同性恋问题、有色人种问题以及移民问题。为保证政治正确，欧洲以及美国的政治家们对于大量涌入的移民以及随之而来的严峻社会问题，在相当大的程度上以人道主义关怀为由，实际上采取的是绥靖主义政策，从而进一步激发了社会矛盾。普遍主义政治与差异政治这两者虽然有着明显的差别，但都是自由主义对于当代人类困境的解决方案。泰勒指出，这两条道路都已经明显失败了。要解决现代自由主义与现实需求的困境，必须寻找有别于自由主义的思路，这就是泰勒所提出的承认政治。这种承认政治，

---

① ［加拿大］查尔斯·泰勒：《承认的政治》，董之林、陈燕谷译，载汪晖、陈燕谷主编《文化与公共性》，生活·读书·新知三联书店2005版，第318页。

在哲学上，有着渊源久远的传统，如在黑格尔那里。黑格尔就以主奴之间的斗争关系表述了不同社会阶层之间或社会阶级之间达到相互承认，或如果不是在明显的意识意义上，也至少在社会意义上的相互承认的可能。因此，泰勒认为，即使是在黑格尔式的主奴关系的共同体内，相互承认也是其共同存在下去的必要条件。面对当代社会的多元文化、道德与宗教社会的多元性，他提出了一个假设作为其理论的逻辑起点，即，多元的宗教、道德和哲学文化以及有着不同传统的语言文化，都有着平等的价值，因而不同文化之间存在着对话的可能。因此，泰勒的承认政治既不像洛克式的普遍主义的承认，也不像当代差异政治哲学如杨等人那样只强调差异，而是承认多元文化的平等价值观。它不同于差异政治观所提出的少数族群文化的特殊性问题，以平等文化观来对待其他文化，在一个全球化的时代，我们随时都可能面对一个从陌生文化中过来的人，如加拿大的亚洲移民数量大幅度增长。对于加拿大的早期移民即欧洲移民来说，亚洲移民带来了一个甚至多个不同于欧洲文化的异质文化，面对这些文化以及具有这些文化传统的移民，我们不是把他们当作弱势群体来看待，而是把他们当作有着平等尊重可能的文化和文化群体中人看待。但这并不是不看到差异，而是在彼此尊重差异的基础上相互认同差异。泰勒说："真正地认同差异到底意味着什么。这意味着认同不同存在方式的平等价值。同一性认同的政治所要求的是，正是这种对平等价值的承认。但是，价值平等的基础是什么？……仅有人们选择不同的存在方式这个事实，还不能使得它们平等；他们碰巧在这些不同的性别、种族、文化中发现自身这个事实，也不足以使它们平等。仅有差异本身，还不能成为平等价值的基础。"[①] 泰勒认为，认同差异是相互承认的第一步，但并不是最后的结论。在他看来，如男女之间，无疑存在着差异，而相互认同这种差异正好有其互补性，在相互认同差异的基础上走到一起，要求我们共享比单单相信这个原则更多的东西。认同差异并相互承认，要求有着比认同更多的东西，这就是共享什么。"认同差

---

① ［加］查尔斯·泰勒：《本真性的伦理》，程炼译，上海三联书店2012年版，第64页。

异,像自我选择一样,要求一个关于重要性的视野,在这个情形下,一个共享的视野。"①

认同差异进行平等的对话与交流。因此,我们并没有因承认多元文化的差异性而走向相对主义,以及当代政治哲学家杨等人所代表的差异政治观,在泰勒看来,相互在平等的基础进行对话,也就将使我们进入一种伽达默尔式的"视域融合"。我们前面说到,泰勒的对话是一种在现实政治生活中的对话,但伽达默尔的视域融合则是读者与文本和文本作者的视域融合。

泰勒指出,他所提出的承认政治是在普遍主义政治和差异政治之外的第三条达成不同文化之间的和谐共存道路。他指出,我们与陌生文化中人的对话,是把他人的文化背景或那种对我们而言是生疏或陌生的文化与价值放在同一个地平线上,要求我们在尊重对方语言文化以及价值观的基础上,进行相关问题的对话,这种对话是平等的对话,其尊重对方为先决条件,在平等尊重的前提下,共同找到我们共享的因素,从而实现不同文化的视域融合,达到融会贯通。泰勒说:"正如不论种族或文化背景如何,所有的人都必须拥有公民权和平等投票权一样,我们也应当假设所有各民族的传统文化都是有价值的。"② 因此,承认政治的先决条件是平等尊重不同或异质文化。哈贝马斯提出的交往伦理或话语商谈伦理,也可以为不同文化和价值观的人相遇而找到共同语言以及相互沟通和互利的方法。当然,在这个"视域融合"过程中,如同哈贝马斯所理解的那样,应当是没有压力、没有一个在对话者之上的更大权威的逼迫,而是双方意志自由的交往,也是在反复开放,以及不断寻找共同点的不断融汇的过程,这样才能使所有的对话者,即不同文化的对话者,真正站在同一地平线上,也就是在并不扭曲其他文化的前提下,实现视域共享和视域融合。泰勒指出,不同文化应当具有平等价值的观点是其前

---

① [加]查尔斯·泰勒:《本真性的伦理》,程炼译,上海三联书店2012年版,第65页。

② [加拿大]查尔斯·泰勒:《承认的政治》,董之林、陈燕谷译,载汪晖、陈燕谷主编《文化与公共性》,生活·读书·新知三联书店2005版,第326页。

提和基本观点，因为如果不能平等尊重，也就没有视域融合。那么，为什么可以提出这种平等价值的判断？它的依据是什么呢？有人提出一种宗教依据（比如，赫尔德有一种天命观，认为各种文化都不是偶然现象，其存在的意义在于带来更大的和谐），当然，我们也可以回到康德，因为康德认为只要是人就都有理性或应有理性，从人都是理性动物的前提，就可以发现我们人人都应尊重对方，从而得出人是目的而不仅仅是手段的价值结论。泰勒的理由与康德的类似，他认为应该从人本身去认识和寻找答案，人本身的问题，在某种意义上体现的是一个道德的问题，换言之，他将多元文化价值的承认问题归结为一个道德问题，即我们应当在尊重对方的基础上发现其文化有价值的地方，他指出，"所有的文化差不多都包含某些值得我们去赞叹和尊重的东西，它们在漫长的岁月长河中为无数性格各异的人们提供了意义的视界，建构了人们关于善、神圣和美的东西，为人类开创一个五彩缤纷、丰富多样的世界作出了重要的贡献，尽管其中有些是我们厌恶和拒斥的东西"[1]。应当看到，无论是从宗教依据还是从人本身来认识对多元文化的尊重问题，都是一种应然的态度和立场，这种应然的态度和立场，面对现实，仍然要看到它的不适当之处。某些世界性的大宗教，无疑有着关于善与神圣的观点，但同时我们也可能忽视了它内在的恶。我们在强调对话的可能时，应当以最基本的人性认知为前提，只有对方能够尊重你的人性并把你当人看时，才有可能与对方进行沟通和对话。但这并不意味着我们要忽视全球化背景下的多元文化交流及其冲突的严峻问题，而是在寻找一个最基础的价值前提下，展开沟通与对话。无疑，泰勒的承认政治强调对对方的承认与政治，这为当代多元文化价值的相互承认和认同提供了一个哲学基点。但我们只有在对方也尊重你的基本人格的前提下，才可能找到一种共同点和共通点。当然，泰勒的努力也值得肯定，这就是他看到了在尊重权利平等基础上的普遍主义政治与强调差异特殊性的差异政治中找到一个平衡点，并力图弥补其不足，从而满足在全球化背景下的多元文化时代的价值认同的需求。

---

[1] ［加拿大］查尔斯·泰勒：《承认的政治》，董之林、陈燕谷译，载汪晖、陈燕谷主编《文化与公共性》，生活·读书·新知三联书店 2005 版，第 330 页。

第二节　迈克尔·沃尔泽

迈克尔·沃尔泽（以下简称"沃尔泽"）是当代四位最著名的社群主义者之一，他对于社群主义的贡献，主要在于他的《正义诸领域：为多元主义与平等一辩》一书。此书立足于当代政治现实，对于社群主义的基本议题，如共同体与分配正义，提出了他自己的独到而有见地的观点，进一步充实了社群主义的基本主张。

一　共同体与成员资格

沃尔泽对社群主义的重要贡献在于他对社群主义的核心概念"共同体"这一概念的重新阐发。而他的阐发，是与他将政治共同体的边界即领土以及共同体的成员资格联系在一起的。

（一）共同体

何为"共同体"？这是自古希腊以来政治哲学所关注的基本点之一，也构成了当代社群主义的核心主题。我们知道，柏拉图在《理想国》中，是通过对他所构想的理想城邦叙述了他理想的共同体。亚里士多德则在《政治学》中，对希腊城邦的关键性意义的分析，为我们描画了亚里士多德所理解的现实的理想城邦共同体的政治哲学要素。当代几个重要的社群主义者，如麦金太尔，他是通过回到古希腊的亚里士多德来提出他心中的共同体理想，以及他所理解的共同体。泰勒则是以"框架"这一概念来表达他心中的共同体概念。沃尔泽则通过对于现代社会中的共同体以及政治共同体所面对的问题，清晰地表述了他的共同体概念。

沃尔泽的共同体概念为他所讨论的分配正义问题而引出。在沃尔泽看来，当代政治哲学家在讨论分配正义时，大多数人仅仅谈论分配什么，如阿玛蒂亚·森的分配正义重点在于物品如何平等分配的问题，罗尔斯的差别原则在他们看来，重点也在于基本善品的分配，而在沃尔泽看来，如果仅仅把分配正义聚焦于物品的分配，那么，这就丢掉了最重要的基本善：成员资格。而要讨论成员资格，就要看到，如果我们不把成员资格与共同体联系起来，就无法把握这一问题的真谛。另外,自罗尔斯以来,当代政治哲学讨论的重心是分配正义,而分配正义的中心议题是分配平等问题。然而,怎样的分配是平等的分配?罗尔斯式的消除才能与天赋的分配模式是平等的分配?还是德沃金式的原初拍卖平等是分配平等的模式?如何理解运气平等或运气平等主义?帕菲特认为罗尔斯式的消除天赋才能从而导致平等的方式是"向下拉平"?然而,沃尔泽认为这些都不是重要问题,因为分配正义的首要问题是成员资格问题。沃尔泽说:"分配正义的思想假定了一个有边界的分配世界:一群人致力于分割、交换和分享社会物品,当然首先是在他们自己中间进行的。正如我们已经论证过的,这个世界是政治共同体,其成员互相分配权力,并且如果可能的话,避免与别的人一起分享权力。当我们思考分配正义时,我们所考虑的是能够公正地或不公正地安排他们自己的分割和交换模式的、独立的城市和国家。"① 所谓有边界的分配世界,也就是他所说的共同体,而边界所划分的,也就是现代国家的领土。沃尔泽强调指出:"共同体必须有边界。"② 因此,在沃尔泽看来,如果忘记了最重要的分配背景因素,我们的讨论就失去了最重要的理由支撑。沃尔泽说:"领土在双重意义上是一种社会善。它是生活空间、土地和水、矿产资源和潜在财富,是饥馑贫困者的资源。并且它是一个受保护的空间,有边界和警察,是受迫害者和无国籍者的资源。"③ 领土作为一种社会善,应当看到,这是在现代国家政治共同体的意义上所说的。在古代世界,国与国的边界并不清晰或并不十分清晰。古代政治共同体是在氏族、部落基础上所形成的氏族、部落共同体,或部落联盟。这样的氏族、部落或部落联盟有它们的领地,这样的领地同样也是有一定边界的,但这样的边界即使存在,也并没有现代国家这样严格。其次,已经建立中央集权的古代国家,如果其疆土足够广阔,而其边界则仍然是相对不清晰

---

① [美]沃尔泽:《正义诸领域:为多元主义与平等一辩》,褚松燕译,译林出版社2002年版,第38页。

② [美]沃尔泽:《正义诸领域:为多元主义与平等一辩》,褚松燕译,译林出版社2002年版,第61页。

③ [美]沃尔泽:《正义诸领域:为多元主义与平等一辩》,褚松燕译,译林出版社2002年版,第55页。

的，或者说，没有现代国家这样以筑墙的形式明确到分寸的地步。边界清晰甚至到寸土必争的地步，是现代国家和现代国家领土的一个重要特征。如边界清晰，就清楚地界定了一个国家在地球空间的范围，它已经成为国家主权的不可分割的组成部分。侵犯领土就是侵犯主权，这已经成为现代国家的共识。领土代表着国家或一个共同体的尊严。然而，这也带来一个问题，即现在国家的领土的确定与它的不可侵犯性，是在现存领土意义上的吗？我们可以把历史追溯到多少个时代之前，如果那些领土是某个国家以暴力强制征服而从别的国家中夺取而来的，那么，现代世界是否也应当给予承认？还有，在多少年前已经承认或最近那些年已经承认的边界，如果某国强大了，是否还应当遵守原初的协议？这些问题目前已经成为现代国际政治中的严重问题。目前世界最严重的冲突，在一定程度上就是领土的冲突，或领土之争。不过，目前的国际共识是，维持第二次世界大战后的国际秩序是所有领土合法性的前提。换言之，维持二战后的国际秩序的一个基本方面，就是维持二战后的不同国家领土完整性。当然，即使是雅尔塔会议所划分的世界格局，同样遗留了许多需要现代人来共同应对的领土问题。如在雅尔塔会议上作出的关于远东问题的决议，就存在着许多对于中国不利的条款，这些条款后来在中国人朝作战后才得到合理解决。当前国际局势中引发世界焦虑的是俄乌战争或俄乌冲突。这是苏联解体后，在俄罗斯原签订的协议之后所发生的一场影响世界的边界冲突。因此，我们可知，领土和边界问题对于现代世界国际秩序有着十分重大的影响。在现代世界意义上，在某个政治共同体内，也就是在某个有边界的国家之内。

(二) 成员资格

在某个政治共同体内的所有人，都可看作具有成员资格者，即这个国家的公民，除非某个人已被宣布完全被剥夺了公民身份和公民权利。当然，目前也有这种情况：如果你身处他国，获得了该国的公民身份，那么，有的国家允许保留原有出生地所在国的公民身份，即双重国籍和双重公民身份，但有的国家，如我国政府规定，如果某人获得了外国公民身份，那么，就自动放弃了中国公民身份。一国公民身份也就是在该国中的政治共同体中的成员，也就意味着他有成员资格。公民成员资格的前提是生活于地球上的某一地区，而在现代社会，也就是生活于政治共同体的某一领土范围内，领土是公民生活活动的场所，是一开始就赋予成员资格的空间，决定成员资格和制定共同体准入政策的男女只是那些早已居住在共同体地域那里的人。或者说，这决定了他们具有某一政治共同体的成员资格。沃尔泽说："在人类的某些共同体里，我们互相分配的首要（primary good）是成员资格。而我们在成员资格方面所做的一切建构着我们所有其他的分配选择：它决定了我们与谁一起做那些选择，我们要求谁的服从并从他们身上征税以及我们给谁分配物品和服务。"① 罗尔斯提出了"基本善"即首要善的概念，但罗尔斯的基本善清单没有成员资格这一项，而在沃尔泽看来，如果不谈成员资格，那么，其他基本善都无从谈起，因为正是成员资格决定了国家政府如何分配其他基本善，包括罗尔斯所说的那些善品，如自由、机会、收入与财富以及自尊的基础。

成员资格是沃尔泽所认为的第一重要的基本善或首要善，而它之所以重要，在于所有可分配的或可由国家分配或政治共同体所分配的其他一切社会供给品，都是以共同体的成员资格为界限的。沃尔泽认为，作为一种社会基本善，成员资格是由"我们"的理解决定的，它的价值是由我们的工作和我们之间的对话商讨决定的。是因为我们掌握了它的分配，除了我们，还会有谁？然而，这个我们或怎样才可说是我们可称之为我们的人？沃尔泽指出，只有在一个共同体范围内的人，才可称为"我们"。我们的身份或成员资格是由于我们共处一个共同体内，并且享有着最基本的社会需求的供给。在现代世界的任何地方，没有成员资格的人都是无国籍的人。这与古代世界是不同的。古代世界并没有清晰的国与国之间的国境线，人们在不同的人类居住地之间来回走动，并不需要标明某一国的标志性证明。当然，如果作为国家使者去履行外交义务，自然是需要身份证明的。但是，如中国古代时期的丝绸之路上的那些商人，并没有某一国身份的证明，从而也就不存在对于他们而言的成员资格问题。现代社会除了无主地如南极洲和西非的撒哈拉沙漠地区，已经几乎没有不为国家所分割的陆地。因而成为某一地区的居民，或祖祖辈

---

① ［美］沃尔泽：《正义诸领域：为多元主义与平等一辩》，褚松燕译，译林出版社2002年版，第38页。

第六章　泰勒与沃尔泽

辈居住在某一地方,从而成为这一国家的公民,才能获得其政治共同体的成员资格。正是在有边界的国家共同体的意义上,我们把我们与他人或陌生人区分开来。成员资格不仅仅是在国家共同体内,也延伸到共同体之外。如当我们的公民在国外遇到了地震、海啸以及战争灾难,我国政府就有义务派遣援救人员和交通工具前往灾难发生的国家和地区,将其接回使其脱离自然的或人为的灾难。对于那些并不具有成员资格的陌生人,沃尔泽指出,并不是他们完全排除在我们的所有分配关系之外,比如说,市场是对所有来者开放的,如我们欢迎所有来华投资者。"但不具有成员资格的人在市场中是脆弱的和不受保护的。尽管他们自由地参与物品的交换,但那些共享的物品没他们的份。他们被排除在共同体的安全和福利供应之外。即便那些集体性分配的安全和福利,如公共卫生,对于没有成员资格的人也没有保证:因为他们在集体中没有有保障的位置,总是易于被驱逐。"①

然而,我们与他们或我们与陌生人之间,其界限并非永远固定不变。虽然大多数人可能世代都在某个地区或国家生活,但有人总是有出游或行走远方的梦想。如在一个穷国,或在一个专制独裁政权下生活的居民,他们中总是有人以各种方式,甚至冒着生命危险来改变自己的身份出逃到更富有或更多自由的国家。当然,也有那些希望更富有财富的人,冒险到那些他们自己认为更有可能发财或有更多发财机会的地方去工作或生活。人类的这种流动性体现在,总有人试图改变他们的成员资格,从不喜欢的环境到喜欢的环境去生活。那么,这就出现了一个现代问题,即我们应该接纳谁?我们能够在那些私自偷渡入境者中选择接纳什么样的人,或要把什么人驱赶或驱除出境?在沃尔泽这里,这类问题就成了由我们"分配公民资格"的问题。这样,沃尔泽的共同体问题的讨论,就与现实的西方国家的移民问题直接联系起来了。

对于分配成员资格,即如何对待我们之外的并不具有成员资格的人,是否将他们接纳为我们中的一员。沃尔泽认为,具有这样两类原则:外部性原则和内部原则。所谓外部性原则,就是我们对于任何陌生人都适用的道德义

---

①　[美] 沃尔泽:《正义诸领域:为多元主义与平等一辩》,褚松燕译,译林出版社2002年版,第38—39页。

务原则。这里需要讨论的是人类存在者是否有着对于一般陌生人的帮助的道德义务问题。我们对于陌生人或陌生人对于我们而言，是相互没有合作性义务关系存在的，假设一方需要或迫切需要帮助，而对于给予帮助的另一方而言，给予帮助的风险或成本相对较低，那么，在这种情况下，我应该帮助陌生人。换言之，在这种情况下，不论他具备成员资格还是不具备成员资格，伸出援救之手，既是我的道德，也是他的道德。沃尔泽对人类这种相互帮助的道德的认可，类似于孟子在提出四心说时，对于"恻隐之心，人皆有之"的说法，就是以孺子将入井而陌生人由于其恻隐之心而将伸出援救之手。不过，沃尔泽明确提出了对于陌生人援救的风险与义务的问题，在沃尔泽看来，只要没有大的风险，任何人处于这样的情境中，都有援助的义务。沃尔泽认为，"它也是一种能在集体层面用大概相同的形式表达出来的义务。人类群体应当帮助他们当中或在路上发现急需帮助的陌生人。在这些例子中，对风险和成本的限定是显而易见的"[①]。从一般性互助义务来看，履行这样的义务可作为分配成员资格的一种外部性原则。即如果一个并非具有成员资格的陌生人逃离到一个他认为可以保护他的国家，从这样一种道德义务原则来看，沃尔泽赞成将需要施以援手的非政治共同体成员接纳为成员，从而使之具有成员资格。沃尔泽认为，引入外部性原则是因为地球上的不同的政治共同体将人类成员分隔开来。在一个没有政治共同体的世界里，每个人都属于一个唯一的全球国家。那么，我们都是同一的人类共同体的成员，我们就像是在海滩上相逢的陌生人一样，没有成员资格问题。因而将不会有成员资格的分配，准入政策永远不会成为问题。我们愿意在哪里，和谁一起生活，怎么生活，将完全依赖于我们自己的愿望、我们的交往活动和交往伙伴关系。如果说还有成员资格的话，那就是一个所有人类完全平等的成员资格，沃尔泽把这称为"全球社会主义"。[②] 而这就永远不会出现成员资格的分配问题。

[①] [美] 沃尔泽：《正义诸领域：为多元主义与平等一辩》，褚松燕译，译林出版社2002年版，第41页。

[②] 参见 [美] 沃尔泽《正义诸领域：为多元主义与平等一辩》，褚松燕译，译林出版社2002年版，第42页。

第六章　泰勒与沃尔泽

　　成员资格分配的内部性原则问题，即决定政治共同体的准入政策问题。这里的"准入"，不同于只是短暂的访问停留，而是说将外部成员接纳进这个共同体，从而成为其具有成员资格的公民。然而，沃尔泽虽然提出了从外部进入政治共同体的内部性原则，但他却没有像外部性原则即人类的一般道德义务那样，明确地提出这个原则或这些原则是什么，他重点讨论的是，什么因素使得现代国家从其内部看可以接纳移民？沃尔泽说："决定准入政策的理由有多种，如东道国的经济、政治条件；东道国的特性和'命运'以及国家（政治共同体）的一般特征等。其中，第二点是最重要的，至少在理论上是最重要的。因为我们对国家的一般理解将决定特定国家是否有它们通常主张的权利：出于（它们自己的）特定理由而分配成员资格。"① 沃尔泽的论证也是从他所说的第二个重要特征即国家的一般特征上进行的。沃尔泽将它与居民区、俱乐部和家庭进行对比。居民区是一个没有组织也没有法律可执行准入政策的社团，陌生人可以进入也可能成为被排斥的对象，个人与家庭搬入一个居民区有他们自己的理由。因此，也可以说，居民区是一种随机性的社团。当然，也要看到这样一种情形：当一些人离开家乡，而成为新土地上的外来者时，原居住于此地的居民有可能对新来的陌生人产生憎恶。他们的成员可能会组织起来保卫地方政治和文化不被陌生人侵入。在历史上，当国家开放的时候，居民区就变成了封闭的或观念狭隘的共同体。而"只有在国家至少有可能封闭的情况下，居民区才能开放。只有国家在所谓的成员中做出选择并保证它选出的个人的忠诚、完全和福利的条件下，地方共同体才作为'无足轻重'的社团而存在，只取决于个人偏好和市场能力"②。一个政治共同体即一个国家是由无数个居民区所组成的，在古代中国，则是由无数的村落所组成。在现代社会，城市化的结果就是出现了一个个的居民区，这些居民区组成一个个城市，而城市则是分布于国家之中。中国古代的村落有着十分顽

---

① ［美］沃尔泽：《正义诸领域：为多元主义与平等一辩》，褚松燕译，译林出版社2002年版，第43页。

② ［美］沃尔泽：《正义诸领域：为多元主义与平等一辩》，褚松燕译，译林出版社2002年版，第47页。

固的封闭性,而现代社会中的居民区则相对松散,但沃尔泽指出,居民区同样也存在着某种封闭性,"历史上,每逢国家开放的时候,居民区就变成了封闭的或观念狭隘的共同体"[1]。沃尔泽列举了古代亚历山大港、17世纪的英国教区等例子。因此,作为政治共同体与作为居民区的准入机制似乎存在着相反的动向。并且,沃尔泽指出,居民区也许可以维持一至两代人的有凝聚力的文化,但由于居民区是一种松散的居住地,有人迁出也有人迁进来,因此凝聚力很快也就消失了。"文化和群体的独特性依靠封闭性,并且,没有封闭,文化和群体的独特性就不能被当作人类生活的一个稳定特征。"[2] 如果把这种独特性也看成一种文化价值和成就,那么,国家主权者就必须形成并制定它自己的准入政策,控制移民。沃尔泽认为,国家能够控制移民进入,但不可能控制出境移民,这就像俱乐部一样,能控制准入,但不能禁止退出。当沃尔泽这样认识问题时,他是以西方民主国家为例的,但如果说到东方某国,情形就不是这样了。不过,当沃尔泽这样认识分配成员资格时,也就说出了一种内部性原则,即保护某一政治共同体文化的特殊价值,是某些政治共同体的准入原则。其次,沃尔泽认为,分配成员资格实际上是一种先来后到的原则。他说:"像俱乐部一样,国家也有准入委员会。在美国,国会起着这样一个委员会的作用,尽管起着这样一个委员会的作用,尽管它几乎不对个人进行选择。相反,它确立一般资格条件、接受和排斥的种类以及配额数(限制)。然后根据不同的条件对个人进行选择,主要是基于'先来后到'原则(first-come, first-served)。"[3] 但是,实际上,像这个先来后到的准入原则,仍然是受到政治决定影响的原则。如美国的两党政治,民主党就希望开放边境,从而有更多的新移民可以投民主党的票,而共和党认识到这一点,也就坚决反对边境开放,目的是严格控制新移民的准入机制。

---

[1] [美]沃尔泽:《正义诸领域:为多元主义与平等一辩》,褚松燕译,译林出版社2002年版,第47页。

[2] [美]沃尔泽:《正义诸领域:为多元主义与平等一辩》,褚松燕译,译林出版社2002年版,第48页。

[3] [美]沃尔泽:《正义诸领域:为多元主义与平等一辩》,褚松燕译,译林出版社2002年版,第49页。

沃尔泽认识到，人类对于居住地是有一种情感性依恋的，如果不是由于政治上的或经济上的困境，一般人们难以下决心来移居他地，甚至远方的国家来实现自己的美好生活的愿望。当代世界出现的大多数的移民潮，都是从不自由的地区与国家向自由国家的移民或出逃到这些地区和国家，如东西德时的情形，再如在叙利亚发生战乱的局势下，大批难民出逃涌向欧洲。移民问题是现代政治局势下西方国家必须面对的问题。沃尔泽认为，"对于某些难民，我们也许负有像对同胞一样的义务。这种情况在那些我们曾促使其成为难民的人中最为明显。我们对他们的伤害产生了我们与他们之间的亲密关系：因此，越南难民在一种道德意义上，甚至在他们尚未到岸就实际上被美国化了。但我们同样也可以有义务帮助那些被回归人迫害或压迫的男女——如果他们因与我们一样遭到迫害或压迫的话"[①]。因此，对于分配成员资格所直接涉及的移民问题，一般在其所在国或所在地区并没有受到迫害或危机性情形下所出走其所在国或地区，与受到迫害而不得不逃离原住地，沃尔泽的观点是有区别的。这也与美国和欧洲的移民政策原则是一致的。不过，沃尔泽认为有一个移民数量的问题，如果这样的难民数量不多，这样的原则一般能够遵循，而当数量巨大，则迫使接受国不得不在其中进行选择。在他看来，"当受人数增加时，我们就被迫在受害者中进行选择。我们会当然地寻找与我们自己的生活方式联系更为直接的人"[②]。沃尔泽的这个观点立场具有先见之明。

二　战争正义

战争正义领域，是沃尔泽在当代西方政治哲学中独树一帜而有着卓越成就的领域，他在这一领域的代表作就是《正义与非正义战争》。张书元和石斌在其《沃尔泽正义战争论述评》中写道，这本"'从越南战争及其后续事态

[①]　[美]沃尔泽：《正义诸领域：为多元主义与平等一辩》，褚松燕译，译林出版社2002年版，第60—61页。

[②]　[美]沃尔泽：《正义诸领域：为多元主义与平等一辩》，褚松燕译，译林出版社2002年版，第61页。

之中脱颖而出的具有经久意义的杰作'……将系统的理论思辨与广泛的实例分析熔为一炉,对西方正义战争思想作了全面总结和重要发展,不仅直接推动20世纪70年代以来正义战争论的复兴,而且至今仍是最优秀和最有影响的战争伦理著作,被誉为正义战争论'最重大的现代重现',一部'使战争之道德问题重返文明讨论'的当代经典"①。《正义与非正义战争》一书,虽然是20世纪70年代的著作,但迄今为止,仍被公认为最近几十年来这一领域里的经典著作。Douglas Lackey 在其书评中说道:"迈克尔·沃尔泽《正义与非正义战争》一书于1977年出版,此书被广泛地认为和赞同为对政治理论的一种主要贡献。"② Brian Orend 指出:"美国政治哲学家迈克尔·沃尔泽因其战争道德论而成为一个著名而富有感染力的思想家。他的标志性研究成果《正义与非正义战争》仍然是一部当代的经典。"③

（一）发动战争的正义问题

《正义与非正义战争》是一部内容十分丰富的关于战争正义的经典论著。在关于战争的政治与道德理论方面,西方理论界存在着三种不同的理论传统:和平主义、现实主义和正义战争论。和平主义反对一切战争,认为人类的战争从道德上根本无法论证,即无法证明任何战争的正当性。和平主义的思想根源可追溯到基督教的《圣经》。在《圣经》中,耶稣教导人们弗以恶抗恶,而是要以德报怨,有人打你的右脸,你把左脸再给他,有人要你的外衣,你把内衣也给他。然而,和平主义无法回答像法西斯式的人类的滔天罪恶应当如何来消除的严峻现实问题。现实主义则完全否定可以对战争进行道德评价。在现实主义看来,每个国家都必然从自我利益和自我利益最大化的追求出发,追逐自我利益、权力和安全,国与国之间所发生的一切争夺,都在于对利益的争夺。而战争一旦开打,则并不是谁拥有正义,或谁有道德,而是比谁的

---

① 张书元、石斌:《沃尔泽的正义战争论述评——兼论美国学术理论界有关海外军事干涉的思想分野》,《美国研究》2007年第3期。

② Douglas Lackey, "A Modern Theory of Just War", *Ethics*, Apr., 1982, Vol. 92, No. 3, Special Issue: Symposium on Moral Development, pp. 533-546.

③ Brian Orend, Michael Walzer on Resorting to Force *Canadian Journal of Political Science*, Sep., 2000, Vol. 33, No. 3, pp. 523-547.

拳头大,暴力将无视一切道德和法律的约束,或不受任何道德与法律的约束。如成吉思汗所率领的大军横扫欧亚,完全是由于铁骑的力量。古希腊的荷马史诗就是这种暴力高于道德的典型代表,近现代以来的现实主义理论是为马基雅维里和霍布斯所提倡的,社会达尔文主义所提倡的弱肉强食也是这种现实主义的体现。在中国古代,"胜者为王败者为寇"的论点,也是这种现实主义的论点,很多现代人相信,打得赢才是硬道理,实力决定一切,不相信在国与国之间有什么真正的道义。"没有永远的朋友,只有永远的利益",这样的论调其实也是认为,在国际交往中,道义或道德的需要只是口头的需要,而不是真正的基础。战争正义论同样源远流长。在修昔底德的《伯罗奔尼撒战争史》中,米洛斯对雅典代表的言论,就代表了一种对于战争正义的诉求。在中国先秦的儒家、墨家与道家的学说中,都有着强烈的对于战争的反思,如墨家的"非攻"论。沃尔泽认为,我们无可逃避地生活于道德世界,道德并非一副掩盖和扭曲现实的有色眼镜,可以随时摘下。在现当代的战争或开战中,交战的双方都在高调诉说自己的战争正当性或道德合法性,并且,人们总是在对战争进行道德判断,对于不义的战争进行道德谴责。人类的国际社会虽然是处于一种无政府状态,但绝非处于霍布斯式的弱肉强食的自然状态那样,没有任何道德可言。人们谴责不正义的战争,谴责对他国发动的侵略战争,谴责非法侵占他国领土,侵犯他国的主权与领土完整。因此,谴责侵略、谴责不义的战争并非像人们谴责地震、海啸那样,只是对于自然灾难伤人那样毫无意义的谴责。即使在自然灾害面前,人们所要反思的仍然是人类的防患准备工作是否到位,是否能够应对突发的自然灾害,或在自然灾害到来时,是否能够将其对人类的生命和财产的损失降到最低。

沃尔泽的战争正义论是一个十分复杂而庞大的体系,在此我们仅能对其理论中核心性的论题进行讨论。为了理解沃尔泽的这一理论,我们可以先将中文版的"译者序言"中所提出的这一系列问题列出:"为什么发动战争是错误的?在什么条件下先发制人的攻击不是侵略而是正当的?为什么基于宗教和意识形态理由使用武力攻击别的政治共同体是错误的?为了促使别国'进步'——比如说帮助该国建立民主制度——而使用武力也是错误的吗?什么条件下对别国的军事干涉才是正当的?为什么无论其所打的战争是否正义,双方军人在战场上都有杀死对方的权利？杀人也可以是一种'权利'吗？军人有权利杀死哪些人？'敌人'的意义是什么？为什么在战争中穿上军装就（暂时）丧失了、投降后就恢复了生命权利？区分平民、军人的标准是什么？什么条件下允许造成平民伤亡？故意攻击政治上支持本国政府的战争努力的敌国平民为什么是非正义的？在总体战条件下区分军人和平民还有意义吗？为什么有些被捕的游击队员没有战俘的权利？为什么有些被捕的革命者没有战俘的权利？他们在什么情况下会获得战争权利？为什么公民有义务为国家而死？政府投降后国民还有权利反抗侵略者吗？根据什么说某个政府是合法的政府而另一个却是'傀儡政府'？为了获得正义战争的胜利能否使用非正义的手段？怎么才算获得了战争的胜利？以什么条件结束战争才符合正义的要求？在什么情况下可以为了胜利而'越过'战争规则？政治家对战争负有什么责任？什么层次的政府官员应该承担责任？普通官员应当承担什么道德责任。民主国家和非民主国家的公民对于本国政府发动非正义战争的道德责任有什么不同？知识精英负有什么责任？"[1] 译者说，相信读者与他一样，多数人都不知道该怎么回答这些问题。不过，译者提出的上述问题中的第一个问题"为什么发动战争是错误的？"这个表述可能过于简单，即沃尔泽并没有反对反击侵略者的正义战争。沃尔泽的这本经典性著作，在很大程度上就是对上述如此多的与战争相关问题的回答。而提出和需要回答这些问题，表明了与战争相关的问题根本无法回避。正如沃尔泽所认为的，发动战争和进行战争的人类世界是一个道德世界，道德世界是进行战争的背景。任何人即使是法西斯发动的战争，对这场灭绝人性的战争包括对犹太人的种族灭绝，在根本上不合道德或从根本上违背了人类的最基本的人性要求和最基本的道德。沃尔泽的论证与当代大多数哲学家进行假设案例为推理出发点或论证辅助工具不同，他以理论与丰富的历史事例相结合的方式，将我们引入人类历史尤其是西方历史以及西方近现代历史上的战争以及战争中的行为的道德问题，激发我们对于战争正义的思考。

---

[1] 任辉献：《译者序言》，载［美］沃尔泽《正义与非正义战争：通过历史实例的道德论证》，任辉献译，江苏人民出版社2008年版，第10页。

第六章 泰勒与沃尔泽

沃尔泽对于战争正义问题，分为两部分来进行讨论。沃尔泽说："战争的道德现实分为两个部分。战争总是受到两次判断：一次是关于国家开战的理由；另一次是关于战争中使用的手段。前者是形容词，是对事物性质的判断：我们说某次战争是正义的或非正义的；后者则是副词，是对行为性质的判断：我们说正义地或非正义地战斗。"① 从沃尔泽的这个开场式的说法可以看出，沃尔泽所讨论的战争，主要是国家与国家之间的战争，而不是国内战争。在现代社会，尤其是在现代西方式的民主国家内部，至少近百年以来，已经很少看到国内战争的事件。但在欧洲历史上，王权争夺而引发的战争，在神圣罗马帝国的晚期就时常发生，而在英国近代史上，亦发生过激烈的国内战争，如霍布斯生活的时期。20世纪的第一次与第二次世界大战，是使得多个国家卷入其中的大战，因而也可以说是国家之间的战争。第二次世界大战后虽然没有大规模的世界大战，但局部战争不断，这些局部战争，除了动荡的非洲有着不时发生的国内战争，以及近期缅甸发生的国内战争，而影响重大的两次海湾战争，以及"9·11"事件后的阿富汗战争，都是国家之间发生的战争，这些战争又多是干涉性质的战争。这引起了沃尔泽的注意，在他看来，干涉是现代战争中最重要、最引人注目的问题。但实际上，沃尔泽对战争的研究，并不完全是仅从国家与国家之间的战争类型进行的，他更多是从战争的一般意义上进行战争道德的研究。

"战争是地狱"，这是在沃尔泽书中反复出现的词句。他说："的确，战争非常恐怖，非常残酷，战争造成的破坏十分惊人，然而有时候战争却是正确的，这是一个很难接受的真理。"② 如犹太人反抗亚述人的征服、高卢人抵抗罗马人、波兰人抵抗德国人、芬兰人抵抗苏俄人，沃尔泽指出，这些都是正义的战争。我们中国人还可以继续把这个单子开下去。如中国人抵抗日本人的侵略。然而，任何一国要发动战争，并不会说自己要发动的战争是不正义的或非

---

① ［美］沃尔泽：《正义与非正义战争：通过历史实例的道德论证》，任辉献译，江苏人民出版社2008年版，第24页。
② ［美］沃尔泽：《正义与非正义战争：通过历史实例的道德论证》，任辉献译，江苏人民出版社2008年版，第1—2页。

正义的。沃尔泽引弗兰西斯·德·维多利亚（Franciso de Vitoria）① 的话说："一位君主不能，也不应该把战争的理由告知自己的臣民，如果不首先使臣民确信战争的正义性臣民就可以不参战，国家就会陷入严重的危险。"② 沃尔泽指出，现在的大多数政府首脑，都不遗余力地想使臣民确信他们发动的战争的正义性，然而，他们告知臣民的并不是真诚的理由，而军人或臣民要质疑统治首脑则需要更多的勇气。并且，由于他们的爱国之心以及对于国家政治首脑和军事首脑的道德信赖，则迫使他们在效忠的前提下去参战。换言之，并非由于他们所发动的不正义的战争，在其国内没有支持者，恰恰相反，国民的忠诚和服从起了关键性的作用。但从战争本身来看，沃尔泽认为，有两类战争是正义的战争："第一种正义战争是集体自卫，第二种正义战争是保卫别的人民。"③ 就第一种情形而言，沃尔泽认为，一旦人们认识到自己是为了反抗入侵而进行的战争，即使战争是残酷的，也是必需的，这尤其对于军人来说是如此，军人把为国捐躯看作一神圣的事业。他说："一旦军人们相信自己是为了反抗侵略而战斗，战争就不再是一件需要忍受的状况。战争是他们可以反抗的罪行——尽管为了反抗这种罪行他们必须忍受反抗带来的痛苦——除了希望逃离眼前战争的残酷，他们更期望胜利。像地狱一样可怕的战争经历使人们产生了更高的志向：他们的目标不是与敌人和解，而是打败并惩罚敌人；即使不能消灭战争的暴虐专制，至少也要减少未来发生战争和专制压迫的可能性。一旦人们为了这样的目标而战斗，获得战争的胜利就变得非常重要。"④ 正义的战争是正义的事业，也必须承认它是战争，而战争本身是非常

---

① 弗兰西斯·德·维多利亚（Franciso de Vitoria, 1483—1546），为西班牙文艺复兴时期的哲学家、神学家和法学家。他通过提出合理战争和国际法的标准而被人誉为"国际法之父"。

② [美]沃尔泽：《正义与非正义战争：通过历史实例的道德论证》，任辉献译，江苏人民出版社2008年版，第46页。

③ [美]沃尔泽：《正义与非正义战争：通过历史实例的道德论证》，任辉献译，江苏人民出版社2008年版，第2页。

④ [美]沃尔泽：《正义与非正义战争：通过历史实例的道德论证》，任辉献译，江苏人民出版社2008年版，第35—36页。

第六章　泰勒与沃尔泽

残酷的，进行如此艰难而神圣的战争，需要付出无数血的代价，而胜利也就无比重要了。

关于第二类正义战争的问题。沃尔泽讨论最多的是涉及干涉的问题。如当别的国家的人民正受到种族灭绝性屠杀时，他国介入而进行的战争。不过，第二类"正义战争"的问题是一个非常复杂的问题。沃尔泽认为，虽然在战争实践上，干涉常常需要对被干涉国家的领土完整和政治独立造成威胁，"但这个词却没有被定义为犯罪行为。它有时还被证明是政治的。然而，在形容时我们就必须得强调一点，那就是干涉的正当性永远需要证明"[1]。沃尔泽以密尔（又译为"穆勒"）的论证进行讨论。在密尔看来，无论一个国家的内部政治制度是否自由，他们的政府是否由公民选择，能否公开地讨论以他们的名义实施的政策，我们都应该将这个国家视为自我决定的共同体。因为自决和政治自由不是同等的术语。前者是外延更广的概念。"它描述的不仅是特定的制度安排，而且是一个政治共同体实现（或者未实现）这样的制度安排。即使一个国家的公民经过奋斗却最终未能建立自由的国家，该国已经被剥夺了自决权。"[2] 在密尔看来，自决权比一个政治共同体内的人民自由更为重要，并且，如果丧失了自决权，那么自由也就不存在了。但日本正是在战败之后，在美军的帮助下，建立起了西式的民主自由制度，因此，密尔这样的论点经不起历史的检验。沃尔泽说："他并不认为干涉常常无助于实现自由；而是认为鉴于自由的本性，干涉必然失败。政治共同体的（内部）自由只能由共同体的成员自己获得。"[3] 但如果一个政治共同体内由于邪恶力量过于强大，从而至少在短时期内甚至在人们可见的历史时期内都无法获得自由，那么，不就是要听任这样的政治共同体中的人民处于不自由或受奴役的状态吗？不过，沃尔泽也指出，像二战后日本和西

---

[1] ［美］沃尔泽：《正义与非正义战争：通过历史实例的道德论证》，任辉献译，江苏人民出版社2008年版，第98页。

[2] ［美］沃尔泽：《正义与非正义战争：通过历史实例的道德论证》，任辉献译，江苏人民出版社2008年版，第99页。

[3] ［美］沃尔泽：《正义与非正义战争：通过历史实例的道德论证》，任辉献译，江苏人民出版社2008年版，第99页。

德进行了政体改造，而其前提是战争失败和被占领。这与干涉这一概念的定义不同。因为所谓干涉就是在一国并没有对他国发动战争，同时该国对内则出现了某种灾难性事件，如种族屠杀。因而沃尔泽认为，"禁止越过边界并不是绝对的……一个共同体什么时候是在自决，什么时候应该适用不干涉原则并不总是一清二楚"[1]。在大多数情况下我们需要遵循自主原则而要求实行不干涉的原则，"但也可能要派遣军队越过边界"[2]，这就是干涉的问题。因此，在一般情况下，我们应当遵循在一国领土内的政治自主或共同体的自决原则，而在某些特殊情况下，仍然可能需要越过边界来进行干涉。沃尔泽承认这种状况，也就是认为这在道德上可以辩护。那么，我们怎么可能在承认政治共同体的自主自决的前提下，又可为干涉进行道德辩护呢？沃尔泽提出了干涉的根本原则："进行干涉的国家必须证明他们的情况与我们所说的一般情况截然不同——在一般情况下，外国人只提供道义支持最有助于公民的自由或者未来的自由。"[3] 沃尔泽提出了他对于外部干涉在道德上的合理依据。这个依据不是别的，就是为了被干涉国家公民的自由。但一般而言，一国人民的自由是一国人民的责任，而不是他国的责任。正如马克思所说，无产阶级只有自己解放自己。而之所以会出现这样的特殊或与一般情况截然不同的情况，就是可以在道德上进行辩护的外在干涉。

目前对于干涉进行道德合理性论证最多的就是人道主义干涉。我们为人道主义干涉进行道德辩护的理由在哪里？沃尔泽说："人道主义干涉中的军事行动是代表被压迫人民的，这就要求进行干涉的国家在某种程度上理解和分享被干涉国家人民的目标。干涉国不需要亲自实现这些目标，但也不能妨碍被干涉国人民实现自己的目标。人民受到压迫必定是由于他们在追求一些压

---

[1] ［美］沃尔泽：《正义与非正义战争：通过历史实例的道德论证》，任辉献译，江苏人民出版社2008年版，第101页。

[2] ［美］沃尔泽：《正义与非正义战争：通过历史实例的道德论证》，任辉献译，江苏人民出版社2008年版，第102页。

[3] ［美］沃尔泽：《正义与非正义战争：通过历史实例的道德论证》，任辉献译，江苏人民出版社2008年版，第103页。

第六章　泰勒与沃尔泽

迫者不能接受的目标——宗教宽容，民族解放等。"[1] 人道主义干涉必须尊重当地人民所要求实现的目标，这是干涉正当性的要求。在沃尔泽看来，对被压迫人民目标的尊重非常类似于反干涉所必须具备的特征，这就是尊重当地的自主性。人道主义的目标是对于处于危难中的人民进行救助。沃尔泽以1971年的第三次印巴战争为例来进行人道主义干涉的道德辩护。沃尔泽说："关于巴基斯坦对孟加拉的压迫我不想多说。这段旧事非常恐怖。现在有关的文献相当完备。当时还是巴基斯坦一个东部省的孟加拉发生了自治运动，而对这种情况巴基斯坦竟然放纵一支之军队残害自己的人民……这次大屠杀只是彻底完成了破裂并使之无可补救。军队并非完全没有指挥；军官们携带着孟加拉的政治、文化和知识界领导人的'死亡黑名单'。遭到有组织杀戮的还有大学生、政治积极分子等。除了这些人，军队还肆意骚扰，烧杀奸淫无恶不作。数百万孟加拉人逃往印度，讲述着发生在他们身上的令人难以置信的事。"[2] 沃尔泽认为，这为此后的印度干涉提供了道德依据。不过，沃尔泽也指出，印度的人道主义干涉实际上也带着自己的目的。这个目的就是"除了道德利益还是战备目标"[3]，这是因为，通过支解巴基斯坦，印度的宿敌被大大削弱了。沃尔泽总结道："人道主义干涉如果是对'震撼人类道德良知'的行为的反应（并且有合理的成功希望），它就是正当的。这句老套的说法在我看来是完全正确的。"[4]

那么，什么是非正义的战争呢？沃尔泽在这个问题上，重点研究的是国与国之间的战争，所谓非正义的战争是指一个国家对另一个国家的入侵，即入侵他国领土。我们在前面已经讨论了干涉问题，所谓人道主义干涉同样是另一国的军队在他的领土上。那么，怎么理解对他国的入侵？沃尔泽提出了

---

[1]　[美] 沃尔泽：《正义与非正义战争：通过历史实例的道德论证》，任辉献译，江苏人民出版社2008年版，第117页。

[2]　[美] 沃尔泽：《正义与非正义战争：通过历史实例的道德论证》，任辉献译，江苏人民出版社2008年版，第118页。

[3]　[美] 沃尔泽：《正义与非正义战争：通过历史实例的道德论证》，任辉献译，江苏人民出版社2008年版，第118页。

[4]　[美] 沃尔泽：《正义与非正义战争：通过历史实例的道德论证》，任辉献译，江苏人民出版社2008年版，第120页。

从法律角度来理解的进路,即借助于国内法的类比来理解。"因为它一以贯之地反映了法律的传统和规则制度,它不一定反映了法律家的观点,尽管道德和法律争论都以此作为出发点。"[1] 在沃尔泽看来,侵略理论可概括为六个命题。命题一:存在着一个由独立国家组成的国际社会。这个社会的成员是国家而不是个人。由于没有一个全球性国家,人们只能受自己国家政府的保护,并且其公民的利益也只能由自己的政府来代表。洛克以来的自由主义的国家理论认为,国家政府是为了保护人民的生命与财产而成立的,因而别的国家都不能假借生命和自由的名义来反对它。但如果发生了大规模的人道灾难,则给了他国进行干涉的正当理由。命题二:国际社会存在一套规定了其成员权利的法律,其中最重要的权利是领土完整和政治主权。命题三:一个国家使用武力或威胁即使用武力侵犯另一个国家的政治主权和领土完整的任何行为都构成了侵略,属于犯罪行为。肆意越过边界,侵犯他国领土或进行攻击的军事行动,都在此列。命题四:侵略使两类武力反应正当化:受害国进行的自卫战争,以及受害国和国际社会的任何成员国进行的正义战争。任何国家都可以援助受害国,对侵略者使用必要的武力。甚至做出像国内社会的"公民逮捕"一样的国际行为。命题五:只有遭受侵略才能证明战争是正当的。这个理论的核心目的是限制发生战争的可能性。开战只有一种也是唯一的政治理由,即遭到了不公正的侵犯。不允许以其他理由,尤其是不允许以宗教和政治理由来诉诸武力。意识形态的对立不是发动武力侵犯的理由。命题六:一旦进行侵略的国家在战场上被击败,也可以惩罚它。在国内惩罚犯罪是为了防止暴力,而在国际上惩罚侵略则是为了防止战争。[2] 这六个命题是沃尔泽所提出的具有法律意义的关于正义与非正义战争的命题。违反了这里的具有法则意义的规定性命题的武力行为,都是非正义的。但其中最重要的命题就是保护一个国家的领土和政治主权的完整性,侵犯了他国领土和国家

---

[1] [美]沃尔泽:《正义与非正义战争:通过历史实例的道德论证》,任辉献译,江苏人民出版社2008年版,第70页。

[2] 上述六条命题的内容来自[美]沃尔泽《正义与非正义战争:通过历史实例的道德论证》,任辉献译,江苏人民出版社2008年版,第70—72页。

主权就是非正义的。当然，对于什么构成了侵犯，什么构成了正当而可得到辩护的干涉行为，是对这些命题的重要修正和补充。换言之，从命题一可以得出，如果像 1971 年在印巴战争前东巴所发生的大规模的人道灾难，从这一命题出发，其干涉就有着正当的道德理由。不过，从战后所发现的无数处万人坑可以看出，该国也确实存在着大规模的人道灾难，但这只能看着是具有补救性意义的理由。

沃尔泽认为，对于这六个法条主义的命题，沃尔泽以实战案例进行了一些重大修正。他首先以第三次中东战争为例。第三次中东战争是以色列先发制人，六天时间以以色列的胜利结束了战争。以色列并不是在被入侵之后进行反击侵略，因而这与法条主义的命题不符。然而，埃及与其他阿拉伯国家为战争正在进行紧锣密鼓的准备。如果等待以埃及为首的阿拉伯国家发动战争，以色列的命运就只好等待他人的宰割了。因此，沃尔泽认为，"我认为以色列的抢先攻击毫无疑问是一次正当的先发制人。不过这样说就得对法条主义范式作重大的修正……一般规则应这样表述：如果一个国家在面临战争威胁时不使用武力会严重危及该国的领土完整和政治独立，它就可以使用武力"①。其次，在前面所讨论的干涉问题时，沃尔泽在讨论印巴战争之后，认为还应当对法条主义的六个命题进行修正。他说："对法条主义范式的第二、第三、第四次修正可以表述为：为了抵消另一国家此前的干涉，为了拯救受到大屠杀威胁的人民，国家可以正当地进入另一国作战或帮助分离运动（一旦分离运动证明了自己的代表性）。"②

（二）交战正义问题

战争正义问题不仅有着开战正义与否的问题，还有交战中的正义问题。战争中的正义问题根源于交战双方的军人生命以及涉战人员与非涉战人员的生命问题。因为战争将使得无数人失去生命，沃尔泽首先是对战争本身进行

---

① ［美］沃尔泽：《正义与非正义战争：通过历史实例的道德论证》，任辉献译，江苏人民出版社 2008 年版，第 96 页。

② ［美］沃尔泽：《正义与非正义战争：通过历史实例的道德论证》，任辉献译，江苏人民出版社 2008 年版，第 121 页。

道德批判。他说:"战争是地狱这句话不是一个描述而是一种道德学说:它是一个道德论证,是一次自我辩解的努力。"① 战争是人类这个道德世界中几千年来经常发生的残酷事件。沃尔泽欣赏托洛茨基的一句名言:"你对战争没有兴趣,战争却对你有兴趣。"(众所周知,托洛茨基是苏联红军的创始人)战争是一种在国家权威组织的军队参与下的有组织的社会活动,加入军队或是自愿或是强迫,但在现代国家,大多数国家都已有义务兵制,如在我国,一个年满18周岁的公民就有义务征召入伍,不同的国家都有对于一定年龄征召入伍的规定。在我国,成为一名光荣的军人是一个青年的骄傲。然而,和平时期与战争时期不同,战争时期的军人随时都要上战场使用武力、以命相搏保卫国家。在战场上,英勇杀敌,但同时随时都有可能献出生命。而这就是战争的残酷。然而,残酷的战争又可能是一项高尚的事业。沃尔泽说:"一旦军人们相信了自己是为反抗侵略而战斗,战争就不再是一件需要忍受的状况。战争是他们可以反抗的罪行——尽管为了反抗这种罪行他们必须忍受反抗带来的痛苦——除了希望逃离眼前战争的残酷,他们更期望胜利。像地狱一样可怕的战争经历使人们产生了更高的志向:他们的目标不是与敌人和解,而是打败并惩罚敌人;即使不能消灭战争的暴虐专制,至少也要减少未来发生战争和专制压迫的可能性。"② 战争本身是残酷的,但正义的战争是一项人类高尚的事业。

战争就意味着双方军人的对杀。换言之,当你穿上军装出现在战场上,你既有杀死敌对方军人的权利,同时你的生命也处于被敌方军人击杀的范围内,即你的生命在战场上处于敌方武器甚至赤手空拳的击杀范围之内。你如果要保护你的生命,除了你自己就是你的战友,但为了击败对方或保护你的战友,你随时可能失去生命。因而,战场是"血腥屠杀的竞技场"③。为了战争胜利,杀死敌方军人是我的责任,站在敌方的立场也同样如此。我被杀死

---

① [美]沃尔泽:《正义与非正义战争:通过历史实例的道德论证》,任辉献译,江苏人民出版社 2008 年版,第 36 页。

② [美]沃尔泽:《正义与非正义战争:通过历史实例的道德论证》,任辉献译,江苏人民出版社 2008 年版,第 35 页。

③ [美]沃尔泽:《正义与非正义战争:通过历史实例的道德论证》,任辉献译,江苏人民出版社 2008 年版,第 40 页。

是敌方军人的责任？对战争更深刻的反思会发现，双方军人只是战争的工具。对战争的反思使人们认识到，"尽管敌国进行的战争是犯罪，敌国的军人却和自己一样是无辜的。拿起武器，他是敌人；但是他在任何特定的意义上都不是我的敌人：战争本身不是发生在个人之间，而是发生在政治实体及其由人构成的战争工具之间的关系。这些战争工具不是旧式的类似武士团体成员的'战友'；战争不是他们造成的，他们只是被卷入战争的'和我一样的苦命人儿'。在他们身上我发现了自己的道德平等者"[1]。在沃尔泽看来，承认我与敌方军人是道德平等者，是承认他身上的人性，也是承认犯罪的是人类，但面对的这些敌人恰恰不是罪犯。[2] 他们也和我们一样，只是战争工具，并且他们和我们一样是人。沃尔泽指出，在战场上杀死对方是军人的权利，换言之，军人的杀人权利只有在战场上，而且只能是敌方的军人，这意味着对于战争来说或对于交战双方来说，就必须确立一个可以侵犯人的生命的边界。沃尔泽引用塔克的话说："只有战争本身是合法的……杀死战斗员才是正当的。可是如果战争是非法的……杀人就不能得到任何辩护。这种谋杀与所有非法强盗团伙的谋杀没有任何区别。"[3] 不过，什么样的战争是合法的战争？合法性之法是哪个国家的法？还是国际法？因为国与国之间开战，任何开战国都要口头宣称其合理性和合法性。但如果是侵略战争，显然不合现代国际法所建立的秩序，即尊重领土完整和主权前提下的国际秩序。换言之，一切侵略战争都是不合法的战争。然而，这样讨论问题仍然是从开战正义上讲，而不是从交战正义上看。沃尔泽的讨论思路是将开战正义与交战正义区分开来，认为可以单独拿来讨论。当沃尔泽说在战场上双方军人都有杀死对方的权利，这样讲便是把开战正义问题放一边。换言之，开战正义问题是一国政治首脑的问题，而不是战场上的军人的问题。沃尔泽强调，开战正义与交战正义是

---

[1] ［美］沃尔泽：《正义与非正义战争：通过历史实例的道德论证》，任辉献译，江苏人民出版社2008年版，第42页。

[2] 参见［美］沃尔泽《正义与非正义战争：通过历史实例的道德论证》，任辉献译，江苏人民出版社2008年版，第42页。

[3] ［美］沃尔泽：《正义与非正义战争：通过历史实例的道德论证》，任辉献译，江苏人民出版社2008年版，第44页。

不同的问题,"我们把这两种情况区别对待:一种是战争本身,军人对之不负责任;另一种是战争中的行为,这是军人要为之负责的,至少在他们自己的行动范围内要负责任"①。军人以服从命令为天职,因此,对于开战正义问题不在从事交战的军人责任之列,而对于交战中的军人,则有着同样的正义与不正义之分。在沃尔泽看来,战场上敌对双方平等地击杀对方军人的权利是一种战争中的军人权利,符合这样的规则的就属于战争或战场中的正义。沃尔泽说:"战争也是一种道德状态,它同样允许使用暴力,不过不是在主权国家的层面上,而是在军队和军人个人的层面上。如果没有了平等的杀人权利,战争作为一种规则支配的活动就会消失,代替它的是犯罪和惩罚,是邪恶阴谋集团和执行法律的军事行动。"② 战争是战斗员之间的战斗,平等杀人是交战双方军人的权利,在沃尔泽看来,这是交战中合乎道德的核心规则。如果只允许一方杀死对方,则成为执法机构的执法行动。不过,在人类有史记载的几千年文明中,并不是敌对双方的每次交战都是把对方杀死,或全部将参战对方杀死。沃尔泽指出人类学家所描述的原始部落用有羽毛和没有羽毛的箭进行攻击,用没有羽毛的箭进行的战斗被杀死的人就很少,而任何限制战斗激烈、持续以及军人痛苦的规则都会受到欢迎。然而,由于军事武器随着人类科技的进步而发展,杀人工具则越来越先进,战争的残酷程度也越来越高。如将核武器投入战斗,就不仅仅是起威慑作用,更是对于对方的军人以及在一定地区范围内的非战斗人员及所有建筑物的毁灭性的打击。而这就又涉及在核心规则下的两类规定问题。沃尔泽说:"与军人杀人的平等权利这个核心原则相关,战争规则包括两组禁令。第一组规定他们何时可以杀人以及可以怎样杀人;第二组规定可以杀哪些人。"③ 第二组规定就是将某类人划出战争允许伤害的范围之外,这样杀死他们中的任何人就不是合理的战争行为,

---

① [美]沃尔泽:《正义与非正义战争:通过历史实例的道德论证》,任辉献译,江苏人民出版社 2008 年版,第 45 页。
② [美]沃尔泽:《正义与非正义战争:通过历史实例的道德论证》,任辉献译,江苏人民出版社 2008 年版,第 47 页。
③ [美]沃尔泽:《正义与非正义战争:通过历史实例的道德论证》,任辉献译,江苏人民出版社 2008 年版,第 48 页。

而是犯罪。哪些人应划在可被杀的人员之外，回答是：除战斗人员之外的人员，都不得无辜被杀害，这里不仅包括放下武器的投降人员，而且包括没有参加战斗的平民。如在居民区里居住但并不是战场上的战斗人员。现代战争的狂轰滥炸，甚至以轰炸平民居住区为战斗目标，已经严重偏离了战争本身的最起码的道德要求。其次，不杀战俘。沃尔泽以希特勒手下隆梅尔将军的例子生动地说明了这一点。作为希特勒手下的将军，很难相信他可以逃脱对他所参加的战争的道德谴责。但一个又一个传记却让人不得不承认，他是一个可敬的人。"他在打仗时严守战争规则。在军事上和道德上他都以正当的方式打了一场不正当的战争。'正是这个隆梅尔把希特勒1942年10月28日发布的突击队命令付之一炬，该命令规定将所有在德军战线后方遇到的敌方军人就地处决……'隆梅尔是希特勒的将军，可是他不杀战俘。"① 为什么战俘应当得到保护？这是因为，战俘已经在投降时承诺停止战斗，即放弃了杀人的权利。从战斗人员转为普通人。不杀战俘通常是战争规约，它的具体特征是约定俗成的。"一个投降的军人与俘获他的人达成了协议，他将停止战斗，条件是敌人给予他法律手册所说的'仁慈隔离'。"② 战争是人类道德困境的体现，但残酷的战争并不意味着丝毫没有道德可言。让人类摆脱战争对于人类的危害，其根本条件就是人类的永久和平。但如果这个世界上还存在着侵略，那么，反侵略的战争就是正义的战争。通过正义的战争来消除战争的灾难，以及通过和平手段来消除侵略战争发生的可能，都是在当代人类条件下实现和平的途径。

---

① ［美］沃尔泽：《正义与非正义战争：通过历史实例的道德论证》，任辉献译，江苏人民出版社2008年版，第44页。

② ［美］沃尔泽：《正义与非正义战争：通过历史实例的道德论证》，任辉献译，江苏人民出版社2008年版，第53页。

结　　语

　　西方政治哲学有着悠久的传统，自柏拉图、亚里士多德以来，西方思想家对于人类政治领域里的哲学思考就从来没有中断过。不过，近代以来开始了政治哲学的兴盛与繁荣。文艺复兴以来，人类重新思考上帝与人的关系，从而将目光从仰望天空转向关注人间。正是在这样的背景下，人们重新思考了人类的政治关系。政治何为？人类为什么需要政府？政府与其臣民、政府与其公民是什么关系？正是围绕着这些关键性问题，西方思想家重新出发，思考人类社会中的一种独特的现象，即政治现象。霍布斯开创了契约论的进路来理解利维坦与臣民的关系，洛克接过契约论的思路，但不认同霍布斯式的政治结论，而认为既然政府与其社会全体成员是一种契约关系，那么，政治的进程就应是一种政府与公民之间的互动关系，而不是仅仅听从某个权威自上而下所发布的命令。正是因为人间的契约关系已经完全不同于人与神之间的契约关系，人与人的契约并非将自己完全交给一个至上的主宰者，而是在于平等公民的相互承认和同意，才产生了一个合法的权威。当然，无论是霍布斯式的政治理解还是洛克式的政治理解，都具有某种超脱人类的实际经验历史的某种想象性，即如同边沁所理解的，他们所说的契约并不是在历史上曾经发生过的现象。这确实是一个经不起人类历史检验的想象。但是，人类在此后的政治历史尤其是现代西方的政治历史进程则表明，这恰恰是一种理解人类政治合法性的正当方式。契约同意已经转化为选票的可操作性政治过程。因此，我们不仅要从经验性人类历史来理解契约论，而且要从政治的本质来理解其合理性。即人类建构起政治关系，并不是为了让所有成员受到利维坦的压迫或强制，不是像霍布斯所理解的那样，要将自己交给一个自己无法掌控的怪兽，而让它来撕咬。当然，人类的政治关系的出现，完全是在

结　语

自然历史进程中产生的，虽然不同的民族国家建构的政治模式有所不同，但并不意味着这些不同的政治模式完全没有共同点。我们认为这一共同点就是一个社会群体为了群体能够生存和发展起来，不得不有一种其成员能够协调一致或在某种组织化的原则之下行动的机制，而这一机制并非为了在人间产生一个上帝，或神，而是为了整体的生存与发展，或为了所有成员的生存与发展。当然，现代政治与传统政治有着质的不同，即传统政治是统治者与其臣民的关系，现代政治则是全体公民的关系。我们认为，正是契约论表明了这样一种关系的本质。人类历史长期以来都认为，政治就是统治者与臣民的关系，而统治者与臣民的关系也就是"君要臣死，臣不得不死"的关系。因此，现代政治将公民的平等关系看作政治的根本特征，体现了人之为人的根本特征。换言之，政治关系所要体现的就是人与人的根本关系。将政治关系理解为统治者与其臣民的关系，是人与人的关系的异化，人类从原始的平等关系转化为异化的不平等关系，再从异化的不平等关系进而转化为平等的公民关系，才可体现人之为人的存在真理。这样一种关系虽然是以一种虚构的社会契约形式出现，但却是表达了人类存在的政治关系的真谛。

契约论的政治方法在20世纪重新得到了人们的重视，这完全归功于罗尔斯的努力。罗尔斯以分析哲学的方法重新复活了古典契约论。古典契约论的方法再度进入政治哲学领域，并且体现了它强有力的生命力。这并不表明人们都想象这种历史的虚构，而且罗尔斯也说这是一种古典契约论的抽象继承，即他所做的比霍布斯、洛克更为抽象，罗尔斯完全不认为这是一种历史上曾经有过的社会契约，而是用这样一种方法来建构他的正义论。任何理论要有一个出发点，罗尔斯就选择了契约论作为出发点。这表明，罗尔斯认为，契约论方法仍然有生命力，罗尔斯在发表《正义论》以来的整个世界的政治哲学的讨论表明，这样一种方法论在当代条件下没有过时，而且有着很强的生命力。这既体现在罗尔斯那里，也体现在他的批评者如诺齐克那里，还体现在德沃金那里。哲学论证需要某种方法，某种方法的论证需要一种逻辑的起点，这可能是为人所公认的。不过，以契约论为起点是政治哲学的一种特殊现象，但也可看作这一领域的特殊性所致。当然，罗尔斯的契约论有很多不周全处或不可能得到所有的批评家所认可。如桑德尔就激烈地批评了罗尔斯的契约论。但这一方法本身的意义和价值，则是不可否认的。

现代政治哲学自从罗尔斯以来，不仅是契约论，而且在众多领域里都有了巨大的发展，怎么看待共同体，怎样看待个人从来都是政治哲学所关心的重大主题。当然，也并不能认为，这一期的讨论都有了结论。因为哲学的讨论永远是开放性的。如我们怎么看待罗尔斯式的个人主义？又怎么看待社群主义对罗尔斯的批评？理想规范模式与现实面向的模式是否可以共存？等等问题，都在本书中呈现，但并非某种定论。本书中所讨论的这些重要思想和人物，可以分为两个阶段，即前罗尔斯阶段和罗尔斯阶段。我们发现，前罗尔斯阶段政治思想或政治哲学的讨论，有着向罗尔斯式的政治哲学论题过渡的性质。但同样体现着并不集中，也没有那么强烈的政治哲学本身的色彩。而自罗尔斯的《正义论》出版以来，则对于政治哲学本身的特性以及所讨论的论题域，都已经清楚明确。不过，随着向后罗尔斯时期的转变，政治哲学的论题也在转换。分配正义以及运气平等和关系平等都成为后罗尔斯时期的主题，这一讨论仍在深入之中。对于这些主题的关注，已经可以说是下一部著作的任务了。不过，最后想说的是，政治哲学确实是关系人作为政治性存在的重大存在论问题。亚里士多德早就说了，人是政治性动物，人可以摆脱政治性而存在吗？是否人类社会的发展到了某一天，社会管理可以不具有政治性？这涉及对于政治的根本特性的理解，即政治性是不是以人类内在的根本冲突为前提，如果是如此，那么，这一根本冲突消失，当然也就不存在政治了。但如果政治是在社会管理意义上体现人人平等的根本特征，那么，这样的政治可能伴随着人类始终。

主要参考文献

［加拿大］查尔斯·泰勒：《自我的根源：现代认同的形成》，韩震等译，译林出版社 2001 年版。

［加］查尔斯·泰勒：《本真性的伦理》，程炼译，上海三联书店 2012 年版。

［美］约翰·杜威：《人的问题》，傅统先、邱椿译，上海人民出版社 1965 年版。

［美］约翰·杜威：《新旧个人主义——杜威文选》，孙有中等译，上海社会科学院出版社 1997 年版。

［美］罗纳德·德沃金：《至上的美德：平等的理论与实践》，冯克利译，江苏人民出版社 2003 年版。

［美］理查德·罗蒂：《后形而上学希望》，张国清译，上海译文出版社 2009 年版。

［美］理查德·罗蒂：《后哲学文化》，黄勇编译，上海译文出版社 2004 年版。

［美］理查德·罗蒂：《偶然、反讽与团结》，徐文端译，商务印书馆 2003 年版。

［美］约翰·罗尔斯：《正义论》，何怀宏等译，中国社会科学出版社 1988 年版。

［美］约翰·罗尔斯：《正义论（修订版）》，何怀宏等译，中国社会科学出版社 2009 年版。

［美］罗尔斯：《政治自由主义》，万俊人译，译林出版社 2000 年版。

［美］罗尔斯：《政治哲学史讲义》，杨通进等译，中国社会科学出版社 2011 年版。

［美］约翰·罗尔斯：《万民法》，张晓辉等译，吉林人民出版社 2001 年版。

［美］罗伯特·诺齐克：《无政府、国家与乌托邦》，何怀宏等译，中国社会科学出版社 1991 年版。

［美］阿拉斯代尔·麦金太尔：《德性之后》，龚群等译，中国社会科学出版社 2020 年版。

［美］阿拉斯代尔·麦金太尔：《伦理学简史》，龚群译，商务印书馆 2003 年版。

［美］阿拉斯戴尔·麦金太尔：《谁之正义？何种合理性？》，万俊人等译，当代中国出版社 1996 年版。

［美］桑德尔：《自由主义与正义的局限》，万俊人等译，译林出版社 2001 年版。

［美］迈克尔·桑德尔：《民主的不满——美国在寻求一种公共哲学》，曾纪茂译，江苏人民出版社 2008 年版。

［美］沃尔泽：《正义诸领域：为多元主义与平等一辩》，褚松燕译，译林出版社 2002 年版。

［美］沃尔泽：《正义与非正义战争：通过历史实例的道德论证》，任辉献译，江苏人民出版社 2008 年版。

［美］威廉·詹姆士：《实用主义　一些旧思想方法的新名称》，陈羽纶、孙瑞禾译，商务印书馆 1979 年版。

［英］伯林：《自由论》，胡传胜译，译林出版社 2003 年版。

［英］哈耶克：《个人主义与经济秩序》，邓正来译，生活·读书·新知三联书店 2003 年版。

［英］哈耶克：《自由秩序原理》，邓正来译，生活·读书·新知三联书店 1997 年版。

［英］哈耶克：《致命的自负》，冯克利等译，中国社会科学出版社 2000 年版。

［英］哈耶克：《通往奴役之路》，王明毅等译，中国社会科学出版社 1997 年版。

［英］哈耶克：《法律、立法与自由（第一卷）》，邓正来等译，中国大百科全书出版社 2000 年版。

［英］哈耶克：《法律、立法与自由（第二、三卷）》，邓正来等译，中国大百科全书出版社 2000 年版。

张国清:《〈正义论〉评注》,中国社会科学出版社 2023 年版。

Isaiah Berlin, *Liberty*, edited by Henry Hardy, Oxford University Press, Inc., New Yerk, 1995.

Alasdair MacIntyre, *Whose Justice? Which Rationality?* Notre Dame: University of Notre Dame Press, 1988.

Richard Rorty, *Philosophy and Social Hope*, London: Penguin Books, 1999.

John Rawls, *A Theory of Justice*, Rev. ed., Cambridge Mass., Harvard University Press, 1999.

John Rawls, *Political Liberalism*, New York: Columbia University Press, 1993.

John Rawls, *The Laws of Peoples*, Harvard University Press, 1999.

Robert Nozick, *Anarchy, State and Utopia*, Oxford: Basic Books, Inc., 1974.

Michael J. Sandel, *Liberalism and the Limits of Justice*, Cambridge: The Press Syndicate of the University of Cambridge, 1998.

人名术语索引

A

艾耶尔　82，98

B

本真性　416，428，429，431—435，441

必然性　19，56，63，64，87，88，91，92，95—99，110，111，116，125，145，379

伯林　5，16，56，57，59，60，82—113，115—125，127—135，142，145，163，166，167，175，194，200，231，240，408，433

柏拉图　46—48，56—58，88，93，113，116，118，120，124，144，164，202，253，356，359—361，365，368，369，371—373，376，380，394，420，422，429，431，443，466

C

差别原则　6，183，184，193，194，220，222—225，240，285，294—296，298—302，306，307，327，328，339，384，386，387，438，443

差异政治　436—441，443

成员资格　7，443—451

D

承认政治　435—437，440—442，458

重叠共识　68，225，227，230—234，236—238，240，241，244，414

初始位置　150，175，180—186，188—192，194，201，205，206，210—212，214，215，239，248，249，253—255，257—259，299，322，329，347，368，388，392，395，398，399，401，403，411

道德的边际约束　279，280

德沃金　264，265，310，311—353，412，444，467

笛卡尔　48，138，140，141，429，430

杜威　4，5，8，23，24，26—44，49，55，62，74

多元主义　82，83，125—136，439，443，444，446—451

F

法兰克福　100

反本质主义　46，48，55，64，66，67，69

分配正义　1，7，216，222，265，266，275，285，288，294，295，297，298，300，301，303，310，371—374，384，

387，388，417，437，443，444，468

福利平等　310—314，316，320，321，324，325，348

G

个人主义　24，30，33，35—43，82，136—147，187，200，254，308，385，401—403，428，430—435，468

公共理性　225，227，236，241—247

公民自由　25，114，115，143，197，199，200，246，408，410

公平的正义　67—69，175，180，182，184，189，190，220，303，308，309

共同体　6，7，48，62，64—66，70，72—74，76—81，97，115—117，125，137，158，203，228，242，243，245，253—255，307，308，310，312，313，335，343，354—367，369，370，372，373，381，385—391，402—409，411，414，415，417—420，423，425，427，428，439，440，443，444—450，453，457，458，468

共同体主义　6，7，64，308，387，388，390，391，402—404

贡斯当　103，104，106—108，119—122，125，133，194

H

哈贝马斯　11，43，44，71，72，77，441

哈奇逊　188，209，365，375—379，381

哈耶克　5，7，82，83，136—175，195，200，271

荷马　130，131，255—360，362，365—368，370，371，420，452

获取正义　287，288—290，293，294，309，310，332，385

霍布斯　20，26，27，75，102—105，107，109，110，122，123，137，140，141，160，176，177—180，183，186，187，195，265—270，322，376，378，430，453，455，466，467

J

积极自由　16，87，93，94，101，102，107，108，110—113，115—125，127，132，133，194，200，433

基本自由　7，192—194，199—210，214—217，221，231，232，237，238，260

价值多元论　57，60，126，231

交互主体性　72

矫正正义　287，288，371，374

决定论　83—101，165，166

K

康德　6，44，46—49，56，57，68—70，79，81，118，132，137，140，141，176，178，238，239，241—243，254—256，275，277，278，306，309，387，389—392，394—398，400，401，403，405，436，442

L

良心自由　194，195，199，201，209—215，237，246，251，416

两个正义原则　175，184，191—194，201，

203, 205, 206, 216, 217, 220, 225, 239, 251, 253, 256, 275, 300, 404

卢梭 6, 26, 108, 115—118, 120—122, 124, 138, 140, 141, 160, 176, 178, 183, 188, 375, 387, 433, 436

罗蒂 4, 5, 8, 24, 43—50, 52—81

罗尔斯 1—3, 5—7, 13, 16, 31, 42, 43, 49, 64, 66—70, 82, 134, 135, 143, 169, 170, 172, 174—265, 275, 278, 285, 294—311, 322, 323, 327—329, 333, 339, 347, 355, 367, 368, 381—399, 401—405, 409—414, 417, 430, 438, 443, 444, 446, 467, 468

洛克 6, 10, 26, 27, 29, 30, 32, 33, 49, 66, 97, 102, 104, 115, 116, 120, 122, 132, 138, 140—142, 164, 173, 176—180, 183, 234, 249, 265—267, 269, 270, 280, 290—294, 310, 322, 331—333, 376, 384, 387, 405, 409, 412, 430, 436, 438, 440, 460, 466, 467

M

麦金太尔 7, 65, 354—388, 411, 416, 417, 419, 422, 443

密尔 12, 46, 49, 70, 102—106, 111, 121, 172, 212, 213, 226, 239, 279, 294, 346, 391, 392, 405, 412, 457

民主政治 24, 25, 55, 64, 66, 67, 69, 144, 146, 203, 214, 231, 235, 237, 240, 325, 408, 409, 410

模式化分配 284—286, 307, 408

目的论 85—87, 94, 278, 280, 370, 391, 395, 396

N

内在价值 126, 127, 247, 304, 413

诺齐克 6, 7, 35, 172, 173, 204, 219, 220, 224, 264—303, 305—310, 321, 322, 332, 335, 336, 338, 339, 345, 349, 381—388, 405, 408, 436, 437, 467

P

皮尔士 4, 9—13, 24, 43

平等 6, 25, 26, 29—31, 40, 41, 44, 49, 63, 68, 69, 77, 79, 111, 115, 129, 139, 159, 160, 162, 168, 169, 172, 173, 180—184, 186, 190—194, 197, 199—225, 227, 230, 238, 239, 242—246, 252—259, 261, 265—267, 286, 296, 298, 300—302, 305, 306, 310—353, 372, 380, 382, 383, 387, 392, 393, 408, 412—414, 420, 436—444, 446—451, 462—464, 466, 467, 468

Q

强制 32, 44, 49, 72, 92, 93, 96—100, 102—104, 106, 107, 117, 119, 121, 125, 131, 133, 142, 143, 145, 147, 149, 158—165, 168, 179, 195, 196, 212, 214, 220, 230, 244, 269, 271, 272, 282, 285, 288, 306, 317, 368, 380, 383, 384, 406, 409, 412, 445, 466

全球正义 248

R

人类团结 75—78, 80, 81

S

桑德尔 6, 7, 48, 49, 57, 59, 60, 61, 65, 66, 97, 354, 387—411, 414, 416, 417, 419, 467

社会契约论 26, 115, 117, 175—178, 180—182, 191, 387

社会正义 43, 117, 169, 170—174, 181, 184, 202, 222, 295, 414

社群主义 7, 64—67, 97, 354, 387, 388, 390, 391, 402—408, 414, 416, 417, 439, 443, 468

实用主义 4, 5, 7—14, 17—24, 26, 30, 43—49, 62, 65, 70—74, 78

斯宾诺莎 61, 88

T

泰勒 7, 65, 66, 93, 108—110, 112, 113, 116, 122—124, 354, 388, 416—443

同情 79, 80, 164, 228, 266, 296, 312, 313, 340, 379, 393

W

外在价值 126, 127

万民法 114, 134, 135, 175, 241, 248—252, 254—263

维特根斯坦 24, 43, 56, 426

沃尔泽 7, 259, 261, 354, 388, 416, 417, 443, 444, 446—465

无知之幕 6, 181—183, 187, 188, 190, 192, 201, 210, 211, 238, 239, 300, 384, 394, 403, 411

X

相对主义 5, 45, 54, 57, 60, 70, 71, 72, 79, 129, 355, 433, 441

消极自由 83, 84, 87, 89, 93, 94, 96, 101—103, 105, 107—113, 115, 118—127, 130—136, 142, 145, 163, 194, 200, 341, 433

休谟 80, 138, 147, 176, 186, 187, 217, 247, 365, 374, 375, 378—381, 395

Y

亚里士多德 1, 7, 65, 96, 99, 354, 355, 360—365, 369—371, 372—377, 380, 387, 390, 407, 410, 411, 439, 443, 466, 468

因果论 86

应得 172, 174, 224, 288, 295, 296, 301—304, 307—309, 313, 337, 349, 365, 366, 372—374, 383—386

Z

责任 83, 84, 87, 94—96, 98—101, 125, 143, 165—167, 170, 173, 174, 199, 202, 206, 212, 218, 220, 232, 241, 251, 253, 261, 262, 318, 343, 356, 374, 377, 404, 409, 419, 454, 458, 462, 463

詹姆士 4, 5, 9—24, 44, 45, 61

战争正义 7, 259, 417, 451—454, 461

正义 1—7, 20, 42, 43, 67—69, 71, 76, 117, 120, 128, 129, 143, 168, 169, 170—178, 180—187, 189—240,

487

242—244, 246—261, 263—266, 275, 281, 283—290, 293—305, 307—310, 313, 322, 323, 329, 332, 333, 335, 339, 347, 354, 355, 357, 359, 360, 363—397, 399—405, 408, 409, 411, 414, 417, 436, 437, 443, 444, 446—465, 467, 468

正义的环境 181, 182, 184—186, 189

正义感 43, 69, 190, 191, 197, 229, 230, 305, 339, 392, 399, 403, 404

政治自由 25—27, 29, 54, 69, 73, 83, 84, 87, 101—104, 106, 108, 114, 118, 120, 122, 125, 160, 163, 175, 181, 190, 191, 193, 197, 199, 200, 203, 211, 225, 226, 229—232, 234, 236—242, 244, 246—248, 250, 258, 350, 388, 409—411, 457

种族中心主义 70, 72—74, 76, 77, 81, 438, 439

主体 14—17, 59, 61, 66, 72, 73, 77, 81, 96, 97, 102, 104, 109, 113, 116, 118, 121, 124, 126, 128, 167, 178, 180, 209, 230, 232, 234, 245, 254, 257, 258, 314, 357, 371, 387, 394—404, 409, 423, 424, 426, 430, 431

转让正义 287, 309

资格正义 285, 286, 294, 301, 307, 309

资源平等 310—312, 315, 320—322, 324—332, 334, 337—341, 343, 347—351

自然状态 26, 75, 102—104, 176—183, 186, 187, 191, 265—270, 273, 281—283, 289, 322, 329, 352, 376, 453

自生自发秩序 5, 136, 139—141, 147—153, 155—160, 167, 169—172

自我 6, 12, 13, 15—18, 26, 48, 52, 53, 55, 58, 59, 61, 63, 65—67, 69, 71, 80, 88—91, 93—98, 101—103, 109—113, 116—124, 127, 128, 131—133, 150, 151, 159, 166, 179, 186—190, 197, 198, 200, 208, 211, 232, 233, 235, 238, 245, 250, 257, 277, 280, 286, 308, 315, 317, 328, 347, 356, 379, 389, 392, 394—404, 408, 416—435, 437, 441, 452, 457, 461

自我善观念 67, 69, 186—188, 190, 197, 198, 392

自我实现 88, 89, 91, 93, 94, 101, 109—113, 122—124, 127, 131—133, 431—434

自由 5—7, 16, 24—38, 40—42, 44, 48—69, 73, 74, 79, 82—140, 142, 143, 145—153, 155—181, 190—221, 223—226, 229—244, 246—260, 263, 264, 266, 272, 275, 279, 286, 292, 293, 297, 298, 300, 302, 305—307, 309, 312, 332, 333, 335, 336, 339, 341—354, 365, 381, 383, 384, 387—397, 399—414, 416, 417, 420, 430, 431, 433, 437, 439, 440, 442, 446, 447, 451, 457, 458, 460

自由主义 6, 7, 29—31, 35, 37, 38, 40, 48, 49, 53—65, 67, 69, 73, 79, 82, 101, 105, 107, 113, 119, 121, 125,

126，128，131—134，137，138，140，
142，145，162，172，175—178，181，
190，191，193，197，199，211，225，
226，229—232，234—244，246—248，
250，258，264，272，275，335，336，
341，343—345，354，365，381，388—
397，399—414，417，420，437，439，
440，460

最弱意义的国家　271—273，282—284，286，
307，309，336，385

尊严　39，40，66，75，76，79，135，136，
173，207，209，302，336，344，345，387，
399，419，420，436，437，439，445

后 记

本书是《中西政治哲学通史》一个部分。按照分工，上述六章的设计是关于美英政治哲学从20世纪初到20世纪80年代以来的主要政治哲学思想的讨论。当然，个别内容时间要靠后一些，如罗尔斯的《政治自由主义》和《万民法》等。但因为罗尔斯的两部巨著（《正义论》和《政治自由主义》）对当代政治哲学的贡献是无法分开的，故一并讨论。不过，就本书的写作而言，由于本书涉及20世纪最重要的政治哲学内容，所涉及内容广泛，而且在20世纪的后期，讨论文献可谓汗牛充栋。但可惜写作时间限制，无法进行广泛参阅。这是需要向读者致歉的。本书的写作在多数内容上是以原作者的文本为主要线索进行的。

感谢江畅教授邀请参与这一宏大计划的写作。感谢中国社会科学出版社的郝玉明副编审的辛勤努力。

2024年12月1日于寓所